国家社会科学基金项目

阴山
文化史

YINSHAN WENHUASHI

王炜民 等著

人民出版社

目　录

导　论

　　社会在发展，时代在进步，学术研究也要推陈出新，与时俱进。20 世纪上半期，中国的史学研究重在政治史、经济史和思想史；50 年代至 70 年代，由于对农民起义的重视，对农民战争史和军事史的研究一度成为热潮；中国共产党十一届三中全会后，随着改革开放、解放思想的进程，注重社会状态的文化史研究才日益兴起。近十多年，中国文化史的研究逐步由宏观的描述走向局部的解剖，重视区域历史文化的研究已成为我国当代学术研究的一个重要特征。正是顺应这种学术发展趋势，我们对阴山地域的文化状态进行初步探讨，以期对中国文化史的深入研究有所补益。

一、阴山文化的概念与内涵

　　正像没有绝对真理一样，学术研究也没有止境，任何学术成果都是某一特定内容、特定范围、特定阶段的研究总结。因此，研究阴山文化史首先需要对阴山文化的概念与内涵作出界定。

　　"阴山"的概念没有歧义，但与"文化"联系起来进行研究，就不能只看做一个简单的地理名词，而应从三个方面略加说明。

1. 地理环境

　　阴山山脉横亘于内蒙古自治区中部，介于东经 106°—116°，西起巴彦淖尔市杭锦后旗的狼山，中段为乌拉山、大青山、灰腾梁山，东段为坝上高原的大马群山。东西绵延长达 1200 多公里，南北宽达 50—100 公里，北界大致在北纬 42°。山脉的平均海拔高度在 1500 米以上，主峰是位于狼山西部的呼和巴什格山，海拔 2364 米，亦是整个阴山山脉的最高山峰。山脉北麓有乌兰察布草原，南麓有河套—土默川平原。山脉内部的盆地中心及山前地带有数个积水形成的湖泊，著名者有乌梁素海、岱海、黄旗海等。山脉南侧有大黑河、昆都仑河等汇入紧靠阴山的黄河。黄河在阴山之南形成一个大弓形，弓形黄河湾内是属于阴山地域的鄂尔多斯高原。阴山的最大特点是南北不对称，南坡山势陡峭，北坡则较为平缓，仿佛一座巨大的天然屏障，同时阻挡了南下的寒流与北上的湿气。因此，阴山南麓的雨水较为充沛，适宜发展农业。阴山山脉自古以来就是农耕区与游牧区的天然分界线，山区本身则是农牧交错地带。

2．行政区划

阴山地域主要指今天内蒙古自治区中西部盟市，主要包括呼和浩特市（下辖回民区、新城区、玉泉区、赛罕区、托克托县、武川县、和林格尔县、清水河县、土默特左旗等）、包头市（下辖昆都仑区、青山区、东河区、九原区、石拐区、白云鄂博矿区、土默特右旗、固阳县、达尔罕茂明安联合旗等）、乌兰察布市（下辖四子王旗、察哈尔右翼前旗、察哈尔右翼后旗、察哈尔右翼中旗、化德县、商都县、兴和县、卓资县、凉城县、丰镇市、集宁区等）、鄂尔多斯市（下辖伊金霍洛旗、乌审旗、达拉特旗、准格尔旗、杭锦旗、鄂托克旗、鄂托克前旗、东胜区等）、巴彦淖尔市（下辖乌拉特前旗、乌拉特中旗、乌拉特后旗、杭锦后旗、五原县、磴口县、临河区等）。西面囊括乌海市和阿拉善盟东部地区，东面包括锡林郭勒盟西部部分地区。

作为一种区域文化，应该以这一区域地理核心为主轴，但由于文化往往不受时空限制，其历史影响和文化辐射应比起地理范围和今天的行政区划范围更广更大。因此凡是历史上与这一地域关系紧密，并深受其影响的周边地区，均应在阴山文化的研究范围之内。所以阴山文化的研究范围应大于阴山山脉的地理和行政区划的范围。河北北部、山西北部、陕西北部、宁夏北部以及外蒙古国等部分区域，均应在课题研究的范围之内，只是不作为课题研究的重点。

3．文化特色

"文化"是一个非常广泛的概念，较为复杂，给它下一个严格和精确的定义颇为困难，故其定义众说纷纭，据说多达一二百种。一般说来，文化有广义、狭义之分。从广义上来讲，文化是指人类在社会历史实践过程中所创造的物质成果和精神成果的总和，包括生产方式、生活方式、科学艺术成果、风俗习惯、法律制度、交往形式等等。从狭义上来讲，文化专指社会意识形态以及与之相适应的制度和组织机构。而在现实生活中狭义"文化"的使用则更为丰富，如不识字要学文化，"文化"仅指读书识字；不讲礼貌，言行粗鲁，要提高文化素养，"文化"指人的素质修养；考古学中所说"仰韶文化"、"龙山文化"中的"文化"，是指古代人类活动遗留下来的实物遗存；政府机关有文化部、文化局，主管的"文化"主要指文学艺术、文博、图书等。无论广义还是狭义，实际所反映的都是人类社会的生存方式和状态，只不过是内涵与外延有所区别而已。

我们这里使用的"文化"概念，接近于文化广义的定义，即**阴山文化就是阴山地域的人们在数千年艰苦奋斗、发展进步过程中，生产、生活及意识形态的状况。**

阴山地域是我国北部一个很重要的独具特色的文化区域。阴山自古以来就是一个多民族聚居地区，汉族和匈奴、鲜卑、突厥、回鹘、契丹、党项、女真、蒙古等众多少数民族在这一地域创造了十分丰富的物质文明和精神文明成果，现在又是周恩来总理称赞的"模范自治区"——内蒙古自治区的中心区域。因此阴山各民族数千年的密切交往、互相影响、取长补短、不断交融、团结进步，是这一地域最突出的文化特色。我们就是紧紧抓住阴山地域民族融合的发展过程这条主线展开论述，揭示历史上这一地域各民族斗争和融合的状况，展示历史上阴山地域的社会发展和历史变迁的生活图景，发掘这一地域各民族为共同开发祖国北部边疆所作出的贡献和文化精神。

此外，我们清楚地认识到文化具有传承性。文化是在延续中存在与发展的，一切文化成果都是在以往所创造的文化成果基础上累积而成的，后人的文化活动也都直接或间接地依赖于前人的文化技术、经验和理论。失去延续性，就失去了文化存在的现实依据与文化发展的前提。研究文化应做贯通古今的探讨，我们课题的断限上起先秦，下至当代，长达几千年的跨度。但用三四十万字的论述不可能包罗万象，涵盖一切，必然要有所取舍。因此，我们的阴山文化史研究，仅仅是对各族人民在阴山地域的开发、建设和创造业绩的大体勾勒，主要包括生产方式、生活方式、社会组织和民情风俗等，许多应深度发掘、详细探讨的问题，限于体例和篇幅未能展开论述。当然，这只是我们阴山文化史研究的开端，挂一漏万之处，我们还会在今后的研究中，进一步弥补、扩展、深化和完善。

二、阴山文化研究的历史与现状

阴山文化是一个既古老又年轻的概念。说其古老，阴山地域自远古以来一直就有人类在繁衍生息，有人类活动就有文化现象。说其年轻，将阴山文化作为一个学科或课题作专门研究，还只是近二三十年的事。当然，存在文化现象与对文化进行学术研究虽然有联系，但毕竟是两回事，不可相提并论。我们这里尽量适当兼顾前者，主要论述后者。

阴山地域是中华文明的重要发祥地之一。阴山地域先民的活动，也很早就在古文献中有所记载。殷墟出土的甲骨文武丁时期卜辞中曾提到土方、鬼方、羌方、舌方等，有学者研究认为这些方国的活动范围已到达阴山地域。司马迁所著我国第一部纪传体通史《史记》中，无论本纪（如《秦始皇本纪》）、世家（如《赵世家》）还是列传（如《匈奴列传》）都有关于阴山地域史实的记载。《史记》之后，历代蝉联而下的纪传体正史积数 26 种，被学术界称为中国古代"全史"，其中诸如《汉书》、《后汉书》、《三国志》、《晋书》、《宋书》、《南齐书》、《梁书》、《陈书》、《魏书》、《周书》、《隋书》、《南史》、《北史》、《旧唐书》、《新唐书》、《旧五代史》、《新五代史》、《宋史》、《辽史》、《金史》、《元史》、《明史》、《清史稿》等都记载了阴山地域的史事。此外，其他重要的古代文献，诸如《水经注》、《通典》、《文献通考》、《元和郡县图志》、《太平寰宇记》、《册府元龟》、《资治通鉴》、《蒙古秘史》、《长春真人西游记》、《马可波罗行纪》、《明实录》、《万历武功录》、《读史方舆纪要》、《大清会典》等也都对阴山地域多有涉及。但这只是零散的记录，其文字并非专为阴山地域而作。阴山文化研究当从有了记述阴山地域的专门篇章谈起，下面粗略分类，简要述评。

（一）地方志书

地方志是一种记载某一地区历史、地理、社会风俗、物产资源、经济文化等方面的综合性著作，它"起源于两汉之地记"①，历史悠久。但内蒙古地方志书编修较晚，记载阴山地域历史的方志直到清代才开始出现。清代编修的属于阴山地域的方志主要有黄可润《口北三厅志》，张曾《古丰识略》和《归绥识略》，陈宝晋《和林格尔厅志略》，德溥《丰镇厅志书》，文秀《新修清水河厅志》，刘鸿逵《归化城厅志》，姚学镜《五原厅志略》，贻谷、高赓恩《归绥道志》、《绥远志》、《土默特旗志》，沈宗衍《蒙古沿革志》，谷思慎《蒙古山脉志》，姚明辉《蒙古志》等。民国年间阴山地域编纂的地方志书主要有《绥乘》、《河套新编》、《河套图志》、《绥远》、《临河县志》、《临河风土志》、《归绥县志》、《集宁县志》、《清水河县概略》、《绥远考察纪略》、《绥远概况》、《和林格尔县志》、《绥远集宁县志略》、《丰镇县志》、《国防前线的绥远》、《绥远志略》、《伊克昭盟志》、《公主府志》、《武川县志略》、《萨拉齐县志》、《包头市志》、《鹿野纪闻》、《伊克昭盟概况》等。

新中国建立后，特别是 20 世纪 80 年代以后，一批新的地方志编撰完成，例

① 仓修良《方志学通论》第 31 页。

如《呼和浩特市志》、《乌兰察布盟简志》、《包头市志》、《巴彦淖尔盟志》、《伊克昭盟志》、《固阳县志》、《达尔罕茂明安联合旗志》、《临河市志》、《杭锦后旗志》、《土默特右旗志》等。附带提及，1959 年在周恩来总理的倡议下，各级人民政协开始有组织、有计划地征集、整理、编辑、出版“文史资料”，作为研究近现代史的回忆类史料，也是编修地方志的基础资料。与阴山地区有关的文史资料主要有：《内蒙古文史资料》（1—50 辑）、《呼和浩特文史资料》（1—13 辑）、《包头文史资料》（1—14 辑）、《乌兰察布文史资料》（1—12 辑）、《鄂尔多斯文史资料》（1—12 辑）、《巴彦淖尔文史资料》（1—16 辑）、《乌海文史资料选编》（1—8 辑），以及上述盟市所属旗县编辑的文史资料。①

　　上述方志记录了阴山地域的社会历史，资料珍贵，但是大都限于阴山的局部地方。

　　在地方志中，特别要提及的是《绥远通志稿》，这是与阴山地域地理范围最为贴近的第一部“通志”。《绥远通志稿》的编纂始于 1931 年成立的“绥远通志馆”。当时由绥远的地方名流郭象伋任馆长，阎肃任副馆长，荣祥任主任纂修，李泰棻任总纂，并聘请蒙汉学者二十余人为编辑、采访员。经过为时六年的调查访问、收集史料、整理编纂，至 1937 年完成了 120 卷初稿。当时还遵照绥远省主席傅作义之意，特派荣祥携稿到北平，延请全国著名学者傅增湘先生审阅修订。其时正值“七·七”卢沟桥事变，抗日战争爆发，《绥远通志稿》的第一个稿本，被傅增湘收藏了起来。1938 年秋日本侵占归绥后，得知《绥远通志稿》的编修情况，派专人赴北平与傅增湘联系，并付以重金，令他尽快修订出版。在日伪威逼下，傅氏约聘张星烺等多人，用半年时间增补修订，编成第二个 116 卷的稿本，定书名为《绥远通志》。并决定将书稿运往日本东京，由东亚文化研究所影印出版。据悉当书稿印刷完毕装订成册时，1945 年美国飞机轰炸东京，书、稿尽毁于战火。抗战胜利后，绥远省政府将存放于傅增湘藏园的“蓝格缮清本”志稿运回归绥，后几经辗转移交到内蒙古图书馆。新中国成立后，曾经几次将印制《绥远通志稿》提上日程，但却几度搁浅。直到 2004 年，作为内蒙古自治区成立 60 周年献礼图书，再次聘请专家学者对书稿整理校勘、修订增补，终于由

① 参见内蒙古自治区政协文史和学习委员会编《内蒙古各级政协文史资料篇目索引》，内蒙古政协文史书店 2002 年发行。文史资料是陆续辑集印刷、出版，时间跨度大，参与编辑人员多，资料集名称亦不完全统一，有“文史”、“史料”、“专辑”、“回忆录”、“史料荟要”、“资料选编”、“文史资料”等，还有的根据内容另题书名，这里是概述，故统称为“文史资料”。

内蒙古人民出版社于 2007 年正式出版发行。这部《绥远通志稿》共 100 卷，装订 12 册，洋洋四百万言，上起公元前 307 年（战国赵武灵王十九年），下迄 1935 年，总括了 2242 年的历史，堪称一部巨著。全书门类齐全，对绥远地区的历史沿革、地理疆域、山川河流、自然气候、地蕴物产、土地人口、民族宗教、政权设置、军警法政、交通邮电、工商产业、农牧经济、灾异赈务、文化教育、古今人物等，都做了翔实的记载。尽管《绥远通志稿》是研究阴山文化一部很有参考价值的大型方志图书，但毕竟编纂于 20 世纪 30 年代，有些观点不尽正确，存在着历史的局限性。

（二）相关著作

与阴山地域历史文化相关的著作出现较晚，基本是 20 世纪 80 年代以后才撰著出版。按其内容大体可分为如下几类。

1. 研究内蒙古的著作

阴山是内蒙古自治区的一部分，毋庸置疑，研究内蒙古历史文化必然要涉及阴山地域。这里要强调的是，属于阴山地域的呼和浩特是内蒙古的政治文化中心，包头是内蒙古的工业中心和最大的城市，鄂尔多斯是内蒙古近年发展最快的地区，都在内蒙古有着举足轻重的特殊地位，研究内蒙古历史文化的著作中属于阴山地域的内容均占有相当大的比重，因而可以列入阴山文化研究的成果之中。这方面的著作可大体分为综合性和专题性两类。

综合性的内蒙古通史著作较少，已经面世的主要有两部。一是郝维民、齐木德道尔吉主编的《内蒙古通史纲要》（人民出版社，2006 年），是国家哲学社会科学基金项目《内蒙古通史》的阶段性研究成果，反映"通史"的基本框架、基本历史线索，是一部简明内蒙古通史。书中全面系统地叙述了从远古到 20 世纪末内蒙古地区这片土地上发生的重大历史事件、出现的重要历史人物、发生的重大自然人文的历史变迁，是国内第一部简明内蒙古通史，填补了内蒙古地区史研究的空白。二是曹永年主编的四卷本《内蒙古通史》（内蒙古大学出版社，2007 年），全书以丰富翔实的史料，勾画了从五六十万年前的大窑文化以来，特别是自秦统一和匈奴在内蒙古建立单于国以来，内蒙古历史发展的轮廓。第一卷撰写从远古时代至隋唐时期的内蒙古，第二卷撰写从辽金夏至明代的内蒙古，第三卷撰写清代内蒙古，第四卷撰写民国时期的内蒙古。每一卷都从内蒙古地区的政治、经济、军事、文化、教育、环境、社会等方面展开描述，力求展现 1949

年以前内蒙古地区的历史全貌。书中阐明，两千年以来，生息于内蒙古大地上的各民族之间，内蒙古与中原地区、与中原王朝之间，虽然有过隔阂，有过矛盾，甚至有过流血冲突，但是在历史长河中，这都是暂时的、局部的，是支流。民族之间、地区之间的和平、友好、相互交往、相互渗透融合，共同发展，才是主流。阐明今天内蒙古地区作为祖国不可分割的组成部分，民族团结、社会繁荣，是长期历史发展的必然结果。断代性质的内蒙古历史著作有：郭殿勇著《蒙元时期的内蒙古》（内蒙古大学出版社，2007年），余元庵著《内蒙古历史概要》（上海人民出版社，1958年），郝维民主编的《内蒙古近代简史》（内蒙古大学出版社，1990年）、《内蒙古革命史》（内蒙古大学出版社，1997年），赛航、金海、苏德毕力格著《民国内蒙古史》（内蒙古大学出版社，2007年），金海著《日本占领时期内蒙古历史研究》（内蒙古人民出版社，2005年）等。内蒙古自治区地方志编纂委员会办公室编《内蒙古大事记》（内蒙古人民出版社，1997年），从旧石器大窑文化开始，至1995年，按年代顺序全面记载内蒙古地区自然、社会、经济、政治、军事、文化、人文等重要历史大事，亦可属此类著作。

专题性的著作较多，主要有：林幹、王雄、白拉都格其著《内蒙古民族团结史》（远方出版社，1995年），该书以民族友好团结为主线，叙述内蒙古地区古往今来各民族相互依存、共同发展的历史。邢野主编《内蒙古民俗风情通志》（内蒙古人民出版社，2004年），分为生产劳动、衣食住行、节庆礼仪、婚姻喜庆、丧葬禁忌、信仰祭礼六卷，收录内蒙古地区各民族的民俗风情。白音查干主编《内蒙古民俗概要》（内蒙古教育出版社，1999年），分上下两篇，论述了民俗学基本理论，介绍了内蒙古地区蒙古族、达斡尔族、鄂温克族、鄂伦春族、汉族、满族以及回族的民俗概况。周清澍主编《内蒙古历史地理》（内蒙古大学出版社，1994年），主要介绍了战国时期至民国时期内蒙古地区的行政建制及沿革情况，并对建国以来内蒙古自治区旗县级以上行政区划沿革作了概述。邢野主编《内蒙古自然灾害通志》（内蒙古人民出版社，2001年），该书以地方性、资料性、民族性为宗旨，以新观点、新材料、新方法将内蒙古地区旱灾、风灾、寒潮、干热风、沙尘暴、雪灾、黑灾、雹灾、霜灾、水灾、盐碱、涝渍灾害、病虫害、鼠害、狼害、草害、火灾、地震的自然规律与特点及全区分布与受灾情况作了较详细的记载。德勒格编著《内蒙古喇嘛教史》（内蒙古人民出版社，1998年），介绍了元代以来内蒙古喇嘛教的发展状况及喇嘛教的组织系统、转世制度、教派教义教规及喇嘛教寺庙。苏鲁格、那木斯来著《简明内蒙古佛教史》（内蒙古文化出版社，1999 年），在综合运用汉文、蒙文和藏文文献资料的基础上，对内蒙古佛教发展历史的一般线索进行了大致的勾勒和描绘，并对喇嘛教的称谓问题、藏传佛教诸教派的教义特色、蒙藏民族关系的开端与藏传佛教在蒙古地区初传的年代上限等问题进行了分析、研究和评述，提出了自己的观点。吴团英、马永真、包双龙任主编的三卷本《文化内蒙古》（内蒙古教育出版社，2006 年），以清新、生动的文字和图片，比较系统地描述了内蒙古文化的深厚底蕴、丰富资源、品牌形象，充分展现了源远流长、多彩博大、特色浓郁、内聚活力的内蒙古文化。乌云格日勒著《十八至二十世纪初内蒙古城镇研究》（内蒙古人民出版社，2005 年），认为清至近代内蒙古城镇的兴起，除了统治者、掌权官员施政方向变迁的因素外，也与一系列经济、地理、交通等因素密切相关。宝音主编《内蒙古城市化与城镇体系发展研究》（内蒙古人民出版社，2002 年），对内蒙古自治区城市化与城镇化体系发展的环境与资源基础、现状特征、支撑系统等进行了探索性研究。陈永志主编《内蒙古出土瓦当》（文物出版社，2003 年），是一本古代瓦当研究的考古学专著，从纵横两方面对内蒙古古代瓦当进行了全面、深入的探讨。内蒙古自治区教育成就编委会编《内蒙古自治区教育成就统计资料》（内蒙古教育出版社，1997 年），以文字、照片、统计图表的形式比较全面、系统地反映不同历史阶段自治区教育事业发展的规模、速度、结构和效益。托娅、彩娜编著《内蒙古当代文学概观》（内蒙古大学出版社，1997 年），对自治区成立 50 年以来内蒙古文学在诗歌、小说、散文、报告文学、戏剧、电影文学创作等方面所取得的成就加以概述，并选取了一些有代表性的作家及作品进行分析。还有内蒙古自治区文物局《内蒙古文物概览》（内蒙古自治区文物局，2007 年印），内蒙古公路交通史志编委会编《内蒙古古代道路交通史》（人民交通出版社，1997 年），李逸友编《内蒙古历史名城》（内蒙古人民出版社，1993 年），奇那顺达来、刘忠和主编《内蒙古历史文化》（内蒙古人民出版社，2002 年），闫天灵著《汉族移民与近代内蒙古社会变迁研究》（民族出版社，2004 年），刘世海主编《内蒙古民族教育发展战略概论》（内蒙古教育出版社，1993 年）等等，都是专题研究的成果。

2. 研究蒙古族和北方少数民族的著作

阴山自古以来就是多民族聚居地域，更是蒙古族和北方少数民族活跃的舞台，研究北方少数民族，特别是蒙古族的著作包含有大量阴山历史文化的内容。蒙古民族曾经建立元朝，为中华民族的发展做出过突出贡献，在中国历史和世界历史上均产生了巨大影响，受到学术界高度关注，蒙古史研究已成为一门世界性的学问。这方面的研究成果较多，篇幅所限，这里只能择要简略介绍。

通史类著作，须提及义都合西格主编的《蒙古民族通史》（内蒙古大学出版社，2002年）。该书记事上起蒙古民族的形成，下迄内蒙古自治区的建立，共五卷六册二百万字。第一卷详细记述蒙古民族的起源和蒙古汗国的历史；第二卷将蒙古民族在元朝统治时期的历史作为叙述主体，对元代蒙古史的研究内容、阶段划分、学科内容做了有益的探索；第三卷是第一部关于明代蒙古史的专著，填补了蒙古族通史研究中的空白；第四卷对蒙古族与后金和清朝的关系、清王朝统一蒙古各部的过程及清代蒙古族在中国北方地区的活动等问题做了深入探讨；第五卷展示了近代以来蒙古族和其他各族人民一样经历反帝、反封建的旧民主主义革命和争取民族解放、走向民族区域自治的历程。该书2005年曾荣获第十四届中国图书奖，因为它是目前中国国内出版的同类著作中篇幅最大、内容最全面、结构最完善、具有很高学术价值的一部蒙古民族通史，它凝聚了中国蒙古史学界数十位专家近二十年的心血，广泛吸收了中外蒙古史学界研究成果，能够反映中国蒙古史学界在这个领域研究中的学术水平。内蒙古社科院编写组的《蒙古族通史》（民族出版社，2001年），也是一部全面叙述蒙古族经济、政治、文化发展的专著，揭示了蒙古历史发展的内在规律，具有鲜明的民族史特点。达力扎布编著《蒙古史纲要》（中央民族大学出版社，2006年），乌云毕力格、白拉都格其主编《蒙古族史纲要》（内蒙古人民出版社，2006年），泰亦赤兀惕·满昌主编《蒙古族通史》（辽宁民族出版社，2004年），留金锁著《蒙古族全史》（第一卷）（辽宁民族出版社，2000年）等著作也都各具特色。

专题类著作，最具代表性的是比较全面系统科学地记叙和反映蒙古民族社会历史文化的大型系列丛书《中国蒙古学文库》。该丛书计划用蒙汉两种文字累计编写出版反映中国蒙古学最新研究成果的著作100部，自1997年开始由辽宁民族出版社陆续出版。已出版的著作行销海内外，其中如盖山林著《蒙古族文物与考古研究》、格·孟和著《成吉思汗哲学思想研究》、陈献国主编《蒙古族经济思想史研究》、额斯日格仓和包·塞吉拉夫著《蒙古族商业发展史》、齐格著《古代蒙古法制史》、胡泊主编《蒙古族古代军事史》、巴音图著《蒙古族近代战争史》、苏和与陶克套著《蒙古族哲学思想史》、宝力格著《蒙古族近现代思想史》、图·乌力吉著《蒙古族逻辑思想研究》、苏鲁格著《蒙古族宗教史》、德斯来扎布著《佛教与蒙古文学》、呼格吉勒图著《蒙古族音乐史》、满都夫著《蒙古族美学史》、阿木尔巴图著《蒙古族美术研究》、贺喜格忙来著《蒙古族曲艺研究》、吉格木德著《蒙古族医学发展史》等等都是研究蒙古学的力著，有的已达到国际蒙古学研究的最高水平。这套丛书的出版，是对蒙古族历史文化进行一次全面系统的文化积累，是对蒙古族社会经济、政治、军事、文化、科技、教育各个领域历史经验的总结与规律的探索，是几百年蒙古学产生、形成、发展以来成果的全面概括和继承发展。此外，还有薄音湖著《明代蒙古史论》（台北台湾蒙藏委员会，1998 年）、周清澍著《元蒙史札》（内蒙古大学出版社，2001 年）、齐木德道尔吉著《蒙古史研究》（内蒙古大学出版社，2007 年）、高文德著《蒙古奴隶制研究》（吉林长白山出版社，1980 年）、卢明辉著《清代蒙古史》（天津古籍出版社，1990 年）、乔吉著《蒙古佛教史》（内蒙古人民出版社，2008 年）、斯钦巴图著《江格尔与蒙古族宗教文化》（内蒙古大学出版社，1999 年）、（韩）金成修著《明清之际藏传佛教在蒙古地区的传播》（社会科学文献出版社，2006 年）、佟德富著《蒙古语族诸民族宗教史》（中央民族大学出版社，2007 年）、宝贵贞著《蒙古民族基督宗教史》（宗教文化出版社，2008 年）、赛音吉日嘎拉编著《蒙古族祭祀》（内蒙古大学出版社，2008 年）、马世雯著《蒙古族文化史》（云南民族出版社，2000 年）、仁钦道尔吉著《蒙古英雄史诗源流》（内蒙古大学出版社，2001 年）、乌日陶克套胡著《蒙古族游牧经济及其变迁》（中央民族大学出版社，2006 年）、郭雨桥著《蒙古通》（内蒙古科学技术出版社，2007 年）、张秀华编著《蒙古族生活掠影》（沈阳出版社，2002 年）等，不再一一列举。

　　整理研究有关蒙古民族的古代文献也是蒙古学研究的重要工作，这方面的成果主要如策·达木丁苏隆编译《蒙古秘史》（中华书局，1957 年），贾敬颜、朱风译注《汉译蒙古黄金史纲》（内蒙古人民出版社，1985 年），乌兰著《〈蒙古源流〉研究》（辽宁民族出版社，2000 年），王雄著《古代蒙古及北方民族史史料概述》（内蒙古大学出版社，2008 年）等。薄音湖、王雄编辑点校的《明代蒙古汉籍史料汇编》，是教育部全国高等院校古籍整理研究工作委员会重点研究项目成果，对于明代蒙古史的研究有很高的价值。该书由内蒙古大学出版社自1994年始分集陆续出版，第一辑汇辑了明人以汉文所著有关蒙古的史料25 种，第二辑汇辑 34 种，第三辑编辑点校了方孔炤的《全边略记》，第四辑编辑点校了瞿九思《万历武功录》中蒙古女真人物传记。另外须提及，瑞典学者多桑（1780—1855）用法文撰写的《多桑蒙古史》，对蒙古民族在中亚、西亚以及欧洲的活动史实作出了详细的叙述，也是一部有价值的历史文献，冯承钧将全书译成汉文，由中华书局、上海书店先后出版。

研究北方少数民族的著作，如林幹著《匈奴史》（内蒙古人民出版社，2007年），田广金、郭素新著《北方文化与匈奴文明》（江苏教育出版社，2005年），马利清著《原匈奴、匈奴历史与文化的考古学探索》（内蒙古大学出版社，2005年），马长寿著《北狄和匈奴》、《乌桓和鲜卑》（广西师范大学出版社，2006年），周伟洲著《敕勒与柔然》（广西师范大学出版社，2006年），林幹著《中国古代北方民族通论》、《中国古代北方民族新论》（内蒙古人民出版社，2007年）、《中国古代北方民族通史》（鹭江出版社，2006年），张碧波等著《中国古代北方民族文化史》（黑龙江人民出版社，1993年）等，其内容均与阴山历史文化相关，具有参考价值。

3．研究草原文化的著作

草原文化研究是近年兴起的课题。"草原文化研究工程"2004年列为国家社会科学基金特别委托项目，2005年列为国家社会科学基金重大委托项目。草原文化研究是内蒙古自治区具有区域特色和学术研究专长的研究课题，整个自治区都包含在其研究范围之内，阴山地域自然也不例外。阴山文化也可以说是内蒙古草原文化的重要组成部分，因而草原文化研究的成果大部与阴山文化相关。2007年，草原文化研究工程的第一期成果《草原文化研究丛书》，由内蒙古教育出版社出版发行。该丛书近500万字，共11种12册著作，包括宝力格主编《草原文化概论》，晓克主编《草原文化史论》，扎戈尔主编《草原物质文化研究》，包斯钦、金海主编《草原精神文化研究》，呼日勒沙主编《草原文化区域分布研究》，塔拉主编《草原考古学文化研究》，潘照东著《中华文化大系比较研究》（上、下册），刘高、孙兆文、陶克套著《草原文化与现代文明研究》，陶玉坤著《北方游牧民族历史文化研究》，朋·乌恩著《蒙古族文化研究》，毅松、涂建军、白兰著《达斡尔族　鄂温克族　鄂伦春族文化研究》等。2008年，内蒙古社会科学院草原文化研究基地被列入首批"内蒙古自治区哲学社会科学研究基地"之中，"草原文化研究工程"二期工程已经展开，相信不久的将来又会有一批新的成果问世。

4．研究阴山地域历史文化的著作

目前，全面系统论述阴山整个地域历史文化的著作尚未出现，但是研究阴山某一地区、某一方面历史文化的专著近二三十年却陆续编撰出版。

　　地方志之外，记述包头的历史著作有两部较为重要。一是张贵著《包头史稿》，由内蒙古大学出版社 1994 年出版上卷，1997 年出版下卷。上卷记述远古时期至 1919 年五四运动前包头地区的历史，下卷记述新民主主义革命时期包头地区社会经济状况和中国共产党领导下包头人民革命斗争的历史，是第一部较为系统记载包头历史的著作。二是李绍钦主编《包头史话》（内蒙古人民出版社，1997 年），以纪事本末的体例，从包头五千年的历史中选取 63 个题目作了较为客观的记叙，其中二分之一的篇幅用于新中国建立后的当代史，尽管众手成书各个专题内容不平衡，但也是一部有特点的包头史著。张贵另编撰有《阴山集》（内蒙古人民出版社，2001 年）、《河水集》（远方出版社，2005 年）、《黄土集》（内蒙古大学出版社，2007 年）三书，均分为政治军事篇、历史人物篇、社会经济篇、文化教育篇、宗教民俗篇五个方面，汇集了作者研究包头历史的专题文章，附录了关于包头的人口、垦务、街巷、寺院等基础资料，具有重要的参考价值。张贵还主编了《老包头影集》（内蒙古大学出版社，2007 年），刊印老照片 301 张，其中绝大部分拍摄于 20 世纪二三十年代，具有重要的资料价值。

　　高毅、王志浩、杨泽蒙著《鄂尔多斯史海钩沉》（文物出版社，2008 年），以近年考古发现资料为依托，图文并茂地介绍了鄂尔多斯地质年代史及人类出现后的历史文化情况。杨泽蒙著《远祖的倾诉——鄂尔多斯青铜器》（内蒙古大学出版社，2008 年），记述了青铜时代独树一帜的鄂尔多斯青铜器，并且探讨了北方青铜文明背后，被历史尘封了两千余年鲜为人知的历史篇章。萨楚日勒图编著《鄂尔多斯革命史》（内蒙古人民出版社，2004 年），主要叙述了从 19 世纪 20 年代至新中国建立，鄂尔多斯蒙汉各族人民以各种形式进行革命斗争的历史。牧人等编著《鄂尔多斯盐业史》（内蒙古人民出版社，2003 年），真实地总结记录了鄂尔多斯有史以来盐业经济的发展与变迁，是鄂尔多斯第一部盐务专业史。梁冰著《伊克昭盟的土地开垦》（内蒙古大学出版社，1991 年），探讨了鄂尔多斯地区开垦蒙旗荒地对社会形态和社会经济的影响。策·哈斯毕力格图等编《鄂尔多斯婚礼》（内蒙古大学出版社，2006 年），对独具特色的鄂尔多斯蒙古民族婚礼习俗作了系统的记述。陈育宁著《鄂尔多斯史论集》（宁夏人民出版社，2002 年），以鄂尔多斯为对象，从历史、民族、经济、文化、民俗、生态、宗教等多方位、广角度进行了综合性、系统性的研究。

　　关于呼和浩特的著作，主要有郝维民主编《呼和浩特革命史》（内蒙古大学出版社，1999 年），高延青主编《呼和浩特经济史》（华夏出版社，1995 年），王永夫主编《呼和浩特工业史》（内蒙古人民出版社，1988 年），佟靖仁著《呼和浩特满族简史》（内蒙古大学出版社，1992 年），政协呼和浩特市回民区委员会编《呼和浩特回族史》（内蒙古人民出版，1994 年），郝诚之主编《呼和浩特民俗》（内蒙古人民出版社，1997 年）等。

　　有关巴彦淖尔市和乌兰察布市的著作较少。王天顺著《河套史》（人民出版社，2006 年），将人和大自然这一对不能相离的矛盾范畴作为历史研究的主题，从地理、民族历史、经济等方面勾勒了河套这一特定历史地域的文明和文化发展史。另有詹耀中编著《巴彦淖尔辞典》（内蒙古文化出版社，2005 年）；1997 年乌兰察布盟政协内部印刷的《乌兰察布史略》等。须提及的是，陈永志主编《内蒙古集宁路古城遗址出土瓷器》（文物出版社，2004 年），按窑系将 2002—2003 年度集宁路古城遗址考古发掘出土的瓷器精品进行了分类介绍。这批瓷器种类丰富，精品众多，涉及釉里红、青花、卵白釉、梅子青釉、结晶釉、白釉褐花、红绿彩等诸多品类。其中景德镇窑系 49 件，龙泉窑系 36 件，钧窑系 22 件，定窑系 11 件，建窑系 14 件，磁州窑系 19 件，耀州窑系 5 件。这批瓷器具有明确的载体、清楚的地层关系，胎釉装饰时代特征鲜明，为金元时期的陶瓷研究提供了珍贵的实物资料。

　　此外，牛敬忠著《近代绥远地区的社会变迁》（内蒙古大学出版社，2001 年），运用社会史方法，从政治沿革、农垦、人口、社会阶级结构、物质生活、精神生活、社会问题等方面，对近代绥远地区的社会政治变迁进行了较为系统的研究。盖山林著《阴山汪古》（内蒙古人民出版社，1992 年），以丰富的考古资料和文献资料为基础，广泛吸收前人的研究成果，对金元时代及其之前活动于阴山东段地区的汪古部历史进行了一次系统的综合性概述。其中包括汪古的族源、族属、部落世袭制度的形成以及汪古封国内的政治、经济、文化等，对于研究阴山民族史具有重要价值。有关阴山地域重要历史人物，应特别提及珠荣嘎译注的《阿勒坦汗传》（内蒙古人民出版社，1990 年）。此书是现存关于明代蒙古最早的一部蒙文史著，作者不详，成书于 17 世纪初。全书以诗歌的形式叙述了阿勒坦汗先世和阿勒坦汗的生平事迹，以及黄教传入蒙古地区的历史。全书有明确的时间、地点和人物，较之其他蒙文史籍准确，可与汉文史籍相印证，是研究阿勒坦汗时期的蒙古族历史、蒙汉关系和蒙藏关系的重要文献。

（三）学术论文

内容涉及阴山地域的学术论文数量很大，就是专题论述阴山地域历史文化的论文也不在少数，——罗列恐嫌繁琐，故只对内容相对集中、与阴山文化密切相关的论文集和刊物专栏等择要作简略介绍。

1. 研究蒙古族历史文化的论文

研究蒙古族历史文化的论文很多，许多刊物都在刊登，其中突出的刊物主要有两种。一是中国蒙古史学会会刊《蒙古史研究》。该刊创刊于 1985 年，著名蒙古史学家、蒙古史学会会长翁独健教授撰写创刊词，并题写刊名。该刊为不定期出版物，其特点是以多文种编辑发表学术文章和重视发表长篇论文，至今已编辑出版九辑。第一辑、第二辑分别于 1985、1986 年由内蒙古人民出版社出版，第三辑至第九辑由内蒙古大学出版社分别于 1989、1993、1997、2000、2003、2005 和 2007 年出版，用汉、蒙、吉里尔蒙古文、英文、德文以及日文发表了学术论文共 214 篇。《蒙古史研究》作为中国蒙古史学会的学术园地，在国内外蒙古史学界享有盛誉，成为国内外蒙古史学者发表高水平研究成果的重要学术刊物。

二是教育部重点研究基地内蒙古大学蒙古学研究中心创办的独具民族特色的学术季刊《蒙古学集刊》。该刊于 2003 年 12 月创刊，亦不受语言限制，发表各种语言（如汉文、蒙古文、新蒙古文、英文、俄文、日文、德文、韩文等）的有关蒙古学研究领域的论文，设有蒙古学信息、历史、文化、语言、文学、经济等六个栏目，是蒙古学学者发表精品力作的重要园地。从创刊至 2009 年第 1 期，共 22 期发表 204 篇论文，蒙古学研究领域的许多新成果都藉该刊得以发表和确认，它体现了蒙古学研究的最新动态，代表了蒙古学研究的较高水平，在国内外蒙古学学界得到了很好的评价。

2. 研究草原文化的论文

近年随着"草原文化研究工程"的开展，研究草原文化的论文也日益增多。内蒙古社会科学院编辑了《草原文化研究资料选编》，于 2005 年、2006 年、2007 年分别出版了三辑，收入多年来国内外有关草原文化研究各个相关学科的科研成果 190 余篇，220 余万字。自 2004 年开始，为了推动草原文化研究的进步，每年都召开较大规模的"中国·内蒙古草原文化研讨会"，至 2009 年已召开六届，每届会后均编辑《论草原文化》论文集，并且由内蒙古教育出版社出版发行。此外，内蒙古社会科学院与《光明日报》、《内蒙古日报》、内蒙古新闻网等媒体联合开办了"草原文化论坛"、"文化论坛"和"草原文化研究"等栏目，累计发表论文 500 余篇。其中内蒙古社会科学院草原文化研究课题组撰写的《论草原文化在中华文化发展史上的地位和作用》等 13 篇论文，先后在《光明日报》发表，引起社会各界的广泛关注。

3. 研究阴山历史文化的论文

发表研究阴山历史文化论文的学术园地，当首推包头师范学院主办的《阴山学刊》。该刊是综合性学术理论刊物，但十分注重突出地方特色。20 世纪 80 年代，《阴山学刊》曾以"包头文物研究"专栏形式陆续发表过一些阴山文化研究的文章，1990 年正式推出了"阴山文化研究"专栏，是众多刊物中唯一设立专门研究阴山文化栏目的期刊。该专栏由最初向区内资深学者约稿到目前海内外诸多学者慕名投稿，作者队伍日益壮大，逐渐形成一支比较稳定、有一定研究水平的作者群。论文研究内容涉及政治、经济、民族、历史、考古、地理、文学、语言、艺术等多门学科，具有较为广阔的学术视野。截至 2009 年，"阴山文化研究"专栏已发表论文 100 余篇。2006 年在中国人文社会科学学报学会第三届评优活动中，《阴山学刊》被评为"全国优秀社科学报"，"阴山文化研究"专栏获得"全国社科学报优秀栏目"称号。

此外，包头大漠文化艺术中心、包头市西口文化研究会主办的《西口文化》，鄂尔多斯学研究会主办的《鄂尔多斯学研究》，鄂尔多斯市文化局、新闻出版局主办的《鄂尔多斯文化》，河套文化研究会主办的《河套文化》等刊物，也都发表了许多关于阴山地域历史文化的文章。

（四）小结

如上所述，有关阴山历史文化的记载古已有之，近二三十年内容与阴山历史文化相关的论著也不断涌现。但是，上述论著或主旨在于探讨草原、蒙古民族、内蒙古自治区的历史文化，其研究范围大于阴山，严格说来还不是阴山文化的专论；或只是对阴山某个局部、某个专题、某个方面历史文化的论证，比较孤立零散，缺乏系统性。因此，把阴山文化作为一个专门的学术研究课题从整体上进行全面深入的研究，应该说才刚刚起步，还有大量的工作需要我们去做。

三、研究阴山文化的意义

区域历史文化的研究，涉及某一个地方各方面的情况，从不同的角度切入，探讨的重点不同，就会有不同的认识和成果。阴山文化也是如此，其研究具有多方面的意义。这里只从三个方面略加论述。

1. 为中国文化史补充新内容，开拓文化研究的新领域

阴山文化是中国文化史的一部分，但是目前的中国文化史著作中，涉及阴山地域的内容少之又少，阴山文化还没有取得应有的地位。例如阴法鲁、许树安主编的《中国古代文化史》（三册，北京大学出版社，1989—1990 年出版），是国家教委"六五规划"的重点项目，由三十多位各学科的专家，经过几年的努力编撰而成。该书 1993 年荣获北京大学中国文化学术成果一等奖，1996 年荣获国家教委评定的优秀教材二等奖，为国家教委向全国高校文科推荐的重点教材。2008 年修订再版，出插图本。该书用章节体对中国古代文化史领域的诸多问题进行了论述。各个专题自成体系，而各专题之间又相互关联，有机地构成一个整体，比较系统地阐述了中国古代物质文化与精神文化的全貌。书中既有知识性的具体描述，又有规律性的深入探讨，是 20 世纪后期中国文化史研究最有影响的代表性成果之一。但是，该书涉及阴山地域历史文化，只有阴山岩画、鄂尔多斯青铜器、九原郡、匈奴、《蒙古秘史》、三娘子等极少的内容，且基本都是"蜻蜓点水"，一带而过。再如郑师渠总主编的《中国文化通史》（中共中央党校出版社，1994 年出版），是"九五"国家重点图书，数十位专家学者历经多年辛勤耕耘完成。全书上限起于中国文化的发端，下限迄于中华人民共和国成立，分为先秦、秦汉、魏晋南北朝、隋唐、两宋、辽夏金元、明代、清前期、晚清、中华民国等十卷，500 余万字，是一部系统阐述中国文化史的通史性著作。但其中涉及阴山地域历史文化，也只有鄂尔多斯青铜器、"新秦中"、昭君出塞、和林格尔汉墓壁画、突厥汗国、辽契丹墓、成吉思汗陵、俺答汗和三娘子、呼和浩特五塔寺石刻蒙文天文图等少量内容。又如萧克任编委会主任编撰的《中华文化通志》（上海人民出版社，1998 年出版），由全国近 200 位专家历时 8 年写就。该书分为序卷和历代文化沿革典、地域文化典、民族文化典、制度文化典、教化与礼仪典、学术典、科学技术典、艺文典、宗教与民俗典、中外文化交流典十典，每典又分十志，共十典百志 101 卷。该书贯通古今五千年历史，涵盖十大文化领域，包括 56 个民族文化，涉及文史哲经等十个主要学科，洋洋 4000 余万字，是中华民族历史上第一部系统、全面的文化通志。其中涉及阴山地域历史文化的内容，与上述二书相较，又在大窑文化、河套人文化、赵武灵王胡服骑射、赵北长城、秦长城、盛乐城址、喇嘛寺庙等方面有所增加，但论述亦较简略。其他此类著作情况

大体如此。总之，已经出版的中国文化史著作，不管部头大小，其中都会有关于阴山地域的内容，说明研究中国文化史不能忽视阴山文化；但另一方面，涉及阴山地域历史文化的内容在这些著作中所占的比重甚小，说明阴山文化在中国文化史上的地位还没有受到足够的重视。

现在对阴山地区的政治、经济、文化、历史人物、风俗习惯虽有一定的学术探讨，但比较孤立零散，缺乏系统性，目前还没有综合性的较全面的阴山文化研究成果面世。因此，有必要把阴山文化作为一个专门的学术研究课题，从整体上进行系统深入的研究。通过研究阴山文化，梳理出阴山地域悠久历史文化的发展脉络，展现多民族政权交替、各领风骚、相互融合的发展历程，揭示阴山游牧民族冒险进取、勇敢拼搏的优良品质，展示阴山各族淳朴善良、热情好客的民风民俗，塑造叱咤风云、纵横南北的英雄形象，再现政治变革、边疆开发的社会变迁，进而概括出阴山文化的基本内涵和精神风貌。这既有利于进一步丰富中国文化史的内容，也是对区域文化研究领域的新拓展。

2. 为多民族地区各族人民团结合作、共同进步提供借鉴，促进各族人民大团结

阴山自古以来就是一个多民族聚居地域，先后活跃着匈奴、鲜卑、柔然、铁勒、突厥、回鹘、阴山沙陀、契丹、党项、女真、阴山鞑靼、蒙古等众多少数民族，汉族也从春秋开始就有居民迁入。像阴山这样一个不太大的区域内先后活跃有这么多民族的地区，在我国并不多见。几千年来，阴山地域各民族之间也有矛盾和冲突，而历代民族关系的主流是团结合作，取长补短，共同进步。我们将阴山文化的发展历程分为四个阶段进行研究，每一阶段都紧紧抓住阴山地域多民族文化交融的突出特点进行探讨。第一阶段为先秦至宋代，主要有土方、鬼方、舌方、犬戎和匈奴、鲜卑、柔然、高车、铁勒、突厥、回鹘、契丹、党项、女真等游牧民族先后活跃在阴山地域，但中原农耕文明已传入，是草原游牧文化与农耕文化相互交汇，多民族融合时期。第二阶段为元明时期，主要是蒙古民族对阴山地域的开发建设，创造了辉煌的以蒙古族文化特色为主的地域文化。第三阶段清代至民国，随着"走西口"移民的涌入，晋陕文化与蒙古族文化的交融成为主要特点；此外，喇嘛教的进一步传播、外国传教士的活动和满族文化也对阴山地域生产、生活、宗教信仰状态产生了影响。新中国建立后为第四阶段，随着包头钢铁基地等大型重工企业的建设，全国大批新移民进入阴山地域支援边疆，使东北、中原及其他内地文化与当地

文化交融，出现了"蒙汉合同"、各民族大团结的新局面。

我国是一个多民族国家，多民族聚居地区民族矛盾不可避免，特别是边疆少数民族地区至今还存在着许多民族问题。通过对阴山地域数千年民族关系的系统研究，总结民族团结的经验和教训，归纳出其发展规律，不仅对本地区民族团结、社会和谐、精神文明建设有所裨益，而且对于更好地解决我国的民族关系和民族问题，建设社会主义和谐社会，具有重要的现实意义。而深入研究一个典型地区民族文化交融的历史，对于进一步考察我国多民族统一国家形成和发展的文化基础及特征，也具有重要的学术意义。

3. 促进地方文化建设事业的发展进步

胡锦涛同志在党的十七大报告中指出，"当今时代，文化越来越成为民族凝聚力和创造力的重要源泉，越来越成为综合国力竞争的重要因素，丰富精神文化生活越来越成为我国人民的热切愿望。"从而发出了推动社会主义文化大发展大繁荣，兴起社会主义文化建设新高潮的号召。近年来，全国各地都把文化建设放在了突出的地位。内蒙古自治区党委、政府也高度重视文化建设，2003年作出关于进一步加快文化发展的决定，制定了民族文化大区建设纲要。自治区第八次党代会又将建设民族文化大区作为一项重要任务作出部署，强调要"加快民族文化大区建设步伐，努力实现优秀传统文化和时代发展要求的有机结合，实现经济发展与文化发展的互动并进，实现民族文化和现代文明的交相辉映。"这是着眼于新世纪文化发展而作出的一项重要战略决策。

建设民族文化大区，要坚持发展区域特色文化，打造自己的文化品牌。近年内蒙古兴起"草原文化"研究的热潮，并取得了突出的成绩，带动了全区的文化建设事业，"草原文化"已成为内蒙古自治区的文化品牌。阴山地域处于内蒙古自治区中部，近几年经济快速发展，成为内蒙古经济发展最具活力的地区。经济发展必然需要有相应的学术文化来做铺垫和支撑，同时经济发展也为学术发展提出要求和支持。顺应这种趋势，开展阴山文化研究也日益受到学界的重视。阴山文化与草原文化密切相关，甚至可以说阴山文化是内蒙古草原文化的重要组成部分。但是，二者毕竟不是同一概念，在地域、内涵、外延诸方面都存在许多区别。对阴山文化进行深入系统地研究，对于推动地方文化建设还有着独特的价值。这里特别要提及包头市。包头处于阴山中心地带，阴山文化发展史上的主要阶段、突出特点和重大事件都与包头地区密切相关；包头在20世纪50年代就成为国内著名的草原钢城，现在是阴山地域最大的城市，2005年包头市又荣获首批"全国文明城市"荣誉称号，因此包头堪称阴山文化的典型代表。但是，包头在地方经济快速发展、城市知名度不断提高的同时，却没有形成与之相应的城市文化形象品牌，缺少一面鲜明的文化旗帜。我们通过全面系统的阴山文化研究，进一步挖掘整理、升华提炼阴山、特别是包头地区的历史文化资源，使阴山文化成为包头地方文化的旗帜，必将促进包头及阴山地域旅游经济开发和各项文化建设事业的发展。

第一章　先秦至宋代
——阴山地域古代多民族交融的文化

　　阴山地域自远古以来一直就是一个众多民族活动的舞台，历史文化源远流长。中原王朝多次移民阴山地域，并设置郡县。从先秦到宋代，包括阴山地域的北方，还出现过诸如秦末汉初匈奴冒顿、东汉时期鲜卑檀石槐、十六国时期前秦、南北朝时期北魏、北周、突厥木杆可汗、唐末五代时期契丹族等多次局部统一。通过这些统一，北方各民族在共同的经济文化生活中，密切交往，互相影响，采长补短，互相吸收，不断融合，并且进一步加强了与中原的联系，逐渐形成一股强大的内聚力和向心力。北方的统一，无论是从经济、文化，还是民族融合、民族心理素质等方面，都为全国的大统一奠定了坚实的基础，作出了重要的贡献。

第一节　阴山文化的起源与形成

一、阴山地域的自然地理环境

　　环境是人类生存的物质基础和创造文化的历史舞台。阴山地域所处的地理位置、地形地貌、气候物产，是阴山地域历代先民创造本地区历史文化的舞台和物质基础。

　　1. 地理环境

　　内蒙古地貌特征形成于第三纪发生印度板块与欧亚板块相撞运动，继而又发生了三次喜马拉雅运动，青藏高原隆起，使整个东亚下垫面发生了深刻变化，我国北部形成准平原化的高原地貌。[①] 大兴安岭—阴山山地—贺兰山构成内蒙古地

_____

　　① 孙金铸《内蒙古地理》第39页。

区的三大山地和地貌脊梁，也是中国重要的自然地理分界线，为农牧业过渡带和内、外流水系的分水岭。它制约着热量和水分在地表的再分配，影响着地表物质的迁移、生态系统的演进、自然景观的差异和自然资源的多样性。

阴山山脉横亘于内蒙古自治区中部，西起杭锦后旗的狼山，中段为乌拉山、大青山、灰腾梁山，东段为坝上高原的大马群山，东西绵延长达 1200 多公里，南北宽达 50—100 公里。阴山山脉是古老的断块山，其蒙古语名字为"达兰喀喇"，意思为"七十个黑山头"。山脉北麓有乌兰察布草原，南麓有河套—土默川平原。山脉内部的盆地中心及山前地带有乌梁素海、岱海、黄旗海等数个积水形成的湖泊。阴山的最大特点是南北不对称，南坡山势陡峭，北坡则较为平缓。山脉的平均海拔高度在 1500—2300 米之间，仿佛一座巨大的天然屏障，同时阻挡了南下的寒流与北上的湿气，因此阴山南麓的雨水较为充沛，适宜发展农业。山脉南侧有大黑河、昆都仑河等汇入紧靠阴山的黄河，但水量较小。在黄河北岸还有大狼山、大桦背山，都是河套地区的北部屏障，是黄河流域的北部界线。黄河在阴山之南形成一个大弓形，弓形黄河湾内就是属于阴山地域的鄂尔多斯高原。

阴山南北气候差异显著，是草原与荒漠草原的分界线。山区植被稀疏，仅在东段的阴坡有小片森林，有白桦、山杨、杜松、侧柏、油松、山柳等树种。山林之中还栖息着画眉、百灵、斑鸠、石鸡等飞禽以及狼、狍子、狐狸、野兔、青羊、盘羊等走兽。这里亦是远志、黄花、当归、知母、赤芍、干草等 200 余种中草药的生长地。中段和西段山地散布有大小不等的一片片山地草场，井眼梁、马场梁、骆驼梁是出名的天然放牧场所。

阴山山脉自古以来就是农耕区与游牧区的天然分界线。山区本身是农牧交错地带，是内地汉族与北方游牧民族交往的重要场所。条件较好的山间盆地中有旱作农业，主要种植春小麦、莜麦、马铃薯等农作物。山区地质矿产资源丰富，大青山的煤矿、白云鄂博的铁矿和稀土矿都是品位高、储量大的著名矿区。

2. 气候

第三纪渐新世早期，青藏高原隆起，我国北部准平原化的高原地貌形成，极大地影响了亚洲季风环流的形成、发展，并对西伯利亚——蒙古高气压的形成产生了决定作用，直接导致内蒙古高原现代气候的形成。

阴山地区缺乏大面积的陆地水，水分循环受到限制。北部自然植被以干草原为主，南部平原雨水较多，适宜农耕。由于离太平洋较远，处于夏季风的边缘地带，海洋气团到达内蒙古高原已成弱势，带来的水分不多，再加上内蒙古高原地势较高和山脉的阻挡，对湿润气流的北上起了很大的阻碍作用。因此形成的区域气候特点是：春季干旱，气温骤升，多大风天气；夏季短促，雨量集中；秋季气温剧降，霜冻早临；冬季漫长寒冷，多寒潮天气。[①]

3．生态环境

阴山地域处在农牧交错带，是典型的生态环境脆弱带。所谓环境脆弱带，指的是生态系统中凡处于两种以上的物质体系、能量体系、结构体系和功能体系之间所形成的界面以及围绕该界面向外延伸的过渡带或边缘地带。在这种地带中，环境变化的频率高、速度快、空间范围广，可被替代的概率大，可以恢复原状的机会小，对于改变界面状态的外力抵抗能力低，因而整个生态系统不稳定性强，脆弱度高，往往某一环境要素一旦出现波动，整个系统就会随之发生变化，并造成灾害。[②]

脆弱的自然环境使这里成为旱灾、大风沙暴、低温冰害、霜冻、虫、疫及水土流失土地沙化等多种灾害频发地区，而干旱是最主要的自然灾害。干旱与大风的叠加作用加剧了土壤的侵蚀，造成土地沙化。降水季节分布不均，夏秋多暴雨，因而水土流失严重。灾荒在造成社会危害的同时，也加重了本地区生态环境的恶性循环。

阴山地域的先民就是在这样脆弱的生态环境背景下，创造出辉煌灿烂的区域历史文化。

二、阴山地域的旧石器文化

大量的考古学研究证明，以大窑文化为代表，阴山地域自远古以来一直就有人类繁衍生息，阴山地域历史文化源远流长，是中华文明的重要发祥地之一。

1．大窑文化

大窑文化是包含旧石器时代早、中、晚三期的远古人类大型石器制造场，位于呼和浩特市东北郊 33 公里处的保合少乡大窑村南山。1973 年发现，经多次调查发掘，确定时代为距今约 70 万年—1 万年前。[③] 大窑遗址地处阴山山脉的支脉

---

① 孙金铸《内蒙古地理》第 47 页。
② 牛文元《生态环境脆弱带 ECOTONE 的基础判定》，《生态学报》1989 年第 2 期。
③ 汪宇平《呼和浩特大窑村南山四道沟东区旧石器制造场 1983 年发掘报告》，《史前研究》1987 年第 2 期。

大青山南麓丘陵地带，西南是土默特平原，其余三面环绕巍峨的大青山，黄河支流大黑河、小黑河从附近流过，适宜于远古人类的居住。据研究，70 万—50 万年前这一地区的气候逐渐由炎热潮湿转为温暖湿润，雨水充沛，水草丰盛，为远古人类提供了良好的自然生态环境。大窑村前的兔儿山、骆驼山、凤凰山是太古代花角片麻岩和燧石，燧石质地坚韧、易击打成形，正是人类制造石器最理想的原料。

大窑遗址保存有高 15 米的完整的地层剖面，土质层次分明。大窑属于旧石器早期（距今约 70 万—10 万年前）离石黄土地层中出土了大量以燧石为原料的打制石器，同时还发现有猿人股骨化石。说明从旧石器时代早期起，大窑的原始人群就在这里开采石料制造石器。在旧石器时代中（距今约 10 万—5 万年前）、晚（距今约 5 万—1 万年前）期地层中也散布相当多的石器，证实这是一座延续数十万年，经历了旧石器时代早、中、晚三个时期的石器制造场。

这里出土的石器多以锤击法制成，有石锤、石核、石片、刮削器、尖状器、石球、砍砸器等，刮削器为主，砍砸器次之，颇具特色。龟背形刮削器是最具代表性的石器，在旧石器时代早、中、晚三个时期地层中均有出土。这种龟背形刮削器适用于刮兽肉、剥兽皮。

在兔儿山南坡和顶部有许多形如洞穴的大型燧石缝隙和比洞穴更宽敞的悬崖，在洞穴和悬崖周围堆积着一层很厚的石渣、石块、石片和石器。人类的祖先就在这背风向阳的高地洞穴、悬崖栖身。在林间草野随处皆是的燧石是他们制造工具取之不尽的原料。他们用粗糙的石器捕捉肿骨鹿、羚羊、啮齿类等较温驯的动物，也捕捉犀牛之类的猛兽。夏秋季节则采集森林、草原为人类提供的各种植物果实和根茎。

大窑原始居民已经学会了用火和保存火种。在旧石器时代早期离石黄土中，发现了灰烬层和肿骨鹿上、下颌骨烧骨化石。大窑人狩猎的主要对象是肿骨鹿，灰烬层和烧骨等是他们点燃篝火享用熟食的遗物。大窑文化的发展水平虽然还相当低下，但石器的制造和火的使用是一种巨大的动力，推动着这里的人类缓慢地、却不停顿地从猿人阶段走向早期智人和新人，经历了从血缘家族到母系氏族社会的转变。

大窑文化是目前我国正式发掘的唯一一处包括旧石器时代早、中、晚三个时期的石器制造场，遗址的面积之大，出土文物之多，场面之宏观，在世界史上也是罕见的。它不仅填补了内蒙古地区旧石器文化的空白，为研究北方旧石器文化的发展提供了重要资料，同时也为研究我国民族、文化起源提供了新的史料和充分的证据。大窑文化证明阴山南麓一带是远古人类劳动、生息的地方，时代和北京猿人一样久远。

2. 河套人

在鄂尔多斯市南端有属于旧石器晚期的"河套人"及"萨拉乌苏文化"[①]，时代距今约 3.7 万年—5 万年前。其化石的体质特征已接近现代人，但仍保留一些原始性，如头骨、股骨骨壁较厚，头骨骨缝简单，颌骨较粗壮，髓腔较小等。[②] 这些特征表明"河套人"属晚期智人，门齿和头部特征与现代蒙古人种（黄种人）相近。

进入更新世晚期，"河套人"生活的萨拉乌苏地区气候由温暖湿润转向干凉，附近有疏散的针、阔叶混交森林和广阔的森林草原、灌丛及沼泽草甸草原。羚羊、鹿、啮齿类动物是"河套人"主要猎捕的对象和生活资料的重要来源，夏季森林、草原植物果实和根茎也为人类提供了食物。河套人生活的条件是艰苦的。他们选择石英岩和燧石作为制作石器的原料，常以锤击法为主打制石器。器型有刮削器、尖状器、雕刻器等，其中刮削器最多。经过加工的石器已占相当比重，器形细小是明显特征。遗址出土带有部分头骨的羚羊角和被截去枝杈、只留基部或主干的鹿角，可能是被当作工具加工使用的。这些都意味着复合工具已出现，工具的制作有了相当的进步。大量细小石器及人工打碎的野生动物骨头、大型啮齿类鸟类碎骨与碳屑共存，证明河套人经营一种以狩猎和采集为主的经济。河套人在与大自然艰苦的斗争中已掌握了人工取火的方法，这是一个重大进步，为他们御寒、驱逐野兽、用火烧食提供了有力的保证。

河套人的社会组织与山顶洞人基本相当，已由血缘家族进入到氏族社会。"河套人"及"萨拉乌苏文化"是我国最早发掘和研究的旧石器遗址之一，它的发现说明鄂尔多斯高原南部是人类祖先的重要发祥地之一，不仅在中华民族繁衍史上占重要地位，而且在世界人类学史上也有较大影响。

3. 其他遗址

除上述两处重要遗址外，在阴山地域，如呼和浩特市东郊保合少乡、榆林乡、三道营乡，托克托县、武川县、清水河县，乌兰察布市卓资县、四子王旗，

---

① 黄慰文、卫奇《萨拉乌苏河套人及其文化》，载《鄂尔多斯文物考古文集》。
② 中国社会科学院考古所《新中国的考古发现和研究》第 18 页。

包头市、鄂尔多斯市准格尔旗等地，均发现有旧石器时代遗址和石制品。[①] 其中多处有龟背形刮削器，与"大窑遗址"的石器特征具有相同之处，反映了大窑文化的影响。旧石器时代远古人类的遗存拉开了阴山历史的帷幕。

三、阴山地域的新石器文化

阴山地域的新石器文化主要有：乌兰察布市察右前旗庙子沟，凉城县老虎山、园子沟等；呼和浩特市托克托县海生不浪、碱地，清水河县白泥窑子，和林格尔县二十家子等；包头市红台坡、阿善沟门、西园、转龙藏等；鄂尔多斯市准格尔旗大口，伊金霍洛旗朱开沟，杭锦旗锡尼镇，达拉特旗瓦窑村等遗址。

阴山地域新石器时代文化的主要代表是海生不浪文化，按不同特征和不同发展趋向可分为三种考古学文化类型，即呼和浩特、包头大青山南麓台地以阿善遗址为代表，鄂尔多斯及黄河以东地区以白泥窑子遗址为代表，黄旗海、岱海地区以庙子沟遗址为代表。其中阿善遗址反映了阴山地域相当于中原仰韶文化早、中、晚及仰韶向龙山文化过渡的新石器时代文化特征。阿善一期和西园一期是阴山地域新石器时代白泥窑子文化的组成部分，时代相当于仰韶早、中期。阿善二期、西园二期文化遗存同属庙子沟、阿善文化类型，为仰韶晚期遗存。阿善三期和西园三期属阿善文化遗存，是仰韶向龙山过渡阶段文化。海生不浪文化三个类型均出土有石器、骨器、陶器等。生产工具以磨制石器、打制石器、细石器、骨角器共存为特点。石器有斧、刀、铲、凿、锛、磨盘、磨棒、台状凹形器等。细石器有刮削器、钻刻器和石镞。陶制品主要是陶片改制的刀、铲，及直接烧制的凹形器等。陶器均为手制，分泥质、夹砂、砂质三类代表性器物，主要有小口尖底瓶系列和小口双耳鼓腹罐系列。另有其他器物，如敞口折腹钵、侈沿夹砂罐和大口深腹罐等。从文化特征看出，其经济类型以原始锄耕农业为主，并有家畜饲养业、狩猎或渔猎业。

20世纪七八十年代，阿善、白泥窑子、老虎山、庙子沟等遗址发掘，使人们对阴山地域新石器时代文化特征、内涵、分布有了进一步明确认识。证实阴山地域有许多独具特色的新石器文化，但同时与内蒙古东部赵宝沟文化、红山文化、小河沿文化之间，在相当于仰韶文化庙底沟类型时就有了来往，彼此间有许多共同文化因素。如石砌房子的墙，环绕居址的石城堡、石棺墓、石筑祭坛，及

---

① 汪宇平《内蒙古阴山地带的石器制造场》，《内蒙古文物考古》1981年创刊号。

磨制、打制石器与细石器共存，陶器红顶钵、小口壶皆为共有因素。红山文化的彩纹是海生不浪文化常见的纹饰；包头西园遗址与海生不浪文化交叉，其细绳纹敛口筒形罐与小河沿文化的直腹罐相似，两者共见小口双耳壶。小河沿文化的曲腹钵和侈沿曲腹双盆来自海生不浪文化；海生不浪老虎山遗址中含有小河沿文化半重环纹因素等。上述不同文化系统的远古居民，在开发本地区及邻近地区过程中，相互沟通，相互影响，形成了许多共同因素。

阴山地域新石器时代文化与中原地区及临近的甘肃、青海各文化间，也有某些共性。如准格尔大口一期文化与陕西客省庄二期文化遗物基本相同；阿善一期圆柱形足鼎、小口壶等接近于河南后岗类型；白泥窑子类型的红顶钵、弦纹罐接近于半坡类型；白泥窑子既有西安半坡类型黑色宽带钵，又有河南庙底沟类型的双唇口亚腰尖底瓶绳纹罐等；准格尔、清水河、托克托等地的文化特征最接近于庙底沟类型和泉护类型，双唇口尖底瓶和回旋勾连纹卷缘曲腹盆已成为这一时期仰韶遗存的共同特征。而西园四期的器物属客省庄文化系统的遗存。包头以西至阿拉善地区的新石器时代文化则更多地受甘肃马家窑文化和齐家文化的影响。

阴山地域与内蒙古东部、中原及其他邻近地区新石器时代文化间比较明显的一致性，是先民们在各自独立发生、发展过程中，彼此间长期交流，相互影响的结果。

通过对以上文化遗址的考古发掘，我们可以对新石器时代的阴山地域得出如下认识。

1. 形成社会组织

进入新石器时代，阴山地域的先民们改变了旧石器时代游移的穴居，逐渐走向定居，形成社会组织。老虎山和园子沟房址依山坡地形，建在层层台地上，每隔一段距离便有两三间房子连在一起。园子沟房址有窑洞式，也有半地穴式。各式房址造型规则，建筑工艺讲究。目前已发现窑洞的遗址中园子沟是规模最大、保存窑洞数目最多，并且最完好的一处。共清理出87座房址，已探明的还有好几十座。每所窑洞式房屋大致都分为前、后两个部分。前室是半地穴式的，有灶和若干陶器，有时也有生产工具，是炊事、就餐和其他家务活动场所。后室是窑洞，地面抹白灰，中设火膛，洞壁用白灰抹成一米高的墙裙，显得非常光洁而舒适，是卧室。这种结构可以说是中国古建筑中前堂后室的原型。① 乌兰察布市察

---

① 严文明《内蒙古中南部原始文化的有关问题》，载《内蒙古中南部原始文化文集》。

右前旗新风乡庙子沟遗址，发现房址 50 余座，灰坑、窖坑 142 座，墓葬 43 座。房址内外均有窖穴和灰坑。窖穴和居住面上都有成套的生产工具、生活用具和动物骨骼，每一两座房址和周围的窖穴构成一个生活生产单元，葬区和灰坑、窖穴交错分布于房址周围，有多人葬、双人葬和单人葬，也有一对成年男女和幼儿合葬的现象。表明这里的先民已经是以个体家庭为单位从事农业，间营狩猎和捕捞业。墓葬中随葬品多寡有别，有的有十几件，有的什么也没有。幼儿与女性佩戴环饰和海螺串饰。表明这些人群在大约距今四五千年前家庭观念产生，已步入以家庭为主体的父系氏族社会，某种社会等级和贫富差距已出现，社会文明向更高形态转化。

在黄河两岸及岱海周围，发现了众多龙山时期的石城址，石城城墙以石块垒砌，缝隙以黄土填实，高大坚固，有的还在内、外两侧复砌石碓，加围墙体。老虎山城址面积约为 13 万平方米，北墙外挖有护城壕沟，防御体系设施也较完备，可能是该地区的中心城址。在寨子塔石城北侧，发现了两道并行城墙的"复墙"和"瓮城"式城门等先进筑城技术。它是黄河南流地区地位最突出、最重要的城堡。这些石城的性质显然是军事民主制时期的防御性城堡，这表明阴山地域已进入军事民主制阶段。诸石城内部布局结构也透露当时的社会结构明显变化。在包头莎木佳石城中部，有一座进深 11.2 米，宽 26 米，面积达 200 多平方米的大房址。凉城老虎山石城中山顶部平台上有一边长约 40 米的小方城，中心最高处是石头铺地的大型建筑。这些石城内普遍存在居址分布，地势高下不同，位置、大小相异，加工优劣悬殊，应是人群划分出不同等级阶层的重要标志。这些石城的出现，反映了以城墙为界的地域关系正在冲击着以血缘为纽带的血亲关系，标志着适应阶级分化和集团之间抗争需要的社会的变革。

2. 出现原始农业

原始农业、原始畜牧业的产生是人类历史上"最伟大的经济革命"，标志着人类从消极谋生转向积极主动向大自然索取，进行生产的再创造阶段。考古资料表明，在距今七八千年至五六千年这个时期内，阴山地域和中原一样也出现了以原始农业为基础的文化，其发达程度丝毫不逊于中原。阿善一期的磨盘、磨棒，阿善二期的石斧、石铲、石刀、磨盘、磨棒、台体状凹形器，及凉城王墓山的通体精磨、器形规整、制作精细的石刀、石镞、磨盘、磨棒、纺轮等生产工具，均充分反映了农耕发展的显著进步。原始农业生产工具制作的改进，直接代表了当时农业生产发展水平，显示了先民们的丰富智慧和创造才能。此外骨、蚌、角器的制作逐渐取代石器，也是生产进步的显著成就之一。

3. 原始宗教的产生

新石器时代阴山地域的先民们在长期生产、生活实践中，逐渐产生了原始宗教的萌芽。在阴山南面黄河两岸、环岱海周围，数量众多的龙山时期石城址内，也发现了宗教祭祀的遗存。老虎山①、莎木佳、黑麻板、阿善②、威俊③、板城④等石城内均有高台形祭祀建筑。如阿善石城址内有以18座石砌圆形祭坛为主的大型祭祀遗迹，还有刻画着女巫的深折腹法器。凉城板城西北岗梁上，有一座成组祭坛，四个"口"形祭台分布在四角，中间呈"十"字形通道，通道铺有大石板，被火烧成紫红色。这些宗教祭祀遗存的发现，为研究我国原始社会宗教意识、信仰及社会生活习俗，提供了重要的实物资料。

另外，在属于仰韶向龙山过渡的包头阿善文化遗存中，还发现针筒和石刃刀的骨柄上刻划有符号纹饰，与翁牛特旗石棚山墓地出土的陶器上的12个符号类似⑤。这些刻划符号当是我国古代原始文字的端倪之一，表明阴山地域也应是原始文字的发祥地之一。正如唐兰所说"我国的疆域如此广阔，氏族如此众多，在古代不可能只有一种氏族语言，也不可能只有一种文字"。⑥

以上说明阴山地域的新石器文化中，既有自己的文化特色和系统性，同时与周边地区相互交流学习，彼此影响，而非孤立发展。反映出在新石器时代中原和内地文化就开始向阴山地域辐射，并进一步向北蔓延。

四、阴山地域的青铜文化

夏、商、西周和春秋战国时期是中国的青铜时代，阴山地域的先民和中原一样，这一时期也进入了青铜时代。

阴山地域相当于夏和早商时代的青铜文化，具有典型性的是鄂尔多斯伊金霍洛旗朱开沟遗址。朱开沟文化分为五段三期。第一期相当于龙山文化晚期；第二至第四段为第二期，相当于夏代；第五段为第三期，是早商时期。第二段墓葬中

---

① 田广金《凉城县老虎山遗址1982—1983发掘简报》，《内蒙古文物考古》1986年第4期。
② 包头市文物管理所《内蒙古大青山西段新石器时代遗址》，《考古》1986年第6期。
③ 刘幻真《包头威俊新石器时代地面建筑遗址》，《史前研究》1990年第5期。
④ 田广金《内蒙古中南部龙山时代文化遗存研究》，载《内蒙古中南部原始文化研究文集》。
⑤ 李恭笃《昭乌达盟石棚考古新发现》，《文物》1982年第3期。
⑥ 唐兰《关于江西吴城文化遗址与文字的初步探索》，《文物》1975年第7期。

出土小型铜器铜耳环、铜臂钏和铜指环，还有铜针和铜锥。第四段墓葬出土铜指环。第五段墓葬出土青铜短剑、戈、刀、镞、錾、铜圆牌饰、鼎、爵等。青铜短剑和刀与中原地区截然不同。但考古也发现早期墓葬随葬品是清一色的商文化特点，遗址中则是商文化特点和朱开沟文化典型器物共存。或许早商一支迁徙到此，最初保持自己特色，后来逐渐与当地文化融合。这表明阴山文化很早就受到中原先进文化的影响。

类似遗存还有准格尔大口、张家塔、清水河白泥窑子、吕家坡、包头阿善、呼和浩特黄土坡、凉城毛庆沟、羊厂沟等地。在这些遗址墓葬中，也出土了种类繁多的青铜工具、武器和大量的动物纹铜饰牌，并普遍存在殉牲习俗。如崞县窑子墓地男性墓，殉马、马鹿、羊，女性则以殉牛羊为主，晚期殉猪、狗。毛庆沟墓地殉马、牛、山羊及羊肩胛骨，其中殉山羊最多，也有殉狗的。男性除殉牲，随葬青铜工具、兵器外，还有在头部放置马具的习俗。可见牧猎生产是当地居民生活资料的重要来源和占主导地位的经济部门。鹿类、野猪、狍等是他们猎获的主要对象，羊、马、牛、猪、狗则是饲养最普遍的家畜，青铜冶铸是这时期手工业发展进步的重要成就。

阴山地域春秋战国时期的青铜文化遗址有凉城崞县窑子、毛庆沟、杭锦旗桃红巴拉、准格尔西沟畔、乌拉特中旗呼鲁斯太等。1983年崞县窑子发掘清理31座墓葬，出土文物总计753件，以青铜器为主。青铜器中多服饰器，工具少。发掘者将这批墓葬分为三期，分别为春秋晚期的早、晚阶段和战国早期。出土的青铜服饰器有带扣、鸟纹饰牌、虎羊纹饰牌、扣饰、铜铃、管状饰件、铜环、耳环等。工具仅有2把，铜刀和1件鹤嘴斧形器。

1979年在毛庆沟墓地发掘出79座相当于春秋中晚期至战国中期墓，出土青铜短剑6件，铁短剑4件，最具地方特色。铜、铁短剑均剑身剑柄连铸，柄首为相对、相背的二鸟头联结成的圆环形，剑身直刃，剑格稍下斜，均有柱状脊，是北方游牧民族短剑。出土的戈为有胡二穿。镞有铜镞、骨镞，均三棱，有翼式和銎式。刀有铜刀、铁刀，系弧背凹刃。出土装饰品种类多，数量大。有带扣、鸟形饰牌、双鸟纹饰牌、长方形虎纹饰牌，及其他各种铜饰件组成的腰带饰等。这些遗物与鄂尔多斯发现的青铜器类似，颇具北方游牧文化特色。其晚期器物多为铁制，形制如铜制品，反映从青铜时代向铁器时代的过渡。

1973年在鄂尔多斯杭锦旗桃红巴拉清理6座墓葬，出土一大批富于游牧生活气息的器物，有青铜鹤嘴镐、锥、斧、凿、小锤、短剑、刀、镞、带扣、环饰、兽头形饰件、管状饰、马衔、马面饰等。时代约为战国早期。

1979 年在鄂尔多斯准格尔旗布尔陶亥乡西沟畔发现一批金、银、铜、铁器及陶器，出自被破坏的战国晚期墓。铜器有短剑、刀、镞、镜及各种动物纹饰牌、饰件等。银器有卧马纹为主的饰片和马具银虎头等。出土最多的是金器，有虎豕咬斗纹金饰牌、金项圈、金耳坠、指套及直立怪兽纹、长条蛇纹、鸟形金饰片及剑鞘金饰片 17 件。薄金饰片压有各种动物纹图案，有双兽、卧鹿、卧马、双马、马纹、三兽咬斗、双兽咬斗、怪兽等。显示出高超的冶金技艺，富有浓郁的游牧生活气息。

1979 年春，在巴彦淖尔市乌拉特中旗呼鲁斯太也发现一批青铜器，有鹤嘴斧、短剑、刀、锛、镞、十字形铜饰、立鹿形饰牌、管状饰件及车马器 30 件，时间约为战国时期。青铜短剑和动物纹饰牌等，是北方草原青铜文化重要特征。

阴山地域分布的夏商周至战国时期的青铜文化，以朱开沟地区的青铜文化延续时间最久远、最典型，说明阴山地域与中原一样同步进入青铜时代。阴山地域青铜文化在自身发生、发展的过程中，受到中原及东北地区青铜文化的影响，但青铜短剑、刀、管銎战斧及各种动物纹饰牌、饰件等，与中原及东北地区的青铜文化存在明显差异，是具有独立体系的北方青铜文化，其分布和影响远远超出现在的中国国界。凉城崞县窑子等多处遗址出土大量青铜饰件、工具、武器等，显示出春秋战国时期生活在这一带的北方民族高超的冶铸水平。毛庆沟墓地出土的形制完全一致的六件青铜短剑和四件铁制短剑，表明该地区已由青铜冶铸向着铁器时代过渡。

这一时期制陶业也是发展迅速的一个手工业部门。夏商时期准格尔旗大口二期文化的陶器比较进步。陶器以泥质陶为主，有少量泥质黑陶，火候高，也有部分夹砂灰陶。小件陶器手捏而成，大件采用泥条盘筑，分段制成，再黏合在一起。虽为手制，但造型规整，器壁均匀，有的器口可看出慢轮修整的痕迹。器形较多，典型器为袋足瓮、瓶、折肩罐、大口尊等，与二里头文化或二里岗文化相近。纹饰多兰纹、绳纹，少量附加堆纹、方格纹、锥刺纹、划纹等，多在器物口部、颈部或腹部，以划纹、锥刺纹作成简单图案。大件器物上多附有泥饼状器。朱开沟遗址陶器以灰陶为主，口沿带附加堆纹的花边鬲、蛇纹鬲、三足瓮等，显示了地方制陶的特征。其技术约与大口二期的技术相当。春秋战国时期，阴山地域以崞县窑子和毛庆沟墓地为代表的制陶技术有了显著进步。陶器多数为泥质灰陶轮制为主，制作规整，胎薄，器表还留有轮制的旋纹，火候高。也有少数红褐陶为手制，器形不规正，器表凹凸不平，火候偏低，以素面或绳纹为主，器类也较简单。从灰陶的制作技术特征及窑址状况判断，中原农耕文化的制陶技术已传播到阴山地域。

五、阴山地域文化的逐渐形成

新石器时代仰韶文化至夏国家确立，是华夏及夷、蛮、戎、狄诸族形成时期，农耕区域文化和游牧区域文化也随之逐渐形成。《尚书·禹贡》即记载有蛮、夷、西戎，反映夏代不同区域文化的存在。《礼记·王制》记载的更为详细："中国戎狄五方之民皆有性也，不可推移。东方曰夷，披发文身，有不火食者矣；南方曰蛮，雕题交趾，有不火食者矣；西方曰戎，被发衣皮，有不粒食者矣；北方曰狄，衣羽毛穴居，有不粒食者矣。中国、夷、蛮、戎、狄，皆有安居、和味、宜服、利用、备器。"反映了商周时期存在区域民族文化。

阴山地域处于中原农耕文化与北方游牧文化的交界接触带，是我国北方乃至东北亚游牧文化重要起源地。进入青铜时代以来，活动在阴山地域的各族，因生态环境略有不同，河套、鄂尔多斯地区由农牧混合型演变为游牧经济；阴山南麓、蛮汉山前区大致形成以牧为主的农牧混合型经济；阴山以北草原地带则由狩猎、采集兼畜牧演变为牧猎经济。

阴山地域有多处与游牧有关的早期文化遗存。包头阿善遗址二、三期文化，有大型打制、磨制石刀、石铲与小型石叶、石片、柳叶形镞等细石器共生。相当于龙山文化早期的凉城老虎山遗址也有种类较多的细石器，如石刀、石镞等，与定居农耕的石器、陶器、房址共存。这些文化遗址均属于原始农业、畜牧、狩猎等多种文化因素共存的混合型经济。这种原始的农耕、畜牧、狩猎混合型经济通常是游牧民族形成前的文化特征。

原始农牧猎混合型文化如何演变为游牧文化？可能与竺可桢指出的一个自然因素直接有关："在近五千年中最初的二千年，即从仰韶文化到安阳殷墟，大部分时间的年平均温度高于现在2℃左右。""从那以后有一系列上下摆动，其温度最低在公元前一千年。"[①]即从公元前三千年开始气候渐凉，到公元前一千年左右又进入一个新的全面转冷干燥期。在欧亚大陆气候全面转向干、凉时，阴山地域的人类在不利于农业发展的环境下调整土地利用方式，由农转牧，便形成了单

---

① 竺可桢《中国近五千年来气候变迁的初步研究》，《考古学报》1972年第1期。

一形式的游牧业生计方式。

朱开沟遗址和老虎山遗址考古材料中，也有距今 3300 年左右，气候明显转向干凉，引起农牧交错分布的证据。朱开沟遗址龙山文化晚期农业已有较高水平，夏代中期后墓葬反映出畜牧业因素明显增长，除随葬猪下颌骨外，还有数量较多的羊下颌骨。冶铜业也发展了，经常出土北方系青铜器。到早商时期有中原二里岗式青铜容器与地方特征的青铜刀伴出，殷墟式青铜戈与北方青铜短剑、刀伴出。但早商晚期发达的二里岗上层文化，在第五段地层中消逝，畜牧业占据了主导地位，墓葬随葬青铜戈、短剑、铜刀、铜镞、铜錾和圆饰牌及装饰品等，殉牲习俗更盛行。经孢粉和各地层剖面取样分析，早商时期（距今 3500 年左右）蒿科和藜科植物占多数，已接近典型草原，明显看出这时期气候向干凉发展。农业文化急剧衰弱南退，逐渐被牧业文化代替。通过长期摸索，终于创造了逐水草而居的游牧生活，并在距今 3500—2500 年期间发展完善，形成了北方游牧业文化。

游牧经济的出现，是人类对生存环境的适应，也是社会大分工的必然。游牧业的兴起和发展，丰富了人类的经济、文化生活。阴山地域游牧文化的创造和发展，凝聚着先民的智慧和才干。适时的转移牧场，交配育种，孕育抚幼，饲养繁衍，防治畜病，畜牧工具的加工制作，天文、地理、气象、物候等多方面知识的积累，以及在此基础上形成的北方草原青铜文化，是阴山古代文明的渊源，对以后北方各族游牧文化产生了巨大的影响。它和农耕文化一样，也是人类文化和中华文化一个不可忽视的组成部分。

随着阴山游牧区域文化的形成，并逐渐定型，与中原农耕区的交往日益密切。从此游牧文化与农耕文化，始终保持着相依互补的关系和融汇发展的态势。

另外，战国时期中原各诸侯国向北方地区拓展，秦、赵、魏、燕等邻近阴山地域的诸侯国开始在这里设立郡县，加强管理，进一步促进了本地区社会和文化的快速发展。

第二节　先秦至宋代阴山地域的民族

从先秦到唐宋，以阴山地域为中心先后生活着许多民族，与中原政权发生不断的冲突和融合，阴山地域成为我国北方各民族创造历史的大舞台，成为影响中原中央政治的主要力量。北方民族"逐步克服、抛弃着没有规则时代的落后因素，使从最高统治者到一般民众，都程度不同地受到政治制度的制约。所以，政权的创建以及相应政治制度的建立，也就成为古代北方草原民族进入文明时代的重要标志，并由此加快了社会进步的步伐。"① 对北方草原文化的发展做出重大贡献，同时也是促进我国各民族融合的重要时期。

在研究我国古代民族的族源时，往往会碰到"同源异流"或"异源合流"的问题。所谓"同源异流"，就是同一个族源的民族因迁徙或与其他民族融合的情况不同，逐渐发展和形成几个不同的民族。所谓"异源合流"，即是几个不同族源的民族因迁徙、融合，或因政治上的统一，而最终融合为一个使用同一种语言，有共同经济和文化的民族。② 生活在阴山地域的各族，在民族发展过程中普遍存在这样的问题。同时，少数民族的汉化和汉人的少数民族化是双向的，他们共同塑造了中华民族大家庭的历史。

一、先秦时期阴山地域的部族

1. 部族的概况

先秦时期生活在阴山地域的少数民族部族，正如司马迁所说"其世传不可得而次云"。大概是各部族"逐水草迁徙"，"随畜牧而转移"，"居无常处"，"时大时小，别散分离"。③ 这些部族见于甲骨金文的有土方、鬼方、羌方、舌方等名称，见于史籍的有荤粥、猃狁、犬戎、山戎、北狄等。

荤粥大概与黄帝同时，其活动区域包括今阴山地域，《史记》记载有黄帝"北逐荤粥"。④ 夏代荤粥与夏为邻，有密切交往。商代见于甲骨文诸文献记载的有土方、鬼方、羌方、舌方、熏育（荤粥）等。一般认为他们主要生活在鄂尔多斯地区。土方在今山西北部及包头市附近。⑤ 舌方在河套及陕北无定河左近，包括今巴彦淖尔市、鄂尔多斯市一带。⑥ 鬼方在今呼和浩特市及乌兰察布市一带。⑦ 他们与商王朝长期交战处于敌对状态。《周易·既济》载"高宗伐鬼方，三年克之"；《周易·未济》亦说："震用伐鬼方，三年有赏于大国"。这说明殷商高宗

---

① 何天明《政治文明——中国古代北方草原文化的重要内涵》，载《论草原文化》第2集，第15页。

② 马长寿《乌桓与鲜卑·总序》。

③ 《史记》卷110《匈奴列传》。

④ 《史记》卷1《五帝本纪》。

⑤ 《郭沫若全集·考古篇》第308页。

⑥ 《郭沫若全集·考古篇》第440页。

⑦ 谭其骧《中国历史地图集》第1册，第11—12页。

武丁曾历时三年击败鬼方，使商的势力达到今天阴山地域。战争交往是北方民族发展史上的一个突出特点，有力促进了各族间政治、经济、文化的联系。

西周时北方各族分布越来越广，有猃狁、犬戎、鬼方、山戎等，十分活跃。《诗经》中《采薇》、《出车》篇有猃狁骚扰西周，使内地人民"靡室靡家"，"不遑启处"的描述。《出车》篇还有公元前 8 世纪周宣王多次派兵抵御猃狁，命南仲在朔方筑城的记载。所谓"王命南仲往城于方"，"天子命我城彼朔方"。方即朔方，在今鄂尔多斯市杭锦旗。可知周的势力曾达今鄂尔多斯高原一带，而猃狁就生息在这一地区。犬戎是猃狁的一支，也是活动在鄂尔多斯南部及陕北一带的游牧部族。鬼方仍据有今呼和浩特市及乌兰察布南部一带①。

春秋时，北方各游牧部族被泛称戎或狄。狄分赤狄、白狄和长狄。晋文公（公元前 636 年—前 627 年在位）攘戎狄，居于河西固、洛。赤狄、白狄皆在河西，约今陕北和鄂尔多斯东南沿边一带。在鄂尔多斯市西南边沿，则居住着义渠、朐衍诸戎。②《史记》卷 110《匈奴列传》载："秦穆公得由余，西戎八国服于秦，故自陇以西有绵诸、绲戎、翟、獂之戎，岐、梁山、泾、漆之北有义渠、大荔、乌氏、朐衍之戎。"义渠、朐衍诸戎居住包括今内蒙古与陕西、宁夏接壤的鄂尔多斯市西南边沿鄂托克前旗等境。而晋北有林胡、楼烦之戎。林胡和楼烦分别居于今鄂尔多斯东北及呼和浩特、乌兰察布市一带。③

战国时期，林胡、楼烦、东胡逐渐发展为北方几个主要游牧部族，并称为"三胡"。公元前 457 年（赵襄子元年）"赵襄子逾句注而破并、代，以临胡貉"④。赵拓边至晋北，与林胡、楼烦等相邻。其后三家分晋，"赵有代、句注之北，魏有河西、上郡，以与戎界边"。⑤ 公元前 328 年魏国败于秦，"魏尽入上郡于秦"⑥。秦惠文王于公元前 320 年"北游戎地，至河上"⑦。秦上郡已包括今鄂尔多斯市东部准格尔一带，直抵黄河南岸。此时的林胡、楼烦居秦、赵之北。另据《史记》卷 43《赵世家》载，公元前 307 年（赵武灵王十九年）赵武灵王召

① 谭其骧《中国历史地图集》第 1 册，第 15—16 页。
② 谭其骧《中国历史地图集》第 1 册，第 20—21 页。
③ 谭其骧《中国历史地图集》第 1 册，第 20—21 页。
④ 《史记》卷 110《匈奴列传》。
⑤ 《史记》卷 110《匈奴列传》。
⑥ 《史记》卷 44《魏世家》。
⑦ 《史记》卷 15《六国年表》。

楼缓谋胡服事说：赵国"东有胡，西有林胡、楼烦、秦、韩之边"；又自请于公子成曰：吾国"自常山以至代、上党，东有燕，东胡之境，而西有楼烦、秦、韩之边"，说明林胡、楼烦居赵北，且及赵西。林胡、楼烦占据阴山以南今乌兰察布南部丘陵、呼和浩特及鄂尔多斯市东北边沿一带。①

战国中期中原各国不断北上略地，上述北方各族活动范围有所变化。公元前306年（赵武灵王二十年），赵"西略胡地，至榆中。林胡王献马。"公元前300年（赵武灵王二十六年）"复攻中山，攘地北至燕、代，西至云中、九原"②。林胡、楼烦因此迁入今鄂尔多斯高原西部。公元前297年（赵惠文王二年）"主父（即赵武灵王）行新地，遂出代，西遇楼烦王于西河而致其兵"。③此时林胡为赵武灵王所迫，已移居河套内，今鄂尔多斯市杭锦旗、乌审旗一带。楼烦则居今黄河西岸，鄂尔多斯市准格尔旗一带，赵惠文王时归附赵国。赵孝成王时（公元前265—前244年）又破降林胡，今鄂尔多斯高原上的林胡、楼烦尽附赵国。

"战国中后期，北方另一支游牧部族——匈奴强大起来。匈奴早期大约活动在阴山北麓与大漠之间的高原地带，即今巴彦淖尔、乌兰察布西大草原。"④后以阴山为苑囿，发展为匈奴联盟，广泛占据着阴山地域。

2. 与中原各诸侯国的关系

商周时期是我国北方民族诸族兴起、发展和日渐活跃的一个重要时期，也是与中原广泛交往的重要时期。文献不乏记载，考古资料更证实了这一点。

春秋中期后，华夏各国社会组织日益完善，而北方各部族仍处于"各分散居溪谷，自有君长，……然莫能相一"⑤的状态。中原各诸侯国势力日益强大，在吞并邻国过程中也不断向北发展。当西戎诸部被秦吞灭，秦穆公霸西戎时，赤狄、白狄也被晋降服。公元前569年（晋悼公九年），晋使魏绛"说和戎、狄，狄朝晋"⑥，"晋强，西有河西，与秦接境，北边狄，东至河内"⑦。晋的势力已伸入今鄂尔多斯地区。戎狄或灭或降，或杂居于春秋各国之内，或北逐到今阴山长

---

① 谭其骧《中国历史地图集》第1册，31—32页。
② 《史记》卷43《赵世家》。
③ 《史记》卷43《赵世家》。
④ 曹永年《内蒙古通史》卷1，第88页。
⑤ 《史记》卷110《匈奴列传》。
⑥ 《史记》卷14《十二诸侯年表》。
⑦ 《史记》卷39《晋世家》。

城地区。春秋末期，靠近中原的上述部族一部分逐渐融合于华夏族，华夷界限趋于消泯，原有地盘多为中原各国占有，而另一部分则仍生活在今长城边缘地区。

早在春秋时，义渠已从今宁夏贺兰山青铜峡以东、甘肃庆阳西北及环县一带北上，到达今鄂尔多斯西南部。战国时义渠王曾与秦昭王母宣太后私通，生二子。"宣太后诈而杀义渠戎王于甘泉，遂起兵伐残义渠"，在今鄂尔多斯市西南设北地郡，"于是秦有陇西、北地、上郡。"① 此外，朐衍等也居住今鄂尔多斯西南沿边。

战国中期已占据今呼和浩特平原和乌兰察布南部丘陵一带的林胡、楼烦对赵国构成了威胁。赵武灵王时（公元前325—前298年），赵国强大起来，欲开胡狄之乡。公元前307年破原阳为骑邑，学习北方游牧民族的长处"胡服骑射"。据《水经注》所载，原阳方位当在今呼和浩特市东大黑河左岸。从此赵军事势力大增，迫使林胡、楼烦迁向今鄂尔多斯高原。公元前306年，赵武灵王西略胡地，至榆中，林胡王献马。之后又命"代相赵固主胡，致其兵"。② 活动在今鄂尔多斯东北的林胡的一部分为赵役属，林胡人被招募充赵骑兵。公元前297年（赵惠文王二年），赵武灵王巡视刚刚夺取的云中、雁门二郡，在西河（黄河西岸今鄂尔多斯市）遇楼烦王，"而致其兵"，部分楼烦归属赵，充当赵国骑兵。赵孝成王时（公元前265年—前245年），使良将李牧大破匈奴等十万骑，并降林胡，但楼烦的一部分仍占据今鄂尔多斯高原部分地区。

中原王朝为了抵御北方各族的侵扰纷纷修筑长城，设置郡县。早在公元前300年左右赵武灵王北破林胡、楼烦同时，就沿阴山筑长城，并置云中、雁门、代三郡。秦昭襄王为巩固新辟北土，亦在陇西、北地、上郡沿边"筑长城以拒胡"，大约公元前287年完成这一工程。

总之，先秦各族在今阴山地域共同劳动生息繁衍，相互交流，促进了这一地域经济文化的发展，共同为开发伟大祖国的北疆作出了贡献。

二、秦汉时期阴山地域的匈奴

1. 匈奴统一政权的建立

秦汉时期生活在阴山地域的民族基本上以匈奴为主。匈奴牧地在阴山北麓，

---

① 《史记》卷110《匈奴列传》。

② 《史记》卷43《赵世家》。

今巴彦淖尔和乌兰察布草原,史称阴山"东西千余里,草木繁盛,多禽兽",为匈奴之"苑囿"。① 战国末年匈奴头曼单于在这里建立了第一个草原游牧政权。

秦朝时期,秦王朝与匈奴对阴山地域交替控制。秦并吞六国,匈奴亦以乌加河以北的阴山为中心,控制着阴山南北广大地区。公元前215年(秦始皇三十二年),蒙恬率30万大军北击匈奴,收取楼烦、白羊王占据的河南地,匈奴头曼单于被迫放弃阴山以南地区,向北退却数百里。其后蒙恬取高阙、阳山(今临河西北狼山)、北假,筑亭障,修长城,秦长城成为匈奴与秦的分界线。

蒙恬死后,戍守边疆的数十万大军南调镇压起义。匈奴趁机南下重新占据高阙、阳山、北假等阴山战略要地,并夺取"河南地"。"蒙恬死,诸侯畔秦,中国扰乱,诸秦所徙谪戍边者皆复去,于是匈奴得宽,后稍度河南与中国界于故塞"。②

冒顿继位后,通过大规模的征服战争,灭东胡部落,迫使月氏西迁,吞并楼烦、白羊二河南王之地,收回蒙恬所占黄河以南地区。"是时汉兵与项羽相距,中国罢于兵革,以故冒顿得自强,控弦之士三十余万。"③ 西汉初年冒顿又向北征服浑庾、屈射、丁零、鬲昆、薪犁,在西北平定楼兰、乌孙、呼揭等部族。其势力范围北至贝加尔湖叶尼塞河流域,西至天山南北,东至辽东平原,南至山西、河北北部、陕北及河套地区。包括黄河以南以东的广大地区,"诸引弓之民并为一家"④,建立起中国历史上第一个强大的游牧族政权,盛极一时。

"匈奴族是以匈奴部为核心,征服北方其他游牧部落,打破原有的部落组织,相互融合而形成的游牧民族共同体。匈奴冒顿单于统一北方游牧区,是中国古代史上具有进步意义的伟大历史事件,也是北方游牧族对中国历史的一大杰出贡献。它结束了自古以来北方草原游牧族部落互不相属,长期别散分离的政治局面,形成'南有大汉,北有强胡'两大民族统一体对峙形势,创造了以后中国大统一不可缺少的历史前提。匈奴统一政权的建立对我国北部边疆的开发也起了重要的积极作用。"⑤

---

① 《汉书》卷94《匈奴传》。
② 《史记》卷110《匈奴列传》。
③ 《史记》卷110《匈奴列传》。
④ 《史记》卷110《匈奴列传》。
⑤ 曹永年《内蒙古通史》卷1,第115页。

2. 匈奴与西汉的关系

西汉建立后，承秦之敝，经济萧条，社会残破，无力对抗匈奴。公元前201年秋，匈奴围攻马邑（今山西朔县）。驻守马邑的韩王信投降匈奴，匈奴遂引兵攻占太原至晋阳（今山西太原市西南）。公元前200年（高祖十年）冬，汉高祖刘邦亲率大军抵御。冒顿单于领精兵40万骑，围困刘邦于平城白登山（今山西大同市东）达七日。刘邦用陈平计得以逃脱。随后，采纳刘敬建议，使刘敬奉宗室女，名为公主，以妻单于，岁赠匈奴絮、缯、酒、米、食物，约为兄弟，以和亲①。此后终高祖之世中经孝惠帝、吕后至文、景六七十年间，和亲成为西汉初对匈奴的基本政策。汉朝还开放"关市"，准许两族人民互市贸易，匈奴人从汉地换取所需物品。关市便利了匈奴人民同中原人民的相互往来和经济文化交流。和亲对于汉王朝来说虽是屈辱的外交政策和权宜之计，但有利于两族人民分疆自守、安居乐业、各得其所。

但匈奴贵族并不满足，常以骑兵骚扰掠夺汉边地人口和牲畜财物，云中、北地、上郡等郡遭掠最甚。公元前177年（汉文帝三年）夏，"右贤王入居河南地，侵盗上郡（领有今鄂尔多斯乌审旗及鄂托克前旗、伊金霍洛旗等部分地区）葆塞蛮夷，杀略人民"②。公元前162年，汉文帝致书匈奴单于双方复和亲。公元前161年匈奴老上单于死，子军臣单于立。公元前158年冬匈奴复绝和亲。军臣单于又各以三万骑攻入上郡、云中，"杀略甚众"。文帝中止和亲、岁赐，关市也因此中断。公元前156年景帝即位，汉遣御史大夫陶青至代下，与匈奴议恢复和亲。汉又"通关市，给遗匈奴，遣公主，如故约。"③

西汉经六七十年的休养生息，至武帝时国力强盛，中央集权加强，抗击匈奴侵扰的条件成熟。公元前133年（元光二年）汉武帝采纳王恢计，使聂翁壹伪为卖马邑城，以诱军臣单于。单于将10骑入武州塞（今山西朔县北至大同市西一带）。汉则伏兵30余万于马邑（今山西朔县）附近山谷中企图一举消灭匈奴主力。军臣单于"见畜布野而无人牧者"，察觉汉有伏兵，乃攻亭，得雁门尉史，知汉谋，大惊，急令退兵。④"马邑之谋"虽未成功，但揭开了反击匈奴战争的序幕。

---

① 《史记》卷99《刘敬列传》。
② 《史记》卷110《匈奴列传》。
③ 《史记》卷110《匈奴列传》。
④ 《史记》卷110《匈奴列传》。

汉武帝对匈奴的三次大规模战役的胜利，制止了匈奴贵族的掠夺，对保障今内蒙古地区在内的北方社会生产起了积极作用。大规模的战争也使汉朝付出了极高代价，"海内虚耗，户口减半"。自此双方再也无力进行大规模的战争，奠定了匈奴"藩臣于汉"的基础。

3. 呼韩邪单于归汉与昭君和亲

公元前 60 年，虚闾权渠单于死，匈奴内讧。呼韩邪、屠耆、呼揭、车黎、乌籍各自称单于，展开了一场争夺单于位的混战。结果有的自杀，有的败降，造成"死者以万数，畜产大耗十八九，人民饥饿，相燔烧以求食"① 的悲惨局面。呼韩邪单于取得了胜利，混战再起，原屠耆单于从弟休旬王在西边立为闰振单于，呼韩邪兄左贤王呼屠吾斯自立为郅支骨都单于。郅支火并闰振进而攻呼韩邪，占领单于庭，呼韩邪再次出走。左伊秩訾王建议："称臣事汉从汉求助，如此匈奴乃定"。呼韩邪权衡利弊最终选择了"事汉而安"的道路。

公元前 53 年（宣帝甘露元年、呼韩邪六年），呼韩邪单于遣子右贤王铢娄渠堂入侍。次年呼韩邪单于款五原塞，表示"愿奉国珍朝"。公元前 51 年（甘露三年）春正月，呼韩邪单于入汉觐见，宣帝宠以殊礼，遣专使车骑都尉韩昌到五原迎接，于所过五原、朔方、西河、上郡、北地等七郡，直至长安。沿途列兵二千骑，以为宠卫，并亲自规定礼仪："匈奴单于称北藩臣……其以客礼待之，位在诸侯王上"，"赞谒称藩臣而不名"。② 汉宣帝承认呼韩邪单于为匈奴最高首领，正式颁发黄金质"匈奴单玉玺"、绶（绿色铜带用以系印玺）、冠带、衣裳，并赐安车、驷马、黄金、锦绣、缯絮等，表示了汉天子对臣下的册封。这次册封确定了匈奴呼韩邪政权是隶属于汉朝中央政权之下的藩属地位，无疑是汉匈关系史、乃至我国多民族统一国家形成过程中的一次重大历史事件，具有极其深远的影响和历史意义，同时也对匈奴历史的发展产生了重大影响。呼韩邪单于和匈奴民族对中华统一多民族国家形成、发展所作出的杰出历史贡献，应该永存史册。

汉朝对匈奴采取了"因其故俗"而治的边疆民族政策，即匈奴并不改变原有的生产生活方式，只需对汉奉藩称臣、遣子入侍而无赋税。这种边疆民族政策强化了汉与匈奴的君臣藩属关系，符合当时民族关系发展的历史趋势，为后世继承和发展。

---

① 《汉书》卷 8《宣帝纪》。

② 《汉书》卷 8《宣帝纪》。

册封后单于北归。闻郅支占据北庭，"自请愿留居光禄塞下"（东起自五原郡北面的阴山后面，西北伸延至庐朐河的汉长城下）①，有急保汉受降城（今巴彦淖尔市乌拉特中旗东阴山北）。于是汉遣高昌侯董忠、车骑都尉韩昌，将骑万六千，又发边郡士马以千数，护送呼韩邪单于出朔方鸡鹿塞（朔方郡西部都尉治所窳浑县西北，今巴彦淖尔市杭锦后旗西狼山哈隆格乃山口的一处重要军事据点），并驻军塞外，留卫单于。单于则留居漠南，屯兵受降城。针对匈奴经济残破、人民乏食的情况，西汉"转边谷米糒，前后三万四千斛，给赡以食"。同时赐给单于大量珍贵礼物，赐以"黄金二十斤，钱二十万，衣被七十七袭，锦绣绮縠杂帛八千匹、絮六千斤"②，以及玉具剑、弓矢佩刀等。

元帝初，汉遣车骑都尉韩昌、光禄大夫张猛送呼韩邪单于侍子与呼韩邪盟约："自今以来，汉与匈奴合为一家，世世毋得相诈相攻。有窃盗者，相报，行其诛，偿其物。有寇，发兵相助。汉与匈奴敢先背约者，受天不祥。令其世世子孙尽如盟。"③ 盟约进一步表达了双方世代和好的愿望，客观上起到加强汉匈君臣约束的作用。从此边城晏闭，牛马布野，三世无犬吠之警，黎庶无干戈之役。

公元前33年（元帝竟宁元年），呼韩邪单于以汉击灭郅支单于，再次入朝，"自言愿婿汉氏以自亲。元帝以后宫良家子王嫱（字昭君）赐单于"④。于是汉匈双方在君臣关系上又加了一层"亲戚"关系，联系更进一步密切。为纪念和亲，汉元帝改年号为"竟宁元年"。单于号王嫱为"宁胡阏氏"。1954年在包头召湾汉墓群25号墓木椁外侧四周出土了"单于天降"、"单于和亲"、"四夷尽服"、"长乐未央"等瓦当。1981年包头召湾汉墓群47号墓中又出土了"单于和亲"、"单于天降"、"四夷尽服"、"千秋万岁"等文字瓦当，以及"单于和亲千秋万岁安乐未央"十二字砖。1984年清理86号墓也出土有"单于天降"残瓦当和"四夷尽服"瓦当。召湾在秦直道之上，是昭君出塞时和亲队伍渡河北上的必经之地，召湾汉墓所发现的这些文字瓦当应是西汉晚期这次重大政治事件纪念建筑的废弃物。⑤

王昭君名嫱，南郡秭归（今湖北兴山县）人。元帝时以良家子选入掖庭。呼

---

① 李逸友《内蒙古历史名城·光禄塞的城障》。
② 《汉书》卷94《匈奴传》。
③ 《汉书》卷94《匈奴传》。
④ 《汉书》卷94《匈奴传》。
⑤ 张海滨《包头汉墓若干问题论述》，《内蒙古文物与考古》2000年第1期。

韩邪单于来朝，元帝以宫女五人赐之。昭君入宫数年，不得见帝，积下悲怨。"乃请掖庭令求行"。呼韩邪临辞大会上，元帝召五女以示之。昭君"丰容靓饰，光明汉宫，顾景裴回，竦动左右。帝见大惊，意欲留之，而难于失信，遂与匈奴。"① 昭君自愿应召出塞和亲，显示了超凡勇气和胆识，对维系汉匈友好关系作出了重要贡献。呼韩邪单于死后，"其前阏氏子代立，欲妻之，昭君上书求归，成帝敕令从胡俗"②。王昭君死后其女儿须卜居次云、女婿须卜当继续在为汉匈友好努力。王嫱出塞和亲后，阴山地区数世不见狼烟烽火之警，人民炽盛，牛马布野，"边人获安，中外为一，生人休息六十余年"。③

　　4. 秦汉时期的民族交融

　　秦汉在阴山地域拓边置郡，移民屯垦，匈奴游牧文化与中原汉文化并存交汇，促进了各民族间文化的交融。文化的交融皆与政治、军事斗争、经济交往、民族迁徙结合在一起。据粗略统计，仅西汉一代匈奴俘掠汉人不下20万，其中相当一部分人居住在阴山地域。史籍所载匈奴被俘、降汉或主动内附的人数更多，他们大多数也被安置在阴山地域。

　　东汉时期匈奴分裂。公元30年"匈奴左部遂复转居塞内"④。公元50年南单于附汉，南匈奴内迁，北匈奴不断有人降汉，边塞以内的匈奴人多达数十万，而乌桓、鲜卑西迁长城内外的游牧民族人数更多。

　　秦汉王朝在修筑长城的同时，一面驻重兵屯戍，一面设郡县移民塞下，充实边防。数以万计的中原地区的农民也来到了长城沿线。《汉书·地理志下》记载："定襄、云中、五原，本戎狄地，颇有赵、齐、卫、楚之徙。"这说明早在战国时期就有内地移民迁入阴山地域。于是阴山地域成了汉、匈、乌桓、鲜卑等民族共同生息繁衍的家园。各民族之间小聚居、大杂居，基本上是和平共处。农耕和游牧文化在这里相互浸润，相互交融。⑤

　　考古工作者在乌海市新地，巴彦淖尔市磴口，鄂尔多斯市鄂托克旗、鄂托克前旗、准格尔旗，包头市南郊，呼和浩特市八拜、托克托县古城村、和林格尔，乌兰察布市察右前旗等地发掘了众多汉墓，大部分属西汉元帝至东汉光武帝时

---

① 《后汉书》卷89《南匈奴列传》。
② 《后汉书》卷89《南匈奴列传》。
③ 《后汉书》卷89《南匈奴列传》。
④ 《后汉书》卷89《南匈奴列传》。
⑤ 曹永年《内蒙古通史》卷1，第213页。

期。这些汉墓的发现是汉代在朔方、五原、西河、定襄、雁门诸郡移民屯垦的见证，也是农耕文化北移的实证。"这些汉墓不论在墓葬形制，还是在随葬器物上，都与中原地区的汉墓相同。这说明中原地区的移民把家乡的葬俗带到了北方"①。

磴口地区的西汉晚期及稍后的墓葬中，常见有庖厨和头戴尖状风帽打水的胡俑出土。② 可知当时游牧于北边的部分匈奴人可能已进入汉郡县，承担庖厨等家内杂务。揭示出这里民族成分的复杂性、多样性。

鄂尔多斯鄂托克前旗三段地汉墓属西汉中晚期至东汉初期墓葬，出土男俑4件，深目高鼻，颧骨突出，尖下颌，八字胡、连鬓须，穿宽腿裤，外披拖地披风，头戴尖顶风帽，具有鲜明的北方民族特征和地区风格。鄂托克旗巴彦淖尔乡凤凰山汉墓属西汉晚期至东汉前期墓葬，其壁画人物多戴宽沿高顶帽，并在帽后插翎，有的人物披发。壁画中庭院、出行、武备、放牧等画面，表明除有浓厚的中原东汉庄园经济特点外，还反映了农牧交错带的民族文化特点。包头市召潭汉墓属西汉末至东汉初墓葬，墓中有明显的殉牲习俗。包头市张家圪旦东汉晚期墓是一座中轴线对称布局，有斜坡，墓道前、中、后三室及耳室、甬道绘有人物壁画的汉文化颇浓的墓葬；但同时又是穹庐顶多室墓，并在 M1 前室四角殉羊头骨，后室殉牛、马头骨，具有典型的地方民族文化特点。包头市南郊多见中轴线布局的多室穹庐顶或主室穹庐顶带耳室墓。包头市东郊古城湾乡上古城湾村汉墓，也是多室穹庐顶墓，墓葬为木棺墓和火葬的夫妇合葬墓。呼和浩特八拜 3 号墓随葬品中，有两件嵌贝壳的鎏金铜鹿造型，风格与匈奴遗物极为一致。这些墓葬及随葬品反映东汉后期汉族与匈奴等北方民族长期杂居共处，在共同开发北疆的过程中，逐渐接受北方民族文化的影响，彼此融合的情形。③

三、魏晋南北朝时期阴山地域的鲜卑、柔然、高车等民族

三国时期曹操把匈奴分成左、右、南、北、中五个部，分别安置在陕西、山西、河北一带，匈奴的主体离开了阴山地域。魏晋南北朝时期，生活在阴山地域的主要是鲜卑、柔然、高车等民族。

1. 鲜卑族

鲜卑是东胡的一支。汉初东胡为冒顿所破，远窜辽东，驻牧于今内蒙古东部

---

① 魏坚《内蒙古中南部汉代墓葬》，徐苹芳序，第 1 页。
② 魏坚《内蒙古中南部汉代墓葬》第 1 章《概述》。
③ 魏坚《内蒙古中南部汉代墓葬》。

的鲜卑山，"当在今之大兴安岭北段"①。公元 89 年（永元元年）、91 年（永元三年）汉军连续大破北匈奴，北匈奴遁走中亚。鲜卑各部占据了今蒙古高原，匈奴"留者尚有十余万落，皆自号鲜卑"②，从此鲜卑逐步强盛起来。

鲜卑在东汉桓帝以前仍处于部落联盟阶段。公元 107 年（安帝永和元年），鲜卑大人燕荔阳附汉时，鲜卑有"邑落百二十部"，说明其社会是由部落组成，部落以下有众多邑落。部落首领大人由民主推举，不相世袭。公元二世纪中，檀石槐"施法禁，平曲直，无敢犯者，遂推以为大人"，成为鲜卑部落中势力强大的首领。汉桓帝时（公元 147—167 年），檀石槐在距高柳（今山西阳高县）北 300 多里的弹汗山（今乌兰察布市商都县境）建立牙帐，"兵马甚盛，东西部大人皆归焉"。③ 檀石槐汗国分为东、中、西三部，各置大人率领。其中西部包括今乌兰察布市、巴彦淖尔市、阿拉善盟等地，共 20 多个部落，由置键、落罗、日律、推演、宴荔游等大人统辖。"自檀石槐后诸大人遂世相传袭"，鲜卑完成了向阶级社会的过渡。

鲜卑与汉的关系始于东汉初，其时匈奴常率鲜卑寇抄北边。公元一世纪末，鲜卑占据匈奴故地后，因为游牧经济对中原农耕经济的依赖关系，对东汉或降或叛。公元 121 年（建光元年），鲜卑其至鞬侵扰居庸，云中太守成严、功曹杨穆等皆败死。鲜卑围乌桓校尉徐常于马城，被耿夔、庞参等解围。公元 123 年（延光二年）冬其至鞬将万余骑分数道攻附汉的南匈奴于曼柏（属五原郡，今鄂尔多斯市达拉特旗东南），奠鞬日逐王战死，杀千余人。檀石槐统一鲜卑各部后，对东汉缘边的骚扰虏掠更甚。公元 156 年（永寿二年）秋，檀石槐亲将三四千骑寇云中。公元 159 年（延熹二年）鲜卑复入雁门，杀数百人大抄掠而去。公元 166 年（延熹九年）夏鲜卑分骑数万人入缘边九郡，杀掠官吏百姓甚众。自公元 168 年至 176 年，幽、并、凉三州缘边诸郡无岁不被鲜卑寇抄劫掠，范围遍及云中、雁门、辽东属国，劫居人，抄商旅，瞰人牛羊，略人兵马，"杀略不可胜数"。④

檀石槐已为东汉"积患"。桓帝时曾"遣使持印绶封檀石槐为王，欲与和亲。檀石槐不肯受，而寇抄滋甚"。灵帝拟遣大兵出塞征讨，百官多有不同意见。蔡邕认为"自匈奴遁逃，鲜卑强盛，据其故地，称兵十万，才力劲健，意智益

---

① 马长寿《乌桓与鲜卑》第 239 页。
② 《后汉书》卷 90《鲜卑列传》。
③ 《后汉书》卷 90《鲜卑列传》。
④ 《后汉书》卷 90《鲜卑列传》。

生。加以关塞不严，禁网多漏，精金良铁皆为贼有；汉人逋逃，为之谋主，兵利马疾，过于匈奴。"战未必能胜，不应"耗竭诸夏，并力蛮夷。"灵帝不予采纳，于公元177年，遣夏育击高柳，田晏击云中，匈奴中郎将臧曼率南单于出雁门，各将万骑，三道出塞二千余里。檀石槐命三部大人各率众逆战，结果汉军大败，"丧其节传辎重"，"死者十七八"。①

檀石槐之后，庞大的汗国瓦解。三国时期其裔孙骞曼及魁头、步度根等争立。他们的踪迹主要见于雁门郡边外，该部仍驻牧于檀石槐汗廷，即以兴和为中心的今锡林郭勒盟、乌兰察布市交接部。"后鲜卑大人轲比能复制御群狄，尽收匈奴故地，自云中、五原以东抵辽水，皆为鲜卑廷。"② 轲比能盛时其影响当能到达今巴彦淖尔、鄂尔多斯、乌兰察布、呼和浩特、包头市及锡林郭勒盟。

自魏晋以来，鲜卑拓跋部兴起。鲜卑拓跋部原来居住于今黑龙江、嫩江流域大兴安岭附近，过着游牧生活。北匈奴被打败西迁后，拓跋部在酋长拓跋诘芬的率领下，也逐步向西迁移，进入原来北匈奴驻地，即漠北地区。到酋长拓跋力微时期，拓跋部又南下游牧于云中（今呼和浩特市托克托）一带，后又迁居到盛乐（今和林格尔），与曹魏、西晋发生往来，但这时，拓跋部仍处于氏族部落联盟阶段。公元338年，首领什翼犍建立代政权，都于盛乐，逐渐强大起来。公元376年，前秦苻坚攻代，什翼犍战死，代灭。淝水战后，前秦统治瓦解。公元386年，拓跋珪（什翼犍之孙）恢复代政权，后改国号为魏，史称北魏。

北魏统治下的各部划分为宗族十姓、内人诸姓和四方诸部三个部分。宗室十姓为拓跋鲜卑的核心。献帝南迁时把所领导的鲜卑部落分为八部，派遣自己的七个兄弟加上本人各为一姓，各统一部，这就是所谓的"鲜卑八国"。后来又加入献帝的叔父及另一宗族部落，合称"宗室十姓"，共同构成拓跋本部。③ 内人诸姓和四方诸姓均为异族部落，它们之间的区别在于进入拓跋集团的时间不同。四方诸姓为力微时期以后加入，此前保持着独立状态，对拓跋部"岁时朝贡"。

公元395年，后燕攻北魏，拓跋珪在参合陂（今乌兰察布市凉城）大败后燕军，并乘胜南下，夺取中山（今河北定州市）、邺（今河北临漳西南）等重要城镇，拥有黄河以北地区，成为北方的强大势力之一。公元398年，北魏迁都平城

---

①　《后汉书》卷90《鲜卑列传》。

②　《三国志》卷30《乌丸传》。

③　《魏书》卷113《官氏志》。

（今山西大同），拓跋珪称皇帝，即北魏道武帝。拓跋珪击败后燕进入中原后，奖励农业生产，其奴隶主贵族也逐渐汉化并转化为封建地主。拓跋珪招纳汉族大地主参加统治集团，加快了鲜卑拓跋部的汉化进程。

2. 铁弗部

铁弗部本是南匈奴的一支。其早期历史并不清楚，记载亦有歧异。第一位活跃于历史舞台上的人物是刘虎。据称"南单于之苗裔，左贤王去卑之孙，北部帅刘猛之从子，居于新兴虑虒之北。"[①]《刘虎传》还说："北人谓胡父鲜卑母为'铁弗'，因以为号。"反映铁弗部实际上是以匈奴为主体，融合了鲜卑人群的部落。在当时的北方地区这种情况很普遍，宇文部、贺兰部，甚至拓跋部都是如此。拓跋部的差异仅仅是它以鲜卑为主体。

曹魏时分匈奴为五部，刘猛为北部帅，居新兴。公元270年（泰始七年），刘猛叛西晋，走出塞。晋武帝派监军何桢屡破之，次年左部帅杀猛降晋，猛子副崙奔拓跋鲜卑。猛弟诰升爰死，子刘虎代之，开始"臣附"于拓跋鲜卑。公元310年白部大人叛拓跋鲜卑，刘虎率众于雁门响应，攻刘琨于新兴、雁门二郡。拓跋猗迤派弟子郁律将二万骑大破刘虎，屠其营落。刘虎渡河败走今鄂尔多斯归附刘聪。聪以虎是宗室，封安北将军监鲜卑诸军事、丁零中郎将。公元318年刘虎侵拓跋代国西部，平文帝郁律击走之。公元341年再寇代国西部，昭成帝什翼犍又大破之。刘虎死，子刘务桓立。

刘务桓时"招集种落为诸部雄"。虽依附拓跋又潜通石虎。石赵封其为平北将军、左贤王。务桓死，弟阏陋头代之，企图公开叛离拓跋。时务桓子悉勿祈等兄弟12人皆为质于拓跋氏，什翼犍尽遣归，"欲其自相猜离"。公元358年悉勿祈果逐阏陋头，自立为部帅。次年悉勿祈死，弟卫辰代立。

刘卫辰继续采取首鼠两端的政策，一方面向什翼犍求婚，娶拓跋氏女为妻，同时又降附前秦。符坚以为左贤王，并许铁弗部"田内地春来秋去"，从事农业生产。此后刘卫辰对前秦和代国或附或叛，反复无常，成为拓跋鲜卑的心腹之患。

公元374年，什翼犍讨刘卫辰于今鄂尔多斯地区，卫辰南走求救于前秦。公元376年，符坚发大军以卫辰为向导，数道攻代，代亡。符坚灭代，但无法对原代国统治下的诸部进行有效的统治，于是接受燕凤的建议，将国民分为二部，命

---

① 《魏书》卷95《铁弗刘虎传》。

刘卫辰为西单于，督摄河西杂类，屯代来城。淝水之战以后，前秦崩溃。铁弗匈奴先后接受西燕、后秦的册封，始终割据今河套鄂尔多斯地区。

北魏建国，太祖拓跋珪多次出征，公元391年（登国六年）灭卫辰，"籍其珍宝、畜产、名马三十余万匹、牛羊四百余万头"。卫辰三子勃勃逃亡薛干部。

公元407年（北魏太祖天赐四年），勃勃吞并破多罗部，称天王，国号大夏，年号龙昇，置百官，改姓赫连。这就是十六国之一的大夏，都统万，遗址在今陕西横山县白城子古城。公元431年（刘宋元嘉八年、北魏神麚四年），赫连勃勃子赫连定为吐谷浑所擒，送北魏，斩之，大夏国灭亡。

3. 柔然

亦称蠕蠕、芮芮、茹茹、蝚蠕等。柔然始祖名木骨闾。"始神元之末，掠骑有得一奴，发始齐眉，忘本姓名，其主字之曰木骨闾。木骨闾者，首秃也。木骨闾与郁久闾声相近，故后子孙因以为氏。"① 时当晋初公元3世纪70年代。木骨闾长大"免奴为骑卒"，成为拓跋鲜卑的一名战士。《魏书·蠕蠕传》说："穆帝时，坐后期当斩，亡匿广漠豁谷间"。按《序记》云：穆帝猗卢在位"先是国俗宽简，民未知禁。至是明刑峻法，诸部民多以违命得罪。凡后期者皆举部戮之，或有室家相携而赴死所，人问'何之'答曰'当往就诛'。"这是一条旁证，证实了木骨闾逃亡的真实性。逃亡中的木骨闾收合逋逃得百余人，依纥突邻部。"纥突邻与纥奚世同部落，而各有大人长帅，拥集种类，常为寇于意辛山"。② 意辛山《中国历史地图集》标于今包头市达尔罕茂明安联合旗、四子王旗与蒙古国交界处，柔然的牧地当在达尔罕茂明安联合旗与四子王旗北部边境一带。

木骨闾死，子车鹿会雄健，始有部众，自号柔然，"役属于国"，为拓跋鲜卑的附庸，每年向代国贡马畜、貂豹皮。"冬则徙度漠南，夏则还居漠北"，成为地跨大漠南北，即今内蒙古和蒙古国的强部。车鹿会死后，吐奴傀、跋提、地粟袁皆父子相继为部帅，世系凿凿可考。地粟袁死，后分二部，长子匹候跋继父居东边，次子组纥提居西边。

前秦灭代，按符坚的安排，自河以西属刘卫辰，于是柔然部成为铁弗匈奴的属部。拓跋珪复国，柔然自然站在其宗主铁弗匈奴的一边，反对代国。公元390年，道武帝拓跋珪至意辛山，大破贺兰、纥突邻、纥奚诸部，已经逼近柔然。第

---

① 《魏书》卷103《蠕蠕传》。
② 《魏书》卷103《高车传》。

二年拓跋珪发动大举进攻，柔然北遁，魏军追及于大碛南淋山下，大破之。匹候跋逃至涿邪山，穷蹙举部请降；组纥提逃亡卫辰，途至跋那山（今乌拉山），为拓跋珪追及，亦降。组纥提诸子曷多汗、社仑、斛律等并宗党数百人为魏军所获，"分配诸部"。

公元 394 年（登国九年）曷多汗与社仑等率部众弃其父西走，魏将长孙肥追至跋那山斩曷多汗，社仑与数百人逃奔匹候跋。匹候跋命社仑驻牧南边，并使其子四人监视。社仑设计袭杀伯父匹候跋，又大掠五原以西诸部，北度大漠。

公元 402 年社仑大败高车部帅倍侯利，夺高车之地，徙居弱洛水（今蒙古国土拉河）。整顿军队，立军法。又袭并匈奴余众拔也稽部，势力扩展至颈根河（今蒙古国鄂尔浑河），迫使诸小国羁縻附之。于是自号丘豆伐可汗，柔然汗国建立。其领地西至焉耆，东到朝鲜北，穷瀚海，南临大漠，成为北魏北方的强敌。

4. 高车

关于高车的族源，传说"其先匈奴甥也"。匈奴单于生二女被置于"国北无人之地"的高台之上，有老狼来守之，"下为狼妻而产子，后遂滋繁成国"。其语言"略与匈奴同而时有小异"①。可见高车和匈奴是近属（以狼为图腾），在语言上属于阿尔泰语系突厥语族。

高车在汉代称为丁零，亦译作丁灵，到了南北朝时期北方的鲜卑、柔然人称它为敕勒，汉人称之为高车。南朝的汉人则因循两汉以来的名称，称之为丁零、狄历、敕勒，都是译音之转，而高车的名称则是由于这一族人"俗多乘高轮车"，"车轮高大，辐数至多"的缘故，因以得名。高车本居匈奴北部，原分布地区是在今西伯利亚从贝加尔湖以北的安加拉河流域一直到叶尼塞河的上游。②

两汉以来就有丁零族人进入中原地区。十六国时代还在黄河下游滑台（今河南滑县东）建立过短期丁零国，后为后燕慕容氏所灭。随着慕容氏被北魏灭亡，这批丁零人也进入北魏统治之下，一些继续留在中原，逐渐汉化，一些可能被迁往北镇戍边而鲜卑化。北魏以来的高车人分为两种。一种是和鲜卑拓跋氏结合到了一起，其时间在北魏建国之前，已成为鲜卑拓跋氏一百二十个族姓中的组成部分。例如北魏宗室十姓中有"乙旃氏，后改为叔孙氏"。拓跋力微时期内入诸姓

---

① 《北史》卷98《高车传》。
② 王仲荦《魏晋南北朝史》第658页。

中有"解枇氏后改为解氏","奇斤氏后改为奇氏"①。而高车十二姓中有乙旃氏、六氏中有解枇氏、异奇斤氏。可知北魏一百二十个族姓中的乙旃氏、解枇氏、异奇斤氏均出自高车。乙旃氏且成为北魏宗室十姓之一。

另一种是北魏建国后所虏掠的漠北的高车族人。公元四五世纪之际，漠北有高车六氏和高车十二姓之别。高车六氏为狄历氏、袁纥氏、斛律氏、解枇氏、护骨氏、奇斤氏，他们最初的牧地在鄂尔浑河、土拉河流域。漠北高车种类繁炽，有数十万落过着游牧的生活。"其迁徙随水草，衣皮食肉，牛羊畜产尽与蠕蠕同"，无农业，故其"俗五谷不作酒"。他们的私有制已逐渐发展起来，"其畜产自有计识"，然"无都统大帅，各有君长"，说明社会组织程度还不是很高。从婚姻制度来看仍留有氏族制的残余，"丈夫婚毕便就妻家，待产乳男女，然后归舍"。②

从北魏兴起之时就不断地对高车人进行侵掠。拓跋珪"袭之，大破其诸部。后道武复度弱洛水，西行至鹿浑海，停驾简轻骑，西北行百余里，袭破之，虏获生口、牛马羊二十余万。复讨其余种于狼山，大破之。车驾北巡，分命诸将为东西二道，道武亲勒六军从中道，自驾犗水西北，徇略其部，诸军同时云合，破其杂种三十余落。卫王仪别督诸将从西北绝漠千余里，复破其遗进七部。于是高车大惧，诸部震骇。"③ 道武帝把这些虏得的高车人驱赶到平城修建鹿苑。不久高车部酋敕力犍、幡豆建相继率部内附。这些被强制迁徙到平城的高车人仍然保留着原有的部落组织。至太武帝拓跋焘时又对高车采取了一次大规模的军事行动。高车诸部望军而降者数10万落，获牛马羊亦百余万"皆徙置漠南千里之地"。漠南是指今内蒙古与蒙古国交界处的戈壁之南，属阴山地域。被徙置漠南之地的高车仍然保持着游牧生活，同时在社会组织上仍保持着原有的部落制。

北魏六镇建立之后，高车族人被徙置缘边六镇，抵御柔然助蕃北镇。据周一良先生考证，怀朔、武川、柔玄、抚义诸镇皆有高车，并参与北魏末年的六镇起义，成为变乱中一支重要的少数民族力量。

5. 汉人北上阴山地域

黄巾起义后社会大乱，人民流徙逃亡。东汉北边的地方郡县行政建置撤废，

---

① 《魏书》卷113《官氏志》。
② 《隋书》卷84《铁勒传》。
③ 《北史》卷98《高车传》。

政府控制下的编户撤离的同时，开始了自发的汉人移民阴山地域的浪潮。

先是黄河中下游的居民北徙幽、并、冀。史称"青、徐士庶避黄巾之难归（刘）虞者百余万口"①。这是一个十分可观的数字。乌桓、鲜卑贵族也不断趁机南下抄掠，自"灵帝立，幽、并、凉三州缘边诸郡无岁不被鲜卑寇抄，杀略不可胜数"②。卫操等又说鲜卑桓帝拓跋猗㐌、穆帝拓跋猗卢"招纳晋人，于是晋人附者稍众"。雁门繁峙人莫含就是其中的一位。此人曾为并州刺史刘琨从事。"居近塞下常往来国中"。猗卢爱其才器"及为代王备置官属求含于琨"。受刘琨派遣莫含于是入代。后刘琨徙马邑、繁峙等五县之民于陉南，"含家独留"。③ 其实留下来的汉民应该也是不少的。北魏时还多次大量迁徙人口。如《北史》卷二《魏本纪》载，公元429年（神麚二年）"列置新人于漠南，东至濡源，西暨五原、阴山，竟三千里。"于是大批汉族人民或自愿或被掠，先后迁到阴山地域，促进了各民族的交融和文化的交流。

四、隋唐时期阴山地域的突厥、铁勒、回纥等民族

隋唐时期，阴山地域活动的主要是突厥人。在阴山南部靠近中原一线地区，聚居的主要是已经汉化的鲜卑人和其他民族。

1. 突厥

广义包括突厥、铁勒各部落，狭义专指突厥。公元6世纪时游牧于金山（今阿尔泰山）一带，首领姓阿史那。金山形似古代战盔，俗称"突厥"，因以名其部落。初附属于柔然，公元552年打败柔然，建政权于鄂尔浑河流域。到木杆可汗在位时（公元553—572年），经过一系列的军事扩张，控制了东起辽海（今辽河一带），西至西海（今里海），北至北海（今贝加尔湖），南抵阴山的广大区域。突厥是继匈奴、鲜卑之后崛起在我国北部的又一个强盛的游牧民族。从公元6世纪中叶突厥开始活跃在阴山地域。

隋初阴山地域居住的主要是突厥人。突厥人以"畜牧为事，随逐水草，不恒厥处，穹庐毡帐，被发左衽，食肉饮酪，身衣裘褐"④，过着纯游牧的生活。突厥汗国建牙帐在于都斤山，突厥的首领称可汗。汗系为阿史那氏，世为姻亲的是

---

① 《后汉书》卷73《刘虞传》。
② 《后汉书》卷90《鲜卑传》。
③ 《魏书》卷23《卫操传》。
④ 《隋书》卷84《北狄传》。

阿史德氏。阿史那氏与阿史德氏构成汗国的最高贵族阶层。可汗之下设四面小可汗，分别统领四方地域的部落及属部。小可汗亦出自阿史那氏，与大可汗有着很近的血缘关系，地位极尊，权力很大。在各自统辖的地域内拥有相对独立的自主权。在突厥社会中，"大官有叶护、次设、次特勤、次保利发、次吐屯发及余小官，凡二十八等，皆代袭焉"①。形成了比较完备的官僚体系。在突厥汗国内大小贵族和各级官吏构成了突厥社会的统治阶级。民众中包括平民、属部与奴隶。突厥汗国"其刑法：反叛、杀人者皆死，淫者割势而腰斩之，斗伤人目者偿之以女，无女则输妇，损折支体者输马，盗者偿千倍"②，有了较为详备的习惯法。

（1）突厥汗位纷争和沙钵略牙庭迁居阴山

隋朝建立之前，中原北方是周、齐对峙。两国为了抗争，极力"倾府库之财"交好突厥。突厥汗国居间操纵着周、齐，坐收渔翁之利。隋朝建立后，决心摆脱对突厥的依附，实行强硬的减少岁贡、积极防御的边防政策。"及高祖受禅，待之甚薄，北夷大怨……上敕缘边修保鄣，峻长城，以备之。仍命重将出镇幽、并"③，二州连年动用大批役丁，修长城、建要塞。公元581年（开皇元年），"发丁三万于朔方、灵武筑长城"。明年"发丁十五万，于朔方以东缘边险要筑数十城，以遏胡寇"④，同时遣派上柱国武威阴寿和京兆尹虞庆则统数万兵马，分别镇守幽州和并州，以御突厥。

但此时隋朝对突厥的南下犯塞，基本还是以防御为主要目的，尽可能把突厥犯塞的势头控制在长城以北的阴山地域。尽管隋朝初建内部政局尚待整治，对突厥还无力用大兵出塞征讨，然而隋文帝要完成统一南下灭陈，北方的突厥问题则必须解决，方能后顾无忧。隋文帝审时度势，在对突厥加强防御的同时，还采取了"远交而近攻，离强而合弱"的政策，以瓦解突厥。隋文帝遣太仆元晖出伊吾道西，结达头与阿波可汗；遣长孙晟出黄龙道东，联处罗侯以及奚与契丹等突厥属部。同时减少了对突厥岁贡，切断了突厥原来巨额财源，使突厥财政发生危机。突厥沙钵略汗于是对所控属部大肆征敛，民怨沸腾。隋朝"反间既行，果相猜贰"，突厥内部本来已有的矛盾进一步加剧。同时"东夷诸国尽挟私仇，西戎

---

① 《通典》卷197《边防》。
② 《通典》卷197《边防》。
③ 《隋书》卷84《北狄传》。
④ 《隋书》卷60《崔仲方传》。

群长皆有宿怨。突厥之北契骨之徒切齿磨牙，常伺其后。"① 再加上大漠南北 "去年四时，竟无雨雪，川枯蝗暴，卉木烧尽，饥疫死亡，人畜相半。旧居之所，赤地无依。"② 沙钵略面对天灾人祸，内外交困，于是武力反隋，掠夺财物，转嫁危机。

公元582年（隋开皇二年）五月，沙钵略可汗"悉发五可汗控弦之士四十万入长城。"③ 连同营州刺使高宝宁的割据武装，分兵三路南下犯隋，接连克城拔寨，一时使隋军的防御陷入被动。"沙钵略更欲南入，达头不从引兵而去。"种种迹象表明，此时隋使已到达西路军的统帅部与达头可汗有了默契，因此达头可汗违令西返。同时另路隋使"长孙晟又说沙钵略之子染干诈告沙钵略曰：'铁勒等反，欲袭其牙。'沙钵略惧，回兵出塞。"④ 沙钵略可汗此次大规模的武力犯隋，由于隋朝的离间政策，无功而返。

公元583年（隋开皇三年）沙钵略再次统兵犯隋。但已是强弩之末，号令不行于诸部。隋文帝则命卫王爽等为行军元帅，自幽州至凉州，兵分八路，全面出击。其主力是由卫王"爽督总管李充等四将出朔州道"⑤ 迎击。这场战争的主战场在白道川，即长城以北阴山以南的金河（今大黑河）流域，今之呼和浩特平原。此处历来是交通要冲，经此越过阴山，东北达多伦道，西至五原道，西北至瀚海道，南下过了长城可进入中原腹地。白道川又有丰富的水资源。自白道川北出"有高阪谓之白道岭。沿路惟土穴出泉，挹之不穷"⑥。呼和浩特平原正处在大青山南坡的大断崖层下，地下水位高，有许多自流水泉。在干旱少雨的漠南地区，丰富的水资源是行军打仗所必需的。所以白道川在历史上一再成为北方民族与中原王朝激烈争夺的战略要地。四月，朔州的隋军与沙钵略兵在白道川相遇，两军展开了激烈的战斗。"时虏饥甚，不能得食，于是粉骨为粮，又多灾疫，死者极众。"⑦ 突厥大败，"沙钵略弃所服金甲，潜草中而遁。"⑧

沙钵略自白道川败归时，阿波可汗听从了长孙晟"依附天子，连结达头，相

---

① 《北史》卷99《突厥传》。
② 《隋书》卷84《北狄传》。
③ 《资治通鉴》卷171《陈宣帝太建十四年》。
④ 《资治通鉴》卷175《陈宣帝太建十四年》。
⑤ 《资治通鉴》卷175《陈长城公主至德元年》。
⑥ 《水经注》卷3《河水》。
⑦ 《隋书》卷84《北狄传》。
⑧ 《隋书》卷54《李彻传》。

合为强"的游说，"因留塞上，使人随晟入朝"①，与隋朝修好。沙钵略得悉，引兵北上攻略阿波可汗，杀其母，袭其部，占其地。阿波可汗遂西奔，归附达头可汗。突厥汗国明显地分成两大对立集团。大致以金山（阿尔泰山）为界，东以沙钵略与处罗侯为一方，西以达头与阿波为一方。双方很快兵戎相见演变为内战。沙钵略在内战中屡战屡败，众叛亲离，逐渐失去了对突厥汗国的控制。西部的达头可汗乘机宣布独立，脱离沙钵略。突厥汗国正式分裂为东、西二部，即西突厥与东突厥。突厥东面的契丹、奚、室韦等突厥原属部，也摆脱沙钵略的统治，内附隋朝。同时阿波可汗在达头可汗的帮助下，东征沙钵略，控制了原突厥汗国的统治中心于都斤山一带。沙钵略的控制区仅剩有阴山南北的漠南地区。沙钵略可汗走投无路，只好南下降隋。公元584年（开皇四年），沙钵略的妻子千金公主上书隋文帝，"请为一子之例"，愿改姓杨氏。沙钵略也上书隋文帝，尊文帝为翁，自己为婿。沙钵略向隋朝称臣决非心甘情愿，但这是唯一的出路。

公元585年（开皇五年），"沙钵略既为达头所困，又东畏契丹，遣使告急，请将部落度漠南，寄居白道川内，有诏许之，诏晋王广以兵援之，给以衣食，赐以车服鼓吹。"② 是年七月，沙钵略为感谢隋文帝的援助，上表曰"窃以天无二日，土无二王，伏惟大隋皇帝，真皇帝也。岂敢阻兵恃险，偷窃名号。今便感慕淳风，归心有道，屈膝稽颡，永为藩附。"隋文帝使臣封沙钵略第七子"窟含真为柱国，封安国公，宴于殿内，引见皇后，赏劳甚厚"。并诏谕："沙钵略称雄漠北，多历世年，百蛮之大，莫过于此，往虽与和，犹是二国，今作君臣，便成一体。"③ 隋文帝诏书既承认了突厥是世居我国北方的一"国"，又强调今之突厥乃为隋之藩国，是君臣关系。至此东突厥已成为驻牧阴山地区的隋朝下属的地方政权。次年，隋朝又"班历于突厥"，④ 东突厥奉隋之正朔。

此时东突厥汗国的统治中心正式南迁阴山地区，牙帐从漠北的于都斤山迁至漠南的紫河镇。史籍记载，公元587年（开皇七年），沙钵略可汗猎鹿献帝归来，"还至紫河镇，其牙帐为火所烧"。《隋志》又载：定襄郡治"大利，有长城，有阴山，有紫河。"⑤ 可以确认紫河镇隋时应在定襄郡西南紫河边，今之呼和浩特

---

① 《隋书》卷51《长孙晟传》。
② 《隋书》卷84《北狄传》。
③ 《隋书》卷84《北狄传》。
④ 《隋书》卷1《高祖本纪》。
⑤ 《隋书》卷30《地理志》。

市东南部的和林格尔县境内。此时东突厥的活动区域主要集中于阴山以南，长城以北，黄河以东，契丹、奚族以西的漠南一带，约当今阴山的中南部地区。

（2）阴山地域的突厥启民可汗政权

沙钵略可汗去世，其弟处罗侯继承汗位，是为叶护可汗，亦称莫何可汗。"以隋所赐旗鼓，西征阿波，敌人以为得隋兵所助，多来降附，遂擒阿波"①。又出兵西征达头可汗，不幸"中流矢而卒"。沙钵略之子雍虞闾为汗，称颉伽利施多那都蓝可汗。都蓝可汗决心继续其叔父处罗侯未尽之业，结好隋朝，倚以为后盾，再次兴兵西征达头可汗。都蓝西征的攻势非常凌厉，取得很大的进展，势力也日盛起来。然而，都蓝的兴盛，严重背离了隋朝奉行的"离强合弱，远交近攻"的国策。隋朝不再偏袒都蓝。公元593年（隋开皇十三年），都蓝可汗杀大义公主，更表请婚，时都蓝大可汗下面经管北方的小可汗突利可汗亦向隋朝求婚。长孙晟认为"臣观雍闾，反复无信，特共玷厥有隙，所以依倚国家。纵与为婚，终当必叛，今若得尚公主，承藉威灵，玷厥、染干必又受其征发。强而更反，后恐难图。且染干者，处罗侯之子也，素有诚款，于今两代。臣前与相见，亦乞通婚，不如许之，招令南徙，兵少力弱，易可抚驯，使敌雍闾，以为边捍。"② 隋朝拒绝了都蓝的请婚要求，却以宗女安义公主嫁于突利。都蓝可汗向隋请婚被拒绝后，非常气愤，说："我，大可汗也，反不如染干"③，于是朝贡遂绝，数为边患。但由于突利通风报信，都蓝几次犯隋都没有取得胜利。都蓝把怨恨归于突利可汗。公元599年（隋开皇十九年），都蓝复与达头联络，合力袭击突利可汗，大战于长城下。突利可汗败绩，被迫归附隋朝。

突利入朝，隋文帝大喜，册立其为意利珍豆启民可汗，简称启民可汗，并在朔州筑大利城（今呼和浩特市和林格尔县土城子），安置随启民可汗南迁的万余部众，再嫁宗女成公主与启民为妻。此后，突厥旧部归附启民可汗者甚众。由于都蓝与达头不断侵扰启民可汗，长孙晟向隋文帝建议："染干部落归者既众，虽在长城之内，犹被雍闾抄略，往来辛苦，不得宁居。请徙五原，以河为固，于夏、胜两州之间，东西至河，南北四百里，掘为横堑，令处其内，任情放牧，免于抄略，人必自安。"④ 得到隋文帝批准以后，启民可汗及其部众又迁至河南

①　《北史》卷99《突厥传》。
②　《隋书》卷51《长孙晟传》。
③　《隋书》卷84《北狄传》。
④　《隋书》卷51《长孙晟传》。

（今鄂尔多斯市）驻牧。隋文帝又为启民可汗筑金河（今呼和浩特市托克托县哈拉板申古城）、定襄（今山西大同市南）二城，供其居住。隋朝扶持下的突厥启民可汗政权在阴山地域建立了起来。

　　在妥善安置了启民可汗后，隋朝决定对突厥进行全力反击。公元599年冬天，隋朝遣越国公杨素出灵州，行军总管韩曾寿出庆州，太平公史万岁出燕州，大将军姚辩出河州，以击都蓝。隋军尚未出塞，都蓝为其麾下所杀，其国大乱，达头自立为步伽可汗。次年，隋遣太平公史万岁出朔州以击之，"遇达头于大斤山，虏不战而遁。"① 达头可汗从漠南败遁漠北。公元601年（隋仁寿元年），隋文帝又"诏杨素为云州道行军元帅，率启民北征。"② 以启民可汗为旗帜，展开政治攻势，招抚原东突厥的属部，隋军所至，突厥步伽可汗所部大乱，其所统之铁勒、仆骨等十余部皆叛步伽，降于启民，步伽西奔吐谷浑。史称"自是突厥远遁，碛南无复房庭。"③ 公元607年（隋大业三年），启民可汗上书隋炀帝，明确表示："臣今非是旧日边地突厥可汗，臣即是至尊臣民。"④ 这样，漠南东突厥启民可汗的政权不再是与隋朝对峙的独立政权，漠南的阴山地域全部成为隋朝的行政辖区。

　　突厥降隋内附后，隋朝在阴山地域的统治采取"双轨制"，一是在旧有行政建制的基础上，设立郡、县二级行政机构进行管理；二是对附隋的突厥人采取宗藩关系的管理方式，保留其政权，其人其事由突厥可汗和贵族管理，使其成为隋朝中央政府直辖的一个自治性较大的地方政权。在隋朝的扶持下，启民可汗政权统治的突厥民众生活安定，"或南入长城，或住白道，人民羊马，遍满山谷"⑤，一派安宁的景象。漠南的畜牧业生产重又得到发展。公元607年（隋大业三年），启民可汗一次就向隋帝献良马三千匹，足可见突厥畜牧业的规模。启民可汗的内附，进驻阴山地域，使隋朝与突厥传统的宗藩关系得到了进一步的发展。突厥部众与中原百姓免遭战乱之苦，有了一个相对平和安宁的生活和生产环境。更为重要的是，启民可汗内附南下，"接近了在经济上、文化上相对发达的中原地区，缩短了相互间来往和交流的空间距离，为突厥社会接受中原地区先进文化，以及

---

① 《隋书》卷84《北狄传》。
② 《隋书》卷84《北狄传》。
③ 《隋书》卷48《杨素传》。
④ 《隋书》卷84《北狄传》。
⑤ 《隋书》卷84《北狄传》。

中原地区汲取游牧文化的优秀成分，提供了有利的政治和地缘基础。"① 阴山地域成为农耕与游牧、中原民族与北方少数民族并存、交往和融合的大熔炉。

值得注意的是，隋炀帝携皇后及群臣曾两次出塞北巡，驾幸东突厥启民可汗牙帐。

隋炀帝第一次出塞北巡是公元 607 年（大业三年）。是年四月，隋炀帝自京师长安出发北上，六月进入榆林郡境内"猎于连谷（今鄂尔多斯市伊金霍洛旗东南）"。②。隋炀帝抵达榆林（今鄂尔多斯市准格尔旗十二连城），启民可汗与义成公主亲来朝见隋炀帝。启民可汗还上表"乞依大国服饰法用，一同华夏。臣今率部落，敢以上闻伏愿天慈不违所请"。③ 隋炀帝请随行公卿议，皆主张准启民表奏。隋炀帝"以为碛北未静，犹须征战，但使好心孝顺，何必改变衣服也"，未准。④ 此举透露了隋炀帝欲以启民可汗为旗帜，经略碛北的企图。因为在碛北突厥人和原突厥汗国的属部铁勒人中，启民可汗仍是有号召力的人物。在这点上，隋炀帝比其臣僚们想得更远些。启民可汗在得到隋炀帝的大量赏赐后，返回牙帐，恭候皇帝及其一行的到来。八月，隋炀帝巡边大军从榆林出发，历经四天来到启民可汗的牙帐（今乌兰察布市察右中旗的灰腾梁地区⑤）。"启民奉觞上寿，跪伏恭甚，王侯以下袒割于帐前"。⑥ 隋炀帝接受了启民可汗及突厥大小贵族的献礼和参拜，"赐启民及主金瓮各一，及衣服被褥绵彩，特勤以下各有差"。⑦ 公元 608 年（大业四年）三月，隋炀帝第二次出塞北巡，"车驾幸五原，因出塞巡长城"。⑧ 五原即五原郡（治所今巴彦淖尔市乌拉特前旗西北），后隋改称丰州。

隋炀帝在两年内接连两次大规模出塞北巡至阴山，在历史上是空前的。隋炀帝两次北巡的主要目的是出塞耀兵，威慑北藩，以安定北疆，从而集中精力出兵辽东。但客观上对于加强隋朝与东突厥在政治上的宗藩关系，密切内地与阴山地域的联系，推动双方在经济文化上的交流具有积极意义。

---

① 曹永年《内蒙古通史》卷 1，第 369 页。
② 《隋书》卷 3《炀帝本纪（上）》
③ 《隋书》卷 84《北狄传》。
④ 《隋书》卷 84《北狄传》。
⑤ 张文生、曹永年《隋炀帝所幸启民可汗牙帐考》，《中国边疆史地研究》1998 年第 3 期。
⑥ 《资治通鉴》卷 180《隋炀帝大业三年》。
⑦ 《隋书》卷 84《北狄传》。
⑧ 《资治通鉴》卷 180《隋炀帝大业三年》。

（3）始毕可汗时期的东突厥

公元 609 年（大业五年）"突厥启民可汗卒，上为之废朝三日。立其子咄吉，是为始毕可汗，表请尚公主（义成公主，启民之妻），诏从其俗"。① 始毕可汗继立时，东突厥在隋朝的扶持下，经启民可汗时期多年的经营，休养生息，兵强马壮，东突厥远不是当年的情景，国势日盛。

此时，隋朝正在连年用兵，兵疲财尽，严刑征敛。中原人民苦不堪言，或亡入北境，隋朝内外困境，无力北顾，东突厥势力进一步发展。始毕可汗继位以后，继续启民可汗的休养生息政策，不断积蓄力量。到隋末，隋朝政乱民怨之时，突厥"强盛，东自契丹、室韦，西尽吐谷浑、高昌诸国，皆臣属焉，控弦百余万，北狄之盛，未之有也。"② 隋朝与东突厥的力量对比，发生明显的变化。始毕可汗开始"高视阴山，有轻中夏之志"。③ 不愿囿于旧有宗藩关系，向隋朝称臣纳贡。

尽管隋朝的政局内外维艰，无力北顾，但东突厥的渐盛引起了隋炀帝的不安。于是，接受大臣裴矩分化突厥内部势力的计策，"以宗女嫁其（始毕可汗）弟叱吉设，拜为南面可汗。叱吉不敢受，始毕闻而渐怨。"接着，裴矩又上书隋炀帝："突厥本淳易可离间，但由其内多有群胡，尽皆桀黠，教导之耳。臣闻史蜀胡悉尤多奸计，幸于始毕，请诱杀之。"④ 粟特胡人史蜀胡悉是始毕可汗的宠臣、智囊。隋炀帝采纳了裴矩的计谋。于是，裴矩扬言马邑互市，引诱史蜀胡悉"不告始毕，率其部落，尽驱六畜，星弛争进，冀先互市。矩伏兵马邑下，诱而斩之。诏报始毕曰：'史蜀胡悉忽领部落走来至此，云背可汗，请我容纳。突厥既是我臣，彼有背叛，我当共杀，今已斩之，故令往报。'始毕亦知其状，由是不朝。"⑤ 激化了始毕可汗与隋朝的矛盾。

公元 615 年（大业十一年）八月，隋炀帝亲率大军巡塞，再次陈兵耀武，企图威慑东突厥。但今非昔比。当隋炀帝一行刚刚到达雁门，始毕可汗就率领突厥大军云集雁门城下，四面合围。隋军屡战皆败，"雁门四十一城，突厥克其三十九，唯雁门、崞不下。突厥急攻雁门，矢及御前"，情况十分危急。隋炀帝紧急

① 《资治通鉴》卷181《隋炀帝大业五年》。

② 《旧唐书》卷194《突厥传上》。

③ 《旧唐书》卷194《突厥传上》。

④ 《隋书》卷67《裴矩传》。

⑤ 《隋书》卷67《裴矩传》。

诏令天下募兵勤王，固守待援。同时，速遣密使向义成公主求救。屯卫将云定兴率勤王兵赶到，听从年仅十六岁的李世民"多赍旗鼓为疑兵"①之计，进至崞县就广设幡旗，征鼓相闻，始毕可汗以为援军大至。在雁门城内，隋炀帝在隋朝将士的鼓励下也亲巡城防，并许诺重赏守城将士。义成公主接到隋炀帝的密令，也急"遣使什变"于始毕，称北方有警。始毕可汗遂"解围而去。"②"雁门之围"标志着隋朝的全面衰落，东突厥的复振，原有的宗藩关系发生倒置，像当年隋朝操纵突厥汗国的政局一样，东突厥也以阴山地域为根据地，开始涉足隋末北方政治势力的角逐，操纵中原的政局了。

为了逃避苦役、兵役和战乱，中原大量的汉族人民北上亡入突厥。《通典》载："隋末乱离，中国人归之者甚众。"③唐贞观五年，太宗"以金帛购中国人因隋乱没突厥者男女八万人。"④避难人中除大量是农民外，还有一定数量的读书人，"自倾乱离，亡命甚多，走胡奔越，书生不少，中国之乱，并在诸夷。"⑤其中不少书生仕于突厥汗庭，或出谋献策，或译集情报，直接服务于突厥汗国。如著名的颉利谋士华人赵德言等。大量中原汉人亡入突厥，除带去先进的生产技术和中原文化外，更主要的是为突厥汗国增添了新的劳动力和兵源。突厥"遂大强盛，势陵中夏。"

隋末大乱，阴山地区出现众多割据政权，为了保存和增强自己的地盘和实力，纷纷结好突厥。"薛举、窦建德、王世充、刘武周、梁师都、李轨、高开道之徒，虽僭尊号，皆北面称臣，受其可汗之号，使者往来，相望于道也。"⑥唐朝的开国皇帝李渊也曾投靠东突厥以自保。东突厥凌驾于北方各割据政权和武装势力之上，始毕可汗俨然成为他们的共主。其中，阴山地域的割据政权有：在今河套地区以五原为中心割据的张长逊；⑦以榆林郡（辖境约今鄂尔多斯市的准格尔旗，呼和浩特市的托克托县与和林格尔等地）为根据地的李子和；⑧在黄河以南，包括今内蒙古鄂尔多斯高原与陕西北部地区割据的梁师都，其地盘最大，时

---

① 《资治通鉴》卷182《隋炀帝大业十一年》。

② 《隋书》卷3《炀帝本纪（下）》。

③ 《通典》卷199《边防》。

④ 《旧唐书》卷3《太宗（下）》。

⑤ 《大唐创业起居注》卷1。

⑥ 《隋书》卷84《北狄传》。

⑦ 《旧唐书》卷57《刘文静传》。

⑧ 《旧唐书》卷57《梁师都传》。

间最长；① 以集宁、丰镇一带，南抵山西太原附近的刘武周割据政权，其自称皇帝，建元天兴；② 在今呼和浩特市和林格尔县和清水河县一带，以隋炀帝萧后及齐王暕之遗腹子杨政道建立的隋系政权，称号隋王。③ 这些政权基本处在突厥卵翼之下。东突厥汗国立足阴山地域，紧紧控制着阴山及其周边地区的政治和军事势力，直接插手中原政局。"各割据势力的并起，不仅加速了隋王朝的灭亡，它们力量的消长，政治的背向也成为影响全国统一的重要因素。"④

（4）唐朝阴山地域的东突厥及其灭亡

公元618年（唐武德元年），李渊建立唐朝。初建的唐朝，中原未平，无暇顾及北方，因而不断行重贿结好东突厥，以求自保。东突厥汗国依托阴山地域，控制着大漠南北，左右着中原的政局。

公元619年（武德二年），东突厥后期盛世的开创者始毕可汗去世，其弟俟利弗设继立，称处罗可汗。不久，处罗可汗卒，其弟莫贺咄设立，号颉利可汗。突厥徙漠南历经启民、始毕、处罗、颉利可汗，几近50年，其统治中心一直在漠南。大汗居中，驻守在阴山地域，其他地区由大汗宗亲分驻四方。唐初可汗之下的四面小可汗不再称"可汗"而改称"设"。其主要原因是为了避免小可汗拥兵自重，大可汗不能控制的局面重演。东突厥的东面设在四面设中地位最高，由突利担任。突利是始毕可汗嫡子，颉利之侄，"隋大业中，突利年数岁，始毕遣领其东牙之兵，号为泥步设。……牙直幽州之北（当在今内蒙古锡林郭勒盟之东偏南地区）。"⑤ 北面设，建牙碛北，统辖漠北铁勒诸部。西面设，"牙直五原之北"⑥，辖区当今巴彦淖尔市乌拉特后旗一带。南面设起初主要是处理汗国内部事务，到始毕可汗时期势力扩大，辖区当阴山中南部和今华北北部地区。东突厥四面设的统辖体系的确立，使得阴山地域，乃至整个北方地区，或在东突厥汗国的直接控制下；或通过卵翼在东突厥汗国之下的割据势力间接地控制着。这样，东突厥插手中原政治事务，参与华北军事角逐就有了便利和广阔的空间，以及可资利用的政治军事力量。

---

① 《旧唐书》卷57《梁师都传》。
② 《旧唐书》卷55《刘武周传》。
③ 《资治通鉴》卷187《高祖武德二年》。
④ 曹永年《内蒙古通史》卷1，第383页。
⑤ 《旧唐书》卷194《突厥传上》。
⑥ 《旧唐书》卷194《突厥传上》。

李渊太原举兵的时候遣心腹大臣刘文静出使突厥，订立了"与可汗兵马同入京师，人众土地入唐公，财帛金宝入突厥"① 的盟约，以换取突厥士兵助战，与中原其他军事集团相抗衡。唐朝在群雄逐鹿之中逐渐占得上风以后，便开始剪除北方，特别是阴山地域东突厥汗国卵翼下的武装割据势力。于是双方发生了利益上的冲突，东突厥军事打击的对象直指唐朝。

颉利可汗继位后，"承父兄之资，兵马强盛，有凭陵中国之志"②，不断驱兵南下，侵掠唐境。唐初高祖李渊"以中国未宁，待突厥甚厚"，企图换取北边的暂时安宁。结果适得其反，"颉利求请无厌，言辞骄慢"，频频武力犯唐。据记载：从公元 621—626 年（武德四年至武德九年）数年间，颉利可汗数十次发兵犯唐，唐朝北境无一日安宁。

公元 626 年（唐武德末年、贞观初年），颉利与突利二可汗将兵一路南下，至渭河北岸，直逼唐都长安。刚刚登上皇位的李世民，审时度势，深知"突厥所以敢倾国而来，直抵郊甸者，以我国内有难，朕新即位，谓我不能抗御故也。我若示之以弱，闭门据守，虏必放兵大掠，不可复制。"③ 于是，胆略过人的唐太宗自领轻骑六人，来到渭河边隔河与颉利答话，"俄而诸军继至，旌甲蔽野"。颉利可汗闻此未敢妄动，遣使请和。于是，唐太宗"与颉利盟于便桥之上"，双方退兵。④

经数年的努力，唐朝先后降服和平定割据政权，采用大臣刘世让的建议："于崞城置一智勇之将，多储金帛，有来降者厚赏赐之，数出骑兵，略其城下，芟践禾嫁，败其生长，不出岁余，彼当无食，马邑不足图也。"⑤ 自是，唐朝北境边防大为改观，基本遏制了东突厥经马邑攻伐唐河东之地的势头。唐朝又采纳了裴矩的"当今之务，莫若远交近攻，正可权许其婚，以威北狄"的献策。⑥ 答应了西突厥统叶护可汗的请婚，并互遣使臣，开置互市，与西突厥结成军事联盟，共谋东突厥。

东突厥汗国凭借武力强硬地推行不平等的统治，征敛无度，使得汗国内阶级

---

① 《旧唐书》卷 57《刘文静传》。
② 《旧唐书》卷 194《突厥传上》。
③ 《资治通鉴》卷 191《唐高祖武德九年》。
④ 《资治通鉴》卷 191《唐高祖武德九年》。
⑤ 《册府元龟》卷 365《将帅部》。
⑥ 《唐会要》卷 94。

矛盾、民族矛盾复杂而尖锐。作为统治民族的突厥内部，也是矛盾重重。上层贵族间权力争斗不断升级，随着颉利可汗的连年用兵而加深加剧，严重地削弱了汗国的实力，动摇了汗国的统治。长期受突厥奴役的九姓铁勒薛延陀、回纥、铁勒诸部，以及契丹、奚和室韦等东藩诸族慑于其武力，不得不向突厥纳贡称藩。但其对于突厥历来怀有敌意，反抗时有发生。又加上连年的自然灾害，赤贫如洗，无以为生。于是"阴山以北薛延陀、回纥、拔也古等余部皆相率背叛，击走其欲谷设。颉利遣突利讨之，师又败绩。"① 颉利可汗失去了对北方铁勒诸部的控制，只好"引兵入朔州境上"②，以避锋芒。颉利可汗治下的东突厥汗国，矛盾重重，实际上已经四分五裂了。

就在东突厥汗国矛盾四起之际，又"频年大雪，六畜多死，国中大馁，颉利用度不给，复重敛诸部，由是下不堪命，内外多叛之。"③ 长期负责监视东突厥的代州都张公瑾向唐太宗报告，分析了颉利必亡的六大因素："颉利纵欲逞暴，诛忠良，昵奸佞，一也。薛延陀等诸部皆叛，二也。突利、拓设、欲谷设皆得罪，无所自容，三也。塞北霜旱，糇粮乏绝，四也。颉利疏其族类，亲委诸胡，胡人反覆，大军一临，必生内变，五也。华人入北，其众甚多，比闻所在啸聚，保据山险，大军出塞，自然响应，六也。"④

与此同时，唐朝却一派生机勃勃，具备了大举反击东突厥的条件。公元629年（唐贞观三年）八月，唐太宗下达北伐的命令。这次反击以"行并州都督李世勣为通汉（漠）道行军总管，兵部尚书李靖为定襄道行军总管，华州刺史柴绍为金河道行军总管，灵州大都督薛万彻为畅武道行军总管，众合十余万，皆授李靖节度，分道出击突厥。"⑤ 李靖、李世勣都是唐朝身经百战的名将，有着丰富的作战经验。唐军在两位统帅的指挥下，进展神速，数月即大破突厥，并捕获颉利可汗。

唐朝此次北伐，大致经历了三个阶段。公元630年（贞观四年），李靖亲帅骑兵三千，自马邑出发，屯兵恶阳岭（在定襄古城南），乘夜出奇兵，直逼定襄。突厥颉利可汗不意李靖大军猝然而至，不敢恋战"乃徙牙于碛口（今乌拉山东

① 《旧唐书》卷194《突厥传上》。
② 《资治通鉴》卷192《贞观元年》。
③ 《旧唐书》卷194《突厥传上》。
④ 《资治通鉴》卷193《贞观三年》。
⑤ 《资治通鉴》卷193《贞观三年》。

口，昆都仑河上游一带）"①，慌忙向北撤退。李靖一举攻克定襄，俘获了隋炀帝皇后萧氏及其孙子杨政道，卵翼在突厥下的最后一个割据政权随即灭亡。与此同时，唐将李世勣领兵从云中出击，在白道（吴公坝）堵截北撤的突厥退兵，并与后续赶来的"李靖破突厥颉利可汗于阴山"，颉利大败，"窜于铁山（今白云鄂博）。"② 唐军把突厥兵赶到阴山以北，控制了阴山以南的地区。

公元630年（贞观四年）二月为第二阶段。颉利可汗在阴山被李靖大败后，北撤至阴山之北的铁山。当时，颉利可汗余众尚有数万，遣使向唐太宗求和，以便争取时间，"欲俟草青马肥，亡入漠北。"③ 唐太宗清楚颉利可汗的企图，将计就计，"遣鸿胪卿唐俭等慰抚之，又诏李靖将兵迎颉利"，做好战与和的两手准备。身在前线的李靖、李世勣也十分清楚颉利可汗请和的用意。"李靖与李世勣会白道相与谋曰：'颉利虽败，其众犹盛，若走度碛北，保依九姓，道阻且远，追之难及。今诏使至彼，虏必自宽，若选精骑一万，赍二十日粮往袭之，不战可禽矣。'④ 于是，李靖率兵一万，带二十日军粮，尾随唐朝谈判使者一行之后，迅速进至颉利可汗驻地附近。同时，李世勣"军于碛口"，切断了突厥北窜的要道。颉利可汗见唐太宗果然派使臣讲和，放松了对唐军的戒备。李靖"使武邑苏定方帅二百骑为前锋，乘雾而行，去牙帐七里，虏乃觉之。颉利乘千里马先走。"⑤ 随后，李靖亲率大军包围了突厥。突厥部众群龙无首，很快被唐军击溃。这一战，李靖杀死义成公主，并捕获其子叠罗施，消灭了突厥兵一万多，俘虏了突厥男女十万多人，并获牛羊杂畜十多万头只。颉利可汗率万余人，逃出李靖的包围圈后，准备经碛口北逃，但碛口早已被李世勣占领。"颉利至，不得度，其大酋长皆帅众降。世勣虏五万余口而还。斥地自阴山北至大漠。"⑥ 这一阶段是伏击战。在这一阶段颉利可汗的精锐兵力基本被消灭。

公元630年（贞观四年）三、四月为第三阶段。颉利可汗率众北遁未成，轻骑西奔，至驻于灵州的突厥沙钵罗设苏尼失处，企图转投吐谷浑。"大同道行军总管任城王道宗引兵逼之，使苏尼失执送颉利。颉利以数骑夜走，匿于荒谷。苏

---

① 《资治通鉴》卷193《贞观四年》。
② 《资治通鉴》卷193《贞观四年》。
③ 《资治通鉴》卷193《贞观四年》。
④ 《资治通鉴》卷193《贞观四年》。
⑤ 《资治通鉴》卷193《贞观四年》。
⑥ 《资治通鉴》卷193《贞观四年》。

尼失惧，驰追获之。庚辰，行军副总管张宝相帅众奄至沙钵罗营，俘颉利送京师，苏尼失举众来降，漠南之地遂空。"① 至此，唐朝的北伐大获全胜，东突厥汗国遂亡。

（5）唐朝在阴山地域安置东突厥降众

公元630年（贞观四年）东突厥亡国，突厥部众一部分留在薛延陀汗国，一部分入西域，大部分南下降唐或被唐军俘虏。南下的突厥人具体数目史籍无明确记载，估计数量不在少数。仅东突厥亡国的前一年，即公元629年（贞观三年），唐朝政府户部奏言，"中国人自塞外来归及突厥前后内附、开四夷为州县者，男女一百二十余万口。"② 公元630年李靖北伐俘突厥男女十余万，李世勣俘突厥男女5万余口。同年，东突厥灭亡后，"其降唐者尚十万口。"③ 合计两年来降唐或被俘的突厥人，估计不下数十万。

如何在短时间内处理和安置大量的在生活、生产习俗与中原人迥然不同的突厥降众，是唐朝政府面临的一个重要的和棘手的问题。为此，唐太宗专门召集大臣们进行讨论。中书令温彦博以为："今突厥穷来归我，……若救其死亡，授以生业，教之礼仪，数年之后，悉为吾民。"④ 主张仿照"汉建武时，置降匈奴于五原塞下"的办法处理突厥降众，"全其部落，得为捍蔽，又不离其土俗，因而抚之，一则实空虚之地，二则示无猜之心。"⑤ 具体办法是把突厥降众安置在河南之地，维持其固有的部族、习俗，使其成为捍蔽唐朝北疆的一支重要力量。温彦博在武德年间曾随唐将张瑾抗击突厥侵掠，被突厥俘虏后，"迁于阴山苦寒之地"⑥ 数年，贞观初才被突厥送还唐朝。因而他熟悉突厥的情况，所提建议妥当可行。尽管众多朝臣反对，唐太宗还是力排众议，最后基本采纳了温彦博的意见，对突厥降众作了如下安置。

首先，对数十万南下的突厥降众，在灵州与幽州之间设置羁縻府州，就地安置。这些州大多数在阴山地域，只有祐州、顺州在今甘、宁、晋、冀地区。这些州的都督皆由降唐的突厥酋长担任。突利为顺州都督，阿史那思摩为化州都督，

① 《资治通鉴》卷193《贞观四年》。
② 《旧唐书》卷2《太宗本纪（上）》。
③ 《资治通鉴》卷193《贞观四年》。
④ 《资治通鉴》卷193《贞观四年》。
⑤ 《旧唐书》卷61《温彦博传》。
⑥ 《旧唐书》卷61《温彦博传》。

史大奈为丰州都督，阿史那苏尼失为北宁州都督，史善应为北抚州都督，康苏密为北安州都督，郁射设为北开州都督，阿史那忠为长州都督。唐朝"又分颉利之地为六州，左置定襄都督府，右置云中都督府，以统其众。"① 所谓颉利地，是指东突厥颉利可汗的驻帐地区。依据前述，这一地区大致是指以颉利可汗牙帐大利城为中心的漠南地区。定襄都督府在左，侨治宁朔境；云中都督府在右，侨治朔方境。这些羁縻州、府的划分，基本贯彻了唐朝使突厥降众，"力散势分"的政策，尽可能地把突厥原有的属地、属部划分为较小的单位，以便管理和控制。

其次，对来降的突厥酋长，取消突厥原有官号，一律成为唐朝的命官，按唐制封授官爵。唐太宗曾亲自对突利讲："我所以不立尔为可汗者，正为启民前事故也。改变前法，欲中国久安，尔宗族永固，是以授尔都督。"② 于是，突厥"其酋首至者，皆拜为将军、中郎将等官，布列朝廷，五品以上百余人，因而入居长安者数千家。"③ 其中突利为右卫大将、北平郡王，夹毕特勤阿史那思摩为右武侯大将军、怀化郡王，统领颉利旧众，阿史那苏尼失为怀德郡王，阿史那忠尚定襄县主，康苏密为右骁卫将军，史大奈为右武卫大将军，等等。

对于长期与唐朝为敌的颉利可汗，唐太宗严辞斥责其过，然后赦免其罪，亦封授官爵。初，授"虢州刺史，以彼土多獐鹿，纵其畋猎，庶不失物性。颉利辞不愿往，遂授右卫大将军，赐以田宅"，使终老长安。④

为了安抚突厥降众，迅速消除战争的痕迹，唐太宗于公元 630 年九月下诏掩埋战死、病死在漠南荒野的突厥人，并以华夏传统方式加以祭奠。"但有骸骨之所，醴致祭，速为埋瘗，务令周悉，以称朕意。"⑤ 目的是尽快偃武修文，昭示太平。

"唐朝安置突厥降众的措施，应该说是比较妥帖的。历史上，战胜民族对战败民族如此的安置，还是不多见的。魏晋南北朝时期我国北方民族大融合，无论在血统上，还是心理上都给汉民族注入了全新的因子，以唐太宗为代表的唐朝统治集团因而显得开明、豁达。唐朝是把突厥人视为大唐的子民，突厥已由域外民族变为华夷一统的大唐帝国诸民族成员之一。自此，突厥人的历史进入了一个新

---

① 《资治通鉴》卷193《贞观四年》。

② 《旧唐书》卷194《突厥传上》。

③ 《册府元龟》卷991《外臣部》。

④ 《旧唐书》卷194《突厥传上》。

⑤ 《唐大诏全集》卷114。

的历史阶段。"①

（6）阴山地域的后突厥汗国

在漠南单于大都护府治下的突厥贵族，长期积聚着离心倾向和分裂情绪，在公元679年（唐调露元年）元月，"西突厥十姓可汗阿史那都支及其别帅李遮匐与吐蕃连和，侵逼安西。""十月，单于大都护府突厥阿史德温傅、奉职二部俱反，立阿史那泥熟匐为可汗，二十四州酋长皆叛应之。"② 突厥贵族的这次叛唐武装暴动的地区，是以云中城为中心。周围的羁縻府州陆续响应，很快发展为大规模的武装暴动。唐朝事前失于防范，猝然事起，立即陷入被动的困境，急遣鸿胪卿单于大都护府长史萧嗣业、右领军卫将军花大智等将兵讨之。突厥乘大雪天夜袭唐军的营地，"嗣业狼狈拔营走，众遂大乱，为虏所败，死者不可胜数，大智、景嘉引步兵且行且战，得入单于都护府"③，唐军遭到惨败。突厥又"扇诱奚、契丹侵掠营州"，整个漠南发生动荡。朝廷急调刚刚平定西域西突厥与吐蕃叛乱的裴行俭"为定襄道行军大总管，将兵十八万，并西军检校丰州都督程务挺、东军幽州都督李文暕，总三十余万以讨突厥"。裴行俭统大军至朔州，"乃诈为粮车三百乘，每车伏壮士五人，各持陌刀、劲弩，以羸兵数百为之援，且伏精兵于险要以待之。虏果至，羸兵弃车散走。虏驱车就水草，解鞍牧马，欲取粮，壮士自车中跃出，击之，虏惊走，复为伏兵所邀，杀获殆尽。自是粮运行者，虏莫敢近。"④ 保证了粮草供应以后，大军顺利深入到漠南腹地。次年三月，唐军进至黑山（亦称杀胡山或呼延谷，在今包头市西北）。与突厥展开决战。突厥败溃，"伪可汗泥熟匐为其下所杀，以其首来降"，又擒其大首领奉职而还，"余党走保狼山"（今河套北）。⑤ 突厥贵族第一次在阴山地域叛唐武装暴动失败。

公元680年（唐永隆元年）八月，退依狼山的阿史德温傅重聚残部，"迎颉利从兄之子阿史那伏念于夏州，将渡河立为可汗，诸部落复响应从之。"⑥ 突厥贵族第二次武装暴动，并很快席卷漠南，接连侵伐唐之源、庆等州。裴行俭席未暇暖，再度担任定襄道行军大总管居中，副将右武卫将军曹怀舜西出恒州，幽州

---

① 曹永年《内蒙古通史》卷1，第401页。
② 《资治通鉴》卷202《唐高宗调露元年》。
③ 《资治通鉴》卷202《唐高宗调露元年》。
④ 《资治通鉴》卷202《唐高宗调露元年》。
⑤ 《资治通鉴》卷202《唐高宗调露元年》。
⑥ 《旧唐书》卷194《突厥传上》。

都督李文暕东出幽州，"将兵讨之。"① 裴行俭行军至代州之经口停下来，遣使间道漠北安北都护府约"碛北回纥南向逼之"。东、西两路继续北进。西路军曹怀舜部误得情报，孤军深入至黑沙北（呼和浩特市西北），"人马疲顿，竟不见贼"②。还至横水（约今巴彦淖尔市乌拉特前旗的黄河南岸地区），遇伏念，唐军大败，死者不可胜数。但是此时回纥兵如期南下，屯兵代州之经口的裴行俭急师北进，对突厥形成南北夹击态势，使阿史那伏念陷入困境。裴行俭"纵反间说伏念与温傅，令相猜贰。"二人反目，"伏念果率其属缚温傅诣军门请罪，尽平突厥余党"③。至此，突厥贵族第二次叛唐的武装暴动又告失败。

公元682年（唐永淳元年），突厥贵族阿史那骨咄禄再次举事。阿史那骨咄禄，颉利可汗的族人，他的祖父曾是单于都护府右云中都督舍利元英下之部首，世袭吐屯啜。初阿史那伏念缚阿史德温傅来降，朝廷当时许诺裴行俭的要求，不杀降。然而，此时唐高宗病情恶化，皇后武则天临朝专权，唐朝内部的权力争斗日趋尖锐并表面化。而裴行俭曾是反对册立武则天为皇后的。"由是行俭之功不录"，并且斩阿史那伏念、阿史德温傅等五十四人于都市。裴行俭仰天长叹："但恐杀降之后，无复来者"④。已降的突厥诸部完全失去了对唐朝的信任，铤而走险，再次走上了武装暴动的道路。阿史那骨咄禄本是阿史那伏念的余党。"伏念既破，骨咄禄鸠集亡散，入总材山，聚为群盗"⑤。总材山应该是阴山山脉之一段，具体的方位，"约在今内蒙古自治区的白云鄂博周围"⑥。骨咄禄最初与17个忠诚于他的追随者组织了第三次叛唐的武装暴动。他们经过艰苦的斗争，终于在总材山站住了脚。"当有了七百人之后（我父可汗）就按照我祖先的法制"⑦组织了政权。骨咄禄自立为可汗，以其弟默啜为设，咄悉匐为叶护。单于大都护府治下的阿史德氏降户的酋长阿史德元珍亦投奔骨咄禄，骨咄禄"立为阿波达干，令专统兵马事。"⑧ 至此，后突厥政权初步成形。它标志着东突厥汗国在阴山地域得以重建，后突厥汗国正式诞生。

---

① 《资治通鉴》卷202《唐高宗开耀元年》。
② 《册府元龟》卷443。
③ 《旧唐书》卷84《裴行俭传》。
④ 《旧唐书》卷84《裴行俭传》。
⑤ 《旧唐书》卷194《突厥传上》。
⑥ 芮苗铭《故突厥碑铭研究》第25页。
⑦ 韩儒林《突厥文阙特勤碑·译注》。
⑧ 《旧唐书》卷194《突厥传上》。

　　公元 682 年（永淳元年），阿史那骨咄禄建牙黑沙城，自号颉跌利施可汗，创立了后突厥汗国。时所控制的地区主要是以总材山——黑沙城为中心的一带，大致是漠南的北部地区，远未达到昔日东突厥汗国的规模。后突厥汗国的创立者们恢复旧宇的任务是艰苦的。但他们经历了阿史那骨咄禄、默啜二代可汗，以阴山地域为中心，千辛万苦征战 20 多年，最后重新控制了大漠南北。

　　后突厥汗国成立之初，漠南单于大都护府虽然接连发生突厥贵族叛唐暴动而遭到破坏，但机构还是健全的；东面松漠都督府与饶乐都督府仍控制在唐朝中央政府手中；漠北安北都护府治下的以回纥为主的九姓铁勒仍为唐朝控制。后突厥汗国的缔造者们被包围在漠南北部的总材山——黑沙城周围地区，随时都有被三面合围绞杀的危险。正像《暾欲谷碑》所讲述的那样，漠北九姓铁勒的酋长曾捎信给唐朝约定：“唐人，你们从南进攻！契丹人，你们从东进攻！我们从北进攻！不要让突厥部众的地域有君主，如有可能，让我们消灭他们。”面对严峻的形势，乘唐朝所策划的围剿行动尚未开始之际，颉跌利施可汗先发制人，兵分南北两路出击，准备突出重围。暾欲谷统兵北上，进至于都斤山，与九姓铁勒展开激战并取胜。南下的突厥在非常熟悉唐朝防务的阿史德元珍的率领下，也粉碎了唐朝的围剿。“寇单于府北鄙”，破云州定襄县，“杀岚州刺史王德茂”，一路南下直逼并州①。唐朝政府急以名将薛仁贵为代州都督，统兵驰援，才阻止了突厥的继续南下。此南北两役，后突厥从战略上取得了主动，特别是对漠北的重新控制，扩大了汗国的版图。于是，后突厥还牙于都斤山，把漠南重地黑沙城定为南牙。

　　后突厥汗国建立后，又展开了与唐朝的武周政权对阴山地域的争夺。因为只有控制和拥有这一地区，才能控制和拥有整个大漠南北。

　　公元 683 年（永淳二年），后突厥骨咄禄、阿史德元珍再次统兵南下围攻单于大都护府。大都护府司马张行师孤军守城，次年三月突厥兵攻破城池，“执司马张行师，杀之”。② 自此，唐朝管理漠南羁縻府州的军事行政机构单于大都护府实际上已不复存在。五月，“突厥阿史那骨笃（咄）禄等寇蔚州，杀刺史李思俭，丰州都督崔智辩将兵邀之于朝那山（即牛头朝那山，丰州河北）北，兵败，为虏所擒”，震动朝野。因此，“朝议欲废丰州，迁其百姓于灵、夏”。③ 后经丰

---

① 《太平寰宇记》卷 94。
② 《资治通鉴》卷 203《唐高宗弘道元年》。
③ 《资治通鉴》卷 203《唐高宗弘道元年》。

州司马唐休璟力谏，方罢废丰州之事。这足以说明唐朝对阴山地域的管辖已是力不从心。而后突厥汗国则以漠南为基地，四处侵伐唐境，唐朝却疲于应付。

公元 692 年（唐长寿元年），后突厥汗国的开创者阿史那骨咄禄卒。其弟默啜可汗继位后，继续其兄未尽的恢复汗国的事业。在默啜可汗继位之初，"铁勒诸部在漠南者渐为所并。"漠北全归后突厥。默啜可汗开始经营东方的契丹、奚等东藩诸族。为此，精明的默啜可汗向唐朝抛去了橄榄枝，以暂缓与唐朝的紧张局势。公元 696 年（唐万岁通天元年）"默啜俄遣使来朝，则天大悦，册授左卫大将军，封归国公，赐物五千缎。明年，复遣使请和，又加授迁善可汗"①，正式承认了后突厥汗国。

公元 697 年（唐神功元年），武后遣使突厥，请求出兵再助唐军伐契丹。默啜可汗以归还六州"降户及单于都护府之地"，给予"谷种、缯帛、农器、铁"为出师的条件。② 所谓降户，即唐高宗咸亨年间"突厥诸部来降附者，多处之丰、胜、灵、夏、朔、代等六州，谓之降户"③，故称六州降户。迫于形势，唐朝政府不得不"悉驱六州降户数千帐以与默啜，并给谷种四万斛，杂彩五万缎，农器三千事，铁四万斤，并许其昏"④，双方达成共伐契丹之盟约。四月，唐军自南，突厥自北，夹攻契丹。奚族的军队又临阵叛契丹。孙万荣兵败，被部下杀死。契丹余众"及奚、霫皆降于突厥。"⑤ 默啜可汗一举三得。今内蒙古东部地区又重归后突厥汗国，后突厥汗国再次雄踞大漠南北，"其地东西万余里，控弦四十万，自颉利之后最为强盛"。⑥ 时默啜可汗"甚有轻中国之心"⑦，根本不把武周政权放在心上。其中最能反映这一情况的是，根据唐朝以前与突厥的盟约，默啜可汗要嫁女于唐。武后特选"久在蕃中"，能"解突厥语，唱突厥歌，作胡旋舞"⑧ 的武氏家族成员淮南王武延秀为佳婿。公元 698 年（唐圣历元年），组成宏大的迎亲阵容，北上突厥迎娶默啜可汗之女。八月到达后突厥汗国南牙黑沙城。默啜可汗举出五条理由："与我蒸谷种，种之不生，一也。金银器皆行滥，

---

① 《旧唐书》卷 194《突厥传上》。
② 《资治通鉴》卷 206《则天后神功元年》。
③ 《旧唐书》卷 194《突厥传上》。
④ 《资治通鉴》卷 206《则天后神功元年》。
⑤ 《资治通鉴》卷 206《则天后神功元年》。
⑥ 《旧唐书》卷 194《突厥传上》。
⑦ 《旧唐书》卷 194《突厥传上》。
⑧ 《旧唐书》卷 183《武延秀》。

非真物，二也。我与使者绯紫皆夺之，三也。缯帛皆疏恶，四也。我可汗女当嫁天子儿，武氏小姓，门户不敌，罔冒为昏，五也。"① 囚禁武延秀等迎亲使臣，拒绝唐的请婚，并公开扬言"欲取河北"。唐朝原以为和亲即成，未行设防，突厥大举南下，连下数州。默啜可汗像唐太宗对待薛延陀夷男可汗一样，戏弄则天皇后。历史似在重演，其实是实力之较量的结果。则天皇后只好下令废除以前赐予默啜可汗的一切封号。

此后，唐朝面对后突厥的强大攻势，反击不成，防不胜防。曾设想在塞上垒石墙、挖壕沟，或派大队人马砸碎黄河上的结冰，以阻止突厥的进一步南下，但都因耗资巨大而无法实现。直到唐中宗时，张仁愿修筑了"三受降城"后，才使局面得以改变。

唐中宗复位后，决定采取积极防御的策略，争取在防御中求得主动。公元707 年（唐景龙元年），"以左屯卫大将军张仁愿为朔方道大总管"，代替沙吒忠义统众，"以备突厥。"② 张仁愿素以兼具文武，智勇刚果著称，曾长期任并州大都督府长史，熟悉突厥行军打仗的规律和情况。张仁愿根据"朔方军与突厥以河为界，河北岸有拂云堆，突厥将入寇，必先诣祠祭酹求福，因牧马料兵而后渡河"的活动规律，上书中宗建议，"于河北筑三受降城，首尾相应，以绝其南寇之路"。③ 张仁愿的奏议是符合实际的。所谓于河北筑三受降城，就是在今内蒙古河套地区的黄河北修筑三个城堡，作为固定性的防御设施。河套地区是拱卫唐都长安的重要战略要地。河套不保，长安危急。所以，河套地区历来是中原王朝与北方民族争夺的重要地区。确保河套就可以有效地阻止突厥的南下。还有，河套地区地广水沛历来是重要的农牧业基地，稳定河套也为大规模驻军提供了重要的物质基础。所以说，张仁愿在河北筑受降城是良策。

公元708 年（景龙二年），张仁愿乘后突厥全力西征突骑施娑揭之机，统兵北上"乘虚夺取漠南之地"。④ 并遣朔方军前锋游弈使论弓仁率部在诺真水（今包头市达尔罕茂明安联合旗艾不盖河）一带布防，掩护筑城工程的进行。张仁愿亲自统领朔方军包括超期服役的兵勇，"以拂云祠为中城"，东西各距四百里为东西两城。"六旬而三城俱就"。这三城在黄河北、阴山下。西城位于今巴彦淖尔市

---

① 《资治通鉴》卷206《则天后圣历元年》。
② 《资治通鉴》卷208《唐中宗景龙元年》。
③ 《元和郡县图志》卷4。
④ 《元和郡县图志》卷4。

杭锦后旗乌加河北岸；中城在今包头市西；东城在今呼和浩特市托克托县南。"三受降城"东西绵延近千里，遥相应接，又"北拓三百余里，于牛头牟那山（乌拉山）北置烽堠一千八百所"。① 这一防御体系的建立，从根本上改变了唐朝长期以来对突厥的被动局面。"自是突厥不得度山放牧，朔方无复寇掠。"②

此外，在河套内都思免河上游的榆多勒城置经略军（今鄂尔多斯市鄂托克境内）。河外去中城西北五百里乌拉特山的故可敦城置横塞军（今巴彦淖尔市乌拉特中旗境内），后移至乌梁素海东北，改称天德军。这一防御体系成为一体，退可以守，进可以攻。对防御突厥南下确是有效。

以三受降城为主干的防御体系的建立，唐朝边防加强以后，后突厥南下掠夺受阻，财富和奴隶来源的主渠道绝断，其奴隶制的经济基础发生了动摇。同时，后突厥虽也曾多次征伐西突厥，但始终未征服之。频年用兵，国家机器超负荷运转，默啜可汗又"自恃兵威，虐用其众"，重敛部落与属部，加重了对九姓铁勒与东藩诸族的掠夺，结果"部落渐多逃散。"在默啜可汗统治后期更甚，或南逃降唐，或聚众反抗的部属越来越多。

自此，漠北诸部的反抗斗争愈演愈烈，默啜可汗频频统兵平叛。公元716年（开元四年），九姓拔曳固又起兵反叛，默啜可汗平叛得胜返归途中，为拔曳固伏兵击杀，首级献于唐朝。默啜可汗被杀，随后"拔曳固、回纥、同罗、霫、仆固五部皆来降，置于大武军北（代北）"。③大致是今山西北部及内蒙古南部地区。对新降附者，唐朝也作了妥善安置，酋首拜除官爵。如默啜妹婿火拔授右卫大将军，封燕北郡王；夹跌思泰授右卫员外大将军并夹跌都督，封楼烦郡公；思结酋首授左武威将军；契苾酋首牙设施为右威卫将军等。各部统归安北都护府、朔方军节制。阴山地域又归唐朝控制之下。

公元716年默啜可汗被杀后，"骨咄禄之子阙特勤鸠合旧部，杀默啜子小可汗及诸弟并亲信略尽，立其兄左贤王默棘连，是为毗伽可汗。"毗伽可汗励精图治，重新起用了属于默啜系的重要谋臣暾欲谷。同时以其族弟阙特勤专掌兵马。毗伽可汗"仁而爱人，众为之用。阙特勤骁武善战，所向无前。暾欲谷深沉有谋，老而益智"。④ 形成一个强有力的领导核心，业已四分五裂的后突厥重又聚

---

① 《元和郡县图志》卷4。
② 《元和郡县图志》卷4。
③ 《资治通鉴》卷211《唐玄宗开元四年》。
④ 《旧唐书》卷194《突厥传上》。

合起来。毗伽可汗改弦更张，改变默啜时期一味武力对唐用兵的方略，与唐在漠南一面对峙一面交往。

公元716年（开元四年）冬，在后突厥汗国的策动下，河曲降户首先叛唐北归。河曲者，"北河之曲"①，即今内蒙古后套地区。在默啜可汗政乱时，诸多异姓突厥部落纷纷南下降唐。其中，夹跌部、阿悉烂（葛逻禄）等降部，被唐朝安置在河曲一带，故称河曲降户。这些降户经毗伽可汗策动，萌生叛心。此前，主持边务的王晙就有所察，看到"所以款塞降附，其与部落，非有仇嫌"，建议"分配淮南、河南宽乡安置。"② 未引起朝廷的足够重视，结果叛乱发生。张知运仓促应付，为叛兵所败，自己也成了俘虏。朔方军将军郭知运率兵及时赶到，"大破其众于黑山呼延谷（阴山昆都仑河口），虏释张知运而去。"③ 毗伽可汗策反旧部归获成功，后突厥的力量得到加强。

公元720年（开元八年），在中受降城的突厥降户夹跌部落及仆固都督勺磨"谋引突厥共为表里，陷军城而叛。"④ 朔方道大总管王晙先发制人，诱勺磨等宴于受降城，伏兵悉杀之。突厥的降部频频的叛唐行动，引起了唐朝的警觉。唐玄宗采纳王晙的建议，联合漠北的拔悉密，东面的奚和契丹，加朔方军、三受降城的兵力，"凡蕃汉三十万众，并取晙节度"，合兵进击后突厥。面对唐朝的北伐，后突厥采取避强击弱的战略，集中兵力击败拔悉密，然后分兵南下绕道合围，抢掠唐朝凉州之羊马及驻牧于此的契苾部落。唐朝的此次北伐以失败告终，后突厥中兴。然而漠南的大部仍为唐所控，毗伽可汗充其量只拥有阴山以北的漠南北部地区。之后，突厥与唐朝双方关系得到全面发展，开互市。互市的地点在阴山地域的东、西受降城，主要是马绢贸易。唐玄宗在给毗伽可汗的谕书中说："国家与突厥和亲，华、夷安逸，甲兵休息；国家买突厥羊马，突厥受国家缯帛，彼此丰给。"⑤ 公元724年（开元十二年），毗伽可汗特地派可解栗必与他满达干持函至唐请婚。可惜，是年毗伽可汗中毒身亡，和亲未成。阙特勤与毗伽可汗先后去世，唐朝都派出庞大的吊唁团，遣专使携玺书前来突厥牙帐参加葬礼，并派出画师、石匠为阙特勤和毗伽可汗营建祀庙，镌刻碑铭。其中毗伽可汗碑刻汉文为唐

---

① 《资治通鉴》卷211《唐玄宗开元四年》胡注。

② 《旧唐书》卷93《王晙传》。

③ 《资治通鉴》卷211《唐玄宗开元四年》。

④ 《旧唐书》卷93《王晙传》。

⑤ 《资治通鉴》卷212《唐玄宗开元九年》。

玄宗御撰。同时，唐朝下令辍朝三日，在唐都为他举哀。

之后，后突厥国人立毗伽子为伊然可汗，伊然可汗不久病亡，其弟继立，是为登利可汗。此后突厥大汗更迭频繁，内乱不绝，国势顿衰。公元744年（唐天宝三年）八月，唐朝乘后突厥汗国大乱之际，遣朔方节度使王忠嗣统兵攻击突厥。公元745年（天宝四年），回纥怀仁可汗杀死突厥白眉可汗，后突厥汗国亡，"其地尽入回纥。"① 后突厥亡国后，部众四散。其中大部分留在漠北的回纥汗国，有部分南下归唐。南下归唐的主要是后突厥王室贵族及其所属部，有相当部分活动在河南之地，大致在灵州与丰州之间。

2. 薛延陀部

薛延陀属铁勒，"自云本姓薛氏，其先击灭延陀而有其众，因号为薛延陀部。"② 当时，铁勒共有十五部，散居在今内蒙古高原北部及准噶尔盆地一带，皆臣服于突厥汗国。隋时，铁勒诸部不堪西突厥汗国的统治，纷纷摆脱西突厥的奴役，共推契苾与薛延陀二部为盟主，以契苾哥愣与薛延陀乙失钵为大小可汗，建立铁勒汗国。隋末唐初，西突厥汗国重新征服铁勒诸部。契苾、薛延陀二部被迫去掉可汗的称号。以阿尔泰山为界，铁勒诸部其在东者臣于东突厥汗国，其在西者臣于西突厥汗国。其中薛延陀部为西突厥的属部。

公元628年（贞观二年），西突厥汗国叶护可汗死，国内大乱，薛延陀部首领乙失钵之孙夷男率部越过金山（阿尔泰山）归附于东突厥颉利可汗。不久，东突厥颉利政衰，夷男乘机率部暴动。击走东突厥汗国统辖北方的欲谷设，打败前来镇压暴动的东突厥突利可汗。颉利可汗被迫放弃漠北。"突厥北边诸姓多叛颉利可汗归薛延陀，共推其俟斤夷男为可汗，夷男不敢当。上方图颉利，遣游击将军乔师望间道赍册书拜夷男为真珠毗伽可汗，赐以鼓纛。"③ 夷男得到唐朝的册封后，正式称汗，建牙于漠北郁都军山下，是为薛延陀汗国。回纥、拔野古、阿跌、同罗、仆骨、霫族皆为其属部，有雄兵20万。东突厥灭亡以后，薛延陀汗国达到全盛，地控"东至靺鞨，西至西突厥，南接沙碛，北至俱伦水"④ 的广大区域。其中，东北包括今内蒙古地区呼伦湖以西以南地区。南界至少到达乌加河与阴山一线，大致以阴山为界，成为唐朝北境的强邻。

---

① 《新唐书》卷215《突厥传》。
② 《旧唐书》卷199《北狄传》。
③ 《资治通鉴》卷193《唐太宗贞观二年》。
④ 《资治通鉴》卷193《唐太宗贞观三年》。

薛延陀汗国自公元 628 年（贞观二年）建立至 646 年（贞观二十年）灭亡，立国十九年。此间，薛延陀汗国与唐朝的关系，围绕东突厥人及其领土问题，由联盟走向战争，前后有着本质的变化。薛延陀汗国的建立得到唐朝的支持，其可汗也是由唐朝册封的。唐朝对薛延陀的支持目的十分明确，就是为灭掉东突厥汗国。同样薛延陀汗国接受唐朝的支持和汗位的册封，目的也十分明确，是为了摆脱突厥人的统治和奴役。一旦双方联盟，消灭了共同的敌人东突厥，双方关系必将发生变化。

东突厥灭亡的最初几年，薛延陀势力得到迅速的发展。在唐朝北境出现一个强盛的薛延陀，当然是唐太宗不愿意看到的事情。于是，他开始调整对整个北方地区和北方民族的统治政策。公元 638 年（贞观十二年），唐太宗以薛延陀强盛，恐为后患。于是"遣使备礼册命，拜其（夷男）二子皆为小可汗，外示优崇，实欲分其势也。"① 公元 639 年（贞观十三年），唐太宗以突厥旧贵族阴谋发动政变为契机，"诏右武侯大将军、化州都督、怀化郡王李思摩为乙弥泥孰俟利苾可汗，赐之鼓纛；突厥及胡在诸州安置者，并令渡河，还其旧部，俾世作藩屏，长保边塞。"此举的目的，就是把突厥降众迁还漠南，在薛延陀与唐朝之间形成一个缓冲地带，减轻唐朝北境的直接压力和威胁。

夷男得悉唐朝将要突厥遣返故地，立即上书唐朝："突厥翻覆难信，其未破前，连年杀中国人，动以千万计，至尊破突厥，须收为奴婢，将与百姓，而反养之如子，结社率竟反，此辈兽心，不可信也。臣荷恩甚深，请为至尊诛之。"② 夷男显然是在离间唐朝与突厥的关系，以阻止突厥北返。唐太宗当然不为所动。是年七月，唐太宗遣使礼部尚书赵郡王孝恭持册书，至阿史那思摩处，筑坛河上，主持突厥降众北返仪式，册封思摩为乙弥泥孰俟利苍可汗，又以左屯卫将军阿史那忠为左贤王，左武卫将军阿史那泥熟为右贤王。突厥阿史那思摩于是率所部众 10 余万、兵 4 万、马 9 万匹返回漠南，建牙黄河以北。唐太宗复又派重臣司农卿郭嗣本持玺书前往薛延陀牙帐，谕令夷男与突厥分疆自守，不得相互侵犯。唐太宗的玺书曰："尔薛延陀受册在前，突厥受册在后，后者为小，前者为大。尔在碛北，突厥在碛南，各守土疆，镇抚部落。其踰分故相抄掠，我则发

① 《旧唐书》卷 199《北狄传》。
② 《旧唐书》卷 194《突厥传上》。

兵，各问其罪。"① 夷男迫于唐朝的压力，只好同意突厥返还漠南。但"夷男心恶思摩，甚不悦。"②

　　公元 641 年（贞观十五年），夷男乘唐太宗封泰山，边境空虚之机，"乃命其子大度设发同罗、仆骨、回纥、鞑鞨、霫等兵，合二十万，度漠南，屯白道川，据善阳岭以击突厥。俟利苾可汗不能御，帅部落入长城，保朔州，遣使告急。"③ 唐太宗以兵部尚书李世勣为统帅，统兵十数万，分四路从朔州、云中、灵武、凉州出塞攻打薛延陀。薛延陀大度设闻唐军已至，率部北撤。李世勣遂选精骑六千"逾白道川至青山，与大度设相及，追之累月，至诺真水，大度设知不脱，乃亘十里而陈兵"④，与唐军展开决战。诺真水约今包头市达尔罕茂明安联合旗艾不盖河地区。薛延陀的军队是五人为伍，一人执马，四人前战，步骑混编，颇有战斗力。战斗一开始"突厥先与之战，不胜"，后续的唐军赶到与之再战。"薛延陀万矢俱发，唐马多死"。唐军首战失利，于是"世勣命士卒皆下马，执长矛，直前冲之。薛延陀众溃，副总官薛万彻以数千骑收其执马者。薛延陀失马，不知所为，唐兵纵击，斩首三千余级，捕虏五万余人。大度设脱身走，万彻追之不及。其众至漠北，值大雪，人畜冻死者什八九"。⑤

　　诺真水一战，薛延陀南下主力基本被消灭，元气大伤。夷男遣使请罪求和，声称此役乃突厥盗扰其羊马所致。唐太宗予以严厉驳斥："尔云突厥部数窃羊马。犬鼠之盗何国无之？执而加罪，足以惩戒，岂得将兵逾漠，违负要约耶？"并警告薛延陀，"我边方马士，一麾云集，今青山甲卒，未盈三千，斩将搴旗，犹能若是，举措利害，尔当自思。"⑥ 夷男自知不敌，于翌年遣派叔父沙钵罗泥熟俟斤来朝请婚，太宗"许以新兴公主妻之。"⑦ 但却索要很重的聘礼，并约定在灵州见面时如期如数送上。薛延陀汗国许多重臣一再提醒夷男，唐廷此举可能有政治图谋。但是夷男与唐朝联姻心切，不听劝告，下令向国内征收羊马，筹办聘礼。

---

① 《资治通鉴》卷 195《唐太宗贞观十三年》。
② 《旧唐书》卷 199《北狄传》。
③ 《资治通鉴》卷 196《唐太宗贞观十五年》。
④ 《旧唐书》卷 199《北狄传》。
⑤ 《资治通鉴》卷 196《唐太宗贞观十五年》。
⑥ 《册府元龟》卷 991《外臣部》。
⑦ 《旧唐书》卷 199《北狄传》。

公元 643 年（贞观十七年），唐太宗如期到达灵州。然而，夷男因无府藏，临时征敛，加之路途遥远，"其聘羊马来至，所耗将半"。夷男也未能如期赶到灵州拜见。于是，唐太宗以聘礼未备齐全为由，拒绝了夷男的请婚。夷男与唐朝和亲未成，威信大跌，"诸部怨叛，延陀由是衰弱。"① 此后夷男也曾数次努力，改善与唐朝的关系，终未如愿，最后忧愤而死。

公元 645 年（贞观十九年）夷男死后，二子拔灼与曳莽为争夺汗位，相互攻杀。最后，拔灼杀死曳莽自立为颉利俱利薛沙多尔可汗。拔灼自立为汗后，为转移国内危机，两次南下犯塞，以唐朝有备，皆未得逞。由是，薛延陀汗国诸部怨叛，发生骚动。在这种情况下，唐太宗决定暂缓征伐高丽，集中兵力进攻薛延陀。

公元 646 年（贞观二十年）唐太宗下令，"以江夏王道宗、左卫大将军阿史那社尔为瀚海安抚大使；又遣右领卫大将军执失思力将突厥兵，右骁卫大将军契苾何力将凉州及胡兵，代州都督薛万彻、营州都督张俭各将所部兵，分道并进，以击薛延陀。"② 同时，唐朝又派遣萧嗣芝等分赴回纥等部，发动政治攻势，进行策反工作，以瓦解薛延陀汗国。在唐朝政治、军事的强大攻势下，汗国内一时大乱，回纥酋长吐速度与仆骨、同罗乘机合兵攻打多尔可汗。面对唐朝的大兵压境，回纥诸部的反叛，薛延陀多尔可汗只好舍国弃家轻骑逃遁，后被回纥攻而杀之。薛延陀余众拥立夷男兄子吐摩支，建号伊特勿失可汗。唐军与降唐的铁勒兵纵深追击，吐摩支无力抵抗，遣使求和，自去汗号，薛延陀汗国灭亡。

薛延陀汗国灭亡之后，铁勒诸部皆请归属于唐朝。唐太宗被尊为天可汗。唐朝依照内地的行政建制，设立燕然都护府主管漠北事务，下辖羁縻府州十三个，分别以各部酋长为府州都督。大漠南北遂统一于唐朝。

3. 回纥

回纥属铁勒，最早见诸史端于《魏书》。回纥的称谓在汉文史书中亦被称为袁纥、韦纥、回纥和回鹘。唐朝联合薛延陀灭掉东突厥后，回纥诸部成为薛延陀汗国的臣民。随着东突厥的亡国，薛延陀汗国乘朔塞空虚的机会，企图占据东突厥汗国南部地区，引起了唐太宗"以其强盛恐为后患"的警觉，遂支持回纥诸部反抗薛延陀。公元 646 年（贞观二十年）回纥首领吐速度率仆固、同罗等部配合

---

① 《唐会要》卷 94。
② 《资治通鉴》卷 198《唐太宗贞观二十年》。

唐朝大举北伐，南北夹击薛延陀，杀薛延陀多弥可汗。薛延陀汗国灭亡后，唐朝在漠北置六府七州，以回纥部为瀚海都督府。此时的回纥成为漠北力量最强的部族。公元663年（龙朔三年），唐朝为加强对漠北的控制，把燕然都护府从漠南迁至漠北，回纥本部更名为瀚海都护府。

公元682年（永淳元年），突厥复国，回纥诸部再度被后突厥征服。公元744年（天宝三年），回纥首领骨力裴罗称骨吐禄毕伽阙可汗，唐玄宗册封为怀仁可汗。次年怀仁可汗杀死突厥白眉可汗，获其众，占其地，后突厥灭亡，回纥汗国建立。回纥汗国是继突厥之后又一个控制大漠南北的北方少数民族政权，统治时间达百余年。

回纥汗国基本上继承了突厥的疆域及附属部落。铁勒诸部对外时不再使用本部落的名称而统称回纥。回纥汗国的部众大体上可分为本部与属部。本部主要由原属九姓回纥和九姓铁勒集团中的诸部落组成，构成了汗国的主体。九姓回纥是指回纥的九个部落。它们分别是：药罗葛、胡咄葛、咄罗勿、貊歌息讫、阿勿嘀、葛萨、斛温素、药勿葛、奚耶勿。后破拔悉、葛逻禄并于九姓，成为十一姓回纥。其中药罗葛部是可汗部，在汗国中地位最为显赫。九姓铁勒是漠北铁勒的总称。主要包括拔野古、仆固、同罗、思结、白霫、契赫、多贤葛、斛薛等。汗国的属部北有黠戛斯，西有沙陀等，东有契丹、奚和室韦等。回纥汗国牙帐仍建在乌得犍山（于都斤山），本部为可汗直辖区位居中央。左、右两厢分为"突利区"和"达头区"，由左、右设分管。其属部由汗国派驻的监史管辖，内部事务自主处理。回纥汗国的基本统治地域，"东际室韦，西抵金山，南跨大漠"。即东到兴安岭地区及西辽河一带，西至葱岭以西楚河及伊塞克湖地区，北到叶尼塞河上游及其以东的南西伯利亚地区。汗国南面的疆界大致是阴山——贺兰山——合黎山一线以北，其中漠南的北部地区包括今内蒙古阿拉善盟、巴彦淖尔市大部及乌兰察布市、呼和浩特市与包头市的北部地区。到后来唐朝把灵、夏之地，包括今内蒙古河套地区，都用作回纥的军需之地和军马牧场。史载唐朝收复东、西二京，唐肃宗还京后，宴请回纥叶护，并称赞叶护："能为国家就大事成义勇者，卿等力也"。叶护当即表示：愿再为唐朝出力，并奏言"回纥战兵留在沙苑，今且须归灵夏取马，更收范阳，讨除残贼"。① 显然唐之灵夏之地实际上已成为回纥骑兵的军需供应地和军马的牧养场。回纥的疆域虽在阴山以北，但其活动的区

---

① 《旧唐书》卷195《回纥传》。

域实际上已越过阴山之南。

回纥汗国的政权组织在沿用突厥旧制的基础上，结合唐朝的官制形成了回纥的体制。汗国的最高统治者为可汗并由唐朝的皇帝册封。可汗的子弟为特勤，典兵的将领称"设"。其他大小官吏有叶护、利发、阿波、啜、斤、达干等，还包括都督、宰相、将军、监使等官职。回纥汗国可汗之妻可敦亦称可贺敦，一般来自力量强盛的仆固部、葛罗禄部以及唐朝的宗女和公主。可贺敦权位极重，在汗国中有较大的影响和相当的权力。

回纥汗国的经济仍以畜牧业为主。回纥每年与唐朝以马市绢、以马市茶的马就要有数万匹，可见其养马业的发达程度。农业、狩猎业在汗国的经济结构中也有一定的比例。回纥汗国的商业特别发达，加上农业水平较前有所提高，促使回纥人生活方式从原来的纯游牧生活部分地转向定居或半定居的生活。因此回纥人在漠北、西域及漠南修筑了不少的城堡，供回纥贵族居住和商人的贸易活动。回纥人修筑的最大的城堡是漠北的可汗牙帐。在漠南北部参天可汗道上的公主城，和眉间城以及合川（内蒙古阿拉善盟额济那河）下游的另一座公主城，都有相当规模。

回纥与唐朝的关系，大体而言双方在政治与军事上基本上保持了平和的态势，经济与商贸上交往甚为紧密。

在政治上，回纥汗国与唐朝基本保持着良好的宗藩关系。回纥可汗虽然是世袭，但在一般的情况下，回纥可汗都要接受唐朝的册封。最早受到册封的可汗，是公元744年（天宝三年），唐玄宗册封骨力裴罗为怀仁可汗。这一方面表明唐朝对回纥汗国的正式承认，从此不再是唐朝的地方政权。同时，怀仁可汗接受唐朝的册封，也表明了回纥汗国承认了唐朝宗主国的地位。此后，回纥汗国中的13位可汗有12位接受了唐朝的册封，回纥奉唐朝皇帝为"天可汗"。为了进一步加强这种关系，唐朝在多数情况下都接受回纥可汗的请婚。在唐朝许以回纥可汗为妻的公主中，有三位是唐朝皇帝的亲生女。公元758年（乾元六年），唐肃宗册封回纥葛勒可汗为英武威远毗伽可汗，并把自己的幼女宁国公主嫁给葛勒可汗。公元787年（贞元三年），唐德宗把女儿咸安公主嫁给武义成功可汗。公元821年（长庆元年），唐穆宗把其十妹太和公主嫁给崇德可汗。另外，唐朝大将仆固怀恩的两个女儿被册封为公主，也嫁于回纥可汗为妻。正因为如此，近百年的时期里，回纥汗国与唐朝的关系总体保持了平和的态势。此间，虽也曾有过武装冲突，但没有像历史上，北方民族与中原王朝那样发生大规模的战争和相互间的军事征伐。这一局面的出现，除双方对和平的要求与愿望外，也是当时双方实际利益的需要。唐朝自安史之乱以来国势急衰，在军事上需要得到回纥的支持。回纥也需要借助唐朝的影响力加强自己在诸蕃中的政治地位，更主要的是可以从唐朝的赏赐与互市中得到实际的利益。

唐朝为报答回纥的军功，对回纥进行大量的赏赐，开政治性的互市。公元756年（至德元年），回纥骑兵助唐收复西京长安后，唐朝政府"每载送绢二万匹至朔方军"①，转与回纥。唐朝与回纥最紧密的经济往来就是马绢互市，其规模与时间远甚于前。起初双方的马绢贸易是互惠互利的，到后来就超出了正常的经贸往来的范围，带有政治的强制性，从而成为唐朝的沉重负担。

安史之乱后，势力强盛的吐蕃乘机北上。在控制西域之后，转而向东越过河西走廊，并一度攻陷唐朝之盐州、夏州直到丰州。"河陇尽陷吐蕃，若通安西北庭，须取回鹘路去。"② 吐蕃北上使传统的丝绸之路受阻，东西方贸易商道须经北上漠南，假道回纥转而西方。于是，回纥汗国成为东、西方商贸活动的主要通道和商品集散地。回纥商人从唐朝以马换来茶叶、绢帛和其他物品，转手卖给西域商人及其周边民族和地区，马绢贸易给回纥带来十分可观的利润。这是回纥十分热衷与唐的马绢贸易的直接原因。还有，在回纥汗国中有大量精于商贾之道的粟特胡人。他们在回纥汗国居住和生活，对回纥人弃牧从商也产生了巨大的影响。回纥相当多的官吏、使臣成为职业商人，经常往来于回纥牙账与唐都长安，有不少人常住长安等大城市，并殖资产，开第舍，衣华服，娶妻妾，有甚者久居中原不归。

回纥汗国如同以前的游牧民族政权一样，是依赖军事征服的不稳固的军政联合体。9世纪初，强盛的回纥汗国开始走上衰落的道路。国多弑逆，汗位常易。公元839年（开成四年），回纥汗国"连年饥疫，羊马死者被地，又大雪为灾"③，回纥宰相掘罗勿借漠南沙陀兵北上攻击彰信可汗。彰信可汗兵败自杀，族人𥁕及特勤继立为汗。次年，驻于牙帐北方的将军句禄莫贺招引黠嘎斯，合骑10万南下进攻回鹘，"杀可汗，诛掘罗勿，焚其牙，诸部溃"④，回纥汗国崩溃。

回纥汗国崩溃后，"回纥散奔诸蕃"，迁徙四处。除留居漠北和西迁之外，还

---

① 《旧唐书》卷195《回纥传》。
② 《册府元龟》卷994《外臣传》。
③ 《唐会要》卷98。
④ 《新唐书》卷217《回鹘传》。

有一部分回纥人分两支沿参天可汗道南下，进入漠南活动在阴山南部地区。

公元840年（开成五年），回纥可汗兄弟温没斯，及其相赤心、仆固、特勤那颉啜，各率其众进入漠南天德塞下，向唐朝请求内附。公元841年（会昌元年）唐武宗接受李德裕的建议，"遣使慰抚回鹘，且运粮三万斛以赐之"。① 随后，温没斯以赤心桀黠难知，诱杀赤心并仆固，那颉啜收集赤心之七千余帐，东走至横水（今呼和浩特南大黑河一带），杀掠唐朝边民，遭到唐朝反击，旋又退到释迦泊东（今巴彦淖尔市杭锦后旗乌加河北岸一带）。公元842年（会昌二年），那颉啜率部犯幽州，为唐朝卢龙节度使张仲武击败，"悉收降其七千帐，分配诸道。那颉啜走，乌介可汗获而杀之"。温没斯则率其国特勤等二千二百余人来降。唐朝政府拜温没斯为左金吾大将军，怀化郡王，赐米五千斛，绢三千匹。唐朝把温没斯的部众改编为归义军，温没斯为归义军军使，戍守振武边境。

公元841年（会昌元年），紧随温没斯和那颉啜其后，另一支"近可汗牙十三部"的汗系近族回纥人南迁。途中拥立乌希特勤为乌介可汗，其在名义上仍是各支回纥的可汗。因此，乌介可汗进人漠南"屯天德军境上"后，就上书唐朝皇帝欲求正式册立可汗，并借振武一城以居可汗和太和公主。太和公主是唐穆宗的十妹，唐宪宗之女。乌介可汗有众10万，"驻牙于大同军北闾门山"②，屡屡向唐朝请求粮草，给予赈济。同时又"往来天德、振武之间"，"或侵掠云、朔等州，或钞击羌、浑诸部"。③ 对于南迁的回纥，唐朝政府除尽可能地予以赈济之外，一再要求乌介可汗退出漠南，"速择良图"。同时，唐朝政府也调兵遣将，加强防备。公元843年（会昌三年），回纥乌介可汗率众侵逼振武，唐麟州刺史石雄等率沙陀朱邪赤心三部及契苾、拓跋三千骑，袭其牙帐。可汗弃辎重走，追至杀胡山（今包头市昆都仑山），大破回纥。回纥死伤万人，投降两万余。唐军迎归太和公主，将降附的两万余回纥人皆分隶诸道。不久，乌介被部下所杀。至公元854年，回纥"唯存名王贵臣五百人已下，依室韦"。"黠戛斯相阿播领诸蕃兵称七万，从西南天德北界来取遏捻及诸回鹘，大败室韦"④，悉收回鹘余众归碛北。这一支南迁的回纥人终于破散，部众通过各种途径融入当时居住在漠南的契丹、室韦、奚、党项、沙陀和汉民族之中。

---

① 《资治通鉴》卷246《唐武宗会昌元年》。

② 《旧唐书》卷195《回纥传》。

③ 《资治通鉴》卷246《唐武宗会昌二年》。

④ 《旧唐书》卷195《回纥传》。

五、辽夏金时期阴山地域的契丹、党项、女真等民族

辽、西夏和金统治北方时期生活在阴山地域的民族，包括在这一地区建立政权的契丹、党项和女真族外，还有奚族等。

1. 契丹

契丹源出于鲜卑族，发源于西拉木伦和老哈河为中心的地区，主要聚居在今内蒙古地区。契丹人是辽朝的统治民族，皇族为耶律氏，后族为萧氏。契丹建辽朝前社会组织为部族制，建辽朝后仍保留部族，实行部族与国家行政和军事区划的合一。辽太祖时把旧部族改编为 18 部，其中包括部分被征服的部族。辽圣宗时扩编为 34 部族，包括契丹化的其他民族。① 辽朝不允许契丹科举入仕，以保留契丹人尚武之习。《辽史·耶律庶箴传》载，重熙年间，耶律庶箴子参加科考，被兴宗听到后，耶律庶箴被施以鞭刑。契丹人社会地位高于汉人。"定治契丹及诸夷之法，汉人则断以汉令"。契丹人殴汉人致死者，偿以牛马，而汉人殴打契丹致死者，则处以斩刑，并以其亲属为奴婢。直至辽圣宗萧太后执政时期，才改为统一量刑。契丹男子都有从军义务，凡男子 15 岁以上 50 岁以下，隶兵籍，且自备战马、家丁和武器。

契丹建立辽政权初，就进入了阴山地域。《辽史》卷一《太祖纪上》载，公元 916 年（神册元年）秋，耶律阿保机率军亲征，"十一月，攻蔚、新、武、妫、儒五州，……自代北至河曲逾阴山，尽有其地。"生活在阴山地域的契丹人，主要是契丹在建国过程中向外征服中迁徙的部分部族成员，向西到达今巴彦淖尔市北部地区。契丹人到外地征战或做官，完成使命后要回归家乡，死后要归葬故里。所以契丹人始终以今内蒙古东部草原为根据地，向外发展中没有举族四迁或南下汉化，始终保留自己的民族特色。

值得提及的是辽朝末代皇帝天祚帝曾活动在阴山地域。公元 1122 年（保大二年）正月，金兵攻陷辽中京大定府（今辽宁宁城西大名城）。天祚帝在鸳鸯泺捺钵，闻讯后急走西京大同府（今山西大同）一带，遂乘轻骑逃入夹山（今包头市萨拉齐西北大青山中）。六月，金兵击败来援的谟葛失与西夏军，天祚帝辗转逃亡于天德军（今巴彦淖尔市乌拉特前旗北）、云内州（今呼和浩特西南）等地。公元 1124 年 7 月，天祚帝帅来投的耶律大石军与阴山谟葛失兵，出夹山东

---

① 孟广耀《北部边疆民族史研究》648—649 页。

进，与金人战于奄遏夏水，兵溃西走。公元 1125 年，至应州（今山西应县）为金兵所俘，辽亡。

2．党项族

党项族出自羌族，发源于今青海省东南部黄河一带。汉代时羌族大量内迁至河陇及关中一带。隋朝时部分党项羌开始内附追随中原政权。唐朝时经过两次内迁，党项逐渐集中到甘肃东部、陕西北部一带。唐末黄巢起义时唐僖宗传檄天下勤王，党项族宥州刺史拓跋思恭出兵，联合其他力量共同击败起义军。唐僖宗赐拓跋思恭为"定难军节度使"，后被封为夏国公，赐姓李。至此党项拓跋氏集团有了领地，辖境包括夏（今陕西横山县）、银（今陕西榆林东南）、绥（今陕西绥德）、宥（今陕西靖边东）、静（今陕西米脂东）等五州之地，握有兵权，成为名副其实的藩镇之一。宋朝初建，夏州定难军节度使李彝殷即附宋并助兵对北汉作战。宋朝亦对夏州李氏政权羁縻统治。宋初赵匡胤削藩镇的兵权引起李氏的不满，两者之间的矛盾加剧。公元 1032 年李元昊继夏国公位，弃李姓自称嵬名氏。第二年以避父讳为名改宋明道年号为显道，开始了西夏自己的年号。在其后几年内，他建宫殿，立文武班，规定官民服饰，定兵制立军名，创造自己的民族文字（西夏文）。公元 1038 年李元昊称帝，建国号大夏。

党项族在建立夏政权前就已进入阴山地域。《宋史》卷 491《党项传》载："今灵、夏、绥、麟、府、环、庆、丰州，镇戎、天德、振武军并其族帐。"其中丰州、天德军、振武军等均在阴山地域。西夏建立后，阴山地域的今鄂尔多斯市、巴彦淖尔市当时大部在其控制之下。

3．女真族

女真族源自先秦"肃慎"，汉朝至晋朝时期称"挹娄"，南北朝时期称"勿吉"，隋唐称"黑水靺鞨"，辽金时期称"女真"、"女直"（避辽兴宗耶律宗真讳）。《金史·世纪》记载："金之先出靺鞨氏。靺鞨本号勿吉。勿吉古肃慎地也。元魏时勿吉有七部：曰粟末部、曰伯咄部、曰安车骨部、曰拂涅部、曰号室部、曰黑水部、曰白山部。隋称靺鞨而七部并同。唐初有黑水靺鞨、粟末靺鞨，其五部无闻。"公元 1115 年，女真人领袖完颜阿骨打统一了女真族各个部落，并且在很短的时间内攻下了辽国的北方首都上京。然后占领了宋朝的大部分土地，并建立了金国。公元 1126 年，金人攻下宋朝首都开封，抢劫到大批汉族图书，一批汉族文人前来归附，使女真文化发展起来。

女真族建立金国后就开始进入阴山地域。公元 1121 年（金收国七年）四月，金太祖阿骨打"遣斡鲁、宗望袭辽主于阴山。"① 1123 年（金太宗天会元年）金夏议和地点就在阴山，《金史·交聘表》载"宗望至阴山，以便宜与夏国议和，许以割地。"金朝强盛时，阴山中东部地区在其势力范围之内。

4. 奚族

奚族原称库莫奚，始见于公元 388 年（北魏登国三年）②，到 13 世纪才不见其名，前后存在近千年。库莫奚一词是鲜卑语音译，6 世纪下半叶省去"库莫"，单称"奚"，成了族称③。奚族源出东胡，为鲜卑宇文部之后，与契丹本是同族异部。自 4 世纪中叶至 7 世纪初，库莫奚逐渐形成了部落联盟。7 世纪初至 9 世纪中叶是库莫奚族的发展、鼎盛时期，有众数十万。9 世纪中叶以后奚族由鼎盛转入衰落和与它族融合时期。在契丹的征讨之下，奚族完全丧失了独立地位，变成契丹贵族统治下的一个部族。在辽代，奚人的地位是双重的，一方面他们是被契丹人征服的被统治民族，另一方面其地位仅次于契丹人，被契丹贵族利用，作为对内镇压其他被统治民族的反抗和对外与北宋等抗衡的工具。12 世纪初女真首领阿骨打起兵反辽，奚人站在契丹人一边维护辽朝统治。在辽行将覆灭之际，奚王回离保与契丹贵族耶律大石等于公元 1122 年（辽保大二年）在南京（今北京市）拥立耶律淳为帝，建立北辽。当女真人入居庸关后北辽上下北逃，回离保走保箭笴山收集奚、渤海、汉三族丁壮为兵建国称帝，自号奚国皇帝。这是奚族历史上唯一建立的一个政权。它只存在了数月，在金兵围剿下溃败，回离保被下属所杀。女真贵族在灭辽过程中先是把攻克地区的奚人降为奴隶编入猛安谋克，后对归附的奚人各置猛安谋克领之。④ 这样奚各部组织在金初就被打乱了。在金太宗、熙宗两朝将大批女真人南迁时，不少奚人同时被迁居中原地区，使奚人分散各地。12 世纪后期奚人迅速被女真人同化和与汉族融合。金代以后再不见历史上有奚人活动的记载。

金太祖天辅年间，金军攻克云中，派耶律坦招抚各部。辽驻丰州的天德军节度副使郭企忠降金军，师宗望任命他为天德军节度使，徙其所部到韩州，即今四平附近，乃金之腹地。公元 1129 年（天会七年），金用调防的办法徙奚族第一和

---

① 《金史》卷 2《太祖阿骨打记》。

② 孙秀仁等《室韦史研究》第 124—127 页。

③ 《旧唐书》卷 39，第 1523 页。

④ 《文献通考》卷 346，第 2709—2710 页。

第三部来云内州（今呼和浩特）戍边①，原驻人口被迁往金内地。这是呼和浩特地区 800 多年前的一次人口大迁徙，也是奚族迁入阴山地域人口数量最大的一次。这部分奚族后来融入了阴山地域的汉族及其他民族中。

第三节　先秦至宋代阴山地域的行政建置

阴山地域是多民族生活的地区，民族变迁剧烈，政权更替频繁，中原政权和少数民族之间不断在这里进行争夺和控制。在中原政权强大之时，无不在此开边设郡，加强管理，导致此地行政设置屡屡变迁。但也反映了此地在游牧民族和农耕民族之间的激烈争夺和相互融合。

一、春秋战国时期的开边设郡

阴山地域的行政建置始于战国时期。魏、秦、赵、燕的势力到达阴山地域后，筑长城，设郡县，对这一地区进行管理。

最早在阴山地域设郡进行统治的是魏文侯（公元前 446—前 396 年在位），其设上郡包括魏长城以东今鄂尔多斯市准格尔旗东部。②魏国为抵御北方诸族和秦，在公元前 361—前 351 年，修筑自陕西境华山西北行，沿黄河岸北行，长达千余里的河西长城。今鄂尔多斯准格尔旗境内东距黄河 10—20 公里处，还留存有一道时断时续的南北向长城，两侧用石块包砌。在库布其沙漠北缘达拉特旗境也发现一段土夯筑的魏长城遗址，长 100 公里。

公元前 328 年，秦迫使魏割让上郡十五县，吞并魏国河西地。公元前 320 年秦攻入今鄂尔多斯高原，至北河（今巴彦淖尔市乌加河）。秦昭襄王诱杀义渠王，灭其国，在今鄂尔多斯西南边缘设北地郡。于是"秦有陇西、北地、上郡"③。秦上郡包括今鄂尔多斯东部伊金霍洛旗、准格尔旗一带，直抵黄河南岸。秦昭襄王为巩固新辟北土，在陇西、北地、上郡沿边"筑长城以拒胡"④，约于公元前 287 年完成。秦长城西起今甘肃岷县，经临洮、渭源，东向宁夏固原，陕西吴旗、靖边，从榆林、神木县北进入鄂尔多斯市伊金霍洛旗。据史念海先生实地考

---

① 《金史》卷 24《地理志上》。
② 《史记》卷 44《魏世家》正义引《括地志》。
③ 《史记》卷 110《匈奴列传》。
④ 《史记》卷 15《六国年表》。

察，"鄂尔多斯高原东部战国时期的秦长城，乃是循窟野河北，由束会川西岸至纳林塔附近北向，趋铧尖公社，再至脑包梁，然后折而东行经巴龙梁、神树沟、德胜梁而北，至坝梁又折而东，至点素脑包，最后到达十二连城之北黄河侧畔"。① 鄂尔多斯高原上的这段长城遗迹尚存。如伊金霍洛纳林塔乡束会川西岸一段南北向长城，白家梁村长城梁一段及其向西延伸到蔓菁沟村南的长城，遇山石筑，遇川夯土筑，随山势高低起伏，至今犹隐约可见。白家梁段长城由石片垒砌残高 2 米左右。蔓菁沟村南的一段全是夯土筑墙，残高 3 米左右，夯层可见。穿越巴龙岭的一段也很明显，夯土筑层清晰，夯窝紧密。在鄂尔多斯高原这段长城以东地区，发现有云雷纹瓦当、绳纹板瓦、几何纹方砖等具有秦文化特征的遗物和战国时陶片，证明这段长城是秦长城。②

　　赵武灵王时期（公元前 325—前 298 年），赵国学习北方游牧民族的长处，胡服骑射，军事力量大增，占有阴山地域。赵武灵王沿阴山脚下筑长城，"自代并阴山下"，"至高阙为塞"，东起代郡，西至高阙，并置云中、雁门、代三郡。③云中郡治所在今托克托县古城村古城，辖境包括土默特右旗以东、大青山以南的呼和浩特地区，及乌兰察布市卓资山以西、黄河以北地区。云中郡的原阳（今呼和浩特市东南）建立了训练骑兵的基地。雁门郡辖境包括今乌兰察布市黄旗海、岱海以南地区，及山西北部数县，治所在善无（山西右玉南）。代郡辖今乌兰察布市丰镇市、兴和县南部地区。并修建了九原城，故址在今包头市九原区麻池乡。

　　燕击败东胡，东胡北退千里。燕于其北境修筑长城，以防东胡。燕长城分为南、北两段。北段长城西起今乌兰察布市化德县东，东抵今朝鲜半岛北部龙岗南段。南、北两段长城间距 40—50 公里。南段燕长城起源于乌兰察布市兴和县境内，逶迤东向，入于张北一直向东北延伸。④

　　战国时期，各诸侯国在阴山地域所设郡县，是中原华夏族在阴山最早的行政建置，标志着中原政权对这一地区的统治体制的确立，为秦汉以后历代沿袭。这些郡县管辖下的百姓，既有从内地北上的华夏人，也有原北方民族。伴随郡县的设置，长城的修筑，屯戍城障的开辟，形成阴山地域最早的地方行政中心和军事

---

① 《鄂尔多斯高原东部战国时期秦长城遗迹调查》，载《中国长城遗迹调查报告集》。
② 史念海《黄河中游战国及秦长城遗迹的探索》，载《中国长城遗迹调查报告集》。
③ 《史记》卷 43《赵世家》。
④ 项春松《昭乌达盟燕长城道遗址调查报告》，载《中国长城遗址调查报告集》。

重镇。长城沿线的军事屯戍点的城、障、烽、燧，逐渐成为居民点、贸易点。如托克托县古城村古城、和林格尔县土城子古城等，成为阴山地域第一批兴起的城镇。尽管还偏重于军事，但促进了北方地区与中原地区的联系，促进了农耕文化向游牧地区的扩散，促进了华夏族与北方游牧民族的交流和融合，为秦汉以后的发展奠定了基础。

二、秦朝在阴山地域的行政建置

公元前221年，秦王嬴政扫灭六国，统一全国。而此时世代生活在阴山西北麓的匈奴族日渐强大，形成对秦的巨大威胁。为巩固政权并进一步扩大势力，公元前215年，秦始皇派大将蒙恬发兵三十万北击匈奴，略取"河南地"，即今鄂尔多斯市北部沿黄河一带，及巴彦淖尔市河套地区。公元前214年，秦因河为塞"筑四十四县城临河，徙谪戍以充之"。① 秦王朝建立以后，进一步确立和完善了战国时期的郡县制，分天下为36郡。其中辖境涉及到今阴山地域的有：

九原郡，战国时赵建九原城，秦并赵后改九原郡。治所在九原（包头市麻池古城），辖今巴彦淖尔市南部、包头市大部和鄂尔多斯市北部地区。公元前211年迁内地居民三万户充实九原郡。

云中郡，赵武灵王始建，郡治在今托克托县古城村古城，辖今呼和浩特市市区、托克托县、和林格尔县、清水河县和鄂尔多斯市东北部分地区。

上郡，战国时魏始建，郡治扶施（在今陕西省榆林县东南），辖有今鄂尔多斯市东南部地区。

北地郡，郡治在今甘肃省庆阳县西南，辖有今乌海市和鄂尔多斯市南部地区。

雁门郡，战国时赵始建，秦沿袭。郡治善无（今山西右玉县南），辖有今乌兰察布市岱海以南地区。

代郡，治所代郡（在今河北省蔚县西南），辖有今丰镇市、兴和县部分地区。

其中九原郡和云中郡背靠阴山，南临黄河，秦所筑44城基本在此，对秦控制阴山地域作用巨大。

秦所设置的郡县第一次将阴山地域有效置于中央政权的管辖之下。

在秦加强对阴山地域统治，设置郡县的同时，匈奴也在北方建立了游牧民族

---

① 《史记》卷110《匈奴列传》。

政权。匈奴牧地在阴山北麓，今巴彦淖尔和乌兰察布草原。秦并吞六国时，匈奴亦以乌加河以北的阴山为中心，控制着阴山南北广大地区。匈奴政权实行左、中、右三部制。单于庭直辖匈奴中部。这种单于之下设左右两翼分别由家族成员或异族贵族显贵世袭统治的左、中、右三部制，实质上是适应游牧军事政权需要的领户分封制。

三、西汉在阴山地域的行政建置

从高祖之世，中经孝惠帝、吕后至文、景六七十年间，和亲成为西汉初对匈奴的基本政策。至武帝时国力强盛，中央集权加强，通过三次大规模对匈奴的战役，控制了阴山南北的广大地区，设置行政机构，修建军事设施，加强了对这一地区的管理。

1. 西汉在阴山地域设置的郡县

西汉在阴山地域所置郡县，是沿用战国、秦朝郡县的基础上，进一步发展扩大。

朔方郡，公元前127年（元朔二年），汉夺取匈奴"河南地"以后，修建朔方城并置郡。治所在三封，即今巴彦淖尔市磴口县陶升井麻弥图古城，其辖境相当于今巴彦淖尔市杭锦后旗、乌拉特前旗，鄂尔多斯市杭锦旗、鄂托克旗一带。[①] 朔方郡领三封、朔方、窳浑、沃野、临戎、临河、修都、渠搜、沃、呼遒10县。有户34338，人口136628。已知朔方县城址在今乌拉特前旗东南之黄河南岸一带，境内有金连盐池和青盐池。窳浑县城址即今杭锦后旗太阳庙保尔浩特古城，另说今磴口县哈腾套海苏木包尔陶勒盖古城。其北有通往鸡鹿塞，即乌兰布和沙漠以北哈隆格乃山口的道路。沃野县城址即今磴口县河拐子古城，设有管理盐业的官吏。临戎县城址即今磴口县布隆淖尔古城。朔方郡是边防重镇，武帝专门增设了朔方刺史，加强了对这一带的统治。

五原郡，原秦九原郡，武帝元朔二年更名五原，分九原为二，东属五原，西为朔方。治所九原（今包头市麻池古城），辖境大致相当于今包头市市区、固阳县，巴彦淖尔市乌拉特前旗，鄂尔多斯市达拉特旗以及准格尔旗东北部。有户39332，人口231328。领九原、五原、临沃、河阴、曼柏、固陵、文国、武都、宜梁、蒲泽、南兴、成宜、稒阳、西安阳等16县。已知五原县城址即今包头市

----

① 谭其骧《中国历史地图集》第2册，第17—18页。

哈德门古城。宜梁县城址即今乌拉特前旗三顶帐房古城。河阴县城址即今达拉特旗昭君坟古城。曼柏县在今达拉特旗东南。稒阳县城址即今包头市古城湾古城。西安阳城址即今乌拉特前旗烂店圪卜古城。

云中郡，战国赵初置，秦汉沿袭。治所云中（今托克托县古城村古城），辖境较秦代缩小。辖有黄河拐弯处今准格尔旗东北、呼和浩特平原部分地区。[1] 有户38330，人口173270。领云中、沙陵、桢陵、北舆、咸阳、陶林、原阳、犊和、沙南、阳寿11县。已知沙陵县城址即今托克托县哈拉板申古城。桢陵县城址即今清水河西拐子上古城。北舆县城址在今呼和浩特市旧城。武泉县城址即今呼和浩特市塔布陀罗亥古城。沙南城址即今准格尔旗十二连城古城。

定襄郡，汉高祖时分云中郡置。治所成乐（今和林格尔土城子古城），辖境约今呼和浩特平原部分地区、察右中旗、和林格尔、清水河一带。[2] 有户38599，人口163144。领成乐、定襄、安陶、武城、武皋、都武、武进、襄阴、桐过等12县。已知定襄县城址即今呼和浩特市黄合少古城。安陶县即"定陶"城址，可能是今呼和浩特美岱二十家子古城。武城县城址即今和林格尔县新店子古城。武皋县城址即今和林格尔县塔布秃古城。桐过县城址即今清水河县上城湾古城。

西河郡，公元前125年（元朔四年）武帝分云中、太原等郡地置。治所平定（今鄂尔多斯市杭锦旗霍洛柴登古城），辖境大部分在今山西、陕西，属阴山地域者在鄂尔多斯高原，约当今东胜市、准格尔旗、伊金霍洛旗一带。[3] 有户136390，人口698836。领美稷、广衍、富昌、平定、虎猛、增山、谷罗等36县。已知美稷县城址即今准格尔旗纳林镇北古城。广衍县城址即今准格尔旗勿尔图沟古城。富昌县城址即今准格尔旗黄甫川北古城。

上郡，战国魏始置，秦汉沿袭，然辖境大不同。西汉分上郡地，新设西河等郡，故西汉上郡较秦为小。治所肤施（今陕西榆林东南），领23县。有户103683，人口606658。辖境相当于今陕北及鄂尔多斯市乌审旗、鄂托克前旗、伊金霍洛旗等地。

雁门郡，战国赵始置，秦汉沿袭。辖境除山西北部以外，还包括今黄旗海、岱海周边的乌兰察布地区。[4] 治所善无（今山西省右玉县南），领14县。有户

---

① 谭其骧《中国历史地图集》第2册，第17—18页。
② 谭其骧《中国历史地图集》第2册，第17—18页。
③ 谭其骧《中国历史地图集》第2册，第17—18页。
④ 谭其骧《中国历史地图集》第2册，第17—18页。

73138，人口293454。所属沃阳县，故址即今乌兰察布市凉城县双古城西古城。境内东北有盐泽，设盐官管理。

2. 五属国

西汉除了以郡县制管辖当时居住在阴山地域境内的汉人外，还于公元前121年（元狩二年）秋，在陇西、北地、上郡、朔方、云中五郡设立了五个属国都尉，以安置、管辖归汉的匈奴浑邪王余众，史称"五属国"。《汉书》卷55《卫青霍去病传》载：浑邪王"降者数万人号称十万。……乃分处降者于边五郡故塞外，而皆在河南（黄河以南地区）因其故俗，为属国"。颜师古解释："不必改其本国之俗而属于汉，故号属国。"五属国都尉治所在阴山地区的有：上郡龟兹属国都尉，治龟兹县（约今陕西榆林县北与鄂尔多斯市乌审旗接壤处）；朔方属国都尉，治西河郡美稷县（约今鄂尔多斯市准格尔旗境）；云中属国都尉，治五原郡蒲泽县（约今鄂尔多斯市杭锦旗境内）。

属国制是特定历史条件下，西汉王朝"行权合变，度时施宜"，对北部边疆少数民族实行有效管辖的民族地方行政建置。属国制秦始创，称属邦，专"掌蛮夷降者"。[①] 汉避刘邦讳，改为属国。属国设都尉1人，秩比2000石，权力、地位与郡守同。但作为地方政权，又与郡县制有所区别。郡县制按地域而设；属国制按民族聚居而设。郡县长官由汉族官吏充任，主管汉族居住区；属国都尉除由汉官吏担任外，也可由少数民族上层充任，都尉以下左骑长、千长、百长、且渠等均由少数民族充任。郡县居民大多以农耕为主，交纳赋税；属国内则因其故俗，以部落游牧为主，不承担赋税，仅以上贡形式向中央交纳一定数量的贡奉及特产。此外属国还有军事义务，属国内以军事编制属国骑，协助郡兵捍卫边境。这种双轨并行的管理制度，有利于调整汉王朝与边疆各少数民族之间关系，发展边疆经济，维护北边社会的安定和多民族国家的统一。

3. 汉长城及城障、塞亭的修筑

汉武帝为加强防卫，于公元前127年（元朔二年）和公元前102年（太初三年），在阴山地域两次修筑长城。其主要工程是修缮、改进战国、秦所筑长城，在重要的交通要冲增筑了城、障、亭、塞和列燧。在西起乌拉特后旗，东至奈曼旗汉长城沿线，已发现城障数百处。城障是边城派出的障尉驻所，多在关口要道上。今包头固阳县银号乡三元成古城障位于长城南侧交通要道口，周长约2公

---

① 《汉书》卷19《百官公卿表》。

里，有南、西两个城门，西城门有瓮城痕迹，是较重要的城障。亭筑在长城沿线高山中，是便于瞭望的防守据点。还有塞，塞比城范围大些，是设在交通要道和山谷口相对独立的防守据点。侯仁之先生考察认为，今巴彦淖尔市乌兰布和沙漠越阴山入漠北的哈隆格乃山口处，有一石筑城，位于山口西侧阶地上，高出谷地18 米，城墙边长为 68.5 米，呈正方形，就是汉代有名的鸡鹿塞。汉长城沿线的边城城内有官署、民居、街道，城外有墓地，与内地县城相差无几。其中有许多是当时郡县治所。在阴山地域除托克托县云中、和林格尔县盛乐、凉城县沃阳、准格尔旗美稷古城城址是沿用战国及秦代以外，大多数是西汉时期，主要是汉武帝及其以后建立的。

四、新莽时期对阴山地域的管理和九原卢芳政权

新朝建立后，王莽改制，对北部边疆的匈奴实行民族歧视和压迫的错误政策。公元 9 年（始建国元年），王莽遣五威将军王骏率人到匈奴，"谕晓以受命代汉状，因易单于故印。故印文曰'匈奴单于玺'，莽更曰'新匈奴单于章'"。① 公元 10 年冬，王莽再次"更名匈奴单于曰降奴服于"②，加深了匈奴的愤慨。公元 11 年，王莽决定将匈奴分为十五，立呼韩邪单于子孙十五人为单于，遣中郎将蔺苞将兵万骑，备珍宝至云中塞下，"招诱呼韩邪单于诸子，欲以次拜之"③。公元 12 年（始建国四年），王莽"斩咸子登于长安市，以视诸蛮夷"，企图慑服各族。

王莽"制礼作乐，讲合六经之说"，不仅屡改官制、官名和行政区划，还大改地名、郡名、县名。五原郡更名"获降"郡，所属咸宜县改为"艾虏"县；稒阳县改为"固阴"县；云中郡改为"受降"郡，所属云中县更名"远服"县。定襄郡更为"得降"郡，所属武要县改为"厌胡"县；朔方郡则更名"沟搜"郡等。④ 这些更名带有对匈奴族污蔑歧视的性质，不仅导致地名混乱，且伤害了民族感情，汉匈关系不断恶化。昔"北边自宣帝以来，数世不见烟火之警，人民炽盛，牛马布野"的和平友好景象，"及莽扰乱匈奴，与之构难，边民死亡系获，

---

① 《汉书》卷 94 《匈奴传》。
② 《汉书》卷 99 《王莽传》。
③ 《汉书》卷 94 《匈奴传》。
④ 《汉书》卷 28 《地理志》。

又十二部兵久屯而不出，吏士罢弊，数年之间，北边虚空，野有暴骨矣。"① 王莽无视各民族人民的意愿，挑起民族纠纷，破坏了汉匈之间长期和睦共处的局面，结果边民流散，大大削弱了中央政权对边地的统治，也加速了新莽政权的灭亡。

新莽灭亡后，北方割据势力兴起。东汉初五原、朔方、云中、定襄、雁门等郡一度被依附于匈奴的卢芳割据势力所控制。

王莽篡汉，安定郡三水人卢芳诈称为汉武帝曾孙刘文伯，邀三水属国羌胡起兵，自成势力。刘玄在长安称帝后，以卢芳为骑都尉，镇抚安定以西。更始政权败亡后，三水豪强共议，以卢芳是刘氏子孙，宜承宗庙，推立为上将军、西平王。卢芳与匈奴联络，得到匈奴支持。匈奴呼都而尸道皋若鞮单于认为："匈奴本与汉约为兄弟，后匈奴中衰，呼韩邪单于归汉。汉为发兵拥护，世世称臣。今汉亦中绝，刘氏来归我，亦当立之，令尊事我。"② 于是令句林王率数千骑将卢芳接入匈奴，立芳为汉帝。公元 29 年（建武五年），匈奴单于勾结假号将军李兴等引兵迎卢芳入塞，都九原县。卢芳"外倚匈奴，内因兴等，故能广略边郡"，逐渐控制了五原、朔方、云中、定襄、雁门等五郡。匈奴单于也因此加强了对边塞的抄掠，常与卢芳共扰北边。

光武帝采取"因塞以拒匈奴"的防御措施，以苏竟为代郡太守，应对匈奴的侵扰。公元 36 年（建武十二年），汉遣骠骑将军杜茂将众郡弛刑屯北边，筑亭候，修烽燧，恢复了西汉原有的长城防御体系。与此同时，东汉光武帝对依附匈奴的卢芳势力，则采取了分化瓦解的政策。公元 30 年（建武六年），卢芳以事诛其五原太守李兴兄弟，于是朔方太守田飒、云中太守桥扈恐惧，叛芳举郡投汉。光武帝仍以其领故职。

公元 36 年（建武十二年），卢芳同贾览久攻云中不下，"其将随昱留守九原，欲胁芳降。芳知羽翼外附，心膂内离，遂弃辎重，与十余骑亡入匈奴，其众尽归随昱。"③ 自此卢芳势力完全瓦解，东汉控制了五原、云中、定襄、朔方、雁门五郡。西河、上郡则已经在公元 35 年（建武十一年）归属东汉。

匈奴见卢芳已无利用价值，"乃遣芳还降"。公元 40 年（建武十六年），卢

　① 《汉书》卷 94《匈奴传》。
　② 《后汉书》卷 12《卢芳列传》。
　③ 《后汉书》卷 12《卢芳列传》。

芳回到高柳，遣使请降。东汉封卢芳为代王，闵堪为代相，闵林为代太傅，赐缯二万匹。其冬，卢芳入朝至昌平。有诏，令推迟至明年。芳忧恐，遂反，与闵堪、闵林相攻连月。匈奴遣骑迎芳及妻子出塞。十余年后，卢芳病死匈奴。

五、东汉在阴山地域的行政建置

1. 东汉阴山地域设置的郡县

东汉时阴山地域主要属凉州管辖。东汉初对原西汉设在北边的地方行政机构进行了裁撤并省。公元 34 年，"省定襄郡，徙其民于西河。"① 公元 35 年，"省朔方刺史，属并州。"② 公元 44 年，"省五原郡，徙其吏人置河东。"③ 之后匈汉和平相处，原内迁的沿边八郡居民大多陆续归还本郡。东汉于是重整边防，大体恢复了西汉时的郡制。

云中郡，治所云中（今托克托县）沿袭西汉旧址。辖境约当今内蒙古黄河东北拐弯处以北，包头市以东，呼和浩特平原地区。领云中、沙南、沙陵、原阳、北舆、箕陵、武泉、定襄、武进、成乐等 11 个县。④ 户 5351，人口 26430。沙陵、武泉县袭西汉旧址，定襄、成乐、武进原属西汉定襄郡，东汉并入云中郡，袭西汉时旧址。

定襄郡，治所善无（今山西右玉县南，西汉时属雁门郡），辖境较西汉缩小，约当今和林格尔县东部及清水河县地区。公元 34 年（建武十年）并入云中郡，迁其民于西河郡，公元 51 年复置。领善无、中陵（西汉属雁门郡）、桐过、骆县、武成（此三县袭西汉旧址）5 县。⑤ 户 3153，人口 13571。

西河郡，东汉初治所富昌（今杭锦旗霍洛柴登古城），袭西汉旧址。公元140 年（永和五年），为避南匈奴叛众袭扰，治所移至离石（今山西离石县）。辖境包括今鄂尔多斯高原北部地区，约当今东胜市、伊金霍洛旗、准格尔旗一带。领美稷、广衍等 13 县。⑥ 有户 5698，人口 20838。

上郡，治所肤施（今陕西榆林东南），辖境包括今鄂尔多斯市乌审旗、伊金

① 《后汉书》卷 1《光武帝纪》。

② 《后汉书》卷 31《郭伋传》。

③ 《后汉书》卷 1《光武帝纪》。

④ 谭其骧《中国历史地图集》第 2 册，第 59—60 页。

⑤ 谭其骧《中国历史地图集》第 2 册，第 59—60 页。

⑥ 谭其骧《中国历史地图集》第 2 册，第 59—60 页。

霍洛旗南部及鄂托克前旗以东地区。领肤施、定阳、高奴、桢林、奢延、龟兹属国等 10 县。有户 5169，人口 8599。在今鄂尔多斯市境内的有桢林、奢延二县。

五原郡，治所九原（今包头市麻城古城），袭西汉旧址。辖境包括今鄂尔多斯东北部达拉特旗、准格尔旗东部、包头市黄河沿岸一带。东汉初曾被卢芳占据，公元 46 年（建武二十二年）并入朔方郡，公元 51 年复置。户 4667，人口 22957。领五原、九原、临沃、曼柏、武都、宜梁、成宜、河阴、西安阳等 10 县。

朔方郡，治所由西汉时三封移至临戎，辖境相当于今巴彦淖尔市后套地区及鄂尔多斯西北部。包括杭锦旗、乌拉特前旗、临河及鄂托克旗一带。领临戎、三封、朔方、沃野、广牧、大城（西汉时属西河郡）6 县。户 1987，人口 7843。

代郡，治所高柳（今山西阳高西南）。辖境中包括今乌兰察布市兴和县大部，及黄旗海东南长城以北的察右前旗部分地区。

2. 属国

东汉因袭西汉属国制，但略有变动。在阴山地区的属国有西河属国，治美稷（今鄂尔多斯市准格尔旗纳林古城）管理归附的匈奴人；上郡龟兹属国，治龟兹（今陕西榆林县北），专门管理归附的龟兹人，及原在漠南、漠北活动的匈奴降众。

3. 使匈奴中郎将与度辽将军

公元 48 年，南匈奴日逐王比在八部大人共议下，自立为呼韩邪单于，附汉，驻五原塞。公元 50 年，东汉光武帝使南匈奴单于入居云中。其年秋，置使匈奴中郎将"安集掾吏将弛刑五十人，持兵弩随单于所处，参辞讼，察动静"[1]，监护单于。使匈奴中郎将一人比二千石。冬，又诏单于徙居西河美稷（今准格尔纳林古城），"因使中郎将段郴及副校尉王郁留西河拥护之，为设官府、从事、掾史。令西河长史岁将骑二千，弛刑五百人，助中郎将卫护单于，冬屯夏罢。自后以为常。"[2] 从此监护南单于的使匈奴中郎将成为常设机构。

公元 50 年（建武二十六年），新俘获之北匈奴部众，联合南部五骨都侯，共三万余人叛归北匈奴。第二年南匈奴迁居西河美稷时，大司农耿国建议"宜置度辽将军、左右校尉，屯五原以防逃亡"[3]，但未引起光武帝重视。公元 65 年（永平八年），汉明帝追思耿国的建议，由是始置度辽营，以中郎将吴棠行度辽将军

---

[1] 《后汉书》卷 89《南匈奴列传》。

[2] 《后汉书》卷 89《南匈奴列传》。

[3] 《后汉书》卷 19《耿国传》。

事，副校尉来苗、左校尉闫章、右校尉张国将黎阳虎牙营士，屯五原曼柏（今达拉特旗东南）。东汉又遣骑都尉秦彭将兵屯美稷。其年秋，"北虏果遣二千骑，候望朔方，作马革船，欲度，迎南部叛者，以汉有备乃引去"。① 度辽将军长官，或称行度辽将军事、行度辽将军，是临时性的。至公元114年（安帝元初元年）才正式确立度辽将军之职。《后汉书》卷114《百官志一》载："明帝初置度辽将军，以卫护南单于众新降有二心者，后数有不安，遂为常守"。"明帝永平八年行度辽将军事，安帝元初元年置真。银印青绶，秩二千石。长史、司马六百石"。自此度辽将军改为常设机构。度辽将军的职责主要是加强北边军事防卫，配合使匈奴中郎将维护南匈奴各部的安定，防止南匈奴与北匈奴勾结，并负责平剿南匈奴叛乱。此外度辽将军的职责还负责安置北匈奴来归者，协调南北匈奴之间的关系，对维护北部边疆的安定起了重要作用。正如郑众所言"今幸有度辽之众扬威北垂"②，使其不敢为患。

总之东汉在沿袭西汉郡县制、属国制的基础上，适应时变，有新发展，设置使匈奴中郎将和度辽将军等军政建制，对阴山地域实行了更加有效的管辖。但到东汉后期，由于政治腐败，对阴山地域控制削弱，南匈奴实际上已经脱离东汉中央政权管辖而处于独立状态。阴山地域开始脱离中原王朝统治，成为匈奴、鲜卑、乌桓、羌等族牧地。

六、魏晋南北朝时期阴山地域的行政建置

公元213年，曹操省并州，入冀州。公元215年春，"省云中、定襄、五原、朔方郡，郡置一县领其民，合以为新兴郡"③。公元220年（曹魏黄初元年）复置并州。公元221年（黄初二年）新兴郡迁于陉南。晋因之，后改晋昌郡，领县五，九原、定襄、云中、广牧、晋昌，户九千。九原本五原之属县，广牧为朔方之属县，当以五原、朔方二郡移民置。云中、定襄之民依旧。其中定襄县乃移阳曲于太原界，以阳曲古城置其名，沿用至今。又设于陕北，辖有今鄂尔多斯市东南部之上郡，亦大体在此前后省废。三国初，阴山以南地区已经脱离中央政权的直接统治。由于地方行政建置的撤废、缩编和移民侨置内地，自赵武灵王、燕昭

---

① 《后汉书》卷89《南匈奴列传》。
② 《后汉书》卷36《郑众列传》。
③ 《三国志》卷1《武帝纪》。

王拓边置郡以来，生活在阴山地域达五百年之久、以汉族为主的各族编户，先后南下，一度离开了阴山地域。

之后阴山地域主要处于鲜卑的控制之下。"后鲜卑大人轲比能复制御群狄，尽收匈奴故地，自云中、五原以东抵辽水，皆为鲜卑廷。"①轲比能与素利等割地统御，各有分界。轲比能盛时，其影响当能到达今巴彦淖尔、鄂尔多斯、乌兰察布、呼和浩特、包头市及锡林郭勒盟。鄂尔多斯地区驻牧的是"河西鲜卑附头"，大约万余家，很可能越黄河而据有阴山前后。

1. 北魏在阴山地域的行政建置

在北魏建国以前，拓跋鲜卑就长期活动在以呼和浩特平原为中心的地区。北魏建国到太武帝拓跋焘在位时，基本上统一了北方。

（1）北魏六镇

北魏政权从辽东到河套的广大地区陆续建立了近百个军镇，形成一条点面结合的坚固防线。其中阴山地区有沃野、怀朔、武川、抚冥、柔玄、怀荒六镇。镇将兼理军民政务，"盖其地当要冲，而中国人与胡人错居，不能以郡县统治，故设为镇以防御镇慑，完全出于军事需要。其镇民包括拓跋鲜卑、其他少数民族部众及强制迁来的汉族、发配来的罪犯"。②

沃野镇，是北魏六镇中最西的，在今乌拉特前旗苏独仑乡根子场古城。沃野镇城的地位可以控扼从狼山各谷口南下循河东进的敌人。其镇戍和统辖今乌加河河套地区。③

怀朔镇，公元433年置，故址在今固阳县白灵淖乡城库伦村古城。公元523年（孝明帝正光四年）改置朔州，改云中之朔州曰云州，而于怀朔镇置朔州，下辖四郡。太安郡领2县：狄那、捍殊；广宁郡领2县：石门（今固阳县西南及包头市西北昆都仑河流域）、中川（亦在昆都仑河流域）；太平郡领3县：太平、太清、永宁；附化郡领4县：附化、息泽、五原、广牧。

武川镇，北魏孝文帝太和初置。关于其地理位置有不同看法。《中国历史地图集》标在武川县大青山乡土城梁古城。另乌兰察布市文物部门考察认为，在武川县西北二分子乡西1.5公里，距武川县城70公里的二分子古城（亦名城滩古

---

① 《三国志》卷30《乌丸鲜卑东夷传》。
② 周一良《北魏镇戍制度考及续考》，载《魏晋南北朝史论集》。
③ 周清澍《内蒙古历史地理》第52页。

城)。公元528年(北魏孝明帝孝昌四年),改镇为州,于怀朔镇置朔州,以武川镇为神武郡,领2县:尖山(治武川镇)、殊颓(治今武川县境内),并隶朔州。怀朔镇和武川镇镇戍统辖今乌兰察布高原大部[1]。

抚冥镇,地理位置意见不一。今四子王旗境内有两座北魏古城城址:一是乌兰花镇东南土城子古城,一是库伦图乡城卜子古城。城卜子古城呈正方形,长宽均约500多米。内蒙古文物工作者认为城卜子古城更似抚冥镇。《中国历史地图集》标在土城子古城。

柔玄镇,《中国历史地图集》标定在兴和县石湾子乡桥树营一带。周清澍认为"故址待定,大致在乌盟黄旗海北部"。[2] 抚冥镇和柔玄镇镇戍统辖今乌兰察布高原东部和锡林郭勒高原西部。公元528年改镇为州,但抚冥镇和柔玄二镇未及施行已陷没。

怀荒镇,《中国历史地图集》标在河北张北县城,得到史学界的认可。其镇戍区包括今锡林郭勒盟东部。公元528年(孝昌四年、大通二年)改镇为州,于怀荒镇置尉,州寄治并州坞县。

自北魏都城南迁洛阳以后,统治重心南移,北境柔然势力也逐渐走向衰退,北边六镇失去了防御平城的战略意义。镇兵地位日益下降,加之受到镇将的严酷剥削,在北魏后期相继起义,攻占了六镇及朔州、恒州等地。北魏统治者联合柔然,镇压了起义,大批的六镇军民被内迁,六镇残废,今五原县东至兴和县一带弃为荒地。六镇起义后北魏统治者已无法维持对阴山地域的统治。

(2)州郡

北魏在阴山地域也曾设置州郡。

朔州,由怀朔镇改名而来,管辖阴山南北地区和河西东部,即今土默川地区和鄂尔多斯东北部。治石卢城,即西汉定襄郡之盛乐县故城,今和林格尔县北20里。下辖5郡12县。其中盛乐郡,治石卢城,领县2:归顺县、还安县。云中郡,治秦云中郡故城,今托克托县古城村古城,领县2:延民县、云阳县。建安郡,治所不详,下辖永定、永乐2县。真兴郡,治所不详,下辖真兴、建义、南恩3县。广牧郡,治广牧,今鄂尔多斯市杭锦旗,领县3:广牧县、富昌县、

---

① 周清澍《内蒙古历史地理》第52页。
② 周清澍《内蒙古历史地理》第52页。

黑城县。六镇起义后，朔州荒废，改名云州，寄治并州。[①]

恒州，治代郡平城。下辖8郡，其中善无、凉城二郡属阴山地域，辖境包括今乌兰察布市西南地区黄旗海、岱海一带。[②] 孝昌时为六镇居民攻陷，废。

夏州，公元487年改统万镇置，治所在原大夏都城统万城，位于今陕西省靖边县北端58公里处白则村。领5郡：化政郡、闻熙郡、金明郡、代名郡、大安郡。辖境包括今鄂尔多斯高原大部。其中代名郡治呼酋，领县2：呼酋县，位于今鄂尔多斯市杭锦旗北；渠搜县，位于今杭锦旗北、古朔方城东，与呼酋县境相接。及北魏末年六镇尽撤，河套地区亦失守，呼酋、渠搜2县侨置于统万城附近。大安郡领县1：长泽县，位于今鄂尔多斯市乌审旗北。六镇起义后陷没。[③]

2. 东魏、北齐与西魏、北周对峙时期的行政建置

北魏政权分裂为东、西魏，双方大体上以今陕西和山西之间的黄河南流段为界，形成了东西对峙的局面。公元550年和557年，北齐、北周分别取代东、西魏，以后仍旧维持各自的统治地区。东魏、北齐和西魏、北周分别控制着今天的呼和浩特平原和鄂尔多斯高原、巴彦淖尔—阿拉善高原。东、西魏及北齐、北周在阴山地域的统治已非北魏盛时的情况。《魏书》卷106上《地形志上》载："孝昌之际，乱离尤甚。恒代以北尽为丘墟"。原恒、朔、夏、凉诸州，并皆内迁，北魏盛时设在阴山地域的大多数行政建置不复存在，只留少数军事据点。其可考者如下。

西魏及北周时期有：（1）永丰镇，"本汉临戎旧地，后汉末废。北人又谓之贺葛真城。周武帝保定三年于此置永丰镇"。[④] 位于今巴彦淖尔市磴口县北。（2）甘草城，"本汉之广牧旧地，东部都尉所理其九原县，永徽四年重置其城。周隋间俗谓之甘草城"。[⑤] 位于今巴彦淖尔市五原县西。（3）什贲城，"本汉旧县，今县理北什贲故城，是汉末荒废，后魏更置岩绿县，隋因之，贞观二年改为朔方县"。[⑥] 在今鄂尔多斯市杭锦旗北。（4）化政郡，北魏孝文帝太和十二年置，西魏、北周沿袭。郡治岩绿县，故址在今鄂尔多斯市乌审旗南境白城子。辖境包括今鄂尔多斯市

---

① 王仲荦《北周地理志》第1101页。

② 《魏书》卷106《地形志上》。

③ 周清澍《内蒙古历史地理》第53页。

④ 《元和郡县图志》卷5《胜州·永丰县》。

⑤ 《元和郡县图志》卷5《胜州·九原县》。

⑥ 《元和郡县图志》卷5《夏州·朔方县》。

乌审旗。(5) 长州，西魏曰南夏州，公元 554 年改为长州，辖境包括鄂尔多斯市鄂托克前旗东南部。(6) 盐州，西魏时为西安州，公元 554 年改为盐州，辖境包括今鄂尔多斯市鄂托克前旗大部。(7) 沃野镇，西魏、北周时期仍存。

东魏及北齐时期怀朔镇、武川镇、怀荒镇、云中郡仍存在。

七、隋唐在阴山地域的行政建置

1. 隋朝在阴山地域的行政建置

针对秦汉以来行政建制十分混乱的局面，隋朝对阴山地域的行政管理进行了两次整顿，对原有的郡县重新进行并、改、废、置。废除前州、郡、县三级行政建制，先改为州、县，后又改为郡、县二级行政建制。有的郡直接设在边疆民族地区，也处理诸如朝贡互市等边疆民族事务。此外，根据突厥降隋内附后的实际情况，"对附隋的突厥人，保留其政权，直接由中央政府管辖，其人其事由突厥可汗和贵族管理，使其成为隋朝中央政府直辖的一个自治性较大的地方政权"。①

隋朝在阴山地域先后设置的郡县，参照周清澍的《内蒙古历史地理》和谭其骧的《中国历史地图集》，主要有：

五原郡，统县 3：九原、永丰、安化。郡治九原故址，今巴彦淖尔市临河区东。辖户 3330，辖区相当于今巴彦淖尔市五原县、临河区和杭锦后旗等地。

朔方郡，统县 3：岩绿、长泽、宁朔。郡治岩绿，故址今陕西横山县西北白城子。辖户 11673，辖境包括今鄂尔多斯市乌审旗、鄂托克前旗等地。

榆林郡，隋初置榆林关，属云州，后割云州的榆林、富昌、金河三县置胜州，大业年间改胜州为榆林郡。郡治榆林县故址，今鄂尔多斯市准格尔旗十二连城古城。辖户 2330，辖境约今鄂尔多斯市的准格尔旗、呼和浩特市的托克托县与和林格尔县等地。

定襄郡，开皇年间置云州总管府，大业年间废府改称定襄郡。郡治大利县，故址今和林格尔县土城子古城。辖户 374，辖区主要包括今呼和浩特地区，以及乌兰察布市西南部分地区。

盐州郡，辖区包括今鄂尔多斯市鄂托克旗等地区。

马邑郡，辖区包括今呼和浩特市清水河县，以及乌兰察布市凉城、丰镇、集宁等地区。

---

① 曹永年《内蒙古通史》第 1 卷，第 370 页。

雁门郡，北境辖区包括今乌兰察布市兴和、商都、化德部分地区。

隋朝设置的这些郡县，对阴山地域自河套西北，经今鄂尔多斯高原，到呼和浩特与乌兰察布市大青山南北两侧的广大地区，进行了有效的统治和管理。这些地方的居民，除当地的土著、汉人和汉化的鲜卑人，还包括不少来此屯田、戍边、修边墙的中原人。这些郡县除具有一般郡县的行政职能外，监视和防备突厥人也是它们应具有的基本职能。

2. 唐前期对阴山地域的管辖

唐前期对阴山地域的统辖和管理，在行政建制上有两种形式。一种是置道、州、县三级行政管理体制，其辖区基本上是沿黄河一线靠近中原地。另一种是设立羁縻府州，间接管理居住和活动在阴山地域的少数民族。后因管理混乱，又设立了管理各地羁縻州的都护府或都督府。

阴山地域在唐前期分属于关内道、河东道和河北道，设立的州、县是在隋朝的建制基础上调整而成的。

关内道所辖有：丰州，隋开皇时置，大业时改称五原郡，唐贞观年间复置。辖区约今河套西北一带。起初丰州不领县，专置突厥降众，后领九原、永丰二县。治所九原，约今巴彦淖尔市临河区东南。夏州，隋之朔方郡，唐初为梁师都所据，贞观年间消灭了梁师都割据政权后置。治所朔方，领朔方、长泽等四县，今鄂尔多斯市中南部属夏州管辖。盐州，隋之盐州郡，唐初亦为梁师都所据，讨平梁师都后置。治所五原，领五原、白池二县，今鄂尔多斯市鄂托克旗南部属盐州管辖。胜州，隋之榆林郡，唐灭梁师都后置。治所榆林县（十二连城故址），领榆林、河滨二县，辖区包括今鄂尔多斯市准格尔地区。麟州、宥州，唐贞观以后设，管辖河南之地，今鄂尔多斯腹部地区。

河东道所辖云州，辖地包括今乌兰察布市和呼和浩特市的南部部分地区。

河北道辖区，包括今乌兰察布市东北与锡林郭勒盟西南的部分地区。

公元630年（贞观四年）唐朝灭东突厥，降众南徙，在漠南设立羁縻府州安置突厥降众。公元647年（贞观二十一年），唐朝在漠北设立燕然都护府，下辖六府七州，分别管辖铁勒诸部。府治古单于台，大约在今巴彦淖尔市杭锦后旗乌加河东北。《元和郡县图志》载："贞观二十一年，于今西受降城东北四十里置燕然都护府，以瀚海等六都督、皋菌等七州并隶焉。"公元663年（龙朔三年）唐朝改燕然都护府为瀚海都护府，并移府治于回纥本部。同年，唐朝置云中都护府，统一管理漠南突厥。云中都护府治金河，即秦汉之云中，今呼和浩特市托克托县境内。此后，大漠南北"以碛为境，碛北州府皆隶瀚海，碛南隶云中。"①碛北以回纥及铁勒诸部为主，由瀚海都护府管辖；碛南以突厥人为主，并包括部分南降的薛延陀等，由云中都护府统辖。

公元664年（麟德元年），唐改云中都护府为单于大都护府。《资治通鉴》胡注称，"单于都护府即汉定襄郡之盛乐县也，在阴山之阳，河之北。"即今呼和浩特市和林格尔县之北境。此次更名特意在单于都护府前加一个"大"字，以突出其地位和级别。"单于大都护府官秩同五大都督……以殷王为都护。"殷王乃高宗之子，足见单于大都护府级别之高，地位之重。单于大都护府作为主管漠南突厥与铁勒降众及其羁縻府州最高的行政机构，直到公元686年（垂拱二年）改为镇守大使，存在二十多年。漠南单于大都护府的职能，是继续执行唐初以来的羁縻政治，管理突厥与铁勒降众及其羁縻府州，并随时安置不断南下附降的其他降众。

在都护府下（自唐睿宗起为节度使）一般设有军、城、镇、守捉、堡等军事机构。当时唐朝环黄河设置的军、城有：丰安军（今宁夏中卫地区）、定远军（今宁夏平罗地区）、西受降城、中受降城、东受降城，再加上唐天宝年间在黄河支流金河（大黑河）下游设置的振武军（单于大都护府旧治），凡六城（军）。另还有河套内都思兔河上游的榆多勒城置经略军（今鄂尔多斯市鄂托克境内）；河套北去中城西北五百里乌拉特山的故可敦城置横塞军（今巴彦淖尔市乌拉特中旗境内），后移至乌梁素海东北，改称天德军。

3. 唐后期阴山地域行政机构的调整

回纥汗国建立后，与唐朝大致以阴山为界，以北地区属回纥汗国，以南地区归唐朝管辖。唐朝在先前的行政建制州、县的基础上，"又于边境置节度、经略使，式遏四夷"。② 唐朝之节度使、经略使是一个军政合一的统治机构，主要的任务是捍御边疆。其中朔方节度使所统之经略军、三受降城、振武军、天德军，河东节度使所统之大同军、云中守捉，河西节度使之宁寇军，其辖区皆属于阴山地域。此后唐朝又曾有过局部的调整或名称的变更，到唐宪宗元和年间基本定形。据《元和郡县志》卷四记载，大致情况如下：

灵武节度使，治所灵州，"统经略军、灵武郡"。其中经略军在唐天宝中期由

---

① 《资治通鉴》卷201《唐高宗龙朔三年》。

② 《旧唐书》卷38《地理志》。

王忠嗣奏置，在夏州西北，治所榆多勤城，今鄂尔多斯市之腹部地区。

夏州节度使，亦称夏绥银节度使，治所朔方。管辖夏州、绥州、银州和宥州四州。其中宥州初置于公元 738 年（开元二十六年），元和九年又在夏州与天德军之间重置于经略军城，故称新宥州。新宥州地处今鄂尔多斯高原腹地，是唐朝从夏州到天德军的必经之地，扼守着唐都到回纥汗庭的一条捷径，是当时重要的交通要冲。

振武节度使，统单于都护府、东受降城、麟州、胜州，治所单于大都护府故城（呼和浩特市和林格尔县境内）。所辖之地绝大部分在鄂尔多斯市东北部诸旗县、呼和浩特市南部与乌兰察布市西南部地区。

丰州都防御使，治所九原，统天德军、中受降城、西受降城。其辖地全在阴山地域。相当于今巴彦淖尔市大部、鄂尔多斯市北部和包头市。

河东节度使，统大同军与云中守捉，辖区北境当为今乌兰察布市南部，大致约今岱海以东以南的地区。

八、辽夏金在阴山地域的行政建置

1. 辽在阴山地域的行政建置

宋辽夏时期，阴山地域大部处于辽的控制之下，但乌梁素海以西阴山西部地区处于西夏的控制范围。辽朝的疆域，"东至于海，西至金山，暨于流沙，北至胪朐河，南至白沟，幅员万里"。辽朝的行政机构的设置是在学习中原王朝的行政管理经验和保留契丹游牧民族游猎特色的基础上形成的，表现为五京制和捺钵制。同时又有四个互不统属的系统：部族建置、州县建置、斡鲁朵建置和头下州建置。管理游牧民族的行政建置是斡鲁朵和部族，管理农业人口的是州县。阴山地域属于辽统治下的区域基本处于辽西京道的控制之下。公元 1044 年（辽兴宗重熙十三年）升大同军（云州）为西京，治大同府，今山西大同市。其辖区包括今乌兰察布市、呼和浩特市、包头市、鄂尔多斯市等地。其中属于阴山地域的州县有：

德州，公元 1019 年（辽圣宗开泰八年）以汉户设置，属大同府。范围包括今乌兰察布市凉城县东北岱海东北岸。下辖宣德县。①

丰州，治今呼和浩特东郊白塔村西南古城。下辖富民和振武两县。

---

①　张修桂、赖青寿《辽史地理志汇释》，第 194 页。

云内州，辽初以代北云朔招讨司改为云内州，治今呼和浩特市托克托县古城村古城。下辖柔服和宁人两县。

宁边州，治所在今呼和浩特市清水河县下城湾古城。[1]

东胜州，治今呼和浩特市大皇城[2]，下辖榆林（今鄂尔多斯市准格尔旗东北黄河南岸十二连城）和河滨（今鄂尔多斯市准格尔旗大路乡）两县。

金肃州，治今鄂尔多斯市准格尔旗西北。

河清军，治今鄂尔多斯市准格尔旗东北。

2．西夏在阴山地域的行政建置

西夏王朝统治地区包括今内蒙古西部的阿拉善盟、巴彦淖尔市和鄂尔多斯市大部，其行政设置仿唐宋设州县。参照周清澍《内蒙古历史地理》和谭其骧《中国历史地图集》，在阴山地区的行政建置有：

夏州，治所在十六国时期大夏都城统万城，今鄂尔多斯市乌审旗与陕西交界处之白城子，辖区相当于今鄂尔多斯市地区。

宥州，治所在今鄂托克前旗之城川古城。

白马镇军司，今吉兰太盐池附近。

安北路，治所今乌拉特前旗。

黑山威福军司，驻今河套北狼山口附近。

3．金在阴山地域的行政建置

金统治时期阴山地区基本在西京路统治范围。因袭辽制，仍以大同府为西京，辖府2、节度使7、刺史8、县39、镇9。参照周清澍《内蒙古历史地理》和谭其骧《中国历史地图集》，在阴山地区有：

宣宁县，今乌兰察布市凉城县岱海东北淤泥滩村，下辖窟龙城镇，范围约为今乌兰察布市卓资县和凉城县。

丰州，为金代边境38州中11要州之一。皇统九年升为天德总管府，置西南路招讨司，大定九年降为天德军节度使。下辖富民县（县城在今呼和浩特东郊白塔村西南）和振武县（县城在今和林格尔县西北土城子）。

净州，为丰州支郡，城址在今乌兰察布市四子王旗吉生太卜村古城。辖境包括今大青山北、界壕以南乌兰察布广大地区。

---

[1]　周清澍《内蒙古历史地理》第91页。

[2]　周清澍《内蒙古历史地理》第91页。

抚州，镇宁军节度使。领四县。其中集宁县（城址在今乌兰察布市察右前旗巴音塔拉乡土城子，辖境包括今乌兰察布市察右前旗、后旗、兴和和商都县等地）、威宁县（城址在今乌兰察布市兴和县西北 20 公里处台基庙古城）在今阴山地域。

云内州，先后徙东北奚部人口来此戍边，即今呼和浩特地区。辖柔服县（今托克托县古城村东北 5 公里西白塔古城）、云川县。

宁边州，城址在今乌兰察布市清水河县黄河边下城湾古城。辖区相当于今清水河境。

东胜州，领东胜县和宁化镇。城址在今托克托县城关镇大皇城。辖境相当于今托克托县和和林格尔县。

第四节　先秦至宋代阴山地域的经济生活

先秦至宋代阴山地域的社会经济生活，随着历史的发展经历了一系列的变革。从最初的原始农业逐步过渡到游牧和农耕并存，再到游牧，之后又成为游牧农耕并存。这期间往往随气候改变、民族变迁和政治变革而发生巨大改变。

一、先秦时期阴山地域的经济生活

1. 阴山地域的原始农业和畜牧业

考古资料证明，距今七八千年至五六千年这个时期，阴山地域同中原地区一样出现了以原始农业为基础的文化，发展程度并不逊色于中原地区。[①] 阿善一期的磨棒、磨盘，阿善二期的石斧、石铲、石刀、磨盘、磨棒台体状凹形器；凉城王墓山的通体精磨、器形规整、制作精细的石刀、石锛、磨盘、磨棒、纺轮等生产工具直接反映当时农业发展的显著进步和农业发展水平。骨、蚌、角器逐渐取代石器，也是生产进步的显著表现。海生不浪文化三个类型是阴山地域新石器时代文化的主要代表，均出土有石器、骨器、陶器等。石器有斧、刀、铲、凿、锛、磨盘、磨棒、台状凹形器、刮削器、钻刻器和石镞。陶制品主要有陶片改制的刀、铲，及直接烧制的凹形器等，代表性器物主要是小口尖底瓶系列和小口双

---

① 曹永年《内蒙古通史》第 1 卷，第 31 页。

耳鼓腹罐系列。另有其他器物，如敞口折腹钵，侈沿夹砂罐和大口深腹罐等。① 从文化特征看出，其经济类型以原始锄耕农业为主，并有家畜饲养业、狩猎或渔猎业。先民们改变了旧石器时代游移的穴居，逐渐走向定居。

但阴山地域仰韶时代属初期农业文化。龙山时代，阴山地域环境的差异更为明显，气温、降水较仰韶时代偏低、偏少，水热指标更不利于农业的发展。"从环境分析推断，在仰韶时代与龙山时代之间，即距今 5500—4500 年期间，正值干湿气候转变时期，存在着适宜农牧交错发展的过渡条件。因此很有可能初期农牧交错文化在这个期间已有萌芽"。② 新石器时代，仰韶文化至夏国家确立，是华夏及夷、蛮、戎、狄诸族形成时期，农耕区域文化和游牧区域文化也随之逐渐形成。

裴文中先生曾指出："长城之建筑实建筑于自然地理之界限上。""人类文化亦多以长城为界。"③苏秉琦先生也认为"长城带是对古代不同文化系统南北关系求索的钥匙"④。20 世纪 50—60 年代，考古学界在内蒙古发现了不少与游牧文化有关的早期遗存。其中阴山地域的长城带发现了众多细石器遗存，这些文化遗址包含有种类丰富的细石器和具原始定居农耕特色的石器、陶器，体现出中原农耕文化区域边缘地带多种文化因素的存在。包头阿善遗址二、三期文化有大型打制、磨制石刀、石铲，与小型石叶、石片、柳叶形镞等细石器共生。相当于龙山文化早期的凉城老虎山遗址也有种类较多的细石器，如石刀、石镞等，与定居农耕的石器、陶器、房址共存。这些文化遗址均属于原始农业、畜牧、狩猎等多种文化因素共存的混合型经济。这种原始的农耕、畜牧、狩猎混合型经济通常是游牧民族形成前的文化特征。⑤

由原始农牧猎混合型文化逐渐演变为游牧文化的原因，主要是气候变化导致。即从公元前 3000 年开始气候渐凉，到公元前 1000 年左右又进入一个新的全面转冷干燥器。在欧亚大陆气候全面转向干、凉时，内蒙古北方草原及其邻近地区的人类，在不利于农业发展的环境下调整土地利用方式，由农转牧。⑥

---

① 崔璇《阿善文化述论》，中国考古学会第 8 次年会论文集。
② 曹永年《内蒙古通史》第 1 卷，第 28 页。
③ 裴文中《中国之彩陶》，《沈阳博物馆汇刊·历史与考古》1946 年。
④ 苏秉琦《关于考古学文化的区系类型问题》，《苏秉琦考古学论文选集》。
⑤ 乔克勤《关于北方游牧文化的起源的探讨》，《内蒙古文物考古》1992 年 1—2 期。
⑥ 竺可桢《中国近五千年来气候变迁的初步研究》，《考古学报》1972 年第 1 期。

朱开沟遗址①和老虎山遗址②考古材料中，相当于龙山文化晚期农业已有较高水平。到夏代中期后墓葬反映出畜牧业因素明显增长。到早商晚期畜牧业占据了主导地位，墓葬随葬青铜戈、短剑、铜刀、铜镞、铜鏊和圆饰牌及装饰品等，殉牲习俗更盛行，表明生态环境不利于农业，农业文化南退，逐渐被牧业文化代替，形成了逐水草而居的游牧生活，并在距今 3500—2500 年期间发展完善形成了北方青铜文化为典型的游牧业文化。从此，游牧文化与农耕文化始终保持着相依互补的关系和融汇发展的态势。

2. 夏商周至春秋战国时期阴山地域的经济发展

这一时期阴山地域大体形成了三种经济形式：河套、鄂尔多斯地区由农牧混合型演变为游牧经济；阴山南麓、蛮汉山前区是以牧为主的农牧混合型经济；阴山以北草原地带则由狩猎、采集兼畜牧演变为牧猎经济。总体趋势是游牧经济逐渐形成、定型，畜牧业比重逐渐加大。③

这个时期大部分地区的农牧渔猎生产工具仍以磨制石器为主，部分地区甚至还存在打制石器，骨蚌器的使用也较多，青铜工具已部分被用于渔猎生产，在农业中也有少量使用。农业生产工具主要是石刀、石斧、石锄、石铲、石锛等掘土、砍伐类工具。准格尔大口二期相当于夏或早商文化的农业生产工具，是以磨制为主的斧、铲、锛、刀等，皆磨制精致。渔猎牧业工具也比较进步，除石制外还有骨制及角、蚌类、陶制的。准格尔大口二期的骨器数量、种类繁多，有凿、锥、镞、针、匕等④，这在夏或早商时期阴山地域遗址中是少见的。在相当于早商时期朱开沟遗址第五段⑤，墓葬中出土了铜镞、铜戈、铜矛以及匕首式直刃青铜短剑、环首弯背铜刀等青铜牧猎工具、武器，表明青铜器已较多地出现在牧猎经济中。铜镞是一种消耗量大的狩猎工具，它的出现说明这一时期青铜冶铸的生产能力并不太小。这些都反映出阴山地域牧猎经济的发展与进步。

牧猎生产是当时居民生活资料的重要来源和占主导地位的经济部门。从商周时期的墓葬中也出土了种类繁多的青铜工具、武器和大量的动物纹铜饰牌，并普遍存在殉牲习俗。如崞县窑子墓地男性墓殉马、马鹿、羊，女性则以殉牛羊为

---

① 内蒙古考古研究所《内蒙古朱开沟遗址》，《考古学报》1988 年第 3 期。

② 田广金《凉城县老虎山遗址 1982—1983 年发掘简报》，《内蒙古文物考古》第 4 期。

③ 曹永年《内蒙古通史》第 1 卷，第 61 页。

④ 吉发习、马耀圻《内蒙古准格尔旗大口遗址的调查与试掘》，《考古》1979 年第 4 期。

⑤ 内蒙古文物考古研究所《内蒙古朱开沟遗址》，《考古学报》1988 年第 3 期。

主，晚期殉猪狗。[1] 毛庆沟墓地殉马、牛、山羊及羊肩胛骨，其中殉山羊最多，也有殉狗的。男性除殉牲随葬青铜工具、兵器外，还有在头部放置马具的习俗。可见鹿类、野猪、狍等是他们猎获的主要对象，羊、马、牛、猪、狗则是饲养最普遍的家畜。

青铜冶铸是这个时期手工业发展进步的重要成就。凉城崞县窑子、毛庆沟墓地出土了大量青铜饰件、工具、武器等，显示出春秋晚期至战国早期生活在这一带的北方民族高超的冶铸水平。毛庆沟墓地出土的形制完全一致的六件青铜短剑和四件铁制短剑，表明该地区已由青铜冶铸向着铁器时代过渡的转变。

3. 夏商周至春秋战国时期阴山地域与中原的经济交往

考古证明，阴山地域青铜铸造受到中原先进生产技术和风格的影响。相当于夏商时代的伊金霍洛旗朱开沟墓葬中，出土的早商时期青铜容器鼎、爵，都是采用较先进的合范冶铸技术制成。鼎上腹饰饕餮纹，足为锥状袋足；爵腹也饰饕餮纹，足横断面呈三角形，显然是中原二里岗式青铜容器特征。二里岗式青铜容器及殷墟式铜戈与地方特色的青铜短剑、刀相伴而出。[2]

制陶业也显示出中原文化的影响。与夏家店下层文化处一个时代的准格尔大口二期文化的陶器，典型器物是瓮、折肩罐、大口尊等，在器形上与二里头文化或二里岗文化相近。相当于春秋中晚期至战国中期的乌兰察布市凉城毛庆沟墓地遗物中，也有中原流行的料珠、陶鬲、带钩等，反映出当时中原流行文化对北方游牧民族的影响。[3]

战国时期，燕、赵、秦等国在阴山部分地区设置郡县的同时，还迁入了大批中原人口屯戍垦殖。众多的华夏人将中原先进的经济文化直接传入北方游牧区，对当地经济、文化产生巨大而又深远的影响。在燕、赵、秦三国的郡县辖区里，许多荒地被开垦成农田，水利灌溉事业兴起，铁农具、牛耕相继传入，促进了当地畜牧业、狩猎经济的飞速发展。

春秋战国之际，各国金属货币开始流通于阴山地区，该地区与中原各国的商品交换也日益频繁。阴山地域发现了大批战国货币。乌兰察布市凉城和呼和浩特市土左旗哈素乡多次出土大量战国货币，除赵布币外，还有燕明刀钱、齐刀布

---

[1]　魏坚《凉城崞县窑子墓地》，《考古学报》1989 年第 12 期。

[2]　塔拉《草原考古学文化研究》，第 71 页。

[3]　曹永年《内蒙古通史》第 1 卷，第 98 页。

等，说明当时阴山地域使用过好几种战国货币。1958 年在包头郊区窝尔吐壕出土赵国"安阳"方足石布范和战国遗物。1980 年又在包头郊区麻池村西的砂石场出土了一批战国布币，其中大部分是"安阳"布币。这些考古发现透露这一带似乎是战国时期安阳的辖区，为赵国铜币铸造地之一。货币的流通充分表明阴山地域虽偏处祖国北疆，却与内地保持着密切的商业贸易往来。阴山的物产源源不断地输向中原各地，中原各地物产的引入也大大促进和丰富了本地区各族的生产、生活。各地出土的战国铁器，鄂尔多斯市杭锦旗桃红巴拉墓出土的中原铜斧、铁刀、丝织品等等，均是当时北方各部族与中原华夏族经济文化密切交往的实证。乌兰察布市凉城崞县窑子乡出土的战国蟠螭纹铜壶，形制、花纹与中原完全一样，体现了中原文化的影响；而在第二圈图案中镌有穿短裙跳舞的人物图像，表明了是北方游牧族的装束，突出显示了中原文化与游牧文化的融合。中原铁器、布帛等手工业品不断输入阴山地域，促进和改善北方民族生产、生活的同时，北方游牧族也对中原华夏族产生了很大影响。

赵武灵王"胡服骑射"，学习游牧族长处，在原阳（今呼和浩特市郊）训练骑兵，使赵国迅速强盛。通过交换，北方部族不仅为中原华夏族提供了源源不断的土特产皮毛、乳品、美玉等，充实美化了中原人民的衣食，且将良马输入内地，满足了农耕生产、生活及军事的需要。

战国时期中原与北边经贸关系交往，对阴山地域影响最大的是出现了第一批具有一定规模的城镇。和林格尔土城子古城属战国赵云中郡，托克托县古城村古城为赵云中城，虽然阴山地域当时的社会经济还相对落后，古城密度还较稀疏，但这些古城的出现，标志着社会经济的新发展。其中相当一部分后来发展为永久性城镇，成为北方部族与中原经济文化交流发展的中心和纽带，对阴山地域社会经济文化的发展起了十分重要的作用。

总之，先秦各族在今阴山地域内，共同劳动，生息繁衍，相互交流，促进了古代本地区经济文化的发展。

二、秦至宋代阴山地域的农业

阴山地域原始农业出现很早，但真正形成农业经济并得到发展是在秦汉时期。东汉末年五原、云中、定襄诸郡撤废，居民合以为新兴郡内徙，阴山山前平原基本成为牧地。魏晋南北朝时期阴山地域政权林立，民族纷争，严重制约了经济的发展，农业一度衰落，到北魏时才有所恢复，且主要存在于阴山山前平原以及阴山山后、河套的某些局部地方。唐宋时期阴山地域的农业相对于畜牧业而言几成副业，没有进步，其规模和范围也很有限。

1. 秦汉时期农业经济的发展

秦朝在设置郡县实行有效行政管辖的同时，还不断迁徙人口充实郡县。公元前214年，秦因河为塞"筑四十四县城临河，徙谪戍以充之"①。公元前221年迁内地民人三万户到北河（今巴彦淖尔市乌加河）和榆中（今鄂尔多斯市准格尔旗一带）等地垦田耕殖。秦对这些迁入边地垦殖的人给予"爵一级"，可得土地百亩，宅地九亩。由于秦在鄂尔多斯地区实行谪戍和拜爵等徙民垦殖的边地政策，使该地区封建土地私有制生产关系得到发展，变为富庶繁华的"新秦中"。秦还将今河套以北阴山以南，夹山带河的五原地区称作"北假"②。据《史记》卷110《匈奴列传》《集解》注："北假，北方田官主以田假与贫人，故云北假。"可见秦代曾经在河套以北、阴山以南地区设田官。田官奉命把土地借给贫苦农民耕种，使这一地区的农业得到开发，至汉代变成"膏粱植谷"的农业区。

两汉在建立大一统多民族国家之初，即在阴山地域拓边置郡实行有效管辖的同时，也开始了以移民屯垦为中心的经济开发。主要方式有三种：

一是有计划地大规模移民，并鼓励、扶植内地贫民自愿前往垦殖和屯田。如：公元前127年（元朔二年）"募民徙朔方十万口"③。公元前120年（元狩三年）"山东被水灾，民多饥乏……乃徙贫民于关以西，及充朔方以南新秦中，七十余万口，衣食皆仰给县官。"④ 其中相当一大部分人迁到今阴山地域。汉政府对屯边移民给予大力扶植。文帝为解决边粟不足，"募民能输及转粟于边者拜爵"。景帝"复修卖爵令而贱其价招民"，"皆赐高爵复其家"⑤。移民至边后，"先为居室具田器"，"予冬夏衣廪食"，结果正如晁错所言："贫民相募而劝往"，"民乐其处而有长居之心"⑥。

二是采取强制手段发罪犯及其家属屯边。文帝曾接受晁错建议，"乃募罪人

---

① 《史记》卷110《匈奴列传》。
② 《水经注》卷3《河水》。
③ 《汉书》卷6《武帝纪》。
④ 《史记》卷30《平准书》。
⑤ 《史记》卷30《平准书》。
⑥ 《汉书》卷49《晁错传》。

及免徒复作令居之……募以丁奴婢赎罪。"① 公元前 118 年（武帝元狩五年）"徙天下奸猾吏民于边"，应包括阴山汉长城沿线边郡。公元 65 年（永平八年），汉明帝"诏三公募郡国中都官死罪系囚，减罪一等，勿笞，诣度辽将军营，屯朔方、五原之边县。妻子自随，便占著边县。父母同产欲相代者，恣听之。"并规定"凡徙者，赐弓弩衣粮。"次年（永平九年）春三月，又"诏郡国死罪囚减罪，与妻子诣五原、朔方占著（即附名籍户口）"。公元 73 年（永平十六年）九月再"令郡国中都官死罪系囚减死罪一等，勿笞，诣军营屯朔方、敦煌。妻子自随，父母同产欲求从者，恣听之"。② 公元 124 年（延光三年）九月，安帝"诏郡国中都官死罪系囚减罪一等，（诣）敦煌、陇西及度辽营。"③ 其中度辽将军屯五原曼柏县，包括今包头市及鄂尔多斯东北地区。以罪流徙阴山地域还有如马融、蔡邕之类的名人。《后汉书》载，梁冀"讽有司奏融（马融）在郡贪浊，免官，髡徙朔方。自刺不殊，得赦还，复拜议郎。"④ 蔡邕为中常侍程璜所陷，"有诏减死一等，与家属髡钳徙朔方……居五原安阳县。"⑤

三是大规模推行军屯。武帝修缮秦时蒙恬所筑长城，并"设屯戍以守之"⑥。在设军屯增强边防的同时，开发北边农业。公元前 119 年（元狩四年）汉"自朔方以西至令居（今甘肃永登县西北）往往通渠置田，官吏卒五六万人"⑦。公元前 114 年（元鼎六年）自"上郡、朔方、西河、河西开田官，斥塞卒六十万戍田之"。⑧ 公元前 100 年（天汉元年）"发谪戍屯五原"。⑨ 公元前 102 年（太初三年）"使强弩都尉路博德筑居延"屯戍。居延汉简也有"诣居延为田"的记载。⑩ 考古工作者从额济纳旗达赉呼布镇附近，一直到巴彦淖尔市磴口、临河、杭锦后旗、五原县，鄂尔多斯市杭锦旗锡尼镇、准格尔旗、鄂托克前旗、乌海市，包头市南郊，呼和浩特市郊，乌兰察布市察右前旗、丰镇、凉城等地，沿汉

① 《汉书》卷 49《晁错传》。
② 《后汉书》卷 2《明帝纪》。
③ 《后汉书》卷 5《安帝纪》。
④ 《后汉书》卷 60 上《马融传》。
⑤ 《后汉书》卷 60 下《蔡邕传》。
⑥ 《汉书》卷 94《匈奴传》。
⑦ 《史记》卷 110《匈奴列传》。
⑧ 《史记》卷 30《平准书》。
⑨ 《汉书》卷 6《武帝纪》。
⑩ 中国科学院考古研究所编《居延汉简甲编》，第 1597、2102 简。

长城一线均发现了大批戍卒和其随军屯戍的眷属留下的汉墓。① 居延汉简中有"田卒"、"河渠卒"、"障卒"、"燧卒"等名称，他们有可能分为两种：担任警戒、守望任务的和从事生产劳动的。汉军屯戍守边塞，留居长久，便逐步形成了居民点和新兴的农业区。

汉在屯田区设专门机构派官吏加以管理。"边郡置农都尉，主屯田殖谷"。②1973 年左右，在鄂尔多斯市杭锦旗霍洛柴登汉古城出土"西河农令"印。居延汉简有"农都尉"、"田令史"等官名。农都尉下设"农令"、"田令史"，是专门负责屯田生产管理的农官。

屯田往往兴修水利。武帝时"朔方、西河、河西、酒泉皆引河及川谷以溉田"③。"朔方亦穿渠，作者数万人"④。朔方郡沃野县（今磴口县河拓子古城）修渠"东经沃野故城南，支渠东注以溉田"。定襄郡武进县（今呼和浩特市东南）有"白渠水出塞外，西至沙陵入河"⑤。武皋县（今和林格尔县塔布秃古城）有荒干水，又作芒干水、芒千水等，即今大黑河。云中郡沙陵县（今托克托县哈拉板申村东古城）有白渠水（今宝贝河）流过。《水经注》卷 3《河水》：黄河"又东过云中桢陵县南，又东过沙南县北，从县东屈南过沙陵县西"。《注》："黄河水屈而流，白渠水注入。"荒干水发源塞外，阴山支流甚多，武泉水即今小黑河，下游入黄河时称白渠水。《注》又云："荒干水又西南经白道南谷口，有城在右，萦带长城背山面泽，谓之白道城（今呼和浩特市北郊坝口子）……其水西南流。""以溉田"，"民得其饶"⑥。

移民屯垦使中原先进的农具和技术迅速推广到北边。西河郡平定县故城（今杭锦旗霍洛柴登古城。另说富昌县故城）周围汉墓群及附近干河、草滩沙地上发现铁犁、铁铧等农具。出土的铁锄、铁锸、铁镰看其形制与中原地区出土的汉代遗物完全一样。居延还出土不少"牛籍"简册，可见这里与中原地区一样普遍使用牛耕。搜粟都尉赵过的代田法"能风与旱"，更是适宜北方多风干旱地区耕作。"教边郡及居延城，是后边城……民皆便代田"。还大力推广先进的耦犁和耧车。

---

① 魏坚《内蒙古中南部汉代墓葬》。
② 《后汉书》志 28《百官五》。
③ 《汉书》卷 29《沟洫志》。
④ 《史记》卷 30《平准书》。
⑤ 《汉书》卷 28《地理志》。
⑥ 《汉书》卷 29《沟洫志》。

"用耦犁二牛三人一岁之收……亩一斛以上，善者倍之，以故田多垦辟"①。和林格尔东汉墓壁画中有比二牛三人耦犁更先进的二牛牵引一人犁的犁耕法，并有手持锄的农人正在耕作的园圃作业图。杭锦旗霍洛柴登汉墓壁画也发现有二牛牵引一人犁的图像。二牛一人犁装有不同形式的犁铧和犁壁，既可以开荒、深翻又能中耕培土。它比耦犁更简便，当时居世界耕作技术之前列。居延西汉遗址中发现耧车，证实耧车已推广到偏远的北边。耧车使开沟、播种一次完成，且播种均匀深度一致，提高了播种质量和效率。这说明处于汉北部边地的阴山地域农业技术是很先进的。和林格尔东汉壁画墓前室北耳室绘有碓舂图，杵杆下面有两人在杵臼边紧张地劳动。包头市麻池和乌拉特前旗公庙子汉墓中也曾出土过类似的碓舂模型。可见这种粮食加工工具在汉代已广泛流传到阴山地域。

中原先进农具和新技术的推广，使阴山地域农业生产水平得到提高。农作物品种较多，定襄郡安陶县（呼和浩特市美岱二十家子古城）也出土麻籽等作物。居延汉简中还有大麦、小麦、粱、黍、糜、粟等，至今仍是阴山地域的主要粮食作物。农作物产量也很可观。所产的粮食除供屯戍者食用外有时还调往内地救济困乏。宣帝时采纳寿昌建议"令边郡皆筑仓……名曰常平仓"②。据《汉书》卷94《匈奴传》载，公元前51年（宣帝甘露三年）、公元前48年（元帝初元元年）汉朝曾两次从北边调拨大批粮食接济附汉的呼韩邪单于部众，证明了汉代北方边郡农业发展的水平很高。巴彦淖尔地区墓葬随葬品中陶仓、鹦壶、陶猪舍、鸡鸭俑和储放的小麦、高粱、荞麦、糜子或小米等粮食作物，反映的正是屯田戍边以来农耕文化北上发展，经济文化繁荣的景象。③

2. 北魏时期农业的复苏

魏晋南北朝时期阴山地域以畜牧业为主，农业一度衰落，到北魏时才有所恢复，且主要存在于阴山山前平原以及阴山山后、河套的某些特定地方。

鲜卑拓跋部早在拓跋诘芬酋长时期就南迁进入阴山地区，至公元338年，拓跋什翼犍建立代政权，定都盛乐，农业开始复苏。前秦苻坚征服什翼犍之后，"散其部落于汉鄣边故地，立尉、监行事，官僚领押，课之治业营生，三五取丁，优复三年无税租。"④ 此"汉鄣边故地"即《南齐书·魏虏传》所指"分其部党

---

① 《汉书》卷24《食货志》。
② 《汉书》卷24《食货志》。
③ 魏坚《内蒙古中南部汉代墓葬》。
④ 《晋书》卷113《苻坚载记上》。

居云中等四郡"，即朔方、五原、云中、定襄四郡。这说明其时拓跋部众大部在阴山地域从事了农业生产。至公元386年（登国元年）拓跋珪恢复代国建立北魏，特别是灭后燕，定中原后，更加重视农业。其时包括今包头、呼和浩特地区在内的阴山广大区域被划为甸服，阴山山前平原即今呼和浩特市、包头市所辖土默川一线，以及今巴彦淖尔市所属河套地区，再度成为稳定的农业经济区。

当时的农业经济大体包括两个部分。一是北魏早期就实行编户制度，使相当一部分拓跋部民成为编户民，亦即个体农民，出现了自耕农经济。《魏书·官氏志》载："登国初，太祖散诸部落，始同为编民。"《魏书·贺讷传》亦说："其后离散诸部，分土定居，不听迁徙，其君长大人皆同编户。"这表明，拓跋部民在公元4世纪后期逐步转变为编户民，他们分配到土地，实行定居农业。而且实行了与内地编户民相似的赋税徭役制度，"三五取丁"、征收"税租"。这对魏晋南北朝时期阴山地区农业生产的发展起了积极作用。二是"息众课农"，开展屯田。"太祖征卫辰，仪出别道，获卫辰尸，传首行宫，太祖大喜，徙封东平公，命督屯田于河北，自五原至稒阳塞外，分农稼，大得人心"。① 五原在今包头市西，稒阳在今包头市东，本属汉代朔方郡屯田区，遗留有大量的沟渠、壁障、仓城、道桥等屯田设施。刘卫辰盘踞时曾在此垦殖，故拓跋珪袭破五原能"收其积谷"。北魏于此兴屯第二年就大有收获。公元395年，慕容垂遣其子宝来寇五原，造舟收谷。"燕军至五原，降魏别部三万余家，收稷田百余万斛"②。

北魏在北边阴山山后，自沃野至怀荒、御夷设立六镇。为保障军粮供给，在镇城附近宜农之地亦实行屯田农垦。《魏书·源贺传》载，太尉源贺"都督三道诸军，屯于漠南"，因其时"每岁秋冬，遣军三道并出，以备北寇，至春中乃班师……劳役京都，又非御边长计，乃上言：'请募诸州镇有武健者三万人，复其徭赋，厚加赈恤，分为三部。二镇之间筑城，城置万人，……冬则讲武，春则种殖，并戍并耕，则兵未劳而有盈畜矣。"该传附《源怀传》又说"景明（500—503年）以来，北蕃连年灾旱，高原陆野不任营殖，唯有水田少可灾宥。然主将参僚专擅腴美，瘠土荒畴给百姓，因此困敝，日月滋甚。诸镇水田请依地令分给细民，先贫后富。若分付不平，令一人怨讼者，镇将已下连署之官各夺一时之

---

① 《魏书》卷15《卫王仪传》。
② 《资治通鉴》卷108《孝武帝太元二十年》。

禄。"① 从上述史料中可以看出阴山六镇地区农业，当时已存在陆田、水田之分。陆田脊薄，经不起自然灾害，水田则经得起长年干旱，为肥美良田，所以兴修水利灌溉工程成为要务。公元488年（太和十二年）魏孝文帝"诏六镇、云中、河西及关内六郡各修水田，通渠溉灌。"其中"六镇、云中、河西"皆在阴山地域。次年，魏孝文帝又诏："诸州镇有水田之处，各通溉灌，遣匠者所在指授。"② "州镇"应当包括六镇及阴山地域。这既说明兴修水利，灌溉农田对农业发展具有重要作用，也说明北魏对农业的重视，使农业生产得到一定的恢复。

3. 唐宋时期的农业

隋唐时期阴山地域的农业主要集中在黄河冲积平原。这里既有黄河的灌溉，又有丰富的地下水，利于农业生产。隋末割据河套地区的梁师都的辖区内，就有一定规模的农业生产。公元628年（贞观二年）唐太宗曾劝梁师都叛突厥归唐不从。唐太宗便一方面大行反间计，另派重兵围困梁师都，并诏令夏州刺史刘旻"频选轻骑践其禾稼，城中渐虚，归命者相继"③。这说明农业生产对梁师都政权是至关重要的。关于河套地区农业的情况，公元780年（建中元年）唐朝廷议"浚丰州陵阳渠以兴屯田"，京兆尹严郢奏："按朔方五城，旧屯沃饶之地，自丧乱以来，人功不及，因致荒废，十不耕一。若力可垦辟，不俟浚渠。今发两京、关辅人于丰州浚渠营田，计所得不补所费，而关辅之人不免流散，是虚畿甸无益军储也。"④ 尽管这一奏请未被宰相杨炎批准，但说明河套地区从前有农业，农耕主要是为解决军储，耕者多从中原招募。唐振武军辖区是大青山山前的河冲平原，亦称前套。该地区当时称白道川，水资源丰富，土地肥沃，具有发展农业的良好基础，在隋唐时期农业生产仍然存在。公元780年（建中元年）八月，回纥巨商董突被唐朝逐出京城，其一行900余人在返归回纥途中经振武，"留数月，厚求资给，日食肉千斤，他物称是。纵樵牧者暴践果稼，振武人苦之。"⑤ 振武留后张光晟因而率兵杀死董突等一行回纥商人。此可见振武辖区农业的一些状况。

当时在阴山地域从事农业生产的主要是从中原招募的农民，但突厥等北方游

---

① 《魏书》卷41《源怀传》。
② 《魏书》卷7《高祖孝文帝纪》。
③ 《旧唐书》卷56《梁师都传》。
④ 《资治通鉴》卷226《唐德宗建中元年》。
⑤ 《资治通鉴》卷226《唐德宗建中元年》。

牧民族也有一部分在从事农业生产。公元696年（万岁通天元年）契丹首领李尽忠、孙万荣反叛，攻陷营州，唐朝无力平息。突厥默啜可汗遣使上言武后，愿出兵平契丹，但条件是唐朝还六州降户并赐"种子四万余硕、农器三千。"① 又后突厥末期唐军曾焚其"车帐农具器械储粮，老小灰熠烬灭者，不知涯极。"此可知突厥的农业有一定的规模。总体来讲隋唐时期阴山地区的农业规模和范围有限。

辽夏金时期阴山地域大部分属于游牧经济，比较秦汉及隋唐时期，大为倒退。可提及的是，西夏时属于夏州管辖的今鄂尔多斯市乌审旗一带，因有无定河灌溉成为西夏的重要粮食产地。境内有"七里平"和"桃堆平"粮仓。其中七里平有谷窖百余所，储粮八万石。②

三、秦至宋代阴山地域的畜牧业

阴山地域的畜牧业产生于先秦，至汉代得到发展。

汉王朝将大量匈奴、乌桓等人口安置在阴山地域，因其故俗，牧养骡、驴、马、牛、羊、驼等畜群，从事畜牧业。《史记》卷129《货殖列传》就说"北有戎翟之畜，畜牧为天下饶"。尤其体现在养马上。汉代扶植民间养马，武帝时"天子为伐胡"更"盛养马"。"令民得畜边县，官假母马，三岁而归，及息什一"③。汉朝在北方边地设官吏专门管理民间养马业。居延汉简载：公元前78年（元凤三年）十月，酒泉库令遣官持传分行河西诸郡，课验民间养马。④ 因此出现武帝时"以田畜为事"的河南人卜式，一次能"持钱二十万予河南守，以给徙民"⑤。

汉朝还利用军屯在北方边地大力发展官方养马业。景帝在边郡"益造苑马以广用"⑥。汉设"太仆牧师诸苑三十六所，分布北边、西边，以郎为苑监，官奴婢三万人，养马三十万匹"⑦。汉武帝数次巡边行猎新秦中等地，从者数万骑。

① 《旧唐书》卷194《突厥传上》。
② 李蔚《简明西夏史》第227页。
③ 《汉书》卷24《食货志》。
④ 张维华《汉史论集·附记》第325页。
⑤ 《史记》卷30《平准书》。
⑥ 《史记》卷30《平准书》。
⑦ 《汉书》卷5《景帝纪》注引《汉仪注》。

卫青、霍去病数击匈奴，各将数十万骑。公元前 47 年（初元二年）和前 44 年（初元五年），汉元帝曾两次"赐宗室子有属籍者马一匹至二驷"。二驷即八匹。按《汉书》卷 12《平帝纪》载公元 5 年（元始五年）诏曰："惟宗室子皆太祖高皇帝子孙及兄弟吴顷（颜师古注：吴顷谓高帝之兄仲也……子濞封为吴王，故追谥仲为吴顷王）、楚元之后，汉元至今十有余万人。"平帝元始五年距汉元帝初元仅 50 年左右，据此汉元帝初元之时宗室有属籍者当亦有数万人。每人赐马一匹至八匹，其数量是惊人的。汉代的官马一类是供皇室官署使用，另一类是各地驿传和亭中的马匹，还有一类即是军马，数量需求极大。"卫青比岁十余万众击胡……而汉军士马死者十余万"。"天子为伐胡故，盛养马，马之往来食长安者数万匹。卒掌者关中不足，乃调旁近郡。"[①] 说明上述官方用马，尤其是军马消耗数量巨大，此大多出自北边牧苑，可见当时边地养马业之繁盛。

魏晋南北朝时期阴山地域基本上是牧区，这一带各民族主要经营游牧经济。

河套是柔然和鲜卑人的牧地，魏晋以来屡见从这个地区虏掠大量牲畜的记载。公元 325 年（东晋太宁三年）后赵石勒遣将袭前赵上郡，"俘三千余落，获牛、马、羊百余万而归"[②]。公元 391 年（北魏登国六年、东晋太元十六年），魏拓跋珪击破铁弗刘卫辰部，"自河以南诸部悉降，获马三十余万匹，牛羊四百余万头，国用由是遂饶。"[③] 公元 426 年（北魏始光三年、南朝宋元嘉三年）北魏太武帝攻赫连夏国都城统万，俘获"牛马十余万"[④]。

北魏建国后，河套地区成为重要的养马基地和牧苑。"世祖之平统万，定秦陇，以河西水草善，乃以为牧地。畜产滋息，马至二百余万匹，橐驼将半之，牛羊则无数"[⑤]。阴山以北的乌兰察布、锡林郭勒草原是北魏的主要牧区。北魏击降敕勒，多次迁其降众于漠南。公元 429 年大破高车，降者数十万落，获牛马羊亦百余万。于是列置新民于漠南，"东至濡源，西暨五原、阴山，竟三千里"。这些高车新民在今乌兰察布和锡林郭勒草原"乘高车，逐水草，畜牧蕃息，数年之后渐知粒食，岁致献贡。由是国家马及牛、羊遂至于贱，毡皮委积"。在相对安定的环境中，高车族的畜牧业经济及人口迅速增长，达到了空前的繁荣。高宗文

---

① 《汉书》卷 24《食货志》。

② 《资治通鉴》卷 93《东晋明帝太宁三年》。

③ 《资治通鉴》卷 120《东晋孝武帝太元十六年》。

④ 《资治通鉴》卷 107《宋文帝元嘉三年》。

⑤ 《魏书》卷 110《食货志》。

成帝时，一次"五部高车合聚祭天，众至数万。大会，走马杀牲，游绕歌吟忻忻，其俗称自前世以来无盛于此会。"① 能举行如此盛大的大聚会，反映了这一带游牧经济空前繁荣的情况。

隋唐时期阴山地域为突厥和回纥所控制，其基本的生产方式还是以游牧经济为主。突厥"其俗畜牧为事，随逐水草。"② 穹庐毡帐，食肉饮酪，身衣裘褐，其衣食住行主要取自于畜牧业。继突厥之后的回纥仍是随水草流徙。大体上在大兴安岭以西燕山、阴山以北的广大地域是主要的游牧地区。牧养的牲畜以羊为主，兼有其它杂畜。羊马既是北方游牧民族的生活资料，也是生产资料；牧养羊马的数量还是衡量其经济发展水平和民族兴亡的标志。"突厥兴亡，惟以羊马为准。"③ 回纥时期在牧养的牲畜中，马的数量要增加许多。史籍记载回纥"岁送马十万匹"④，与唐朝以易绢易茶为主的贸易规模是空前的，而畜牧业是其贸易的基础。

当时畜牧业经营的方式主要是粗放的游牧，"种类资给，惟藉水草"。因此对自然条件的依赖性特别强，在当时生产力发展水平低下的情况下尤其突出。一旦发生诸如雪灾、旱灾、蝗灾等自然灾害，游牧民族基本的生活就失去保障。他们只好南下进入中原或其他游牧地，往往靠掠夺来维持生活。如公元581年（开皇元年），四时"无雨雪，川枯蝗暴，卉木烧尽，饥疫死亡，人畜相半。旧居之所赤地无依"⑤。突厥可汗沙钵略大举武力犯隋，为隋军所败，只好降附隋朝，寄居白道川。即使是鸟类也要南飞度荒，史书上所谓的"突厥雀南飞，突厥犯塞之兆也"⑥ 的说法，与其说是突厥南下的征兆，不如说游牧经济脆弱性的真实写照。从这个意义讲，北方游牧民族不断南侵也是对游牧经济脆弱性的一种补充。回纥时期，特别是后期较少南下掠唐，其原因多是回纥与唐朝进行大规模的马绢互市，再转卖他人，从中获取较高的利润，为回纥的游牧经济提供了补充。

狩猎业在隋唐时期北方民族的经济生活中也是十分重要的。游牧民族"随水草迁徙"，"以畜牧射猎为业"，从事狩猎业更多的是作为游牧经济的一种补充。

---

① 《魏书》卷103《高车传》。
② 《隋书》卷84《突厥传》。
③ 《旧唐书》卷62《郑元璹传》。
④ 《旧唐书》卷51《食货志一》。
⑤ 《隋书》卷84《突厥传》。
⑥ 《旧唐书》卷37《五行志》。

"逐猎往来，居无常处"① 的重要目的是"挽强射生，以给日用"②。狩猎也是一种带有军事性质的习武骑射。突厥沙钵略可汗寄居白道川后，上书隋文帝，"请猎于恒、代之间……一日手杀鹿十八头"③。颉利可汗战败降唐，郁郁寡欢，唐太宗"遂授虢州刺史，以彼土多獐鹿，纵其畋猎，庶不失物性"④。

辽夏金时期，阴山地域以畜牧业为主。辽彰国军节度使耶律颇的曾对辽道宗说："自应州南境至天池，皆我耕牧之地。"⑤ 辽在阴山地域设置了牧场，今天的呼和浩特市、乌兰察布市和包头地区主要成为其牧地。畜牧业中牲畜以马牛羊和骆驼为主，经营方式无大变化。

四、秦至宋代阴山地域的手工业和商贸活动

秦至宋代阴山地域的手工业比先秦有了很大进步，而商业贸易活动则盛况空前。

1. 手工业

阴山境内有丰富的盐、铁、铜、煤等资源。据《汉书》卷28《地理志》载，西汉在全国设有31处盐官、49处铁官。阴山地域的有上郡独乐、龟兹，西河郡富昌，朔方郡沃野，五原郡成宜，雁门郡楼烦等盐官。"诸铁官皆置吏卒徒，攻山取铜铁"⑥。考古发现鄂尔多斯市杭锦旗阿鲁柴登古城有西汉晚期规模可观的炼铜遗址、铸铁遗址和冶铁工场⑦。呼和浩特市美岱二十家子汉古城也发现冶铁遗址，出土许多铁农具、铁兵器，其中一副完整的铁甲为国内少见。还有大批半两钱、五铢钱等⑧。此外呼和浩特市和林格尔土城子汉古城也发现冶铁遗址。⑨

阴山地域有规模较大的砖瓦制造业，几乎遍及北部各边郡。鄂尔多斯市杭锦旗、呼和浩特市美岱二十家子出土大量的汉式板瓦、筒瓦、瓦当。近年考古工作者在呼和浩特市和林格尔土城乡土城子发掘一古城，属西汉初年成乐县，出土战

---

① 《旧唐书》卷199《北狄传》。
② 《辽史》卷59《食货志上》。
③ 《隋书》卷84《突厥传》。
④ 《通典》卷197。
⑤ 《辽史》卷86《耶律颇的传》。
⑥ 《汉书》卷72《贡禹传》。
⑦ 《内蒙古自治区文物考古工作的重大成果》，《文物》1977年第5期。
⑧ 《1959年呼和浩特郊区美岱古城发掘简报》，《文物》1961年第9期。
⑨ 《1957年以来内蒙古自治区古代文化遗址墓葬的发现情况简报》，《文物》1961年第9期。

国至汉代瓦当60多件。这些瓦当不仅保存完好且种类十分丰富，有云纹、字纹和动物纹等。其中有的瓦当盘面中间为树纹，树上有一对飞燕，树下有一对羊，树两侧还有一对猴子。这一图案在内蒙古高原首次发现，国内罕见。① 有人认为图案中的猴大概是封侯之意。这些瓦当中还有鹿纹、变形五角星，十分罕见。瓦当是中国古代城市的一个标型器，只有诸如宫殿、寺庙等大型建筑才有配备。这批瓦当的出土，在一定程度上反映了战国至汉代阴山地域已有较高水平的手工业和建筑业，以及当地人较高的艺术审美情趣。

　　这一时期家庭手工业的发展也颇引人注目。五原地区尽管"土宜麻枲"，但是"俗不知织绩，民冬月无衣，积细草而卧其中，见吏则衣草而出"。到东汉晚期崔寔任太守，"斥卖储峙，为作纺绩、织纴、练缊之具以教之，民得以免寒苦。"② 崔寔在《政论》中也说，他自己作五原郡太守时曾请雁门郡广武县（今山西省代县）的织师到五原郡传授纺织技术。他在《四民月令》中记有养蚕、缫丝、渍麻、织布、染色、缝制等家庭手工业生产的全过程，对桑麻业描述尤为清晰。在和林格尔东汉壁画墓"庄园图"的左上方绘有环绕庐舍的大片桑林，与《汉书·食货志》记载"环庐种桑"可相印证。画面上有四个女子手拿桑勾、桑网、绳索等工具，旁边放着蚕架、蚕蔟之类的器具，在葱郁茂密的桑林中采桑的情景。壁画中桑林的下面画有三个错列的方形大沤麻池，池边有刈割下的青麻两堆，池畔各立一人手持芋麻刀似的用具在池边作渍麻操作。③ 形象反映了阴山地域蚕桑麻林的养殖。崔寔在《四民月令》中还有酒、醋等酿造业的记述。和林格尔东汉墓中室南侧西壁庖厨图中也绘有酿造场景：在一条长几后面，有两名仆役正忙着把四个醅器安放在长几上，几下放着四个红盆，在醅器下方正在酿酒或造醋。说明两汉时期阴山地域存在家庭酿造业。和林格尔东汉墓壁画中出现的采桑、沤麻、践碓、酿造等画面表明，东汉时期今呼和浩特地区庄园内的各种手工业、副业一应俱全，并不低于中原的发展水平。

　　中原手工业及制作工艺对阴山地域的影响，有一史实值得注意。公元608年（大业四年）三月，隋炀帝第二次出塞北巡，"车驾幸五原"④。五原即五原郡（治所今巴彦淖尔市乌拉特前旗西北）。隋炀帝此次北巡阵势宏大壮观。《隋书·

---

① 《参考消息》2002年4月17日转载菲律宾《华侨报》报道。
② 《后汉书》卷52《崔寔列传》。
③ 盖山林《和林格尔汉墓壁画》。
④ 《资治通鉴》卷180《隋炀帝大业四年》。

礼仪志》记载："炀帝北巡出塞，行宫设六合城。方一百二十步，高四丈二尺。六合，以木为之，方六尺，外面一方有板，离合为之，涂以青色。垒六板为城，高三丈六尺，上加女墙板，高六尺。开南北门。又于城四角起楼敌二，门观、门楼槛皆丹青绮画。又造六合殿、千人帐，载以枪车，车载六合三板。其车辋解合交叉，即为马枪。每车上张幕，幕下张平一弩，傅矢，五人更守。两车之间，施车辋马枪，皆外其辕，以为外围。次内布铁菱，次内施蚕鞬。每一蚕鞬，中施弩床，长六尺，阔三尺。床桄陛插铜锥，皆长五寸，谓之蝦须。皆施机关。张则锥皆外向。其床上施旋机弩，以绳连弩机，人从外来，触绳则弯机旋转，向触所而发。其外又以矰周围行宫，二丈一铃一柱，柱举矰，去地二尺五寸。当行宫南北门，施槌磬，连矰，以机发之。有人触矰，则众铃发响，槌击两磬，以知所警，名为击警。"隋炀帝所用行宫制作精良，功能齐全，防御系统与防警设施周密，这一方面反映了隋炀帝的无度享乐，另一方面也使中原的制作工艺及其文化得以在阴山地域展示和传播，对于促进后世阴山地域工艺制作水平的提高应有一定作用。

2. 商贸活动

秦至宋代阴山地域的商贸活动，主要是在阴山地域与中原关系相对和平的汉代与唐代，通过互市和贡赐贸易进行的。

西汉后期汉匈和亲友好，关市贸易得到发展。东汉光武帝刘秀对乌桓和鲜卑"复置（护乌桓）校尉于上谷宁城，开营府，并领鲜卑，赏赐质子，岁时互市焉"①。直道和通往阴山山后的道路是商贾贸易往来的繁华要道。公元84年（元和元年）北单于遣大且渠伊莫訾王等"驱牛马万余头来与汉贾客交易"②，规模相当可观。公元135年（顺帝阳嘉四年）冬，乌桓扰云中，一次即"遮截路上商贾车牛千余两"③，可窥北边与中原商贸往来的频繁及经济联系的密切。中原丝绸、衣物、食品、手工业品源源不断地输入北边；匈奴"骡驴馲驼衔尾入塞，驒騱騵马尽为我畜"④。汉王朝对南匈奴"岁时赏赐动辄亿万"，"赐彩缯千匹"、"万匹"，"太官御食酱及橙、桔、龙眼、荔枝"⑤。

① 《后汉书》卷90《乌桓鲜卑列传》。
② 《后汉书》卷89《南匈奴列传》。
③ 《后汉书》卷90《乌桓鲜卑列传》。
④ 《盐铁论·力耕二》。
⑤ 《后汉书》卷89《南匈奴列传》。

隋唐时期阴山地域的商贸活动大体上分为突厥时期和回纥时期。

突厥时期商业活动主要是以互市的形式进行，多是中原的农产品、手工业品与游牧社会的畜牧业产品的物物交换。这种互市往往视二者关系的状况时置时废。互市一般置于黄河或长城一线。如公元727年（开元十五年），唐朝与突厥在黄河北岸的西受降城开设互市。除互市外，贡赐贸易也是当时的一种主要交换手段。所谓的贡赐贸易就是突厥可汗及贵族向隋唐皇帝进贡物品，隋唐皇帝则向突厥可汗及酋首赏赐。这种贡赐活动的记载不绝于史书。如隋炀帝巡幸启民可汗牙帐，当场就"赐物二十万段"，"启民及主金瓮各一，及衣服被褥锦彩，特勤以下各有差。"①　公元693年（长寿二年）后突厥可汗"默啜俄遣使来朝，则天大悦，册授左卫大将军，封归国公，赐物五千段"②。突厥可汗酋长也经常性地向隋唐皇帝进贡。进贡的物品大多是畜产品及土产品。例如启民可汗向隋炀帝"前后献马三千匹"③。默啜可汗向武后"献马千匹及方物。"④　这种经常性且数量不少的贡物算不上真正意义上的贸易，但起到物资交流与经济互补的作用。

安史之乱爆发后，唐朝在安西、北庭、河西的精兵不得不东调。吐蕃乘势北上，占据了塔里木盆地和河西陇右地区，传统的丝绸之路阻断，商道北迁，经阴山地域通向中亚乃至欧洲。回纥汗国控制着这条商道。阴山地域成了东西方贸易的必经之地和商品的集散地区，回纥汗国也成为东西方贸易的中介。如果说突厥时期突厥与中原的贸易活动主要是为了自身消费，那么回纥与唐朝的贸易则主要是为了获得高额的商业利益。

唐朝输出的物品主要是丝绸、铁器、金银器、茶叶等农产品和手工业品。回纥输出的物品有自养的畜牧产品，以及从西域转手而来的白叠布、玉石等产品。其中，大宗的贸易是以马市绢，以马市茶，所以史称马绢贸易或马茶贸易。形式主要以互市进行，官方辅之以民间。回纥与唐朝的马绢贸易持续近百年，时间之久，规模之大，这在历史上是空前的。据史书记载，在唐肃宗时代，回纥"岁送马十万匹"⑤，与唐市绢，"以马一匹易绢四十匹"⑥ 计，双方一年中就有10万匹

---

① 《隋书》卷84《突厥传》。
② 《旧唐书》卷194《突厥传》。
③ 《隋书》卷84《突厥传》。
④ 《旧唐书》卷194《突厥传》。
⑤ 《新唐书》卷51《食货志》。
⑥ 《旧唐书》卷195《回纥传》。

马与 400 万匹绢的交易数目。回纥向唐朝输出大量的马匹，其中包括农用马，但主要是军用马。唐朝在安史之乱以前，虽然也从北方游牧民族购马，但在总体上唐朝的马政业尚称发达，购买的数量不是特别多。安史之乱之后，吐蕃北上，唐朝"国马尽没，监牧使与七马坊名额皆废。"① 唐朝所需大量军马，必须依赖购进。回纥输入茶、绢与金银手工艺品等，除自身消费外，大部是转手销往周边民族，如契丹、室韦等地区以及中西亚与欧洲，从中盈利，是真正意义上的商贸活动。

由于回纥从转手贸易中能够获得巨额的利润，而唐朝方面又需要维持与回纥的马绢贸易，以换取回纥的军事支持。于是这种正常的马绢贸易被无限制地扩大，成为唐朝不堪承受的负担。白居易《新乐府·阴山道》云："阴山道，阴山道，纥逻敦肥水泉好。每至戎人送马时，道旁千里无纤草。草尽泉枯马病羸，飞龙但印骨与皮。五十匹缣易一匹，缣去马来了无日。养无所用去非宜，每岁死伤十六七。缣丝不足女工苦，疏织短截充匹数。藕丝蛛网三丈余，回纥诉称无用处。"这首诗反映了当时马绢贸易已带来负面影响的一些情况。唐朝于是在公元 8 世纪 80 年代，把限制回纥市马的数量作为双方恢复正常关系的条件之一。公元 787 年（贞元三年），回纥合骨咄禄可汗向唐朝请婚。唐德宗以咸安公主降回纥可汗。同时提出了："称臣，为陛下子，每使来不过二百人，印马不过千匹，无得携中国人及商胡出塞"② 等五项条件。唐朝还一度驱除在京师的不法回纥商人。公元 780 年（建中元年），唐德宗命回纥巨商"董突尽帅其徒归国"③。董突一行带着甚盛的辎重至振武，滞留数月，厚求资给，并无端生事，振武百姓深受其害。于是，振武留后张光晟计杀董突及其一行九百余人，并没收其全部财产。

辽和西夏时期也曾开设榷场进行贸易活动，主要设置在天德军（今呼和浩特东郊白塔古城）、云内州（托克托县白塔古城）、东胜州（托克托县城关镇大皇城）、武川和银瓮口等处，但禁止金铜铁的交易。

五、秦至宋代阴山地域的交通

阴山地域是中原王朝和漠北游牧民族交往的必经之地，在南北东西交通中占

---

① 《唐会要》卷 66。
② 《资治通鉴》卷 233《唐德宗贞元三年》。
③ 《资治通鉴》卷 226《唐德宗建中元年》。

据着重要地位。阴山以北水草丰盛，适宜于畜牧经济，历来是北方诸少数民族主要的游牧区。在阴山之南则是平畴相望、沃野千里的后套平原和大黑河流域平原，自秦汉以来即成为农耕区。阴山是阻止游牧民族南下的天然屏藩，但另一方面山脉间的横断峡谷则构成沟通南北交通的重要孔道。此外，阴山地域与内地还有人工修筑的交通道路，其中最著名的是秦直道。

1. 沟通南北的秦直道

秦始皇在北筑长城同时，于公元前212至前210年，令蒙恬筑云阳（今陕西淳化县西北）抵九原（今包头市麻池古城，另说包头市西孟家湾）的直道，全长1800里（秦制，约合今700多公里）。据史念海先生考察，直道自云阳甘泉山始，北行陕北与陇东之间的子午岭，经陕西耀县北上铜川，到今陕北吴旗县、志丹县。转西北，经华池县黑老虎岭到定边县南，再往东北行进入今内蒙古鄂尔多斯地区。经乌审旗北、伊金霍洛旗红庆河乡，直北而上。先后经过鄂尔多斯市西南二顷半村、西城梁古城，在达拉特旗境内昭君坟附近过黄河，直达九原郡。①

鄂尔多斯高原沙化严重，直道遗迹多被淹没。考古工作者近年在东胜区西南漫赖乡海子湾二顷半村南，发现一段路基宽约22米，断面明显，现高1—1.5米左右，为红砂岩土填筑的直道遗迹。遗迹北部山冈的豁口是人工所凿，由此北望，可见连续3个山冈的豁口；向南望，也可见到一个山冈的豁口。4个豁口遥遥相对，连成一线，可见直道规模之大。在今伊金霍洛旗红庆河乡一带，东胜漫赖乡坡梁村及达拉特旗昭君坟附近一线，南北长约200公里的直道遗迹旁，考古工作者发现秦汉古城遗址四处和一些秦汉残陶片、瓦等遗物，说明这一带曾经有过大量村镇和居民。秦朝击败匈奴，收取河南地，以河为塞所筑44座县城，有许多就在这直道附近。

直道的修通，成为当时由秦朝的统治中心咸阳，直达边塞九原郡的一条捷径，大大地缩短了秦朝腹地与北方民族地区的距离。公元前210年（秦始皇三十七年），始皇死于沙丘（今河北省广宗西北大平台），运载尸体的辒辌车就是"从井陉抵九原"，再"从直道至咸阳，发丧"。② 新筑的直道与新修的长城呈丁字相交，加强了秦都咸阳所在的京畿关中与北方河套地区的联系，使得匈奴不敢轻易南下进犯。

---

① 史念海《秦始皇直道遗迹的探索》，《文物》1975年第10期。
② 《史记》卷6《秦始皇本纪》。

公元前110年（元封元年），汉武帝"自泰山复东至海上，至碣石，自辽西历北边九原，归于甘泉"①，所走的正是直道。这次巡幸，司马迁曾经随行，故而能将直道的起讫地点明确记载下来，并说"行观蒙恬所为筑长城亭障，堑山堙谷，通直道，固轻百姓力矣"②，对秦人开辟直道的利弊得失进行了历史总结。西汉时期不仅积极利用秦时所修的直道防御匈奴南犯，而且对于直道的维护也曾有所着力。据《汉书·地理志》记载，当时在北地郡新增了直路县和除道县，这两县正分别设在子午岭段直道的南北两端，显然是为了加强对直道的控制。一直到了明代，直道仍旧是一条通途，清朝初年才渐趋湮塞。据乾隆《正宁县志》："此路一往康庄，修整之则可通车辙。明时以其道直抵银、夏，故商贾经行。今则塘汛废弛，通衢化为榛莽。"

直道的修筑，不仅沟通了中央与北疆的联系，加强了对北部边疆地区的管理，也推动了南北经济文化的交流，进而促进了秦汉时期阴山地域的经济开发。

2. 其他重要交通道路

据《汉书》卷28《地理志》记载，汉武帝筑外长城的同时，令徐自为修筑了稒阳道。稒阳道起自稒阳城（今包头市古城湾古城西北），经石门障（今包头市梅令山口），至光禄城（今乌拉特前旗小召梁古城），往西北过支就城（汉外城附近），再往西北进入阴山，过头曼城，沿阴山北麓至宿虏城（今巴彦淖尔市乌拉特中旗北）。稒阳道是沟通阴山南北的要道，对加强西汉王朝与阴山南北的联系，巩固中原政权对北部边疆地区的统治，起了积极作用。

两汉至北魏时期从中原地区通往北方草原的诸交通道路中最重要的是昆都仑河谷道和白道。昆都仑河谷位于阴山南北各道的中间，南来北往，较为近捷方便。且山势较缓，河谷宽阔，便于行车，自西汉以来就成为黄河流域通往北方草原的重要通道。北魏时期，柔然占据漠北，昆都仑河谷成为北魏与柔然族之间的重要来往道路。所以在北魏征伐柔然的追军路线中屡见昆都仑河谷道。蜈蚣坝的白道见于记载比较晚。但是北魏之初建都盛乐，后迁都平城，盛乐、平城是当时的政治、军事重心，白道正是直接联系盛乐、平城和北方草原的交通要道，所以也成为这一时期重要的交通道路。哈隆格乃峡口的鸡鹿塞和狼山口的高阙塞虽是历史上著名的交通要道，但进出这两条道路多数是在汉代，因为过于偏西，迂回

---

① 《汉书》卷6《武帝纪》。
② 《史记》卷88《蒙恬列传》。

绕远，北魏时期使用的频率及重要性不及昆都仑河谷道和白道。①

北魏时期为丝绸之路的东端开辟了新线，即从平城西行横穿今鄂尔多斯高原，接通河西走廊。公元426年十月太武帝从平城西行至君子津（今呼和浩特市清水河县北部喇嘛湾黄河渡口），次年三月在此架浮桥。于是以平城为起点经君子津、统万城、灵州到姑臧（今甘肃省武威市），接通河西走廊之路。此后西域诸国使节和商人不必再经长安，经由此路可直达平城。②

隋朝时，公元607年（大业三年）隋炀帝第一次出塞北巡，启民可汗还专门为迎接他修过御道。是年四月，隋炀帝自京师长安出发至赤岸泽（陕西境内），然后北上，六月进入榆林郡境内"猎于连谷"。③ 连谷位于今鄂尔多斯市伊金霍洛旗东南。隋炀帝抵达榆林（今鄂尔多斯市准格尔旗十二连城），启民可汗与义成公主亲来朝见隋炀帝。启民可汗在得到隋炀帝的大量赏赐后，返回牙帐，恭候皇帝及其一行的到来。八月，隋炀帝巡边大军"发榆林，历云中，泝金河，……甲士五十余万，马十万匹，旌旗辎重，千里不绝"④，浩浩荡荡向启民可汗牙帐行进。启民可汗牙帐的位置，据考证应在今乌兰察布市察右中旗的灰腾梁地区。⑤启民可汗亲自率领突厥贵族，用佩刀芟除道上的杂草，开辟了"发榆林北境，至于其牙，又东达于蓟，长三千里，广百步"⑥ 的道路。

唐朝安史之乱后，吐蕃乘机北上控制西域，并转而向东越过河西走廊，一度攻陷唐朝之盐州、夏州直到丰州。"河陇尽陷吐蕃，若通安西北庭，须取回鹘路去。"⑦ 吐蕃北上使传统的丝绸之路受阻，东西方贸易商道须经北上漠南，假道回纥转而西方。漠南，即阴山地域，是当时重要的通商地区，有诸多繁华而通畅的商道。大致说来，从回纥牙帐经漠南至唐都长安的商道有两条。一条是自回纥牙帐沿参天可汗道南下。参天可汗道是公元647年（贞观二十一年），铁勒诸部"请于回纥以南，突厥以北，置邮驿总六十六所，以通北荒，号为参天可汗

---

① 王文楚《从内蒙古昆都仑沟几个古代遗址看汉代至北魏时期阴山稒阳道交通》，《复旦大学学报》1980年第1期。

② 曹永年《内蒙古通史》第1卷，第331页。

③ 《隋书》卷3《炀帝本纪上》。

④ 《资治通鉴》卷180《隋炀帝大业三年》。

⑤ 张文生、曹永年《隋炀帝所幸启民可汗牙帐考》，《中国边疆史地研究》1998年第3期。

⑥ 《册府元龟》卷652《奉使》。

⑦ 《册府元龟》卷994《外臣传》。

道"。① 途经回纥汗国的公主城、眉间城，沿浑义河（今翁金河）东岸南行，进至漠南边缘，到鹭鸶泉。至此，东南、南向分途。从鹭鸶泉向东南行，经呼延谷越过阴山达中受降城，经振武、太原、蒲关抵长安。公元 780 年（建中元年），被唐朝政府驱除的回纥巨商突董一行九百人，离开长安后就是沿此路返回纥，途经振武被唐将张光晟所杀。从鹭鸶泉南行至西受降城，经天德军、夏州亦可达长安。自天德军至夏州有驿站 11 所，天德军至长安共 4 天多的路程。② 这是条捷径，但要穿过今鄂尔多斯高原，途经库布齐沙漠和毛乌素沙漠。所以，前者是回纥与唐朝贸易的主要商道，马绢贸易大多是经这条商道进行的。后来回纥汗国崩溃，南迁的回纥就是沿这条商道进至漠南的。从回纥牙帐至长安的另一条南北向的商道是匈奴时期的龙城故道和可与之衔接的弱水道。

除以上的两条南北向的商道，还有东西向的两条道路。一条是自回鹘牙帐东行沿克鲁伦河，进至今内蒙古东北部的呼伦贝尔市。这条路是回鹘与室韦各部进行商贸交往及其他往来的主要通道。另一条是从回鹘境内经阿拉善高原，向西通伊州、西州和北庭；向东则延伸到阴山南麓北缘，再往东至奚和契丹居住的潢水流域。这条路唐人称"回鹘路"。是唐朝经回鹘与西方进行交往和商贸活动的主要交通要道。在这条主干道上，居延泽地处东西向与南北向商道的十字路口，地理位置特别重要。因此，唐朝在此置"宁寇军"，"管兵一千七百人，马五百余匹"。③ 回鹘也曾在此建立公主城，以护卫商道，保证畅通。据史书记载，回鹘汗国崩溃后，西迁甘州和西州的回鹘商人，还继续沿此道与契丹进行商贸活动。

第五节　先秦至宋代阴山地域的精神文化

阴山地域的各个民族世代生活在这一沃土上，游牧、田猎、农耕、贸易，生生不息，艰苦奋斗，在开发经济的同时，也创造了光辉灿烂的精神文化。

一、宗教信仰

新石器时代，阴山南麓黄河两岸、环岱海周围就有数量众多的龙山时期的宗

---

① 《唐会要》卷 73。
② 《元和郡县图志》卷 4。
③ 《元和郡县图志》卷 40。

教祭祀遗存，这表明原始时代阴山地域就有巫术和宗教信仰。这些原始宗教逐步形成我国古代北方民族普遍信仰的萨满教。魏晋之后，佛教与摩尼教也在阴山地域产生了影响。

1. 萨满教

萨满教是中国古代北方民族普遍信仰的一种原始宗教。萨满教认为"万物有灵"，相信天神及各神灵的存在，而天神主宰一切，其他诸神灵各司其职，决定人间的吉凶福祸，影响着人事的休咎。但人不能直接与神接触，而沟通人神联系的是萨满。所以萨满是一定条件下神化了的人，通称巫师。

阴山地域的萨满教从匈奴时期开始明晰。《史记·匈奴列传》载：匈奴人"祭其先、天地、鬼神"①，有祭天地、祭日月、祭祖先的习俗。匈奴人长期游牧在茫茫草原上，靠天养畜，认为天是至高无上无可抗拒的，因而产生了对天的敬畏。匈奴人还专门铸有"祭天金人"。骠骑将军霍去病破匈奴右部"得休屠王祭天金人"②。匈奴人认为单于是天所立，称"天之骄子"。单于意即"天"，是匈奴对天崇拜集于单于身上的体现。匈奴"岁有三龙祠，常以正月、五月、九月戊日祭天神"③。尤以秋祭为大祭，皆会"蹛林"，颜师古云："蹛者，绕林木而祭也。"④ 祭天同时也祭地，地为万物之母。公元前121年（武帝元狩二年），匈奴被汉击溃，失去祁连山、焉支山后作歌："亡我祁连山，使我六畜不蕃息；失我焉支山，使我妇女无颜色"⑤。"祁连"，匈奴语意为"天"。"焉支"即单于妻"阏氏"的谐音。这首歌对失"祁连山"、"焉支山"的比喻，就反映了匈奴的天地至尊至圣观念。匈奴人重祭日、月。"单于朝出营，拜日之始生，夕拜月"。"举事而候星月，月盛壮则攻战，月亏则退兵"⑥。匈奴人日常生活中一切政治、军事大事均取决于星月之表象，择良辰吉日而行。匈奴人崇拜祖先，定期祭祀，分宗庙祭、坟祭两种。这是其灵魂不灭信仰的一种表现。匈奴人相信死者有灵魂，乞求祖先保护草原人畜兴旺，免灾避祸。

鲜卑、突厥、回纥、契丹、女真等民族的原始宗教信仰亦为多神崇拜的萨满

---

① 《史记》卷110《匈奴列传》。
② 《史记》卷110《匈奴列传》。
③ 《后汉书》卷89《南匈奴列传》。
④ 《史记》卷110《匈奴列传》。
⑤ 《史记》卷110《匈奴列传》"正义"引《西河故事》。
⑥ 《史记》卷110《匈奴列传》。

教。其中各民族普遍有敬天拜日的自然崇拜。如据薛宗正先生研究，"突厥的核心部落阿史那氏原来崇拜日神，另一核心部落阿史德氏则崇拜天神，二部世代联姻，形成突厥以后天日合一，两种信仰相结合，日为神相，天为神名。"① 突厥人认为天具有神灵智慧和力量，是万能的。突厥碑刻中往往把伟大可汗的出现、战争的胜利等吉祥的事件，都归功于上天。所以把天作为保护神加以崇敬。天是神秘的、无形的，但天上的太阳是具体的，是每天能看到的。太阳可以给人带来光明和温暖，突厥人把对天的崇敬具体化到对太阳的崇敬。因此突厥人的牙帐毡房的门东向开，以便"每月朔旦，东向而拜日"。② 且每年"五月中，多杀羊马以祭天"。③

另外，各民族都曾经依自身的自然条件和客观环境有过自己的图腾崇拜物。如拓跋鲜卑南迁的过程中有神兽引路的传说，神兽是鹿的形象，故曾以鹿为图腾。在鲜卑考古中，多次发现有鹿纹牌饰。④ 突厥人崇拜的图腾一般认为是狼。传说中的突厥古史，就是一个男孩与牝狼相交而有其先祖。突厥人是从事畜牧业的民族，在广阔的草原上狼是一种常见的且非常凶猛和很有智慧的动物，一直是畜牧生产和人类生存的最大危害。因此突厥人由惧怕狼到崇拜狼，并把它作为自己部族的图腾。突厥人在战斗中高举带有狼头的大旗，鼓励战士英勇杀敌。此外突厥牙帐门前竖立狼头大旗，碑座上刻有母狼育儿图，对臣服者送以狼头大旗。隋末北方的武装割据势力如梁师都、刘武周，乃至唐朝的开国皇帝李渊等，向突厥称臣，突厥可汗均授予他们狼头纛，以示对臣服者的保护。

萨满教信奉萨满巫术，匈奴单于常召集部众由萨满巫念咒语、占卜，"咸相影附"以决政治、军事大策。萨满巫术对匈奴的政治、军事产生过重要影响。《史记·匈奴传》记载，冒顿单于围困刘邦于平城白登山，刘邦使人贿赂单于阏氏。阏氏言汉主亦有神灵，单于果信，解围之一角，刘邦得以逃脱。突厥人也"敬鬼神信巫觋"，生活中凡有大事都"有祭司预言未来之事"。祭司即萨满教巫师，巫师占卜的工具是畜类的肩胛骨。军事战争是突厥人生活中之大事，在行军打仗中总有巫师同行，预测战争的胜负。《新唐书·突厥传》载：公元620年

---

① 薛宗正《突厥史》第724页。
② 《新五代史》卷72《四夷附录第一》。
③ 《隋书》卷84《突厥传》。
④ 于志耿《关于鲜卑早期历史及其考古遗存的几个问题》，《民族研究》1982年第1期。

（武德三年）突厥"谋取并州置杨政道，卜之，不吉，左右谏止"①，处罗未听，遂有疾，不日死去。这虽然是巧合，但也从一个侧面反映了突厥对萨满巫术的信奉。唐中受降城"河北岸有拂云堆神祠，突厥将入寇，必先诣祠祭酹求福。"②表明突厥南下时往往要祈求神灵的保护。正是根据突厥人的这一军事行动规律，唐朝边将张仁愿才在河北岸修筑了三受降城，以绝突厥南下之路。契丹军队出征时以羊骨卜吉凶。"契丹行军不择日，用艾和马粪于白羊琵琶骨正炙，破便出行，不破即不出。"③女真人也相信巫术，以巫术解决生活中的困难。生病时，"无医药，尚巫祝，病则巫者杀猪狗以禳之，或车载病人至深山大谷以避之"④。还用巫术求子。

2. 佛教与摩尼教

魏晋之后，随着佛教传播范围的逐步扩大，阴山地域的各民族亦受到佛教的影响。曾经在盛乐建立代政权的拓跋鲜卑受佛教影响较早，据《魏书·释老志》记载，拓跋力微时期就在"与魏晋通聘"中开始接触佛教。之后的北魏皇室多信奉佛教，使佛教在其统治范围内得到迅速发展。突厥佗钵可汗时期，佛教也曾在漠北（今蒙古高原）短期盛行。《隋书》明确记载"齐有沙门惠琳，被掠入突厥中，因谓佗钵曰'齐国富强者，为有佛法耳。'遂说以因缘果报之事。佗钵闻而信之，建一伽蓝，遣使聘于齐氏，求《净名》、《涅槃》、《华严》等经并《十诵律》。佗钵亦躬自斋戒，绕塔行道，恨不生内地。"⑤ 至辽代，佛教大为兴盛，阴山地域也出现佛寺。现仍屹立在呼和浩特东郊的万部华严经塔，就是约建于辽圣宗年间（983—930年）的辽代佛塔。万部华严经塔因其白色又俗称"白塔"。万部华严经塔高55.5米，基座周长56米，呈八角七级，砖木混合结构，楼阁式。塔的第一层南面有塔门，篆书石刻"万部华严经塔"方额，嵌于塔门的门楣上。据说辽代兴建丰州城，在城内建了大明寺，作为大明寺的一部分，为了存放众多"华严经卷"，修筑了这座"万部华严经塔"。1982年，白塔被国务院确定为全国重点文物保护单位。党项族也笃信佛教，曾大量修建佛寺，翻译、刻印佛经。黑水城遗址（内蒙古额济纳旗东南）中发现的大量西夏文刻本和写本中，大多数是

---

① 《新唐书》卷215《突厥传上》。
② 《元和郡县图志》卷4。
③ 李冶《敬斋古今注》卷4引武珪《燕北杂记》。
④ 《三朝北盟会编》卷3《政宣上轶三》。
⑤ 《隋书》卷84《突厥传》。

佛经，可见西夏佛教传播之盛。

到 8 世纪中期回纥人开始由信奉原始的萨满教改为信仰摩尼教。公元 763 年回纥牟羽可汗遇见四个摩尼师，受其影响，决定改信摩尼教，并"领诸僧尼阐扬"①，摩尼教遂成为回纥的国教。摩尼教在回纥汗国的兴盛，与回纥人的经济方式和生活习惯的改变或部分改变密切相关。回纥人与唐朝马绢贸易的不断扩大以及对东西方贸易商道的垄断，使相当多的回纥人弃牧从商，传统的游牧经济受到冲击。商业经济的客观要求开始改变着人们的思想观念。平和的经商与过去那种骑射寇抄的生活相比较，不仅能获得丰厚的商业利润，同时也使生活安定，减少流血牺牲。这一现实的要求正与摩尼教的教义相吻合。摩尼教是以劝人为善、崇尚光明、追求平和，将"薰血异化为蔬饭之乡，宰杀邦家变为劝善之国"。②由于摩尼教的教义和教规符合回纥汗国整体的政治行为和经济行为，因而得以在回纥汗国盛行。

二、文字

宋之前阴山地域的民族，有的没有创制和使用自己的文字，随着社会发展的需要而接受并使用汉字。如匈奴和汉朝之间往来的官方文书使用的都是汉字，这在《史记》、《汉书》"匈奴传"中不乏记载。包头市郊区多次出土的"单于天降"、"单于和亲"、"长乐未央"、"千秋万岁"等汉文字瓦当；1959 年鄂尔多斯市出土的"汉匈粟借温禺鞮"铜印皆反映了这一史实。匈奴自制的"匈奴相邦"印也是用的汉字。

有的民族则创制和使用了自己的文字。"突厥人是北方草原上第一个创制用以表示本民族语言的文字的民族。"③ 7 世纪之前突厥人使用粟特文字。突厥文创制的时间在 7—10 世纪，在文字史上被称为古代突厥文，是一种音素、音节混合型文字，由 38—40 个符号构成。字母中有的来源于阿拉美亚文。另有学者认为：突厥文产生于后突厥初期，后突厥的缔造者参照粟特文、汉文在突厥人原有的马印的基础上创造了突厥文。因此在突厥语言中吸取许多汉语词汇，其中主要是政治术语和日用品名称，如将军、都统、锦缎、墨、茶、蜡等等。传世的突厥文字

---

① 《回鹘毗伽可汗圣文神武碑》，引自冯家升等编《维吾尔族史料简编上》第 38 页。
② 《回鹘毗伽可汗圣文神武碑》，引自冯家升等编《维吾尔族史料简编上》第 38 页。
③ 陶玉坤《北方游牧民族历史文化研究》232 页。

材料有官府文件、墓志铭、记事碑、摩崖石刻和日常器皿，如《阙特勤碑》、《暾欲谷碑》、《毗伽可汗碑》等。①

回鹘文字属突厥语族，其来源学术界存在着两种不同的说法。一种意见认为它来自景教徒所使用的福音体文字；另一种认为当来自于粟特文。回鹘文是一种音素文字。1076年，麻赫穆德·喀什噶里用阿拉伯文著成了《突厥语大辞典》，其记载说：回鹘文字最初是由18个字母组成的。经过不断的发展，回鹘文字到元朝时期已发展为21个，最后才发展成23个。在23个字母中5个用来表示8个元音，18个用来表示21个辅音。书写方式早期从右往左横写，后受汉语影响，改为从上往下写。回鹘文字对以后的契丹、蒙古族和满族文字都产生影响。契丹小字即是学习回鹘文创制的。蒙古族使用回鹘字母创制了回鹘式蒙古文字。清代参照回鹘式蒙古文字创制满文。

西夏文字创制于元昊建国前的公元1036年左右，借鉴了汉字的形制，共六千多字。构成上可分为单纯字和合体字两大类。大部分是合成造字，包括会意、音意、对称、互换、反切、长音等六种合成法。其笔画多在十画左右，撇、捺等斜笔较多，结构均匀格局周正，有比较完整的构成体系和规律，具有鲜明的个性特点。西夏文字创制后被作为"国字"推行，因此在西夏国的应用范围十分广泛，如官署文书、法律条令、审案记录、买卖文契、文学著作、历史书籍、字典辞书、碑刻、印章、符牌、钱币，以及译自汉、藏间的佛经等。阿拉善盟额济纳旗黑水城出土的西夏辞书《文海》与《音同》，是由西夏时期的党项族人编著的，为进一步研究西夏语言、文字提供了丰富的实物资料。同时出土的还有一部由党项族人骨勒茂才编著的辞书《蕃汉合时掌中珠》，它是用汉文与西夏文对音、对意的方式编成的，并收录了许多党项语词汇，因而成为后人解开西夏语言、文字的钥匙。

契丹文字属阿尔泰语系，包括契丹大字和契丹小字两种不同类型的文字。公元920年（神册五年）由耶律鲁不古、耶律突吕不及部分汉人，借用汉字，以隶书之半增损，创制出契丹大字，共三千余字。② 后来又由耶律迭剌创制了契丹小字。③ 契丹小字已发展到拼音文字初步阶段，简便易行，使用范围广。两种契丹

---

① 耿世民《古代突厥文碑铭研究》。
② 《新五代史》卷72《四夷附录一》。
③ 《辽史》卷64《皇子表》。

文字在辽代与汉字并行。辽灭金兴，契丹字又与女真字和汉字并行于金朝境内。公元1191年（明昌二年），金章宗完颜璟明令废除契丹文字，契丹字遂渐绝用。现在传世的契丹字资料都是本世纪陆续出土、发现的，主要是些碑刻、铜镜、印章、货币和墨书题字等。20世纪70年代，由中国社会科学院民族研究所和内蒙古大学语文研究室联合组成的契丹文字研究小组，释出三百多条语词，并构拟出一百多个原字的音值，还分析了二十多种语法成分。阴山地域当代著名学者清格尔泰等编《契丹小字研究》，是研究契丹小字的力著。①

女真文字亦分大小两种。金立国后，阿骨打令曾习契丹字和汉字的臣僚完颜希尹和叶鲁仿依契丹大字和汉字为基础，试制女真文字，并于公元1119年（金天辅三年）诏令颁行，此即后世所谓女真大字。20年后，公元1138年（金天眷元年）熙宗完颜亶参照契丹字，创制颁布另一种女真文字，即后世所称女真小字。时颁字诏称："诏百官诰命，女直、契丹、汉人各用本字，渤海同汉人"。②女真大小字同契丹文、汉文一道并行国内。金国创制女真字的主要目的是宣示民族国家的形象，故而在女真字制成后主要用于官方文件的书写，直到金朝中后期的12世纪才开始使用这两套文字，将汉文典籍女真化。到15世纪中叶，女真崛起，努尔哈赤创造无圈点满文，女真文字逐渐停止使用。至今传世的女真文字总量不大，女真文文献形式有图书、碑铭、铜镜、印鉴、题记等。

三、文学艺术

1. 阴山岩画

1980年初，内蒙古自治区文物考古工作者盖山林在阴山西段发现了成千上万幅岩画③。这一发现引起国内外考古界的高度关注，被称为举世罕见的珍贵古代民族文物。阴山岩画是古代游牧民族的文化珍品，再现了阴山地域各游牧民族的历史、经济生活。

这批岩画是在阴山西段从东到西300公里、从南到北40至70公里的区域内发现的。岩画雕刻在悬崖峭壁、沟底岩盘或者山顶巨石上，有些是用石器工具磨刻的，有些是用铜器、铁器工具敲凿的，虽历经千百年风雨侵蚀，大部分岩画仍

---

① 清格尔泰等编《契丹小字研究》。
② 《金史》卷4《熙宗亶纪》。
③ 盖山林《阴山岩画》。

保持完好状态。岩画的画面有各种动物，包括野牛、野鹿、野羊、狼、虎、豹、狐狸以及家畜羊、马、牛等图像；有原始人集体围猎和各种舞蹈的场景，有部族之间征战的画图，还有天神地祇、日月星辰、原始数码、神秘符号、车辆图形、穹庐毡帐等。

阴山岩画有相互重叠或新旧杂陈的现象，也有把早刻的图形加以补刻或增刻的痕迹。但由于图形色泽、制作技术、画的风格特点不同，因此可以判断其年代的早晚。战国到汉代时期的阴山岩画，是当时北方少数民族匈奴人制作的，许多岩画刻画了鹿的各种姿势，与鄂尔多斯高原出土的匈奴铜鹿的形象相同。据郦道元在《水经注》一书中的记载，岩画中一部分虎、马图形和鹿、马蹄印是在北魏以前雕刻的。属于突厥风格的阴山岩画形成时间是从4世纪到10世纪早期，一些山羊图形的岩画与在蒙古国发现的唐代碑刻上的典型突厥风格的野山羊岩画相似。时间较晚的一组岩画属于蒙古、回鹘、党项等少数民族岩画。

阴山岩画是古代游牧民族凿磨在阴山岩石上的美术图画，再现了中国北方各游牧民族的历史和经济生活，具有极高的历史、科考和艺术观赏价值。阴山岩画不仅是世界上最早发现的岩画，同时也是世界上最丰富的岩画之一，是我国最大的岩画宝库，多处已被列为国家级、自治区级重点保护文物。

2. 民歌

阴山地域长期流传着一首著名的匈奴民歌："亡我祁连山，使我六畜不蕃息；亡我焉支山，使我嫁妇无颜色"，表现了匈奴浓厚的游牧文化色彩和现实主义精神。匈奴没有创制和使用自己的文字，社会道德行为的规范、生产经验传承和军政大事的处理均以言语作约束，文化的传播也靠口头民歌传唱。匈奴民歌优美动人，词汇丰富，和谐押韵，便于流传。

阴山地域影响最大的民歌是《敕勒歌》："敕勒川，阴山下。天似穹庐，笼盖四野。天苍苍，野茫茫，风吹草低见牛羊。"《敕勒歌》作者不可考，它是古代敕勒人民在安定富裕的环境下创造出的伟大的口头文学作品。这首脍炙人口的《敕勒歌》，以浓郁的感情，质朴的语言，展见了南北朝时期我国北方游牧民族的生活画卷，讴歌了阴山南北苍茫壮丽的草原风光。气象浑朴而苍莽，具有撼人心魄的艺术力量，千百年来深受人们的喜爱和好评。元好问在《论诗》十首里大赞《敕勒歌》："慷慨歌谣绝不传，穹庐一曲本天然，中州万古英雄气，也到阴山敕勒川。"

还有一些涉及阴山的民歌，如北朝民歌《悲平城》："悲平城，驱马入云中。

阴山常晦雪，荒松无疲风"。但总的来说，宋代之前阴山地域的文学作品不多。

　　这里应特别提及在我国广为流传的北朝民歌《木兰辞》。《木兰辞》大约产生于北魏后期，最早见于南朝陈僧人智匠所编的《古今乐录》，在流传中可能有文人的加工润色，但基本上保持着民歌的情调。这首民歌是根据民间的传说写成，叙述了木兰女扮男装代父从军的故事，成功地塑造了一个光彩照人的传奇式的女英雄形象。关于木兰故里众说纷纭，有河南商丘虞城县、湖北武汉黄陂区、安徽亳州谯郡、陕西延安等说法。但曹熙先生发文指出，花木兰确有其人，花是后人加的姓，木兰本名穆兰，穆是鲜卑人的姓，约出生在公元412年的河南地，属今天的鄂尔多斯市，与诗中"旦辞爷娘去，暮宿黄河边"、"旦辞黄河去，暮至黑山头"相符。① 张贵也在《遥望阴山话木兰》文中认为：花木兰的父亲是居住河南地列入编户的鲜卑人，因而"军书十二卷，卷卷有爷名"。花木兰替父从军是参加对阴山之北柔然的战争。黑山即今日包头昆都仑河谷北之阴山。从今鄂尔多斯的"河西"（包头人至今仍习称鄂尔多斯为"河西"）到黄河边是一天的路程，从黄河边到昆都仑河谷之北阴山正好也是一天路程，再确切点讲是到当年出师北伐三道之中道的咽喉怀朔镇（今固阳县城一带）。花木兰带上骏马参军，在军中是一名函使，因为诗中所述"万里赴戎机，关山度若飞。"正好是花木兰作为函使的深切体验。作为函使不必与其他男卒吃住一起，她的女儿身份才没有暴露。太延五年（公元439年），拓跋焘完成了统一黄河流域的大业，从此北魏皇帝称"天子"。这正好解释"可汗大点兵"和"天子坐明堂"的矛盾。天子命花木兰做尚书郎，说明她是有文化的鲜卑人，因为尚书郎历来是文人担任，负责掌管文书奏章。这样花木兰回到故里，脱下战袍思绪万千，写成《木兰辞》是顺理成章的事。公元494年，魏孝文帝迁都洛阳，大量鲜卑人内迁山东、河南一带，花木兰和弟弟的后裔也必然内迁。《木兰辞》也逐渐译成汉语广泛流传。公元1334年（元统二年）在河南虞城建起花木兰祠，立有《孝烈将军祠像辩正论》碑，明代徐渭编出杂剧《雌木兰》，虽未说明花木兰的祖籍何处，但都没有否认花木兰在阴山与柔然征战的史实。② 总之，《木兰辞》也是与阴山地域密切相关的古代文学作品。

---

① 曹熙《木兰辞新考》，《齐齐哈尔大学学报》（哲学社会科学版）1982年第4期。

② 张贵《阴山集》。

第六节　先秦至宋代阴山地域的民俗文化

阴山地域是各民族共同生活的家园，多民族的聚集带来了各民族生活方式及多种民俗的交汇，特别是长期生活在这一地域的少数民族形成许多独特的生活习俗。

一、衣食住行

1. 衣服与发式

阴山地域在古代始终是游牧民族活跃的舞台，因而起初的衣食住行都与游牧经济相关。如秦汉时期的匈奴人，将牛、马、羊等牲畜皮揉制成革，做成衣裤，并以猎获的羊、狐、貂等毛皮加工制成轻软的裘，"衣其皮革，被旃裘"。[①] 北匈奴还曾向东汉王朝"贡马及裘"[②]。

随着与中原交流的加强和汉族移民的增多，绢帛衣服才逐步在阴山地域流行。如突厥的贵族和上层人物就极喜穿着中原绢帛制成的衣服。据史籍记载，在突厥汗国时期北齐、北周为了结好突厥，争相向突厥进贡，其中主要是绢帛。降至隋唐，中原王朝出于各种原因，也经常向突厥可汗、酋首赐送绢帛。武后就曾一次向默啜可汗赐送"杂彩五万段。"[③] 唐玄宗时期置互市于西受降城，与突厥人以绢易马。这些从中原流入的绢帛主要是满足突厥贵族的日常消费。

突厥人的发式与服式是"被发左衽"。长发散披于脑后，并辫结起来，称"索发"，亦即"辫发"。突厥人服装式样是"左衽"，即衣襟左开。壮士的手臂上常套有皮套袖，称之为"韦鞴"，用以架鹰，显其强悍。时人常以"韦鞴"和"索辫"作为突厥人别称。隋炀帝巡幸启民可汗牙帐时，曾即兴作了"索辫擎膻肉，韦鞴献酒杯"的诗句。

作为游牧民族的回纥人，其服饰与发式起初也是"辫发羊裘"，与突厥人相差无几。随着回纥人与唐朝以马市绢及其东西方贸易的加强和扩大，回纥人特别是回纥贵族、官吏和商人，衣着多穿棉布和丝绸缝制的衣服。回纥人做衣服用的棉布大多来自西域，丝绸则来自中原。丝绸得来的途径一是互市，二是赠送，即

---

① 《史记》卷110《匈奴列传》。
② 《后汉书》卷89《南匈奴列传》。
③ 《资治通鉴》卷206《则天后神功元年》。

唐朝政府赠送大量丝绸予回纥可汗、贵族、将军。回纥骑兵收复二京后，唐肃宗明令"每载送绢二万匹至朔方军，宜差使受领。"① 为此唐朝廷要求成都、广陵每年必须织造一种"番客锦袍"入贡，专门用来供应回纥等少数民族。回纥可汗和部分贵族官吏受到唐朝政府的册封和任命以后，就直接穿着唐朝赐给的衣服。这类衣服与官服相同。公元647年（贞观二十一年）"铁勒、回纥、俟利发等并同诣阙朝见，太宗亲赍从绯黄地瑞锦及标领袍。"② 回纥人本民族的服装，男性多以斜领或圆领、窄袖长袍为主；女性多为翻领、小袖，衣身宽大曳地长袍。不同职位和职业的人又有不同的服饰。可汗是"衣赭黄袍、胡帽"，可敦穿"通裾大襦，皆茜色"。一般贵族穿肥大的长袍，平民则衣袖、腰较窄、下摆较短的衣袍。另外回纥人还有用彩绸缠头的习惯，称缠头彩。如《旧唐书·回纥传》载："子仪命酒与之（回纥酋长）饮，赠之缠头彩三千匹。"③

　　契丹人发式为髡发，即剃去一部分，保留一部分。有的只剃去颅顶发，颅四周发下垂并向后披；有的在颅两侧留两绺长发，自然或结辫下垂；有的留双鬓上两绺自然或结辫下垂，或使其从耳环中穿过再下垂。辽墓壁画提供了髡发的形象资料。乌兰察布市察右前旗豪欠营辽墓出土的契丹女尸，是前额边沿部分剃去而保留了其余头发，又提供了不见于文献记载的契丹女性髡发样式。皇帝和贵族戴不同的冠帽和头巾，质地有丝绸、貂鼠和毡，普通人戴毡帽。袍服都是左衽窄袖，便于游牧骑射。腰束带，带上悬佩小刀、荷包、针筒、锥、火石和各种金、玉、水晶、碧石等饰物。长裤多为白色，有的还穿套裤。靴多为长筒，多为皮制。上层人物头戴冠、巾，贵族妇女戴瓜皮帽，侍女戴黑色小帽。衣料夏用绸、绢，冬用皮毛，"贵者被貂裘，貂以紫黑色为贵，青色为次。又有银鼠，尤洁白；贱者被貂毛、羊、鼠、沙狐裘"。④

　　女真富人春夏多以绘丝绵绸或细布制作，秋冬以貂鼠、青鼠、狐、貉、羊羔的皮为裘。贫者春夏以粗布制作，秋冬以牛、马、猪、羊、獐、鹿、猫、犬、鱼、蛇的皮做衣裤。女真常服，有用皂罗制的巾上结方领折垂于后。衣尚白，左衽窄袖盘领。有腰带，可佩腰牌和刀、弓、剑等。金代初强制北方汉人等着女真衣装，禁民汉服，但在各民族交融中是无法禁止的。不仅女真学汉人衣装已成风

<hr/>

① 《旧唐书》卷195《回纥传》。
② 《太平寰宇记》卷199。
③ 《旧唐书》卷195《回纥传》。
④ 贾敬颜《五代宋金元人边疆行记十三种疏证稿》第120页。

尚，女真衣装也在汉人中流行。

2. 食物与饮品

匈奴以游牧为主，造就了"自君王以下咸食畜肉"，"饮其汁，衣其皮"① 的生活方式。匈奴所食的肉除来自牧养的牲畜外，尚有来自狩猎所获。其食肉法多将整畜用火烤熟，以刀分割食之。汉代刘熙在《释名·释饮食》中说："貊炙，全体炙之。各自以刀割，出于胡貊之为也"。常与匈奴等北方游牧民族来往的东汉大将窦固，十分熟悉胡人用火烤肉待客的习俗。史载："羌、胡见客炙肉未熟，人人长跪前割之，血流指间，进之于固，固辄为啖，不秽贱之，是以爱之如父母也。"② 匈奴人还将牛、马、羊乳汁制成"湩酪"食用。湩酪即奶酪（或说包括酸奶和酸奶酒），是匈奴人生活中极富营养的必备饮食。

突厥、回纥、契丹、女真人的食物，起初均以牲畜肉乳为主。突厥人"敛羊以烹，抽佩刀割肉相啖"③。契丹人把肉制成"腊肉"，宴席上有"牛、鹿、雁、鹜、熊、貊腊肉"④。还把肉制成肉酱和咸肉⑤。马、牛、羊乳和乳制品是他们的食物和饮料，还有酸牛奶和奶酪。到中唐时，回纥商人从中原传入茶叶，随后饮茶的习惯在回纥人中普及开来。《新唐书·陆羽传》载：茶圣陆羽撰成《茶经》三篇后，"天下益知饮茶矣"，"其后尚茶成风，时回纥入朝，始驱马市茶。"茶叶的传入与饮茶习惯的形成，直接影响了回纥及其他民族的饮食习惯。

后来随着农业的发展，粮食在主食中逐渐占有重要地位。突厥人的饮食结构中，就"食兼饼耳"。⑥ 突厥时期粮食的来源，一是有少量的农业，二是从中原交换或掠夺的。契丹也食肉兼食粮食，有馒头、乳粥、肉粥、糜粥等。果品有桃、杏、李、葡萄等，常用蜜渍成"果脯"，夏日有西瓜，冬天有风味果品"冻梨"。亦种植蔬菜，但较为贫乏。女真人主食有炒米和粥，以及馒头、汤饼、烧饼、煎饼等面食。女真人喜欢以野白芍药花用面煎之，做成其味脆美而又易于保存的食品。秋冬之际把新鲜蔬菜腌制咸菜、酸菜。调味品有盐、醋、酱、油。辽金时期，契丹、女真及汉人均尚豪饮，饮酒之风盛行，无论是城市还是山村往往

---

① 《史记》卷 110《匈奴列传》。
② 《东观汉记校注》卷 12《窦固传》。
③ 《新唐书》卷 80《李承乾传》。
④ 贾敬颜《五代宋金元人边疆行记十三种疏证稿》第 46 页。
⑤ 《苏辙文集》《栾城集》卷 16。
⑥ 《太平寰宇记》卷 199。

都有酒楼、酒肆。

3. 居住与出行

居无常处是游牧民族的突出特点，出于迁徙游牧生活的需要，匈奴、突厥、回纥、契丹等民族长期以穹形毡帐作为居所。穹形毡帐亦称穹庐，流线型的造型可以减少风的阻力，有效地抵御大漠高原冬季寒风的侵蚀，御寒力强。特别是穹形的毡帐结构简单，材料轻便，便于拆装，易于运输，古代游牧人发明穹庐是人类文明史上的一大创举。回纥人还往往把毡帐搭建在车上，称毡车。《资治通鉴》胡三省注曰："毡车，以毡为车屋"。① 这样搬迁更方便，更便于游牧。宋代苏颂有诗云："行营到处即为家，一卓穹庐数乘车。千里山川无土著，四时畋猎是生涯。"② 后来随着中原王朝对边疆的开发、城堡的修筑，以及农业的发展，阴山地域也有了定居的房屋。如定居的汉人即住房屋。奚人也住房屋，只是多草木结构，苏辙云"奚人自作草屋住，契丹骈车依水泉。"③

匈奴人孩提时就以羊为骑，稍长即可纵身上马，驰骋草原，以马代步。匈奴"以马上战斗为国"④。马在匈奴人生活、军事活动中起着重要作用。突厥、回纥等民族也是以马代步。马是他们生产、生活、特别是战争之必需的交通工具。自幼学会驾驭马是突厥人人生的第一课，所以唐代高适《营州歌》云："胡儿十岁能骑马"。畜力拽拉的车辆是他们经常使用的交通工具和运输工具，一般有牛车和马车。此外匈奴将马皮做成的皮筏船，称为"马革舡"，是渡河重要的交通工具。

二、婚姻习俗

阴山地域古代少数民族婚姻习俗早期多带有母系氏族的遗迹。匈奴人婚嫁一般是男方向女方送聘礼，聘礼多是羊马。男方要在女方家呆一或二年，为女方家服务。然后女方家赠以厚礼，送女儿到男方家。乌桓"其嫁娶则先略女通情，或半岁百日，然后送牛马畜，以为聘币。婿随妻还家，妻家无尊卑，旦旦拜之，而不拜其父母。为妻家仆役。一二年间，妻家乃厚遣送女，居处财物一皆为办。"⑤

① 《资治通鉴》卷247《唐武宗会昌元年》胡注。
② 苏颂《苏魏公全集》卷13。
③ 《苏辙文集》《栾城集》卷16。
④ 《汉书》卷94《匈奴传》。
⑤ 《后汉书》卷90《乌桓传》。

突厥也是"丈夫婚毕，就便妻家，待产乳男女，然后归。"① 这种先居妻家的风俗反映了母系氏族社会妇女在家庭中优越地位的遗风。汉代以后，随着社会的发展和男性家长制的确立，先居妻家的婚俗才逐渐改变，还出现了一夫多妻制。

匈奴、鲜卑、乌桓、突厥、回纥、契丹等民族均实行收继婚制，即子、弟可妻后母兄嫂。如匈奴，其俗"父死，妻其后母；兄弟死，皆取其妻妻之"②。呼韩邪死，其前阏氏子代立欲妻王昭君，昭君上书求归，"成帝敕令从胡俗，遂复为后单于阏氏焉"③。突厥"父、兄、伯、叔死，子、弟及侄等妻其后母、世叔母、嫂，唯尊者不得下淫"。④ 表明在一个家庭中，只要没有血缘关系，辈分低的男子可以收继失去丈夫的辈分高的女子为妻。相反长辈不能纳小辈的妻子为妻。如隋朝义成公主先后为启民可汗、启民可汗之子始毕可汗、始毕可汗之弟处罗可汗、处罗之弟颉利可汗之妻。收继婚制度在北方少数民族普遍存在，这种婚俗产生于原始社会向阶级社会过渡的历史阶段。由于恶劣的生态条件和游牧经济的脆弱性，保存一家一族的劳动人手和增强家庭内部的凝聚力，具有重要的经济意义。而妇女生儿育女，又始终是游牧生产的主要承担者，其地位显得格外重要。中行说解释说："父兄死则妻其妻，恶种姓之失也。故匈奴虽乱，必立宗种"⑤。收继婚作为一种婚俗，一方面可以避免劳动力外流，促进人口繁衍，另一方面可保持父系血统的纯洁性，不失种性，稳定本族血缘，增强凝聚力。

契丹、女真等族婚姻中还有姊亡妹续的接续婚习俗。如辽代萧袍鲁墓志载：萧袍鲁妻子死后，续娶北大王故静江节度使陈家奴女，以为继室，亦早亡，续娶次夫人之妹。⑥

至于婚礼，相较而言回纥的礼节较隆重。公元 821 年（长庆元年），崇德可汗迎娶唐朝太和公主，据记载："择吉日……可汗先升楼东向坐，设毡幄于楼下以居公主，使群胡主教公主以胡法。公主解唐服而衣胡服，以一妪侍，出楼前西向拜。可汗坐而视，公主再俯拜讫，复入毡幄中，解前所服而披可敦服，通裾大襦，皆茜色，金饰冠如角前指，后出楼俯拜可汗如初礼。虏先设大舆曲扆（带屏

① 《通典》卷99。

② 《史记》卷110《匈奴列传》。

③ 《后汉书》卷89《南匈奴列传》。

④ 《北史》卷99《突厥传》。

⑤ 《汉书》卷94《匈奴传》。

⑥ 向南《辽代石刻文编》第425页。

风的大轿），前设小座，相者引公主升舆，回纥九姓相分负其舆，随日右转于庭者九，公主乃降舆升楼，与可汗俱东向坐。自此臣下朝谒，并拜可敦"。① 礼毕"可敦宴之帐中"，招待宾客。设宴待客是回纥人婚俗的一大特点。可汗如此，平民亦如此。在"迎妇之日，男女相将，持马酪熟肉节解。主人延宾，亦无行位，穹庐前丛坐，饮宴终日。"②

三、丧葬习俗

丧葬是人生的最后一次礼仪，古今中外都很重视。阴山地域古代各民族丧葬习俗大同小异，但与中原地区相比又有许多不同的特点，随着社会的发展也有所变化。

有人死后，阴山地域大多民族有剺面的习俗，即割面流血，以示深切的哀痛。如匈奴遇人死"举国号哭，或至黎（剺）面流血"③。突厥"死者停尸于帐，子孙及诸亲属男女，各杀羊马陈于帐前祭之，绕帐走马七匝，一诣帐门，以刀剺面且哭，血泪俱流，如此者七度，乃止。择日取亡者所乘马，及经服用之物，并尸俱焚之，收其余灰，待时而葬。春夏死者候草木黄落；秋冬死者候华叶荣茂，然始坎而瘗之。葬之日，亲属设祭，及走马、剺面如初死之仪。葬讫，于墓所立石建标。其石多少，依平生所杀人数以祭之。羊马头尽悬挂于标上"④。公元759年（乾元二年），回纥"毗伽可汗初死，其牙官、都督等欲以宁国公主殉葬，公主曰：'我中国法，婿死，即持丧，朝夕哭临，三年行服。今回纥娶妇，须慕中国礼。若今依本国法，何须万里结婚'"。宁国公主据理力争，没有殉葬，"然公主亦依回纥法，剺面大哭"。⑤ 女真"其死亡则刀剺额，血泪交下，谓之送血泪"⑥。

丧葬方式有土葬、火葬或土葬与火葬结合等，且有殉葬的习俗。匈奴人死后，"朝终夕殓，旬日而葬"⑦，一般以戊日、己日为安葬日，送葬办丧事。匈奴实行土葬，"其送死，有棺椁金银衣裳，而无封树丧服。近幸臣妾从死者，多至

---

① 《旧唐书》卷195《回纥传》。
② 《北史》卷98《高车传》。
③ 《后汉书》卷19《耿弇列传》。
④ 《册府元龟》卷961《外臣传》。
⑤ 《旧唐书》卷195《回纥传》。
⑥ 《三朝北盟会编》卷3《政宣上帙三》。
⑦ 《晋书》卷120《刘聪载记》。

数十百人"①。乌桓人曾掘过匈奴单于的"冢墓"。王莽也曾"敕令掘单于知（即囊知牙斯）墓，棘鞭其尸"②。在阴山地域考古工作者发掘了一些匈奴墓。大型墓的墓主为贵族，墓穴有的长、宽达35米，高3.5米左右。随葬品除衣冠丝品外，还有陶器、木器、铁器、铜器、金银器、玉器和装饰品等。20世纪70年代考古工作者分别在鄂尔多斯市杭锦旗阿鲁柴登和准格尔旗西沟畔匈奴墓葬中，发现珍贵文物鹰形金冠饰、金冠带、大型虎牛争斗纹金饰牌和虎与野猪咬斗纹金饰牌等，都是匈奴贵族统治者的陪葬品。③普通墓有石椁墓、木椁墓和木棺墓，随葬衣饰、器皿、武器、马具、牲畜等。匈奴人厚葬之风反映了他们相信灵魂在死后继续存在的观念，和惧怕死亡、渴望生存的复杂心理。鲜卑丧葬习俗，敛尸以棺用狗、马、衣物等殉葬。"死则潜埋，无坟垄处所，至于葬送，皆虚设棺椁，立冢椁，生时车马器用皆烧之以送亡者"。④

突厥人的葬式一般是火葬与土葬相结合。公元634年（贞观八年）颉利可汗死。唐朝"从其礼，火尸，起冢灞东"⑤。突厥人葬后还要"表木为茔，立屋其中，图画死者形仪及其生时所经战阵之状。"⑥回纥人早期的丧葬方式是实行土葬。史载："死亡葬送，掘地作坎，坐尸于中，张臂引弓，佩刀挟稍，无异于生，而露坎不掩……走马绕旋，多者数百匹。男女无小大，皆集会。"⑦回纥汗国建立后，受突厥的影响大多实行火葬与土葬相结合的方式。人死后先火葬，然后再埋葬。如公元765年（永泰元年）回纥人仆固怀恩"死于灵武，部曲以乡法焚而葬之"⑧。回纥人有殉葬习惯，甚至可能存在人殉的现象。

契丹人早期是树葬与火葬结合，即将尸体置于山树上，三年收骨焚化。建辽朝后渐行土葬，随葬品视年代与墓主人地位的不同，多寡精粗不一。受佛教影响，辽朝的汉人和契丹人死后，有的用柏木雕成人形（真容木雕像），中空。尸体焚化后将骨灰储入真容胸腔中。契丹人处理尸体的方式独特，对不能及时下葬者，刺其皮肤令血液流尽，腹中实以盐、矾等，用丝线缝合。下葬时有的用金、

---

① 《汉书》卷94《匈奴传》。
② 《汉书》卷99《王莽传》。
③ 田广金、郭素新《内蒙古阿鲁柴登发现的匈奴遗物》，《文物》1980年第7期。
④ 《宋书》卷95《索虏传》。
⑤ 《新唐书》卷215《突厥传上》。
⑥ 《隋书》卷84《突厥传》。
⑦ 《北史》卷98《高车传》。
⑧ 《旧唐书》卷121《仆固怀恩传》。

银或铜为面具覆面，同时用银或铜丝制成网络罩裹全身或手足。如乌兰察布市察右前旗固尔班乡豪欠营出土契丹女尸，身穿绣花丝棉外衣，外罩铜丝网络，面戴鎏金面具。① 女真人早期"死后埋之，而无棺椁"②，有尸骨葬和焚尸葬。后土葬和火葬结合，将火化后的骨灰及随葬品装入木棺下葬，再在墓穴内把木棺、骨灰和随葬品一同焚烧。甚至有"贵者生焚所宠奴婢、所乘鞍马以殉之"③ 的情况。

契丹、女真人追念死者有烧饭之俗，即"所有祭祀饮食之物尽焚之，谓之烧饭"④。契丹多于既死、七夕、周年、忌日、节辰、朔望诸日，筑土为台，或掘地为坎，上置大盘，盛以酒食，并焚化死者生前所用衣物、弓矢、车马、珍玩等奉祭。

四、其他习俗

阴山地域古代民族大多有贵壮贱老、尚武好兵的习俗。如匈奴人"壮者食肥美，老者食其余，贵壮健，贱老弱"⑤。乌桓亦"贵少而贱老"⑥。这是由于环境恶劣、生产落后、物质匮乏，财富的积累不能完全依靠生产，征服和掠夺成为获取财富的重要途径，因而需要健壮的体能和勇猛的斗志，尚武好兵也便形成风气。如突厥人自幼就熟悉和习惯于武力争斗的生活，骑射习武自幼开始。十六七岁或更小便成为剽悍勇猛的战士。毗伽可汗说"我 14 岁时……我同我叔可汗一起……征战到黄河"⑦。而且一直到老，才离开战马。征战中奖励军功，匈奴"其攻战，斩首虏赐一卮酒，而所得卤获因以予之，得人以为奴婢"，"战而扶舆死者，尽得死者家财"，"故其战人人自为趣利"⑧。乌桓、突厥等民族的观念和习俗中是"重兵死而耻病终"⑨。身经百战，战死沙场，受人尊敬。乌桓对战死者不仅将其"敛尸以棺，有哭泣之哀，至葬则歌舞相送"⑩。突厥追念死者，往

---

① 乌盟文物工作站编《契丹女尸》第 89—109 页。
② 《三朝北盟会编》卷 3《政宣上轶三》。
③ 《三朝北盟会编》卷 3《政宣上轶三》。
④ 《三朝北盟会编》卷 3《政宣上轶三》。
⑤ 《史记》卷 110《匈奴列传》。
⑥ 《后汉书》卷 90《乌桓传》。
⑦ 耿世民《古代突厥文碑铭研究》之《毗伽可汗碑》，第 148 页。
⑧ 《史记》卷 110《匈奴列传》。
⑨ 《隋书》卷 84《突厥传》。
⑩ 《后汉书》卷 90《乌桓传》。

往视其武功，"图画死者形仪及其生时所经战阵之状"，在其墓前立杀人石，"尝杀一人，则立一石，有至千百者。"① 从考古发掘也可以看出突厥人的墓葬常以大量的刀、箭、弓等武器作为祭品，甚至女性死后也要佩带铁刀等武器，这都反映了尚武贵兵的习俗。

阴山地域古代的娱乐活动大多具有游牧民族的特色。匈奴人常有走马、斗骆驼、摔跤等活动。史载"匈奴俗岁有三龙祠……走马及骆驼为乐。"② 契丹盛行击鞠、射柳等马上竞技活动。击鞠又称骑鞠、击球，即打马球。射柳多在祈雨的瑟瑟仪之后进行，先在场上插柳枝两行，削皮使之露出白色。射者以尊卑为序，各用手帕系于柳枝上以为标志，使距地数寸，然后乘马以无羽横镞箭射之，射断而接枝在手者为优胜，断而不能接者次之，断其青处或不断及不中者为负。女真人也俗尚骑射，通常在重午拜天后进行射柳、击球的游戏，击球有时也在其他日子进行，金朝曾把击球列为策论进士的考试科目。当然，汉族的双陆、围棋、象棋、投壶和纸鸢等游戏，也是契丹、女真等民族喜爱的活动。

阴山地域的古代民族大多能歌善舞。如突厥人在劳作之余常"饮马酪取醉歌呼相对"，三五成群舞之蹈之。这种场面往往还出现在祈神祭典的时候。这体现了突厥人豪放热烈的性格。随着边疆与内地交往的加强，突厥的歌舞在唐朝传入中原并为中原人所喜爱。武则天的侄子武延秀就能"唱突厥歌，作胡旋舞"③，说明在唐宫突厥歌舞也很盛行。

此外，匈奴人有尚左习俗，无论生前还是死后均尊左、北向。其坐北向，长者居左，以左为上。死后墓呈南北向，头向北。匈奴人有自己的参拜、相见礼俗。凡外族人一律去节（符节使者持以为凭），以墨黥面，方准入帐，拜见单于。匈奴尚黑黥面表示尊重。汉使杨信非贵臣，不肯去节黥面，单于只得"坐穹庐外见杨信"。④

回纥人以东面为贵，因为东面是太阳升起的地方，这与日崇拜的观念是一致的，所以可汗是面东而座。崇尚的数字是"九"，因此许多名称或习俗都要冠以九。例如回纥被称为"九姓乌古斯"；可汗的婚礼上可汗面东而坐，由九个部落的首领肩负可敦之舆，绕庭右旋九次等等。

---

① 《隋书》卷84《突厥传》。
② 《后汉书》卷89《南匈奴列传》。
③ 《旧唐书》卷183《外戚传》。
④ 《史记》卷110《匈奴列传》。

第二章　元明时期
——阴山地域蒙古族特色为主的文化

在中华民族形成、发展的历史中，蒙古族起了不可忽视的作用。一代天骄成吉思汗、元世祖忽必烈都是中华民族历史上的伟大人物。元明时期，蒙古族成为阴山地域主要的居民，他们在阿勒坦汗等杰出人物的带领下，秉承先辈勇敢、坚毅、包容的品格，不仅创造了具有蒙古族特色的阴山文化，也为开发和建设阴山地域做出了重要的贡献。

第一节　元明时期阴山地域的行政建置

元代是我国历史上第一个统一全国的少数民族王朝。随着蒙古族在北方的勃兴，鄂尔多斯以北、以东的黄河后套、土默川以及金之丰州、云内、东胜诸州成为蒙古族的栖居地，另外还有汉族、回族等。明初，尽管蒙古势力北迁，但经过争夺与较量，蒙古势力重又驻牧阴山地域。阴山地域是北方草原与中原的连接带，蒙汉杂居，地理位置重要，加上原有的管理体制，元明时期阴山地域的行政建置与内地有所不同，采取了多种形式，设置了多种机构。

一、元朝阴山地域的行政建置

13 世纪初期，阴山大部分地区仍为西夏和金所控制。成吉思汗建立蒙古政权后，乘南面的西夏和金政权国势衰微之际，对其发动猛烈的攻势。公元 1209 年（元太祖四年），成吉思汗迫使西夏求和，断绝了对金朝的称臣纳贡关系。1211 年（太祖六年），蒙古兴师伐金，兵分东西二路，西路军经汪古部南下。汪古部世代居黑水（艾不盖河，源出阴山北麓，北流入蒙古国），为金守边，防备蒙古。此时，其首领阿剌兀思归附蒙古作向导，引蒙军顺利越金界壕，过阴山，下丰州，进而陷云内、东胜、武、朔等州。公元 1221 年（元太祖十五年），蒙古军从东胜渡河南下，进入西夏，1227 年（元太祖二十一年）灭西夏，1234 年（元太宗五年）灭金。至此，阴山地域全部归入蒙古汗国的版图。

早在蒙古汗国时期，阴山地域的行政建置已初见端倪。如元太宗窝阔台时期，在耶律楚材的建议下，设立十路课税所，长官为课税使，负责向中原各地课税，并归中书省直接管辖。十路课税所基本上以金代行政区划为依据，作了部分调整。这是蒙古汗国整顿、规划地方行政的开始。其中宣德路、西京路所辖部分地区属阴山地域。

元朝建立后，地方行政机构沿用了宋、金两朝路、府、州、县等建置，并随着大一统的完成，逐步完善，最终确立。公元 1260 年（元中统元年）元世祖忽必烈即位后，于中央设立中书省，总理全国行政事务。地方行政体制，起初以“监司”，即十路宣抚司（后改为宣慰司）作为管理机构，行使中书省的权力。阴山地域主要属西京路宣抚司，以及另于京兆（西安）增设的陕西四川行中书省①，今鄂尔多斯地区归其管辖。公元 1264 年（元中统五年），废止十路宣慰司。其后，随着行省制度的日益成熟，终于将行省（即行中书省）由临时性的中央派出机构确立为固定的地方最高行政机构。当时，在全国共设置 10 个行省：岭北、辽阳、河南、陕西、四川、甘肃、云南、江浙、江西、湖广。行省之下设路、府、州、县。中书省则直接管辖黄河以北、太行山东西两面地区，称为“腹里”。另外，在一些远离省治的地区，又设置宣慰司，统领路、府，在偏远的路、府与行省之间起到承接作用。元代的阴山地域，大部分属于中书省直辖的腹里，其中有蒙古诸王驸马的封地，部分地区分别属于陕西、甘肃行省，以及河东山西道宣慰司管辖。

1. 直属中书省的兴和路

兴和路原为金代抚州，属西京。公元 1262 年（元中统三年）升格为隆兴府，次年，归属上都路。1267 年（至元四年）由上都路析出，升隆兴路，设路总管府。隆兴路地处上都与大都驿路交通要道，皇帝岁时巡幸，必经此地。公元 1262 年（中统三年），在此建有纳钵行宫。武宗即位后，又在此路旺兀察都之地建筑宫阙，为中都。仁宗即位后，为了彻底清洗武宗旧政，消除该地武宗的政治影

---

① 李治安《元代行省制度研究》第 9 页。

响，于公元 1312 年（皇庆元年）改称兴和路。兴和路下属有一州四县①，其中高原县、宝昌州和威宁县在今阴山地域。高原县为兴和路治所，威宁县城址即今兴和县台基庙古城②。宝昌州，金为西京路昌州，元初曾设有盐司，管理州东之狗泺盐池和盐场，改隶隆兴府后仍设盐使司。公元 1319 年（延信六年），昌州治所徙至其属县宝昌县，故易名宝昌州。城址在今河北张北县九联城，阴山偏东地区在其管辖范围内。

2. 河东山西道宣慰司所辖阴山地域各州县

河东山西道宣慰司正式设立于公元 1286 年（至元二十三年），治所为太原。1289 年（至元二十六年）治所迁至大同。辖今山西省及内蒙古地区，直属于中书省。下设有大同、太原、平阳三路，管辖阴山地域的主要是大同路。阴山中南部、东部地区即原属于金朝西京路的河套东北地区，入元以后，就隶属大同路。所辖阴山地域各州县有丰州、云内州、东胜州以及宣宁县、平地县。

宣宁县，辖境约为今乌兰察布市卓资县和凉城县。城址在今凉城县岱海北淤泥滩村。平地县，本号平地枭，城址在今乌兰察布市察右前旗苏集村南。

丰州，金置丰州天德军节度使，属西京路，元代称为丰州，民间习称天德军。城址在今呼和浩特市东郊太平庄白塔村。

云内州，即金西京路之云内，元省其所领云川（今呼和浩特西南大黑河北岸）、柔服（今土默特左旗沙尔沁）二县。州治即今托克托县古城乡东北古城。

东胜州，即金西京路之东胜州，领东胜县。元省县入州，又取消金设置的宁边州（州治在今呼和浩特市清水河县），以其地一半入本州。州城即今托克托县城西大皇城古城。东胜州以东有红城，可能是今和林格尔县大红城乡的小红城古城③。所辖约为今托克托县和和林格尔县境。公元 1292 年（至元二十九年）命名万户府，拔大同、隆兴、太原、平阴等处军人于红城周围设屯耕垦。1297 年（成宗大德元年），迁大同路军储所于此，遂成为枢密院所辖的军屯之一。

这样，今乌兰察布市东南部、呼和浩特市、包头市中南部、鄂尔多斯市北部的东胜等阴山地域属元代之河东山西道宣慰司管辖④。

① 宋濂等《元史》卷 58《地理志一》。
② 周清澍《内蒙古历史地理》第 117 页。
③ 周清澍《内蒙古历史地理》第 119 页。
④ 谭其骧主编《中国历史地图集》（第 7 册），第 7—8 页。

3. 甘肃行省所辖阴山地域

甘肃行中书省，相当于西夏国土。其所辖共七路、二州、五属州。其中兀剌海路、宁夏府路在阴山地域。

兀剌海路，又音译为斡罗孩。《元史·地理志》只载路名，下注"阙"，其沿革、治址不详。学界关于其地望说法不一。一说在今甘肃张掖市和删丹县北龙首山一带；一说在今河套北狼山隘口附近①，这里从后说。因为《元史》中有地名"兀狼海"，在中兴府至东胜州之间，《经世大典》中有兀狼海山，在黄河河套，而兀狼海山正是黑山的蒙古语名称。故兀剌海路可能得名于黄河河套的兀狼海山，即黑山。兀剌海曾为西夏所属，蒙古攻西夏时多次经过该城。元代在西夏黑山威福军的基础上建立了兀剌海路，属甘肃行省。治所在今河套北狼山隘口附近，城址应为今乌拉特中旗新忽热古城，辖今巴彦淖尔市大部分地区②。

宁夏府路，原为宁夏行省。公元1271年（至元八年），忽必烈建元后，在西夏兴州、灵州地区设置宁夏行省，公元1288年（至元二十五）改置宁夏路总管府。公元1295年（元贞元年）成宗铁木耳革宁夏省为宁夏路，隶属于甘肃行省。治所在今宁夏银川市，领灵州、鸣沙州（今宁夏中宁县）、应理（今宁夏中卫县）。今内蒙古乌海市和巴彦淖尔市南部的磴口县归其管辖③。甘肃行省虽地处西部，但与岭北行省和林地区的联系十分紧密。著名的纳怜道（驿路小道）起自东胜州，向西经过宁夏路、兀剌海路、亦集乃路，然后向北通至岭北行中书省，是内地与岭北之间的另一条重要的驿路。

4. 陕西行省管领的察罕脑儿宣慰使司所辖阴山地域

陕西四川行中书省设立于公元1262年（中统三年），治京兆（今陕西西安市）。察汗脑儿在元朝初年是忽必烈第三子安西王忙哥剌的封地。后来，设立察罕脑儿宣慰使司都元帅府，归陕西四川行中书省管领，今鄂尔多斯市大部分地区归其管辖。

察汗脑儿汉译白海子，是元代地方一种特殊的行政建制，其所辖地区是元朝皇室的封地，封地内的赋税收入归领主所有。公元1272年（至元九年），忽必烈封三子忙哥剌为安西王，驻京兆（今陕西西安市），领蒙古四千户驻牧于察汗脑

---

① 周清澍《内蒙古历史地理》第119页。
② 谭其骧主编《中国历史地图集》（第7册），第21页。
③ 谭其骧主编《中国历史地图集》第七册，第21页。

儿，并于次年发民夫万人在察罕脑儿兴建了白海行宫，为驻夏地。忙哥剌死，子阿难答袭王爵和封地，当时称为"阿难答察罕脑儿"。公元1287年（至元二十四年），设置安西王位下诸匠都总管府，下辖有察罕脑儿等处长官司、察罕脑儿等处提领所。公元1307年（大德十一年），忙哥剌子阿难答在争夺皇位的斗争中失败身死，武宗将安西王属民赐给弟爱育黎拔力八达，并于1310年（至大三年），"立宣慰司都元帅府于察罕脑儿之地"①，使察罕脑儿成为元代军事行政重镇。公元1367年（至正二十七年），元朝又于察罕脑儿设枢密院，以陕西行省左丞相秃鲁兼管。察罕脑儿是元代鄂尔多斯地区行政、军事、经济、交通的中心，元政府专门设置了经过此城的察罕脑儿驿道，从奉元（今西安市）北上可直通元上都开平。其治所在察罕脑儿城，城址约为今陕西横山县正西九十里今内蒙古乌审旗境内的古城②。

5. 汪古部封地所辖阴山地域

元代阴山地域的北部、东部大部分地区，属于世代以阴山以北为居住中心的汪古部的领地，其领地处于中书省直辖的腹里地区，辽、金以来，这一地区都设有州、县，与内地无异。但汪古部领地内的州、县人户，却完全由领主支配，与漠北诸王、千户领地一样，这在我国历史上是一种较特殊的政治体制。

汪古部世代居住在阴山以北，以驻守于今四子王旗和达尔罕茂明安联合旗一带的长城闻名于世，因此其基本领地在今大青山以北。后汪古部首领"举部来归"，并协同成吉思汗南征有功，从而结为姻亲，成为成吉思汗家族的驸马，仍分封于原来的驻牧地。元初朝廷于汪古部的基本领地，相继设置德宁路、净州路、集宁路与砂井总管府。如《元典章》卷十七曾载："砂井、集宁、静州、按打堡子四处壬子年原籍爱不花驸马位下人户，揭照原籍相同，依旧开除。"由于这些路州均为汪古部驸马投下分地，元廷仅将其按全国统一的官僚制度改成相应的行政建置，其内部仍由领主自治，所以《元史·地理志》仅列路、府、县之名，其地理沿革、户口等，没有记载③。

德宁路，原为金边堡，名按答堡子。起初是金代汪古部首领阿剌兀思等所驻边堡，世祖忽必烈朝前后，扩建城池，称之为黑水新城。后改为德宁路，属县为

---

①　宋濂等《元史》卷23《武宗纪》。
②　周清澍《元蒙史札》第286页。
③　宋濂等《元史》卷58《地理志》。

德宁县。辖区包括今包头市达尔罕茂明安联合旗和固阳县。城址位于今达尔罕茂明安联合旗百灵庙西北七十里的鄂伦苏木古城①。由于汪古部首领在元代被封为赵王，此城也称赵王城。

净州路，金为西京路所属净州，元因金制，仍为汪古部城邑之一。净州路故城在今乌兰察布市四子王旗吉生太苏木城卜子村。城西南有《大元加封宣圣碑记》一方，碑上刻"净州路总管府"、"大德十一年七月二十一日立"等字。可知大德以前，净州已经升为路总管府，直隶中书省部。其辖境约包括今大青山北，界壕以南乌兰察布市广大地区。

集宁路，金为西京路抚州集宁县。元代沿袭金的建置而加以升格为路总管府。元代集宁路故城在乌兰察布市察哈尔右翼前旗巴彦塔拉苏木土城子②。辖境约相当于今乌兰察布市察右前旗、察右后旗及兴和、商都等县地。

砂井总管府，砂井金代虽无建置，但在成吉思汗和窝阔台汗时期已常现于史乘。如耶律楚材于1227年路过砂井时，写过《丁亥过砂井和移剌子春韵二首》③。砂井或砂城与净州相距80里，在金末是重要的边堡。元世祖初期，砂井已成为通往漠北的木怜站道上的重要驿站之一，还设置过粮食"军储"所和"榷场仓官"④。城址位于乌兰察布市四子王旗红格尔苏木拉莫林庙村西南大庙古城。

除了上述基本领地，还有散处阴山南部和中原各地的人户。如色目人赛典赤·赡思丁在蒙古西征以后来到中国，"太宗即位，授丰、净、云内三州都达鲁花赤"⑤。他所管辖的范围既有天山以北的净州，又有山南的丰州、云内州。很可能这一带多是汪古部民户，所以元政府才将这几个州作为一个地区交给赛典赤·赡思丁监治⑥。

汪古部领地与元代功臣、驸马领地一样，虽然按全国统一的行政区划设置路州等汉地官府建置，但与中央直属的一般地方政府不同，内部运行着一套代表驸马行使职权的统治制度和管理机构。

根据文献记载，汪古部地区的行政机构主要有王傅府。这是辅佐诸王、驸马

---

① 曹永年主编《内蒙古通史》第2册，第309页。
② 李治安《元中书省"腹里"政区考略》，载《元史论丛》第十辑。
③ 耶律楚材《湛然居士文集》卷二。
④ 《元史》卷4《世祖纪一》。
⑤ 《元史》卷125《赛典赤传》。
⑥ 周清澍《元蒙史札》第180页。

统治的官署，下设王傅六名，其下又设官吏四名。王傅一般是正三品的内任官，相当于中央政府中的宰相。公元 1308 年（至大元年）始，汪古部在基本领地设置王傅府，总管封国的大小事宜。汪古部之王傅府实为"赵王之纲领"[①]。它的设立不仅表示朝廷对诸王、驸马领地的监督与支持，同时也体现了诸王、驸马领地所拥有的特殊权利和身份。王傅府下设专门机构，主要有钱粮总管府，为赵王管理钱粮收入的总机构；集宁等处民匠总管府，是管理王府工匠的机构；怯怜口都总管府，管理不受国家控制的，诸王、驸马、贵族的私属人户（工匠、护卫、猎户、鹰人之属）的机构；砂井总管府，设达鲁花赤、总管、副达鲁花赤、同知、副总管、判官各一员；真定等路诸色人匠总管府，掌汪古部赵王位下真定等路五户丝及诸色人匠赋役等事，领达鲁花赤、总管各一员，下设同知、副总管等官；诸路也里可温答总管府，管理汪古封地也里可温事务的机构。另外，还有一个较为特殊的机构，河东山西道宣慰司分司即德宁天山分司宣慰司。这是为了协调汪古部赵王与其领地所属河东陕西道宣慰司的关系特设的机构，以便就近协商，统一管理。汪古部的宣慰使司分司设在天山县（在今四子王旗境内）。在净州路未设置之前，天山县为德宁路管辖；故称德宁天山分司。

汪古部首领赵王在领地上享有很大的政治权力，所设置的官吏由赵王任命派遣。如各州达鲁花赤一职是由赵王府直接委派族人来"监治"所属食邑的，所以不归朝廷任迁。其官位居牧守之上。州下各县也由汪古部主直接委任达鲁花赤。但领地毕竟是元王朝统治下的土地，赵王任命的官员仍须接受上级政府的监督。

阴山地域自古以来就是北方游牧民族与中原王朝激烈争夺之地，鉴于其重要的地理位置，元代不仅在新征服的地区设立了具有独创性的行省进行管理，还在原诸王、驸马封地的基础上，增置了与中原同制的路、府、州、县，把诸王驸马投下领地划归到全国统一的行政建制中。因此，元代在阴山地域的行政建置既是蒙古固有的恩赐地、分封地与汉法官僚制度的嵌合，体现了自秦汉以来地方行政体制的日益成熟，同时也反映了元代政府对阴山地域的重视以及中央集权的加强。

二、明朝阴山地域的行政建置

明军于公元 1368 年（元至正二十八年）攻克大都（今北京），元顺帝北奔上都（今内蒙古正蓝旗境内），标志着元朝在中原的统治结束。元政权北徙后，

---

①　周清澍《元蒙史札》第 165 页。

仍自称"大元"或"大蒙古"，国号依旧。明政府称其故元或前元，明初朝鲜称之为"北元"。现在学界一般称其为北元或明代蒙古①。但退出中原的北元蒙古势力并不甘撤居漠北，企图恢复旧疆的统治，而明政府也致力于统一全国。于是，双方在阴山地域进行了长期的征战，阴山地域的管理也随着不同时期的归属不断发生变化。

1. 明代前期在阴山地域的军事行政建置

明朝初年，北元虽然北迁，但仍占有漠南、漠北、东北和西北广大地区，阴山大部分地区也在蒙古势力的控制中。明太祖为驱除阴山地域残元势力，消除边患，大举北征。公元1370年（洪武三年）经沈儿峪之战打败扩廓帖木儿，乘胜"逐北至察罕脑儿，擒猛将陈宪，获马牛羊十余万"②，使鄂尔多斯地区归入明朝版图。同年，又攻取东胜州、丰州、云内州及以北的三不刺（今乌兰察布市四子王旗东北），以强大的攻势迫使北元贵族纷纷投降，扫荡了残留于阴山地域的大部分蒙古势力。公元1388年（洪武二十一年）捕鱼儿海（今内蒙古呼伦贝尔的贝尔湖）之役再破蒙古军，迫使蒙古势力完全撤离阴山及内蒙古地区。

明朝占领了内蒙古地区之后，设立了一系列军事行政建置，实行卫所管理。管理阴山地域（或辖境兼及阴山地域）的主要是开平诸卫之兴和千户所、东胜诸卫及附近设置的千户所、宁夏诸卫、甘肃诸卫。

开平诸卫是明朝在元上都地区，即今锡林郭勒盟南部及与之毗邻的河北北部设置的卫所。其下兴和千户所，公元1397年（洪武三十年）设置于元代兴和故地，在今河北省张北县，隶属北平都司。管辖阴山偏东地区。

东胜诸卫指明朝在阴山以南地区设立的卫所，隶山西行都司。主要有东胜卫，在今呼和浩特市托克托县境。公元1371年（洪武四年）设卫，公元1392年（洪武二十五年）又分东胜卫为东胜左、右、中、前、后五卫，次年，罢东胜中、前、后三卫。同时1393年（洪武二十六年）又设置镇虏卫（今托克托县境）、玉林卫、云川卫（在今呼和浩特市和林格尔县境）和宣德卫（元宣宁县故地，在今乌兰察布市凉城县境）。东胜诸卫管辖今呼和浩特及河套东北地区。

另外，为了安置率众归附的故元蒙古首领，明朝在丰州、东胜地区还设立了一批千户所，并以降明的蒙古首领为长官。其中忙忽军民千户所，在河套黄河东

---

① 曹永年主编《内蒙古通史》（第2册），第369页。
② 《明史》卷126《汤和传》。

段附近，公元1370年（洪武三年）为安置故元参政脱火赤等自忙忽滩来归而设，隶绥德卫。官山等处军民千户所，在今乌兰察布市察哈尔右翼中旗境内，公元1370年九月因故元宗王扎木赤、指挥把都、百户赛因不花等自官山来降而设。失宝赤、五花城、斡鲁忽奴、燕只斤、瓮吉剌五千户所，公元1371年（洪武四年）因元知院都连帖木儿率众归附而置，隶东胜卫，地域大致在今乌兰察布市南部西迄鄂尔多斯市东北境部分地区。① 察罕脑儿卫，因元察罕脑儿行宫得名，在今河北省沽源县北，公元1374年（洪武七年）因蒙古首领塔剌海等归附而置。官山卫，在今乌兰察布市卓资县境，公元1375年（洪武八年），因蒙古首领乃儿不花来降而置，隶大同都卫。

　　宁夏诸卫在今宁夏回族自治区境，其辖境兼及今内蒙古西部。公元1376年（洪武九年，宣光六年）始置宁夏卫于银川。后又增置宁夏前卫、左屯卫、右屯卫，皆治银川；置宁夏中卫，治应理州（今宁夏中卫县）；置灵州守御千户所，治今宁夏灵武县。隶陕西都司，控制宁夏以北及贺兰山外的今阴山西部的河套部分地区。

　　甘肃诸卫在今甘肃省境，辖境亦兼及今内蒙古西部，隶陕西行都司。公元1372年（洪武五年）设卫。公元1393年（洪武二十六年）起又陆续设立甘州左、右、中、前、后五卫，治今甘肃张掖。控制合黎山、龙首山外的今阴山偏西的阿拉善、额济纳地区。

　　除了上述卫所外，明朝政府为了加强防御，从洪武年间到永乐年间，修筑了东起鸭绿江，西到嘉峪关的长城防线，史称"明代万里长城"。沿万里长城，明朝又先后设置辽东、大同、宣府、榆林、蓟州、太原、宁夏、甘肃、固原九个重镇，合称"九边"。九边是明朝前期在北部边疆设置的重要军事机构。它和明长城实际上成为蒙古和明朝长期对峙的大致界线，大体奠定了明以后漠南蒙古即内蒙古的南界。

　　明代前期在漠南地区设置的卫所大多是羁縻卫所，并未长期实行下去。这一方面由于蒙古骑兵不断南下侵扰，另一方面明朝对蒙古发动的大规模的战争使经济消耗过大。所以，永乐以后，明朝边防逐渐收缩，其在阴山地域的卫所或内撤或废止，大多不复存在。公元1403年（永乐元年），东胜诸卫迁至内地，卫城遂废。公元1438年（正统三年）曾再度复置，不久仍废。其他的羁縻卫所也大多

---

① ［日］和田清著，潘世宪译《明代蒙古史研究》（上册），第12—13页。

废弃。明中叶以后，蒙古势力重又进入阴山地域。

2. 明代中期达延汗统治时期在阴山地域的行政建置

公元1402年（建文四年）北元统治的蒙古地区主要分裂为东西两大政治势力，东部称鞑靼，西部为瓦剌部，另外还有成为明朝藩篱的兀良哈三卫。明朝利用他们之间的矛盾，以夷制夷，以图削弱蒙古势力。结果并未达到预期目的，鞑靼部和瓦剌部不仅经常攻略河套地区，还先后称雄于蒙古高原。尤其瓦剌部在也先统治时，于公元1449年（正统十四年）率部南下，在土木堡俘获了明英宗，统治了今内蒙古中西部广大地区，今包头、呼和浩特、乌兰察布及河套等阴山地区都在其范围内。也先死后，瓦剌势力衰落，余部逃回漠北及西北一带。鞑靼诸部深入河套地区。此后蒙古地区又处于分裂割据之中，直到东蒙古达延汗局部统一蒙古。

达延汗统治时期，即明孝宗弘治年间和明武宗正德初年，经过近二十年的东征西讨，于16世纪初统一蒙古。不过，此时的统一仅限于东部蒙古本部，不包括西部的瓦剌和辽东的三卫。达延汗统一东蒙古后，将业已形成的六万户（兀鲁斯），在军事、政治组织上仍划为左右两翼，重新进行分封。左翼三万户为察哈尔万户、喀尔喀万户（喀尔喀河流域一带）和兀良哈万户（原卓索图盟地区），右翼三万户为鄂尔多斯万户、永谢布万户和土默特万户。阴山地域主要属于左翼察哈尔万户和右翼鄂尔多斯、永谢布和土默特三万户管辖的领地。

察哈尔万户是蒙古大汗的驻帐所在，在蒙古文和汉文史料中均有一致的记载，包括八个部，即八个鄂托克，汉籍作八营。驻牧地为今呼和浩特向北延伸至锡林郭勒盟地区。阴山偏东部在其范围内。

鄂尔多斯万户是副汗济农，即达延汗的三子巴尔斯博罗特的驻牧地。该万户疆域包括鄂尔多斯高原以及贺兰山以西，甘肃河西走廊以北广大地区。今鄂尔多斯市、后套等阴山西部地区都在其中。

永谢布万户是达延汗十子乌巴伞扎的封地，由永谢布、阿苏特和哈喇慎三部组成。驻牧地在今张家口以北一带。阴山东南部地区属于此范围内。

土默特万户，原称蒙郭勒津万户，明代汉籍作满官嗔万户，分为十二鄂托克，为达延汗四子阿尔苏博罗特的领地，驻牧于山西偏关外河套地区。今大青山下的土默特地区，包括今呼和浩特市、乌兰察布市、巴彦淖尔市部分地区都在该万户的管辖内。后巴尔斯博罗特济农的次子阿勒坦汗兼并蒙郭勒津万户大部，蒙郭勒津万户的名称逐渐被阿勒坦汗所领有的土默特之名所取代，成为土默特万户。

分封之后的万户领地由若干个鄂托克（千户）组成，除兀良哈万户外，其他五万户和各鄂托克的领主都由达延汗的子孙担任。这样，万户的首领与所辖各鄂托克的领主之间都有非常密切的血缘关系。以鄂尔多斯万户为例，巴尔斯博罗特的长子衮必里克墨尔根济农始封于鄂尔多斯万户，子诺延达喇（吉能）袭济农位，兄弟九人分领鄂尔多斯诸鄂托克。其首领济农、各鄂托克的领主都是墨尔根济农的子孙。因此，达延汗以万户制为基础，分封诸子，划定诸部牧地范围，使东蒙古形成新的格局，是清代在蒙古地区设立盟旗制度的肇端①。

不过，达延汗的分封并没有使蒙古社会内部建立起整齐划一的地缘行政组织，只有在分封制下形成的大小不等的属民集团，社会秩序也是通过贵族的血缘关系及其同属民的人身依附关系来维持的。因此，达延汗死后，随着各部势力的消长，蒙古社会势必陷入混乱之中。

3. 明代后期"大明金国"在阴山地域的行政建置

达延汗去世后，大汗直属部众在大漠南北大规模迁徙游牧的历史结束。鄂尔多斯等右翼三万户势力日益强大，其牧地开始稳定在今内蒙古中、西部地区。土默特万户阿勒坦汗（史书亦称俺答汗）初与其兄吉囊共同驻牧河套地区，1532年（嘉靖十一年）移驻丰州川地区，以阴山两侧为根据地，凭借卓越的才能，不断用兵，北征南掠，并兀良哈，入青海，征瓦剌，掠明塞，威震长城内外。

随着阿勒坦汗势力的发展壮大，与蒙古大汗分庭抗争的条件也逐步成熟。1565年（嘉靖四十四年），投奔阿勒坦汗的白莲教首领赵全等人"尊俺答为帝"②。《明史》也有同样记载："丘富死，赵全在敌中益用事，尊俺答为帝。"③这样，阿勒坦汗称帝，"焚楮赞呼万岁，如汉天子礼"④，建立金国。

阿勒坦汗建立的金国主要由土默特、鄂尔多斯万户组成，其疆域十分辽阔，东至辽东的老哈河和西拉木伦河流域，与兀良哈三卫和东迁的察哈尔万户交界，西至甘肃边外一带。土默特万户由阿勒坦汗的子孙分领，当时领地位于"大同边外，大青山、昭君墓、丰州滩"⑤之地，西至黄河与鄂尔多斯万户为邻，东至宣府洗马林边外一带。其中阿勒坦汗的长子辛爱黄台吉部，占有原察哈尔万户的部

---

① 曹永年主编《内蒙古通史》（第2册），第425页。
② 谷应泰《明史纪事本末》卷60。
③ 张廷玉等《明史》卷327《鞑靼列传》。
④ 瞿九思《万历武功录》卷7《俺答列传中》。
⑤ 薄音湖、王雄点校《明代蒙古汉籍史料汇编》（第2辑），第255页。

分领地，驻牧于宣府边外兴和（今河北省张北县）之北的小白海、马肺山一带，为土默特万户的最东边。阿勒坦汗的第三子铁背台吉之子——大成台吉，驻牧于山西偏关边外的西北地区。这是土默特万户驻牧地的最西端，隔黄河与鄂尔多斯万户相望。鄂尔多斯部仍由阿勒坦汗的兄长衮必里克济农的后裔掌管，其领地"在陕西延（安）、宁（夏）河套一带边外驻牧。东至黄甫川与山西岢岚相邻，西连宁夏、甘肃、固原三镇"①。由此可知，整个阴山地域处于金国（后改为大明金国）统治范围内，而且大汗都城开始就建在阴山中部的包头土默特右旗的美岱召。明人瞿九思之《万历武功录》载：1565 年（嘉靖四十四年），"僭称俺答为皇帝，驱我汉人，修大板升城，创起长朝殿九重，期五月既望日上梁。……天会怒，大风从西南起，梁折击主谋宋艮儿等八人。答畏，弗敢居。"次年，"复起朝殿及寝殿凡七重。东南建仓房凡三重，城上起滴水楼五重，会画工绘龙凤五彩，艳甚。"② 1757 年（万历三年）建成，明政府赐名为"福化城"。现存美岱召泰和门石匾就刻有"金国"二字，正文为"皇图巩固、帝道咸宁、万民乐业、四海澄清"（公元 1606 年刻），即是充分的证明。

阿勒坦汗建立的金国基本上沿用了蒙古部传统的社会行政军事体制，皇帝称金汗，之下设左、右二汗，分别统领土默特、鄂尔多斯部，即左汗统领十二土默特，右汗统辖十二鄂尔多斯。汗下设大成台吉、台吉、怡（协理）、宰牙气（章京）、明安兔（千户）、召兔（百户）③。蒙古各部仍以土绵（万户）、鄂托克（千户）为地方社会组织，大领地由汗统领，小领地由台吉管理。此行政军事体制一直沿袭至清代。

阿勒坦汗虽然建立了金国，可游牧经济的单一性，使他意识到与明朝建立稳定的通贡互市关系的重要性。经过长期的努力，在公元 1571 年（隆庆五年），"俺答遣使奉表称臣，贡名马三十匹。上御建极殿受之，使太史奉金册，封俺答为顺义王。"④ 实现了封贡互市。与此同时，其弟把都儿、长子黄台吉被封为都督同知，孙把汉那吉封为指挥使。其余弟侄子孙也都分别授予指挥同知、指挥佥事、正千户、副千户、百户等官职⑤。从此，阿勒坦汗建立的金国，冠以"大

① 薄音湖、王雄点校《明代蒙古汉籍史料汇编》（第 2 辑），第 253 页。
② 瞿九思《万历武功录》卷 7《俺答传中》。
③ 张贵《黄土集》第 280 页。
④ 瞿九思《万历武功录》卷 8《俺答传下》。
⑤ 薄音湖、王雄点校《明代蒙古汉籍史料汇编》（第 2 辑），第 104 页。

明"，称为"大明金国"。今包头美岱召太和门门额上即刻有"大明金国丙午年
戊戌月己巳日庚午时建"的铭文，它镌刻于公元1615年（万历四十三年），是
大明金国存在唯一的实物证明。

归附明朝后，大明金国得到进一步的发展。它"以《大明律》绳其下，得
中国锦绣奇巧"①，积极开发土默川，不仅与明朝建立了稳固的和平互市的贸易
关系，促进了土默特地区农业的发展，而且大明金国在漠南地区的管理，仍以血
缘为纽带的万户制为基础，巩固了达延汗时期"画地驻牧"的格局，为清代实施
盟旗制度进一步奠定了基础。

第二节　蒙古族的发展历程

蒙古族是一个历史悠久而又富有传奇色彩的民族。它崛起于公元13世纪初
的漠北地区，经过半个多世纪的发展，建立了大一统的元朝，完成了统一中国的
空前伟业。尽管它建立的元朝历时不足百年，但作为一个游牧民族的共同体始终
活跃于我国北方的大漠南北，为我们统一、多民族国家的形成和发展做出了积极
的贡献。

一、成吉思汗统一蒙古族

蒙古族起源于额尔古纳河流域，是古代东胡系统室韦诸部的一支，唐代史料
称之为"蒙兀"。经过几个世纪的繁衍、发展，至12世纪，在蒙古高原上，形成
克烈、塔塔儿、蒙古、篾儿乞、乃蛮等较大部落集团。各部为争夺土地和人口，
进行着激烈的纷争，蒙古高原处于分裂混战的局面。在这种形势下，作为蒙古乞
颜氏贵族首领的铁木真，以斡难河与怯绿连河上游地区为基地，开始了兼并诸
部、统一草原的历史性活动。

铁木真即成吉思汗，是蒙古族历史上卓越的英雄，是12世纪末、13世纪初
对蒙古社会发展中作出历史性贡献的代表人物。公元1189年（金大定二十八
年），他凭借着坚强的意志、超凡的勇敢被推为大汗，成为蒙古乞颜氏的首领，
由此开创了他一生中最重要的事业。为了发展自己的势力，铁木真组成了一支以
那可儿为核心的精悍队伍，作为自己力量的基础。在力量逐渐壮大以后，采用各

---

① 瞿九思《万历武功录》卷8《俺答传下》。

个击破的战略，战胜其他各部。他首先利用传统的"安答"关系，依靠克烈部首领王军与札答兰部首领札木合的援助击败三胜篾儿乞。公元1196年（金承安元年）联合王罕，击溃世敌塔塔儿部，从而大大提高了他的军事政治地位。公元1201年（金泰和元年），他又联合克烈部击败札木合，接着消灭了泰赤乌的势力。次年，他彻底攻灭了曾强大一时的塔塔儿部，夺占了整个水草丰美的呼伦贝尔草原。经过艰难曲折的苦斗，公元1203年（泰和三年）终于又战胜了"形势盛强"的克烈部。阴山一带的汪古部自动归附铁木真。公元1204年（泰和四年），蒙古一举攻灭乃蛮部。于是，"七载之中成大业，六合之内为一统"。铁木真顺时应势，以超人的雄才大略，消灭各部贵族，终于完成了统一大漠南北的伟业。公元1206年（元太祖元年），斡难河畔各部贵族、那颜举行最高忽里勒台大会（部族会议），拥戴铁木真为"一切部落百姓"的大汗，上尊号为"成吉思汗"，建立大蒙古国，俗称蒙古汗国。疆域东至今大兴安岭，北至贝加尔湖，西至阿尔泰山，南至阴山。

大蒙古国建立之后，成吉思汗吸收游牧政权的经验，采取一系列措施，建立和完善了汗国的统治机构和制度。首先，实行千户制，即把蒙古汗国的所有臣民，按十进制的方法，编为阿儿班（十户）、扎温（百户）、敏罕（千户）、土绵（万户），任命贵族和功臣为千户长，世袭管理本千户百姓。千户制是大蒙古国的基本军事、行政与社会组织，是大蒙古国赖以存在的基础，通过这种千户制度，成吉思汗得以对从蒙古诸王到蒙古平民进行有效的统辖与指挥。其次，扩建怯薛军。成吉思汗建国后，为了确保至高无上的汗权，便下令将原有的护卫军扩大到一万人，分为四班轮流入值。这是一支由大汗直接控制的常备军，主要负责保卫大汗金帐和分管汗庭事务的职责，在维护汗权、巩固统治方面起着重要作用。第三，设立大断事官（札鲁忽赤）。大断事官是汗国最高行政和司法长官，其职责一是掌管民户的分配，一是审断刑狱、词讼。大蒙古国的建立在蒙古民族的发展史是一个里程碑，它标志分立的蒙古各部开始形成一个强盛的民族共同体——蒙古族，从此蒙古族进入一个新的发展时期。

随着蒙古汗国的建立，新兴的蒙古势力以令人眩目的速度急剧膨胀，通过成吉思汗、窝阔台、蒙哥汗时期三次西征，逐渐形成横跨欧亚的四大汗国，成为一个具有世界性的民族。与此同时，成吉思汗及其后继者们又先后攻灭了与汗国分立的西夏、金和南宋，占领了中原大片领土，为新的统一政权的建立提供了充分的条件。忽必烈就是顺应时代需要、完成这一空前伟业的历史人物。

二、忽必烈建立元朝

元世祖忽必烈是成吉思汗的孙子、拖雷的次子，也是蒙古族历史上杰出的政治家。很早就"思大有力于天下，延藩府旧臣及四方文学之士，问以治道"。公元1251年（元宪宗元年）其兄蒙哥汗统治时，他受命总领"漠南汉地军国庶事"①，使他有机会更多地接触到中原汉族地主及儒士，逐渐汉化。为广泛吸收汉文化，以汉制来变更旧制，他在桓州、抚州之间的金莲川开设幕府，延揽汉族儒士组成其幕僚集团。因此，他的幕府中有大量的汉族名士，如刘秉忠、赵璧、郝经、张文谦、姚枢、许衡、窦默等，通过探讨治国之道，逐渐认识到"北方之有中夏者，必行汉法，乃可长久"的道理，从而得到汉族地主阶级的拥护，为以后夺取政权，建立元朝奠定了比较牢靠的社会基础。

公元1260年（元世祖中统元年）三月，即蒙哥汗去世的第二年，经过与其弟阿里不哥激烈的角逐，忽必烈在开平（即上都，故址在今内蒙正蓝旗东北约20公里处）召集忽里勒台大会，即大汗位，建元中统。以"中统"为年号，义为"中华正统"，即以中原正统标榜自己的新建王朝。公元1264年改元"至元"，并决定迁都燕京（后改称大都），升上都开平为陪都。在地位逐渐稳固后，公元1271年（至元八年），取《易经》"乾元"之意，建国号为大元，元朝正式建立。

元朝建立后，为巩固对中原地区的统治，吸取中原历代封建统治的经验，忽必烈采取了一系列加强集权的措施。政治上，在儒臣王文统、刘秉忠等谋划下，设纲陈纪，以中书省为行政中枢，"内立都省，以总宏纲，外设总司，以平庶政"，并"颁章服，举朝仪，给俸禄，定官制"②，大体上奠定了元朝一代的宏观体统。在经济上，忽必烈多次颁布禁止蒙古诸王践踏田亩或改农田为牧场的诏令，采取以"农桑为急务"政策，大力提倡垦殖，安辑流亡，兴修水利。在思想文化上则尊崇儒学，在大都、上都及诸路府州县普遍设立孔庙。忽必烈即位之后的力行汉法，不但稳定了蒙古政权在中原汉地的统治，对于恢复和发展中原地区的经济文化，也起了积极作用。正是在此基础上，忽必烈于公元1279年（至元十六年）灭南宋政权，终于实现中国历史上空前的大统一。

---

① 宋濂等《元史》卷4《世祖本纪》。
② 宋濂等《元史》卷157《刘秉中传》。

元朝是中华民族发展上一个重要的历史阶段。在它近百年的历史中，国内各民族之间以及中外文化和经济交流日益频繁，科学技术的成果显著，而且它疆域辽阔，"北逾阴山，西及流沙，东尽辽左，南越海表"，也奠定了今中国版图的基础。这是蒙古民族对祖国历史做出的伟大贡献。

三、北元的建立与达延汗统一蒙古

蒙古族建立的元朝，延续近一个世纪后，于公元1368年（明洪武元年）为明朝所替代。蒙古贵族被迫退出中原，在蒙古高原重新建立政权，即北元政权。北元政权初期，内部政局动荡不安，太师、丞相专权用事，外部面临着明朝的压力。虽然汗庭仍在延续，但大汗形同虚设，对社会缺乏约束力。在经过百余年的分裂割据之后，出身于忽必烈裔的巴图蒙可在公元1480年（成化十六年）登基，号达延汗，再度统一蒙古，蒙古族社会进入一个新的发展时期。

达延汗时代是北元蒙古历史上一个重要的时期。鉴于蒙古政治长期动荡的局面，达延汗统一蒙古后，决定进行社会改革。其改革内容主要是废除太师制，恢复济农制。济农相当于副汗，是大汗的助手，其职责是秉承大汗旨意管辖蒙古右翼政务。这一职务一般由大汗的嫡长子担任，以确保济农和大汗之间政治上的一致和协同统治。其次是重新划分领地。达延汗运用其汗权和地位，下令对太师、丞相和所有领地进行整合，重新划分了六个万户，归属于左右两翼。大汗为蒙古最高领主，分管左翼察哈尔、喀尔喀（喀尔喀河流域一带）和兀良哈（原卓索图盟地区）三万户，驻帐于察哈尔万户。济农仅次于大汗，具有副汗的地位和权力，分管鄂尔多斯、永谢布和土默特右翼三万户，驻帐于鄂尔多斯万户。次子乌鲁斯博罗特被杀后，达延汗任命其第三子巴尔斯博罗特为右翼三万户的济农。除此，达延汗还将兀良哈万户之外的其他五万户的领地分别封授给他的诸子（台吉）及子孙世袭。根据《蒙古源流》载：长子图鲁博罗特先于达延汗去世，按照蒙古当时的传统，长子系继承汗位和大汗的领地，其嫡裔继承汗位和察哈尔万户领地。三子巴尔斯博罗特为右翼三万户济农，领地为鄂尔多斯万户。四子阿尔苏博罗特领有土默特万户之多伦土默特（多啰土蛮）。五子阿勒楚博罗特、九子格呼森扎台吉分领喀尔喀万户，驻牧于哈拉哈河地区。六子斡齐尔博罗特察哈尔万户之克什克腾部，驻牧于蓟镇边外。七子阿尔博罗特察领有哈尔万户之浩齐特部，驻牧宣府（今河北宣化）。八子格勒博罗特领有察哈尔万户敖汉及奈曼两部，驻牧于张家口至独石堡边外。十子乌巴伞扎台吉受封为永谢布万户（包括阿苏特）的领主，驻牧于蓟镇边外以北。次子乌鲁斯博罗特、十一子格图台吉卒后无嗣无封地。分封之后，蒙古五个万户和鄂托克的领主，都由达延汗的后裔一直世袭。他们是大汗和济农的地方行政、军事长官。

达延汗的社会改革取得显著成效，通过大规模的权力再分配，剥夺了原有异姓领主（赛特）的领地，从根本上改变了太师专权、汗权旁落的局面，重建了封建秩序，确立了达延汗及子孙世袭领主地位，这在一定程度上减少了蒙古的战乱，对蒙古社会的发展起了一定的积极作用。达延汗也成为北元蒙古史上著名的"中兴英主"。

四、阿勒坦汗时期蒙古社会的发展

16 世纪，对蒙古族发展产生重要影响的政治人物是土默特万户的领主阿勒坦汗。阿勒坦汗即俺答汗，是达延汗三子巴尔斯博罗特济农的次子，衮必力克墨尔根济农（明人称为吉囊）之长弟。达延汗去世之后，巴尔斯博罗特济农凭借着其强大的实力，使右翼蒙古势力超过大汗统领的左翼势力。之后，其长子衮必力克墨尔根济农领有鄂尔多斯万户，统率右翼万户，带领五个兄弟东征西讨，积极扩张右翼势力。其次子俺答在父兄的佑护下，占据土默特万户，兼并其四叔后裔领有的多伦土默特，多次征讨兀良哈万户，被蒙古大汉赐予阿勒坦索多汗，即阿勒坦汗，亦称俺答汗。不仅如此，阿勒坦汗在其长兄去世后，控制了鄂尔多斯万户，成为右翼三万户实际的统帅。还迫使蒙古宗主汗达赉逊库登汗由宣府大同边外东迁至辽河中下游地区，占据了察哈尔万户的原牧地。整个蒙古地区"俺答最强，自上谷（今河北承德东）抵甘、凉（今甘肃张掖、武威），穹庐万里，东服土、速（指察哈尔的图们汗和内喀尔喀的速巴亥），西奴吉、丙（指鄂尔多斯济农及丙兔）"[①]，在此基础上，称帝建立了金国。

阿勒坦汗登上蒙古政治舞台后，以丰州滩为根据地，振兴土默特部，使之成为当时蒙古各部中最强盛的部落集团，称雄于全蒙古。在他主持下，修建了塞外名城库库和屯（今呼和浩特），使之成为漠南地区的政治、经济、文化和宗教中心。他经过百折不回的努力，与明朝建立了和平通贡、互市关系，开创了蒙汉友好的新局面。他还将藏传佛教格鲁派（俗称黄教）引入蒙古地区，与格鲁派领袖索南嘉措（第三世达赖喇嘛）建立了特殊的关系，对蒙藏关系以及对蒙古的社

---

① 瞿九思《万历武功录》卷 8《俺答列传下》。

会、政治、经济、思想和文化都产生了巨大而深远的影响。

阿勒坦汗之后，蒙古经过半个世纪的发展，于公元 1635 年（崇祯八年）北元政权结束。从此，蒙古族历史进入一个新的时期。

蒙古族的历史是中华民族发展史中重要的篇章。在漫长的发展进程中，既有过横跨欧亚四大汗国的辉煌，也出现了空前大统一的盛世，还涌现出成吉思汗、忽必烈、达延汗及阿勒坦汗这些优秀的历史人物，这些都极大地丰富和充实了中华民族的历史，而且蒙古历史上的杰出人物的活动，对我们今天内蒙古的经济、文化的发展和建设产生了深远的影响。

第三节　蒙古族对阴山地域的开发建设

历史上，蒙古族世世代代生息于蒙古高原，过着"逐水草而居"的游牧生活。由于自然环境和生产力水平所限，其生产基本上是单一的、粗放的游牧经济。但随着社会的发展，蒙古族逐渐接触到先进的中原文化，受其影响，在农耕与游牧文化的交汇地区——阴山地域，蒙古族与汉族等其他各族人民，开始发展农耕，建筑城郭，使单一的游牧经济发展为多种经济。这不仅促进了蒙古民族的进步，丰富了蒙古人民的社会生活，对今天内蒙古中西部地区的经济发展和城市建设，也产生了深远的影响。

一、蒙元时期阴山地域农耕文明的发展

北方游牧经济与中原农耕经济，既是两种文化内涵各异的地域经济形式，同时又代表着两种不同的生产力发展水平。在发展水平上，农耕文化明显优越于游牧文化。蒙元时期，两种文化在经历了长期冲突、融汇后，农耕文明的先进性逐渐注入游牧民族的意识中，蒙古族开始主动向中原农耕文明靠近。

1. 单一的游牧经济向农耕经济的转变

畜牧业历来是蒙古族人民的本业，蒙元时期，生活在朔漠南北的蒙古人的经济生活仍以畜牧业为主，他们食畜肉，衣皮革，被毡裘，追逐水草放牧为业，"多不以耕耘为务"。正如丘处机途经此地所见："地无本植惟荒草，天产邱陵没大山。五谷不成资乳酪，皮裘毡帐亦开颜。"[1] 元朝建立后，政府为了加速畜牧

---

① 李志常《长春真人西游记》卷上。

业的发展，采取了一系列扶助和奖励措施。如设置专管畜牧业的机构。当时，中书省所领有兵部、太仆寺、上都等路群牧都转运使司；内廷所属系统有度支院、宣徽院、尚乘寺、群牧监、经正监和储政院典牧监等机构。另外，还对畜牧业实行轻税政策，在草原上打井，改善畜牧业生产环境。这些措施对元代畜牧业的发展起了积极的推动作用。

　　然而，畜牧业毕竟是一种被动地利用自然资源、粗放型的经济形式，极为脆弱，无法抗御自然灾害的侵袭。如"延祐间，朔漠大风雪，羊马驼畜尽死，人民流散，以子女鬻人为奴。"[①] 加之蒙古族人口的不断增长，单一的游牧经济也无法满足蒙古族社会生活的需要。这就决定以农业、手工业、商业为补充，单一的生产结构逐渐向农牧结合转化成为蒙古族经济发展的必然趋势。

　　早在成吉思汗时期，蒙古政权就开始组织被掳的各族人民在大漠南北的草原上进行屯田。忽必烈建立元朝后，正式颁布了"国以民为本，民以食为本，衣食以农桑为本"[②] 的诏令，并实行了一系列鼓励农业发展的措施，促使更多的蒙古部落开始兼营农耕。如元朝政府为了"广屯田以息远饷"，解决汪古部地区及其以北的缺粮，在大青山以南进行了垦荒种地的组织工作。《元史·兵志》载："忠翊侍卫屯田。世祖至元二十九年十一月，命各万户府，摘大同、隆兴、太原、平阳等处军人四千名，于燕只哥赤斤地面及红城周回置立屯田，开耕荒田两千顷，仍命西京宣慰同领其事。后改立大同等处屯储万户府以领之。"[③] 元朝初年，忽必烈采纳中书省臣王恽的建议，在今天呼和浩特及其以南地区实行屯田，史料中的燕只哥赤斤地面及红城，即在今呼和浩特以南和林格尔县境内。此后，又有大同等处万户长安琬，领左附军万人屯田红城。经过数十年的开垦经营，呼和浩特平原已经是良田遍野，屯田取得显著效果。在大青山南部屯田的影响下，居住在大青山之北的蒙古族及各族劳动人民，也开始陆续开垦阴山以北的荒原，尤其是四子王旗的锡拉木伦河和达尔罕茂明安联合旗的艾不盖河流域，由于自然条件优越，开垦出来的农田较多，种植的农作物有谷黍、荞麦等耐寒作物。在集宁路故城出土有小西瓜籽[④]，说明这里已种植西瓜。这样，随着耕地面积的逐步扩大，耕作技术的推广，阴山地区逐渐向半农半牧业化发展。

---

① 宋濂等《元史》卷 136《拜住传》。

② 宋濂等《元史》卷 93《食货志一》。

③ 宋濂等《元史》卷 100《兵志三》。

④ 潘行荣《元代集宁路故城出土的窖藏丝织物及其它》，《文物》1979 年第 8 期。

政府的支持有力地推动了阴山地域游牧文化对农耕文化的接纳与吸收。再加上阴山南北平川和河谷地带水土丰美，宜耕宜牧，为发展农业提供了必要条件。自金代以来，这里的汉族人口逐渐增多，带来了农业生产技术和较先进的农业生产工具，为垦荒种地提供了人力和技术条件。因此，阴山地域的农业空前发展起来。

2. 以汪古部领地为代表的阴山地域农业的发展

据文物资料和文献记载，元代阴山地域农业是较发达的，这主要表现在汪古部领地农业的发展上。蒙元时期，汪古部领地是一个蒙古族、汉族、回族等多民族聚居的地区，在汉族、蒙古族以及其他民族的共同努力下，汪古部领地的农业生产达到了一个新的水平。

有关阴山汪古部农业发展的状况，历史文献的记载很多。《元史》载："（至元）十一年五月，……诏延安府、沙井、静州等处种田白达达户，选其可充军户，余起出征。"① 沙井即汪古部所辖沙井总管府，在今乌兰察布市四子王旗大庙古城。静州即汪古部领地净州，在今四子王旗城卜子古城。种田白达达户指汪古部族的从事农耕的民户。陈旅《雅安堂集》也有同样记载：净州以北的砂井，汪古人"旧业畜牧，少耕种"，元地方官"劝民力穑，而民生滋厚"②。由此可知，元代阴山南北地区，不仅汉人种田，汪古部族的百姓也种田。当时，阴山北部的汪古部不仅"能种秋稼"③，农业的水平也逐步提高。据元好问的《遗山先生文集·恒州刺史马君神道碑》载，马氏汪古的上祖把骚马也里黜，居于净州天山后，在那里"自力耕垦，遂为富人"。黄溍《金华黄先生文集·马氏世谱》中也记载，居于净州天山的把骚马也里黜，"业耕稼畜牧，赀累矩万"。据王恽《秋涧先生大全集》卷九十《振武屯田》记载："窃见每岁北边于新城、沙井、靖州三仓和籴粮储不下五、七万石。"说明当时阴山北部汪古部世居领地的农业生产发展速度很快。至于阴山南部的农业，元人刘秉忠过丰州时用"出边游游水西流，夹路离离禾黍稠"④ 的诗句形容古丰州农业经济的兴盛。元政府在这里还设置"奉议大夫丰州知州兼诸军奥鲁劝农事"的官职，元延祐七年《丰州平治

① 宋濂等《元史》卷98《兵志一·兵制》。
② 陈旅《雅安堂集》卷4《赠沙井徐判官诗序》。
③ 李心传《建炎以来朝野杂记》卷19《鞑靼款塞》。
④ 刘秉忠《藏春文集》卷3《过丰州城》。

甸城山谷道路碑》上有记载①。"劝农事"就是监督当地农民从事农业生产劳动，说明这里农业发展也很快。

对于阴山地域汪古部领地农业发展的规模与水平，也可以从考古发现中得知。元代汪古部古城和村落遗址的考古挖掘，出土了许多农业生产工具。如在阿伦苏木古城内 30 号建筑遗址，出土过铁犁。集宁路古城遗址发现铁耧、铁犁铧、铁耙齿、铁锄、铁铲等农业生产工具。在德宁路故城内，曾发掘出土两件完好的铁犁，其式样已接近现代我国北方农村中所用的旧式犁。除此，在考古实物中还有石臼、石磨盘、石槽碾及大量的石碌碡等粮食加工工具。如在达尔罕茂明安联合旗查干敖包苏木查于乌苏地方出土的一件石臼，上面刻有"至元三十二年王李"字样。各遗址出土的石槽碾与元大都出土的刻有"至元十四年六月初一日"字样的石槽碾完全一样。还有在大青山后的四子王旗、武川县、达尔罕茂明安联合旗、察哈尔右翼中旗、察哈尔右翼后旗、察哈尔右翼前旗等地，都发现了许多粮食脱粒农具石碌碡。尤其是四子王旗、武川县和达尔罕茂明安联合旗境内，几乎每一座古城或遗址上都可以看到石碌碡，有的略事整修，现在还加以使用。这些出土的农具，型制较先进、种类繁多，有力地推动了当时阴山地区农业的发展，也使当地的粮食储备大为增加。集宁路古城遗址考古发现有储藏粮食的粮窖，深约 1.3 米，直径 0.8 米。这种民窖不仅储存效果好，鼠类也不易践踏，至今仍在今鄂尔多斯市准格尔旗使用。这些考古发现充分证明当时阴山地域的农业颇具规模，并具有较高的生产水平。不过，还未摆脱粗放式的经营方式。

13 世纪，阴山南部的农业向阴山北面蒙古族聚居的牧区扩展，是蒙古族社会经济史上重要的现象。它是蒙汉经济、文化交流的结果，也是蒙古族走向进步的表现。蒙古族在先进的农耕经济的影响下，与汉族及其他各族人民，用勤劳的双手，开发了阴山南北，不仅推动阴山地区农业的繁荣和发展，也为以后阴山地域进一步开发与建设，奠定了一定的基础。

二、明代阴山地域丰州川的成功开发

明朝初期，由于长期的战乱，蒙古经济出现严重衰退：正常的畜牧业无法进行，阴山地域原有的农业也遭到极大破坏。直至明朝中期以后，随着蒙古的统一及汉族劳动人口的迁入，尤其是经过阿勒坦汗的开发与建设，丰州川的经济迅速

---

① 　郑裕孚《归绥县志》《金石志》。

恢复，再度进入半农半牧业化的发展阶段。

1. 土默特地区汉族人口的大量涌入与板升的出现

土默特地区指今天呼和浩特市和包头市所辖的土默川，其范围东起蛮汗山，西至包头察汗脑包，北沿大青山，南至晋边。以今呼和浩特为中心的丰州川（亦称丰州滩）就位于其东部。土默特地处南北、东西交通的枢纽地带，又北屏阴山，南临黄河，自古以来就因其特殊的地理位置、可耕可牧的自然条件，成为北方游牧文化与中原农耕文化冲突、融汇的重要地区。元代土默特地区曾有过较发达的农业，经过明朝初期的战乱，尽遭破坏。16世纪以后，成为阿勒坦汗统领的蒙古土默特万户的驻牧地。

明正德年间，达延汗统一蒙古，诸部"画地而牧"，蒙古高原出现相对安定的局面，畜牧业得到恢复和发展。到阿勒坦汗统治时期，势力东至蓟镇、西达青海，控制了包括土默特、鄂尔多斯、河套等广大地区，畜牧业获得长足的发展。大小封建主们积累了大量牲畜，仅阿勒坦汗就拥有"马四十万，橐驼牛羊百万"[1]。伴随着社会的安定、畜牧业的发展，游牧经济的不足日渐暴露。蒙古封建主越来越不满足粗放的游牧经济下的简陋生活，更为突出的是蒙古族人口迅速增殖，与单一的游牧经济之间的矛盾不断加深。于是"部落众多，食用不足"[2]便成了日益紧迫的社会问题。

为了缓解人口增长的压力，满足对丰富物质生活用品的追求，蒙古封建主常常把矛盾引向中原，深入内地抢掠。在频繁的抢掠中，蒙古不仅掳掠了难以数计的牲畜财物，也掠取了大量的汉族人口。公元1542年（嘉靖二十一年）阿勒坦汗长驱而入，大掠山西，"破卫十，破州县三十八，杀略二十余万人……"[3]；公元1550年（嘉靖二十九年）"庚戌之变"，"所残掠人畜二百万"。[4] 公元1553年（嘉靖三十二年）阿勒坦汗等拥众二十万进攻宣化、大同，"凡屠戮墩堡二十五座，杀伤军民及阵亡者几三千人，被卤者一千七百余人"。[5] 公元1557年（嘉靖三十六年）阿勒坦汗攻山西平虏、朔州等地，"杀略男妇万余，畜产亡算"[6]。如此，蒙古军队每

---

[1]　瞿九思《万历武功录》卷7《俺答列传上》。
[2]　《明世宗实录》嘉靖三十年三月壬辰条。
[3]　瞿九思《万历武功录》卷7《俺答列传中》。
[4]　陈子龙等《明经世文编》卷434冯时可《俺答前志》。
[5]　《明世宗实录·嘉靖三十三年九月辛亥条》。
[6]　瞿九思《万历武功录》卷7《俺答列传中》。

一次攻略明边，都有成千上万的边民被掳，以至"岁掠华人以千万计"①，土默特地区汉族劳动人力逐渐增多。这种强制性的"移民"，大多是在明朝拒绝贡市贸易的情况下进行的，成为隆庆封贡以前土默特地区汉人的主要来源。

明代中后期，土默特的汉族人民还有一部分是主动投往的。这其中既有不堪负担明朝沉重赋役的贫苦农民，也有不满明朝腐败统治铤而走险的边民、士兵和白莲教教徒。正所谓"虏中多半汉人。此等或因饥馑困饿，或因官司剥削，或因失事避罪，故投彼中，以离此患。"② 早在成化年间就有"边民告饥，又苦于腠削，往往投于虏中"③，以后越边逃往草原的贫苦百姓更多，尤其明武宗正德以后。16 世纪以后，明朝边政败坏至极，西北沿边百姓备受侵扰与蹂躏，国内阶级矛盾空前激化。如明臣王螯所言："今沿边之民，终年守障，辛苦万状，而上之人又百方诛求。虽有屯田，而子粒不得入其口；虽有月粮，而升斗不得入其家。上虽有赏赐，而或不得给；战虽有首级，而不得为己功。今者又遭虏寇残破……肝脑涂于郊原，哭声遍于城市。为将者尚不知恤，又从而腠削。其心安得而不离乎！"④ 随着矛盾的发展，边兵和沿边人民的反抗斗争此伏彼起，绵绵不断。晋陕地区本来是白莲教活跃的地区，因此反抗斗争常常以白莲教作为组织发动群众的旗帜。其中公元 1524 年（嘉靖三年）和 1533 年（嘉靖十二年）大同两次兵变，公元 1551 年（嘉靖三十年）山西、大同吕鹤的白莲教起事都是规模较大的斗争。⑤ 当边民、戍卒举事失败后，为了躲避官府的追捕，往往偷越长城投奔到阿勒坦汗统领的土默特地区。而他们的同教、同族、同乡，因难以忍受地主阶级和官府、胥吏的沉重剥削、压迫，通过他们的延引，也有不少度关出塞，投奔而来。

《明史纪事本末》载："初大同之变，诸叛卒多亡出塞，北走俺答诸部。"⑥《大隐楼集》载"嘉靖三十年，妖人吕老祖以白莲教惑众，构祸于山西、大同之间。有捕司之急，叛投彼中，其党赵全、李自馨等率其徒千人从之"，老营堡戍卒刘四"与其徒三百人戕其主帅而叛"。吕老祖之徒"马西川、吕老十、猛谷王

① 薄音湖、王雄点校《明代蒙古汉籍史料汇编》（第 2 辑），第 80 页。
② 陈子龙等《明经世文编》卷 190 毛宪《陈言边患疏》。
③ 《明武宗实录·正德十五年二月庚申条》。
④ 陈子龙等《明经世文编》卷 120 王螯《上边议八事》。
⑤ 谷应泰《明史纪事本末》卷 57《大同叛卒》。
⑥ 谷应泰《明史纪事本末》卷 60《俺答封功》。

各先后亡命，俱入俺答营部。"① 每一次都是成百上千来到草地。《万历武功录》
又载："先是，吕老祖与其党李自馨、刘四等归俺答，而赵全又率渫恶民赵宗山、
穆教清、张永宝、孙天福，及张从库、王道儿者二十八人，悉往从之，互相延
引，党众至数千。"② 公元1559年（嘉靖三十八年），山西太原兵变后，"其众悉
叛入虏中，居板升大为边患。"③ 随后因种种原因进入草地的汉人越来越多，嘉
靖末期，"虏地大半吾人"。④ 这些主动投奔草原的汉人成为土默特丰州川的主要
开发者。

经过几十年的时间，成千上万的汉族兵民源源进入土默川。到16世纪末，
丰州滩的汉人已"众至十万"。⑤ 这些人大都是贫苦的农民和各种工匠，来到蒙
地后，他们种植粮食、建造房屋。于是在黄河之东，黑河、灰河之间的土地上，
大片良田被开辟出来，在星罗棋布的蒙古包之间，又出现了众多的农业村落。这
些汉族人民聚居的村落，蒙古人称之为某某"板升"。《明实录》载："初大同妖
人丘富者入虏中，教为城堡宫室，布满丰州川，名曰板升，以居中国被虏、亡命
之众。"⑥《全边略记》载"大同右卫大边之外，系玉林旧城而去；北经黑河二，
灰河一，历三百里，有地曰丰州。崇山环合，水草甘美；中国叛人丘富、赵全、
李自馨等到居之；筑城建墩，构宫殿甚宏丽，开良田数千顷，接于东胜川，虏人
子曰板升。板升者，华言城也"⑦。由此可知，这些主动投奔土默川的汉族民众
构成了丰州川板升的最早一批经营者。

明中叶以后，大量汉族人口涌入土默特地区，不仅带来了丰富的劳动力资
源，同时也带来了先进的技术与文化，为丰州川的开发提供了不可缺少的条件。
阿勒坦汗正是在此基础上，进一步经营、建设丰州川。

2. 阿勒坦汗开发建设丰州川

元代丰州是一个半农半牧、人烟稠密、工商业较发展的地区。著名的意大利
旅行家马可波罗路过丰州时，曾记载"（丰州）州人并用驼毛制毡甚多，各式皆

---

① 薄音湖、王雄点校《明代蒙古汉籍史料汇编》（第2辑），第79—80页。
② 瞿九思《万历武功录》卷8《俺答列传下》。
③ 《明世宗实录·嘉靖三十八年十一月丙申条》。
④ 陈子龙等《明经世文编》卷190《赵炳然〈题为条陈边务以俾安攘事〉》。
⑤ 《明神宗实录·万历十一年九月甲辰条》。
⑥ 《明穆宗实录·隆庆二年八月辛卯条》。
⑦ 方孔炤《全边略记》卷2，转引自《明代蒙古汉籍史料汇编》第3辑。

有。并恃畜牧务农为生，亦微作工商。"① 可见，当时的丰州是一个多种经济并存的较发达地区。明朝建立后近半个世纪之间，明蒙战乱将元代逐渐发展起来的农耕文明摧残殆尽。明嘉靖初年，阿勒坦汗率土默特部驻牧丰州滩时，明朝虽放弃了河套直到辽东的大多数耕垦区，但又用长城将传统农耕区屏障起来，断绝了与蒙古的通贡互市关系，使北方草原失去了对农业的依赖。为了保证蒙古族的继续发展，弥补单一游牧经济的不足，阿勒坦汗一方面遣使求贡，努力建立与中原地区正常的贸易关系，另一方面，开始积极探索一条引进农耕、自给自足的道路。而此时大量迁逃到丰州滩的汉族劳动力正符合阿勒坦汗摆脱单一的游牧经济的困境、发展农耕的迫切需要。

16 世纪中叶，阿勒坦汗在多次求贡失败的情况下，决定发展丰州川半农半牧经济。1546 年（嘉靖二十五年）四月，"俺答阿不孩及兀慎娘子见砖塔城，用牛二犋耕城，约五六顷，所种皆谷、黍、薯、秫、糜子，又治窑一座。"② 开始建设丰州川。为此，他采取了相应措施。首先，他改变了以往"虏逢汉男子，老与壮者辄杀之，少者与妇女老丑者携去为奴婢"的做法③，对"丁壮有艺能者亦掠，是渐知集众也"④，以保存大批精壮劳动力。并有意识地改善被虏汉人的待遇，"继则妻之妻，遗之畜"⑤，把他们安置在丰州川，进行农业生产。对于这一做法，《明经世文编》卷 115《杨一清〈维申明捉获奸细赏罚疏〉》载："虏近年掠我丁口，日繁月滋，择其狡者，与之妻室，生长男女，以系其心。将欲内寇，遣之入境，现我虚实，投我间隙，动辄获利。"于是，许多汉人被虏"即已年深，配有妻室，积有财物，甘心顺虏，忘却故乡"。⑥ 土默川的汉族人口越来越多，充分保证了开发土默川的技术劳动力。其次，采取"多诱华人为彼工作"的方针⑦，选用有才智的汉族人才，加快丰州川的建设。1555 年（嘉靖三十四年），阿勒坦汗为"收奇伟倜傥士，县书穹庐外，孝廉诸生幸辱临胡中者，胡中善遇之，与富埒。于是边民黠知书者诈称孝廉诸生，诣虏帐，趾相错。俺答令富试

---

① 冯承俊译《马可波罗行纪》（上册），第 265 页。
② 瞿九思《万历武功录》卷 7《俺答列传上》。
③ 岷峨山人《译语》，转引自曹永年《蒙古民族通史》第 3 卷，第 291 页。
④ 尹耕《塞语·虏情》，转引自曹永年《蒙古民族通史》第 3 卷，第 291 页。
⑤ 尹耕《塞语·虏情》，转引自曹永年《蒙古民族通史》第 3 卷，第 292 页。
⑥ 王鸣鹤《登坛必究》卷 38 郑洛《慎招纳》。
⑦ 薄音湖、王雄点校《明代蒙古汉籍史料汇编》（第 2 辑），第 80 页。

之，能者统众骑，不则给瓯脱地，令事锄耨。"① 阿勒坦汗这一措施使一批富有才干的汉人得到重用。如丘富"居丰州，筑城自卫，构宫殿，垦水田，号曰板升。"② "（赵）全多略善谋，（李）自馨谙文字，周元治扁仓术"③，这些人都先后被提拔成首领。所以，在丰州川具体的建设过程中，各个板升是由阿勒坦汗委任的汉族头目经营和管理的。最初由丘富独当此任，丘富死后，赵全、李自馨、周元等为大头目。赵全有众万人，李自馨六千，周元三千，其余王延辅、张彦文等各千人。赵全等人又将部众割为大板升十二部，小板升三十二部，多者八九百人，少者六七百人，各有头领。④ 这些人成为丰州川主要的建设者。

阿勒坦汗是一位有远见的蒙古族政治家，在保持最高领导权的条件下，把板升交给富有农业生产与管理经验的汉人头目进行统治，是他成功开发丰州川一个重要的决策。在他正确领导下，丰州川上的板升建设取得显著的成效。首先，板升规模迅速扩大，由最初的上千人至封贡前发展到"大小板升汉人可五万余人，其间白莲教可一万人；夷二千余人"⑤。至万历年间，丰州川上的汉人"升板筑墙，盖屋以居，乃呼为板升，有众十万"⑥。板升群落很快发展起来。其次，多种经济得到较快恢复和发展。板升经济以农业为主，同时兼营畜牧业，手工业。在丘富、赵全等人的带领下，经过汉族与蒙古族人民的辛勤开发，完全荒废的农业生产，重又恢复和发展起来，丰州川出现了"开云田丰州地万顷，连村数百"的繁荣景象⑦。至万历初，板升地区"南至边墙，北至青山，东至威宁海，西至黄河岸，南北四百里，东西千余里。一望平川，无山坡溪涧之险，耕种市廛，花柳蔬圃，与中国无异"⑧，农业发展水平接近内地。对此《北虏风俗》载："今观诸夷耕种，与我塞下不甚相远。其耕具有牛，有犁；其种子有麦，有谷，有豆，有黍。此等传来已久，非始于近日。惟瓜瓠茄芥葱韭之类，则自款贡以来，种种具备。"⑨ 更证明了丰州川的农业发展水平是当时蒙古地区最先进的。除了农业，

---

① 瞿九思《万历武功录》卷7《俺答列传中》。
② 《明史》卷327《鞑靼传》。
③ 瞿九思《万历武功录》卷8《俺答列传下》。
④ 瞿九思《万历武功录》卷8《俺答列传下》。
⑤ 瞿九思《万历武功录》卷8《俺答列传下》。
⑥ 顾祝禹《读史方舆纪要》卷44。
⑦ 瞿九思《万历武功录》卷8《俺答列传下》。
⑧ 顾祝禹《读史方舆纪要》卷44。
⑨ 薄音湖、王雄点校《明代蒙古史料汇编》（第2辑）第243。

丰州川的畜牧业和手工业也比较发达。畜牧业在品种上既有传统的牛、羊、马，还有鸡、豚、鹅，兼具草原和内地的特点。手工业在封贡以后，产品出现镀银鞍鞯，镀金撒袋，也有了长足进步①。最后，城市建设也取得突出成绩。丰州川在再开发的过程，阿勒坦汗利用许多汉族能工巧匠，先后创建了福化城、归化城等城市。特别归化城建成后，成为方圆 20 里的草原名城。

　　阿勒坦汗经营丰州川，发展农业是蒙古社会发展史的一大盛举，是土默特游牧文化向农耕文化的大胆靠近。它在一定程度上缓解了长期困扰蒙古游牧部落的粮食问题，使土默特部"款房数万，仰食板升收获"②，同时为蒙古游牧民族向先进的农耕文明迈进树立了典范，带动了其他蒙古部落对农耕经济的吸收。自蒙古地区第一个板升——丰州川板升出现后，"丰州川以西，沿河一带至于多啰土蛮驻牧之地，亦有板升，分隶麦力艮台吉与大成台吉，但不及丰州川之众耳。此辈咸系即年被掳及遁逃为虏耕种以就食者。"③ 万历年间，蓟辽边外的东部蒙古地区也出现"所掠人口筑板升居之。"④ 不仅如此，阿勒坦汗成功开发丰州川，还促进了蒙汉两族文化交流与融合。在开发丰州滩的过程中，许多汉人与蒙古族相聚而居，逐渐蒙古化，一些蒙古人也掌握了农耕生产技术，学习汉人建筑板升，"驻牧日久，日渐华风"⑤。这对于土默特地区形成既有中原文化传统，又具有浓厚地方、民族特色的新型区域性文化起了奠基作用。

三、元明时期阴山地域城市建设与遗址

　　城市建设是一个民族文明程度的象征。伴随着蒙古族农业、手工业、商业的发展，13 至 14 世纪，汪古部、土默特部在阴山地区又兴建了一批城郭。这些城市大都是在前代城市建设的基础建立的，规模大、数量多，其中以元代丰州城、东胜州、赵王城和明代的归化城最具代表性，反映了蒙古族较高的建筑技术和水平。

　　1. 丰州城

　　位于今呼和浩特市东郊白塔村，距市区约 20 公里。根据在城内外出土的元

① 瞿九思《万历武功录》卷 7《俺答列传中》。

② 《明穆宗实录·隆庆五年十二月乙未条》。

③ 王鸣鹤《登坛必究》卷 37《奏疏一》。

④ 程开祜《筹辽硕画》卷 1 熊廷弼《务求战守长策书》。

⑤ 《明武宗实录·正德十五年己酉条》。

代定林永安禅寺主持潸公灵塔上，"丰州在城定林禅寺主持赐紫沙门广慧妙辩大师，潸讳智潸出本州白塔赵氏之家"的记载，以及万部华严经塔元人的题记"至元二年五月初二日弥道到丰州塔上大作吉利"，可证实此城为元代丰州城。

丰州城始建于公元 920 年（辽神宗五年），金代沿用，元代在辽金丰州城的基础上进一步兴建。由于辽代的丰州为丰州天德军节度使治所，所以丰州城也称天德军。元初著名旅行家马可波罗途经此城时，所记城名天德军。元朝初年，丰州是汪古部的领地，属汪古部管辖。后又归于河东山西道宣慰司大同路管领。元代末年，公元 1359 年（元至正十九年）红巾军与元将大战于丰州城附近一带，在战乱中丰州城内的汉族居民纷纷逃入内地，丰州城便沦为一座空城。丰州城自建城至废弃，大约经历了 450 年之久。

丰州城是元代丰州滩上著名的城市。其城垣平面呈方形，东西宽 1110 米、南北长 1170 米，面积约为 1.3 平方公里。城墙全用黄土夯筑，现今城墙大都被埋在下面，地表上仅保留着一些残段。据现存残高约 10 米的东南角残墙推断，当时城墙至少高至 10 米。沿城墙筑有距离约为 65 米的马面和残高约 5 米的角楼。四面设城门，现南门址犹在，并筑有方形瓮城。东、西、南门都有直通城中央大型建筑台基的街道，其中南大街宽 15 米，东、西街宽约 8 米。中央大型建筑台基为长方形，高出四周约 2 米，其北端不甚整齐，可能原有建筑物的围墙没有建在台基边缘之故。[1] 塔前及西侧发现元代的建筑遗迹，是元代的殿宇和仓舍。[2]

根据考古发掘证实，丰州城的建筑布局是仿照唐代中原地区的城市形制（里坊制）建造的。城内分别建有许多整齐划一的城市坊区。城中有十字大街，将全城划分为 4 个坊区，城市平面由东北坊、东南坊、西南坊和西北坊组成，闻名于世的万部华严经塔（俗称白塔）位于西北坊内的宣教寺。当时的官衙府第、店肆民宅、各色作坊以及僧道寺观等都排列有序地分布在各坊之内。从现存万部华严经塔的碑铭（现存 6 块，原为 9 块）得知，当时丰州城内的 30 余条街巷和城郊 40 多个村庄，民户众多，人口最多时达到 10 万居民。带有行业名称的有牛市巷、麻市巷、染巷、酪巷；带有寺院名称的有药师阁巷、北禅院巷、太师殿巷；用居民姓氏取名的有斐化裕巷、康家巷、张德安巷、刘大卿巷、张居柔巷等。元

---

① 李逸友《内蒙古元代城址概况》，《内蒙古文物考古》1986 年第 4 期。

② 李逸友《呼和浩特市万部华严经塔的金元明各代题记》，《文物》1988 年第 5 期。

人刘秉忠《过丰州诗》中曾写道："晴空高显寺中塔，晓日平明城上楼。车马阗骈尘不到，吟鞭斜袅过丰州。"① 展现了当时这座城市的雄姿和车水马龙的热闹景象。

元代丰州城不仅是一处相当繁荣的上等封建城市，也是中原通往漠北的交通枢纽。当时元大都（今北京市）至岭北行中书省（治哈喇和林，今蒙古国乌兰巴托附近）之间，有三条主要驿路，其中木怜道是经兴和路（今河北张北县境）西行，在丰州折向北行，穿越大青山，进入漠北地区。河东山西道宣慰司所在地冀宁（今山西太原市）有一条驿路经大同通到丰州。自丰州又有一条驿路通到东胜州。东胜州是纳怜道驿路的起点，经过甘州（今甘肃张掖市）、亦集乃路（今额济纳旗黑城）通至岭北行中书省，是内地与岭北之间的另一条驿路。同时，元代丰州城还是一个农业、工商业发达的地区，丰州故城内地下埋藏的丰富文化遗物已证实这一点。丰州故城遗址地表散布着辽、金、元各代的残砖断瓦和残破陶片甚多，尤以元代的残碎滴水、瓦当、板瓦头、瓷片、陶片最多。农业工具，常有完整器物出土，如莲瓣纹石柱础，加工粮食的石臼，日用的碗碟、瓷瓮、贯耳铜壶、玉壶春瓶，唐、宋、金、元各代的钱币等。特别是1970年12月，在城中央大型建筑台基的北部发现一处窖藏，在两个大陶瓮内藏有六件精美的瓷器，计有钧窑香炉1件、钧窑镂空高座双响耳瓶1对、龙泉窑缠枝牡丹纹瓶1对、龙泉窑缠枝莲花瓶1件②。这批瓷器，不论从造型、风格或花纹装饰上看，都可以断定为元代瓷器。这表明当时丰州不仅是一个多种经济并存的地区，也是北方草原与中原内地经济、文化交流的枢纽地带。

2. 东胜州

元代的东胜州在今呼和浩特市托克托县西北的托克托城（也称脱脱城），其城内西北有两座古城，西面的一座叫"大皇城"，东面的一座叫"小皇城"。这里北接呼和浩特平原（土默川），西南临黄河。既是塞外通达东西、连接南北的交通要冲，又是古代黄河的渡口所在，因此成为兵家必争的战略要地，也是历代王朝坚城固守、重兵把关的津关之地。

早在公元708年（唐景龙二年），唐王朝在黄河北岸的阴山以南地带兴筑了三座受降城，其中东受降城城址就在今托克托城内的"大皇城"。公元916年

<hr>

① 刘秉忠《藏春文集》卷3《过丰州城》，转引自《阴山汪古》第103页。
② 李作智《呼和浩特市东郊出土的几件元代瓷器》，《文物》1977年第5期。

（辽神策元年），辽太祖亲自率兵攻入胜州（今内蒙古准格尔旗十二连城），然后将胜州的居民迁移到黄河东岸，在今呼和浩特市南面的托克托县另筑了一座州城，因位置在原来胜州的东面，所以名叫"东胜州"。又在东胜州的东北筑了一座云内州（今托克托县西白塔古城），连同原先的丰州，三座州城鼎立，统称为"西三州"，构成了辽王朝西南边境地带的威慑力量。公元 1044 年（辽重熙十三年）将西三州划归西京大同府管辖。金代沿袭辽制，仍在此设置了东胜州，但由于人口增多，便在城东面扩筑了一座小城，即"小皇城"。元代沿袭使用东胜州城，并经过补修，切去了金代加筑的东城，基本上保持辽代城垣的规模。所以元代的东胜州城址为"大皇城"。

据考古挖掘，元代东胜故城所在地"大皇城"，城垣平面略呈长方形，南北长 598 米，东西宽 433 米，东、南、西、北各墙分别长 630、470、620、500 米，规模小于丰州城。其中西墙与脱脱古城所共有。东、南、北三墙残高 5 至 8 米，残宽 6 米，西墙经明代改筑加高，残高约 12 米。仅东墙正中开设城门，门外加筑瓮城，两墙外有马面，马面间距离约 100 米。① 由于年代久远，文化堆积层甚厚，原来城市布局情况已难于了解清楚，大致在城中央偏北部分有官署遗址，其余地方都是些民居区。

元代东胜州与丰州城、云内州同属大同路管辖。元政府十分重视对此城的建设，在东胜州至中兴府（今宁夏银川市）之间的黄河上，设立了水路驿站，西面来的人员和物资经由东胜州转至丰州大同、以至于大都或上都；另从东胜州起设立纳怜道驿路，沿黄河西行，至甘州（今甘肃张掖市），再经亦集乃路（今额济纳旗黑城），可直达岭北行中书省所在地和林城，进一步加强了东胜州的交通枢纽地位。同时，东胜州与丰州城一样又是汪古部的领地，位于多种文化交流、融汇的地区。故城遗址出土的铜权和铜印押，上面铸有着汉文、八思巴文、畏吾体蒙古文和波斯文等文字，证实这里居住着汉族、蒙古族，汪古部等民族，使用着各种不同的文字。十字纹铜饰则反映了当时东胜州深受汪古部的影响，景教十分流行②。

公元 1371 年（明洪武四年），明政府于元东胜州旧址设东胜卫，后改为东胜左卫，1393 年（洪武二十六年）扩为一座屯军大城，即今遗址范围。明城周长

---

① 李逸友《内蒙古元代城址概说》，《内蒙古文物考古》1986 年第 4 期。
② 李逸友《内蒙古托克托城的考古发现》，《文物考古资料丛刊》1981 年第 4 期。

约 9 公里，东西宽 1930 米，南北长 2410 米，面积约 4.5 平方公里，大皇城与小皇城被括在城西北部。城的四面均有城门。古城内建有官署、兵营、民居等各种建筑。后明政府将东胜卫内迁，东胜州逐渐空废。公元 1522 年后（明嘉靖年间），阿勒坦汗义子卡台吉，名脱脱，率众长期驻牧于此，这座城址即被称为"脱脱城"，流传至今。

东胜州由于经历了不同的历史时期，所以地下蕴藏的历史遗物极为丰富，城内文化层厚 5 米，上层辽、金、元三代遗物丰富，下层有隋唐遗物。其中数量最大的还是各种各样的古代钱币，既有唐代的"顺天元宝"、西夏的"天盛元宝"、元代的"至大通宝"等珍品，又有很多图案精美，用于佩带赏玩、祝愿吉祥、消灾避邪的古代花钱（又称厌胜钱），如天下太平、长命富贵、松鹤延年、天仙送子、五子登科、吉祥八卦、十二生肖钱等。另外在"大皇城"内，发现瓦件、兽面瓦当、酱褐釉刻花瓶、白瓷梅瓶、白瓷绘花梅瓶、铜权、铜盏、铜刻刀、小铜锤、炼渣、铜饰片（是带具和鞍鞯等物的饰件）、铜铸模、铜象棋子、铜印押、铜骨朵和铜弹丸等元代遗物①。这些遗物对今天研究呼和浩特地区辽金元时期的政治、经济、地理和文化交流、社会生活有着重要的考古意义和历史价值。

3. 集宁城

集宁路故城遗址位于今乌兰察布市察哈尔右翼前旗巴彦塔拉乡土城子村北，距乌兰察布市市区 25 公里。古城的北面为戈壁草原，南临黄旗海，地势平坦，交通便利。1192 年（金章宗明昌三年）金朝在此地设置集宁县，为西京路大同府抚州属邑。由于集宁路地处岭北与中原地区往来的交通枢纽，具有沟通南北商贸的区位优势，元朝建立后，将其升格为路，下辖唯集宁一县，隶中书省直接统领的腹里地区，归汪古部管辖。

经过长期建设，元代集宁路已颇具规模。古城呈方形，分设内外两城。内城属官衙、孔庙，位于全城的东北部，四面各开一门。在内城中心的孔庙建筑遗址旁，立有"文宣王庙学碑"，碑上刻着大德十一年加封孔子制诏，并刻有："至大三年正月赵王钧旨出帑币……建成大成至圣文宣王庙学碑……宣受集宁等处前民匠总管府达鲁花赤陈、断事官完、集宁总管府达鲁花赤奚剌耳……皇庆元年春正月云中检司提石匠宋德祯眷男宋钰镌"等字样。证实这座古城是元代集宁路故

---

① 李逸友《内蒙古托克托城的考古发现》，《文物考古资料丛刊》1981 年第 4 期。

城及集宁路总管府所在地，同时也明确了集宁路在元代属汪古部管辖①。

外城为民居、商贸、工场、作坊区，在内城的西、南两面扩展而成。东门外有规模较大的瓮城，瓮城东南角古井犹存。外城南部有整齐布局的12块街区。其中主干道两侧，长数百米，宽八米的十字街市肆，各种商铺顺齐排列，均为前店后居模式，遗址现场街道、房屋、水井、窖穴清晰，房内火炕、地灶、瓮、磨、器皿设施齐全。由于是工商业区，这里文化遗物较丰富，在这些房址内发现了大量古钱币和瓷器，还有成串的首饰以及玉石玩物饰件。可见，集宁古城格局规整，区域合理，交通畅达，市肆发达。总体看来，古城的形制与元上都具有许多共同之点。

由于地处草原游牧文化与农耕文化的结合地，元代的集宁路是当时重要的民族与文化的交融之地。内城孔庙院中的"集宁文宣王庙学碑"，用汉字楷书清楚地镌刻集宁路总管府达鲁花赤（蒙古官名）、总管、集宁县达鲁花赤、县尹、教授等人名，蒙、汉、女真、契丹等族俱见。集宁路附近众多古墓碑文，文化内涵丰富。可知，在这里，各族人们互相交流，互相学习，互取所需，形成着多民族融合的大趋势。并且在这个多民族的城市中，文化繁兴，信仰有别，寺庙庵院及儒学并行，尤倡导孔孟儒学，出现了各族文才学士。这足以说明忽必烈统一全国后在全国提倡孔孟、汉族文化，已在集宁路形成浓郁的学术气氛。

除此，特殊的地理位置还使集宁路具有重要的经济、文化价值。从1958年至今的几次考古挖掘，出土了种类丰富、数量众多的文物。如建筑遗物：石构件有门砧石、角石、压阑石、元宝石等，砖有花纹砖（砖侧有云纹、太极等花纹）、方砖（有的有手印）、平砖等，黄绿釉琉璃砖瓦有云龙、筒瓦等。生产工具：农业生产工具有铁铧、铁镂、铁耙齿等，手工业生产工具有铁锛、石磨、柑埚（沙钵，内壁有残铜渣）、胶锅、熨铁、陶模等。日用瓷器：双耳瓷坛、瓷尊、凤凰牡丹纹刻花瓷缸、白釉画龙钵、青瓷印双鱼纹盘、葫芦形水青瓷瓶、黄绿釉陶香炉、花式青瓷盏等。钱币有唐代的开元通宝、五代的万国通宝，金代的大定通宝，宋代的天圣元宝、皇宋通宝、祥符通宝、元丰通宝、政和通宝等，元代的至元通宝等。据统计，总共出土的完整瓷器200余件，可复原瓷器7416件，铜钱36894枚，陶器、铜器、铁器、金银器5000余件②。尤其瓷器窑系广泛，有钧

①　盖山林《阴山汪古》第110页。
②　陈永志《内蒙古集宁路古城遗址》。

窑、磁州窑、耀州窑、龙泉窑、景德镇窑、建窑、龙泉窑等七大名窑①。另外，1976 年和 1977 年，在内城中还发现窑藏的纺织品，有提花织锦被面、绣花棉袄、印金提花绫左衽长袍等珍品。其中在一提花绫残片上，有"集宁路达鲁花赤总管府"字样的墨书题字，至为名贵②。这说明元代的集宁城作为一座塞外商业城市，与全国各地贸易频繁，丰富的商品在这里源源不断输入输出，商贾云集，货源充足，交易活跃。

4．赵王城

赵王城是元代汪古部首领世居之地，即汪古部的首府。城址在今达尔罕茂明安联合旗阿伦苏木古城，位于艾不盖河北岸冲积平原上，距旗政府所在地百灵庙镇三十多公里。

汪古部自唐代起居住在大青山以北，称为阴山达达或白达达。元太祖创业之初，汪古部归附从征，功劳卓著，成吉思汗将其三女儿阿剌海别吉，下嫁汪古部长阿剌兀思，并相约世代结成姻亲，其子孙代代为王。汪古部长曾受封为北平王、高唐王、郮王，自公元 1309 年（至大二年）第四代汪古部首领术忽难受封赵王起，先后共封有 8 位赵王，并追封汪古部长 6 人为赵王。其世袭所辖区域为阴山以北的按打堡子、砂井、集宁、净州；阴山以南的丰州天德军、东胜州。汪古部首领最初住在按打堡子，约在世祖忽必烈至元年间，在黑水（今艾不盖河）兴筑新城。公元 1305 年（大德九年）以黑水新城为静安路，静安路后又改为德宁路。公元 1309 年（至大二年）汪古部长术忽难封为赵王，后来继承的 7 位赵王都世居此城，因此通称为赵王城。

阿伦苏木，蒙语意为许多庙宇。这座古城平面呈长方形，城墙用土夯筑。东墙残高 2 米，长 951 米，南墙长 582 米，西墙长 970 米，北墙长 565 米；在西、南、东三墙正中开设城门。城内建筑遗迹甚多，有院址 17 处，建筑台基 99 处，城内街道宽阔、布局整齐。在中部偏东靠近南墙处，有一大院落，院内有一组高台基址。在此处，1927 年，我国著名考古学者黄文弼先生发现了《王傅德风堂碑记》汉文石碑（今碑身已不存，只有碑首），证实了此城址就是赵王城。碑上原有碑文 900 余字，是前净州路儒学教授三山林子良奉赵王怀都的"钧旨"撰写的，由王傅都事刘德彰篆额。

---

① 陈永志《内蒙古集宁路古城遗址》。
② 潘行荣《元集宁路故城出土的窑藏丝织物及其它》，《文物》1979 年第 3 期。

从文献记载知道，这座古城在元代时不仅有富丽堂皇的汪古首领的王府和王傅府，还有许多建筑宏丽的基督教堂。如原信仰景教、后受教主约翰孟德高维诺影响而皈依改宗天主教会的阔里吉思，在阿伦苏木古城内曾修建过一座壮丽尊严的"罗马教堂"。近年在古城东北角的建筑遗址上发现了一些具有古罗马建筑装饰风格的贴面花砖及刻有十字架纹的景教碑石、景教墓石，证实了罗马教堂的存在，同时也说明汪古部确实为信仰景教和天主教的元代蒙古部族。专家认为这座教堂遗址是亚洲地区 13 世纪仅存的一座天主教实物遗迹，很有研究价值。经过多次考古挖掘，目前可知道，古城内东北部和南部高大的建筑物废址，多为景教教堂和佛教寺院遗址，是宗教活动区；古城西北为官署所在地；城外东部是冶炼、烧砖的手工业区。

阿伦苏木古城是元代汪古部地区最大的政治、经济、文化、宗教中心，交通四通八达，由丰州穿越大青山到岭北行省哈剌和林的驿道，也经过阿伦苏木城。当地所需要的粮食、茶叶、食盐、丝绸和瓷器都从内地经由这条交通干线运来。所以，古城出土的文物也较多，既有石础柱、瓦当、石碓臼、石磨、石碾等建筑构建和生产工具遗物，也有石龟、汉文或叙利亚文石碑、墓顶石、景教墓石等文化遗物，还有开元通宝、景德元宝、祥符通宝、皇宗通宝、嘉祐元宝等古钱币及日用瓷器残片。从这些出土的遗物看，这座古城最兴旺的时期是元代。所以这些遗物对研究汪古部史、元史以及东西方文化交流具有重要意义。

阿伦苏木古城是国内保存下来为数不多的元代文化遗存，1997 年已经列入国家重点文物保护单位。

5．归化城

即今呼和浩特旧城，明代也称库库和屯，位于大青山以南的平川上。关于归化城建成的时间，一直有不同的说法，到目前主要有四种观点：一、归化城建成于公元 1571（隆庆五年）；二、建成于 1575 年（万历三年）；三、建成于 1581年（万历九年）；四、建成于 1586 年（万历十四年）。这里采纳第二种观点，认为归化城建于隆庆年间，建成于万历三年。

归化城是阿勒坦汗和三娘子兴建的。阿勒坦汗是达延汗的后裔。在明代嘉靖前期，也就是达延汗统治的末期，阿勒坦汗就率领土默特部驻牧在大同、山西边外的古丰州地带。在嘉靖后期和隆庆年间，也就是在 16 世纪中期以后，他的势力东面扩张到辽河流域，西面扩张到甘肃青海。但是古丰州，特别是今呼和浩特地区，一直是他的统治中心所在。三娘子是阿勒坦汗晚年所娶的一位夫人。自公元 1571 年（隆庆五年）阿勒坦汗被明朝政府封为顺义王以后，三娘子的地位就日益重要起来。1581 年（万历九年）阿勒坦汗死后，三娘子更是土默特部蒙族统治集团的中心人物。1587 年（万历十五年），三娘子被明朝政府封为忠顺夫人。

随着与明朝封贡互市的实现，阿勒坦汗下令选择大青山以南、大小黑河之滨的"吉祥地面"，即今天呼和浩特旧城所在地，修建一座名叫库库和屯的城池，作为蒙汉贸易的中心。为了确保新城的建设规模与水平，阿勒坦汗还召集土默特各部的首领和蒙汉各族群众，共议"以无比精工修筑此城"，"仿照失陷之（元）大都修建库库河屯"①。库库和屯城进入施工阶段后，三娘子是主要的主持者。公元 1575 年（万历三年）城池建成，明朝赐名为归化城。据《明实录》载"（万历三年十月）丙子，顺义王俺答遣……使乞佛像、经文、蟒段等物；所盖城寺，乞赐城名。镇臣以闻。部复谓俺答恪守盟约，禁戢部落，迄今五载，劳委可嘉，所请勿拒也。上然之。赐城名'归化'；佛经佛像，许该镇量写铸给与。仍加赏俺答银三十两，大红纻丝蟒衣一袭，彩缎八表里。"② 在《明实录》中的神宗实录尚未编纂以前，瞿九思在其于万历四十年写成的《万历武功录》中，也肯定归化城之得名是在万历三年。其原文如下："（万历三年），其十月，又市得胜。是月俺答请城名。上以贡市积功劳，会五年，法当上赏。于是赐金币，名其城曰'归化'。"③ 谈迁在明末写《国榷》一书，有关归化城的记载和实录一致："（万历三年十月）丙子，俺答乞佛像蟒段。且城市成，求赐名。赐城名曰'归化'，量给经像。"④ 由此可知，归化城应是在万历三年建成。在修建归化城时，阿勒坦汗已经进入老年，并且疾病缠身，三娘子积极辅佐丈夫处理各种事务。公元 1581 年（万历九年），阿勒坦汗和三娘子再次扩建归化城，又修筑了一座规模宏伟的外城。当时归化城的城墙全部用青砖砌成，远望一片青色，"青城"之名由此而来。阿勒坦汗去世后，三娘子一直居住在归化城，继续维护着与明朝的友好关系，所以归化城在民间也被称为"三娘子城"。

归化城是模仿元大都的样式修建的，据《归绥县志》记载：归化"周二里，

---

① 珠荣嘎译《阿勒坦汗传》，第 19 页。
② 《明神宗实录·万历三年十月丙子》。
③ 瞿九思《万历武功录》卷 8《俺答列传下》。
④ 谈迁《国榷》卷 69《神宗万历三年十月丙子》。

砌以砖，高三丈，南北门各一"，城内"有奇丽八座楼阁"和"精工修造玉宇宫殿"①。规模与华丽远超过土默特部原政治经济中心大板升，只可惜此城于清初已毁于战火，无法看到其原貌，只能从后人的诗歌中有所了解。康熙年间高其焯曾作《青城怀古》："筑城绝塞跨冈陵，门启重关殿百重，宴罢白沉千丈月，猎回红上六街灯。"② 从中可知当年归化城的规模和繁华。归化城建成后，不仅是当时土默特万户乃至右翼三万户的政治、经济、文化中心，还成为蒙古藏传佛教文化传播的中心。公元1577年（万历五年），阿勒坦汗开始和三娘子在归化城共同主持修建弘慈寺（今大召寺），两年后建成，并花费巨额白银铸成一尊巨大的释迦牟尼佛像，由达赖三世亲自前来开光后供奉在寺内。从此，归化城成了土默特部乃至蒙古部的圣城。漠北、漠南、漠西等蒙古各部纷纷派人到归化城取经，并在蒙古各地陆续建筑寺庙，促进了喇嘛教在蒙古地区的传播。

清初，三娘子城被清军焚毁。公元1694年（康熙三十三年），清王朝在原三娘子城外增筑了一道外城，约加宽100米，包围了原城东、南、西三面。在取得了对准噶尔部战争胜利后，为安置从前线撤回的军队和进一步控制西北地区，又增建了一座防城即新城。新城城址选在距旧城东北2.5公里处，呈正方形，1737年（乾隆二年）三月正式动工，1739年（乾隆四年）六月竣工，御赐城名"绥远"。绥远城建成后，清王朝便移山西右卫之建威将军驻此，附近居住的蒙汉人民大量涌入城中，城中人口骤增。随着人口的增加和对西北贸易的发展，这里很快成为塞外经济中心。今日的呼和浩特就是在此基础上进一步发展起来的。

第四节　明代后期蒙汉经济文化交流的繁盛

经济文化交流是各民族文化发展史上的必然组成部分，各个民族的经济文化也都是在相互的交流与融合中进步的。我国北方游牧民族和中原地区尽管有过冲突和战争，但经济文化上的相互依存和影响从未间断过。这种相互依存和影响使两种不同的经济文化汲取了新的精华与营养，得到进一步的充实和丰富，进而推动各自民族经济文化的不断进步。

---

① 珠荣嘎译《阿勒坦汗传》第19页。
② 高其焯《青城怀古》，转引自《口北三厅志·艺文志四》。

一、阿勒坦汗开创与明朝和平互市的新局面

经济文化的发展与交流，需要安定和平的环境。明朝中前期，蒙古与明政府间的征战，给双方造成了巨大的损失，生产、生活都遭到严重的破坏。因此，蒙汉两族人民强烈地要求和平互市、平等贸易。著名的蒙古族首领阿勒坦汗顺应人民的要求，积极谋求与明朝建立稳定的通贡互市关系，经过几十年不懈的努力，终于开拓了蒙汉之间 60 余年和平安定的局面。

1. 阿勒坦汗求贡与寇边

自公元 1368 年元室北徙后，明朝和蒙古一直处于对立状态。这主要由于蒙古族单一的游牧经济难以自给，"不能不资中国以为用"。① 而明朝则时常闭关绝贡，严加备御，并不断出边外烧荒、捣巢、赶马。所以，为了获取自身不能生产的生活必需品，蒙古封建主多次挥戈南下。尤其达延汗以来，随着蒙古的统一，畜牧业生产迅速发展，更加迫切需要与中原地区进行交换，对明朝的战争日渐升级，入边愈益频繁。"每入大辈十万，中辈万余，少者数千。己丑（嘉靖八年，1529 年）以后，十犯上谷，七犯云中、晋阳。"② 战争虽然使蒙古掳获了大量人畜、生活物品，但也使蒙古地区人马巨减，经济更加凋敝，"自有匈奴以来，未有衰于今日者也"③。明朝边塞地区亦是一片荒凉，饱受战争蹂躏的塞上居民，或死或亡或被掳掠，田园荒芜。面对战争的互相伤害，具有远见卓识的阿勒坦汗，提出与明朝建立长久和平"通贡互市"关系，以结束明蒙间长达 200 余年的战争状态，并为实现这一目的付出了几十年的努力。

在也先、达延汗统治时期，由于经济上的依赖性，蒙古与明朝也曾通贡互市，但并未维持长久。阿勒坦汗继前辈和平互市的传统历史，从蒙古封建主的利益出发，也考虑到蒙汉人民对和平的渴望和"互市"的迫切需要，主动要求与明朝恢复和平互市关系。公元 1534 年（嘉靖十三年），"其四月，俺答汗挟众欲入贡"④。当时阿勒坦汗才 27 岁，已是土默特万户的首领，但是他的通贡要求没有得到明朝的同意。公元 1541 年（嘉靖二十年），阿勒坦汗已成为蒙古右翼三万户实际上最高的领导者，再次派遣石天爵和肯切为使者，至大同阳和塞要求通贡互

---

① 陈子龙等《明经世文编》卷 316《王崇古〈为北虏纳款执叛求降疏〉》。
② 陈子龙等《明经世文编》卷 434《冯时可〈俺答前志〉》。
③ 陈子龙等《明经世文编》卷 54《李东阳〈西北备边事宜状〉》。
④ 瞿九思《万历武功录》卷 7《俺答列传上》。

市，陈言："其父諟阿朗在现朝常入贡蒙赏赉，且许市易，汉达两利。近以贡道不通，每岁入掠。因人畜多灾疾，卜之神官，谓入贡吉。"① 并提出："果许贡，当趣令一人归报，伊即约束其下，令边民垦田塞中，夷众牧马塞外，永不相犯，当饮血为盟誓"，否则仍南下寇掠②。对于阿勒坦汗求贡，大同巡抚史道上疏曰："虏自弘治以后不入贡且四十年，而我边岁苦侵暴。今果诚心归款，其为中国利殆不可言；第虏势方炽，戎心叵测，防御机宜臣等未敢少懈。"巡按御史谭学也上疏表达同样看法："虏虽诡秘之情难信，而恭顺之迹有征。准贡则后虞当防，不准则近害立至。"兵部也认为"果虏酋乞贡出自诚心，别无黠诈"，"保无后艰"，可以照允。然而明世宗却以："虏侵扰各边，猖狂已甚，突来求贡，夫岂其情？"拒绝了阿勒坦汗的通贡要求，不仅羁留了肯切，还下旨："务选将练兵出边追剿，数其侵犯大罪，绝彼通贡。果能擒斩俺答阿不孩者，总兵、总督官俱加异擢，部下获功将士升五级，赏银五百两"③。又置明朝与蒙古公开对战的境地。于是阿勒坦汗、吉囊凭借强势大举入犯。八月阿勒坦汗下石岭关，径趋太原，吉囊由平虏卫入，至平遥，各率众七八万，杀掠万计。

　　蒙古一边南下攻略，一边继续谋求与明朝通贡互市。公元1542年（嘉靖二十一年）闰五月，阿勒坦汗再遣石天爵、肯切之子满受秃等至大同镇边堡求贡。结果，石天爵、肯切被杀。阿勒坦汗立即大举内犯，直趋太原。1546年（嘉靖二十五年），阿勒坦汗以"一请不得则再请，再请不得则三请"④ 的决心，又一次遣使堡儿塞等三人到大同求贡。然而堡儿塞又被明朝杀戮。尽管如此，阿勒坦汗以武力报复的同时仍多次遣使求贡。1547年（嘉靖二十六年），阿勒坦汗遣使李天爵赍番文求贡，并保证会集博迪汗、吉囊、老把都等同商议，约以东西不犯边，与明朝永远为好，递年一二次入贡⑤。阿勒坦汗坚持通贡互市的决心与诚意深深打动了明朝陕西三边总督翁万达、巡抚詹荣、总兵周尚文等边关大臣，翁万达认为"虏自冬春以来，游骑信使，款塞求贡，不下数十余次，词颇恭顺"⑥，可以接受阿勒坦汗的要求，并代他向明嘉靖皇帝转奏。可嘉靖帝不仅蛮横地加以

① 《明世宗实录·嘉靖二十年七月丁酉》。
② 《明世宗实录·嘉靖二十年七月丁酉》。
③ 《明世宗实录·嘉靖二十年七月丁酉》。
④ 《明世宗实录·嘉靖二十五年七月丁酉》。
⑤ 《明世宗实录·嘉靖二十六年四月己酉》。
⑥ 《明世宗实录·嘉靖二十六年四月己酉》。

拒绝，而且还严厉斥责和威胁这些大臣："如有执异，处以极典"①。截止到1549年（嘉靖二十八年）的数年内，明朝相继杀害了阿勒坦汗的和平使者石天爵、肯切、满受秃、满客汉、堡儿塞等人，并"磔天爵及肯切于市，传首九边枭市"②。还几次重赏购取阿勒坦汗的首级，"有杀俺答者，赐万金，爵不次"③。明朝顽固派的残酷做法，已多次激怒阿勒坦汗等蒙古领主，终于导致了1550年（嘉靖二十九年）阿勒坦汗兵临北京的"庚戌之变"。

　　"庚戌之变"是阿勒坦汗"以战求和"的大规模军事、政治攻势，即以武力迫使明朝同意开展通贡互市。公元1550年（嘉靖二十九年）六月，阿勒坦汗率十万铁骑，冲开明朝长城防线，直抵通州。蒙古军兵临城下，明京城震恐。但阿勒坦汗的目的主要是以战求和，与明朝建立和平通贡互市。所以，释放被俘宦官杨增等，令其持书入城求贡。围困北京三天后，阿勒坦汗撤军。由于这一年是庚戌年，史称"庚戌之变"。同年底至次年春，阿勒坦汗又派出两批使者，向明朝提出通贡互市。1551年（嘉靖三十年）慑于阿勒坦汗兵威，明朝君臣被迫答应，开放大同、宣府、延绥、宁夏马市，并接受了阿勒坦汗"进谢恩马九匹，番（表）长一通"④的入贡。这就是嘉靖三十年马市。但次年九月，世宗即寻找借口下诏"罢各边马市"⑤，明令"复言开马市者斩"⑥。明朝的出尔反尔和顽固不化，使双方重又回到战争状态。除1559年（嘉靖三十八年）阿勒坦汗至陕西边外请贡不遂外，再无求贡之举。至此，蒙古对明转向全面战争，发动了明蒙关系史上规模空前绝后的对明战争。

　　公元1552年（嘉靖三十一年）起，至1570年（明穆宗隆庆四年），明蒙双方又进行了长达20年的战争。1553年（嘉靖三十二年）七月至八月，阿勒坦汗等20万众"寇宣大，凡屠戮墩堡二十五座，杀伤军民及阵亡者几三千人，被卤者一千七百余人"⑦。1557年（嘉靖三十六年）阿勒坦汗以赵龙、王廷辅谋引五万骑攻平虏、朔州诸村落，"杀略男妇万余，畜产亡算"。九月以六万骑入应州、

---

①　谷应泰《明史纪事本末》卷60《俺答封贡》。

②　《明世宗实录·嘉靖二十一年闰五月戊辰》。

③　瞿九思《万历武功录》卷7《俺答列传上》。

④　《明世宗实录·嘉靖三十年四月丙戌》。

⑤　《明史》卷18《世宗本纪》。

⑥　《明史》卷222《王崇古传》。

⑦　方逢时《大隐楼集》卷16《云中处降录》。

山阴等，"攻村堡一百一十余所，杀凡八千余人，略马骡牛驴凡一万余匹，焚庐室凡三千五百余区"①。公元1567年（隆庆元年）九月，阿勒坦汗接受赵全策划，攻下石州，杀知州王亮，"男女死者数万"，至十月上旬出边，"内地计损人畜数十万"②。明朝则时常以出边"捣巢"回应，"每督陕西延宁各镇官兵出边捣剿，节年共斩首千余级"，以至于鄂尔多斯部"彼近边驻牧，则分番夜守，日防我兵之赶马捣巢；远抢番夷，则留自守，时被我兵之远出扑杀"。这20年的大战，比起马市前50年的战争更频繁、更激烈，同时给双方造成损失更加惨烈。蒙古"人马道死万数"③，且"部众亦厌苦，稍离心矣。"④ 明朝更是"边境之民肝脑涂地，父子不相保，膏腴之地弃而不耕，屯田荒芜，盐法阻坏，不止边方之臣重苦莫支，而帑储竭于供亿，士马罢于调遣，中原亦且敝矣"⑤。正如王崇古所言："华夷交困，兵连祸结。"⑥ 经过20年战争摧残，明蒙双方进一步认识到和平互市不仅有利于封建统治和边塞安宁，也符合长城内外蒙汉两族人民的共同愿望和迫切要求。这样，通贡互市形成的条件日趋成熟。

2. 明蒙和议与"俺答封贡"的最终形成

公元1566年（嘉靖四十五年）明世宗去世，穆宗继位，次年改元隆庆。隆庆间，徐阶、高拱先后为首辅，张居正亦已入阁，他们都是明中叶著名良相，极重视识拔人才。公元1570年（隆庆四年）初，高拱等从陕西调王崇古任宣大山西总督，由辽东移方逢时为大同巡抚。王崇古、方逢时均练达边备，长于应变，是明朝不可多得的封疆大吏。明朝政局的转机，高拱、张居正、王崇古、方逢时等一批有识见、有能力的人执政，对明蒙关系的改善有着积极的作用。

公元1570年（隆庆四年）冬，把汉那吉因家事，率妻子和奴仆阿力哥等投奔明朝。明朝大同总督王崇古、巡抚方逢时给予热情接待，"盛其供帐"⑦。在大学士高拱、张居正等的赞助下，明穆宗下诏"授把汉指挥使。阿力哥正千户。"并给予优厚的赏赐。阿勒坦汗和长子黄台吉之间一直有矛盾，他十分钟爱另一儿

————————————

① 瞿九思《万历武功录》卷7《俺答列传中》。
② 陈子龙等《明经世文编》卷434《冯时可〈俺答后志〉》。
③ 陈子龙等《明经世文编》卷317《王崇古〈确议封贡事宜疏〉》。
④ 陈子龙等《明经世文编》卷258《赵时春〈北虏纪略〉》。
⑤ 《明穆宗实录·隆庆五年七月戊寅》。
⑥ 陈子龙等《明经世文编》卷317《王崇古〈确议封贡事宜疏〉》。
⑦ 陈子龙等《明经世文编》卷434《冯时可〈俺答前志〉》。

子铁背台吉（又称黑台吉）的遗孤——把汉那吉。当把汉那吉出走明朝时，阿勒坦汗本来正领兵去攻略吐蕃，"闻之亟引还，约诸部入犯"。① 阿勒坦汗企图以武力威胁明朝，让明朝归还把汉那吉。这时，王崇古、方逢时派出旗牌鲍崇德向阿勒坦汗通报"今朝廷待尔孙甚厚，称兵速其死也！"并提出以赵全、李自馨等人交换把汉那吉。本来阿勒坦汗一直希望与明朝建立贡市关系，在政治上也并不想入主中原，而是想"长北方诸部"，和明朝进行和平的交往。再加上他的爱孙把汉那吉又受到明朝的优待，所以很快就与明朝达成了第一个协议，阿勒坦汗将赵全等执交明朝，明朝送还把汉那吉。阿勒坦汗得孙大喜，"把汉归，次河上，祖孙呜呜，相劳苦，曰：'帝天也，覆露我多矣。'南向拜者百。使打儿汉人谢，疏言：'帝赦我逋，迁裔胄而建立之，其德无量，愿世为外臣，贡方物。'"②。

　　与明朝建立和平互市关系一直是阿勒坦汗的追求，在谈判的过程中，他又主动提出"封贡互市"的要求，并表示："若天子幸封我为王，藉威灵长北方诸酋，谁敢不听。誓永守北边，毋敢为患。"③ 对于阿勒坦汗的封贡要求，公元1571 年（隆庆五年）二月，王崇古上《确议封贡事宜疏》全面阐述准予封贡的理由，并条上具体处置办法。王崇古认为，"拒虏甚易，执先帝之禁旨，责虏诈之难信，可数言而决。虏必愤愤而去，即以遣降之恩，不犯宣、大，土蛮及三卫必岁纠俺酋父子为声援以窥蓟辽，则吉能子弟宾免诸酋必为兰、靖、洮河之患。九边骚动，财力困竭，虽智者无以善其后矣。若允虏封贡，各边有数年之安，则可乘时修备，虏设背盟，而以畜养数年之财力从事战守，不犹愈于终岁驰骛，自救不暇哉！"客观分析了阿勒坦汗封贡的目的及封贡的积极作用。朝中执政大臣高拱、张居正也全力支持。如阁臣高拱给明穆宗的奏疏中说得十分明白："可以息境土之躁践，可以免生灵之荼毒，可以省内帑之供亿，可以停士马之调遣，而中外皆得以安，此其一焉……可以示舆图之无外，可以见桀扩之咸宾，可以全天朝之尊，可以伸中华之气，即使九夷八蛮闻之，亦可以坚畏威归化之心，此又其一焉……。"④ 最终，明穆宗听从王崇古等人的奏议，同意阿勒坦汗封贡互市的请求。由此，实现了明蒙关系史上具有划时代意义的"俺答封贡"。

---

① 张廷玉等《明史》卷 327《鞑靼传》。
② 陈子龙等《明经世文编》卷 434《冯时可〈俺答前志〉》。
③ 《明穆宗实录·隆庆四年十一月丁酉》。
④ 《明穆宗实录·隆庆五年七月戊寅》。

公元 1571 年（隆庆五年）三月，明穆宗正式下诏"封俺答为顺义王"①，赏大红五彩红丝蟒衣一袭，彩缎八表里。关于阿勒坦汗和明朝的议和以及封王之事，《蒙古源流》卷六也作了记载："（明人）遣使阿勒坦汗，给与孙王（顺义王之对音）之号，并给金印请和。阿勒坦汗六十六岁，岁次辛未（隆庆五年）与大明隆庆共摄大统，大颁库藏不计其数"。接着，四月，明朝命授昆都力哈（老把都）、黄台吉为都督同知，各赐大红狮子衣一袭，彩币四表里，授宾兔台吉等 61 名头目指挥、千百户等官，"皆有敕"②。五月，在大同得胜堡边外晾马台举行了封授仪式，阿勒坦汗齐集部下前来参加，"当是时，得胜堡外九里建厂，厂长阔可三丈，用线杆木料，厅用蓝帛五十匹，红布二十匹，青绿羊绒三梭二十匹，手帕汗巾四十方，席五十领，麻绳一百，彩亭四个，彩旗二十对。中厅设黄帏焚香供张，都先期夷使打儿汉、克汉至公署习仪。既毕，大张旗鼓迎赴棚厂。都抚皆壁弘赐堡，迁副帅赵伯勋、游击康伦赍敕谕十二道及赐俺答蟒衣一袭、表里四纯，它皆狮子衣称是。二十一日，俺答率诸夷迎诏，南向叩头者四。已，汉官抄黄开读，毕，俺答行谢恩礼，复脱帽叩头者四。夷礼，以卸帽叩拜为敬也"③。在册封仪式上，阿勒坦汗遵循中原王朝的传统，行汉地之礼，充分说明了他与明朝通贡互市的诚意。

受封后，阿勒坦汗从鄂尔多斯迎来吉能之侄切尽黄台吉撰写蒙文谢表，并会同老把都、黄台吉、把汉那吉、大成台吉等进献表文并贡马。这一次进献"贡马凡五百九匹，上马凡三十匹，镀银秋辔马鞍一付，而赏夷使扯布、李罗不散台布等六十四人诣崇古。"由于表文"移参以佛语，极恭顺，尚欠文。崇古即使汉所使书表夷使台实、榜实等改正，付表匣封验。因宴劳夷使，发阳和城邸。择青白红黄银合枣骝骟马凡四十匹，开具毛色、齿岁，咨仪部选三十匹入内，贡马四百六十九匹悉发三塞。"④ 之后，明朝赏赐阿勒坦汗等人及夷使袭衣、绢缎、布币等，并赐阿勒坦汗敕一道。至此，对阿勒坦汗的封贡全部告竣。紧接着，明朝又对鄂尔多斯部吉能及其部下头目以封授。同年六月，授吉能都督同知，赏大红狮子绲丝衣一袭，彩缎四表里，赐敕，授其部下头目 49 人指挥、千百户等官。十月，吉能遣使贡马 200 匹，由阿勒坦汗代进表文，明朝如宣大例予以赏赐。

① 《明穆宗实录·隆庆五年三月己丑》。
② 瞿九思《万历武功录》卷 8《俺答列传下》。
③ 瞿九思《万历武功录》卷 8《俺答列传下》。
④ 瞿九思《万历武功录》卷 8《俺答列传下》。

在明朝册封阿勒坦汗的同时，兵部"采崇古议，定市令"。封贡以后，立即开市。"俺答既就市，事朝廷甚谨，部下卒有掠夺边氓者，必罚治之，且稽首谢罪，朝廷亦厚加赏赍。"[①] 阿勒坦汗认真约束各部，不许入犯。边地"三陲晏然，一尘不扰，边氓释戈而荷锄，关城息烽而安枕，此自古希觏之事而今有之"[②]。这样，经过阿勒坦汗30多年的努力，终于与明朝建立了长久和平"通贡互市"关系。

"俺答封贡"是明蒙关系史上一件大事。它结束了明蒙间长达200余年的战争状态，开创了蒙汉友好的新局面，进一步推动了蒙汉民族间的经济文化交流。其中，阿勒坦汗所做出的特殊贡献是值得肯定的。

二、明代蒙汉民族间经济文化交流的发展

明代蒙汉民族间的经济文化交流，是中华民族形成、发展过程中不可缺少的一部分，充分体现了中华文化多元汇聚，一体化发展的总趋势，在中华文明史上占有重要的地位。

1. 明代中前期蒙汉间的经济文化交流

明朝建立后，退居大漠南北的蒙古贵族终始怀着恢复元朝统治的愿望，明朝政府也以抵御、削弱和打击蒙古贵族的势力为中心任务之一。因此，明朝政府与蒙古之间，处于十分尖锐紧张的对抗状态。但是另一方面，以畜牧业为主的蒙古地区，"人不耕织，地无他产，锅釜衣绘之具"均仰仗于中原农业地区[③]。而明朝军队的战马，中原农村的耕畜，也多依靠于蒙古。所以，双方虽然关系紧张，但经济、文化上的联系却仍然不断。

明代蒙古与中原地区的经济联系，主要有两种形式，一种是"朝贡"，一种是"互市"。"朝贡"是在蒙古领主和明朝之间进行的，具有政治关系和经济的双重性质。一方面蒙古贵族以称臣受贡为前提，表明双方的政治关系，另一方面通过蒙古领主的入贡和明朝政府的赏赐，进行经济交流。朝贡作为一种贸易形式，包括三个方面的内容。其一进贡。指蒙古诸部向明朝进贡马匹、骆驼、皮张、海青等方物，明朝为了酬答，对进贡的蒙古可汗、诸王、后妃、一至四等头

① 《明史》卷 327《鞑靼传》。
② 《明穆宗实录·隆庆五年七月戊寅》。
③ 《明穆宗实录·隆庆五年二月庚子》。

目以及使团的一至四等使臣进行赏赐，称给赐；计算蒙古所贡方物，给予相应的彩缎、纻丝、绢以及折纱绢等，叫回赐。其二会同馆开市。蒙古使臣进贡领赏完毕，明朝于会同馆开市，铺行人等按例携带商品（违禁物除外）进入会馆与蒙古使人两平交易。其三使团进京沿途贸易。蒙古贡使入境往返北京途中，明朝允许其与民间交易。沿途贸易范围广泛，可以弥补会同馆开市的不足，在很大程度上满足蒙古方面的需要。

在明代前期，"朝贡"是蒙古和中原经济联系的主要形式。据《明实录》记载，从公元1403年（永乐元年）至1570年（隆庆四年）160多年间，蒙古向明朝政府朝贡800多次。明成祖即位之初就向蒙古各部宣布"其各居边境，永安生业，商贾贸易，一从所便。欲来朝者，与使臣偕至。"[①] 1403年（永乐元年）专门遣使诏谕三卫，重申："但来朝者，悉授以官，俾仍居本地，岁时贡献，经商市易，一从所便。"[②] 当时，明蒙之间长期争战使得蒙古的经济进一步陷入困境，急需中原地区的生活物品。十一月，"兀良哈头目哈儿兀歹遣其部属二百三十人来朝贡马。"成祖即"命礼部赐钞币、袭衣，并偿其马直，上马每匹钞五十锭，中马四十锭，下马三十锭，每疋仍与彩币表里一"[③]。这是《明实录》所记最早的一个蒙古朝贡使团。这样蒙古与中原经济交流的大门终于开启了。在经济利益吸引下，鞑靼和瓦剌等部也先后朝贡。1408年（永乐六年）瓦剌马哈木等遣使朝贡，次年五月，明成祖正式下诏封瓦剌马哈木为顺宁王，太平贤义王，把秃孛罗为安乐王，给赐诰印。1410年（永乐八年）十二月，东蒙古太师阿鲁台遣使贡马。1413年（永乐十一年）七月，成祖诏封阿鲁台为特进光禄大夫大师和宁王，赐金印。这样，明朝与东西蒙古各部先后建立了封贡关系，标志蒙古与明朝的朝贡贸易全面展开。此后，朝贡贸易持续进行，规模不断扩大，至正统、景泰年间，在脱欢、也先父子的推动下，双方朝贡贸易达到高峰。也先死后，蒙古地区又陷入混乱之中，马可古儿吉思汗、孛来、毛里孩、满都鲁汗等迭相起落，他们为解决经济上的困难，仍断断续续遣使至明朝贡，但总体而言，这一时期朝贡贸易的次数或规模均已大大缩减。达延汗统治时期，也曾几次与明进行朝贡贸易，之后，除兀良哈三卫大体维持外，朝贡贸易基本中断。

---

① 《明太宗实录·洪武三十五年十一月壬寅》。
② 《明太宗实录·永乐元年五月乙未》。
③ 《明太宗实录·永乐元年十一月丙子》。

　　"互市"是与朝贡并行的另外一种明蒙贸易形式。相对朝贡，互市是一种比较明确而且能照顾到一般牧民的贸易活动。随着蒙古与中原经济关系的进一步扩大，公元1438年（正统三年）在大同正式开设马市，又准许将进贡后剩余马匹，"听缘途发卖"。① 这样就把"贡马"和"市马"结合起来了。公元1499年（弘治十二年）大同马市仍在进行。达延汗以后，由于蒙古与明朝关系紧张，大同马市中断。公元1551年（嘉靖三十年），在阿勒坦汗的强烈要求下，明朝在大同镇羌镇、宣府新开口堡、延绥、宁夏等地开设马市，但很快又关闭。至此，蒙古与中原的"通贡"、"互市"关系基本上中断了。

　　明代中前期，蒙古与中原内地的经济联系，以"进贡"和"互市"为基本形式，虽然从一开始就时断时续，却也延续不断地维持了八九十年之久。在这期间，蒙古以马匹、皮裘及骆驼、牛、羊、骡、皮张等，与产自中原内地的布匹、绸缎、粮食和一般手工业品进行交换，在一定程度上满足各自不同的经济需求，也体现了游牧经济与农业、手工业多种经济之间的交流和相互间的依赖性。并且通过这种贸易，明蒙之间文化交流活动也持续进行。如明初阿鲁台遣回回哈费思到明廷朝贡并要求给予医药，明成祖令太医院与之。公元1443年（正统八年）初，明廷赠给蒙古可汗脱脱不花"花框鼓、鞭鼓各一面，琵琶、火拨思、胡琴等乐器"②。1452年（景泰三年）也先向明朝奏求"装成白纸簿"，得到允许③。

　　总之，即便在明蒙对立的状态下，蒙汉之间的经济文化交流仍进行着。不过，这一时期的经济联系以朝贡贸易为主，马市贸易有限，且时断时续不稳定。直到公元1571年（隆庆五年），阿勒坦汗与明朝实现封贡互市，蒙汉民族间的经济交流才进入一个新的发展阶段。

　　2. 封贡互市后蒙汉间经济文化交流的繁荣

　　自公元1571年（隆庆五年）明朝边塞各郡和蒙古各部和平互市以来，阿勒坦汗严教所属部众，不得违反协议，破坏盟约。每年按期互市，违者严惩。1576年（万历四年），蒙古打喇明安部银定台吉房去膳房堡采柴官军十余人，明朝当局责备阿勒坦汗，于是阿勒坦汗则以蒙古法罚银定台吉1000只羊，207匹马，3峰驼，并把这些牲畜和被掠去的官军送到所属督抚处处理。④ 1577年（万历五

---

① 《明英宗实录》卷41《正统三年四月癸未》。
② 《明英宗实录》卷100《正统八年正月壬午》。
③ 《明英宗实录》卷100《正统六年正月甲子》。
④ 《明神宗实录》卷57《万历四年十二月癸未》。

年）闰八月，阿勒坦汗西行青海（迎接达赖喇嘛）之前，曾巡视塞外各部，并特令各部不得破坏盟约，攻掠明郡。若有"敢背约盗边者，罚如打喇明安例"。1578 年（万历六年）正月，阿勒坦汗在迎接达赖喇嘛西行途中，还警告随军"毋近城堡，毋践禾苗"。1579 年（万历七年），阿勒坦汗由青海东归时，曾假道关内，"经行沿边地方，秋毫无犯"。① 由此可见，阿勒坦汗自从 1571 年达成互市的协议起，直到他去世（1582 年）为止，一直与明朝和平相处，坚守盟约，并严禁其部众入边掠夺，所以明沿边"自宣、大至甘肃不用兵者二十年"。② 阿勒坦汗去世后，三娘子继续维护蒙汉和平，与明朝通商互市，正如明朝宣府巡抚吴兑所言："得三娘子主市，可以宁边"。③

正是由于阿勒坦汗及三娘子开拓了和平互市的安定局面，并努力维护协议，遵守条约，蒙古与中原地区的互市地点逐渐增多，形式日益多样化，明朝对互市的限制越来越松弛。

公元 1571 年（隆庆五年），"俺答封贡"告成当年，即在宣、大、山、陕相继开设互市市场。最先开辟的马市有大同得胜堡、新平堡，宣府张家口堡，山西水泉营，延绥红山边墙暗门之外，宁夏清水营旧厂④。之后，又增加大同守口堡市场，宁夏中卫、平房二市场，甘肃洪水堡扁都口市场。马市分官市与民市。民市即蒙古部落民众直接与汉族商贩进行买卖，在马市中占主导地位。在此基础上，为了满足民间日益增长的需要，在土默特、鄂尔多斯与中原交接地区，每月还适当开设小市，也叫月市。小市主要是为了弥补一年一度大型马市之不足，特别是为了满足下层贫苦牧民的迫切交换愿望。1572 年（隆庆六年）五月，王崇古建议除于春月贡市时，每部给布各数百匹，米豆各一二百石，令散给本部穷夷而外，"其巡边各口，每遇虏酋执书求小市，查照臣原议，听参将守备官，准令边外各以牛羊皮张马尾等物，听军民以杂粮、布帛两平易换，量抽税银，以充抚赏。庶虏中贵贱贫富，各遂安生。"⑤ 这一建议被明廷采纳。于是沿边"冲口，每月望后俱有小市"。大同在助马堡、保安堡、宁虏堡、杀胡堡、云石堡、迎恩堡、灭胡堡等处设小市市场。小市地点灵活、限制少、开市频繁，可以满足贫苦

---

①　《明神宗实录》卷96《万历八年二月甲戌》。

②　《明史》卷327《鞑靼传》。

③　《明史》卷222《吴兑传》。

④　《明穆宗实录》隆庆五年八月癸卯。

⑤　陈子龙等《明经世文编》卷318《王崇古〈酌许虏王请乞四事疏〉》。

牧民对各种生活日用品的需求。除了马市、小市外，明代后期明蒙间的经济联系渠道还有朝贡和抚赏。不过与中前期相比，朝贡的重要性已大为降低，不再是明蒙贸易的绝对的政治前提，另外蒙古部落可以通过抚赏得到大量的银、缎布、盐米等。这样，在明蒙全部边界线上，先后出现了近 40 所交易地点，建立了马市、小市、朝贡和边境抚赏等多种形式的经济联系。再加上随着和平互市的发展，明朝对铁锅、农具等禁品交易逐渐放松，蒙汉民族间的经济文化交流进入空前繁荣的时期。

当时参与互市贸易的蒙古贵族及部落民众规模十分庞大。据《三云筹俎考》记载：大同得胜堡市场"每遇互市，东西各王率众数万，烽屯城下"[1]，与来自中原内地各省的汉族商人进行广泛的交换。1571 年（隆庆五年），仅在得胜堡、新平堡、水泉营和张家口四处互市（包括官市和民市）中，蒙古人就以 28654 匹马，换取大量的布匹、绸缎、粮食、食盐以及其他各种日用物品[2]。1573 年（万历元年）宣府、大同、山西三市每年共易马 19303 匹，1582 年（万历十年）增加至五万匹。到 1578 年（万历六年）以后，仅张家口一市每年就易马达到 36000 多匹[3]。并且各个互市的场所物品种类齐全，贸易兴盛。如万历间张家口马市"贾店鳞比，各有名称"，"南京罗缎铺、苏杭绸缎铺，潞州绸铺、泽州帕铺、临清布帛铺、绒线铺、杂货铺，各行交易铺长四五里许。"[4] 在互市贸易充分发展的基础上，明末的张家口已成为一座繁富的商业城镇。据公元 1618 年来华的沙俄使节佩特林报告，当时的张家口市场"除毛料外，各式货物齐全，但不见有任何宝石。他们有大量的丝绒、缎子、条纹绷和塔夫绸，以及金绣带铜的绸缎；还有各种花卉、各种糖、丁香、肉桂、大茴香、苹果、香瓜、西瓜、南瓜、黄瓜、大蒜、萝卜、洋葱、芫菁、白菜、芹菜、辣根、罂粟、麝香、葡萄、杏仁、大黄和其他不知名的瓜果蔬菜。城市商号林立，货物一应俱全。"[5]

不仅如此，蒙古与明朝在各类市场上的交易额也明显增大。以宣、大、山西三镇为例，公元 1571 年（隆庆五年）通官市马价银与抚赏费用为 60，317 两[6]。

---

① 王士琦《三云筹俎考》卷 3《险隘考》。
② 《明穆宗实录·隆庆五年九月癸未》。
③ 《蒙古族简史》第 46 页。
④ 陈梦雷《古今图书集成》卷 155《职方典》。
⑤ 巴德利著，吴诗哲等译《俄国·蒙古·中国》（下卷，第一册），第 1055 页。
⑥ 《明穆宗实录·隆庆五年九月癸未》。

1572 年（隆庆六年）增至 71，046 两①。1588 年（万历十六年）户科给事中穆来辅说，三镇市费"且三十万矣"。② 至 1612 年（万历四十年）已达 413，000 两。③ 前后 42 年，猛增近 7 倍。加上私市贸易，三镇贸易总额约为 60 万两，其中不包括小市的贸易额。以上这些充分说明了"俺答封贡"后蒙汉民族间的经济交流已经达到相当的水平。

随着蒙汉民族间互市贸易的频繁和扩大，蒙汉民族间的文化交流也进入到一个新的发展时期。16 世纪后期，中原地区的各种医药不断传入蒙古，"（蒙古）近款贡以来，（明朝）每赐之医药。"④ 许多迁徙到蒙古地区的汉人也带去汉族医药知识，如白莲教徒"周元治扁仓术。"⑤ 蒙古人患痘疮，"调护则付之汉人。"⑥ 由此推动了蒙古医学的发展。在建筑方面，阿勒坦汗招聘了大批汉、藏工匠修筑城郭和喇嘛庙，其建筑深受汉、藏风格的影响。如库库和屯（归化城）的建设设计与施工，基本上是按照内地城堡建筑分内外城，城内的宫殿、宅第是汉地宫殿式建筑。另外，"俺答封贡"以后，明朝"每给以纸笔之具"，中原的纸张不断输入蒙古，便利了文字的学习和记录。阿勒坦汗致明朝皇帝《谢表》，既是一件重要的历史文献，又是蒙汉文化交融的有利印证。其表文包括蒙汉文对照的原文和相关的附图，附图描绘了贡使从土默特到达北京的行程，绘画笔法明显地受到汉族画师的影响。

总之，"俺答封贡"后，明蒙间的经济文化交流得到空前发展。长期的和平互市，完全消除了漠南蒙古与明朝之间长期互掠的战争，加强了漠南蒙古草原和明朝的经济文化联系，满足了蒙汉人民之间的生产和生活需要，出现了明代长城内外空前未有的和平局面。这种局面的出现，除了由于蒙汉劳动人民的迫切要求和共同努力外，阿勒坦汗、三娘子也作出了特殊的贡献，建立了历史功绩。

---

① 《明穆宗实录·隆庆六年十一月乙巳》。
② 《明神宗实录·万历十六年闰六月壬午》。
③ 《明神宗实录·万历四十年十月壬午》。
④ 薄音湖、王雄点校《明代蒙古汉籍史料汇编》（第 2 辑），第 240 页。
⑤ 瞿九思《万历武功录》卷 8《俺答列传下》。
⑥ 薄音湖、王雄点校《明代蒙古汉籍史料汇编》（第 2 辑），第 245 页。

第五节 蒙古族的精神文化及在阴山地域的影响

蒙古族是一个积极进取的民族，在其发展的历程中，兼容并蓄，广泛吸收域外文明和中原文明，创造出了内容丰富、独具特色的蒙古族精神文化。

一、蒙古族传统宗教萨满教

蒙古民族有着悠久的历史文化，其社会意识形态与社会经济形态是相适应的。蒙古族的宗教信仰具有多元性和变异性，在不同的历史发展阶段，蒙古族曾信奉过多种宗教，并随着社会政治经济文化的发展，以及与周边民族的接触，宗教信仰也不断发生着变化。

蒙古族最早信奉的原始宗教是萨满教，萨满教又称"珊蛮"，本为"突厥语"，意为"巫师"，是古代北方少数民族所共同信奉的一种原始宗教，也是蒙元时期蒙古地区最具影响力的宗教。

1. 萨满教的起源与发展

蒙古萨满教产生于母系氏族社会，源于"万物有灵"的观念。在原始社会中，由于生产力的低下以及人们认知水平的落后，蒙古人对天体、气象与人们物质生活的联系不能做出科学的解释，就把自然现象神化。认为万物都有各自的守护神，人即使死去其灵魂还会存在，并附着于其它某种物体上。蒙古人将这些独立于躯体，不能返回的灵魂称作"翁衮"。并由独立于死人的"翁衮"，进一步推论出其他动物、植物和一切事物也有"翁衮"。如羊翁衮、牛翁衮、马翁衮、虎翁衮、草木翁衮、山翁衮、河翁衮等等①。这样，在灵魂不灭和万物有灵的信念支配下，蒙古人对自然现象产生了敬畏、崇拜、依赖等宗教情绪。蒙古族萨满教正是在这种崇拜自然现象的基础上形成的。

蒙古族萨满教与其它宗教不同，没有成文的经典，没有特定的创始人，是一种"无字书、无纸本"的原始宗教。它产生之后，随着社会的发展，逐渐成熟和完善，并形成一套自成体系的宗教世界观，成为一种具有鲜明民族特色的宗教信仰。

蒙古族萨满教的基本信仰是灵魂不灭观念、万物有灵观念和三界观念。所谓

---

① 苏鲁格《蒙古族宗教史》第27页。

"三界观念"，即蒙古族萨满教认为，宇宙存在"三界"，上界为天界，是各路天神居住的地方，上界又划分许多层次，诸如9天、33天乃至99天之类，其中"青天"是蒙古族萨满教的最高信仰；中界为人界，是人类和各种动植物共同生息的地方；下界则为阴界，是各种妖魔鬼怪栖息的地方。"三界说"并非蒙古萨满教的原生观念，是在佛教的影响下而形成的次生观念。

蒙古族萨满教崇拜内容为自然界崇拜、图腾崇拜、祖先崇拜。从史书记载可以看出，古代蒙古人崇拜苍天、太阳、月亮、大地、山川及雷、电、雨、雪等自然物，也崇拜逝去的祖先。其中"天"被奉为至高无上的尊神。蒙古萨满教崇奉的神灵起源于天体和天体现象，最早统称为"腾格里"。在成吉思汗时代，随着蒙古诸部的统一与蒙古汗国的建立，出现了统帅众腾格里天神的至上神——长生天。长生天，蒙古语称为"蒙客·腾格里"，意为"永恒的天"或"永恒的天神"。蒙古族认为长生天具有主宰世间万物的神秘力量，故予以无限的崇拜和敬仰，将其视为蒙古族萨满教的最高神明。正如《多桑蒙古史》云："鞑靼民族之信仰与迷信……皆承认有一主宰，与天合名之曰腾格里"[1]。蒙古萨满教强调长生天的至上性，但并不否定其他众神的存在。所以蒙古萨满教的神灵结构，是以"长生天"为中心，众神并存的多层次结构。蒙古萨满教长生天崇拜观念，在历史发展进程中，经过不断的丰富和完善，从原本的自然崇拜属性逐渐演化成为集自然、宗教、阶级、政治、哲学意义为一体的复合观念，对蒙古民族的思维方式、民族意识起了潜移默化的作用。

蒙古族萨满教的祭祀仪式主要有祭天、祭地、祭图腾、祭祖、祭火神等仪式。进入文明社会后，社会上出现了主持各种萨满仪式的专职人员，男性萨满勃额和女性萨满雅达干。《多桑蒙古史》载："珊蛮者，其幼稚宗教之教师也。兼幻人、解梦人、卜人、星者、医师于一身，此辈自以有其亲狎之神灵，告彼以过去现在未来之秘密。击鼓诵咒骂，逐渐激昂，以至迷惘，及神灵附身也，则舞跃瞑眩，妄言吉凶，人生大事皆询此辈巫师，信之甚切。"[2] 由于萨满们能通过巫术为人治病、占卜，更重要的是可以驾驭"神鼓"上天入地，沟通人与鬼神之间的关系，萨满教仪式即跳神仪式，就由他们主持进行。在祭祀仪式上，萨满们首先把各种神偶有规则地摆放在规定的位置上。男女萨满头戴跳神帽和面具、身穿

---

① ［瑞典］多桑著，冯承钧译《多桑蒙古史》（上册），第30页。
② ［瑞典］多桑著，冯承钧译《多桑蒙古史》（上册），第30页。

花衣、腰间别九个铜镜、脚穿软底靴，左手抓鼓右手执鼓鞭，念着祷辞祭拜神灵，在神偶面前击鼓摇镜，邀请各路神灵。直到几近昏迷，双目紧闭，周身摇晃，表现出神灵附体时的痛苦情状。人与附着萨满身上的神灵经过交流，达到人神沟通的目的。元朝诗人吴莱的《北方巫者降神歌》中："天深洞房月漆黑，巫女击鼓唱歌发。……妖狐声音共叫啸，健鹘影势同飞翻"① 的诗句，生动地描述了蒙古女萨满跳神活动。祭祀仪式在蒙古族萨满教体系中占有重要的地位，由此形成了固定的祭天、祭敖包、祭火、祭祖等宗教节日和活动。

总之，蒙古萨满教自原始社会末期产生后，进入阶级社会，在人的主观意识和佛教的影响下，由自发性的原始宗教转变为人为宗教，逐渐渗透到蒙古民族的价值观念、思维模式和行为方式的深层结构之中，积淀为一种具有鲜明民族特色的文化心理结构。②

2. 萨满教在蒙古地区的盛行及影响

萨满教是蒙古族古老的原始宗教。伴随着蒙古族的兴起、壮大，萨满教日益兴盛起来，在蒙古族意识形态领域内产生了极其重要的影响。

蒙古汗国建立以前，蒙古地区占支配地位的宗教是萨满教。在萨满教的影响下，蒙古人深信已经死去祖先的灵魂不灭，"由此世渡彼世，其生活与世同"。③并认为这些灵魂即翁衮分为善和恶两类。行过大善的人的灵魂成为善翁衮；恶人的灵魂就成为恶翁衮。善人的灵魂来世能得到平安生活，而恶人的灵魂只能停留在人世和天堂之间。于是，他们用毛毡、丝绸、木块或青铜等制成各种形态的翁衮偶像，供奉在蒙古包内，请求所崇拜的善的神灵去战胜邪恶势力，以保护人们的健康和财产，进而形成了蒙古萨满教独具特色的翁衮崇拜。此外，蒙古人还崇拜天地日月，"在山丘等地带以围栏或石头为标，在每年的春秋时节祭天。"④ 成吉思汗还"亲自封拜不儿罕山（今蒙古国肯特山），命他的子子孙孙永祀不绝。"⑤ 经常在"夏季首月红日当头"的时候出征。⑥ 这都源于萨满教对日月山川崇拜的习俗。

---

① 《渊颖吴先生文集》卷3《北方巫者降神歌》。
② 苏鲁格《蒙古族宗教史》第 26 页。
③ ［瑞典］多桑著，冯承钧译《多桑蒙古史》（上册），第 29 页。
④ ［美］柔克义译注、何高济译《鲁布鲁克东游记》，第 157 页。
⑤ 策·达木丁苏隆编译《蒙古秘史》第 103 节、第 62 页。
⑥ 贺·宝音巴图《蒙古族萨满教》第 42 页。

　　由于萨满教的主导作用，当时掌教的巫师在社会中居于重要的地位。他们宣称自己上通天神，是传达"长生天"旨意的媒介，还能占卜吉凶，预言祸福。于是他们主持传统祭祀仪式，代氏族成员求儿、求女、求五谷丰登、人畜两旺，为氏族成员治病等，受到人们的特别尊敬。在早期，萨满们参与解决部落的重大疑难问题，甚至决定首领的继承，战争与和平等。成吉思汗就曾设置"别乞"（教长），专门管理萨满事务。多桑《蒙古史》中说："古代蒙古人颇信萨满之语，即在现在，成吉思汗系诸王多信仰其人，凡有大事，非经萨满与星者意见一致者不行"。由于萨满巫师所具有的特殊社会身份，因而他们对各部民众颇具蛊惑力和号召力。成吉思汗统一蒙古诸部的事业所以能成功，同萨满巫师豁儿赤、阔阔出（帖卜腾格里）等人的支持是分不开的。公元1206年（太祖元年），成吉思汗统一蒙古各部，在登基仪式上，阔阔出宣布："长生天授命，让帖木真来统治全民族"。并对成吉思汗说："神命你（铁木真）为普世之君主。"他还将"成吉思汗"的称号授予铁木真，并且说道："神降旨说：'你的名字必须如此'。"① 巫师萨满的言辞，为铁木真披上了"君权神授"的一层炫人眼目的外衣。

　　13世纪以后，即蒙古汗国建立后，蒙古地区萨满教极为盛行。当时，蒙古族对"长生天"的信仰和崇拜极为普遍，上自皇帝、王公、贵族，下至牧民大众，在即位、战争、例行公事等一切场合都要向"长生天"祈祷。《蒙鞑备录》云："其俗最敬天地，每事必称天"。《黑鞑事略》云："其常必曰：托长生天底气力，皇帝底福荫。彼所欲为之事，则曰：天教恁地；人所已为之事，则曰：天识著。无一事不归之于天，自鞑主其民无不然。"如成吉思汗信奉萨满教，崇拜"长生天"。成吉思汗对"长生天"的信仰，主要是借以维护其统治地位，所以他总是将自己的所作所为归之于"天意"。他本人也自称"有天命的"，"天命众百姓都属我管"②，利用萨满教号召与激励士气。例如为报花剌子模杀害使者之仇，他决定率军西征。在行动之前，他先按照萨满教的仪式登山祈祷，"他独自登上一个山头，脱去帽子，以脸朝地，祈祷了三天三夜，说：'我非这场灾祸的挑起者，天赐我力量去复仇吧！'于是他下山来，策划行动，准备战争。"③

　　蒙古汗国时期，萨满教长期影响着蒙古民族的经济、政治、社会思想和民俗

---

① ［波斯］拉施特著，余大钧、周建奇译《史集》（第1卷，第1分册），第273页。
② 《元朝秘史》第202节、207节。
③ ［伊朗］志费尼著，何高济译《世界征服者》（上册），第93页。

习惯等诸方面。作为萨满教的一种宗教仪式，占卜在蒙古社会中广为流行。据《元朝秘史》记载，成吉思汗幼子拖雷之死也与此有关。窝阔台汗征金时患了大病，口不能言，痛苦万状，于是命巫师占卜，巫师说是全国的山川之神，"以山川被破，百姓被掳，放行作祟"，以致得此病。许愿奉与诸物代赎作替均不行，只有用亲族人为替身祭神，病才可望愈。窝阔台就要找其子替死，这时拖雷上前表示"请以身代之"，于是巫师念咒，使拖雷饮了神水，很快死去。① 拖雷之死是个未解之谜，但萨满巫师的巨大作用和影响，由此可见一斑。在以后的蒙古诸汗与后妃中，有不少是酷信巫术者。如史载贵由汗之皇后斡兀立海迷失"嗜巫术，终日与萨满共处"②；蒙哥汗"酷信巫觋卜筮之术，凡行事必谨叩之；殆无虚日，终不自厌也"。③ 西方教士鲁不鲁乞曾目睹蒙哥汗酷信占卜巫术的情景，在其《东游记》中作了较详尽的描述。④ 说明萨满教在蒙古统治阶级中很有市场。

　　元朝建立后，萨满教仍凌驾于各种宗教至上，元代重大的祭祀活动，如皇室祭祖、祭太庙、皇帝驾幸上都等皆由萨满主持。正如《元史·祭祀志》所说："以蒙古巫祝致辞，盖国俗也"。⑤ 蒙古巫祝（巫觋）即萨满，元文宗时，曾"为蒙古巫觋立祠"。⑥ 他们在元代政权中的地位依然十分尊崇，并起着重要的作用。据《元史》记载："每岁，太庙四祭，用司裡临官一员，名蒙古巫祝。……巫祝以蒙古语告神讫，蒙古太祝奉祝币诣燎位，献宫以下复版位载拜，礼毕。""每岁，驾幸上都，以六月二十四日祭祀，……命蒙古巫觋及蒙古、汉人秀才达官四员领其事，在告天。"⑦ 元朝中后期，藏传佛教占统治地位，但影响仅限于蒙古上层统治阶级，蒙古民间大多信奉的仍然是萨满教。萨满教的巫术活动不只在宫廷中，在民间亦可见到。元人陶宗仪云："往往见蒙古人之祷雨者惟取净水一盆，浸石子数枚而已。其大者如鸡卵，小者不等。然后默持密咒，将石子淘漉玩弄，如此良久，辄有雨。"⑧ 这也是一种萨满巫术。萨满教的观念深深地渗透在蒙古

---

① 《元朝秘史》第 272 节。
② ［瑞典］多桑著，冯承钧译《多桑蒙古史》（上册），第 263 页。
③ ［瑞典］多桑著，冯承钧译《多桑蒙古史》（上册），第 287 页。
④ ［英］道森著，吕浦、周良霄译注《出使蒙古记》，第 182—183 页、第 216—220 页。
⑤ 宋濂等《元史》卷 74《祭祀志二》。
⑥ 宋濂等《元史》卷 77《祭祀志六》。
⑦ 宋濂等《元史》卷 77《祭祀志六》。
⑧ 陶宗仪《南村辍耕录》卷 4《祷雨》。

人的思维模式和行为方式的深层结构之中。直至 16 世纪后期，黄教再次传入蒙古地区，最终结束了萨满教在蒙古族政治和社会生活中的特殊地位。

二、藏传佛教的传入与蒙古族宗教信仰的改变

蒙古族是一个开放的民族，蒙古统治者具有多元共容的宗教观。因此，对各种宗教文化历来采取兼容并蓄的政策。自成吉思汗建立汗国，至公元 1368 年（洪武元年）元朝灭亡，虽然萨满教在蒙古宫廷和民间仍占支配地位，但佛教、基督教（元代称也里可温教）、伊斯兰教、道教等同样受到礼遇，得到迅速发展。从而在蒙古民族的历史上，形成各种文化相互冲撞、相互融合的奇观。在这个过程中，佛教、基督教、伊斯兰教、道教等多种宗教文化，都在不同程度上对蒙古族产生了影响。尤其是藏传佛教影响最大。它不仅改变了蒙古族传统的宗教信仰，对蒙古族文化的发展也产生了重要的影响。

1. 蒙元时期藏传佛教的首次传入蒙古及兴盛

藏传佛教是中国佛教三大系统（南传、藏传、汉传佛教）之一，又称吐蕃佛教或喇嘛教。它形成于公元 10 世纪，是印度佛教与藏族原始宗教——苯教相结合，发展起来的一种独具高原民族特色的宗教。从 11 世纪开始陆续形成各种支派，到 15 世纪初格鲁派的形成，藏传佛教的派别分支才最终定型。主要有宁玛派、噶当派、萨迦派、噶举派和格鲁派等。蒙元时期，对蒙古社会影响较大的是噶举派和萨迦派。

13 世纪以后，随着蒙古军事力量的不断扩张，蒙古人更多地接触到外族文化与宗教。蒙古与喇嘛教的正式联系就是在这一过程中发生的。公元 1244 年，驻守在凉州（今甘肃武威市）的阔端（窝阔台之子）准备再次进兵西藏。为了使西藏顺利归附，他派遣以道尔达·达尔罕为首的使团，携带诏书邀请萨迦派第四代教主萨迦班智达（萨班·贡噶坚赞）到凉州与他会面。这一诏书，实际上是最后通牒，萨班若以年迈为由推辞，西藏地区必定受到"伤害众生"进攻。因此，无可推辞的情况下，萨迦班智达以 63 岁高龄，携带两个侄子八思巴（11岁）和恰那多青（7 岁），从后藏萨迦寺出发，前往凉州（今甘肃武威）觐见阔端，即历史上著名的"凉州会盟"。阔端与萨迦班智达会晤后，共同"议定了西藏地区归顺蒙古大汗的条件，以及纳贡赋的品种和数量等"。① 萨迦班智达还两

① 牙含章《达赖喇嘛传》第 7 页。

次致书西藏僧俗首领，即著名的《萨迦班智达致蕃人书》，最终使吐蕃归顺了蒙古，萨迦班智达为实现祖国统一大业作出了杰出的贡献。由此，蒙古与喇嘛教建立了直接的联系。

元宪宗蒙哥统治晚期，喇嘛教的影响开始渗入蒙古宫廷。据《红史》记载："蒙古大汗蒙哥听到仁波且（即噶玛拔希）之名声后，派出许多金字使者前来邀请，他见到益喜巴和那拉噶波等世间各种神祇之神幼，动身去蒙古……。"[①] 噶玛拔希是噶玛噶举派教主，经过反复思考，接受蒙哥汗的邀请。于公元1256年（宪宗六年）到哈拉和林，谨见蒙哥汗，主持了为王室成员、贵族举行的密宗灌顶仪式，"并使全体国王、百姓每月都守护，分别解脱三时戒，发菩提心，他讲解四身灌顶，使蒙古王产生善体验。"[②] 之后，噶玛拔希在哈拉和林，主持宫廷宗教活动，向王室、贵族讲解喇嘛教教义、教规，并主持修建喇嘛教寺庙。因而，在哈拉和林王室宫廷中备受尊敬，蒙哥汗发给金印一方和一顶金边黑色僧帽，赐予他噶玛拔希（即上师）尊号。"拔希"这一尊称，同后来元朝"帝师"等级相差不多，是地位很高的封号。因此，噶玛拔希传下来的转世系统，称之为噶玛噶举黑帽系。此时，蒙古宫廷已有一批喇嘛教的信奉者。随着藏传佛教在蒙古宫廷影响的渗透，蒙古统治者开始重视藏传佛教。公元1258年（宪宗八年），应佛教（喇嘛教）僧侣的要求，蒙哥命忽必烈在上都主持召开一次道教和佛教（包括喇嘛教）的辩论大会，史称"佛道之争"。这次大会是决定道教和佛教胜负的关键性大会。因此，大会的规模之大，人数之多，都是空前的，而且蒙哥和忽必烈极为重视。在这次辩论会上，除克什米尔高僧那摩外，西藏高僧八思巴高度发挥了佛教的论理学说，驳倒了道教的很多论点，对佛教的取胜起了决定性的作用。[③] 从此，佛教在元朝宫廷中的影响和地位得到很大的提高，八思巴因而赢得了忽必烈的更加信任和尊敬。

忽必烈时代，蒙古统治者虽容许其他宗教并存，但已开始偏重藏传佛教。《多桑蒙古史》载："成吉思汗之后人，首先偏重一种宗教者，盖为忽必烈也。时忽必烈业已皈依佛教，而佛教开始传布于蒙古人中。"[④] 至公元1260年（中统元年）忽必烈继位，立即授封八思巴为"国师"尊号，授赐"灌顶国师"玉印，

① 蔡巴·贡噶多吉著，东嘎·罗桑赤列校注，陈庆英、周润年译《红史》，第81页。
② 蔡巴·贡噶多吉著，东嘎·罗桑赤列校注，陈庆英、周润年译《红史》，第81页。
③ 德勒格《内蒙古喇嘛教史》。
④ ［瑞典］多桑著、冯承钧译《多桑蒙古史》（上册），第296页。

正式确立藏传佛教为国教。这一政策一直延续到元末。公元 1264 年（至元元年）忽必烈迁都大都，又以八思巴领总制院事，管理全国佛教事务，并将西藏地方的政教两权正式授予萨迦法王管理，使萨迦法王成为西藏地区最高统治者。公元 1270 年（至元七年），晋封八思巴为帝师。这是忽必烈开始放弃成吉思汗关于"同等对待各类宗教"的遗嘱，偏向于喇嘛教，而且企图改变蒙古民族原始宗教信仰（放弃对萨满教的信仰）的开端。

在蒙古统治者的尊崇和倡导下，元代喇嘛教在朝廷中的地位最高，备极尊荣。"百年之间，朝廷所以敬礼而尊信之者，无所不用至。虽帝后妃主，皆因受戒而为之膜拜。"[1] 灌顶受戒、崇奉藏传佛教一时成为元朝皇室和达官显贵的时尚。全国各地大肆兴建寺庙，皇室宫殿大搞佛事活动，喇嘛教僧侣享有各种政治、经济等特权。国库开支越来越大，对元代的政治、经济造成了不良的影响。不过，元代的藏传佛教只是在蒙古族上层贵族集团中受到信奉，属于宫廷贵族信奉的宗教，在整个蒙古民族中影响不深。蒙古民族普遍信仰的仍是萨满教。所以，元朝灭亡后藏传佛教的影响也很快消失了。

2. 16 世纪藏传佛教的再次传入及对蒙古社会的重要影响

元代藏传佛教虽然没能在蒙古社会广泛传播，但蒙古与西藏地区之间的宗教上的联系，为明代藏传佛教再次传入蒙古奠定了基础。

藏传佛教第二次传入蒙古地区，是 16 世纪后半期，在阿勒坦汗的扶持和倡导下，兴盛和发展起来的，而且是以（格鲁派）黄教形式传播进来的。格鲁派是西藏喇嘛教中最后兴起的一个大教派。其创始人宗喀巴，原名罗桑扎巴，公元 1357 年（至正十七年）出生于青海湟中，少年赴藏，经过十余年的时间，系统学习和研究了西藏各教派的教法理论，成为一个通达经典，造诣极深的僧人。15 世纪初，他针对喇嘛教内萨迦、噶举等派奢侈腐化、戒律废弛，提倡苦行苦修，严格戒律，倡导宗教改革，在西藏帕竹政权的支持下，创立了"格鲁派"。当时宗喀巴头戴一顶黄色尖顶僧帽进行讲经传法，其门徒也戴黄帽，身着黄色衣服，故格鲁派被俗称为黄帽派或黄教。16 世纪中叶，西藏各大僧侣封建主集团之间斗争激烈，支持黄教的帕竹地方政权日益衰落，至三世达赖索南嘉措时，格鲁派危机四伏，开始对外寻找依靠势力。而此时蒙古封建主阿勒坦汗的势力已经扩展到甘、青、康地区，并准备向西藏地区发展，也需要西藏内部政权势力的支持。

---

① 《元史》卷 202《释老志》。

这样，中断二百余年的蒙古与西藏的联系再次出现了延续的契机。

16 世纪 50 年代，土默特万户阿勒坦汗在整个蒙古最为强盛，已成为右翼三万户实际上的盟主。他出入长城内外，转战大漠南北，西拓河西、青海，东服土、速（指察哈尔的图们汗和内喀尔喀的速巴亥），已不满足于"土谢图彻辰汗"意为"全蒙古所倚恃的聪明大汗"、"雄圣大汗"等尊称，而要统一蒙古诸都、取代大汗，"永长北方诸部"。① 但蒙古汗统嫡长继承制的传统观念却使他不能嬗越，阿勒坦汗只能做"藩屏"。传统的观念与其政治理想相违背，他迫切需要理论武器，而陈旧的以信奉天命为特征的萨满教已不能满足新形势的需要，他希望有崭新的思想体系、文化观念支持他的政治目的。尤其 16 世纪 70 年代，随着与明朝通贡互市的实现和在河西、青海统治的确立，他的势力更加强大，这种需要更加迫切。据蒙文版《俺答汗传》载，他"怀念八思巴喇嘛与彻辰汗（忽必烈）二人建立的无以伦比的经教之朝，日不忘，夜不寐。"② 于是，公元 1571 年（隆庆五年）阿勒坦汗与素有"额齐格喇嘛"（即蒙古喇嘛教之父）之称的格鲁派高僧阿兴喇嘛进行会晤。在这次历史性的会晤中，阿兴喇嘛援引历史，有意把阿勒坦汗比作忽必烈汗的化身。阿兴喇嘛详细解释了佛教"三宝、六道、八戒"的具体含义，对佛教经典《甘珠尔》、《丹珠尔》作了简明介绍。尤其是劝告阿勒坦汗与格鲁派宗教领袖索南嘉措直接取得联系。阿勒坦汗对此欣然接受，并作出立即派人赴藏迎请索南嘉措的决定。1574 年（万历二年），选派义子达云恰为首的特使，携带大批贵重礼品，赴藏恭请参拜索南嘉措活佛。阿勒坦汗的皈依和邀请为索南嘉措和"护教的"比格尔汗所接受。索南嘉措正式向使者宣布他和阿勒坦汗分别为八思巴和忽必烈的化身。这意味着格鲁派领袖决心依靠蒙古，振兴黄教。

为了迎接索南嘉措的到来，阿勒坦汗于公元 1575 年（万历三年），在青海湖畔特意兴建了规模宏大、建筑华丽的黄教寺院"察卜恰勒庙"。明神宗为此资助建筑材料并赐名"仰华寺"。1578 年（万历六年）五月，阿勒坦汗与索南嘉措在察卜恰勒庙会晤，举行了有蒙、藏、维、汉等各族人众多达十万人参加的盛大法会。这次大会开创了蒙藏关系史和蒙古佛教史的新时期。在法会上，阿勒坦汗尊

---

① 张廷玉等《明史》卷 327《鞑靼传》。
② 珠荣嘎译《阿勒坦汗传》第 17 页。

称索南嘉措为"圣识一切瓦齐尔达赖喇嘛"（意即法海无边伟大的上师）[1]。这便是蒙藏合璧的黄教僧侣最高称谓"达赖喇嘛"的由来。索南嘉措活佛往上追称两世，自称三世达赖喇嘛。从此，"达赖喇嘛"的转世和尊号形成制度延续下来。索南嘉措活佛宣布佛教"转世论"与"佛授转轮主权"于阿勒坦汗。即阿勒坦汗是转轮王成吉思汗、忽必烈汗的转世，他的转世是佛的旨意。尊阿勒坦汗为"转千金轮咱克喇瓦尔第彻辰汗"[2]，尊号与忽必烈汗相同（意即睿智贤明的转轮王）。这样，与萨满教"天命思想"、"天赋汗权"相对应，索南嘉措以佛教转世学说支持阿勒坦汗雄踞蒙古、驾驭蒙古的崇高地位，以宗教形式使阿勒坦汗非嫡长的汗位继承合理合法化。在此基础上，阿勒坦汗效法忽必烈实行政教两种制度平行的政策，颁布了推行黄教的法律《十善福经法》，从法律角度确立了黄教的统治地位。"蒙古敬信黄教，实始于俺答。"[3] 从此喇嘛教在蒙古各地广泛传播开来。直至阿勒坦汗的曾孙四世达赖云丹嘉措时，"夷人愈益崇佛不倦"[4]，黄教在蒙古得到充分发展。

喇嘛教是适应封建领主经济发展而产生的新型宗教，它比萨满教更适合于维持封建经济的基础。它的传入，使古老静谧的草原发生了深刻的变化，对蒙古族文化产生了深远重大的影响。

首先，改变蒙古族的宗教信仰，喇嘛教代替萨满教成为蒙古族普遍信奉的宗教。

萨满教是蒙古族原始的宗教信仰，黄教传入蒙古后，便排斥、打击这一蒙古传统宗教。在1578年察卜恰勒大会上阿勒坦汗就规定：禁绝萨满教，保护喇嘛僧侣。废除萨满教杀生祭祀做法，以黄教的诵经、敬佛等仪式代替萨满教的祭祀仪式，焚毁一切翁衮像，以黄教的六臂观音圣像取代翁衮，供佛时只供三白（牛奶、奶油、奶酪）。而且在大会上，阿勒坦汗还依照达赖喇嘛的意图，将自己身上所带的"翁衮"偶像投进火中，进行焚烧，表示取缔萨满教和信仰黄教的决心。在阿勒坦汗的极力推行下，皈依喇嘛教的蒙古领主也纷纷效法，东蒙古和西蒙古卫拉特地区进行镇压萨满教的活动。如卫拉特部和硕特布首领巴噶斯的义子咱雅班第达高僧下令禁止萨满教的活动，惩罚敢于犯戒的人民。科尔沁部土谢图汗为禁绝萨满教，以物质奖励的方法推动民众信仰喇嘛教，致使贫苦蒙古牧民争

---

①　萨囊彻辰著、道润梯步译注《蒙古源流》卷4。
②　萨囊彻辰著、道润梯步译注《蒙古源流》卷6。
③　魏源《圣武记》卷12。
④　薄音湖、王雄点校《明代蒙古汉籍史料汇编》（第2辑），第242页。

相学习、背诵经文，纷纷烧毁翁衮像，成为黄教虔诚的信徒。为了进一步战胜萨满教，黄教还十分注重改造、融合萨满教，吸收其有效部分为己所用。如萨满教盛行血祭，封建主"死之日，尽杀其所爱仆、妾、良马，如秦穆殉葬之意"，黄教废除这一恶习，"埋葬杀伤之惨，颇改易焉"①，深受蒙古人欢迎。将萨满教祭火、祭天地等内容和仪式；特别是将对成吉思汗的崇拜纳入黄教信仰中，迎合蒙古人的心理与风俗，有利于黄教广泛、深入的传播。黄教的这种适应性，是它在蒙古地区迅速站稳脚跟的关键因素。

这样，自阿勒坦汗倡导的黄教在蒙古地区传播以来，不仅上层贵族渴望灵魂的解脱，以诵经为业，广大牧民亦捧香瞻拜，"颇尚佛教，其幕中居祀一佛像，饮食必祭，出入必拜。"② 蒙古民族的宗教信仰发生了重大的转变。藏传佛教格鲁派以它改革后全新的姿态，在不到半个世纪的时间内，迅速征服了蒙古诸部，最终战胜萨满教，成为蒙古族唯一信仰的国教。

第二，推动蒙古地区寺院建筑的发展。

黄教"轮回转世"的伦理学说，适应了蒙古封建领主建立并维护汗权的政治需要。为了利用喇嘛教的影响维护和巩固自己的统治地位，蒙古封建统治者大力扶持和发展喇嘛教，广建寺庙。公元1580年（万历八年），阿勒坦汗兴建蒙古地区著名的黄教大寺院"大召"。③ 明廷命名为"弘慈寺"，因寺钟供奉银制释迦牟尼像，所以也称"银佛寺"。1586年（万历十四年）达赖三世索南嘉措应邀来到呼和浩特，亲临大召，主持了大召的"开光法会"，从此大召成为漠南蒙古著名的寺院。之后，在阿勒坦汗的影响下，他的子孙、土默特部的封建贵族、诺颜们，纷纷修建寺庙，塑造佛像，供奉喇嘛。在短短几十年内，仅土默特地区，就兴建了席勒图召（延寿寺）、小召（崇福寺）、乌苏图召（庆缘寺）、美岱召（灵寿寺）等金碧辉煌的大寺庙。蒙古其他地区建寺之风也很兴盛，在鄂尔多斯地区，库图克台彻辰洪台吉等封建贵族修建了锡伯尔庙、伊克昭（王爱召）、准格召（西召）。喀尔喀阿巴岱汗于1586年在哈拉和林，兴建了喀尔喀地区第一座格鲁派大寺庙——额尔德尼召（光显寺）。察哈尔林丹汗建立察罕召为察哈尔地区的宗教中心。这些寺庙是当时喇嘛教传播的中心，不仅数量多，而且还具有较高

---

① 薄音湖、王雄点校《明代蒙古汉籍史料汇编》（第2辑），第240页。
② 薄音湖、王雄点校《明代蒙古汉籍史料汇编》（第2辑），第241页。
③ 《明神宗实录·万历八年十二月辛丑》。

的建筑技术与艺术价值，标志着明代蒙古地区寺院建筑有较大的发展。其中最具代表性的是美岱召。

美岱召位于今包头市土默特右旗境内，是内蒙古自治区保存较为完整的藏传佛教寺庙类古建筑群。现为全国重点文物保护单位，是国家3A级旅游景区。美岱召由明代蒙古土默特部首领阿勒坦汗和其妻三娘子主持修建，原名为"灵觉寺"。后因1604年（万历三十二年），西藏高僧迈达哩·呼图克图活佛作为达赖喇嘛在蒙古地方的全权代表，来到呼和浩特，曾为美岱召的弥勒佛像主持开光仪式并在此坐床，由此人们便将这座寺庙称为"迈达哩召"，汉译为"美岱召"。清代更名为"寿灵寺"。

美岱召建筑规划独特，是一座"城寺合一"的建筑群。美岱召原是阿勒坦汗作为政治中心修建的，曾经为"大明金国"的都城。明人瞿九思之《万历武功录》载：公元1565年（嘉靖四十四年），"僭称俺答为皇帝，驱我汉人，修大板升城，创起长朝殿九重，期五月既望日上梁。……天会怒，大风从西南起，梁折击主谋宋良儿等八人。答畏，弗敢居。"次年，"复起朝殿及寝殿凡七重。东南建仓房凡三重，城上起滴水楼五重，会画工绘龙凤五彩，艳甚。"[1] 藏传佛教传入后，在城中建庙，因而被称为"城寺"。美岱召略呈不规则正方形，四周筑有高厚的城墙。正门（南门）即泰和门为城门，城墙四角筑有重檐角楼。城门上方镶嵌有一块石匾，刻有"金国"二字，正文为"皇图巩固、帝道咸宁、万民乐业、四海澄清"，"大明金国丙午年戊戌月己巳日庚午时建"（公元1606年刻）。上面记载了阿勒坦汗之孙媳乌兰姣吉于公元1606年（万历三十四年）起盖灵觉寺泰和门一事。据此可知，美岱召的汉语原名为"灵觉寺"，是大明金国唯一有文字实物可考的城址。

美岱召文化内涵深厚，体现了蒙藏汉文化的相互交融，具有重要的历史价值。美岱召是16世纪后期蒙古社会文化发展的缩影。作为其一大特色的召内壁画形象地描绘了明朝时期蒙古金国政治、宗教发展状况，被誉为壁画博物馆。如召内最宏伟的建筑——大雄宝殿内四周壁画从腰线部分一直到天花板，场面宏大，构图丰满。其中殿内西墙上一组描绘蒙古族崇佛场面的壁画最引人注目。壁画正中端坐着阿勒坦汗及其夫人三娘子，画像中的人物颜面丰满，体态雍容，将佛境与世俗交融，反映了藏传佛教传入蒙古并盛行的历史事实。太后庙内的壁画

---

[1] 瞿九思《万历武功录》卷7《俺答列传中》。

则绘有布袋和尚与汉族、蒙古儿童玩耍及汉族儿童进行蒙古式摔跤的场面，表现了当时蒙汉文化交流的深入。另外，作为供养人被绘于壁画中的众多人物以及他们丰富多彩的服饰、器物等，都是研究16至17世纪蒙古人生活习俗、崇佛、服饰方面的极为重要的资料。

美岱召融合蒙汉藏风格而建，具有较高的建筑艺术。城内主要建筑大雄宝殿为三座重檐歇山式建筑，它的东西南三面围有藏式白墙，墙上有八思巴文的六字真言图案装饰，突出地体现了蒙、汉、藏三种形式相结合的建筑风格。其前殿经堂为典型藏式建筑，平顶方形，四壁绘有十八罗汉等壁画。由经堂进入主殿，殿内20多米高的金柱一贯到顶，巨大的金柱上用沥粉贴金绘制五爪盘龙，体现了汉式传统的建筑风格。大雄宝殿后方有一座三层歇山式的楼阁——三佛殿，面阔三间，底层正中开门，两侧无窗。大雄宝殿西部矗立着一座二层方形藏式小楼，在建筑群中别具一格。它的墙体雪白，屋顶正中及四角装饰有法轮及宝幢，此殿名乃春庙。这里曾经是迈达哩·呼图克图居住的地方。大雄宝殿东北侧有一座重檐歇山顶式的庙堂，称为太后庙。美岱召集藏汉蒙式建筑为一体，整体建筑布局合理，设计新颖，代表了当时蒙古族较高的寺院建筑水平。

美岱召作为16世纪后期阿勒坦汗家族的统治中心以及藏传佛教再度传入蒙古地区的重要弘法中心，与其他黄教寺院一样，具有重要的历史地位和价值。它们不仅是研究蒙古族历史、佛教史、蒙藏文化交流史极其重要的资料，也是研究明代蒙古族建筑史和美术史的珍贵实物遗存。

第三，促进蒙藏文化交流，丰富了蒙古族文化的内容。

明朝中叶以后，社会稳定，经济恢复，加上黄教的传入，蒙古社会的文化教育较快地发展起来。当时教育主要有私塾授学、寺院教育以及选派子弟出家到西藏学习经典等形式。其中寺院教育是随着黄教寺院建立后兴起的，十分发达且占重要的地位。在一些大的寺院中，也仿照西藏逐渐设立各种学部，学习蒙、藏文字，传习经典、佛教哲学以及医学、天文、历法、占卜等，传播藏族先进的文化。选送子弟出家入藏学经，也是受教育的一个途径。如卫拉特的拜巴噶斯等一次就选送230余名童僧入藏学习。学成归来的僧人在蒙古僧俗界颇受尊崇，有的还成为寺院的活佛和主持。这样，一些蒙古族学者不仅懂蒙古文，也学会了藏文，如鄂尔多斯部的库图克台彻辰洪台吉"兼通番汉佛经"[①]，掌握蒙、汉、藏

---

① 瞿九思《万历武功录》卷8《俺答列传下》。

多种文字，博习佛教经典。一些到蒙古地区传教的藏僧也学会了蒙古文。三世达赖喇嘛到青海仰华寺时，斡齐尔托密欢津等担任蒙藏语翻译。蒙古地区涌现了一些著名的精通蒙藏文的翻译家，这不仅推动蒙古地区蒙藏文的翻译活动的兴盛，也为蒙藏文化交流做出了重要的贡献。

随着黄教的传播，大量藏文佛经也传入蒙古地区。蒙古封建贵族为了表示自己对喇嘛教的虔诚，不仅大量修建寺院，迎请佛僧，抄写佛典，还非常重视佛教的翻译工作。阿勒坦汗时，库库和屯已经成为喇嘛教活动和翻译佛经的中心。公元1579年（万历七年）按照阿勒坦汗的命令，西藏喇嘛重新翻译了《佛说金光明权柄经皇》大乘经。这部经典的翻译者在跋语中首次提到"转千轮金法轮咱克喇瓦尔第彻辰汗俺答"的称号。1586年（万历十四年），三世达赖曾应阿勒坦汗之子僧格都隆邀请，前来哈喇嗔部弘扬黄教。随行的藏族及蒙古族喇嘛，大部分在该地定居下来，使哈喇嗔地区成为黄教发展和翻译的另一个中心。按照三世达赖的指令，僧侣们翻译了各种藏文经典。哈喇嗔部著名佛教经典翻译家阿尤喜固什，于1587年（万历十五年）编纂了记写梵、藏语音节的基本教科书《阿哩嘎里》和类似的语法书。[1]另外，他还创办一所译师学堂，培养了大批本民族僧俗翻译人才。这些学生在阿尤喜固什主持下，不仅把许多重要的藏文佛教经典译成蒙文，并且还将印度梵文经典译成蒙文，进一步推动了蒙藏文化的交流。

明代后期，蒙藏文化交流一个巨大的成绩是对《甘珠尔经》的译成。公元1602—1607年（万历三十年——三十五年）土默特部那木岱彻辰汗即第三代顺义王扯力克，与三娘子、素囊洪台吉组织锡勒图固什绰尔吉（三世达赖的弟子）、阿尤喜固什等杰出的蒙藏学者，完成了108函《甘珠尔经》的蒙文翻译。[2]16世纪末，察哈尔图们汗也开始组织用蒙古文翻译《甘珠尔经》。1628年至1629年（崇祯元年至二年）在林丹汗的领导下，由班第达睿智文殊师利贡嘎敖斯尔等主持，汇集35名蒙藏学者，在前人翻译《甘珠尔经》的基础上，进行补译、校勘、整理和汇编，最终完成这项工作。《甘珠尔经》的蒙文译经活动有力地推动了喇嘛教在蒙古地区的传播与发展，对蒙古族文化的发展、蒙藏文化交流也产生了重要的影响。在翻译《甘珠尔经》的过程中，收集了蒙古固有的大量词汇，吸收了不少西藏以及印度的语词，使蒙古文字和语法进一步规范化、严密化，并丰富了

---

[1]　曹永年主编《内蒙古通史》（第2卷），第515页。
[2]　义都合西格主编《蒙古民族通史》（第3卷），第404页。

蒙古语言词汇，对后来的翻译工作和文学语言的发展起了积极的作用。

　　在蒙、汉、藏经济文化交流的高潮中，藏传佛教还影响了蒙古文化其他各个方面。公元1578至1581年（万历六年至九年），土默特部首领阿勒坦汗调整蒙古原有的习惯法，吸收部分汉、藏刑律，主持制定了一部《阿勒坦汗法典》，亦称《俺答汗法典》①。法典由前言和刑法两大部分构成。前言中肯定了佛教、达赖喇嘛的神圣地位以及阿勒坦汗的地位和《法典》的效力。刑法规定了人命案、伤残案、盗窃案、夫妻家庭纠纷、主奴纠纷等处罚条款。与原有的习惯法比较，具有一定的进步性。随着佛教经典的翻译、刻印，蒙古族哲学、文学、史学注入新的内容。16世纪末以后蒙古哲学、文学、史学著作无不打上佛教的烙印。这一时期史学与文学名著《阿勒坦汗》所反映的就是黄教传入蒙古以后，正统的蒙古封建史学观。《白史》则集中反映了黄教佛教传入后，蒙古社会政教合一的重要原则和规定。另外，藏族古老医学也随着许多精通藏医的西藏佛教僧侣传入蒙古草原。由于藏医对症性或符咒性的医术远远胜过原来萨满教的跳神与祈祷，在蒙古流传的过程中，改造并扬弃了蒙医某些落后的医疗手段，推动了蒙古医学的发展。

　　黄教传入初期，由于印藏文化的传入，促进了蒙古文化的发展，寺庙成为文化传播的据点。但是，佛教使人脱离现实憧憬来世，不思进取，其消极作用越来越明显，尤其对社会经济的影响越来越大。

　　第四，产生了特殊的僧侣阶层，消解蒙古族尚武的精神。

　　在元代，虽从忽必烈时开始改宗佛教，然而佛教并没有普及到蒙古民间，因此元代没有构成一个僧侣阶层。而明代后期藏传佛教再次传入后，给蒙古社会带来了一个重要的影响，即促进蒙古人大量出家为僧，在蒙古地区出现了格鲁派阶层这一前所未有的社会政治现象。这与阿勒坦汗采取独尊格鲁派宗教政策有着密切的关系。

　　在公元1578年举行的察卜恰勒庙会上，阿勒坦汗等蒙古领主率众进行庄严的入教仪式，皈依佛门，由三世达赖喇嘛索南嘉措当场为众僧剃度。当时蒙古受戒者多达1000人，仅土默特部就有108人出家为僧。这为蒙古贵族信奉黄教起了重要的示范作用。并且为了提高格鲁派僧侣在蒙古社会的政治与社会地位，还规定喇嘛教僧侣与蒙古贵族相同的级别，"绰尔济职务与黄台吉同；蓝占巴、噶

---

① 曹永年主编《内蒙古通史》（第2卷），第512页。

卜出等与台吉同；格隆等与拓不能、欢津、太师、宰桑同；比丘、尼姑、优婆塞、邬婆斯迦等与王领属民相同。"① 在西藏各大寺院的主持叫"堪布"，"绰尔济"是"堪布"下的副主持，其主要的职责是管理自己的寺院，在整个格鲁派高僧中地位并不显赫。但在蒙古地区，"绰尔济"的地位却与阿勒坦汗的直系子孙"黄台吉"（汉语"皇太子"）相同，格鲁派僧人中蓝占巴、噶卜出等佛学人物，也取得了与蒙古台吉（王子家的子孙）相同的地位。不仅如此，以上四种格鲁派僧侣也获得了"免派征战、狩猎的差役，免除贡赋"② 等特权。这样，黄教上层喇嘛获得与世俗贵族等同的政治地位和特权，他们广占土地、牧畜和属民，逐渐形成了一个拥有特权的僧侣阶层，与俗世贵族形成了近代蒙古封建制度的两大支柱，共同操纵着蒙古的政治。这是在蒙古政治社会史上的一大变动。

　　对于统治阶级来说，宗教是控制民众最重要的精神手段之一。蒙古封建统治者最初把黄教作为争夺汗权的理论根据，进而作为巩固封建统治的思想武器，维护社会秩序的精神支柱，所以极力提高黄教的政治和社会地位。在黄教僧侣独尊的政治地位和优越的社会地位的吸引下，大量的蒙古贵族和民众出家为僧，崇佛敬神，成为社会生活中必不可少的组成部分，以至于蒙古人"富者每特庙祀之，请僧诵经，捧香瞻拜，无日不然也。所得市银，皆以铸佛、铸浮图。自房王以下至诸夷，见佛、见喇嘛无不五拜五叩首者，喇嘛唯以左手摩其顶而已。且无论男女老幼，亦往往手持念珠而不释也。又有以金银为小盒，高可二三寸许，藏经其中，佩之左腋下，即坐卧寝食不释也……。"③ 凡事必守黄教戒律，不可稍加违背。在这种宗教至上的环境里，蒙古下层平民百姓安于现状，唯求来世的解脱，蒙古族逐渐丧失了勇武善战的素质，从而造成蒙古社会军事力量不断削弱，生产力日趋减少，严重阻碍了蒙古社会经济的发展。以致外国史学家格鲁塞也发出感叹："十六世纪末，再度高唱成吉思汗史诗的人们，已不可思议地沉溺于宗教的惰性中，专门埋头于养肥那些喇嘛。"④ 清朝统治者之所以能够征服蒙古，黄教起了很大的作用。

　　综上，黄教传入初期，由于印藏文化的传入，寺庙成为文化传播的据点，促进了蒙古文化的发展，推动了蒙古地区寺院建筑的发展，并且黄教宣扬以慈悲为

---

① 乌兰《蒙古源流研究》第429页。
② 乌兰《蒙古源流研究》第430页。
③ 薄音湖、王雄点校《明代蒙古汉籍史料汇编》（第2辑），第241页。
④ ［法］雷纳·格鲁塞著，魏英邦译《草原帝国史》卷594。

怀，不杀生，废除了萨满教祭祀仪式中血祭的恶习。特别是殉葬制度的取缔，对蒙古社会的文明发展起到一定的推动作用。但是黄教毕竟是封建社会上层建筑的一部分，它不可能在根本上改变蒙古社会文化落后的状况。它使蒙古人脱离现实憧憬来世，不思进取，对于蒙古社会所起的消极作用是巨大的。尤其到清代，这种消极作用更为明显。

三、蒙古族丰富的精神文化成果

1. 蒙古族文字

史载："蒙古俗无文籍，或约之以言，或刻木为契。"[①] 同其他民族一样，蒙古族也经历过漫长的无文字阶段。13世纪初，蒙古攻灭乃蛮后，俘获了乃蛮王的掌印官塔塔统阿。成吉思汗命其借用畏兀儿文字母创制了蒙古文字[②]。从此，蒙古人开始有了自己的文字——畏兀儿体蒙古文（当时称为蒙古畏兀字）。这是蒙古族文化史上具有划时代意义的事件，标志着蒙古民族在文明化进程中迈进了一大步。[③]

畏兀儿体蒙古文是蒙古族最早的民族文字。它同当时的蒙古语口语基本一致，是以合木黑蒙古语方言为基础，而且是一种拼音文字，自左向右竖写，计有14个原字符号，多数原字符号都具有一字多音的功能。这种文字创制后，成为蒙古汗国初期的官方通用文字。成吉思汗任命失吉忽秃忽为也客札鲁忽赤（大断事官），以蒙古畏兀字"凡断之事，写在青册"。此外，还用这种文字来刻制印玺，发布命令，登记人户的分配，编集成文法（大札撒）等，成为加强统治的有力工具。

忽必烈统治时期，受佛教文化的影响，命帝师西藏萨迦派喇嘛八思巴，用梵、藏文字母创制新字。公元1269年（中统十年）制成新字，时称"蒙古新字"、"国字"，也称"八思巴字"。它是用来"译写一切文字"的通用文字，不但音写蒙古语，而且音写汉语。其基本字母有41个，加上记写其它语言的增补符号可达到56个。这是中国历史上最早通用的"音标"性的拼音文字，但是这种文字终因不合蒙古语发展规律，很难为大多数蒙古人所接受，故其使用范围也

---

① 李志常《长春真人西游记》卷上。
② 宋濂《元史》卷124《塔塔统阿传》。
③ 朋·乌恩《蒙古族文化研究》，第13—14页。

仅限于元朝发布的官方文书等，以后渐不通用。这样，民间广泛使用畏兀儿体蒙文，并促进其不断发展和改进。

14 世纪初，元成宗时著名的蒙古语言学家搠思斡节尔对畏兀儿体蒙古文加以改进，写成第一部蒙古语语法书《蒙文启蒙》（又译《心箍》）。这部书制定了规范的蒙古字正字法和正音法，使畏兀儿体蒙古文成为更便于推广的文字，沿用至今。现在所能看到的最早的畏吾体蒙古文遗存，是《移相哥碑》（又称"成吉思汗石"）。它是为记载公元 1225 年（太祖十九年）举行的那达慕活动而建立的。

北元时期，蒙古语言文字获得创造性的发展。公元 1648 年（顺治五年），卫拉特蒙古和硕特部著名高僧和学者咱雅班第达为准确表达卫拉特方言，对畏兀儿体蒙古文进行改造，创制了托忒文，又称卫拉特文，通行于西蒙古地区。蒙古人称之为"托忒·必扯克"，意为"明确的文字"。在创制托忒文时，吸收了卫拉特方言，密切了书面语和口语之间的关系，还增加了元音字母和辅音字母。因此托忒文能够比较清楚地表达卫拉特的语音，也更接近于口语，通行至今。

蒙古文的创制和使用是蒙古族对北方草原文化极具代表性的传承，它对蒙古族共同体的形成，对推动蒙古族政治、经济，尤其对教育、科学文化的发展和繁荣，具有特别重要的意义。

2. 蒙古族教育

蒙古族是一个尚武的民族，同时也是一个重视文化教育的民族。在长期的军事征战中，蒙古统治者逐步意识到"文治"，特别是汉法与儒学对巩固统治的重要性。所以从元太宗窝阔台起，相继颁布了一系列发展教育的诏令，有力地推动了蒙古族文化教育事业的发展。

窝阔台始定中原，即议建学校、设科取士，并于公元 1234 年（太宗六年），"设国子总政及提举宫，命贵臣子弟入学受业"[①]。忽必烈建立元朝后，为了扭转"武功迭兴，文治多缺"的局面，又陆续颁布减免儒人差发、设提举学校官及教授等系列诏令。1262 年（中统二年）始命置诸路学校官，"凡诸生进修者，严加训诲，务使成材，以备选用。"1269 年（至元六年），置诸路蒙古字学。1271 年（至元八年），始下诏立京师蒙古国子学，教习诸生，"于随朝蒙古、汉人百官及

[①]　《元史》卷 81《选举志》。

怯薛歹官员，选子弟俊秀者入学。"1334 年（顺帝元统二年）"诏内外兴举学校"①，1335 年（至元元年），正式成立蒙古国子监。为进一步规范学校教育，1291 年（至元二十八年），确定师资技术职称，属朝廷一级任命的曰教授，礼部、行省及宣慰司任命的曰学正、山长、学录、教谕。当时，中央设有蒙古司业、蒙古博士、助教、教授、学正等学官，地方诸路设有蒙古学正、蒙古字学教授，掌管教学事宜，保证了全国教育的顺利发展。

元代，儒学与蒙古族教育有着密切联系，是蒙古族教育的重要组成部分。当时，学校教育的内容主要是蒙文译写的《通鉴节要》以及《孝经》、《小学》、《论语》、《孟子》、《大学》、《中庸》、《诗》、《书》、《礼记》、《周礼》等儒家经典，另外还兼学算术，体现了汉族儒学和蒙古传统教育的双重特点。教育格局以上都为中心，地方诸路为基础。由于政府在政策、机构、经费上的大力支持，上都的教育呈现出繁盛的局面，地方诸路的教育也得到相应的发展，尤其以阴山地域汪古部发展最为突出。

元代阴山汪古部领地是一个民族杂居的地区，流行多种语言文字。据《遗山文集·恒州刺史马君神道碑》记载，当时丰州"通行六国语言"。在东胜州出土的铜权上，铸有汉字、八思巴字、畏兀儿体蒙古文和波斯字的铭文，在德宁路古城东，发现一块用古叙利亚文、畏兀儿体蒙古文和汉文三种文字写成的墓碑，可见这些种文字都是大青山北部流行的文字②，同时也说明阴山汪古部运用多种语言教学，是一个文化素质很高的部族。

当时汪古部首领十分重视儒学。在首府阿伦苏木古城曾发现一块名为《王傅德风堂碑》的汉文石碑。该碑文撰人为前净州路儒学教授臣三山林子良奉赵王旨意撰写的。堂名"德风"，即取《论语》"君子之德风，小人之德草，风下之草必偃"之意，碑文称汪古部首领马札罕"崇敬三教"（佛、道、儒），足见汪古部首领马札罕对儒学的态度。净州路故城内，原存孔子庙碑，立于城内西南隅一处院落内，这里应即儒学和孔庙遗址，石碑上镌刻有大德十一年加封孔子制诏。集宁路也是汪古部重要的教育中心之一。元代集宁路故城（今察右前旗巴彦塔拉乡土城子）内北部正中有方形墙垣一处，东西宽 70 米，南北长 70 米，其南墙正中有门，门内西侧立"集宁文宣王庙学碑"。无疑，这是集宁路儒学遗址。元集

---

① 《元史》卷 38《顺帝纪》。
② 盖山林《阴山汪古》，第 249 页。

宁路文宣王庙碑高9尺、宽约4尺，正面记载了加封孔子制诏，背面记载了赵王下令拨款修建庙学的经过①。当时集宁路儒学曾经有过一名教授、一名学正、一名学录、一名教谕，说明集宁路儒学有相当规模。

东胜、云内州、丰州等地，教育也颇具规模。耶律楚材、刘秉忠等都先后光临上述地方，留下大量诗篇。耶律楚材在《周敬之修夫子庙》诗中写道："天皇有意用吾儒，四海钦风尽读书。可爱风流贤太守，天山创起仲尼居。"又在《云中重修宣圣庙》诗中写道："槐宫悉混玉石焚，庙貌依然惟古云。须仗吾侪更修葺，休教风世丧斯文"。② 比较真实地记录了阴山地域教育发展的基本情况。

由于汪古部对教育的高度重视，汪古部中涌现出不少擅长儒学、具有深厚文化功底的人物。如汪古部首领阔里吉思是元朝勋贵中少有的"文武兼资"著名人物，阎复的《驸马高唐忠献王碑》就是专为他而作。碑文称赞他："崇儒重道，出于天性。兴学建庙，集经史，筑万卷堂于私第，讲明义理，阴阳术数靡不经意。"汪世显后裔汪惟正"藏书二万卷。喜从文士，论议古今治乱"，也是一个汉文功底很深的人。汪古部最著名文士是马祖常和赵世延。马祖常"工于文章，空瞻而精核，务去陈言，专以先秦两汉为准，而成一家之言，尤致力于诗，圆密清丽，大篇短章，无不可传者"。被文宗誉为"中原硕儒"③。赵世延与虞集等撰修《皇朝经世大典》，并校定律令。其文"波澜浩瀚，一根于理"，有《风宪宏纲》行于世④。这些人都为元代文化的发展做出了积极的贡献。

北元时期，蒙古族的教育在战乱中延续下来，"榜什"是这一时期掌握和传授文化的知识分子。他们既是官府文字工作的承担者，又是培养学生的老师。明代中后期，社会趋向稳定，蒙汉藏关系加强，各部"榜什颇为殷众"，文教事业得到持续发展。据诸葛元声《两朝平攘录·顺义王俺答附三娘子》记载：顺义王俺答夫人"善书番文，通达事务，尊中国，尚瞿昙"，"平居诵经念佛外，手不释卷"⑤，是一位很有文化教养的女贵族。隆庆、万历间，鄂尔多斯涌现一位著名的学者，吉囊之孙库图克台彻辰洪台吉，明人称他彻辰黄台吉。他"兼通番汉

① 杨葆初《绥远集宁县志》，（元集宁孔子庙碑），1924年民国修抄本。
② 耶律楚材《湛然居士文集》卷14。
③ 《元史》卷143《马祖常传》。
④ 《元史》卷180《赵世延传》。
⑤ 薄音湖、王雄点校《明代蒙古汉籍史料汇编》（第2辑），第183页。

佛经"①，"为人明敏而娴于文辞，尤博通内典"②，称得上学识渊博。后编辑、校勘《白史》，展露其史学才能。

蒙古族教育的长足发展，使儒学得到进一步传播，在治国安邦中起了重要的作用。与此同时，发达的教育事业，也提高蒙古民族的整体文化素质，并培养出一批蒙古族优秀人才，为蒙古族史学、文学、科学等事业的发展，做出了有益的贡献。

3. 蒙古族史学

自古以来，蒙古族就十分重视历史学的价值和作用，蒙古文字产生之后，很快就出现了用蒙古文字撰写的历史著作。13 世纪中叶，蒙古汗廷组织必阇赤以畏兀儿体蒙古文修纂国史，写成《蒙古秘史》（蒙古文名《忙豁仑·纽察·脱必赤颜》，明初译称《元朝秘史》）。《蒙古秘史》是蒙古民族最早的书面著作，也是蒙古民族语言、文学、历史的第一部重要文献。它运用编年体例、传记文学的手法、韵散结合的形式，叙述了成吉思汗先祖谱系、成吉思汗一生的事迹及窝阔台统治时期的历史。该书既有纪实也有传说，充分体现了草原史著的特色和草原史学的传统。《蒙古秘史》原本已失传，现有汉、英、法、俄、德、日等多种文字译本。它是古代蒙古社会、历史和文化的百科全书，也是蒙古民族对于祖国古代文化宝库所作的不朽的贡献，现已被联合国确定为世界文化遗产。

除《蒙古秘史》外，蒙元时期还有两部用畏兀儿体蒙古文写成的蒙古历史著作。一是波斯历史学家拉施特在《史集》中声称他曾见到并利用过的《阿勒坦·迭卜帖儿》，也称《金册》或《黄册》。《黄册》是用蒙古古代语言文字写成的，书中叙述了成吉思汗及其祖先、宗族和"黄记世系"的历史著作。这部书已经失传，但其大要可以从《史集》得知。二是成书于 13 世纪的《圣武亲征录》。这是一部有关成吉思汗时期蒙古历史的重要史籍，被明初所修的《元史》作为编纂第一、第二卷的主要史料依据。有关学者推测该书是以《金册》为蓝本编写的。《圣武亲征录》的原稿已遗失，现有汉译本。

元朝建立后，统治者继承历代封建王朝修史的传统，仿照汉人修史体例，设局命官，纂修前朝历史和本朝实录。如公元 1261 年（中统二年）立国史院，1264 年（至元元年）设置翰林兼国史院。元代不仅修成《十三朝实录》和《宋

---

① 瞿九思《万历武功录》卷 8《俺答列传下》。
② 瞿九思《万历武功录》卷 14《切尽黄台吉传》。

史》、《辽史》、《金史》等三朝正史，还编修了《大元一统志》、《经世大典》、《六条政类》、《太常集礼》等历史文献。另外，元代蒙古各汗国也十分重视修史。14世纪初年，波斯史学家、伊儿汗国宰相拉施特，曾受伊儿汗国的合赞汗（1295—1304年）和完者都汗（1304—1316年）之命，主持编纂《史集》。此书用波斯文历时十年完成，是一部前所未有的世界通史性的巨著。全书原分为三部，其中第一部为《蒙古史》，详尽记述了蒙古各部落、成吉思汗及继承者和四大汗国的历史，与《蒙古秘史》一样，是研究古代蒙古历史的基本史料。

16世纪中叶至17世纪的北元时期，在藏、汉文化的影响和推动下，出现保留至今的三部重要史籍。第一部是《十善福经白史》，也称《白史》（蒙文为《查罕图克》）。它是忽必烈时在宫廷和皇族内部用蒙文颁布的圣旨和法规典章的汇集，范围包括政治、法律、道德、宗教、哲学、历史和军事等。该书最早是公元1330年（至顺元年），元文宗的帝师必兰纳识里以畏兀儿体蒙文定稿，流传至16世纪，鄂尔多斯部的彻辰黄台吉对必兰纳识里本进行精心校核和修订成书，一直流传至今。它是反映元朝佛教盛行的真实史料，同时又是研究元朝法律的珍贵记录，其史料价值可补《元史》和《元典章》之不足。第二部为《阿勒坦汗传》。此书是现存关于明代蒙古最早的一部蒙文史著，作者不详，成书于17世纪初。全书以诗歌的形式叙述了阿勒坦汗先世和阿勒坦汗的生平事迹，以及黄教传入蒙古地区的历史。全书有明确的时间、地点和人物，较之其他蒙文史籍准确，可与汉文史籍相印证，是研究阿勒坦汗时期的蒙古历史、蒙汉关系和蒙藏关系的重要文献。第三部是《蒙古黄金史纲》，全称《诸汗源流黄金史纲》，又称《小黄金史》。作者佚名，约成书于公元1604至1627年间。全书记述成吉思汗至明末林丹汗时代数百年的历史和诸汗源流。由于受到佛教影响，此书首次将蒙古王统附会为西藏王族的分支。其中前半部关于成吉思汗前后家族及历史事件的记载，有的未见于《蒙古秘史》，或记载截然不同，可互为参证补充。后半部主要记载达延汗统治时期的历史，是研究这一段蒙古历史的重要资料。该书体例对其后的《蒙古黄金史》、《蒙古源流》等有较大影响。

总之，蒙古族的史学取得显著的成就，不仅史料价值高，而且语言多样化，为我国史学的发展做出了一定贡献。

4. 蒙古族文学

元明时期，蒙古族的文学十分繁荣，也颇具草原文化色彩。首先北方草原数千年来的"逐水草而居，随畜牧迁徙"的游牧生活方式使他们拥有了体裁丰富的口传文学作品。如神话传说《射日英雄黑莫日根》、《化铁熔山》等，讲述了英雄与大自然抗争，古代蒙古族团结协作的故事；形成于13世纪初期、反映深奥哲理的诗歌《成吉思汗必勒格》（成吉思汗箴言）；还有从元代流传下来的民间叙事诗《成吉思汗的两匹骏马》以及北元时期的长篇英雄史诗《江格尔》。特别是《江格尔》，是草原民族英雄史诗的代表，与藏族的《格萨尔》、柯尔克孜族的《玛纳斯》并称为中国三大英雄史诗。《江格尔》产生于西部卫拉特蒙古地区，通过民间艺人"江格尔齐"的演唱和各种手抄本流传到蒙古各部。后在传唱过程中发展成为60多章、10多万诗行的宏篇巨著。这部史诗成功地塑造了部落盟主江格尔、红色雄狮洪古尔、智多星阿拉坦策吉等个性鲜明的形象，具有高度思想性、浓厚的抒情色彩和丰富多彩的语言，把蒙古族的英雄史诗推向一个成熟的阶段。由于它涉及蒙古族社会生活的各个方面，所以是研究蒙古族文学、历史、艺术、民俗和语言的珍贵资料。元明时期，这些口传文学作品与蒙古族充满传奇色彩的生活有着密切的关系，体现了草原文化的独特风格。

随着蒙古文字的产生，蒙古族的书面文学作品相继出现。《蒙古秘史》不仅是一部史学名著，也是蒙古族第一部书面文学作品。书中有近三分之一的篇幅是优美的诗歌和引人入胜的故事。由于它运用文学的语言来叙述历史，所以书中描写的成吉思汗形象更加立体丰满、个性鲜明，描绘的高原风情和战争场面更加生动逼真。《蒙古秘史》是最早记述成吉思汗形象的文学作品，具有独特的艺术风格，它以极为纯熟的语言艺术，成为蒙古语言文学创作史上的里程碑。另外，北元时期《乌巴什洪台吉传》也是著名的短篇小说。

元朝时期，相对宽松的文化政策，使各个民族的文化相互融合。汉族文学艺术的杂剧、散曲，吸收了蒙古族及其他民族的语汇，得到进一步繁荣。与此同时，蒙古族中也涌现了一批用汉文创作的诗人和散曲家。诗歌方面，成绩突出的有泰不花、马祖常、萨都拉等人。泰不花著有《顾北集》、《复古编》。流传至今的诗歌20余首，多为送别、山水之作。他所写汉诗，或五言，或七言，或古体，或近体，都运用自如，达到了相当高的水平。马祖常是阴山汪古部著名的文学家，有《马祖常石田先生文集》行于世。他所作诗歌朴实平易，自然流畅，颇具艺术魅力。如《拾麦女歌》、《车簌簌行》、《室妇叹》、《古乐府》等，都是精华佳作。故史书称赞其诗："尤致力于诗，圆密清丽，大篇短章无不可传者"。[①] 说

---

① 《元史》卷143《马祖常传》。

明他的诗作确实具有较高的造诣。萨都拉是元代中后期最杰出的诗人，由于受汉族儒家文化"济世"、"救民"思想的影响，他的诗大多反映了社会现实，如《织女图》、《百禽图》、《征妇怨》等诗作，风格直白浅显，痛快淋漓，具有较高的思想性和艺术性。萨都拉一生著述颇丰，著有《雁门集》，据1807年（嘉庆十二年）辑本，有诗近800首。另外元朝诸帝中也有工于诗赋者，首推文宗图帖睦尔。他的诗不事雕饰，直抒胸臆，带有一种质朴明快的风格，现有《登金山》、《望九华》、《青梅诗》等诗作传世。

在戏曲、杂剧方面，具有代表性的人物是蒙古族散曲家阿鲁威和杂剧家杨景贤。阿鲁威具有较深的汉文功底，善作散曲。他的词曲风格潇洒直白、尖锐深刻，如"鹤唳青霄"。现有19首散曲传世，其中《蟾宫曲》16首，《湘妃怨》2首，《寿阳曲》1首。杨景贤是元代成绩卓著的杂剧家。他著有《天台梦》、《生死夫妻》、《顺江楼》、《偃时救驾》、《西湖怨》、《为富不仁》、《待子瞻》、《三田分树》、《西游记》、《红白蜘蛛》、《巫娥女》、《保韩庄》、《刘行首》、《盗红绡》、《鸳鸯宴》、《东狱殿》、《海棠亭》、《两团圆》等18种杂剧。流传于世的有《西游记》、《天台梦》、《刘行首》三部残本。其中《西游记》为200年后吴承恩《西游记》小说的成书提供了重要基础，从而为中华民族文学史的发展做出了极大的贡献。

5. 蒙古族医学

蒙古族在传统医学方面有着悠久的历史。早在蒙古汗国建立前后，蒙古族民间开始摆脱完全依赖巫医的境地，具有了适应社会生活和气候地理特点的疾病治疗方法。如马奶酒具有开胃滋补，消水肿、解高血压和低血压之昏厥症等多种疗效，仅元代忽思慧的《饮膳正要》一书就收入若干关于蒙医的饮食治疗验方。此时，蒙古人还掌握了大黄的医疗功效和牛腹疗法。《元史·耶律楚材传》就有用大黄治疗蒙古军中流行瘟疫的记载。《元史》卷123卷也曾记载："太祖命取一牛，剖其腹，纳布智儿于腹中，浸热血中，移时遂苏"。元代大将伯颜，北元时期的达延汗及阿勒坦汗也使用过驼奶和马腹疗法治病。这些草原医学史上特有的传统医疗方法和技术，都是中华民族医学宝库中珍贵的财富。

元代蒙古族的医药事业取得了新的进展，除在中央设置太医院等机构，执掌医事，制奉御用药物外，公元1263年（中统四年），在上都设置了惠民司，增修本草。另外积极引进中亚地区的"回回药物"，组织翻译《回回药方》，推广回回医术，使蒙古医学得到进一步发展。

明代中期以后，蒙汉藏之间的经济文化交流频繁，藏医和汉医不断传入蒙古。尤其西藏医学医药大量传入蒙古。一些大寺庙中设有医学部，传授藏医、藏药（包括兽医），医学知识转入喇嘛。咱雅班第达曾将藏医的《居悉》（又名《四部医典》）从藏文译成托忒文。蒙古医学在这些交流中吸收了汉医、汉药和藏医、藏药，创造了新的蒙古医学。

6. 蒙古族历法

历法是人们社会生活中不可忽视的内容。蒙古人很早就通过对日月的运动、植物的枯荣和动物的繁殖迁徙等物候现象的观察，掌握了天象和气候的基本变化规律。从《蒙古秘史》中我们得知，13 世纪的蒙古人根据月亮的运动规律，已经创造了独具特色的历法。这种历法将全年分为 4 个季节 12 个月，将一天划分为 12 个时段，使用 12 生肖纪年，如"鸡儿年"、"鼠儿年"、"牛儿年"等。根据相关文献记载，元代蒙古民间一直用传统习惯来称呼和划分每年的 12 个月。如：四月，称"理可撒剌"或"可可亦撒剌"，即百灵鸟月，四月的草原已天暖草青，百灵鸟开始悠扬地歌唱，这些鸟名和蒙古地区大自然的季节变化有关。五月，称胡达儿撒剌，即盐碱月，因为五月的畜群正是大量需要盐碱，寻找盐碱地的时候。这种称谓和命名 12 个月的方法体现了蒙古人朴素、实用的历法观念①。

元代天文历法取得重要成绩，不断编制新的历法。公元 1267 年（至元四年）回回星象学家札马鲁丁在"回回星历"的基础上，编成《万年历》。公元 1280 年（至元十七年）许衡、郭守敬等科学家进一步参照历代历法制成《授时历》。其中《授时历》成就最高，是当时世界上最精确的历法。

明代蒙古传统历法得到改进和发展，开始用白、红、青、黑、黄五色和阴阳概念组合，界定 12 生肖，将 60 年确定为一个时间周期，纪年方法更加精确。同时由于受汉历、藏历的影响，在蒙古的一些著作中，有时也用干支纪年和佛历纪元。《俺答汗传》也有几处使用了藏历纪年，如俺答汗生于"火吉庆母兔年十二月三十牛日"；有时使用蒙古历藏历混合纪年，如俺答汗卒于"白蛇年十二年十九虎日鸡时"，其中的年代使用的是蒙古历，纪日用的是藏历。这是蒙藏汉历法交相影响的结果。

至清初，蒙古族还出了一位杰出的天文历法学家明安图。明安图在康熙年间入选清朝钦天监，初任钦天监时宪科五官正，1760 年（乾隆二十五年）后，升

---

① 乌云毕力格、白拉都其格《蒙古史纲要》第 71 页。

任钦天监监正，执掌钦天监工作。他参与了清政府主编的《律历渊源》、《历象考成后编》和《仪象考成》三书的编修，而这三部书是我国18世纪天文历法研究的总汇。在呼和浩特市五塔寺后面的山墙上，有一幅石刻蒙文天文图，署"钦天监绘制"。据研究，可能是明安图在钦天监工作期间绘制的草稿，由喇嘛从北京带回上石的。这是目前所见唯一的一幅石刻蒙文天文图。其图与南宋时苏州石刻天文图相似，是一幅内容全面的"盖天图"，北极在图的中心，有赤道，黄道画成扁圆形与赤道相交，有二十八宿的划分和银河，周围标注黄道十二宫、二十四节气和二十八宿名称。其中恒星除传统的星座外，还标出一些乾隆年间新测定的恒星。

7. 蒙古族音乐、舞蹈

蒙古族酷爱音乐舞蹈，是一个能歌善舞的民族。早在12世纪，蒙古民族就流行一种舞蹈——踏歌。据《蒙古秘史》记载，忽图刺当上合罕，于豁儿豁纳黑主不儿的地方，绕蓬松茂树而舞，直到把杂草踏烂，把地皮踏破[1]。到了元朝，踏歌的舞蹈仍然为广大蒙古民族所喜好，如张宪《白翎雀》中就有"踏歌声里欢如雷"的诗句。元朝建立后，蒙古族舞蹈在吸收了西夏、女真、南宋、西域诸国以及中原各朝各代、藏传佛教、汉地佛教的音乐舞蹈元素后趋于成熟和定型。这一时期，除了用于庆典、祭祀、自娱自乐的舞蹈，如集体歌舞《踏歌》、《阿剌来》，出征仪式歌舞《誓师仪式舞》和迎宾歌舞等外，在蒙古汗廷还制定了一整套雅乐、燕乐、祭祀和娱乐观赏性舞蹈，如《海青啄小鱼》、《十六天魔舞》、《玉海青舞》、《舞燕儿》等。其中天魔舞是风靡一时的元朝皇家舞蹈，元顺帝和他的乐师吸取唐代舞蹈中的优点，结合蒙古族的传统舞蹈中的艺术风格，将它改造成一种更加优美的舞蹈。另外，蒙古族还创造了一种综合性的歌舞表演形式倒喇戏，其特点是将歌曲、舞蹈、器乐、插科打诨乃至杂技融为一体，内容丰富，形式活泼。

北元时期，蒙古族的舞蹈艺术与元代蒙古族舞蹈既一脉相承，又具有鲜明的时代特征。自达延汗统一蒙古各部，蒙古社会相对安定，蒙古族文化艺术继承前代艺术传统，并得以迅速发展。这一时期除了元代的舞蹈形式如集体歌舞《踏歌》、宴席歌舞倒喇戏重新盛行外，还产生了一些表现畜牧生产劳动的歌舞，如孛尔吉钠舞，以企盼牲畜繁殖，畜牧业欣欣向荣。16世纪以后，喇嘛教舞蹈艺

---

[1] 策·达木丁苏隆编译《蒙古秘史》第40页。

术在蒙古地区也十分盛行，最具有代表性的就是"查玛"舞。"查玛"舞来源于西藏喇嘛教，在蒙古地区流传的"查玛"舞经历了蒙古化、多样化和群众化的过程，成为具有蒙古族特点的宗教舞蹈。在此基础上，清代蒙古族舞蹈得到进一步的发展和完善。

第六节　元明时期阴山地域的民俗文化

元明时期的阴山地域，是一个民族杂居的地区，但蒙古族是主体民族。伴随着蒙古族的发展，民族文化交流的加深，阴山地域形成了以蒙古民族特色为主的民俗文化。不过，元明时期的蒙古族文化正处于发展之中，清代才逐步形成较为固定的传统习俗。

一、日常生活习俗

每个民族的生活习俗、审美观念，以及文化心态等都积淀于各自的衣食住行等日常生活之中。长期以来，蒙古族在马背上的游牧生活和特殊的地理环境使他们形成了独特的服饰、饮食、居住、出行习俗，这些习俗以其特有的风格与传统，承载着厚重的蒙古族历史文化。

1. 服饰

元明时期，由于传统的生活习惯，蒙古族的服饰与游牧生活相适应，非常注重实用性。当时蒙古人无论男女都身穿长袍，即蒙古袍。蒙古袍男女款式相似，前面开口，袖窄且装饰有细摺，右衽交领，即衣襟向右掩，用腰带束腰，非常适合于骑马。由于元明时期的蒙古人主要以畜牧业为生，长袍最初是用家畜和野兽皮制成，后来随着与中原地区经济交流的广泛开展，蒙古人也多用丝织品和棉织品制衣。尤其是蒙古贵族常穿着一种用绣金锦缎纳失失制成的袍服。据记载："袍多是用大红织金缠身云龙，袍间有珠翠云龙者，有浑然纳失失者，有金翠描绣者，有想其于春夏秋冬绣轻重单夹不等。其制极宽阔，袖口窄，以紫织金爪，袖口才五寸许，窄即大，其袖两腋折下，有紫罗带拴合于背，腰上有紫纵系，但行时有女提袍，此袍谓之礼服。"[①] 元世祖忽必烈时，皇后察必又设计了一种既可防寒，也便于骑射的衣服，"前有裳无衽，后长倍于前，衣无领袖，缀双两襻，

---

① 《析津志辑佚·风俗》，转引自《蒙古民族通史》（第2卷），第406页。

名曰比甲，以便弓马，时皆仿之"。① 现在蒙古人的坎肩就是由"比甲"发展演变来的。

元明时期的服饰不仅具有实用性，还沉淀着蒙古族与众不同的审美观。蒙古人认为头为人体之首，忌讳露顶出门，所以自古以来有戴帽子、扎巾、带头饰的习俗。元朝的男子"皆戴帽，其檐或圆，或前圆后方，或楼子，盖兜鍪之遗制也。其发或辫，或打纱练椎，庶民则椎髻"。② 这种带前檐的帽子也是察必皇后创制的，"胡帽旧无前檐，帝因射日色眩目，以语后，后即益前檐，帝大喜，遂命为式"。③ 明代蒙古人的帽制较小，"仅可以复额，又其小者止可以复顶，贅以索系之项下。其帽之檐甚窄，帽之顶，贅以朱英，帽之前贅以银佛。制以毡，或以皮，或以麦草为辫，绕而成之，如南方农人之麦笠然，此男女所同冠者"。④ 另外，蒙古人还扎头巾，男子缠头的布巾或绸巾一般为暗色，女子的一般以亮色为主。姑娘缠头不封顶，右侧打结，媳妇缠头则封顶不打结，老年妇女一般在头上缠绕好几圈做大包头。蒙古族妇女平时戴帽或扎巾，在重大场合佩戴头饰。女子第一次戴头饰是在成婚之际，所以头饰是蒙古族已婚妇女的标志。

姑姑冠（顾姑冠、罟罟冠）是蒙古妇女最具特色的冠饰。据《黑鞑事略》载，姑姑之制，"用画木为骨，包以红绢金帛，顶之上，用四五尺长柳枝或铁打成枝，包以青毡。其向上人则用我朝翠花或五彩帛饰之，令其飞动。以下人则用野鸡毛。"⑤ 蒙元时期，姑姑冠十分流行，尤其"元代后妃及大臣之正室，皆带姑姑，衣大袍。其次即带皮帽。姑姑高圆二尺许，用红色罗盖。"⑥ 元代贵族妇女所戴罟罟冠"以大红罗幪之，胎以竹，凉胎者轻，上等，次中，次小。用大珠穿结龙凤楼台之属，饰于其后。复以珠缀长条，缘饰方绒，掩络其缝，又以小小花朵插带，又以金累饰件装嵌"⑦，十分华丽，形状呈"宝石塔形，在其上。顶有金十字，用安翎筒以带鸡冠尾。"冠后"上插朵朵翎儿，染以五色，如飞扇样。先带上紫罗，脱木华以大珠成九珠方胜，或叠胜葵花之类，妆饰于上。与耳相联

①　宋濂等《元史》卷114《后妃传一》。
②　叶子奇《草木子》卷3下《杂制篇》。
③　宋濂等《元史》卷114《后妃传一》。
④　薄音湖、王雄点校《明代蒙古汉籍史料汇编》（第2辑），第244页。
⑤　彭大雅、徐霆《黑鞑事略》，《王国维遗书本》第8页。
⑥　叶子奇《草木子》卷3下《杂制篇》。
⑦　《析津志辑佚·风俗》，转引自《蒙古民族通史》（第2卷），第407页。

处安一小纽，以大珠环盖之，以掩其耳在内，自耳之至颐下，光彩眩人。"并且根据季节的变化，"夏则单红梅花罗，冬以银鼠表纳失，今取其暖而贵重。然后以大长帛御罗手帕系于额，像以红罗束发，峨峨然者名罟罟。"① 表现了元代蒙古族妇女独特的审美情趣。

另外，靴子是蒙古族服饰中不可缺少的一部分。其较为突出的特征是靴尖上翘，底为船形。靴帮、靴筒上有多种装饰图纹，鞋底甚薄，非常便于骑马作业。蒙古族非常讲究服饰的统一性和整体性，元代宫廷举行朝会、庆典，赴宴者必须穿着皇帝所赐的礼服，名曰"质孙"服，意为一色服。即衣、帽、腰带与蒙古靴为同样颜色。元代质孙服一色一套，共有13种颜色，冬夏有别，更趋华丽。

2. 饮食

蒙古族世代从事畜牧业，牲畜是他们赖以生存的重要资源。"衣其皮，食其肉，饮其奶"是蒙古民族自古以来衣食文化的概括。

元代蒙古族主要以肉、乳为主要食物。日常多食用羊肉，举行较大宴会才宰杀牛、马。食用方法以火燎、煮炖为主。春秋季节可以晾干保存，冬季还可将牛羊肉分解开，置于已宰杀的牲畜胃囊内冷却，以便于游牧时携带。乳食品可以分为食品与饮品两类，均以鲜奶为原料。食品主要包括奶皮子、奶酪、奶豆腐等。蒙古语称奶皮子为"乌如木"，以牛奶为原料，将鲜奶盛放于器皿中存放一至二日，奶子发酸后，其表皮形成薄薄一层生奶皮，或用微火煮沸鲜牛奶，并用勺子反复扬撒，直到锅里起泡沫为止，然后将其冷却至次日，便可凝结出厚厚一层奶脂，即可制成奶皮。奶皮子是奶食品中佳品，不仅味美甘甜，而且具有食疗作用。据元代《饮膳正要》记载："奶皮子属清凉，有健心清肺、止渴防咳、毛发增色、治愈吐血之能。"奶豆腐是牧民一年四季常备奶食品之一，其做法是：将放置两三天（夏季为一两天）的脱脂酸奶中的凝结部分，放入锅中用微火熬，并不时搅拌，待呈粘状时，用勺头不停地揉搓挤压，使其更具筋道后盛于模具中，晾干即可。块状奶食品除奶豆腐以外，还可制成奶酪：将鲜奶倒入锅中煮沸，再将发酸的牛奶撇取表层奶皮子之后，与鲜奶按一定比例倒入锅中继续熬，直到出现稠状乳，即捞出用纱布或粗布包裹起来，再用两块板子挤压，使其乳清滴尽后晒干即成为奶酪。

蒙古族的饮料也主要取自牧畜。特别夏季极少食肉，几乎全靠食用马、牛、

羊及骆驼的奶。其中以马乳酿制的"忽迷思"（汉译"马湩"，俗称"马奶子"）最受蒙古人欢迎。据《黑鞑事略》记载，这种饮料的制法："马之初乳，日则听其驹之食，夜则聚之以沛，贮以革器，撋洞数宿，味微酸，始可饮，谓之马奶子。"[①] 即搅拌新鲜马奶，使之发出气泡，并且变酸和发酵，再不停地搅拌，直到能提取奶油，并且产生一股辣味时，就可以饮用了。制马奶子的功夫全在搅拌上，有搅拌七八日以上者，可以久存。《元朝秘史》中就有关于锁儿罕失剌家"从夜晚到天明不停地捣马奶子、搅酸奶子"的记载。[②] 元代贵族们饮用的是一种精酿的马奶子，称"黑马乳"（蒙古语为"哈剌忽迷思"）。元朝宫廷中有专人执掌其事，"岁时挏马乳以进，色清而味美，号黑马乳"。[③] 鲁不鲁乞出使蒙古后，也曾记叙蒙古人酿造黑马乳过程："为了供贵族们饮用，他们也用这种方法酿造哈利忽迷思，即黑忽迷思。……他们酿造黑忽迷思时，搅拌马奶，直至奶中所有的固体部分下沉到底部，像葡萄酒的渣滓那样，而纯净的部分留在上面，像乳清或白色的发酵前的葡萄汁那样。渣滓很白，这是给奴隶们吃的，它具有强烈的催眠作用。纯净的液体则归主人们喝，它无疑是一种非常好喝的饮料，并且确实是很有效力。"[④] 马奶子是蒙古族饮食中的重要组成部分，饮用马奶酒可使人精神倍爽，具有强身健体、解乏补气之功效，在蒙古族人民的日常生活中发挥着食疗作用。

明代后期，明蒙实现通贡贸易和藏传佛教传入后，阴山地域蒙古族的传统饮食结构也发生一定变化。如除了饮马奶酒外，蒙古人开始饮茶，而且多饮奶茶，即将砖茶煮开，合以牛乳制成。而且随着阴山地域农业的发展，农业区和半农业区的出现，蒙古族除了保留原生活习惯外，也开始食用粮食、蔬菜。在农业区的蒙古人由以肉、乳为主，转为以粮食、蔬菜为主。总之，在汉族与藏族的影响下，阴山地域的饮食文化不断丰富和发展，尤其到清代及近代，形成许多独具鲜明地域特点的饮食风俗。

3. 居住

蒙古族传统的民居为蒙古包，是蒙古人勤劳智慧的结晶。古称"穹庐"，又叫"毡帐"、"毡房"等。蒙古语称"格儿"。蒙古包的称谓源于满语，即蒙古人

---

① 彭大雅、徐霆《黑鞑事略》，《王国维遗书本》第20页。
② 《元朝秘史》第85节。
③ 宋濂等《元史》卷128《土土哈传》。
④ ［英］道森著，吕浦、周良霄译注《出使蒙古记》，第117页。

的"家"、"屋"。故自清代以来，"蒙古包"一词以译音形式流传了下来，一直沿用至今。

蒙古包呈圆形，其形制为："结枝为垣，形圆，高与人齐。上有椽，其端以木环乘之。外覆以毡，用马尾绳紧束之。门亦用毡，户向南，帐顶开天窗，以通气吐炊烟，灶在其中。"① 即蒙古包的四周围墙是由木框架和毡片构成。围墙支架是用柳条棍穿以皮条制成的可以折叠和展开的木框，用四至八片木框架连接而成，围成圆形，上盖伞骨状圆顶，与围墙相接。蒙古人崇尚白色，帐顶及四壁覆盖或围以白色毛毡，用绳索固定，形成穹庐形屋顶。顶留一圆形天窗，以便采光、通风，排放炊烟，夜间或风雨雪天覆以毡可以保温。富有的蒙古人家室内把顶端圆框四周的毡子饰以各种图案。天窗位于蒙古包的中心位置，为穹庐形，宛如撑起的伞。蒙古人认为天窗（陶脑）是家庭兴旺的象征，因此忌讳踩踏，且拆卸或建包时都是先从天窗着手。蒙古包无需打地基，一般可以拆卸，是依靠草场维系生产生活的游牧民族的最佳居住方式。

蒙古包房门朝东南，中间设灶，包内东北角是男主人的席位，主人的床榻安置在北面，东侧是妇女住处，西侧是男人或客人的座位。北侧墙上常供放毡制萨满教偶像，明代信奉黄教后，在此供奉佛像。在蒙古人的习惯中，男主人要将第一碗或第一杯酒献给萨满教偶像，以示尊重。蒙古族视蒙古包门槛、门楣为家户开枝散叶的象征，禁止踩踏或触摸。如有踩踏者，会被视作是对屋主极大的不敬。在蒙古汗国及元朝时期，踩踏别人家门槛是要论国法处置的。13 世纪初出使蒙古汗国的宋代使臣彭大雅曾记载："国法中，踩踏门槛、打马头者当问斩。"蒙古包的规模大小不一，小的直径为三米，大的可容数百人，蒙古汗国时代，可汗及诸王的帐幕可容 2000 人。大型蒙古包中须有立柱。蒙古包里的柱子，主要起到支撑和调整天窗的作用。上面饰以各类民间纹饰图案或雕龙刻凤的柱子，为蒙古包锦上添花，赋予蒙古包以艺术色彩。蒙古人珍视蒙古包柱，忌讳踩踏、跨越、环抱和依靠，迁徙时常将柱子和陶脑一起装车搬运，从不乱丢弃或焚烧。

蒙古包是与蒙古族的游牧业经济相联的。随着农业经济在蒙古族地区的兴起，蒙古族人开始向定居生活转化。在 12 世纪时，临近汉地的汪古部、弘吉剌部等就"筑室而居"，盖起了与蒙古包不同的民居。固定的居屋蒙语称为"孛思"，汉意为"屋"，因筑室而居，故有孛思忽儿部的名称。蒙古汗国建立后及

---

① ［瑞典］多桑著，冯承均译《多桑蒙古史》（上册），第 28 页。

元代，在漠南地区，蒙古人居住的房屋有所增加。蒙古地区还出现了哈拉和林、上都开平、大都北京等大型宫城以及赵王城、集宁城、察罕脑儿等城镇。随着城镇的兴起，城镇地区的文化生活逐渐向草原渗透，蒙古人的定居点逐渐增多。明代阿勒坦汗统治时期，土默川地区的"板升"（房子）不断出现，后随农业的发展，蒙古地区盖起了许多土房和瓦房。

4．出行

生活在辽阔大草原上的蒙古人，交通工具主要是马、牛、骆驼和车辆。蒙古族与马有着不解之缘，在蒙古族的生活和情感领域中无不涉及马。马是蒙古人描绘、赞美的对象，也是蒙古族游牧、狩猎和作战时必备的乘骑，是蒙古人赖以生存的生产资料、生活的伴侣。牛和骆驼主要用来驾车。车辆，蒙古语称"帖儿坚"，根据车辆种类有不同的名称。"合刺兀台·帖儿坚"是指篷车，统称黑车或毡车。这种车"上覆黑毡甚密，雨水不透，驾以牛驼"。"合撒里·帖儿坚"，即乘人的大车。"格儿·帖儿坚"即毡房车。这两种车将乘人和载物结合在一起，由一头或数头牛拉行。"撒斡儿合·帖儿坚"，即有锁的车，是载有许多带锁箱子的车，实际上是蒙古人的仓库。在蒙古人的生产和生活中，车辆占有非常重要的地位。无论贫富皆备有车，富有者有的拥有一二百辆，而诸王贵族拥有的车辆更是不计其数。例如宗王拔都有 26 个妻子，每一个妻子有一座大帐幕，每一座大帐幕，拥有足足 200 辆车子。[①] 每逢移牧时，"一个妇女可以赶二十或三十辆车子，因为那里的土地是平坦的。她们把这些车子一辆接一辆地拴在一起，用牛或骆驼拉车。这个妇女坐在前面一辆车子上，赶着牛，而所有其余的车子也就在后面齐步跟着。"[②] 可见，蒙古妇女在迁徙的过程中，起着相当大的作用。

元代宫廷皇室贵族出行所用交通工具为车舆。其中"象辇"最具特色。"象辇"又称"象舆"，是架在 4 只大象背上的大木轿子，轿上插有旌旗和伞盖，里面衬着金丝坐垫，外包狮子皮，每头象都有一名驾驭者，皇帝出行时乘坐。如元朝皇帝每年来上都避暑时，乘坐"象辇"，元人文献中，就有"纳宝盘营象辇来"的记载。除象辇外，皇帝还备有舆和辂。辂是一种两轮大车，颜色因制造辂的材料不同而各异，分玉辂、象辂、草辂、木辂、革辂。[③] 舆有腰舆。皇室后妃、

---

① ［英］道森著，吕浦、周良霄译注《出使蒙古记》，第 113 页。
② ［英］道森著，吕浦、周良霄译注《出使蒙古记》，第 113 页。
③ 宋濂等《元史》卷 78《舆服志》。

诸王、大臣随行，乘坐由马、牛、骆驼架的宫车。不过，皇室成员更多的时候是骑马。因此出行时，除备有上等良马和贵重马具外，还有"金杌子"，"银饰之，涂以黄金"，是一种专供蒙古大汗和皇帝上马踩踏的四脚小床。①

二、婚丧习俗

家庭婚嫁、生育死葬是人生历程中的重要环节，也是风俗礼仪中深沉、凝重的乐章。蒙古族的婚姻、丧葬习俗展示着蒙古族传统风俗中古老而丰富的文化内涵。

1. 家庭婚姻

古代蒙古族的个体家庭中，未婚子女通常与父母住在一起，长大成婚后，则建立单独的家庭。只有正妻的幼子婚后仍留在双亲身边，并继承家庭的主要财产，因此幼子被称为"额毡"（家主、主人）。蒙古族的家庭中，妇女主要承担生产和家务劳动。男子则从事狩猎、征战和武器制造。

蒙古族的婚姻由家长做主，有求婚、许婚、下聘礼、许婚筵席、迎亲、送嫁、行见阿姑之礼、结婚筵席等程序。蒙古男子娶妻之前，"取牛马诸畜，近亦知具币帛，"② 献给女家双亲，作为订婚的标志。女方要邀请男方及亲属到自己家中举行一次正式的宴席，在宴席上吃羊颈喉肉，表示订婚不悔。蒙古语称此为"布浑察儿"，"华言许亲酒也"③，即许婚筵席。婚礼上，男子先到女方家，"置酒高会，先祭天地，随宴诸亲友"。宴会结束，"妇则乘骑避匿于邻家，婿亦乘骑追之。获则挟之同归妇家，不然即追至数百里、一二日不止也。"仍保留了古老的抢婚制的遗俗。据萧大亨《北虏风俗》记载，"至虏王及诸台吉家，其俗大抵相同，特无妇避婿追之事。"诸汗和台吉之女成婚后，女婿住在女方家，生育子女后，才可携妻回家。蒙古女人出嫁后不改从丈夫家的姓氏，出嫁时也有陪嫁之俗，嫁妆因新娘家的财产状况而有所不同。明代大汗、台吉之女，"所赠嫁仪若账房、若马驼、若衣服、男女仆人之类，则以数百计。"④

古代蒙古族的婚姻制度为一夫一妻制。但一个男子娶妻的数量，取决于他的供养能力。"每一男人，能供养多少妻子，就可以娶多少妻子。一个人有一百个

---

① 宋濂等《元史》卷79《舆服志二》。
② 薄音湖、王雄点校《明代蒙古汉籍史料汇编》（第2辑），第238页。
③ 宋濂等《元史》卷1《太祖纪》。
④ 薄音湖、王雄点校《明代蒙古汉籍史料汇编》（第2辑），第238页。

妻子，另有五十个，还有十个……"。① 因此，蒙古贵族、王公娶妻无数，一般平民百姓限于经济能力，其婚姻多是一夫一妻制。在一夫多妻的家庭中，诸妻妾在家庭中的地位有着明显的不同。长妻的地位最高，在决定家庭事务时，有绝对权威，她所生之子（嫡出）比其他庶出的儿子地位要高。其他妻子的地位视受宠的程度而定。"每一个妻子都有自己的帐幕和家属，丈夫这一天在这个妻子那里吃、喝、睡，第二天就到另一个妻子那里去"②，丈夫在正妻帐幕住的时间更多一些。"正妻把她的帐幕安置在最西边，在她之后，其他妻子按照她们的地位依次安置帐幕，因此地位最低的妻子把帐幕安置在最东面。"③ 不仅如此，这种婚姻，没有严格的辈分限制，有一定亲属关系的不同辈分的男女也可以结婚，姐妹可以先后嫁给同一人，或嫁给男方一家之内不同辈分的人。元世祖忽必烈就曾先后娶弘吉剌部按陈察必及察必侄孙女仙童女南比为妻。

蒙古族的婚姻制度通行族外婚，同一部族内禁止通婚。因此有些部落之间，保持着比较固定的联姻，世代称为"忽答"（亲家）。如自成吉思汗时起，蒙古黄金家族孛儿只斤氏就同汪古部、弘吉剌部等部落，长期保持通婚关系。但由于受原始群婚的影响，在大蒙古国时期，收继婚十分盛行。收继婚即"父死则妻其从母，兄弟死则收其妻"④，丈夫死后妇女不能改嫁他人，由其丈夫的亲属收娶为妻，子继庶母，兄弟收寡。道森的《出使蒙古记》也曾记载："按照他们的通常风俗，可以同任何亲戚结婚，但他们的母亲、女儿和同母姐妹除外。不过，他们可以和同父异母的姐妹结婚，甚至在他们的父亲去世后，可以同父亲的妻子结婚；弟弟也可以在哥哥去世后同他的妻子结婚。"⑤ 元朝建立后，在汉族传统伦理观念的影响下，一些蒙古族妇女不断反对收继婚，元朝法律也规定，"诸兄收弟妇者，杖一百七，妇九十七，离之；诸居父母丧，奸收庶母者，各杖一百七，离之，有官者除名"。⑥ 然而，收继婚有利于保持家族与宗族的稳定和延续，在蒙古人中根深蒂固。所以，元明时期蒙古族仍存留着这种带有原始群婚制残余的婚俗，如"世祖女囊家真……始适斡罗陈为继室，改适陈子帖木儿，再适帖木儿

①　［英］道森著，吕浦、周良霄译注《出使蒙古记》，第8页。
②　［英］道森著，吕浦、周良霄译注《出使蒙古记》，第18页。
③　［英］道森著，吕浦、周良霄译注《出使蒙古记》，第113页。
④　《元史》卷187《乌古孙良桢传》。
⑤　［英］道森著，吕浦、周良霄译注《出使蒙古记》，第8页。
⑥　《元史》卷103《刑法卷二》。

之弟蛮子台。"① 阿勒坦汗的三娘子在其死后，先后再嫁阿勒坦汗的子孙黄台吉和扯力克。

元明时期蒙古人的婚姻家庭受到蒙古习惯法的保护和约束。在蒙古族的家庭中，严禁男子与已婚妇女私通，要求已婚妇女应保持贞洁，对丈夫忠贞服从，社会上视私通为一种恶劣、不道德的行为。成吉思汗颁布的法令规定，犯者斩。《俺答汗法典》对婚姻和家庭也作种种保护。严禁破坏他人之家庭，对他人之妻发生通奸、强奸行为者，视男女双方身份等级分别处以极刑或严厉处罚。②

传统的蒙古族的婚俗是在游牧社会环境中形成的，随着时代的发展而不断变化。到近现代，一夫多妻制和收继婚制已经消失，多姿多彩的生活赋予蒙古族婚俗更加鲜活的内容。

2. 生育死葬

蒙古人非常重视生育，孕妇得到习惯法的保护，对造成堕胎者处以重罚。孕妇分娩时由接生婆接生，以箭断婴儿脐带，无论生男生女，都悬红布和腰刀于门上。以皮或毡包裹出生婴儿，过三日方洗，洗毕仍以皮或毡包裹如前，并于当日椎牛置酒，召亲戚邻居宴饮庆贺，称作"米喇兀"。产后，蒙古妇女饮食如常，不避风寒。所产婴儿也不避风寒，儿饥则乳，乳则以摇车盛之，置于帐内或账外。因而，古代蒙古婴儿死亡率较高。

蒙古人生育子女时有"撒答海"的习俗。据《元史·祭祀志》记载，元代后宫嫔妃妊娠，将要到妊娠的时间，则移居于外毡账房，等候婴儿降生。若生下皇子皇孙，则赐予百官金银彩缎，谓之"撒答海"。婴儿满月之后，母子搬回内寝，生育时住的账房即赐给近臣。③ 蒙古族照顾婴儿的任务历来归母亲，孩子在童年甚至少年时代都与妇女和老人生活在一起，由他们给孩子传授生活基本常识和骑马射箭的技能。

古代蒙古人得病医治无效时，在其帐幕前树一支矛，并以黑毡缠绕之，然后请萨满跳神驱鬼，或请喇嘛诵经。人死后再请萨满跳神或喇嘛超度亡灵。蒙古人死后多实行土葬，且不留坟冢。一般平民百姓就秘密埋在他们认为合适的空地，同时埋入一顶帐幕、一匹母马及它的小马、一匹备有鞍辔的马，意在使死者在另

---

① 《新元史》卷104《诸公主传》。
② 曹永年主编《内蒙古通史》第2卷，第518页。
③ 《元史》卷77《祭祀志六》。

外一个世界里有帐住，有奶喝，有马骑。凡汗王、皇室贵族死后则用香楠木等做成棺木，"中分为二，刳肖人形，其广狭长短，仅足容身而已"，然后"用黄金为箍四条以束之。"① 随葬品不仅有生平衣服甲胄、马匹、帐幕，爱仆、妾等也要殉葬。丈夫死后七日之内，其妻子及所部妇女皆不戴固姑帽。蒙古人死后一般都要归葬蒙古本土，尤其皇帝死后，无论其死于何地，皆运其梓宫于漠北安葬。故一些蒙古统治者葬于起辇谷（今蒙古国肯特省曾克尔满达勒一带）。葬毕，复将草皮块覆盖其穴之上，以马践踏草地，使陵地如平地。甚至还要用帐篷将周围地区全部围起来，待到墓葬地面上的青草长出，而且与周围的青草无异，才将帐篷撤走，这样埋葬的地点无任何特殊痕迹，亦无人得知帝陵之地。

明代蒙古信奉黄教以后，丧葬习俗发生较大变化。阿勒坦汗首先废除了人畜殉葬制度。阿勒坦汗死后，先是土葬，一两年后三世达赖来到土默特，重新为其安葬，始用火葬。以后，火葬成为蒙古人主要的葬式，而且多由喇嘛主持。如死者为尊贵者，将其骨灰和以泥，塑成小像，像外裹以金银，置于庙中，由喇嘛诵经49天。然后以死者生前所爱良马、衣甲酬谢喇嘛。凡亲戚、属下等来吊唁之人所赠送的牛马，也都要转赠给喇嘛。死者为平民，拣其骨灰于瓦罐中，或存于家中，或埋于地下。另外，除土葬和火葬外，蒙古百姓还实行野葬或天葬。即把死者用毡子或白布裹好置于车上，驾车行于野外，尸体落地之处为吉祥葬地。尸体被鸟兽食用，则认为死者的灵魂已升入天堂；尸体未被鸟兽啄食，还要请萨满跳神，超度亡灵，或请喇嘛念经消灾。

三、禁忌与习尚

蒙古族是一个有着宗教传统的民族，其禁忌和习尚与他们的信仰有着密切的关系，尤其兼具萨满教和喇嘛教的影响。

1. 禁忌

蒙古人的禁忌各种各样。蒙古人禁"履阈者"，即进入蒙古人的帐幕不能用脚踩踏门槛。男子帐幕，不准把铠甲、弓和箭囊悬挂在妇女的座位上。禁止倚靠在马鞍或马鞭上，或用马鞭去触箭，或用马笼头打马。蒙古人十分珍视粮食，不允许将奶或饮料或食物倒在地上。这些行为都被视为罪恶，犯者都要受到严惩，甚至处死。

---

① 《元史》卷77《祭祀志六》。

在蒙古人的所有避讳中，莫过于对火的禁忌。因为在其信仰的萨满教的观念中，除天地外，火是最可敬畏的自然神，因而十分崇拜火。严禁把刀插入火中，或拿刀以任何方式接触火，也不许用刀于锅中取肉，或在火旁以斧子砍东西。否则，其家庭就会失去火神的保护而大难临头。正因为蒙古人视火为保护神，认为火具有祛除不祥的功能，常常让生人通过火堆之间，以净化污秽和灾邪。蒙元时期，出使蒙古的西方传教士都曾有过如此的经历。如《出使蒙古记》载："不论是谁，都被强迫携带着他们带来的礼物在两堆火之间通过，以便加以净化，以免他们可能施行了巫术，或带来了毒物或任何别的有害的东西。"① 此外，蒙古人死时，其亲属和帐幕内所有的人也都必须用火加以净化。"这种净化的仪式是以下列方式进行的，他们烧起了两堆火，在每一堆火附近树立一枝矛，用一根绳系在两只矛的矛尖上，在这根绳上系了若干粗麻布条；人、家畜和帐幕等就在这根绳及其布条下面和两堆火之间通过。有两个妇女在两边洒水和背咒语。"②

蒙古人也敬畏雷电，每闻雷必掩耳，屈身至地。《鲁布鲁克东游记》载："他们从不洗衣服，因为他们说天神会因此发怒，并说如果他们挂起衣服来晒干，那会打雷的。他们甚至要打发那些他们发现洗衣服的人。他们特别害怕打雷，每当打雷，他们把一切外人从他们的住所赶出去，用黑毡把自己包起来，这样，一直躲到雷声过去。"③ "在蒙古人的札撒和法律中规定：春夏两季人们不可以白昼入水，或者在河流中洗手，或者用金银器皿汲水，也不得在原野上晒洗过的衣服。他们相信，这些动作增加雷鸣和闪电。"④ 蒙古人还认为天阴雷鸣，震死牲畜，认为"大不祥"，需以酒食祝祷天地，立两杆作门，然后驱赶牲畜，从门中通过者为吉，门外过者为凶，让众人抢走。

明代自喇嘛教传入之后，因萨满教在民间仍有较大影响，除了蒙元以来流传下来的禁忌外，又增加许多新的禁忌。蒙古人的一切行动，往往取决于喇嘛，"一举动，僧曰不吉，则户限不敢越也；一接见，僧曰不吉，则人罕睹其面也。"⑤ 每月以初一、初十、十五为"上上吉"，行动皆为吉利，"刑罚尽弛"。每月初八、十五、十八、二十五、三十概不得宰杀牲畜，若有违反者，见者即可夺

① ［英］道森著，吕浦、周良霄译注《出使蒙古记》，第13页。
② ［英］道森著，吕浦、周良霄译注《出使蒙古记》，第14—15页。
③ ［美］柔克义译注、何高济译《鲁布鲁克东游记》，第75—76页。
④ ［伊朗］志费尼著，何高济译《世界征服者》（上册），第241页。
⑤ 薄音湖、王雄点校《明代蒙古汉籍史料汇编》（第2辑），第246页。

取其宰杀之畜收归己有，并告官作证。另外，还不得杀死健康之马、蛇、蛙、野山羊羔、百灵鸟和狗等。若有杀死者，见者可夺取其一马。不得砍伐寺庙地上的活树和枯树，违者没收其全部工具。这些禁忌都与喇嘛教有关。

2. 习尚

蒙古族自古以来崇尚白色，把白色当做高贵、纯洁、善良、忠诚的象征。元人陶宗仪也曾说："盖国俗尚白，以白为吉。"① 公元1206年（太祖元年）成吉思汗即位时建九游白旄纛。即用白兽尾做成的大旗，象征祥瑞与至高无上。蒙古人常常以白色来形容心地善良之人，成吉思汗封忠言相辅的兀孙老人以"别乞"官位并准许"骑白马，着白衣，坐在众人上面"，以示敬重。并将农历新年的第一个月称之为"白月"，至今有些地区的牧民仍然保留着夏季穿白色单袍的习俗。成吉思汗去世后，蒙古设八个白帐供祭之，称"八白室"。每逢重九或四月九日，诸王汇于牙帐，洒白马潼进行祭祀。公元1270年（至元七年），元世祖忽必烈依照帝师八思巴之言，在大都大明殿御座上安置白伞盖，顶用素缎，泥金书梵字于其上，谓镇伏邪魔护安国刹。自此之后，每岁二月十五日，于大明殿起建白伞盖佛事。② 宫廷中每逢重大节日或庆典，君臣一律穿白色装。元朝皇帝去世，灵车用白毡为帷；蕃臣属民进献财物，以白色为上品。如辽贵族耶律留哥降于蒙古，所献财宝，置于白毡之上，白之于天。③ 蒙古人以白色围毡搭建蒙古包。蒙古人崇尚白色的观念，不仅是蒙古族人民对色彩的审美取向，同时也是蒙古人向往幸福生活美好心愿的体现。

蒙古人尊崇数字"九"。成吉思汗所建九游白旄纛。"九游"亦为"九足"、"九脚"，即九个飘带或穗子。成吉思汗对有"答剌罕"称号的勋臣给与"九次犯罪不罚"的特权。自成吉思汗起，蒙元君主赏赐臣下都以九数计之。如留哥卒，其妻姚里氏携子善哥、铁哥、永安，进谒成吉思汗于河西，随帝从征河西。成吉思汗赐姚里氏河西俘人九口、马九匹、白金九锭、币器皆以九计。④ 同样，进献之物也以九白为上品。如西夏国主不儿罕谒见成吉思汗时，所献金银器皿、子女、马匹都"以九九之数为礼"。⑤ 祭祀时，祭品也用九数。元朝每年在上都

---

① 陶宗仪《南村辍耕录》卷1《白道子》。
② 《元史》卷77《祭祀志》。
③ 《元史》卷149《耶律留哥传》。
④ 《元史》卷149《耶律留哥传》。
⑤ 《元朝秘史》第267节。

祭天，用马一羯羊八，彩缎练绢各九匹，以羊毛缠穗九个。甚至元朝法律也规定："盗人马畜者，除归还原马外，另赔偿同样马九匹。"①

蒙古还有尚右的习俗。《黑鞑事略》云："其位置，以中为尊，右次之，左为下。"蒙元及北元时期，无论重大的宫廷活动及礼仪，还是日常生活中，都遵循此习尚。蒙古宫廷举行朝会时，君主位置在右，皇后位置在左。其下座位亦如此，即宗亲坐右边，贵妇坐左边。在一般平民的帐幕里，也是男子坐在右边，妇女坐在左边。成吉思汗分封宗族时，诸子封地在蒙古本土的右面，诸弟封地在蒙古本土的左面。在元朝官制礼仪中，如中书省及中书行省的长官，右丞相、右丞均分别在左丞相、左丞之上。元宫廷中有三库，御用宝玉、远方珍异隶内库；金银、质孙衣缎隶右库；常课衣缎、绮罗、缣布隶左库。另外，在日常生活中，蒙古人也以右为尊。如在行进时，两骑相遇则交左而过，以示谦让；在进食时，接他人递来的肉要用右手，以示尊重对方等等。

四、祭祀与庆典

在长期的游牧生产和生活中，蒙古族形成了祭祀神灵、祖先的习俗和许多传统的节日。这些习俗和节日既具有宗教祭祀、调节生产活动的含义，同时又兼有吉祥欢乐、喜庆收获的意味。自古以来，在蒙古人的生活中占据着重要的地位。

1. 祭祀

蒙古族祭祀的最重要的对象是天，这与信仰萨满教有着密切的联系。蒙古萨满教崇拜"蒙哥腾格里"，即"长生天"，视其为至高无上的主宰。因此，蒙古人特别重视祭天。史载"元兴朔漠，代有拜天之礼。衣冠尚质，祭器尚纯，帝后亲之，宗戚助祭"。② 忽必烈即位后，祭天之礼成为定例，"每岁，驾幸上都，以六月二十四祭礼谓之'洒马奶子'。"祭天的同时，又呼太祖成吉思汗御名而祝之，曰"托天皇帝福荫，年年祭赛者"。③ 祭品用马一、羯羊八、彩缎练绢各九匹、以白羊毛缠若穗者九、貂鼠皮三。在碧草如茵、树木葱茏的上都郊外举行的祭天大典，场面是颇为隆重壮观的。

蒙古人认为逝去的祖先也有灵魂，为尊崇祖先以得到保佑，蒙古族很早就有

---

① 《元典章》卷49《刑部·强窃盗贼通例》。
② 《元史》卷72《祭祀志》。
③ 《元史》卷77《祭祀志六》。

祭祀祖先的传统。蒙古汗国时，窝阔台登上汗位后，就对其父成吉思汗的在天之灵大祭三天。蒙古族祭祀祖先用"烧饭"仪式。蒙古皇族祭祖，"每岁，九月内及十二月十六日以后，于烧饭院中，用马一，羊三，马潼，酒醴，红织金币及裹绢各三匹，命蒙古达官一员，偕蒙古巫觋，掘地为坎以燎肉，仍以酒醴、马潼杂烧之，巫觋以国语呼累朝御名而祭焉"。① 这种"烧饭"仪式在普通蒙古人的祭祖活动也通用，只是祭品多少有别。元朝建立后，仿中原王朝祭祀太庙之礼，公元1263 年（中统四年）在燕京始建太庙，1288 年于大都新建成太庙，供奉祖宗牌位。太庙供奉元朝祖先的牌位分为八室，即烈祖也速该、太祖铁木真、太宗窝阔台、定宗贵由、宪宗蒙哥及成吉思汗其他三子术赤、察合台、拖雷。在蒙古人的祭祖活动中，最具蒙古民族特色的就是太庙大祭时的"割奠之礼"。太庙每年四祭，在祭祀时，蒙古博儿赤跪宰割牲畜，置于太仆卿奉付的朱漆供盘上，祭品用天鹅、野马、塔刺布花、野鸡、黄羊、潼乳、葡萄酒等。然后，蒙古太祝用蒙古文报帝后名讳及祝文。礼毕，将割奠之余撒在南棂星门外，名曰"抛撒茶饭"。

2. 庆典

蒙古人的庆典活动，在大蒙古国时并没有固定，只是随事而为，如选汗大会、杀敌制胜等，都可以变为一场隆重的庆祝活动。元代建立后，蒙古族的庆典活动才逐渐确定下来。史料所见元代蒙古人的欢庆活动主要有元正节、天寿节和"四季宴"等。

元正节，既每年的正月初一。蒙古民间历来就非常重视庆祝元正，把春节称为"新吉乐"，是新年的意思。元朝时期，蒙古族统治者吸收内地历代王朝庆贺元正的内容，举行隆重的仪式。正月初一清早，皇帝在大明殿受朝贺，文武百官至殿内，向皇上叩拜，齐呼万岁，并献上贺表和礼物单。按蒙古习俗，献上的礼品与"九"或"九"的倍数相合，马匹则应该白色。朝仪之后，进行大规模的"质孙宴"，或称"诈马宴"，即一色服宴会。四品以上官，赐酒殿上，五品以下者则赐酒于日精、月华二门之下。② 由于蒙古族崇尚白色，元正节宴会上，自皇帝以下所有参加庆典的人都身穿白色衣服，即白色的"质孙"服。因此，蒙古族的元正节民间也俗称"白节"，即查干撒拉，岁首这个月称为"查干萨日"即"白月"。

---

① 《元史》卷77《祭祀志六》。

② 叶子奇《草木子》卷3 下《杂制篇》。

　　元代另一个重要节日是天寿节，即皇帝的诞辰。"元自世祖以来，凡遇天寿圣节，天下郡县立山棚，百戏迎引，大开宴贺"。① 每到天寿节，"所有的基督教徒、佛教徒、撒拉逊人和各色人等，都分别虔诚地祷告他们的上帝和偶像，祈求保佑皇帝万寿无疆，民富国强。一年一度的皇帝陛下的万寿日，就是在这样海内欢腾、普天同庆中度过的"。②

　　所谓的"四季宴"，指的是一年四季中在固定的日子里所举行的宴乐庆典。一般春季庆典在阴历三月二十一日，夏季五月十六日，秋季九月十二日，冬季十一月初三日。蒙古族的四季宴中前三季度的庆祝活动都与牧业生活相关，只有冬季庆典据说是和成吉思汗的诞辰有关。庆典活动有严格的规格和仪式。

　　清代以后，蒙古族的节日庆典活动规模更大，如祭敖包、那达慕、灯节、狩猎节等。这些节日丰富了蒙古族的精神生活，表达了蒙古人对平安快乐生活的期盼。

---

① 《元史》卷67《礼乐志一》。
② 陈开俊等译《马可波罗游记》，第101页。

第三章　清代至民国
——阴山地域晋陕汉族文化与蒙古族文化的交融

清代以来，从清前期的"雁行"移民小规模的流入到清末放垦汉族移民全方位的进入阴山地域，从清初旅蒙商的发端到成为我国一支重要的商业力量，改变了这一地域的民族结构，汉族逐渐成为这一地域人口最多的民族；改变了这一地域牧业基本一统的格局，半农业半牧业以农业为主的格局逐步形成；农业和商业的发展带动了阴山地域的城市发展，归化城、包头成为我国西部地区重要的商业城市；内地汉族传承几千年的文化带入了这一地区，与蒙古族文化互相影响，形成了独具特色的阴山文化；随着我国闭关锁国时代的结束，西方的影响也逐渐增大，特别是西方宗教文化对这一地区影响深远。阴山地域开始了它的近代化进程。

第一节　清代至民国阴山地域的行政建置

一、阴山地域的盟旗设置

盟旗是清朝在蒙古地区的行政建置，是清朝八旗制度与蒙古地区会盟制度相结合的产物，由此而形成的盟旗制度是清朝治理蒙古地区最重要的政治制度。旗源于清八旗制度。八旗制度是清代满族的社会组织形式，其制规定：每300人为1牛录，设牛录额真1人；5牛录为1甲喇，设甲喇额真1人；5甲喇为1和硕——旗，大约是以7500名兵士组成的军事单位。打败东蒙古各部后，兴安岭东的蒙古各部相继归附清朝。在设旗过程中清太祖自兴京崛起，就编有蒙古族的牛录。1614—1615年（明万历四十二——四十三年）前后，八旗的308个牛录中，蒙古牛录有 76 个。[①] 清朝征服蒙古的过程中，对蒙古地区也采取编旗的方法进行管理。1634 年（清太宗天聪八年）增编蒙古八旗。对归顺的蒙古王公按 50 户编为一个牛录（蒙古语为苏木，汉语为佐），以牛录为基础，仿满洲八旗制编组为旗，授予蒙古王公同满洲宗室一样的爵位，原来各部首领仍然是各旗之长。太宗初设旗时，称旗长为管事贝勒或执政贝勒，后来用蒙古语称号——札萨克（蒙古语执政、执政者之意）。自 1635 年（清太宗天聪九年）至 1736 年（乾隆元年），经过反复增减，把漠南蒙古编成 49 个札萨克旗。[②]

盟是后于旗出现的，源于蒙古地区的会盟制度。盟是会盟，从以会盟的地名为盟的名称便可了解盟的来历。明代以来蒙古地区即有会盟的传统，遇有重要事情，采取若干部落会盟协商的办法加以解决。清朝则利用会盟这一形式，将其发展为一种社会组织制度。清政府规定，若干邻近的旗分片，每三年会盟一次，由旗札萨克中选任的盟长或者副盟长主持。会盟的礼节十分隆重，会盟时清政府派大臣带随行官员前往，会盟的纪律也非常严格，不到或者早退者，旗札萨克要受罚牲、罚俸的处罚。会盟时，主要任务是检阅蒙古地区兵员的数量、素质、军备情况。即所谓的"简稽军实，巡阅边防，清理刑名，编审丁册。"[③] 战时盟长和旗札萨克应率所属兵丁应诏出征。49 个札萨克旗在六处会盟。后来，凡参加同一会盟的有关各旗合称为盟。而各盟则已固定会盟的名称，漠南蒙古分别定名为哲里木盟、卓索图盟、昭乌达盟、锡林郭勒盟、乌兰察布盟、伊克昭盟。[④]

在清代前期，一般来说，盟不是一级行政机构，而只是对各旗实行监督，不设办理盟务的衙门。盟长是会盟的召集人和主持者，但他不能干预各旗内部的事务。在战争期间，各盟长带领所属兵丁出征作战。盟长实际上是介于清朝理藩院和蒙古各旗札萨克的承上启下的官员。到清代后期，盟旗制度下的盟才发展为蒙古族地区的行政组织。[⑤]

盟的建立，标志着蒙古地区独特的行政体系——盟旗制度最终形成。这一制度从清开始，民国时期仍然延续。

① （日）田山茂著，潘世宪译《清代蒙古社会制度》，第 66 页。
② 周清澍主编《内蒙古历史地理》第 157 页。
③ 义都合西格主编《蒙古民族通史》第 222—223 页。
④ 周清澍主编《内蒙古历史地理》第 158 页。
⑤ 赵云田《清代蒙古政教制度》第 86 页。

当然并非所有的札萨克旗都要入盟，清代规定："凡旗之畸者不设盟。"① 与以上六盟四十九旗相同的，还有套西二旗和锡埒图库伦喇嘛旗。套西二旗是指设于康熙、乾隆时的阿拉善厄鲁特旗和额济纳土尔扈特旗，二旗之上不设盟。除以上札萨克旗外，清朝还在呼伦贝尔、察哈尔和归化城土默特设立了由清朝任命都统或者总管任长官的旗，一般称作都统旗或总管旗，直属于清廷，这些都是旗之上设盟的例外。

阴山地域主要包括当时的乌兰察布盟、伊克昭盟、归化城土默特二旗及察哈尔的一部分。乌兰察布盟包括四子部落旗、喀尔喀右翼旗、茂明安旗、乌喇特三旗。四子部落旗包括今天的四子王旗与武川县的一部分。喀尔喀右翼旗大体相当于今包头市的达尔罕茂明安联合旗东部和武川县的一部分。茂明安旗相当于今达尔罕茂明安联合旗本部和包头市白云矿区及固阳县的一部分。乌喇特三旗大体相当于今乌拉特前、中、后旗和五原、固阳、临河及杭锦后旗各一部分。伊克昭盟包括鄂尔多斯左翼中旗、鄂尔多斯左翼前旗、鄂尔多斯左翼后旗、鄂尔多斯右翼前旗、鄂尔多斯右翼后旗、鄂尔多斯右翼中旗和鄂尔多斯右翼前末旗。大体相当于今鄂尔多斯的全部和巴彦淖尔市临河、五原及杭锦后旗、乌拉特前旗的一部分。② 归化城土默特两旗"东连察哈尔，西带银河，南镇杀虎口，北通喀尔喀，实为塞外保障，朔漠屏藩。"③ 其范围大致相当于今天的呼和浩特市和包头市。察哈尔的正黄旗察哈尔、正红旗察哈尔、镶红旗察哈尔等相当于今天乌兰察布市的一部分。上述范围基本构成了本书研究的阴山地域的主要部分。

清代阴山地域主要盟旗一览表④

盟名	部名	旗名	设旗时间	佐领数目
乌兰察布盟	四子部落	四子部落旗	崇德元年	4
	茂明安部	茂明安旗	康熙三年	16
	乌喇特部	中旗	顺治五年	12
		前旗	顺治五年	4
		后旗	顺治五年	1
	喀尔喀右翼部	喀尔喀右翼旗	顺治十年	1

---

① 义都合西格主编《蒙古民族通史》第226页。
② 周清澍主编《内蒙古历史地理》第201页。
③ 那日苏《清代归化城土默特旗制的演替》，《蒙古史研究》（第八辑）。
④ 赵云田《清代蒙古政教制度》第95页；周清澍主编《内蒙古历史地理》第226页。

（续表）

盟名	部名	旗名	设旗时间	佐领数目
	察哈尔部	正黄旗	康熙十四年	
		正红旗	康熙十四年	
		镶蓝旗	康熙十四年	
		镶红旗	康熙十四年	
	归化城 土默特部	土默特左翼旗	崇德元年	25
		土默特右翼旗	崇德元年	22
伊克昭盟	鄂尔多斯部	左翼中旗	顺治六年	17
		右翼中旗	顺治六年	84
		左翼前旗	顺治六年	42
		右翼前旗	顺治六年	42
		左翼后旗	顺治六年	13
		右翼后旗	顺治六年	36
		右翼前末旗	雍正九年	13

二、蒙汉分治与清初阴山地域厅县的设置

明代以来，以归化城（今呼和浩特市）为中心的土默川平原农业有了很大的发展。清王朝建立后，根据这一实际情况，在绥远地区实行"蒙汉分治"的政策，在盟旗制度以外，设立了一些管理垦区的汉民事务及解决蒙汉间纠纷的机构，这就是通常所说的口外五厅或七厅。口外五厅是指最初隶属于归绥道的归化城、萨拉齐、托克托、清水河、和林格尔。而七厅是在五厅的基础上再加上分别隶属于大同府、朔平府的丰镇厅和宁远厅。①

（1）归化城厅。1723 年（雍正元年），清朝在归化城设置理事同知，隶属山西大同府。1729 年（雍正七年），改属朔平府。1741 年（乾隆六年），升为直隶厅，置抚民理事同知，分理蒙汉事务，隶于山西归绥道。1739 年（乾隆四年）又设绥远城理事同知，专管归化、绥远一带的粮饷，也隶属归绥道。1760 年（乾隆二十五年），改为理事厅。

（2）萨拉齐厅。1734 年（雍正十二年），清朝在归化城西的萨拉齐（今包头市土默特右旗萨拉齐镇）置协理笔帖式，办理该地蒙汉事务。1739 年（乾隆四

---

① 牛敬忠《近代绥远地区的社会变迁》第 2 页。

年），置协理通判。1741 年，隶归绥道。1760 年（乾隆二十五年），改为理事厅，并将善代协理裁撤并入。同治四年，改设同知。光绪十年改为抚民同知。

（3）清水河厅。1736 年（乾隆元年），清朝在归化城南的清水河（今呼和浩特市清水河县）置协理通判，办理该处蒙汉事务。1741 年（乾隆六年），隶山西归绥道。1760 年（乾隆二十五年），改理事厅。

（4）和林格尔厅。康熙年间，清在归化城以南设二十家子台站，蒙语二十为和林格尔，故该地后来被称为和林格尔（今和林格尔县）。1734 年（雍正十二年），在该地置协理笔帖式，办理该处蒙汉事务。1736 年（乾隆元年）设协理通判。1760 年（乾隆二十五年），升为理事厅。

（5）托克托厅。1734 年（雍正十二年），清政府在归化城西南的托克托城（今托克托县城关镇旧城）设协理笔帖式，办理该处蒙汉事务。1736 年（乾隆元年），置协理通判。1760 年（乾隆二十五年），升为理事厅。①

（6）宁远厅。此厅原来是察哈尔蒙古部众的游牧地。1734 年（雍正十二年）清政府在这里设置宁朔卫与怀远所。乾隆二十一年改为理事通判厅。光绪十年又改为抚民通判厅，直隶归绥道。

（7）丰镇厅。此厅原来也是察哈尔蒙古部众的游牧地。1734 年（雍正十二年），清政府在此设置丰川卫和镇宁所，1750 年（乾隆十五年）改设丰镇厅，由于其辖地与大同相连，最初由大同府分驻阳高通判移驻于此。1756 年（乾隆二十一年）改为理事通判。光绪十年改理事同知为抚民同知，隶属于归绥道。②

鸦片战争后，清王朝的统治陷入了内外交困的局面中，为解决日益严重的财政危机，同时遏制有关国家对中国边疆的蚕食，提出了"移民实边"、"放垦蒙荒"。在这一形势的影响下，清政府对这一地区的行政区划也作了进一步的调整。光绪时，将绥远地区的厅由理事厅改为抚民厅。这标志着清朝对设治地区的汉民正式"编户立籍"。意味着对这一地区从原来仅有的司法管理，又增加了行政上的管辖。同时，又陆续新设了一些厅县。

---

① 周清澍主编《内蒙古历史地理》第 229—230 页。
② 牛敬忠《近代绥远地区的社会变迁》第 3 页。

清末绥远地区厅县设置一览表①

厅县名	设治年份	治所	备注
兴和厅	1902	二道河	隶于归绥道
陶林厅	1902	科布尔	隶于归绥道
武川厅	1902	翁滚城	隶于归绥道
五原厅	1902	大佘太	隶于归绥道
东胜厅	1907	板素壕	隶于归绥道

此外，清朝还在阴山地域设有绥远城将军。清入关以后，在一个相当长的时期内，边疆地区一直不安定。清政府与准噶尔之间的战争持续了七十多年。归化城土默特地区是清朝对准噶尔的前沿阵地和大本营之一，战略地位十分重要。早在 1694 年（康熙三十三年）五月兵部就奏称："归化城乃点要之地，增戍之兵甚多，应专设将军一员，总管归化城都统、副都统训练官兵，凡当行事务，协同右卫将军而行。"② 乾隆刚继位时，为安排从漠北撤回的官兵，防御或出击准噶尔部，决定在归化城旁新建一城。1739 年（乾隆四年）新城竣工。《敕建绥远城碑》载："于乾隆丁巳（二年）季春三月即工，乾隆己未（四年）之夏六月工竣，钦定佳名曰绥远城。"③ 1737 年（乾隆二年）移右卫将军驻绥远城，称绥远城将军。驻有副都统二人，八旗满汉协领、佐领、防御、骁骑校四十七人，马甲兵丁三千九百余人。④ 绥远城将军负责统辖驻防官兵及土默特二都统兵马，兼摄乌兰察布、伊克昭盟军务。

三、绥远省的设立到二元管理体制的名存实亡

阴山地域特殊的地理位置，决定了其特殊的行政机构设置，是清朝比较典型的蒙汉分治的地区。阴山地域地处边疆，随着清末民族危机的加深，直接面对俄国的侵略。清政府在阴山地域对蒙古族采取盟旗制度，对汉族采取设厅而治的分治手段，已经不能适应当时日益紧迫的形势。特别是日、俄两国对蒙古地区的渗透和部分蒙古王公的离心倾向已经引起了各界的警惕。而阴山地域当时边地空

---

① 牛敬忠《近代绥远地区的社会变迁》第 8 页。
② 那日苏《清代归化城土默特旗制的演替》，《蒙古史研究》（第八辑）。
③ 那日苏《清代归化城土默特旗制的演替》，《蒙古史研究》（第八辑）。
④ 义都合西格主编《蒙古民族通史》第 229 页。

虚，人口较少。民国初期绥远人口只有一百万左右。绥远城将军虽是军事机构，但管辖兵力有限，远不足以抵御外侮。面对蒙汉分治的现状，当时清朝各界也迫切感受到这一体制的弊端。时任绥远垦务督办、绥远城将军的贻谷的意见颇具代表性："省吏管地方而蒙旗不受其约束，将军统蒙旗而地方不受其指挥。每当交涉两难之时……往往厅署不能自主其应理之事，旗署不能自制其受治之人，责无所专，词有可诿……讼案无结时，盗案无获期，命案无信谳。"① 认为原有对内蒙古地区的统治比较薄弱，盟旗制度不利于中央集权，是造成蒙疆危机的主要原因。因此，在清末绥远设省被提上议事日程。主张"蒙疆设省，利于国家，利于蒙藩，且利于汉民，所不利者惟俄国者。"② 1905 年 10 月，清政府正式转发了左绍佐的奏折，要求各地将军大臣"体察情形，通盘筹划。"但由于清王朝很快就被推翻，该设省想法亦无法实现。

中华民国建立后，绥远成为中华民国的辖地，推行共和体制，绥远设省的步骤加快。1912 年，绥远十二厅都改称为县，仍隶属于山西省。同年 10 月，受袁世凯排挤的北洋军人张绍曾做了绥远城将军。张绍曾到绥远后，不愿意受阎锡山控制，提出晋绥分治。张绍曾当时分治的愿望本来是打算建省的，这与袁世凯加强对绥远地区统治的思想不谋而合，但考虑到绥远财税收入少，于是退而求其次将绥远设为特别行政区。以绥远城将军为行政长官，裁撤归化城副都统，设军政、民政二厅，与山西分治，管辖乌兰察布盟、伊克昭盟、归化城土默特旗及归绥道十二县。1913 年 7 月 6 日，绥远城将军改为都统，同日公布的都统府官制规定，"都统统辖所部军队，管理该区域内军政民政事务，都统管辖所属区域民政各官及巡防警备等队，并政府之特别委任、监督财政及司法行政暨其他特别官署之行政事务。"③ 这样都统权力就扩大到同行省之都督一样，独揽军政、民政、司法、财政大权，仅关于蒙古事件由蒙藏院核转，基本上具有了省的雏形。1914 年 1 月，绥远特别行政区正式成立。之后民国政府又在内蒙古设置了察哈尔、热河两特别行政区。这些措施均是清末设省政策的继续，是绥远等地区设省的前奏。

---

① 《绥远城将军贻谷为遵议绥远建省以固边卫为谨条拟大概办法折》，光绪三十三年八月六日，转引自《内蒙古垦务研究》第 74 页。

② 《东方杂志》，第 2 卷，第 3 号，《论蒙古改设行省之不可缓》。转引自刘忠和《试论绥远建省》（北京大学硕士学位论文）2002 年，第 8 页。

③ 《东方杂志》，第 11 卷，第 2 号，《中国大事记》，第 19—20 页。转引自刘忠和《试论绥远建省》（北京大学硕士论文）2002 年，第 10 页。

1928 年，随着北伐战争的胜利，国民党统一全国，绥远等地设省的步伐加快。同年 8 月 29 日，国民党中政会作出决定，将热察绥三特别行政区一律改为行省，并要求内政部拟定最后的改制办法和各省名称。9 月 5 日，国民党中政会第 153 次会议根据内政部最后拟定的改省方案，作出决议："一、热、察、绥、青海、西康均改省；二、旧直隶省口北道各县划归察哈尔，察哈尔原划绥远之丰镇、凉城、兴和、陶林等四县仍归还绥远；三、五省省府组织，委员暂定五人，设民政、财政二厅，并得酌设教育、建设厅，余照省府组织法处理。"① 12 日，中政会又决定将集宁归还绥远。17 日，国民政府下令厘定边远地方行政区域，公布了绥远等省的命令。绥远是热、察、绥三特别行政区中最早改省的一个。10 月 16 日，国民政府改组后的第一次国务会议公布了察哈尔、绥远两省政府的组成人员。其中绥远省政府由徐永昌、陈宾寅、梁汝舟、冯曦、祁志厚、云端旺楚克、沙克都尔扎布组成。指定徐永昌为省政府主席。10 月 20 日，国民政府任命徐永昌等七人为绥远省政府委员，指定徐永昌为第一任主席，任命陈宾寅为民政厅长，梁汝舟为建设厅厅长。同日绥远省七委员在归绥宣誓就职，绥远省政府正式成立。

绥远省的设立，不仅管辖十六县（归绥、萨拉齐、托克托、和林格尔、清水河、凉城、丰镇、兴和、集宁、陶林、武川、固阳、包头、五原、临河、东胜县）二设治局（安北、沃野设治局），而且也管理乌、伊两盟蒙旗，实现了对蒙旗的直接统治。但绥远及其它地区设省，却引起蒙古族的反对。内蒙古各盟旗的盟长、札萨克得知改省一事后，纷纷去电去函，要求国民党政府暂缓设省。当改省已成事实后，内蒙古各盟旗和蒙古族各阶层又把注意力集中在确定蒙古各盟旗的地位和制度及其与省县的关系上。1928 年 9 月，由各盟旗派出代表和在北平的蒙古族人士共同组成的"蒙古代表团"，在原蒙藏院秘书长吴鹤龄的率领下赴南京请愿。内蒙古各盟旗和蒙古族各阶层对设省的激烈反映，引起了国民党对蒙古问题的高度重视。1929 年 6 月，国民党三届二中全会决定举行蒙藏会议。根据这一决议，1930 年 5 月，在南京召开了蒙古会议，通过了《蒙古盟部旗组织法》，共 37 条，要点如下：（1）明确了蒙古各盟、部、旗的法律地位，肯定了盟、部、旗作为一级行政单位对现有区域和境内蒙民的管辖治理权。（2）蒙古各旗直隶于

---

① 《东方杂志》，第 27 卷，第 14 号。陆为震《新六省鸟瞰与西北之边防》。转引自刘忠和《试论绥远建省》（北京大学硕士学位论文）2002 年，第 12 页。

所属之盟，各盟及各特别旗直隶于国民政府行政院，与省平行，互不统属。盟旗与省县遇有相互关涉事项，双方会商处理。（3）各盟盟长以下各职官照旧，各旗札萨克照旧，协理以下，副章京以上均改为旗务委员。盟旗设盟旗民代表会议。[①]这一法令文件使在设省的情形下继续维系了盟旗制度，但各盟旗被割裂在各省中，免不了各省的操纵。后德王又开展了高度自治运动，促使国民党政府通过了《蒙古自治办法原则》，根据这一文件，1934 年 4 月 23 日，蒙古地方自治政务委员会成立，历史上也称为"百灵庙蒙政会"。蒙政会直隶于中央行政院，总理各盟旗政务，是一个对蒙古地区进行自治管理的组织，比《蒙古盟部旗组织法》又进了一步。但它的存在，必然要与省的管理发生冲突，绥远省对蒙政会的成立极为不满。而日本对从事自治的领导者德王则极尽拉拢之能事，德王也渐渐向日本人靠拢。在这种情况下，时任绥远省主席的傅作义乘机向国民党中央建议，将蒙政会一分为二，分设察哈尔蒙古盟旗地方自治政务委员会和绥远省境内蒙古盟旗地方自治政务委员会。1936 年 1 月，国民党中央采纳了该建议。2 月 12 日，德王在苏尼特右旗由日本人操纵成立了"蒙古军总司令部"，正式投靠了日本人。至此，百灵庙蒙政会彻底解体。

从清初到民国时期，阴山地域一直维持着二元制的管理体制。但民国后期，随着抗战的全面爆发，转入战时体制，特殊的二元管理体制已名存实亡。

四、独特的"公行""大行""社"的基层管理模式

当时，对于蒙汉分治的地区，除了上述的行政管理机构外，在这一地区还有一些公行、大行、社等基层行会作为行政管理的重要补充。阴山地域地处塞外，地广人稀，其机构设置虽然采取了与内地基本一致的设置模式，但从机构的细化到人员的配置，都与内地有相当大的差距。因此，仅仅靠行政机构承担完全的管理任务，与当时的经济发展很不适应。比如，在阴山地域设置的厅县长期处于"侨治"状态，起不到管理移民的作用。五原厅署始建于 1903 年（光绪二十九年），但"历任各官，均以地荒人稀不敢到署，而寄居包头，仅设巡检一员于城内，以理诉讼"[②]，直到 1915 年五原县长才搬到五原县城。武川厅始设于 1903

①　郝维民主编《内蒙古近代简史》第 125 页。
②　中国第二历史档案馆编制《中华民国史档案资料汇编》第三辑，农商（一），第 554 页。转引自闫天灵著《汉族移民与近代内蒙古社会变迁研究》第 192 页。

年，到了 1914 年官署还没有迁至治地。东胜厅 1907 年始建，1913 年改县，但因"匪患时闻，地方荒凉，保卫困难，历任县知事，大都侨居距二百里外之包头而遥治之。"① 直到 1928 年李鸣钟任绥远省主席，下令筑城搬迁，东胜县署才于 1931 年移到新修的东胜县城。

塞外厅的辖区很大，有的抵得上口内好几个县。在五原厅未设之前，整个后套、套东及前套部分沿河地区，都属萨拉齐厅管辖。整个萨拉齐厅管辖区域，东起万家沟，西到乌拉河，东西绵延千余里。1903 年五原厅设置后，包头以西的 800 余里归其管理，直到 1925 年安北、临河二设治局设立，这一局面才有所改变。如此大的地盘，区区一厅不可能管理周到。左绍佐在检讨清代蒙地厅制的弱点时说："此由于厅官者也。疆臣政务本殷，常以口外之事不甚加意，鞭长莫及，耳目本有所不周，愈远则愈忽之，道路既长，文书往返，动需时日，所倚者厅官，而厅官之敷衍则既如此矣"。② 厅治无力，再加上官员侨居和驻军稀少，官方对偏远地区性的控制实际上处于虚悬状态。官治系统的空缺，给民治系统的发展壮大留下了广阔空间，民间力量由此成为移民社会的主要控制力量。

《绥远通志稿》对这些民间社团的作用及历史有详细的记载："商会为职业团体之一种，乃各业商行商店为谋业务之发达而组织者也。当清乾嘉之时，原设厅之归、丰、萨、托各县，均已开辟商场，人烟稠密，市尘栉比。工商各业，规模略备。各业为自身利益计，时相集议，以商定货价、工资及贸易间一切通行规例，采取众论而折中之，为共同遵守之准则。因而形成团体。或以行名，或以社名，或别立字样，冠于行社之上，以示区分，虽不称会，但其设置意义，实与今之同业公会无殊也。近百余年，此类行社之分立，以归化城为最多，而包头与各厅大抵合各业而统名公行。自商市有此组织，于是地方官署遇有征服工役，征用物品及临时摊派捐款支配差徭，均使各行社议行，以社分歧骚扰之弊，甚便利也。维时国家于此种会社，尚无明文规定。各地之组织，亦不尽同。固不得谓法团也。及民元以还，始制定各种团体组织法规，原有行社，仍旧保存，迄未解决。第遵照法令合各商行社而组织商务总会于归绥县城，成为正式之法团。其初均采会长制。虽为一县所组，而其潜力则足以提挈各县。会长职权，除综理全会

---

① 冯曦《建筑东胜县城署记》，载《绥远建设季刊》第 10 期，1932 年。转引自闫天灵著《汉族移民与近代内蒙古社会变迁研究》第 192 页。

② 朱启钤《东三省蒙务公牍汇编》卷 5 附片《前给事中左绍佐奏西北边备重要拟请设立行省折》。转引自闫天灵著《汉族移民与近代内蒙古社会变迁研究》第 192 页。

事务而外，并联系各县商会，交换商情。历年职司各事，大抵为工商业纠纷之调处公断，通行规例之订立改修，与夫市面供销之维持，而对于从前驻军征发征用，虽属供仪浩繁，犹得以平均其负担，未至径行骚扰。此外归绥市及其他少数县分，并办有商团，保护商路，以通百货之运输，而便蒙汉之贸易，历年成绩，亦可纪也。"① 当时的各种行社及商会，不仅承担着调处商业纠纷的职责，而且还维持市场秩序，为驻军征收所用等。各行社的经费来源均由各行社或商店按月捐赠，如有急需，也有临时派款的情况。

归化城是阴山地域最大的城市。根据《绥远通志稿》的记载，归化城已经形成十二行社，当时的诉讼案件，也由行社来处理。"归绥市于前清时，各业已组成团体，最初为十二行，归绥识略云，归化城商贾，向有十二行。……近则百物蕃衍，不啻数十行，遇有公务，则仍以十二行号于众。……凡词讼事件，辄令处结。"② 同时，行社还为军队筹集经费。后在行社基础上成立的商会，还成立有保商团队，以避免匪徒的侵扰，同时担负起维护社会治安的任务。"四年二月，改组为绥远总商会，改为会长制。二十年四月，又改组为归绥市商会。……对于地方治安，亦尝尽力维护，慨集巨资。以消弭兵变者数次，甚得地方之赞许。当民国二年，蒙古军队哗变，又值库军南犯之时，由会派员远赴山后，疏通就抚，改编为本省防军，地方得以安谧。十五年，西北军西退，晋军接防。十六年，奉军驻绥，军用征发，为数浩繁，迭经军事紧急时期，均由会筹供粮秣款项，秩序赖以维持，军民相谅相安，市面未受扰动。而历年附办之保商团队，尤多精悍之选，匪股闻风远避，内蒙商运，保护周至，凡此皆为市商会较著之成绩也。二十年，市商会改组时，首将各行社依法改组为同业公会者二十八处。……民国元年，地方之秩序甫定，而外蒙之烽警频传，人心恐慌，谣诼迭起，归绥商会总会，思患预防，特以组织体育会为名，通告各商号，派员到会。担任巡逻市面之责，行之数年，成绩尚佳，嗣各商店以种种窒碍，派员困难，多愿出款另雇专人，以应斯役，自后体育会巡逻人员，逐渐易为出资募集，形同团丁矣。至六年间，市面平静，无须梭巡。是时外路商货，以土匪出没，时有阻滞，会长段履庄、王大勋等，乃加以改组，成立骑兵保商团，设团总一人以统之。计分三队，各置队长。团丁约二百名。专司护送百灵庙与归绥市间往来商驮，团长银海，调

---

① 绥远通志馆编纂《绥远通志稿》卷六十三《政党法团》，第 675 页。

② 绥远通志馆编纂《绥远通志稿》卷六十三《政党法团》，第 678 页。

度有方，历年虽遇股匪，发生激战，亦未尝有所损失。而保商团之名，遂为远近匪人所畏惮。最近增为四队，团丁二百四十名，每月经费银二千八百七十六两，由各商民货驮往来时抽收，其总部设于可镇北八十里之召河，第一第二两队常驻于此，第三队驻本市北沙梁。第四队驻百灵庙。往来接递护送，从无失事，商旅称便。始其事者。其功不可没焉。"①

包头是阴山地域仅次于归绥的重要城市。1737 年（乾隆二年），包头形成村。1809 年（嘉庆十四年）改置包头镇，隶属萨拉齐厅管辖，但管理的人员仅把总廖廖数人，根本无法管理日益兴起的城市。"走西口"的人来到阴山下，便将晋、陕的民间"社"组织形式带来，组成按祖籍的"祁太社"、"河曲社"、"交城社"、"代州社"等，还按职业、信仰组成约近百个"社"，"社"有社日、社首、社规，成为自治的基本单位。然后由工商行业"社"公推总领，设"公行"、"大行"，定期选举。"大行"无所不管，大到诉讼，小到打更下夜，摊配差役，修路筑桥。工商行业的"社"一直延续到新中国成立。

嘉庆年间，清政府已经开始走向衰落，包头镇巡检和他手下 20 多名衙役控制日益发展的城镇，因此，采取"以民治民"的特殊措施，成立"包镇公行"，其头领称总领。公行的职责有：（1）接待萨拉齐厅等处来包官员和驻军。"近来常遇官长来临，除安设公馆，应事之家并无栖身之所，焉得办公？所以阖街公议，于大行后，向回民戴天禄名下置得白地一段维持。"②（2）公行总领协助包头巡检处理各项政务，维护包头镇商业的正常秩序和地方治安。（3）处理蒙汉民之间的租佃问题。当蒙汉民发生土地纠纷时，公行接受包头镇巡检的委派，负责处理。在公行存在的同时，还有专门管理农用地的"园行"和专门管理工商居民的"大行"。因浇水问题农民之间常起争执，对此，园行负责组织协调。大行与城镇居民打交道，为维护地方治安，大行雇佣底层组织"梁山"巡逻打更。凡庙会、赌场及其它娱乐场所发生骚乱，都由"梁山"人来维持。包头还有各行各业组织的"社"。新中国建立前包头有 90 多种社。③ 这些社不仅具有行会的作用，约束本社内部，协调各行业间的关系，而且也是地方一种行政机构，实际上是公行的下属机构。公行通过社摊派捐款、修路、维护社会治安。

---

① 绥远通志馆编纂《绥远通志稿》卷六十三《政党法团》，第 682—683 页。
② ［日］菊地清《包头东河村实态调查报告》，道光三十年（1850 年）圖文。转引自刘忠和《包头行政管理研究》，载《西口文化研究》（卷一），2005 年，第 41 页。
③ 张贵《包头史稿》（上卷）第 183 页。

第二节　清代"走西口"移民对阴山地域
经济生活的影响

　　走西口是对明末至新中国成立前晋陕等地百姓移民阴山地域的特定称法，走西口这股移民潮对于中国历史特别是阴山地域及周边地区产生了深远的历史影响。

一、走西口移民的几个阶段

1. 走西口的界定

　　何谓西口、何谓走西口目前争论不休。走西口的口是指关口，当时专指内地与草原分界的长城各口。"自我（清）朝定鼎中外，一统口外，归化城即为贸易之所，商民往来，交易日盛"①。文中之口即指长城各口。明代修建了许多城或堡，用来防御蒙古土默特部的南下，当时这些设施通常称为堡，没有一处称口的。而到隆庆和议后，明蒙双方决定在沿边一些地方进行茶马互市，这些互市的地方后来就被改称为口，如张家口堡就称张家口，得胜堡改称得胜口，新平堡改称新平口，杀胡堡改称杀胡口等。这些关口均是由内地通往草原的交通要道。即使到了新中国建立后，内蒙古西部各地的人们，还习惯性的称呼山西为口里，而将内蒙古各地称为口外。因此，对于西口的口指关口这是确定的。西指方位，恐怕也没有任何争议。但这两个词组合起来，就是指长城关口以西就存在相当争议。许多学者就西口指的是哪个地方，也进行了不少考证。部分学者认为西口专指当时的归化城，主要有以下依据：一是嘉庆年间（1796—1820 年）编修的《乌里雅苏台志略》说：乌里雅苏台"南至绥远城（即归化城），俗曰西口，距五十四站，五千里有奇；东南至张家口（俗曰东口），距六十四站，六千里有奇。"② 二是道光年间（1821—1850 年）成书的《定边纪略》里亦记载说："绥远城之北（即归化城，俗曰西口），由喀尔喀南台至喀尔沁济洪鄂尔岔路，计四

---

　　① 《钦定四库全书朱批谕》卷二百一十七之二，朱批觉罗石麟奏折。
　　② 《乌里雅苏台志略》之《道里》，载马大正、成崇德主编《清末蒙古史地资料荟萃》，中国社会科学院边疆史地中心，1990 年，第 70 页。

十八站，接续乌兰察布盟长所属之四子王部落军台三站，归化城副都统所属之土默特军站三站，统计五十四站，共五千余里。"① 三是光绪十九年（1893 年），俄国学者波兹德涅耶夫"在呼和浩特曾多次见到官家的运输车辆上所标的地名都是'西口'，这一名称也同样出现在当地驻军的号衣上。显然，归化城正在改变它以前的名称。"② 四是张贵教授收集到一页光绪年间的商家帖子，帖子上也可清楚地看到有"西口归化城"五字的朱红印字。通过以上史实，这些学者认定，西口就是归化城。③ 以上几个证据看似扎实，但它只能证明归化城是西口，而不能证明西口是归化城。西口归化城，就和中国北京一样，只能说北京是中国的一个城市，而不能说中国就是北京。同时，这些史实也可以证明西口是个俗语，一种民间的称谓，而当时山西移民的浪潮也是一个逐渐深化的过程，与之相适应的语言也在发展。忒莫勒在《归化城非"西口"考》一文中提及，1899 年（清光绪二十五年）萨拉齐地方刊刻的《破迷醒世》一书的扉页上赫然印着"西口萨拉齐忠信堂存板"，也证明西口就是专指归化城之说有失偏颇。

现在"西口"之所以流行起来，主要在于戏曲《走西口》使这一名称深入人心。而艺术来源于生活，是对现实生活的一种集中概括。它反映的是当时走西口人的典型生活，而绝不是一个简简单单的一个真实的生活原型的再现。它是对多少年走西口人感情生活的集中概括。走西口人千千万，地点遍及整个内蒙古地区。所以，该西口也不是一个很具体的地点。《绥远通志稿》曾载："归、包二处，实为西口商业之中心。"④《绥远通志稿》成书于 20 世纪 30 年代，其记述应较准确。所以，称西口仅为归化城与史实不符。

走西口作为一个词语来探究它的含义，总体上来理解，应该是到西口的意思。唐代杜牧《阿房宫赋》有这样一句词："与骊山北构而西折，直走咸阳。"中间的走就是往、到的意思。戏曲《走西口》也是讲了一个典型的从山西到西口的典型人物的典型故事。

所以说，如果现在讲的走西口的西口是指从戏曲《走西口》而唱响的西口，

---

① 奕湘修，倭悝贺、庆林纂《定边纪略》之《疆域》，载马大正、成崇德主编《清末蒙古史地资料荟萃》，中国社会科学院边疆史地中心，1990 年，第 57—58 页。

② ［俄］阿·马·波兹德涅耶夫著，张梦玲等译：《蒙古及蒙古人》（第二卷），第 137 页。

③ 参见刘忠和、薄音湖：《"西口"辨》，《内蒙古大学学报》（人文·社会科学版），2007 年第 3 期。刘忠和《"走西口"历史研究》，内蒙古大学 2008 年博士学位论文。

④ 绥远通志馆编纂《绥远通志稿》卷二十七《商业》，第 564 页。

那么走西口就指的是以山西、陕西地区的贫苦农民为主体的移民到现阴山地域的运动。西口地区与本书所指的阴山地域大体相当。

2. 清朝的封禁政策与走西口移民的初期阶段——"雁行"

清代采取蒙汉分治的政策，对内蒙古地区严格控制，颁布了一系列禁令，不允许汉族移民到该地区进行开垦。顺治初年规定："各边口内旷地听兵治田，不得往垦口外牧地。"① 1655 年（顺治十二年），清朝又颁布了内地民众"不得往口外开垦牧地"② 的禁令。康熙年间，清朝也实行封禁政策。这一时期，由于清朝的封禁政策，限制内地民众大规模进入阴山地域。既然禁，就说明当时存在着口内汉民前往蒙古地区开垦的事实。禁令当然阻止着汉民难以形成大规模的移民浪潮，但当时也确有内地民众不顾禁令陆续进入阴山地域。对此，曹永年主编《内蒙古通史》中总结了以下几方面原因：一是清廷在内蒙古地区实行屯田，设立各类官庄招民恳种，在大漠南北广建喇嘛庙等活动对移民开了方便之门。二是与清廷鼓励和引导蒙古人自己垦种有关。汪灏在《随銮纪恩》中说："康熙十年后，口外始行开垦，皇上多方遣人教之树艺，又命给之牛种，致开辟未耕之地皆成内壤。"而蒙古族长期从事畜牧业，不擅长农业，于是早期蒙古人将田地租给流入当地的汉民耕种，而坐收租利。三是与噶尔丹的战争需要解决清军粮草供应等军需问题，清朝在内蒙古地区实行"募民田作"等措施。四是蒙古族对于农产品的需求，主动招民开垦。③ 我们认为，除此之外还有更重要的原因，就是内地日益增长的人口压力，特别是出现灾荒后，为了活命，农民自然出关到口外谋生。对于当时安土重迁，以农为主的内地汉族人来说，"世代定居是常态，迁移是变态"④，不到迫不得已他们是不会远离家乡走西口的。一旦决定走西口，就说明迁移农民深受生存的压力，不得已而为之，这在初期的走西口人中更是如此。后来随着走西口人的增多，人们意识到在口外生活更为容易，走西口的人便逐渐多了起来。

所以说，随着时间的推移，内地人口的增多，灾荒的频仍，尽管封禁政策继续执行，但是违禁开发也相伴而生。尤其在清统一全国后，康乾盛世来临，中国人口迅速膨胀。1741 年（乾隆六年）人口总数为 14341 万人，1762 年（乾隆二十七年）

---

① 《清史稿》卷 120《食货一》。
② 《大清会典事例》卷 166。
③ 曹永年主编《内蒙古通史》（第三卷），第 97—98 页。
④ 费孝通《乡土中国》第 3 页。

人口突破二亿，1790 年（乾隆五十五年）又突破三亿，但全国的耕地并未增加多少，1753 年（乾隆十八年）人均耕地面积还为 4 亩，到 1784 年（乾隆四十九年）人均耕地减为 2.65 亩。可见，人与地的矛盾在乾隆时期已经显现。[①]

清朝人口及耕地情况统计表[②]

年　　代	人口数（人）	耕地面积（顷）	每人占耕地面积（亩）	人口增加指数	耕地增加指数	每户耕地数（亩）
顺治十八年（1661）	105，342，045	5，493，576	5.2	100	100	34
康熙二十四年（1685）	117，057，240	6，078，431	5.1	111	110	33
雍正一年（1723）	128，695，270	6，837，914	5.3	122	124	35
乾隆十八年（1753）	183，678，259	7，081，142	3.8	174	128	34
乾隆三十一年（1766）	208，095，796	7，414，495	3.5	197	134	27
嘉庆十七年（1812）	333，700，560	7，915，251	2.3	316	144	17
同治十二年（1872）	277，133，224	7，576，918○	2.7	263	137	17
光绪十一年（1885）	377，636，000	9，119，766△	2.4	358	166	15

有○符号的是同治十三年数字，有△符号的是光绪十三年数字。

　　而由于农业的脆弱，一旦发生灾荒，情况就更为严峻，在这种情形下，贫苦农民向人口相对稀少的内蒙古地区迁移就会成为一种趋势。面对这种情况，清廷对它的封禁政策也开始松动。如清廷曾密谕各关口官兵；"如有贫民出口者，门上不必拦阻，即时放出。"[③] 稽查"不必过严，稍为变通。"[④] 同时，"每招募民人，春令出口种地，冬则遣回。"[⑤] 在归化土默特地区，1735 年（雍正十三年），清廷批准开放 8 处垦地，共四万顷。在鄂尔多斯地区，东部、南部与晋陕相连，有河曲、神木、府谷等县农民沿套边开垦，逐渐形成村落。这样阴山地域的移民越来越多。但同时，清廷也采取一些措施控制民众的流入，如规定只有持有朝廷

　　① 孙毓棠、张寄谦《清代的垦田与丁口记录》，载《清史论丛》第一辑。
　　② ［日］田山茂著，潘世宪译《清代蒙古社会制度》，第 295 页。
　　③ 《清高宗实录》卷二零八《乾隆八年六月丁丑》。
　　④ 《清高宗实录》卷二零八《乾隆九年正月癸巳》。
　　⑤ 《大清会典事例》卷 979。

的印票才能进入。

这一阶段，由于封禁政策的执行，走西口人主要是雁行方式，定居者很少。这一方式适应春种秋收的季节性特点，一般是春季前往蒙古地区开垦、种植，秋收以后则返回内地，因此，这种方式被称之为"雁行"。当时忻州是移民比较多的地区，"忻郡土满人稠，耕农之家十居八九，贸易商贩者十之一二，……家有余丁多分赴归化城营谋开垦，春季载耒耜而往，秋收盈橐囊而还"。① "春间到此租地耕种，迨秋季收获，即将粮食变卖或与蒙人换皮毛而归，春来秋往，年以为常。"② 这就是走西口的最初期阶段，即雁行阶段。也称"寄民"，"本省在清初时代，内地汉人出口务农或经商者，始而春来秋归，继则稍稍落户。当时统称之为寄民。"③《绥远通志稿》载："按蒙地向例，对于汉人贸易耕种，有携带眷属之禁。外蒙在清时，此例终未或弛。故通商二三百年，其属境荒阔如故也。内蒙之在元末、清初，情形当亦如是。故当时内地农人，春至秋归，谓之雁行。此雁行之俗，在明季已然，尚不始于清初。惟在未正式开放垦禁以前，有客籍之汉族，无土著之汉族焉。至清乾隆间，私垦令除"④。

从清政府对这一地区实行蒙汉分治，设置口外七厅进行治理，当能证明当时走西口已具相当规模。

3. 清末及其以后的放垦与走西口移民的快速流入

清末，随着帝国主义侵略的加深，中国出现了严重的边疆危机。日俄积极推进吞并内蒙古的计划，而内蒙古地区的蒙汉分治政策，不利于中央集权。同时，《辛丑条约》的赔款及其利息，总数达9.8亿两白银，巨额赔款使清政府陷入财政困境。这些赔款均需各省来承担，仅山西省每年需赔款400余万两。如何筹集资金缓解清朝日益困难的财政成了清朝官员的一大难题。

而当时内地汉民移入阴山地域已成规模，"于是蒙古贪得租之利，容留外来民人，迄今多至数万。"⑤ 可见当时虽有禁令，但违反清朝禁令，移民到蒙古地

---

① 方戊昌《忻州直隶州志》卷8，《风俗物产篇》附（光绪六年），转引自闫天灵著《汉族移民与近代内蒙古社会变迁研究》第139页。

② 中国第二历史档案馆编《中华民国史档案资料汇编》第三辑，农商（一），第554页，转引自闫天灵著《汉族移民与近代内蒙古社会变迁研究》第139页。

③ 绥远通志馆编纂《绥远通志稿》卷六十二《保甲团防》，第409页。

④ 绥远通志馆编纂《绥远通志稿》卷五十《民族·汉族》，第2—3页。

⑤《清高宗实录》卷三四八《乾隆十四年九月丁未》。

区的汉民已成规模。而由于清朝实行的禁令，开垦蒙地的收益均由蒙古王公享有，清朝不能从中得利，所以开垦蒙地，让其合法化，增加清朝财政收入便提到了议事日程。于是山西巡抚岑春煊提议放垦蒙地："臣维现在时局艰难，度支竭蹶，兵费赔款之巨，实为历来所未有。而如今朝野上下，其言救贫者，则或议裁节饷费，或拟振兴工商。然汰兵省官，所节无几，矿路制造，效难聚求。以糜财河沙之时，而规取锱铢之人，虽是理财之常理，仍无以应急也。查晋边西北乌兰察布、伊克昭二盟蒙古十三旗，地方旷衍，甲于朔陲。……以各旗幅员计之，广袤不下三四千里，若垦十之三四，当可得田数十万顷。"① 面对当时的局面，实行蒙汉分治，保持满蒙联盟的政治目的显然已经不适应当时的形势。因此 1902 年，清政府正式决定，全面放垦土默特地区及乌兰察布盟、伊克昭盟和察哈尔八旗等地的土地，派贻谷为钦命督办蒙旗垦务大臣。第二年，又任命贻谷为绥远城将军，在绥远城设立垦务大臣办公场所。除去山河、道路、村镇及仅宜牧而不宜耕者留作牧地，余均尽数开放。贻谷在绥远城设立了督办蒙旗垦务总局。后来又陆续分设丰宁垦务局，负责察哈尔右翼垦务；设张家口垦务总局，负责察哈尔左翼垦务；设西盟垦务总局，主要分管乌兰察布、伊克昭二盟垦务。为了便于推行垦务，贻谷还先后设立了官商合办的两个垦务公司，即负责承领转放乌兰察布、伊克昭两盟部分土地的西路垦务公司和承领转放察哈尔地区部分土地的东路垦务公司。据统计，在清末新政的十年里，清政府在内蒙古西部地区放垦土地共约 88700 余顷。②

清末放垦政策实行前，蒙古王公贵族将土地私下租给流入当地的汉族农民耕种，收取一定数额的租金，垦熟后每年收取地租，不向清政府交纳田赋。放垦政策实行后，放垦之地都要逐亩一次征收押荒银（即地价），垦熟以后升科，每年征取岁租（即田赋），实际上清政府通过圈垦牧场和丈放农田，控制了对蒙旗土地的最高所有权。清政府所定的押荒银和岁租，按土地质量有所差别，东西部也不一样。东部的押荒银，每垧（十亩）至少一两四钱，最多达到六两六钱；西部每亩至少一钱，最多达到二两一钱。东部的岁租，每垧一般是中钱六百六十文，西部每亩一般是银一分到二分左右。③

---

① 曹永年主编《内蒙古通史》（第三卷），第 333 页。
② 郝维民主编《内蒙古近代简史》第 24 页。
③ 曹永年主编《内蒙古通史》（第三卷），第 341 页。

民国时期，阴山地域的垦务继续进行。1915 年，民国政府派聂树屏办理察绥垦务，并于 1914 年至 1915 年先后颁布了《国有荒地承垦条例》、《垦辟蒙荒奖励办法七条》、《禁止私放蒙荒通则》等法规，对大量开垦蒙荒者给予各种晋爵的荣誉性奖励，同时配以各种政策。如 1925 年，交通部为了促进移民垦植，在京奉、京绥两铁路实行移民减价票规则："凡移民及其家属乘车，票价均较定章减至十分之四五。至孩童年在十二岁以下者，及移民本身所带之农具，均予一律免收车费。"[①] 1925 年，西北边防督办冯玉祥派人积极招兵，在各处屯垦，先后招募万余人。《禁止私放蒙荒通则》第二条规定："凡蒙旗出放荒地，无论公有私有，一律应由札萨克行文该管地方行政长官，报经中央核准，照例由政府出放，否则以私放论。"[②] 根据这一通则，地方行政长官成了唯一合法的蒙地放垦者，蒙旗王公的土地处置权实际上被取消了。同时，北洋政府颁行的《垦辟蒙荒奖励办法》规定："凡各蒙旗愿将各该旗地亩报垦或自行招放者，及领垦蒙荒者给予奖励"，"凡将本旗地亩，报由国家放垦，地在万方以上者，缯给爵衔"。对于领垦者也给予奖励："凡人民领垦蒙荒竣一百以上者给予奖章。"[③] 1914 年，绥远、察哈尔等设立特别行政区，1928 年，南京国民政府又将三个特别行政区改设为省。这样，受中央政权放垦政策及其利益驱动，蒙地放垦及移民规模加速扩大。

民国前期，塞外移民继续保持清末的增长势头。据统计，从 1912 年到 1937 年，内蒙古地区的汉族人口从 250 万以上增长到 370 万以上。[④] 民国时期，移民出现了三个与以往不同的特点。一是交通的改善加快了移民的流入。塞外移民的增长与交通运输的改善密切关联，与阴山地域有关的主要是京包铁路的逐渐铺通。北京到张家口的火车于 1909 年通车，归绥通车时间为 1921 年，包头为 1923 年。铁路的修通，大大加快了走西口移民的流入，"走"西口已经成了一个历史名词。绥远省 1912 年总人口为 630000 人，到 1928 年就增加到 2123768 人，年均增长 78.94%。[⑤] 二是公司开垦渐成风气。移垦公司兴起于清末贻谷放垦时期，进入民国后趋于兴盛。内地资本家投资兴办农牧场，实行企业化经营。1915 年，

① 《农商公报》第 130 期，近闻页 3，1925 年 5 月，《中国近代史资料》第二辑第 656 页，转引自牛敬忠《近代绥远地区的社会变迁》第 57 页。

② 黄奋生《蒙藏新志》第 870 页。

③ 黄奋生《蒙藏新志》第 871 页。

④ 闫天灵著《汉族移民与近代内蒙古社会变迁研究》第 38 页。

⑤ 闫天灵著《汉族移民与近代内蒙古社会变迁研究》第 40 页。

张謇、张相文、王同春在后套合作创办了西通垦牧公司，王同春拨出乌兰脑包附近土地 108000 亩，张謇和张相文各出资 2000 元作为活动资本。① 三是组织移民的兴起。民国前，走西口一般是移民自发的，到了民国时期，随着开发西北的呼声渐起，民国政府也提倡西北垦殖。当时组织的移民主要有山东移民、湖南移民、河北新村移民等。山东移民主要有两部分，一部分是中华垦殖公司及垦殖协会组织的；一部分是由山东省议长王鸿一、五原县教育局长于培祥、五原县视学蔡景林、固阳县教育局长毕星垣等人组织的后套移民，系公营性质。

当时组织移民比较有名的是由段绳武发起组建的河北新村。段绳武，河北省定县人，20 世纪 30 年代民国直系著名将领，曾任师长、代军长。当时在开发西北的呼声中，他曾决意率军赴西北垦边，被蒋介石拒绝。1931 年，段绳武到包头考察，投资包头电灯面粉公司。1932 年，段绳武解甲归田，卖掉北京的洋房、汽车等全部家产，来到塞外包头垦边，创办河北新村。段绳武来包垦边，究其原因有四：一是只有开发西北，才能利用西北资源富国强兵。段绳武说："如果新村多了，就成了活的长城，就可以保卫边疆，开发边疆。"二是段绳武非常赞同孙中山的"耕者有其田"的主张，愿在边疆实践这一主张。三是段绳武深受武训行乞兴学感动，自愧一个将领不如一个乞丐，愿意还债与民，自认"我过去享受太过分，而为社会所尽义务却很少"。四是包头在清末民初已成为皮毛集散地，因此段绳武将建设新村的地点设在包头。②

1933 年，黄河泛滥成灾，段绳武组织 30 户定县灾民移至包头。段绳武以每亩 5 角的价格买下 60 顷土地。1935 年，又从黄河灾区移民 100 户。几次移民总共耗资 9 万元，其中 4 万元是段绳武捐资。③ 段绳武购置土地后，以贷款方式，分有息和无息两种方式贷给农民，四至六年还清。村公田、学田、村基地、村公所、村内设施、合作社、房屋、水利设施属公产，村民平均分担。全村召开村民大会选出村长，以数邻为闾。段绳武任村长，每日清晨在村中心广场集合，分配当日劳务。成立自治会，管理村民戒烟戒赌，办理义仓积谷慈善事业。

河北新村以农为主，为解决黄河水灌溉，自制电机水车，用包头电灯面粉公司的电力，开凿 2 条干渠，8 条支渠。早在 1932 年，段绳武就在盐碱地试种水稻

---

① 顾颉刚《王同春开发河套记》，原载《禹贡》半月刊第二卷第十二期，《河套文化》2007 年第 3 期。
② 张贵著《黄土集》第 57—58 页。
③ 张贵著《黄土集》第 59 页。

成功。河北新村还组织家庭工业合作社，利用新兴工厂破产留下的机器，分为纺毛（纺毛线车40架）、棉织（织布机7架）、织袜（织袜机6副）等工种。用生产出的棉布制作包头电灯面粉公司的面粉袋。另组织了运输合作社和牛乳合作社。河北新村还成立了武训小学，有村民子女40余名入学。不仅儿童读书，还组织了成人读书识字班。

二、走西口对阴山地域经济生活的影响

1. 农业的发展与农业半农业区的形成

内地农民不断流入，放垦面积逐步扩大，阴山地域的农业得到迅速发展，形成了一些农业和半农业区。1736年（乾隆元年），兵部尚书通智（兼管归化城都统事务）奏请将清水河右卫地方和杀虎口外赏给右卫兵丁征租之地招民垦种，得到清廷允准。次年，奏交丈放的清水河、和林格尔、托克托三厅的土地共计17799顷。第三年，又将绥远城八旗牧场地24016顷纳为新的公共游牧地。1742年，清人夏之璜路经此地，见归化城郊"开垦无复隙土，大成村落"。出城西行至土默特左右二旗地，"弥漫千里，悉皆腴壤，人居颇广"，向北直到大青山脚下，皆有"山西人携家开垦"的田地，"散步山谷间，山土沃饶"。[1] 在汉族移民的影响下，蒙古族牧民也已开始向农民和半农民转变，有的甚至完全放弃了游牧业生产。农业经济已经在土默特地区的社会经济中占了绝对的优势。《绥远通志稿》载：鄂尔多斯东部与南部毗连晋陕处，"农民沿套边开垦，渐成村落。"形成了一定规模的农业区。1825年，旅蒙商号雇佣农民开挖了河套地区最早的人工干渠缠金渠，渠长50里，宽一丈，并与黄河、刚目河相通。[2] 河套地区已经形成相当规模的农业区。到了清末，清朝的主动放垦，导致农业区迅速扩大。归化城到光绪年间，牧地已经基本不复存在。

随着大规模放垦和汉族移民的不断增加，阴山地域的农业经济快速发展起来，农作物品种和产量都有所增加，农业生产亦出现了进一步商品化的趋势。阴山地域除向内地继续输出畜产品外，粮油等农产品也大量外运，对增加华北地区的粮油供应起着十分重要的作用。本来阴山地域之前一直是牧业地区，粮食当然从内地进口。但随着农业的发展，反而成了粮食及其制品的输出地。归化城的粮

---

① 曹永年主编《内蒙古通史》（第三卷），第129页。
② 曹永年主编《内蒙古通史》（第三卷），第130页。

食还出口到直隶、山西等地。太原的百姓就"得食归化之粮"。地处晋中的寿阳县，产麦"不足本邑之用"，"有归化城来者，专称北面。"[①] 1926 年，经由归绥用火车向北京、天津、张家口运销的粮食每年都在 50 万石以上。

由于粮食业的兴起，大大活跃了归绥地区市场，当时粮店林立，比较有名的有德行店、万盛店、西盛店、义丰店、兴和店、大德店等。1933 年，绥远部分县积存的粮食数量相当可观：归绥县积存谷子 413700 石，萨拉齐积存杂粮 230557 石，包头积存糜子 29062 石，清水河县积存谷子 177592 石。有大量粮食外运并有大量余粮积存，反映了 20 世纪二三十年代绥远地区的农业生产确实有了较大的发展。[②]

随着耕地面积的不断扩大和蒙汉各族农业人口的日益增长，阴山地域的农业生产逐步上升到国民经济的首要地位。尽管现在未发现专门针对阴山地域的统计资料，但从内蒙古地区的统计也可以反映出阴山地域农业已经占到经济主体地位的情况。据统计，"1946 年全区耕地面积已达 5718 万余亩，农业人口在总人口中已占 88.8%，农业总产值占工农业总产值的 91.4%；而农业总产值中，种植业产值又占 72%。内蒙古的农业，除了生产区内必须的粮食和其他农副产品外，还能向区外输出一部分粮食和农产品。"[③] 在内蒙古，无论在东部还是在西部，农业生产在国民经济中已占到主导地位。

农业区和半农半牧区的进一步扩大，使阴山地域民族成分的比例、人口分布也发生了较大的变化。一方面，汉族移民的数量不断增加，大大超过了蒙古族总人口。民国时期内蒙古汉族人口的增长可分为两个阶段，第一个阶段是从 1912 年至 1937 年。在这 25 年中，内蒙古汉族人口从 1550948 人增长为 3719113 人，共增加 2168165 人，平均每年增加 86727 人，增长 139.80%。第二阶段 1937 年至 1949 年，在这段时间里，汉族人口从 3719113 人增长到 5154000 人，共增加 1434887 人，平均每年增加 119574 人。1949 年的蒙古族人口仅为 83.5 万人。[④] 另一方面，农业区的蒙古族大量迁徙他方，留下来转务农耕的蒙古人在当地也成了人口中的少数。在半农半牧区，形成了汉族农民与蒙古族牧民杂居的局面。牧区的占地范围尽管比农业区大，但从人口的分布来看，农业区的蒙古族人口超过

① 王来刚《清代内蒙古地区的汉人移民史研究》，兰州大学 2004 年硕士学位论文，第 33 页。
② 赛航等著《民国内蒙古史》第 421 页。
③ 刘景平、郑广智主编《内蒙古自治区经济发展概论》第 57 页。
④ 赛航等著《民国内蒙古史》第 415 页。

了牧区的蒙古人。

2. 旅蒙商与阴山地域的商业

近年来，山西乔家大院、常家大院等成了旅游的热点。当人们徜徉于期间，总会惊叹在那个年代，商人们能把财富积累到如此程度。如乔家大院，现存的大院仍然占地10642平方米，建筑面积4175平方米，分6个大院，20个小院，313间房屋。而常家大院，从清康熙年间到光绪末年，200多年间常家在榆次车辋整整建起了南北、东西两条大街，共占地100余亩，楼房40余幢，房屋1500余间，使原先四个自然村连成了一片。仅从建筑的规模上来看，不能不让人惊叹这些商人资本的雄厚。探究这些大院背后的故事，几乎都与阴山地域及内蒙古是息息相关的。如乔家大院，就是在包头创立复盛公系列企业的乔家用蒙古地区经营赢利的资金兴建的；常家大院也是从事旅蒙商业起家后逐步建成的。晋商在蒙古地区经营，不断壮大自己的财富，之后又将这些资金输回原籍，三晋赖此富庶。故当年对蒙古地区有"三晋之宝藏"和"三晋之外府"之称。像乔家、常家等在蒙古地区从事贸易的商人被称为旅蒙商。旅蒙商的发展历程，代表了整个阴山地域商业的发展历程，随着旅蒙商的发展，阴山地域的商业经济逐渐发展起来。由于商业的带动，出现了归绥、包头这样在当时中国西北地区比较大的城市。金融业、工业等随之产生并日益发展，阴山地域开始了它的近代化进程。

（1）旅蒙商产生的历史条件

清初，清军为征伐漠北蒙古各部和准噶尔部，统一北部边疆地区时，一些商人跟随军队为清军提供军需粮饷和军马等物资。这些商人跟随军队经商，和内地坐地经商有明显的不同，人们称之为"旅蒙商"，后专指清代活跃于蒙古地区从事边境贸易的商人、商号和商帮。旅蒙商兴起于17世纪初期，昌盛发展于18—19世纪，消亡于20世纪50年代，经历了长达300余年的历史。

旅蒙商的产生，首先是清朝的统一为旅蒙商产生发展铺平了道路。清以前，蒙古族作为游牧民族，他们日常需要的食盐、茶叶、衣服等商品在和平年代主要通过双方设立的互市交易取得。而在战争年代则是通过战争解决，所以，一旦中原和蒙古族的关系恶化就会波及到贸易。这一局面到了清朝随着大一统的再度形成走向了终点。统一为旅蒙商进入蒙古地区扫清了障碍。

其次，是蒙古族对商品的巨大需求。清朝实行满蒙联姻，将蒙古族作为自己的联盟加以优待。清统一后，战争逐渐远离了蒙古族，长期以来以战争为主线的生活基本结束。伴随着生产的发展，蒙古族对内地商品的需求大大增加。

第三，是清朝对旅蒙商的贸易采取了允许直至保护的措施。清前期，清政府允许内地商人随军贸易。康熙曾为此颁布军令："至于随军贸易之人，固不可少，……准其贸易。"① 1755 年（乾隆二十年），乾隆帝允许为军营运粮的商人携带货物"由归化城运米往军营，无庸禁止私带茶布，酌量驮载带往。"② 尽管一直到清中叶，清朝一直对蒙古地区实行封禁政策，但对于旅蒙商采取了鼓励和保护的政策。由清政府发给他们部票，也叫龙票，上面用满蒙汉三种文字写有保护商人生命财产的条文，同时还给部分商人封官授爵。《绥远通志稿》载："凡商民之领有部照者，习俗相沿，称为龙票，所至旗份，蒙户如有拖欠，札萨克有代为催还之责，且旗长对于此等商户，纯以客礼遇之。故有清一代，藩商既鲜亏折，商路亦愈扩张，此其一大原因也。"③ 可见当时的政策规定政府有代为催还蒙户欠款的责任，这是旅蒙商经营的重要保障。

第四，旅蒙商经销的商品适应蒙古族需求。蒙古人纯朴好客，对旅蒙商人带去的粮食、布匹、茶叶等商品有很大的需求。只要产品适用，销路自然好。

第五，晋商的商业传统。旅蒙商中的主体是与蒙古地区毗邻的山西的晋商。晋商以"好尚节俭"而善经营驰名中外。即"晋俗以商贾为重，非弃本而逐末。土狭人满，田不足耕也"，"晋省向称财富之区，实则民无恒业，多半携资外出，贸易营生。"④ 康熙帝玄烨赞誉晋商颇善经营说："今朕行历吴、越州郡，察其市肆贸迁，多尔晋省之人，而土著者盖寡。良由晋风多俭，积累易饶。"⑤ 晋商从明代就成为我国一支重要商业力量，商业传统使他们有经商的人才。

（2）旅蒙商的崛起与阴山地域商业的兴盛

旅蒙商的崛起是中国近代商业的一大现象。旅蒙商发展时间短，但发展速度快，迅速成为我国重要的一支商业力量。旅蒙商不仅影响着包括阴山地域的蒙古族贸易，而且它的商路四通八达，与俄国等国家的对外贸易也是旅蒙商的重要业务。

从旅蒙商行销货物涉及阴山地域的几条路线可以看出旅蒙商影响的国际化。一是归化城—库伦—恰克图；二是归化城—乌里雅苏台—科布多—古城；三是归

---

① 《清圣祖实录》卷一七一《康熙三十五年二月丁未》。
② 《清高宗实录》卷四八一《乾隆二十年正月丙申》。
③ 绥远通志馆编纂《绥远通志稿》卷二十七《商业》，第 564 页。
④ 卢明辉、刘衍坤《旅蒙商》第 57 页。
⑤ 《清圣祖实录》，卷一五零《康熙二十八年二月乙卯》。

化城向西穿过沙漠至新疆等路线。这些路线无不是几千上万公里，而在当时交通主要依靠驼队运输。旅蒙商就是在这种条件下，开创了经中国内陆，出蒙古，入俄罗斯腹地，最终到达欧洲的商路，并一度执全国金融业之牛耳，形成了与南方徽商相比肩的晋商。旅蒙商的主体是山西人，而晋商的主体就是当时的旅蒙商。

对当时旅蒙商经营的规模，受条件的限制，没有准确的统计。但通过当时史料的分析和一些主要旅蒙商号的业绩，我们可以看到正是由于旅蒙商而推动了阴山地域商业的兴盛。

归化城早在康熙末年，即已商贾云集，百业兴盛。到民国初年，输入货值数千万元，输出货值一亿元。商号最多时有三千七百家，几乎均为晋商垄断。[①] 归化城作为旅蒙商的基地，聚集了大量的旅蒙商号，如大盛魁、元盛德、天义德、一善堂、三合永、庆中长、天裕德、大庆昌、永德魁、元升永等。其中又以大盛魁、元盛德和天义德实力最强，规模最大，被称为旅蒙商的三大商号，各种店铺占了"半个归化城"。当时就有"三大号走货，带动各行各业"的说法。

大盛魁商号在蒙古地区市场上每年周转额高达白银 1000 万两以上，总财产达白银 3000 万两以上，每三年分红一次，每股可分得白银一万两左右，此外还积聚着大笔的公积金。大盛魁极盛时期，蒙古王公和广大牧民几乎全部成为他的债务人。到光绪年间，资本积累达到了 2000 万两白银。民国以后，大盛魁虽受外蒙古独立的影响，失去对外蒙古商业的垄断地位，但它在归绥和其他一些地方的商业活动仍十分活跃。1917 年接办了德亨魁羊马店，经营羊、马生意。这期间，大盛魁又接办了鼎盛新绸缎店、东升长茶布店、通盛远银号，并在张家口接办了宏盛久银号等。

旅蒙商的另一代表，就是在阴山地域的重镇包头由山西祁县的乔家创立的复盛公系列企业。清乾隆年间，祁县乔家堡村乔贵发单身一人走西口，经过多年的艰苦创业，在包头西脑包开设了广盛公，后改为复盛公。道光年间，又派生出复盛西、复盛全、复盛菜园、复盛油坊等连锁字号，统称为复字号。每开设一家商号最少需二三万两白银，由此可见乔家资产的雄厚。直至新中国成立，包头仍有复字号复盛油坊、通和长米面店等。乔家复字号在包头有二十多处铺院，数千间房产，设有钱庄、票号、当铺、衣铺、粮油坊等。从复盛公留存的账簿中可以看出当时经营的规模，光绪年间一本按日记的流水账记有当记收钱 1006177 文，前

---

① 李希曾主编《晋商史料与研究》第 214 页。

柜收钱 809500 文、广顺恒收钱 100 千文等。①

民国时期，包头的商业更加发展。1923 年，京绥铁路通车到包头，与黄河水运连接。这样西北地区与京津交通衔接起来，大大提高了包头在西北地区的商业地位，也大大促进了包头粮食和皮毛等贸易的发展。包头已成为当时绥西最大的粮食和皮毛集散地。据 20 世纪 20 年代的统计，每年从包头经京绥路输出的粮食估计在 200000 石左右。② 皮毛市场也十分活跃，有些原来运到归绥、张家口集散的皮毛也转到包头倾销。随着市场的繁荣，新的皮毛店不断出现，至 1925 年，包头的大小商户达 1000 余家，成交额突破 35000 万元。③ 此后，包头的商业贸易虽几经波折，但由于地居内地通往西北各省的咽喉要地，兼有黄河航运和京绥铁路交通之便，故宁夏、甘肃、青海、新疆等地以及河套地区出产的绒毛皮张等都云集于包头，再转运出口。包头成了我国西北地区最主要的皮毛集散地。

（3）旅蒙商迅速崛起的原因

旅蒙商的发展除了上述清政府的扶持等原因，另一个重要的原因就是旅蒙商建立了一套行之有效的管理经营制度。

一是建立了与现代公司制度相似的经理负责制。随着旅蒙商的发展，不可能像当时创业时那样逐一过问各个商号的经营管理状况，而是发展成了与现代公司制相类似的经理负责制的管理模式。具体而言，就是商号所有者不直接参与管理，而是委托掌柜的具体管理，并授以资金运用权、伙计调配权、业务经营权，从而充分发挥其才干。这种财东出资，聘用有能力的职业经理人对自己的商号进行管理，是和现代公司制相仿的经营权与所有权分离的模式。一般的程序是在经理聘用之前，先由财东对此人进行严格的考察，确认其人德才兼备，可以担当经理之重任，便以重礼招聘委以全权，并始终恪守用人不疑，疑人不用之道。一旦选中聘用，财东则将资本、人事委托经理负责，一切经营活动并不干预。所有权与经营权相分离，极大的调动了各号掌柜经营的自主性、积极性与创造性。

二是形成了适应与蒙古族交易的制度。当时除了蒙古王公贵族，一般的蒙古族手中也没有多少可以直接支配的银钱。同时蒙古族认为在内地极具市场价值的牲畜是上天所赐，对其市场价值认识不足。针对这样的特点，旅蒙商的赊销制度

---

① 张贵著《河水集》第 148—149 页。

② 林蔚然、郑广智主编《内蒙古自治区经济发展史》第 14 — 15 页。

③ 赛航等著《民国内蒙古史》第 428 页。

可以说是一个创举。旅蒙商人考虑到蒙古人手中大多没有大量现银的状况，于是采用赊销的方法，到期也不收取现银，而以牧民的畜产品折价偿还，然后再将这些畜产品运回内地销售，获取双重商品利益。既是赊销，自然要计算利息，以商品赊销金额为本金，加上利息，折合为牲畜或皮张若干，到期用实物还本付息，于是又获取了高利贷的利息收入。这个办法利润很高，但由于保证了蒙民日常生活用品的及时供应，也解决了蒙民土特产品的适时销售，所以颇受牧民的欢迎。

三是形成了严格的用人制度。当时旅蒙商对招收学徒的要求非常严格，必须是身体健康、有一定文化知识、没有在其他铺子当过学徒的 20 岁以下的青年。同时规定学徒期内不能回家，作为薪水每月给一两银子。履行完 10 年学徒期限后，首次可以回家四个月。其后，三年内可以回家探亲一次。必须学会蒙语、熟悉旅蒙商业线路、能到牧民家里做买卖，具备吃苦耐劳的精神。例如大盛魁的员工规章规定，凡经推荐或招纳的新学徒，进入商号"必须在号内学满十年，才许第一次回家探亲四个月。第二次缩短为六年，第三次缩短为三年，以后每三年准回家探亲一次。"[1] 大盛魁等旅蒙商号还规定，学徒入号头十年除在归化城总号学习做生意的一般知识三年外，还必须在（乌里雅苏台）前营柜和后营柜（库伦或恰克图）各学三年。首先学会蒙语和当地的生活习惯，然后学会做蒙古生意的方法。在学徒期间，必须熟记（蒙古草地）营路的路线和宿营地点，前后营柜的地址等。经过训练和实习考核后可委以重任。对在学徒期间不能遵守商号规章制度，被开除出号者，不得再回本号。[2] 同时，规定凡任商号高一职务的必须有学徒的经历。比如大盛魁所有顶生意（即在商号有股份）的掌柜、经理和所有入股者必须是该铺子学徒出身的人员，有在固定铺子工作过的经历。干得出色的能拥有商号的股份，这样的升级制度也刺激学徒能忍受这样严苛的制度的约束，尽心尽力将几乎所有的精力放在商号的经营上。同时规章制度还有：凡号内人员一律不准带家眷，不得长支短欠，不得挪用号内财物，号内人员不得兼营其他业务，禁止嫖赌和吸食鸦片，不得接待个人亲属朋友等。

这些严苛的管理制度，适应了旅蒙商复杂的经营条件，创立了一支支具有相当素质的旅蒙商队伍。这也是旅蒙商长盛不衰的一个重要原因。

---

① 卢明辉、刘衍坤《旅蒙商》第 145 页。
② 卢明辉、刘衍坤《旅蒙商》第 145 页。

3. 金融业的创立与发展

清代以前，蒙古地区一向是以物易物，很少使用银钱。到了清代，这一局面开始打破。当时蒙古王公、贵族和寺庙呼图克图上层喇嘛等，按清朝政府的规定，轮流进京城朝觐、奉贡、值年班时，或赴五台山、青海塔尔寺等宗教圣地朝拜时，都需要大量银两以供花销。一是携带银两不便，二是这些王公贵族有时没有如此多的银两，于是他们就有借贷的需求。同时，旅蒙商的商业发展，也需要金融的支持。而我国第一家票号即为晋商创办，当时"汇通天下"，在全国各地均有分号。面对这一需求，在阴山地域的一些大旅蒙商号，如大盛魁、天义德等，开始兼营金融业务的分号。

道光年间，在归化的票号有祁县、太谷帮的存义公、大德通、大德恒、锦生润、合盛元、大盛川等，榆次商人常氏开设的大德玉、大生玉等，京帮开设的蔚丰厚。在包头大德恒、大德通、大盛川、裕盛厚、裕源永等也分别设了分号。第二次鸦片战争后，由于对外贸易迅猛增加，阴山地区的票号也急剧增加。仅归化一地，票号分号即增加到 13 家。[①] 光绪以后，归化城的钱庄、银号、票号等金融业发展为 32 家。[②]

阴山地区部分票号设置情况表[③]

票号名称	资本	总号所在地	开办时间	分号设置	备注
蔚丰厚	17 万两	山西平遥	道光六年（1826）	归化、包头	1916 年改组为蔚丰商业银行
日新中	由日升昌票号出本	山西平遥	道光二十年左右（1838—1842）	归化	咸丰十一年（1861 年倒闭）
大德通	6 万两	山西祁县	咸丰年间（1851—1861）	归化、包头	初为大德兴，后改组为大德通
大德玉	30 万两	山西太谷	光绪十一年（1885）	归化、库伦（今乌兰巴托）	1913 年歇业
存义公	6 万两	山西祁县	同治元年（1862）	归化、包头	1916 年歇业
长盛川	不详	山西祁县	光绪十年（1884）	归化、包头	宣统元年歇业（1909 年）
大德恒	6 万两	山西祁县	光绪七年（1881）	归化	

---

① 苏利德《内蒙古金融机构沿革》第 49 页。
② 卢明辉、刘衍坤著《旅蒙商》第 155 页。
③ 苏利德《内蒙古金融机构沿革》第 51 页。

（续表）

票号名称	资本	总号所在地	开办时间	分号设置	备注
大盛川	10 万两	山西祁县	光绪十五年（1889）	归化、包头等	资本由大盛魁提供
协成乾	6 万两	山西太谷	咸丰十年（1860）	归化	1913 年歇业

经营钱庄、银号盈利丰厚，颇为商界瞩目。例如 1864 年（同治三年），在包头开设的复盛全钱庄，投资 5 万两白银，至民国初盈余利润额已达百余万两。1877 年（光绪三年），包头旅蒙商贾独资经营的广顺恒钱庄，当时投资 3 万两，至 1930 年停业，盈余总值达三四百万银元。[①]

金融业的发展，使蒙古地区市场商品交易中逐渐使用银钱等货币为价值尺度，逐渐改变了以物易物的原始交换的贸易方式。特别是各商号之间金融汇兑完全以银两结算。

4. 工业

进入民国以后，阴山地域的工业有了一定的发展。其中，城镇手工业和城乡贸易的发展较为显著。随着农业区的扩大和农业经济的发展，汉族手工业者不断移来，手工业者人数增加，行业逐步增多。产品的种类和数量也日益增多，手工业作坊与工厂在许多城镇逐渐建立和发展起来。归绥、包头等城镇已成为手工业中心。当时手工业的主要行业有皮革加工、制毡、酿酒、木器加工、打制铁器和其他金属器皿加工等等。1933 年，归绥市手工业有 26 行 408 户，其中皮革行业就有 55 户。地毯制造也已形成一定规模并具有鲜明的民族特色和地区特色，如抗战前的归绥、包头、萨拉齐就有地毯作坊 70 余家。所产三兰地毯和蒙古地毯，大批销往北京、天津和国外。到 1946 年，内蒙古地区个体手工业者发展到 18700 多户，从业人员已达 30000 多名。[②]

阴山地域民族资本主义工业，在艰难中跋涉，有了一定的发展。1914 年，官商合办了"漠南矿业股份有限公司"，开采包头市石拐矿区的煤炭、云母、石棉等矿产品。到 20 年代后，随着铁路的修筑，一方面加速了经济的殖民地化，另一方面也刺激了民族工业的发展，近代工业在铁路沿线的归绥、包头等城市有了一定的发展。1929 年，旅蒙商号大盛魁投资兴建绥远电灯股份有限公司。1931

---

① 卢明辉、刘衍坤著《旅蒙商》第 160 页。
② 赛航等著《民国内蒙古史》第 423 页。

年前后，归绥地区米面加工业达 152 家（兼营销售），全年营业额 70 余万元，面铺业 45 家，资本 22640 元，从业人员达 675 人。此外，集宁、丰镇等地也相继建立兼营面粉或专营电业的小厂。绥远省建设厅倡建的官商合营的绥远毛织厂是内蒙古第一个使用机械生产的毛纺织厂。① 由地方士绅于存灏担任厂长，聘用留法学习染织的山东人邢国衡为工程师，于 1934 年 6 月动工兴建，1935 年 3 月投产，结束了绥远地区不能生产毛料的历史。每年能生产粗毛毯一万多条，粗毛尼一万多码，总产值 20 万元左右。1932 年，傅作义任命地方人士闫肃为董事长，董芪卿为经理，聘山西大学王梦麟为总工程师，建起"绥远电灯面粉股份有限公司"，生产五塔牌面粉，外销天津，品质优于当时享有盛誉的无锡"兵船牌"面粉。在包头地区规模较大的有包头电气（电气、面粉）股份有限公司，这是一家大型近代工业企业，成立于 1931 年 5 月，到 1935 年已有相当的规模，年产面粉约 12 万袋。除满足本地销售外，每月还运二到三车皮销售天津。② 从当时留有的有限档案资料，我们也能看出当时兴办工商实业已在绥远地区蔚然成风。在内蒙古档案馆的目录中，当时就有很多这样的记载，如关于商人孔震东等呈请开采大北山等地煤矿的指令，关于派人勘察丰镇县云母矿的指令，关于开采乌拉山煤矿的呈文，关于张谦创办草帽厂的批复，关于固阳县建设局创办毛织工厂的批文等等。项目既有重工业，也有轻工业，涉及各个领域。

在傅作义主政绥远时期，为了推进工业的发展，从提倡国货入手，在归绥建设绥远国货陈列馆并举行了物产竞赛会。建设国货陈列馆的目的在于："（一）唤起全国历行国货运动；（二）使民众认识国货，服用国货；（三）欲图抵抗国外经济侵略，必须发展国内经济，（提倡国货，发展生产事业，实为经济之要图）；（四）国货陈列馆之设立，是为普及观摩，增进地方产业，发达工商事业。"③ 从其宣传口号上也可看出其良苦用心："服用国货就是救国"，"倡用国货就能充裕社会经济"，"推广国货就是抵制外货促销"，"绥远物产发达要在工业精进"。国货陈列馆开幕暨物产竞赛会于 1933 年举行第一届，17 县局共征送 977 种，计 1430 件产品，其中工业、皮毛、农产品及其制造品占多数，药材矿产次之。常年坚持陈列国货，展示了产品，宣传了国货，在绥远地区形成了一种倡用

---

① 赛航等著《民国内蒙古史》第 424 页。
② 张贵《包头史稿》第 101 页。
③ 《绥远物产竞赛会报告辑要》第 1—2 页。

国货的良好氛围，促进了阴山地域工业的发展。

5. 城市的兴起与发展

城市的发展与商业的发展有重要的联系，许多城市是随着商业的发展而发展起来的。阴山地域包头就是这种情况，"先有复盛公，后有包头城"的民谚一直流传至今。从中我们可以看出旅蒙商对阴山地域城市发展的重大影响。

包头是一个随着山西人经商而兴起的典型城市。"闻康雍之间，包头汉民，不过数家。"[1] 随着走西口后移入的汉民增多，逐渐形成一个固定的村落，因为多为山西代州人，也被称为代州营子。乾隆间，祁县乔家堡的乔姓发迹于包头。最初在西脑包开了个杂货铺，商号广盛公，后移于东前街生意日益兴隆，嘉庆初广盛公改名复盛公。1809 年（嘉庆十四年），包头村升为包头镇。乾嘉时期，包头逐渐成为我国西北地区重要的皮毛、畜产品集散地。道光年间，乔家复字号在包头经营各行各业，随着乔家复盛公的发展，包头商务日益发展，人口日益稠密，渐成水陆码头、西北重镇。包头城垣兴筑于 1870 年（同治九年），竣工于 1873 年（同治十二年）。城墙全部用土夯筑，高约 5 米，基宽约 7 米，顶宽约 3 米，周长约 7 公里。

归化城是阴山地域最为重要的城市。归化城从建城起，就是明蒙贸易的一个基地，是漠南地区较早出现的商业城镇。清统一蒙古地区后，又在明代的基础上重建了归化城。清初归化城还被指定成为新疆厄鲁特蒙古和漠北喀尔喀蒙古各部商队前来互市贸易的地点。另外，因清政府对各蒙古部贡使在北京贸易的时间、人员和规模都有严格限制，所以，贡使们就把大量的人员和货物都留在归化城等北部各边口进行交易。当时各蒙古贡使入京，常多达 1000 至 3000 人，归化城是其最重要的储运站。随着蒙古商队频繁前来互市贸易以及从事蒙古贸易商号的聚集兴起，到康熙中叶，归化城已经成为"外番贸易者络绎于此，而中外之货亦毕集"的繁荣的塞外商城。

雍正年间，清军与蒙古准噶尔部的战争一度失利。为了加强防务，在归化城东北五里另筑一座新城，作为屯兵之用。新城从 1737 年（乾隆二年）正式动工，至 1739 年（乾隆四年）建成，乾隆赐名绥远。归化城与绥远统称归绥。清人王循在题咏《归化城》诗中写道："穹庐已绝单于城，牧地犹称土默川。小部梨园同上国，千家闹市入丰年。"归化城已经成为守候沿边商贸云集，百货流通，民

族贸易兴旺发达的城市。

此外，萨拉齐、托克托等也是阴山地域重要的城镇。从下表①可以看出阴山地域清末民初的城市规模。当时的包头人口规模已经达到11万多人。

城镇	户数	人口	统计时间	资料来源
归化城	3017	24802	1907 年	《归绥县志》《民族志·户口》
包头	9800 余户	114000	1918 年	《蒙新甘宁考察记》
萨拉齐	1520	21000	1918 年	《蒙新甘宁考察记》
托克托	1344	2883	1896 年	《归绥道志》卷十一《户口》

6. 走西口移民的负面影响

"敕勒川，阴山下，天似穹庐，笼盖四野。天苍苍，野茫茫，风吹草低见牛羊"。这一首千古绝唱是对古代阴山地域风景的真实描述。到康熙年间，阴山地域还是水草繁盛的地方。1696 年（康熙三十五年）出塞的钱良择在日记中，对张家口直到归化城沿途风景有这样的描述："草尤肥缛，青葱翠倩，高可及膝。"② 满文档案中留下了康熙当时对边外的一些记载，如九月二十七日朱批："朕体安。朕于二十八日出边，看得，同边内一样无甚冷处，野鸡丰盛且肥。又闻得，归化城这边自哲尔得莫芬处野鸡甚丰。"③ 从以上当时的记载可以看出，在清代前期，阴山地域还是一片完好的天然牧场。但到现在，过了阴山南北，不要说风吹草低见牛羊，就是连真正的草地已经难得一见，沙漠、荒漠、半荒漠已经成为这一地区主要生态环境，迫使各地不得不采取退耕还牧的方式再度恢复已经被开垦的土地。从贻谷放垦到今天一个多世纪的时间，历史似乎又回到了原点。这可能是当时走西口移民始料不及的。

根据地理学的界定，阴山地区是在典型的生态环境脆弱带。在这种地带中，整个生态系统不稳定性强，脆弱度高，往往某一环境要素一旦出现波动，整个系统就会随之发生变化，并造成灾害。而阴山地域草原上面的腐殖质土只有30—50

---

① 乌云格日勒《十八至二十世纪初内蒙古城镇研究》第 123 页。
② 钱良择《出塞纪略》，转引自张永江《清代内蒙古的生态环境、经济类型与社会变迁》，北京师范大学 2001 年博士后流动站研究成果，第 34 页。
③ 《康熙满文朱批奏折全译》，转引自张永江《清代内蒙古的生态环境、经济类型与社会变迁》第 31 页。

厘米，下面就是沙粒层。这种土壤结构很松，有机质和矿质养分都比较贫乏，翻耕后容易遭受风蚀而不易恢复。这就是走西口移民的放垦之后生态难以恢复而急剧沙化的原因。

　　清朝的蒙地放垦政策也是导致这一结果的重要原因。清末的蒙地放垦政策是清政府在内外交困形势下的无奈之举，其主要目的是解决财政危机。对于放垦既无明确的指导方针，又缺乏全面统筹，这就使迁入蒙古地区的移民集中在适宜耕作的部分地区，从而造成人口分布上的不合理。同时，清政府仅以放垦筹集押荒银为目的，对于如何管理和经营已经放垦的土地，则没有任何的部署，导致移民进行粗放式的开垦和滥垦。同时，商业的发展使阴山地域的甘草甚至柳条都成了商品，吸引人们把这些维系草原生态平衡的植物挖来出售，最终使土地失去保护，风蚀日益严重，沙化加速进行，最终草地变成了沙漠或者荒漠。

　　到民国时期，环境退化就已经成为阴山地域的普遍性问题。以鄂尔多斯为例，1948 年以前沙化的面积就已达到了 1515 万亩。[①]

第三节　蒙汉文化的交融与教育新闻事业的发展

　　走西口移民人数多，跨越时间长，从明末到民国一直在进行。在这二三百年的历史中，大量汉族移民进入阴山地域，将山西、陕西以及河北、山东等内地传统的汉文化带到了这一地域，和当地的蒙古族文化互相碰撞、相互影响，逐渐形成了汉族与蒙古族文化相互融合的新局面。随着社会的进步，这一时期阴山地域的教育和新闻事业也得到较大发展。

一、蒙汉交融的语言

　　走西口移民的大量流入，导致了蒙汉杂居的形成。俄罗斯波兹德涅耶夫在归化城土默特看到了典型的蒙汉村，在察罕板升村"这里的汉人和土默特人已经混居到如此地步，连他们的庙殿也都在同一个院子里。"[②] 蒙汉通婚在当时也是大量的。在绥远，"蒙古地方，汉民之移住者，与蒙人混设村落，从事农牧。此等汉民，其移住之初，多为独身，后娶蒙妇生子，故有类似蒙古人，而风俗习惯殆

---

　　① 肖瑞玲等著《明清内蒙古西部地区开发与土地沙化》第 174 页。
　　② ［俄］波兹德涅耶夫《蒙古及蒙古人》（第 2 卷），第 143 页。

与汉人无异者"。① 随着蒙汉之间的杂居、通婚等，在语言上必然互相影响，形成了西口地区的语言。特别是一些方言，更能体现出蒙汉融合的特点。

最明显的是蒙汉民众互通对方语言的人数迅速增加。走西口初期，汉族还是少数，这时主要以移入的汉族学习蒙语为主。比如旅蒙商掌握蒙语是其经商的一个必要条件。后来，随着汉族人口增多及在数量上超过蒙古族，学习汉语趋于流行。"随着村民中汉族的比例越来越大，随着整个地区汉族文化的影响越来越强，学习语言的趋势从汉族学蒙古语逐渐转变为蒙古族学汉语。"② 到民国中期，汉族移居比较早的归化城土默特，蒙古族日常已经运用汉语，对于蒙语，"今五六十岁老人，蒙语尚皆熟练，在四十岁以下者，即能勉作蒙语，亦多简单而不纯熟，一般青年，则全操汉语矣"。汉族人口较多的准格尔旗，"蒙人几乎皆通汉语，年少者作蒙语，反不若汉语之纯熟矣"③。

同时许多蒙古语词被吸收进入汉语。如称杀为哈喇、突然为忽喇巴、聊天为倒喇、贼为忽拉盖、走为牙步等。尤其是忽拉盖这个词，在阴山方言中具有非常特殊的语法和词汇意义。保留下来词汇中的"忽拉盖"，已经没有了原来蒙古语盗贼的意思，引申义非常之多；在语法上，它还可以省略作忽拉。忽拉与忽拉盖意义完全相同，并且可以与汉语词组成新的"蒙汉合璧"词，如贼忽拉、贼忽拉盖、贼眉忽拉眼等，再省略，则直称为贼盖。正是这些词里所流露出的"贼相"，使我们还得以窥见忽拉盖最初引入汉语时所具有的意义。如现在的许多地名直接利用蒙古语词指称地名。如沙尔沁、阿都赖、毛其来、哈业脑包、乌兰忽洞、鄂尔圪逊等，是纯粹蒙古语词；柳树淖儿、高家脑包、纳令沟，是蒙汉合用词。有的直接有用蒙古语做人名。如毛脑亥（赖狗子）、把得儿呼（好汉）等。有的是直接借用蒙古语，如取灯（火柴）、打不素（盐）、召（庙）、淖儿（海子、湖泊）等。蒙古语词的大量吸收，不仅丰富了阴山地域方言的词汇量，同时也使阴山地域的方言具有了明显不同于山西方言的地方特色。

汉族移民还接受了蒙古族的许多事物命名习惯。受蒙古语的影响，河曲县边外将村庄称为"营盘"，居屋叫做"帐房"。有的汉族村庄名，取自蒙古地名的音转，如厂不浪，就转自蒙语"察罕布拉克"。

---

① 毅刚《鄂托克旗城川天主教堂巡礼》，载《边政公论》第 1 卷第 2 期，1941 年。
② 马戎、潘乃谷《边区开发论著》第 112 页。
③ 绥远通志馆编纂《绥远通志稿》卷五十一《民族·蒙古族》，第 199—200 页。

二、独具特色的文学艺术

1. 独创的文学艺术形式

"哥哥呀你走西口，小妹妹我实在难留，手拉着那哥哥的手，送到哥哥大门口。"一首二人台戏曲《走西口》在阴山地域传唱了几百年，今天在这个地方的人几乎人人都能唱上两句。阴山地域的二人台就像东北的二人转，深深的植根于民间，是该地区民众最喜闻乐见的文化形式。而二人台这一蒙汉文化艺术的结晶，就是阴山地域蒙汉人民共同创造的戏曲百花苑中的一个新剧种，也是阴山地域现今影响最大的戏曲剧种。

据1953年中央音乐学院中国音乐研究所的人员在河曲的实地调查，二人台于光绪年间形成于内蒙古西部地区。《中国地方戏曲集成·内蒙古自治区卷》在前言中明确指出："二人台是本自治区土生土长的地方曲种，它是在小曲坐腔的基础上，吸收了蒙族民歌与汉族社火的歌曲形式而产生的。"[①]

蒙古民族以能歌善舞著称于世。阴山地域居民按照传统习惯每逢喜庆婚娶皆聚会歌舞，娱乐游戏，以尽其兴。早时演唱多为蒙古曲，后来大量内地移民带来了山、陕民歌等内地民间艺术。蒙汉两族的民间艺术在土默川一带经多年流传、融汇，许多村落的民间艺人聚集知音、广结同好，经常一起在屋内、院落、村头、广场清唱自娱，俗称"打座腔"。后来，这种单调的打座腔形式已经不能满足观众的要求，于是蒙古族艺人云双羊首开化妆表演之先河，并吸收了秧歌、高跷、旱船、道情等艺术营养，使之成为有人物、有情节、有舞蹈，"以歌舞演故事"（王国维语）的地方小戏。云双羊是萨拉齐县孤雁圪里更村的蒙古族人，出生于1856年，逝世于1928年，终年72岁，是二人台的开山祖师。这种戏起初仅一旦一丑或一小生一小旦，两个角色一进一退走场表演，支撑一台演出，故名二人台。二人台表演生动活泼，唱腔洒脱奔放，委婉流畅，深为广大群众喜闻乐见。二人台中包含有许多民歌，既有汉族民歌，也有蒙古族民歌，如《四公主》、《森吉德玛》等；还有蒙汉语混唱的民歌，如《海莲花》、《喇嘛苏》等等。其剧目分为以唱腔为主的硬码戏（如《走西口》、《双下山》、《小寡妇上坟》等）和以做功为主的"带鞭戏"（如《打金钱》、《挂红灯》、《五哥放羊》等），并产生了以蒙汉两种语言交替混杂演唱的部分剧目（如《阿拉奔花》）。"二人台的诞生

---

① 闫天灵著《汉族移民与近代内蒙古社会变迁研究》第401—402页。

是在特定的历史、地理环境，在民族杂居的特殊地域形成的一种文化现象，是蒙汉两族人民共同创建、培植的艺术之花。"①

　　李野在《多元融合的艺术——二人台》一文中，认为二人台是三个融合的结果：一是内蒙古西部蒙汉聚居地区的民间文学、民间音乐和民间舞蹈相融合的产物；二是塞外文化与移民带来的内地文化的融合；三是蒙汉两族音乐文化长期交流融汇的结果。② 由于以上三个融合，使得二人台具有极为独特的艺术特色。这种艺术特色使二人台不但有别于内地艺术，而且也同一般的民族地区的艺术有所不同。在众多二人台节目中，蒙汉文艺的交融在《阿拉奔花》这个节目中反映的最为明显。它是用蒙汉两种语言交替演唱，小旦用汉语演唱，小丑的唱词则全用蒙语，然后再由他用汉语翻译过来。本地人把这种使用两种民族语言的演唱称之为"风搅雪"。这种风搅雪在全国各地的民间小戏和演唱中即使不是绝无仅有，也是极为罕见的。这种艺术大约也只有在两个民族长期聚居的地区才会产生。更有许多蒙古族乐曲成为二人台牌子曲的组成部分，如《巴音昌汉》、《森吉德玛》、《三百六十只黄羊》等等。

　　除了二人台以外，蒙古说书也是具有当地特点的艺术形式。当时，汉族所喜闻乐见的文学曲艺传入阴山地域，也深受当地蒙古族的喜爱。好来宝是蒙古族特有的说唱艺术，其形式多样，内容广泛，包括史诗、民间故事、长篇叙事诗，还有从汉族古典小说中编译过来的《三国演义》、《水浒传》、《西游记》等等。在好来宝的基础上，形成了一种蒙汉融合的民间文艺形式，那就是由演唱汉族通俗演义小说而形成的蒙古说书。

　　2. 涌现出了一批创作民族团结与融合为主题作品的文学家

　　这一时期，出现了一批蒙古族作家用汉语撰写的著作和一大批以蒙汉交流团结为主题的作品。其中，被时人称为"塞外三大文豪"的荣祥、白映星、陈志仁的作品都突出了民族融合的主题。

　　荣祥人称塞北文豪，是蒙古族的杰出代表。荣祥世居包头市土默特右旗美岱召村，出生于1894年，1978年病逝，享年84岁。1914年春，荣祥以优异成绩考入中央政法专门学校法律本科。攻读之余，继续汉学、诗文的学习与写作。经

---

　　① 郭长岐《西口文化与包头戏剧活动》，《西口文化研究》（卷一），包头市西口文化研究会2005年编印。

　　② 《西口文化研究》（卷一）。

常以塞翁之名在北京各种报刊上发表文章。1915 年秋，又被桐城派古文大家姚鼐的嫡裔姚叔节接纳为学生，攻习古文，这为荣祥后来的诗文创作奠定了更深厚的功底。1918 年春，荣祥返回归绥，同年 7 月当选为山西省议会第二届议员。1931 年，同郭象伋筹建绥远通志馆，编修《绥远通志稿》，7 月初开始筹备，8 月间正式建馆办公。此后六年间，荣祥一直任编纂主任，除了在编撰方面总其成外，还亲自撰写历史沿革、稽古考证方面的文章。1936 年，经过辛勤的不倦笔耕，120 卷的《绥远通志稿》初稿终于脱颖而出。该志卷帙浩繁、内容丰富，堪称内蒙古旧志之冠，这是荣祥的最大成就。

白映星（1890—1945 年），包头市萨拉齐人。从国立北京大学哲学系毕业后，曾在归绥中学任教，积极介绍杜威、胡适的思想及新文化运动的情况，是阴山地域新文化运动的倡导者，在塞外思想界产生了较大影响。1929 年任中山学院院长，有力地推动了该院自然科学、社会科学及文艺和宗教的学习和研究。1931 年始，也作为主要编纂人员之一，参与了《绥远通志稿》的编修。

陈志仁（1902—1969 年）包头市萨拉齐忽拉格气村人。年幼时就很懂事，深知家中供养他之不易，学习十分刻苦，13 岁便以优异的成绩考入归绥中学第五期。陈志仁学习刻苦，闲暇时博览群书，博闻强记，渐渐才华初露。他写的文章生动活泼，用词精练，寓意深刻，读起来朗朗上口，深得老师同学们的赞誉，于是他的"大名"在学生中广为传诵，被誉为"绥远才子"。1919 年秋天，中学毕业的陈志仁考取了北京大学文学系。1925 年秋，陈志仁从北大毕业，先在归绥师范当教员，后在绥远中山学院、绥远农科职业学校和绥远省立中学任教，并在学校推广白话文。内蒙古老一辈革命家杨植霖、苏谦益等同志，就是陈志仁在中山学院时的学生。1929 年 1 月，陈志仁担任了教育厅所属的绥远社会教育所所长。1935 年 4 月，陈再度担任绥远民众教育馆馆长。为了更广泛、有效地开展抗日宣传，陈志仁出钱资助郭灵墅、杨令德创办了《绥远新闻社》。

在上述三人中，尤以荣祥最为著名。作为蒙古族中杰出的"塞外文豪"，他自己不仅仅是蒙古族与汉族民族团结的桥梁，而且他也为蒙古族与汉族文化的融合作出了自己的贡献，他的作品许多是以民族团结为主题的。如《游公主府感赋》，即反映了少数民族和亲这一主题："贵主和亲去国遥，阴山归邸指前朝，乘龙远筑黄金屋，跨凤同吹白玉箫，韵事尚传花缓缓，名园已见划萧萧，斜阳边动游人感，古木寒鸦暗石桥。"除此之外，他还利用自己通晓蒙、汉、满文的优势，在晚年用蒙文翻译《四书集注》、《大学集注》等，推动了汉族儒家文化在阴山地域的进一步传播。

三、教育的发展和新闻事业的创立

1．教育的发展

阴山地域长期为少数民族游牧地，因为该地不在科举范围之内，所以古代教育一直较为落后。但清代以来，随着汉族移民的大量迁入，府厅州县等行政建置的设立，阴山地域的教育在主要城镇也有了一定的发展。

归化城和绥远城是阴山地域当时的中心，早在雍正年间归化城就设立了官学。"雍正十三年尚书通智等奏准由六十个佐领下各送英俊孩童二名，每名日给饭钱十六文，教习四员，月各给饭钱一千二百文。"① 归化城官学是当时土默特首领丹津与尚书通智联名奏请清廷所建，位于今呼和浩特城南门外二里多的路西空地，有正房三间为讲堂，东西斋舍三间为学生肄业之居室，再西是箭亭，为师生习武的地方。后归化城土默特官学改称启运书院，经常设置六个班，每班20至30人不等。学生学习满蒙汉文，经过考试，可以提拔到议事厅工作，甚至可以升到佐领和参领。清末，清朝废科举、兴学堂。1907年土默特副都统文哲奉令在启运书院原址改设土默特高等小学堂，1915年改为土默特高等小学校。1925年在土默特总管赵席聘的主持下，对校舍进行改建，更改校名为土默特旗立第二中学，增设中学班。同时仍附设高级小学两个班。从1907年改名为土默特高等小学堂到1932年，25年中，共有14个班309名学生毕业，为内蒙古地区的各项事业培养了人才。其中荣祥、李裕智、乌兰夫等均为该校毕业生。

绥远长白书院建于1872年（同治七年），当时绥远城将军定安利用绥远城一宽大的圣庙，辟为长白书院院址。光绪初更名为启秀书院，开设的课程有科学博物、算数、国文、历史、修身、地理及经学、英文等。1904年（光绪三十年），启秀书院改名为绥远中学堂。绥远中学堂后与古丰书院更名而来的归绥中学堂合并。

1885年（光绪十一年），归绥道尹安祥建立古丰书院。古丰书院因归绥古称丰洲而得名，是培养汉人官吏等子弟的学校。1903年（光绪二十年），清朝第四十六任归绥兵备道道员朴寿根据清朝学务大臣令和《奏定学堂章程》改古丰书院

---

① 郑裕孚《归绥县志·学校志·学校》，转引自乌云格日勒《十八至二十世纪初内蒙古城镇研究》第140页。

为"归绥中学堂"。1912 年，绥远城将军裁撤"绥远中学堂"，并入"归绥中学堂"，后"归绥中学堂"更名为"归绥中学校"，结束了呼和浩特市地区满、汉、蒙分教的历史，归绥中学校成为当时呼和浩特地区的最高学府。新中国建立后又改为呼和浩特第一中学。

1901 年（光绪二十七年），呼和浩特新城南门里一号大院建立绥远武备学堂。学生学习德日两国的军事制度和训练课程。1903 年，该学堂共有学生 60 名，编成两个班。其中有秀才 3 人。学生按马甲待遇，每人每月二两八钱银子，还另有津贴。学习的内容都是当时最新式方法的训练及武器训练。

民国初年，在旧城牛街还开办了归绥第一高等小学校，在三贤巷设立了归绥女子高等小学校。1920 年，在新城元贞巷设立归绥县立第二高等小学校。1915年，创立了呼和浩特第一所回族小学——回部学堂。回部学堂就设在清真大寺的旁院，产业系本市回族杨寡妇捐赠。回部学堂学生除完成经堂教育小学部分的学习任务，同时开设国文、算术、常识、体育等新课程。

新中国成立以前，包头地区教育事业较为落后。据史料记载，包头地区最早建立的学校是萨拉齐镇的育才书院（今萨拉齐镇大东街小学前身），成立于 1869年。20 世纪二三十年代，当时已有十余万人口的包头，只有 1 所中等学校（绥远省立第二中学）和马王庙两等学堂等 8 所小学。

马王庙两等学堂，是设在包头的乌兰察布、伊克昭两盟垦务分局总办姚学镜奉贻谷之命于 1903 年创办的，校址设在马王庙，郭鸿霖为首任学堂长。马王庙两等学堂办学初以教授四书、五经为主，之后逐渐开设经学、修身、算术、国文、自然科学、历史、地理、英文等课程。到 1923 年，学生达 130 人。1926 年校名改为包头县高级小学校。1943 年，改名为包头兴蒙中学。新中国成立后，又先后改名为马王庙小学校、包头市第二完全小学校、胜利路第一小学、胜利路小学校等。马王庙两等学堂作为包头第一所官办小学校，是当时包头设置新式课程的学校，培养了王定圻等一批革命的中坚力量和大批人才，在包头的教育史上占有一席之地。

除呼包二市外，民国之前阴山其他地区的教育十分落后。民国以来，特别是傅作义从 1931 年主政绥远，就任绥远省主席以后，至抗日战争爆发以前，是绥远地区难得的和平时期。这一时期，由于傅作义对教育事业非常重视，使阴山地域的教育状况有了很大改观。到 1933 年 10 月，绥远省立小学即发展到 8 所，学生达到 1610 名。县级小学达 635 所，学生数达到 23775 人。省立中学 2 所，男师范 2 所，女师范 1 所，中山学院 1 所，私立正风中学 1 所，共有学生 1 千多人。私塾数达到 1020 所，学生 17529 人。这一时期，绥远地区的职业教育也开始起步。1933 年，傅作义开始把中山学院改为工科职业学校。根据绥远省的特点，分为毛织和制革两科，聘请美国和比利时留学生贺家生与段碧峰分别担任科主任。同时购买新式机器，给工科职业学校建设了毛织厂和制革厂，以作为实习基地。1934 年，又建成绥远省立归绥农科职业学校，培养科学种田和改良畜牧的技术人才。

2. 报纸

阴山地域到 20 世纪才有了现代意义上的新闻事业。1913 年，包头人王定圻担任归绥中学校长期间，创办了《一报》，宣传三民主义，这是阴山地域第一张铅印报纸。之后，陆续办起了多种报刊，其中较为重要的有《西北民报》、《包头日报》、《奋斗日报》等。

1925 年 11 月，《西北民报》在包头创办，由早期共产党人蒋听松任社长，胡英初任总编辑，对外则是以冯玉祥名义办报。这份报纸每日出版一张四开，从开始便以新的面貌宣传五四新文化运动，主要发表反帝反封建的文章，是当时在西北地区有影响的新型报纸。1926 年 10 月 8 日冯玉祥五原誓师后，《西北民报》改名为《中山日报》。同年 11 月 24 日，国民军联军撤离包头，《中山日报》也离开包头，迁到宁夏，不久后停刊。《西北民报》仅仅出版了一年多时间，但在宣传共产主义、社会主义思想，传播新文化运动方面产生了不小的影响。《西北民报》提倡以通俗易懂的白话文表达新思想，反对用雕琢晦涩的文言宣扬旧思想，"树立了西北新文学的光辉典范。"[①]

1931 年 12 月 16 日，《包头日报》创刊。创刊的大背景是"九·一八"事件的发生，因此创刊伊始就举起"舆论救国"的旗帜。报社设在瓦窑沟火神庙内，与国民党包头县党部合署办公。国民党元老张继题写报名，每日出刊一张半。发刊词中总编辑杨亮之撰写文章指出"本报始于国难严重时期"，因此在创刊号的第二版便报道了黑龙江主席马占山抗战的消息。

1931 年傅作义任绥远省政府主席后，当年就创办了《绥远日报》，由省政府最高顾问张策兼任社长。该报出了六年半，1937 年 9 月因傅作义退守山西而停刊。1938 年傅作义任国民党北路军总司令驻防晋西北河曲时又创办了八开油印

---

① 张贵著《河水集》第 38 页。

的《奋斗日报》，以刊登战报和国内外新闻为主要内容。1939 年春傅作义脱离二战区阎锡山晋绥军系统，带领三十五军到今巴彦淖尔市五原、杭锦后旗陕坝就任国民党八战区副司令长官，继续出版八开油印的《奋斗日报》。该报从陕坝开始改为铅印，并由八开两版改为四开四版。《奋斗日报》在 1940 年至 1941 年初这段时间宣传团结进步和抗日救亡，起了积极作用。傅作义视《奋斗日报》为他的喉舌，据说"每天必看《奋斗日报》"①。1947 年仲夏《奋斗日报》在张家口长清公园举行纪念创刊九周年晚会，傅作义亲临会场并讲了话。1949 年北平和平解放后，《奋斗日报》开始报道新华社的内容。特别应提及的是，1948 年底至1949 年初国民党多次派飞机接北平的知名学者南下，辅仁大学校长、史学大师陈垣教授不但没有走，还在 1949 年 5 月 11 日《人民日报》上发表了《给胡适之一封公开信》，热情歌颂了共产党进城后师生群众欢欣鼓舞的局面，揭露了反动派的造谣和诽谤。《奋斗日报》全文转载了这封信，对于支持还在徘徊的专家学者投入新中国的怀抱起了一定的作用。绥远"九一九"起义后，《奋斗日报》成为绥远军政委员会和绥远人民政府的机关报，一直办到 1950 年 12 月 31 日结束。

第四节　清代至民国阴山地域的宗教

阴山地域移民性的特点，决定了阴山地域必然成为一个多种宗教并存的地区。到了近代，阴山地域宗教的多元化特征更为明显。

一、清代黄教的兴盛

尽管阴山地域是个多民族宗教共存的地区，但在清代，黄教占绝对的统治地位。正如《绥远通志稿》所述："绥远省境内佛教徒，向有黄衣僧与青衣僧之别。黄衣僧即喇嘛，故亦称喇嘛教，而通称之曰黄教。青衣僧即和尚，是为普通所称沙门佛教。因其以释迦牟尼为祖，是以无论青、黄，并得以佛教一词括之也。若就此同源异派之两教情概言，则黄教入绥实较沙门为早，而其推行之广与徒众之多，亦确较沙门为独盛。"②

早在 1577 年，阿勒坦汗与索南嘉措在青海的仰华寺会面，举行了有汉、藏、

---

① 蒋曙晨《我和奋斗日报》，《新闻与传播研究》1985 年第 3 期。
② 绥远通志馆《绥远通志稿》卷五十四《宗教·佛教黄教》，第 283—284 页。

蒙古等十万人参加的盛大法会，阿勒坦汗就赠给索南嘉措"圣识一切瓦齐尔达喇达赖喇嘛"尊号。之后，在阿勒坦汗的支持下，黄教在蒙古地区迅速传播。在后金时期，满族统治者基于对蒙古骑兵力量重要性的认识，即确立了联合蒙古消灭明朝的方针。努尔哈赤及其继承者深知"外藩蒙藏唯喇嘛之言是听"，对黄教采取的政策，直接关系到征服蒙古各部。为取得蒙古王公贵族的支持，对蒙古族笃信的黄教予以支持，努尔哈赤推行了笼络和优待黄教的政策，这一政策一直延续下来。清朝建立后，清政府对黄教的发展更加重视。顺治帝及其母亲孝庄皇太后都信仰黄教。1643 年 8 月，顺治帝在沈阳登位时，呼和浩特席力图召二世活佛那旺罗卜桑扎木苏应邀到沈阳表示祝贺，与顺治帝建立了密切联系。康熙从小深受其父的影响，认为"建一庙，胜养十万兵。"[1] 清政府扶持黄教主要采取了以下措施：

1. 优待黄教的精神领袖达赖和班禅

乾隆在《喇嘛说》中，就认识到："盖中外黄教总司以此二人（指达赖喇嘛、班禅额尔德尼），各部蒙古一心归之。兴黄教即所以安众蒙古，所系非小，故不可不保护之。"[2] 清朝对达赖喇嘛及班禅额尔德尼给予极大的重视，早在 1639 年（崇德四年），皇太极就派遣使团邀请五世达赖喇嘛前来盛京传教。其后，又数次相邀。1652 年（顺治九年），五世达赖进京受到了顺治皇帝的特殊优待，册封五世达赖为"西天大善自在佛所领天下释教普通瓦赤喇怛喇达赖喇嘛"。《五世达赖喇嘛传》记载的细节可以看到当时皇帝给予达赖的礼遇在当时皇权至上的封建社会时期，是极为罕见的。"达赖喇嘛到皇帝身前时，皇帝由御座起身相迎十步，握住达赖喇嘛的手通过翻译问好。之后皇帝在齐腰高的御座上落座，达赖喇嘛在距他仅一庹远的稍低于御座的座位上就座。赐茶时，皇帝让达赖喇嘛先饮，达赖喇嘛称不应该，于是同饮。"[3] 在五世达赖喇嘛留居京城的两月内，清顺治皇帝赏赐物品达到七次，赏赐了大批黄金、白银、绸缎及其它贵重礼物。为迎接达赖喇嘛，还为其专门建造了西黄寺供其居住。康熙于 1695 年（康熙三十四年）册封五世班禅为"班禅胡图克图"，并于 1713 年（康熙三十四年）再行册封"班禅额尔德尼"。1780 年，第六世班禅为庆祝乾隆帝七十寿辰，前来觐

---

① 苏鲁格、那木斯来著《简明内蒙古佛教史》第 121 页。
② 德勒格《内蒙古喇嘛教史》，第 145 页。
③ 马连龙《历辈达赖喇嘛与中央政府的关系》第 87 页。

见，受到乾隆帝的优待。乾隆帝专门为他仿照扎什伦布寺修建了寺庙，赐名为"须弥福寿之庙"。当年六世班禅在北京病逝后，乾隆帝命各京城寺庙喇嘛念经49 天，以示悼念。

　　清朝对于达赖、班禅之下的呼图克图也给予优待。1701 年（康熙四十年），五世达赖喇嘛的大弟子章嘉呼图克图被任命为多伦诺尔喇嘛印务处札萨克喇嘛。过了五年，又被册封"普善广慈大国师"。清朝政府对上层喇嘛授予"国师"、"禅师"等称号，使这些上层喇嘛都能享受到与蒙古王公等贵族同样的政治权利和经济待遇。而且在这些宗教上层每次觐见的时候，都要赏赐大量财物，使这些上层喇嘛深感受到重视。

　　2. 兴建寺庙发展喇嘛

　　清代，蒙古各地寺庙林立，僧众遍布，到 19 世纪内蒙古地区共有 1200 多座寺院。蒙古地区的黄教寺庙，绝大多数是清代建筑。在阴山地域建立的寺庙主要有大召寺、席力图召、五当召等。呼和浩特曾被称作"召城"，是当时寺庙集中的地区，号称有七大召、八小召、七十二个免免召。随着寺庙的兴建，出家当喇嘛也形成热潮。每建一座寺庙，喇嘛人数少则数十人，多则数百人、上千人，甚至数千人。据统计，清朝中期，内蒙古地区的喇嘛约有 15 万人，清朝末期约有10 万人，约占男子人口总数的 40%—50%。[1]

　　3. 给予寺庙及喇嘛经济特权

　　清政府对寺庙给予了经济上的优待，各寺庙喇嘛的生活费从国库按定额支付，凡出家的喇嘛均免除兵役和赋税；并赐给上层喇嘛和寺庙大批土地、牧场及牲畜，使寺庙拥有了大量的土地。寺庙的土地虽有由喇嘛耕种的，但大多数土地、牲畜又以出租的形式交给农牧民耕种，为寺庙创造了大量财富。寺庙成为当时蒙古地区最为富有的地方。

　　如包头五当召，管辖牧地东西长约 75 公里，南北宽约 40 公里。据 1925 年统计，在这块地区内，有寺庙耕地 4000 余顷，每年收银洋租 6000 余元，收租粮1985 石。此外，还有一处煤矿，大片森林和牧场，寺庙共有牛马 1000 头（匹）、羊 20000 余只。从 1914 年开始，五当召在石拐地区，同漠南公司、大矿业股份有限公司、广兴矿业股份有限公司等联合开采煤矿，寺庙从中分得红利，每年约得煤 40 多斤，现洋 10 余万元。据民国初年调查，呼和浩特席力图召有出租房

---

① 德勒格《内蒙古喇嘛教史》第 153 页。

屋2000多间，拥有土地20000多亩，拥有大小牲畜10000余头（只），在大青山北召河拥有大片牧场，希拉木伦苏木全境为该庙所属牧场。①

4. 赋予一些寺庙以行政管理职权

《理藩院则例》规定："喇嘛之辖众者，令治其事如札萨克。"② 清政府批准建立了七个喇嘛旗。除设置喇嘛旗外，还在一些大寺庙建立札萨克制度，设置喇嘛印务处。喇嘛旗与札萨克旗平行，除不管军事外，所有宗教事务以及领地的行政、司法、税收等事，都由寺院自行处置。寺庙的活佛实际就是旗长。对于一些偏远地区和属众较多的寺庙所在地，设置一些喇嘛佐，赋予治事权力。《理藩院则例》规定，寺院距旗治500里外，徒众超过800名，其活佛均给予印信可以独立行使行政、司法权力。

通过以上政策，清政府将喇嘛教推崇到了一个前所未有的高度，黄教在蒙古地区得到了发展的黄金时期。

黄教教义主要是宣扬灵魂不灭，劝人独善其身，虔修来世。凡能积累功德者，死后灵魂即可升天，进入极乐世界，两次投转人世，也可享尽人间荣华富贵。这样的教义比较符合信教者的心理。再加上清政府制定的上述政策，一直到了现代，蒙古族中还非常流行信奉黄教。"以喇嘛教对蒙古族人影响最大，差不多家家户户都信奉，家里有三个男孩就得送一个到庙上去当喇嘛。逢年过节许多人家都要请喇嘛念平安经，如果谁家发生了天灾人祸，更要请喇嘛来念经、烧香、磕头，以求佛爷保佑。"③ 黄教成为当时历史条件下蒙古族的精神支柱。在清代，黄教对维护民族的统一、安定和发展起了一定的作用，具有消弭战乱、安定社会秩序的作用，同时也加强了藏族和蒙古族这两大少数民族的政治、经济、文化的交流和联系。

但是，黄教的负面影响也是十分明显的。本来蒙古族能征善战，崇尚骑射，信奉了黄教之后，必然使相当一部分蒙古人由金戈铁马驰骋转到独守青灯古佛，由挥刀射箭转到诵经谈禅。黄教最大的消极影响就是该教教义主张信教者不能结婚，随着信教人数的增多，社会生产力却急剧减少，社会负担不断加重。在黄教迅速发展的时期，蒙古族人数却在减少。由于清政府在蒙古族地区极力扶植和推

---

① 德勒格《内蒙古喇嘛教史》第276页。
② 苏鲁格《蒙古族宗教史》第168页。
③ 乌兰夫革命史料编研室编《乌兰夫回忆录》第8页。

广藏传佛教，严重阻碍了蒙古地区的经济发展，造成了蒙古族人口增长的停滞。正如《清朝理藩院档》所述："蒙古贞之弱，纪纲不立，惟佛教是崇。于是，喇嘛日多，人丁日减，召庙日盛，种类日衰，极其迷信之深，有渐趋于渐灭，势所至也。乃近闻蒙古，亦多无嗣，恒有以已剃度而归家者，而一本数支，十不一二。"[①] 喇嘛教规禁止娶妻，蒙古有半数人口不从事生产，不留后代，其人口日减，生计日窘。"家有三丁，则度其一为喇嘛，五丁则致其二"。将近半数的男子投报空门，既不事生产，又不娶妻室，给蒙古族的人口繁衍带来灾难性后果。19世纪初，内蒙古蒙古族人口约为103万，到1937年降为864429人，1949年又降至835000人，蒙古族人口长期呈负增长态势。从19世纪初到1949年，140年当中蒙古族总计减少人口19.5万人，年平均递减率0.15%。[②]

二、阴山地域的主要黄教寺庙

1. 席力图召

位于呼和浩特旧城，也称"延寿寺"。席力图召最早兴建的是今席力图召西侧的古佛殿。为了迎接三世达赖喇嘛索南嘉措的光临，于1585年（明万历十三年），土默特僧格格杜棱汗特意修建了这座寺庙，寺内安排了专供三世达赖就坐的"法席"。1586年（明万历十四年）三世达赖索南嘉措由希迪图噶布楚陪同抵达呼和浩特，驻于席力图召，这位希迪图噶布楚就是后来的延寿寺一世活佛席力图·固什·绰尔济。1588年（明万历十六年），三世达赖索南嘉措在吉噶苏台（今内蒙古正蓝旗境内）圆寂时，根据他的遗嘱，令席力图·固什·绰尔济代表三世达赖在呼和浩特席力图召的佛殿坐了他的法座，并主持了蒙古右翼三万户的佛教事宜。同时，与西藏格鲁派三大寺所遣的班觉嘉措（三世达赖管家）配合，确认了楚库尔台吉（阿勒坦汗之孙）之子云丹嘉措为四世达赖喇嘛。在席力图召古佛殿举行四世达赖喇嘛坐床典礼时，作为云丹嘉措的经师，席力图·固什·绰尔济把他抱在怀里，坐了三世达赖喇嘛的法座。1602年（万历三十年），席力图·固什·绰尔济等护送四世达赖云丹嘉措入藏。他从西藏回来以后，着手扩建了寺院。班智达席力图·固什·绰尔济具有高超的智慧和卓越的才能，深受蒙古大汗林丹的器重。他奉林丹大汗之命，与蒙古右翼三万户的翻译家配合，具体主

---

① 苏鲁格《蒙古族宗教史》第173页。
② 闫天灵著《汉族移民与近代内蒙古社会变迁研究》第336页。

持参与了《甘珠尔经》的蒙译工作，至 1629 年，完成了该经典的补译、核对和校勘整理等全部工作。在此期间，他将藏文《般若经》等译成了蒙文，产生了很大的影响。

1636 年（崇祯九年），班智达席力图·固什·绰尔济圆寂。二世活佛那旺罗卜桑札木苏是青海达延额尔克台吉之子，1638 年迎至呼和浩特席力图召坐床。1644 年，清世祖顺治帝在盛京即位时，席力图召二世亲自前往祝贺。1652 年，陪同五世达赖喇嘛到达北京，参与其佛事活动。五世达赖把清朝所赐的 1000 匹骏马交给席力图召二世活佛，请他代为换成货宝，亲自送往拉萨。五世达赖喇嘛路过呼和浩特时，在席力图召举行了隆重的讲经法会，使席力图召名声大振。

1694 年，席力图四世活佛主持扩建席力图召，经两年时间基本完成了扩修工程。1696 年（康熙三十五年）10 月，康熙帝西征，路经呼和浩特时，为扩建的席力图赐名为"延寿寺"。1703 年（康熙四十七年），原任呼和浩特掌印札萨克达喇嘛内齐托因二世圆寂，康熙皇帝便决定由席力图召四世任呼和浩特掌印札萨克达喇嘛。从此，呼和浩特掌印札萨克达喇嘛的权力一直掌握在席力图召历代呼图克图手中，使席力图召受到清廷的格外重视。

据光绪年间的统计，席力图召的常驻喇嘛班第共有 1000 多人，并设两个扎仓（俗称却伊拉学部和卓德巴学部）。

2. 大召寺

也称无量寺或弘慈寺。位于呼和浩特市旧城，是呼和浩特市最早建成的寺庙。1578 年（明万历六年），土默特部首领阿勒坦汗在青海会见三世达赖喇嘛索南嘉措时，曾许愿在呼和浩特修建一座寺庙，供奉释迦牟尼。1579 年，大召建成。1586 年，三世达赖索南嘉措应僧格杜棱汗即阿勒坦汗之子的邀请，来到归化城，在大召寺主持了银佛开光法会。1640 年（清崇德五年），土默特部统古禄克·楚库尔奉皇太极的命令，对大召寺进行了重修和扩建，并由皇太极赐额为无量寺。1653 年，五世达赖喇嘛路经呼和浩特时，在此进行了讲经说法等佛事活动。在整个清代几百年间，大召寺并没有"转世"活佛，它一直是归化城札萨克达喇嘛的印务处，是开会办事的地方。其所谓掌印札萨克达喇嘛也不是从本寺产生的，而是由其他寺庙的活佛担任。1685 年（康熙二十四年），清廷任命崇寿寺（朋苏克召）的伊拉古克三呼图克图为呼和浩特掌印札萨克达喇嘛，统辖归化城所有寺庙的宗教事宜。

3. 五当召

位于包头市区东北 70 公里处，始建于清康熙年间（1662—1722 年），1749 年（乾隆十四年）重修，赐汉名广觉寺。是第一世活佛罗布桑加拉错在此兴建的，逐步扩大始具今日规模，这座召庙前前后后花了 40 多年才建成。

五当召是内蒙地区现存唯一完整的喇嘛教寺庙，有小布达拉宫之称。五当召原名巴达嘎尔庙，藏语巴达嘎尔意为"白莲花"。蒙古语五当意为"柳树"，召为"庙宇"之意，因寺庙的所在地——五当沟杨柳繁茂而得名。五当召是以西藏扎什伦布寺为蓝本而建的，没有通常围墙院落式的寺院组合，而是以高耸云霄，雕梁画栋的六个大殿为核心，形成相互连接，阁楼搭配的六个建筑群。还有三座活佛府，一幢安放历代活佛骨灰的灵堂。全部殿宇均为典型的藏式建筑，而每座殿宇又是独立建筑，不规则地分布于吉忽伦图山的主峰及两侧山麓，众多的僧舍散建于谷内平地。因此它的总体布局没有中轴线的格局，也无山门、正殿、厢房的配置，但由于工匠们的高超设计，丝毫不觉得支离破碎、重复雷同，只感到各殿宇错落有致而又和谐统一。外墙表面有一层相当厚的石灰层，任其自然凝结而成，清白典雅，别具风格。这种规模宏大的寺院和独特的结构形式，是内蒙古境内现存喇嘛教寺院中仅有的。

4. 梅力更召

位于阴山山脉乌拉山南麓，现归属于包头市九原区。寺庙为藏汉相间的建筑群落，临山面河，是阴山地域一座规模较大的宗教圣地。

据《梅力更召创建史》记载，蒙古族乌拉特人在呼伦贝尔时，即 17 世纪 40 年代左右，已经开始信奉佛教，迁移到阴山地域后，出于宗教信仰，他们从呼和浩特小召寺邀请了一世乃齐陀音呼图格图的弟子迪努瓦到乌拉特西公旗（现乌拉特前旗）主持佛教事务，并且在黄河边为他建了一座小庙，名为梅力更葛根召。1705 年（康熙四十四年）迁至现在的位置，习惯称梅力更召，在蒙古语中意思为聪明、智慧。整个寺院曾经占地面积 300 多亩，供有泥塑美岱佛的美岱庙是梅力更召最高大的殿堂。少贡沁庙在美岱庙前面，规模略小，两殿墙体为藏式建筑，殿顶是汉式宫殿顶风格。梅力更召极盛时期有喇嘛 500 余人，度牒喇嘛百人。

清朝康熙帝曾召集全国有学问的活佛和喇嘛到北京翻译著名的《甘珠尔经》和《丹珠尔经》，梅力更召三世罗布桑丹毕佳拉森是其中最有学问者之一，很受康熙的赏识。1702 年，康熙特别赐名梅力更召为"广法寺"，并拜梅力更葛根为敬神喇嘛。此后梅力更召更加受到清政府的重视。1773 年，乾隆帝特将一块用满、蒙、藏、汉 4 种文字书写的"梵昌寺"匾赐予梅力更召。

梅力更召之所以在黄教的历史上占有重要地位，其原因不在于它的规模庞大，而是这座古刹蕴藏着深厚的蒙藏佛教文化，以及它作为学问寺的独特魅力。它是唯一用蒙古语诵经的寺庙。

17 世纪，随着藏传佛教格鲁派的迅速传播，蒙古民族中出现了喇嘛用藏语藏调诵经，俗人为子女起藏语名字的文化现象。然而，诵念之间，很多人只是死记硬背，能读懂藏语经文意义的人却寥寥无几。梅力更召一世葛根迪努瓦主持佛事以来，便把佛经的蒙译提上了日程。他和该庙一世法王乌格力贡达来一起，把梵、藏文经书编译成蒙古文经书，并且在当时推行蒙语诵经，用蒙语教学和举行法会。为了让蒙古族出家人掌握更多的佛学知识，用自己的母语诵经，三世葛根罗布桑丹毕佳拉森把已经完成蒙译的佛经进一步完善，根据蒙古族诗歌韵律的特点进行了巧妙的编排，并采纳了一些民歌旋律编创了适合用蒙语诵经的曲调。他还编创了查玛舞，把佛教经文分为小诵、大诵、四大基典三个阶段，用蒙古语进行教学；每年还举行蒙语诵经会，从未间断；喇嘛们的学位答辩也用蒙语。

经过梅力更召高僧大德们数十年的努力，他们终于成功创造出独具特色的蒙语诵经体系。它是在保持佛教经文原义的基础上，为诵读的便利而把经文译成韵文体的一种有益尝试。后来，蒙古僧人和学者们把藏文经典与梅力更召蒙古文经书进行对照研究时发现，罗布桑丹毕佳拉森编译的蒙古文经书不仅翻译准确，而且语言生动、通俗易懂。韵律诵经不仅易于背记，而且易于教学。它有力地促进了蒙译佛经在内蒙地区的传播，这一诵经体系，也同样确立了梅力更召在蒙古地区佛教寺庙中独树一帜的地位。

三、汉传佛教

汉传佛教传入阴山地域也非常久远。1998 年，考古人员在呼和浩特市托克托县战国至南北朝的云中古城北朝寺庙遗址中，发现了一件北魏浮雕菩萨造型的瓦当，菩萨面庞圆润，高鼻深目、两耳垂肩，具有早期佛教造像的艺术风格。这一地区除汉族人信奉佛教外，北方少数民族基本上都信奉佛教，鲜卑、突厥、契丹、女真、党项、蒙古等民族在阴山地域创造了辉煌的文明成果，其中包括佛教文明。

《绥远通志稿》云："在往古历代，虽尝一再兴起，然皆因时世改易，辄随国力之陵夷，而卒就澌灭。……无论当日无沙门教徒远来斯土，即令勉强能来，然于汉民绝少，言语难通，浮寄孤悬。无人信仰之环境下，亦乌能望其宗教之存留页跻于发展乎。综上所述历史事实理论观之，则知今日绥境之沙门教，其传来之年代，最早亦当在满清入关以后。……盖绥境自经明末大动乱而开汉民出塞之端。至清初数叶，而奠蒙汉相安之局。于是沙门教之北来，亦遂随时传入，而成不可免之势。……此足证绥境沙门，殆自乾隆以来而始盛。"① 这就是说，尽管历史上阴山地域少数民族轮流在草原上建立政权的时候，汉传佛教就已经传入，但现在意义上的汉传佛教，是随着明末清初的走西口移民的进入才逐步进入阴山地域的。而且当时蒙古族主要信仰黄教，信仰汉传佛教的主要是汉族移民。

　　传入阴山地域的主要佛教教派是净土宗和禅宗。明末清初刚刚传入时，影响不大。一直到民国，由于移民流入的增多，汉传佛教开始在阴山地域兴盛。"民国十年前后，先由包头县吕祖庙沙门能权，继由归绥市观音庙沙门性凯，及其法嗣湛祥等，自五台、晋阳、燕京各地，延聘高僧数人，各就其本寺，宏开道场，宣扬佛法。自开至闭，各历百日。计各传戒一坛，讲经一会。当时入场受戒、听经之众，有沙弥僧尼及优婆塞、优婆夷等约二百人。其以信众参加法会者，每日不下五百人。盖亦绥包沙门教中空前盛举也。"②

　　属于佛教的寺庙，阴山地域以观音庙、龙王庙比较普遍。传说中的一些神仙也成为当时人们信奉的对象，如关云长、吕纯阳等，玉皇大帝则是佛教和道教共同信奉的对象。相比于内地，这是由于移民来源区域的多样性造成的。此外，移民一般生活比较贫苦，只求上天保佑，对于宗教的宗派不是很在意，同时塞外艰苦的环境，也很难吸引更多的内地僧人来此传教。再加上汉传佛教不可能得到像黄教那样的政府支持，因此，演化下来，阴山地域的汉传佛教似乎不那么讲究，宗派不那么严密，道佛也不是截然分开。

　　阴山地域道佛一家的典型寺庙是今包头市的吕祖庙。1853 年（咸丰三年），包头镇王纯德献出自家宅基地想修建一庙宇，供奉佛教的韦陀和道教的孚佑帝君（吕祖）。从乾隆初年开始，因为包头居民多从山西等地移民而来，他们最希望的就是得助平安，所以不管韦陀和吕祖是佛道两家，合起来供奉只求得神灵保佑。但由于财力不济，直到 1861 年（咸丰十一年），得到儒善、巨川等人资助才盖起

　　① 绥远通志馆《绥远通志稿》卷五十五《宗教·佛教沙门》，第 454—455 页。
　　② 绥远通志馆《绥远通志稿》卷五十五《宗教·佛教沙门》，第 456 页。

一小庙。1866 年（同治五年）五台山碧山寺比丘续州及徒弟本立来到包头镇，在众信徒的资助下开始重建，至 1873 年（同治十二年）盖起正殿、吕祖殿、司堂、客堂、库房、山门等，定名为妙法寺。驻在包头镇的大同总兵马升亲书"妙法禅寺"。山门两旁砖刻对联："三空妙谛惟求养性修直，一片婆心但愿普度众生。"山门的背面则是根据吕祖所作诗改写的砖刻对联："仙莱客闲佩青蛇蓬瀛一带横秋色；儒世师笑骑黄鹤岳阳几度醉春风。"一座山门成为寺庙合一的杰作。妙法寺建成后不断进行扩建，1879 年（光绪五年）建起钟鼓楼。1881 年（光绪七年），大同总兵张树屏和钦差帮办军务大臣伊犁将军金顺合力建成戏台。1895 年（光绪二十一年）建石头殿、三佛洞。1921 年在三佛洞前修建大雄宝殿。1945 年建成千手千眼观音殿、地藏殿、祖师堂、功德堂等。经过不断扩建，妙法寺已是七进院落，寺貌辉煌，禅堂清净，山门完固的佛教寺院，只有吕祖一庙独居其中。妙法寺与吕祖庙合一反映了包头移民文化的特色。

呼和浩特市最为有名的是观音庙，位于大召的南面。始建于 1799 年（清朝嘉庆四年），清朝道光年间重建，由山门、观音殿、东西配殿、藏经楼、念佛堂、斋堂、寮房和韦驮殿几部分构成，是目前呼和浩特地区规模最大、保存完整的一座汉传佛教寺庙。2006 年，呼和浩特观音庙开始了大规模的重修扩建工程，新的观音庙建筑面积是原有规模的 10 倍。

四、基督教的再度传入与发展

早在蒙元时期，基督教就曾传入蒙古地区，当时称景教，是从西北陆路传入我国。19 世纪，随着西方列强的入侵，天主教和基督教新教也由东向西，逐渐传入阴山地域。

1. 基督教在阴山地域的传播

1830 年（道光十年），天主教法国圣味增爵会（又叫遣使会）就已在察哈尔西湾子（今河北崇礼县）设立了教堂。中法《北京条约》签订后，比利时神甫南怀仁于 1862 年（同治元年）成立了旨在蒙古教区传教的"圣母圣心会"。1864 年（同治三年），罗马教廷指定中国蒙古地区作为"圣母圣心会"的传教范围。认为今内蒙古地区："地阔俗陋，政治乏力既感难周，则宗教之传自易奏效。"①

1871 年（同治十年），圣母圣心会派巴耆贤为蒙古教区新任副主教，进驻西湾子总堂。1874 年（同治十三年），在呼和浩特建立了第一座天主教堂——双爱堂②，即后来呼和浩特市天主教堂的前身。其后，天主教势力逐渐渗入到归化、萨拉齐、托克托等地，信教的人数逐渐增多。

随着传教规模的扩大，巴耆贤上书罗马教廷批准划分蒙古教区，1882 年（光绪八年），今内蒙古地区划为三个教区。其中阴山地域属西南蒙古教区。主要包括伊克昭盟、阿拉善东部、乌兰察布盟的乌拉特旗、茂明安旗、土默特西部，及归化、清水河、萨拉齐、东胜、五原等厅。1898 年（光绪二十四年）前总堂设立在阿拉善旗的三道河子，即今磴口县，后移至萨拉齐以南的二十四顷地。主教为德明玉。全教区共有教堂 31 所，修道院 1 处，外籍传教士 27 名，华籍教士 1 名，教民 5680 人。③ 1924 年，葛崇德主教按照天主教上海教会会议的决定，把总堂迁到归化城。1932 年，罗马教廷重新划分蒙古教区。包头以西为宁夏教区，包头以东为绥远教区。1946 年，罗马教廷又在中国实行教会"圣统制"。内蒙古地区为"蒙古教省"。

基督教新教也在阴山地域传播，但规模不及天主教。今内蒙古地区仅有英国、瑞典、美国设立的教堂。其中瑞典国内地协会在阴山地域设立了 4 个教堂：萨拉齐、丰镇、归化城、包头教堂。美国协同协会在今内蒙古地区设立了 3 个教会：美国蒙古传道会、美国福音会、集宁美国信乐会。20 世纪初，归绥城有基督教堂 8 所。

基督教徒到了阴山地域，看到移民最需要的就是土地。因此，他们发展教民的主要手段是在大量占有土地之后，吸引民众租种，并吸引其成为教民。他们以较低的价格购买和租赁蒙古贵族的草场，而后转租给急需租到土地以维持生存的内地汉族移民，让他们开垦耕种，形成农业村落，并吸引民众加入天主教。这一特点也决定了信奉基督教的主要为汉族，蒙古族信奉基督教的很少。当然这和蒙古族中黄教占绝对统治地位是相关联的。例如传教士德玉明在巴盟三盛公用五块

---

① 乌兰其其格《试论清末民国时期内蒙古地区的基督宗教》，中央民族大学 2005 年硕士学位论文，第 9 页。

② 戴学稷《呼和浩特简史》第 70 页。

③ 乌兰其其格《试论清末民国时期内蒙古地区的基督宗教》，中央民族大学 2005 年硕士学位论文，第 10 页。

砖茶和五石糜子向阿拉善旗包租到 30 多亩上好的土地，在杭锦后旗他们承租的土地价格更为低廉，只需要交纳土地价格百分之一的水草钱就行了，而且租期往往没有明确规定，只要教堂需要就可以长期使用。二十四顷地教堂的上百顷草地，教堂只付了 1000 吊钱，每亩仅值一钱银子。三盛公教堂用 800 吊钱买进 39 顷土地。尤其是义和团运动被镇压后，教会借助西方殖民者的枪炮，以义和团运动造成巨大损失为由，一方面迫使清政府惩处纵容义和团抢掠的地方官员，一方面大肆勒索教案赔款，在阴山西部各旗圣母圣心会就掠夺到 70 多万两白银和大量土地。[①] 贫困凋敝的阴山西部各蒙旗根本无力偿还教会的巨额赔款，只好以土地抵偿。于是，教堂肆意压价，任意掠夺土地。例如达拉特旗河套乌兰卜尔一带两千多顷的上好良田只抵偿了 14 万两白银；阿拉善旗三盛公南北数百顷土地归教堂所有，以抵偿 3 万两赔款；鄂托克旗赔偿银 8 万两以牲畜抵付一部分外，教会把城川、小桥畔一带南北长 20 里，东西宽 80 里，大约 2600 顷的土地作为剩余部分强行割去。杭锦旗尽管没有确定赔款数额，但教堂却把数千顷的良田强行租去，借口是被逐义和团"匪徒"的土地应该归教堂耕种。据不完全统计，"这个时期圣母圣心会天主教士在河套、鄂尔多斯等地讹诈扩张的土地，其总数当不下两万顷。"[②] 随着天主教会在阴山地域占据的土地面积急剧扩大，大量内地移民为了租地为生，纷纷成为教民，教会势力愈来愈强大，各地不断增设教堂。

此外，天主教还在各地城堡内兴办医院、学校、育婴院，自办邮局，组建民团，购买武器，维持治安。

2. 基督教在阴山地区的主要公益事业

基督教在传教的同时，也举办一些公益事业。这些公益事业在当时属于阴山地域特别紧缺而民众又特别需要的，对于当时改善阴山地域人们的生活状况起到了促进作用。

（1）兴办医院。1922 年，天主教在归绥市建设天主教堂的同时，在新城西门外建设公医院，其建设规模大于天主教堂的规模。因为医院竣工迟于天主教堂，天主教堂曾一度作为临时公医院，由外国大夫坐诊。该医院 1923 年正式营业，曾是 20 世纪 20 年代北京以西，长城以北，热察绥宁四省设备最好的一家现

---

① 黄时鉴等《中国旧民主主义革命时期内蒙古人民的革命斗争》，《内蒙古近代史论丛》第 1 辑，第 26 页。

② 戴学稷《西方殖民者在河套鄂尔多斯等地的罪恶活动》，《内蒙古近现代史资料》第 1 辑，第 75 页。

代化医院。医院当时有 X 光、紫外线等贵重仪器。消毒、诊疗等设备也一应俱全。此外还有锅炉暖气等设备。分男女病房两大部，共有床位 130 多张。从医院开办伊始，就聘请了那大夫、甘大夫等比利时大夫，之后又聘请张汉民、宋元凯二位大夫，都是从法国医科大学毕业的博士。这在当时是极为罕见的。此外，还聘请过多位国内外知名的大夫。公医院的设立，对于当时缺医少药的阴山地域确实是极为难得的。在著名的长城抗战和百灵庙抗战时，由傅作义领导的三十五军供给食物药品，借用该医院的设备和大夫，治好了不少军人。关于公教医院的情况，雷洁琼在《平绥沿线的天主教会》中有过记载。在圣母圣心会的传教区域内，"共有大小医院十四所，最大的为绥远公医院。"医院"内有菜园，花园，小湖，并畜有白鸭，草羊，及花鹿。"她讲医院的环境，"园内树林青翠，大胜于普通都市医院。"谈到医院的规模时，雷洁琼做了这样的记载，"医院当时规模颇大，有男女病房数十间，电气医疗器械及 X 光等设备。"[1]

　　除了在城市建立医院开展医疗活动外，传教士们还在传教的村庄开展了大量的医疗活动，"教会教士，都有施药救济的热忱，无论他们住在哪个村庄，都要用自己的医药常识，尽量医治乡间的患者，药品及治疗器具，也由教士自己购置，治疗是免费的。"[2] 在包头，传教士在教堂内设立门诊，有公教医院毕业的护士一人做助手，平均每天就诊的病人约 50 到 60 人。在固阳，传教士每天抽出半天时间专为来自 60 公里外的病人治疗。1932 年（民国二十一年）"虎列拉"流行，该堂传教士亲手给 8000 人注射了防疫针。美岱召的传教士狄文华医术精湛，远近闻名，他的 30 年传教生涯大都用于治病救人。三盛公（今巴彦淖尔市磴口县）最初由传教士主持看病，1924 年由外籍修女主持门诊，每年约 1 万人就诊。巴拉盖（今包头市土右旗）门诊设立于 1932 年，由外籍修女主持，一年内诊断 18500 人次[3]。

　　（2）发展教育。阴山地域处于塞外，19 世纪之前教育十分落后。传教士和教会发展学校，带动了整个阴山地域教育事业的发展。他们当时在阴山地域开办的学校有三种类型：一是天主教小学（要理学校）；二是具有师范性质的公学校；三是培养神职人员的修道院。1880 年，三盛公的传教士设立男童学校。1888 年，

---

　　① 雷洁琼《平绥沿线的天主教会》，第 7、16、17 页。
　　② 王守礼《边疆公教社会事业》，第 87—88 页。
　　③ 刘青瑜《近代以来天主教传教士在内蒙古的社会活动及其影响》，内蒙古大学 2008 年博士论文，第 34 页。

仅内蒙古西部地区就有教会要理学校男校 34 所，女校 19 所，学生共有 794 人。到 1906 年，教会办的男、女要理学校已经发展到 173 所之多，学生增至 4088 人；男女公学 6 所，学生 191 人。① 学校的课程除国文外，还增设了历史、地理和数理化等，有的学校还添置了一些简单的试验仪器。辛亥革命后，教会将要理学校改为初级小学，又设立高级小学或者中学师范等。

绥远教区设立了崇德小学、恒清中学。起初专收教会学生，逐渐也吸收非教会学生。当时喜欢外语和数理化的学生都喜欢进恒清中学。另据史料记载，五原县有县立小学 4 所，乡村初级小学 23 所，在校学生 924 名；临河县有县立小学 6 所，乡村初级小学 12 所，在校学生 617 名；安北设治局有县立小学 5 所，在校生 215 名，② 以上合计共有小学 50 所，在校生 1756 名。另外，临河有天主教会小学 10 所，在校生 695 名；③ 安北有基督教会小学 1 所，招收蒙旗子弟，在校生 60 余名。④ 可见，基督教所办学校在数量和在校生人数上在当时都是较多的。

（3）设立育婴堂和孤儿院。近代以来的阴山地区，弃婴现象十分普遍。由于灾荒和战乱，人们生活极端困苦，对生下的子女无力扶养，加上重男轻女思想的影响，遭遗弃的大多为女婴。正如 1848 年西湾子孔主教对此的记述："圣婴会⑤在我们这里兴盛，不是因为人们狠心，实在是因为他们家贫。目前为止我们所收容的女孩，都是因为父母无法养活她们。"⑥ 在内蒙古传教区内，由天主教举办的育婴堂遍布各地，"各堂口皆开设育婴院，收容被弃之婴儿，惟其规模则有大小之别，其最大者，同时可收容四百余人，如巴拉盖、二十四顷地、缸房营子等堂口之育婴院是。其次，同时可收容一百余人者，如舍必崖、什拉乌素壕、任三窑子、小淖尔等堂口所设者是。"⑦

育婴堂的具体做法是婴儿刚来的时候，由教堂出资雇乳母哺养，四五年后，接回育婴堂里，开始上学，一直到十七八岁。此间，她们也学习家事，有时还教她们纺织、刺绣、缝纫等技术。尽管她们从小不幸，但由于教会的收养，在当时

---

① 王守礼著，付明渊译《边疆公教社会事业》第 98—99 页。

② 《内蒙古教育志》编委会编《内蒙古教育史志资料》（1）下，第 449—453 页。

③ 《内蒙古教育志》编委会编《内蒙古教育史志资料》（1）下，第 761 页。

④ 《内蒙古教育志》编委会编《内蒙古教育史志资料》（1）下，第 454 页。

⑤ 圣婴会是 1843 年在法国成立的旨在救助世界各国可怜婴儿的国际慈善组织。

⑥ 隆德理《西湾子圣教源流》载古伟瀛主编《塞外传教史》，第 38 页。

⑦ 常非《天主教绥远教区传教简史》，"天主公教绥远传教区所办之慈善事业"。转引自刘青瑜《近代以来天主教传教士在内蒙古的社会活动及其影响》，内蒙古大学 2008 年博士学位论文，第 46 页。

她们又能成为旧式家庭女孩所羡慕的对象。一是她们有读书识字的机会，二是不受裹脚等陋习的痛苦，三是婚姻自由。

根据统计，到 1911 年，西南蒙古教区受洗入教婴儿数为 993 人，由乳母照顾的婴儿数目为 1631 人，天主教家庭寄养的婴儿为 1009 人；有育婴堂 8 所，育婴堂有男婴 35 人，女婴 640 人。①

五、阴山地域的伊斯兰教

根据现有史料，阴山地域有伊斯兰教教徒定居是在清朝。《绥远通志稿》载："溯伊斯兰教教徒之来绥，先寄居于城东南三十八里之草原，名其地曰回回营，继复建寺成村，而名之曰八拜。""待乾隆五十四年，迁居归化北门外。"② 由此可见，呼和浩特市的回族居民，是于 1789 年（乾隆五十四年）从八拜村迁居旧城。③ 伊斯兰教传入归绥后，发展迅速。在编撰《绥远通志稿》做调查时，"除散处各县之伊教徒不计外，仅归绥一市，即有专奉伊斯兰教之回众三千六百余户。男女丁口二万四千三百五十余名，视其初来，盖已增二十四五倍。即有清真寺之建置，亦已由一寺而扩为七寺。"④

归绥之外，在绥东集宁、丰镇、隆盛庄等县镇，绥西萨拉齐、包头、临河等地都有信仰伊斯兰教的民众，只是规模与归绥相比小得多。在 20 世纪 30 年代，隆盛庄大约有伊斯兰教信徒七八百户，包头有 500 余户，萨拉齐不到百户。

在信仰伊斯兰教的地方，就必然有清真寺。只是随着信仰民众的多少，寺的规模大小不同而已。在阴山地域最有影响的清真寺当属归化城的清真大寺。

归化城的清真大寺位于今呼和浩特市区旧城北门外，始建于清乾隆年间，是阴山地域最早也是最大的清真寺。清乾隆年间，大批回族自新疆迁到呼和浩特，开始建设此规模宏大的礼拜寺。该寺现存的 1925 年《重修绥远清真大寺碑记》载："溯我绥远之有清真寺，创自前清乾隆五十四年，维时只数百家，亦非土著，多来自区东区西。"⑤ 1933 年回族人又捐资重修，并增建望月楼一座。

---

① 刘青瑜《近代以来天主教传教士在内蒙古的社会活动及其影响》，内蒙古大学 2008 年博士论文，第 48 页。

② 绥远通志馆编纂《绥远通志稿》卷五十七《宗教·伊斯兰教》，第 495 页。

③ 乌云格日勒著《十八至二十世纪初内蒙古城镇研究》第 126 页。

④ 绥远通志馆编纂《绥远通志稿》卷五十七《宗教·伊斯兰教》，第 493 页。

⑤ 呼市政协文史资料委员会编《呼和浩特文史资料》（第九辑），第 243 页。

　　清真大寺是典型的中国传统式建筑，又带有明显浓厚的伊斯兰风格。坐东向西的山门是出檐式，两边矮墙陪衬，中开三门，一大两小。大门上有 1890 年（光绪十六年）所制"清真大寺"横匾一块，两侧由"国泰""民安"两短匾做衬。大门一般不开，只在开斋节、古尔邦节、圣祭时才敞开，平时人们由南、北两个小门进寺。进入山门，在圣殿的后壁上，分别雕刻着魏碑体"认主独一"、"日监在兹、极乐真境"，墙的中间是 1923 年由时任绥远都统的马福祥（回族）题写的："正心诚意修身"以及"见性"、"明心"。清真大寺的主体建筑是圣殿，基地约 1 米高，殿长 26.50 米，宽 16.50 米，共 25 间房子大小，为水磨青砖中式建筑。圣殿造型别致，殿门朝东，是三开拱形门。上楣刻有精细的阿拉伯文，意译为"安拉是天地间的光辉"。大殿前有"月台"，登上月台可进入大殿。殿内壁上图有经文。殿顶由 12 根红漆大柱立撑，支柱上刻着《古兰经》，寺内也藏有《古兰经》30 卷，是研究伊斯兰教的重要文献。圣殿后有讲堂、穆斯林浴室等。坐落在后院东南隅的望月楼，是一座砖木结构六面四层的塔楼，高 36 米，是内蒙古自治区成立前呼和浩特的最高建筑。

第五节　清代至民国阴山地域的民俗文化

　　清代以来，阴山地域随着晋陕等内地汉族移民的大量迁入，形成了汉族、蒙古族和其他民族杂居共处的局面，各民族朝夕相处，互相影响，互相学习，民族交融日益深化。许多某一民族原有的生活习俗为其他民族所接受，逐渐成为阴山地域共同的风俗习惯，兼容性、包容性成了这个时期民俗变化的重要特点。当然，随着社会的进步，阴山地域的民俗也有所发展和变化。地域民俗一旦形成，就具有了很强的传承性，而且相对于政治、经济而言，民俗的变化较为缓慢。因此，这一时期形成的许多生活习俗，直至今天仍在阴山地域流行。

一、服饰习俗

　　阴山地域地处塞北，冬季天气严寒，衣料以棉布和羊皮为主。冬天多穿棉布及羊皮袄，戴毡帽。史载绥远地区的汉族"包含衣服，渐染蒙部习俗，冬季著羊皮。……棉衣与他处不同，内多絮以羊毛，而少用棉花。"[①] 蒙古族冬天则一律

---

① 丁士良、赵放主编《中国地方志民俗资料汇编》（华北卷），第 738 页。

穿皮袍，袍子袖子特长，遮手过膝。五原县等地区男子还要贴身穿红布背心，名称为主腰。主腰为阴山地域衣物的一大特色，为内地所不能见。主要原因在于阴山地域寒冷风大，腰腹等部位尤其易感风寒，而主腰贴腰部裹紧，对于全身耐寒极有助益。

其他季节，蒙古族各盟旗王公贵族多穿长袍马褂，戴红、蓝、绿颜色帽子，上有花翎。富人穿绸布做的衣服，穷人穿布料做的衣服。到了近代，归绥、包头等城市中的商人也多穿长袍马褂，工人则多穿短衣。农区的广大农民则一般穿粗布短衣，颜色多用蓝白。年轻妇女，喜欢穿红色和绿色的袄裤。老人则大多穿黑色的衣服，夏天蒙白纱巾，冬天头戴平顶帽。小孩戴虎头帽。

蒙古族妇女喜欢佩带银首饰及珊瑚首饰，这一习惯也为汉族妇女所接受。当时的绥远省"普通农家妇女，还有许多耳上挂着大如小儿手镯的银耳环，臂上套着重达四五两的银手镯，大红衣服绿绑腿，脂粉涂得像泥阿福。小姑娘的头发多数剃得像个木桶圈或者锅盖儿"[1]。而在包头县，女子"耳环双坠，珐琅下垂，步履摇曳，铮铮有声"[2]。蒙古族不论男女老幼、富贵贫贱，必穿靴子，着长袍，系腰带。腰带一定要佩带餐刀，同时系有长形小囊，内盛鼻烟壶，并系有火链包。蒙古族信奉喇嘛教，所以身上必带佛像。另外，绥远地区有吸水烟的习惯，"水烟以羊腿为烟袋，成丁以上之人，大率手携一支。"[3]

二、饮食习俗

清代以来，随着蒙汉民族交融的深化，阴山地域的饮食习俗已没有严格的民族界限，主要由农、牧生产方式来区分了。从事畜牧业的蒙古人，多以牛羊肉及乳制品为食，很少吃蔬菜。奶食品主要有黄油、奶皮、奶酪及奶酒等。肉食品以食羊背子为蒙古族最为重要的敬客上品。做法是：从羊脊第七节肋骨至尾部割为一段，再割四肢、头、颈、胛各为一件。带尾入锅，煮至脆嫩即可。出锅后用大铜盘盛上以待客。用餐时也有一套礼节，首先由客人用餐刀在羊背子上划一个十字形。然后由厨师操刀，先由背上左右，各取三条，跪着敬献客人，客人在进食之前，必须赏厨师一二条。然后进餐者用刀割着食用。自清中叶以来，喝奶茶已

---

① 陆庆《绥远巡礼》，载《西北问题季刊》（察绥专号）第1卷第2期，1934年。
② 绥远省民众教育馆编印《绥远省分县调查概要》第184页。
③ 丁士良、赵放主编《中国地方志民俗资料汇编》（华北卷），第738页。

成为蒙古族的普遍习惯。奶茶以砖茶捣碎熬成，参以牛奶。饮茶时同时佐以炒米或者奶酪。早晚两餐，几乎家家都是这样。午饭时切肉作汤煮糜米，以肉为菜，以米为饭。稍微富裕些的经常用肉汤煮面条或者加粉丝。后来汉族喜食的饺子也进入了蒙古牧区。不过饺子在蒙旗是珍贵食品，非尊客不用。当然蒙古族的饮食也大量为汉族所吸收。如蒙古族的奶酒、酥油不仅塞外的汉人一直喜欢，还畅销口内的陕北一带。陕北人还喜饮蒙古奶茶，"陕北靠近内蒙草滩的群众喜饮砖茶，尤其爱用浓茶掺羊奶，调之以盐制成的奶茶"①。蒙古人喜爱的炒米也是塞外汉人的重要食品。炒米，即炒干之糜米。"食时仅以沸水泡食，远行甚为便利，咀嚼弥干"②。

从事农业生产的汉族平日以谷米、糜米、莜面、荞面、马铃薯为主，富裕人家也以白面肉食为日常食品。白面一般的做法有烙饼、面条、蒸馒头等。荞面主要有面条、搅拿糕等。当时普通人家生活十分俭朴，非过年过节、待客，一般很少吃肉。待客时，一般就要改善伙食，吃豆面、小麦面或者黄米糕，用粉丝、肉丝或者豆腐做汤。婚丧嫁娶宴客时，经常吃三盘，豆芽粉条一盘，炖猪肉一盘，烩肉片、粉条、豆腐、白菜、土豆为一盘，称之为杂烩菜。主食一般为馒头。农区的蒙古族居民在饮食方面也深受农耕文化的影响。蒙古族"在开垦之地方，与汉民同，用乳及其制品者极少。邻近于开垦之地方，以粟为常食，牛乳及羊肉、兽肉则杂用之。"③准格尔旗蒙族，"早午多食小米稠粥，午间或食荞面、莜面，晚食小米稀粥，已与汉人无异。稍富者，早晚食奶茶，泡炒米，或加奶油、红糖，午饭多食肉汤面，或食羊肉烩菜"④。察哈尔右翼四旗日常食品已与汉族毫无二致，"其食物平常以莜面、小米为最普遍，白面、荞面次之。副食品以山药为大宗。至晚秋腌咸菜、烂腌菜，亦与汉人同。……零食如麻花、饼子等为早晚佐食品；粽子、凉糕、月饼等为时令节品"⑤。

与内地比较，阴山地域饮食多有不同，特别是酸饭、莜面、捎卖为内地少有，别具特色。如许多农区居民早、晚习惯吃酸饭粥，这是阴山地域至今仍存的独特的饮食习惯，为其他地区不常有。一般的做法为将糜米汁盛到罐中，放在靠

① 《榆林地区志》第 683 页。
② 绥远省民众教育馆编印《绥远省分县调查概要》第 184 页。
③ 丁士良、赵放主编《中国地方志民俗资料汇编》（华北卷），第 739 页。
④ 绥远通志馆编纂《绥远通志稿》卷五十一《民族·蒙古族》，第 154 页。
⑤ 绥远通志馆编纂《绥远通志稿》卷五十一《民族·蒙古族》，第 157 页。

近炉灶处，让它发酵变酸。做饭时将其放在盛糜米的锅中，焖至半熟时，将里面的汁控尽就做成了饭，如果不将里面的汁的控尽就做成了稠粥。因为味道酸所以叫做酸饭，控出来的汁就是酸米汤。吃酸饭时多佐以烂腌菜，一般用芥菜、萝卜腌制。

莜面是盛行于阴山地域乌兰察布、呼和浩特等地的主要食品。莜麦的最大特色是它的吃法。所谓"三生三熟"，指从生莜麦到做成能吃的莜面，要经历三次生三次熟的过程。莜麦脱粒后要将莜麦粒炒熟，这是"一生一熟"。莜麦粒磨成粉后，和面时不能用凉水，得用开水（当地人叫滚水），由于是滚水和面，所以这就成了"二熟"。和好面后做成各种莜面制品，再用蒸笼蒸熟才能食用，这样完成了莜面的三生三熟过程。莜面是一种做法多样的美食，这在我国食品百花园里是罕见的。莜面有蒸、炸、汆、烙、炒五大系列，共有数十个品种，其中蒸莜面常见的就有窝窝、馀馀、饨饨、饺饺、金棍、丸丸等各具特色的多种做法。比较常见的为莜面窝窝、馀馀。莜面窝窝是将莜面搓成卷，馀馀是将莜面搓成条。土豆、莜面、大皮袄俗称阴山地域三大宝。在莜面系列中，莜面与土豆的结合是又一大特色。比如常见的莜面饨饨，就是将莜面擀成皮，再将土豆切成丝撒在莜面皮上，卷成筒状后用刀切成段上笼蒸熟。另一种莜面和土豆结合的食品是山药鱼。即将土豆蒸熟后与莜面混合后再捏成小鱼状上笼蒸熟。莜面制品熟了以后，有两种吃法，热吃和凉吃。食用时可用蔬菜及辣汤，冷调、凉拌；也可用热羊肉汤、熟土豆拌吃。并可按各自口味，酸、辣、咸、甜自行调制。夹一筷子莜面，饱蘸自己调配好的汤料，细细咀嚼，一种特殊的莜面香味令你回味无穷。

莜面同时是一种保健食品，所含蛋白质和脂肪量为五谷之首，莜面的营养成分是其他面粉营养成分的七倍以上，膳食纤维是小麦面粉的 14 倍。莜面中含有钙、磷、铁、核黄素等多种人体需要的营养元素和药物成分，可以辅助治疗和预防糖尿病、冠心病、动脉硬化、高血压等多种疾病。同时莜面中含有一种特殊物质——亚油酸，它对于促进人体新陈代谢具有明显的功效。

归绥、包头等城市有钱男子在早晨吃捎卖（也写作烧麦、稍麦、稍美等）是阴山地域的一大特色。即使到了现代，这一地区还有这个食俗，在我国的其他地方则见不到。其名称由来有多种说法，一般认为是因为这一食品由当时茶坊附带出卖，故称捎卖。[①] 据考证，清代包头有名的茶馆义忠源、广和源、福义源、长

---

① 　绥远通志馆编纂《绥远通志稿》卷五十《民族·汉族》，第 17 页。

庆源、锦义源、复成源等，都出售捎卖。[①] 后来随着捎卖日益受到人们的欢迎，许多茶馆实际成了以经营捎卖为主的店铺。捎卖的做法与饺子等食品的做法类似，但又有明显的区别。捎卖必须用去掉肚囊、皮筋等的羊肉，加大葱、鲜姜拌馅，再勾以熟淀粉。葱只用葱白，不能用葱叶。捎卖皮要用过箩细面，和面水分适中，称为"枣面"，和面醒好后，用特制的擀面锤，把和好、揉到的面垫淀粉擀成薄薄的皮，再碾成荷叶状。捎卖上笼前包馅，把馅放在烧麦皮里轻轻捏成石榴状，笼蒸七八分钟即熟。出笼的烧麦皮薄如蝉翼，底端晶莹饱满，而上端却如一簇梨花绽放，食之皮筋馅嫩、肥而不腻、鲜嫩可口。

三、居住习俗

清代阴山地域住房城乡差别不大，除城镇的官署以外，汉族民居多为"一出水"土木结构或者泥草结构房屋，室内筑有土炕。房屋墙壁皆为泥土，椽檩盖顶，房顶再以泥皮覆盖。民国之后，在城镇砖瓦房才逐渐增多。

本来"蒙人逐水草而群居，夏趋草木繁盛之水边，冬则避居于高山之阳，因游牧生活之不定，故无固定房屋之建设"，住房原来都是移动性的"蒙古包"。但从清代至近代，阴山地域随着汉族移民的增加，农业的发展，城镇的出现，蒙古族居住建筑的房屋随着历史的推进是越来越多了，住蒙古包的人数相对不断减少。至近代，在半农半牧区，一些蒙古族开始定居，出现了土木结构的蒙古包，即圆形的土墙屋，屋中间有一柱，上盖草顶，开有窗户，室内有半圆形的土炕。在开垦较早地区的蒙古人，由于定居已久，逐渐习惯于居住汉式平房，常见的有二间到三间，有院落，院内可放置车辆杂物等。房屋门窗均向南开，东西有厢房。而一些蒙古王公贵族，其府第既有装饰陈设都很华丽的蒙古包，也有结构壮观的汉式宫殿建筑。"至乌、伊两盟各旗之王公，多有建筑府第者"[②]。

在住房贴窗花是阴山地域流行的风俗习惯。窗花学名剪纸。创作时，有的用剪子，有的用刻刀，虽然工具有别，但创作出来的艺术作品基本相同，人们统称为剪纸。窗花是一种镂空艺术，其在视觉上给人以透空的感觉和艺术享受。剪纸艺术源远流长，我国剪纸北方流派的代表是山西派。随着走西口移民的流入，剪纸艺术也带入阴山地域，进而成为这里的一种重要风俗。无论岁时节令，还是红

---

① 张贵《河水集》第 181 页。
② 丁士良、赵放主编《中国地方志民俗资料汇编》（华北卷），第 740 页。

白喜事，都有剪纸。正月初一家家挂春幡、贴窗花，一派喜庆气氛。正月十五闹花灯，灯上要贴剪纸，更加绚丽引人。三月清明，祭品上要摆放剪纸，表达怀祖之情。阴山地域还用五色纸剪成寒衣，或做成衣、帽、鞋、被种种式样，在门前或坟地焚烧，寄托生者对亡人的哀思。结婚时，大门两边要贴上大红双喜字，在陪送的嫁妆上用《鱼儿扑莲》、《麒麟送子》、《鸳鸯戏水》等大型剪纸覆盖，作为装点。枕头、手帕上的绣花，也是以剪纸为底样绣成的。另外，送殡仪仗中的纸幡、摇钱树、金山银山，轿车大马，都是用纸剪刻糊制的。

四、婚丧习俗

1. 婚姻习俗

清代至民国，阴山地域的男女婚龄普遍较早，汉族"普通男女过十龄后即可订婚，由十三四至十七八，晚不过二十岁。"① 男子平均婚龄大致在 15—23 岁之间，女子平均婚龄小于男子，约在 15.5—21 岁之间。② 归绥县有十三四岁就结婚的。③ 蒙古族与汉族一样也有早婚的传统。"蒙人多蹈早婚之弊，十六岁以上之男子无不有妻，惟妇人比于男子通长二、三岁或四、五岁"。④ "女子由二、三岁至四、五岁时，即须定婚，十六岁以上未成婚者极少"⑤。

汉族婚姻方式一般仍是"父母之命、媒妁之言"，但到近代，也开始征求双方男女同意，再由家长决定。结婚礼仪大致有作合、下定、下茶、迎娶、拜人、回门等几个程序。作合主要指请媒人说媒，"媒妁同意后，男家曰求婚，女家曰允婚。开始先互送命单，以生年星宫相配合，谓之对婚，命相合乃许婚……成议后由媒妁互通庚帖，至正式订婚日，再互换龙凤帖。"⑥ 之后男方向女方送聘礼，即下定。聘礼根据各自的经济情况有所不同，"财礼有数十元至百数十元不等。衣服普通为单、夹、棉三套。其饰物为手镯、戒指、簪环等。"⑦ 由媒人伙同男方男性家长将聘金、衣饰、四色礼等择吉日分别送往女家。所送礼物要成双成

① 绥远通志馆编纂《绥远通志稿》卷五十《民族·汉族》，第49页。
② 牛敬忠《近代绥远地区的社会变迁》第107页。
③ 绥远通志馆编纂《绥远通志稿》卷五十《民族·汉族》，第55页。
④ 丁士良、赵放主编《中国地方志民俗资料汇编》（华北卷），第729页。
⑤ 丁士良、赵放主编《中国地方志民俗资料汇编》（华北卷），第726页。
⑥ 绥远通志馆编纂《绥远通志稿》卷五十《民族·汉族》，第50页。
⑦ 绥远通志馆编纂《绥远通志稿》卷五十《民族·汉族》，第51页。

对，并要开列礼单。"女家亦预邀亲族迎之，使所聘之女盛服答拜，名曰上拜。上拜后男家有预备之钗钏赐之，名曰上拜礼"。① 在迎娶前一月（或半月、或十天），男方以四色礼及馍饼派人送往女家。女家以所收馍饼分送亲友，以此通告婚嫁的日期。因为我国婚礼旧俗聘礼多用茶，所以称下茶。送完聘礼之后即是迎娶。女方在将出嫁时，通知亲戚，亲戚除送嫁妆外，还分别邀请女方吃请，当时称为离门钱。迎娶前一日，男方需备"肉一方，面馍五十至一百"。男方备鼓乐轿马，有伴郎一人、娶亲者一人，连同新郎往女家亲迎。如新郎年长或系继娶，则不亲迎，谓之等亲。"新郎无论冬夏均著棉衣，以红绿绫十字披于胸背，系铜镜于腰际"。② 这一过程是婚礼最复杂的过程，包括许多繁文缛节，如女方家的插花、点草把火，男方家的洒黄道、拜天地、拜人、入洞房、放儿女、闹洞房等。娶亲次日，女方家备车轿，由新妇之弟接新郎、新娘回女方家，称回门。参加完宴席后，女方家将新郎夫妇送回。

蒙古族一开始也是订婚，"议婚时，先由男家央媒向女家求婚，许婚后，备送哈达订婚。请喇嘛对命相合婚，诸事允谐。"③ 订婚后则备聘礼，聘礼多少视家庭贫富而定，通常为牛三头或九头，羊若干只，一般讲究三六九数。聘礼也有用银币的，一般为数十元至百元不等。女家也要备羊一只答礼，亲自到男家收受礼物。这是和汉族的明显不同。订婚以后，由男家选择一月或者二月的吉日通知女家。迎娶过程具有民族特色，迎娶当日，新郎佩带弓箭，与伴郎乘马前去迎娶。新郎进门后，要先在佛前祭拜，再持哈达拜见女家的亲戚。然后由人引导进入新娘屋中，将新娘扶上黄颜色的马上，新郎用弓梢挑起女家的马缰，再向后射一支没有箭头的箭，将新娘迎回家中。按辈分拜见男方家中亲戚。然后宴请客人，宴席食品主要有烧酒和羊背子。蒙古族能歌善舞，婚宴期间，免不了奏乐和唱歌的礼仪。此后，入洞房。三天后，女方父母备全羊一只，来探视女儿，并订回门日期。回门日期为一个月。

对比蒙汉两族的婚礼，蒙古族的婚礼有如下特点：其一，受喇嘛教的影响较深。无论是日期的选定还是在具体婚礼过程中都有喇嘛的参与。结婚的吉日是由喇嘛选定的，在婚礼的过程中既有喇嘛诵经的程序，也有礼佛的仪式，这些都表

---

① 牛敬忠《近代绥远地区的社会变迁》第 108 页。
② 牛敬忠《近代绥远地区的社会变迁》第 108 页。
③ 绥远通志馆编纂《绥远通志稿》卷五十一《民族·蒙古族》，第 169 页。

现了明清以来喇嘛教在蒙古族中的深厚影响。其二，受封建礼教的束缚要小一些。和绥远地区汉族的有关习俗相比较，蒙古族的婚姻习俗受儒家思想的影响要小一些。蒙古族的婚礼比起汉族婚礼的繁文缛节来要简化得多。①

蒙汉民族都把彼此认为最喜欢的、吉祥的、便利的或与自己习惯相近的风俗接受了下来。如在冠笄方面，蒙古族接受了汉族给幼儿挂锁开锁的习俗，就是认为这样做是吉利的，专助于保佑孩童。特别是在婚嫁方面，这种挑选特征更为明显。汉族在婚礼上喜用蕴含早生、多生、圆满等寓意的红枣、核桃、花生等果品，这种"口采"习俗为蒙族的婚庆仪式所吸纳，以取其吉祥幸福之意。以前蒙古族订婚时，没有生辰八字讲究，一般由喇嘛选定完婚之日，"纳采后，由喇嘛迳定合卺期"②。后来，汉族订婚所用的生辰八字也为蒙古族接受。如准格尔旗蒙古族"命相八字，多请汉人推算。"③

2. 丧葬习俗

清代至民国，阴山地域蒙古族基本沿袭元明时期的丧葬习俗，也有所变化。丧葬仪式一般经过停尸、报丧、吊唁、入殓、送葬等程序。停尸是人死后第一个仪式，一般为死者穿上新衣，面部盖上哈达，点燃酥油灯为其照明通往阴间的道路。人死之后及时通知亲友，请喇嘛选定出殡的日期和方位，然后送葬。安葬方式主要分为三种：野葬、火葬和埋葬。野葬是早期蒙古社会传下来的一种葬式。即人死以后，换上新衣或用白布裹其全身，将尸体放在勒勒车上，赶车急行，使其任意颠簸，尸体掉在哪里，哪里就是吉祥的葬地。火葬是喇嘛教传入蒙古地区后出现的一种葬式，一般为王公贵族、喇嘛等人所采用。人死后，换上新装或用白绸裹其身，将尸体盘坐装入三尺方形木制小轿里，封好轿盖。出殡时，先请喇嘛指定焚烧地点。再将尸体接到旷野之中，周围堆上木柴，加油点燃。同时，喇嘛为死者念经、祈祷，愿死者的灵魂尽快升天。火葬与野葬基本沿袭元明时期葬式，变化不大。

埋葬主要实行于沿长城一线蒙汉杂居地区的蒙古族中，如归化城土默特地区和伊克昭盟的南部、察哈尔地区。一般蒙古王公死后采用埋葬的方式。即取大树一段，从中间锯开，挖空，入殓后两扇合起来，用金带固定，成一圆木棺材。然

---

① 牛敬忠《近代绥远地区的社会变迁》第 123 页。
② 东方杂志社编《蒙古调查记》，第 14 页。
③ 绥远通志馆编纂《绥远通志稿》卷五十一《民族·蒙古族》，第 169 页。

后出殡，挖葬穴，深埋土中，一般还驱马群将埋葬处夷为平地，不留坟头作标记。但清代已有蒙古王公贵族开始仿效汉族，修建坟墓，并设专人管理，这是葬式的一种变化。在安葬之后七日为死者进行祭祀。49 天时还有请喇嘛念经等仪式，以寄托后人对死者的哀思。

　　阴山地域汉族的丧葬礼俗，一般有始丧、入殓、守丧、吊奠、发引、守制等程序，均实行土葬，与内地差别不大。

五、祭祀习俗

　　祭祀分为家庭祭祀与社会祭祀。家庭祭祀一般为祭祀祖先，社会祭祀则和民众的信仰紧紧的联系起来。阴山地域汉族社会祭祀的主要有天地神、灶神、土地神、关帝、子孙娘娘、观音菩萨等。

归绥县汉族民众信仰神祇一览表①

庙名（地址）	主祀及附祀神祇
关帝庙（小东街）	关帝、火神、马神、金龙四大王、酒仙、观音大王
关帝庙（西茶坊）	关帝、三官、孙膑
关帝庙	关帝、释迦佛、瘟神、太上老君、鲁班、吴道子、罗真人、轩辕皇帝
关帝庙（东茶坊）	关帝
关帝庙（南门内西街）	关帝
玉皇阁（旧城西南）	玉皇大帝、三官、三皇、历代名医、金海圣母、灵官、子孙圣母、真武、雷神、火神、马神、观世音
龙王庙（南）	龙王、风云雷雨神、八腊、马神、赞侯、蔡伦、眼光菩萨
龙王庙（西）	龙王、八腊、风神
三贤庙（三义庙）	三贤、观音、孙真人、井神、仓神
吕祖庙	吕祖、太阳神、太阴神、大仙神
财神庙	财神
十王庙	地藏王菩萨、十殿阎罗王、火神、财神、子孙圣母
东岳庙	庙前为城隍行宫、旁有小庙祀孤魂
城隍庙	城隍

　　从上表可以看出，阴山地域汉族主要信仰的是龙王、关帝、观音、财神诸神。而商家则主要祭祀增福财神与关帝。20 世纪 30 年代对绥远地区 9 县 128 个

---

　　① 牛敬忠《近代绥远地区的社会变迁》第 112 页。

乡镇的调查资料显示，几乎每乡每年都有唱戏酬神之举，一般春季为平安戏，在奶奶庙、关帝庙或龙王庙举行；秋季为谢茬戏，在龙王庙举行，有的乡每年要唱三四台戏。唱戏之外，对龙王还有"领牲"之举：各乡于每年春夏之交，集资买供品（一般是羊）祭献龙王祈雨。各乡每年多者举行 4—5 次，少的也有 1—2 次。唱戏酬神与"领牲"两项活动的花费合计起来是相当大的，对所调查九县情况的粗略估计一年可达 15540 元。[①] 在近代社会中，唱戏酬神既是民众的信仰形式，同时也是民众的主要娱乐形式之一。

此外，阴山地域的汉族也接受了蒙古族的一些风俗信仰。如包头县汉族"遇有疾病发生，即延请喇嘛祷禳，或赴大仙庙问卜"。包头县第一区的哈善沟门乡，"村南有用砖筑成高不及五尺之砖窑，乡民谓之为'色气'，不知系何年建筑，内堆蒙经多本，亦已残破不完。乡民于每年五月间，烧香礼拜，藉以祈福"[②]。

蒙古族的祭祀主要有每年十月二十五日宗喀巴诞辰日点灯请喇嘛诵经；腊月二十三日供肉祭灶；除夕燃旺火祭天等，其中最具特色的是对鄂博（亦称敖包）的祭祀。鄂博信仰在蒙古族中有悠久的历史。"所谓鄂博者，即垒碎石，或杂柴、牛马骨为堆，位于山岭或大道，蒙俗即以为神祇所凭，敬之甚虔。故遇有疾病、祈福等事，辄唯鄂博是求；寻常旅行，每过其侧，亦必跪祷，且必垒石其上而后去"[③]。《绥远通志稿》载："乌盟各旗蒙人，以石叠成高堆，俗名脑包，文言鄂博也，视为有神之地，每年五月十三日祭脑包，为各旗最大之礼。"[④] 这种习俗在今天的蒙古族中仍然存在。祭祀鄂博一般由蒙旗长官主持，喇嘛在祭祀中是主角，具体仪式在各蒙旗小有差别。祭祀日期一般是春秋两季，也有临时因某种需要或祈求而祭鄂博的。"每当大祀鄂博之期，喇嘛先期提法器，诵经卷，宰羊以其皮及头、角、蹄、尾蒙鄂博顶，树以长竿，缀小布帜书藏文经咒于其上，再于其下蒙哈达一方，粮食五种，白银数钱，以示降神之意。事毕，蒙旗长官则率兵民跪伏鄂博前，听喇嘛念经，合词祈祷，久而后已"[⑤]。祭祀鄂博的同时，一般伴有蒙古族传统的体育活动，如赛马、摔跤、投布鲁等。这些都是极具蒙古族特色的民间体育项目，如摔跤"举行之际，身服小衫，足穿长皮靴，由东西各一人

① 牛敬忠《近代绥远地区的社会变迁》第 113 页。
② 牛敬忠《近代绥远地区的社会变迁》第 129 页。
③ 绥远通志馆编纂《绥远通志稿》卷五十一《民族·蒙古族》，第 181—182 页。
④ 绥远通志馆编纂《绥远通志稿》卷五十一《民族·蒙古族》，第 181 页。
⑤ 丁士良、赵放主编《中国地方志民俗资料汇编》（华北卷），第 737 页。

登场相扑，只以能倒对手者为胜。……每逢祭鄂博等日，尤盛行之；本旗之王公士官亲为阅看，胜者授赏，以为常例。"① 这些蒙古族优秀的民族体育项目一直保留下来，成为今天内蒙古各族人民喜闻乐见的体育娱乐形式。

自清代末期，由于受汉族民间信仰的影响，蒙古族传统的喇嘛教信仰也受到了冲击。1892 年，俄国学者阿·马·波兹德涅耶夫曾有这样的记载："尽管人们对伊克召非常崇敬，但这座召内的设施并不十分完善，所有好的东西都是年代久远的，而近年来，这座召可以说是日趋破落。召里的喇嘛说，这是由于当地的土默特人受汉人的影响，完全忘记了圣庙，对宗教越来越不虔诚了……大约在十五年前，他们曾把伊克召的外墙修饰了一下，画上佛陀生活中一些生动的场面。这些画都取材于汉文的佛陀传记，因此都具有纯粹的中国风格；这些图画的说明用的也是汉文，作画的也是汉人画匠"②。

---

① 丁士良、赵放主编《中国地方志民俗资料汇编》（华北卷），第 741 页。
② ［俄］阿·马·波兹德涅耶夫著，张梦玲等译《蒙古及蒙古人》（第二卷），第 73 页。

第四章 新中国建立后
——阴山地域文化的新发展

新中国建立后，绥远省建置撤销。阴山地域的生产方式从过去的半农业半牧业以农业为主的格局，转变为农工商同时并举，工业文明成就逐渐突显。"草原钢城"包头崛起；鄂尔多斯市依托资源开发，以"鄂尔多斯现象"吸引着世人的关注；"乳都"呼和浩特发挥区位优势，现代化的奶业经济迅速发展。阴山地域经济进入发展的快车道。经济的发展促进了阴山地域文化的繁荣，文学、史学、艺术、教育、精神文明建设等各项事业蒸蒸日上。阴山各民族在前进中恪守民族团结的准则，在承继历史文化传统的基础上不断推进阴山文化的新发展。

第一节 新中国建立后阴山地域的行政建置

新中国建立后，地处阴山地域的绥远省建置撤销，解决了历史上遗留下的蒙汉分治问题，保障了阴山地域民族区域自治的实现，加快了阴山政治、经济、文化等各方面的发展。进入 21 世纪，为了克服阴山地域行政层级过多而导致的弊端，阴山各盟相继撤盟建市，进一步理顺了阴山地域的行政建置。

一、内蒙古自治区人民政府的成立与绥远省建置的撤销

1947 年 5 月 1 日，内蒙古自治政府宣告成立，内蒙古自治政府主席乌兰夫与其他政府官员同时正式宣誓就职，郑重宣布"余等誓以至诚，为内蒙古人民服务，并为坚决争取自卫战争与解放战争之胜利，与彻底解放内蒙古而奋斗。"[1]乌兰夫认为自治政府的成立，不仅为内蒙民族解放运动中一极有历史意义之举，

---

[1] 王树盛撰《乌兰夫传》第 159 页。

而且象征着蒙古民族内部和蒙汉之间的团结。这是中国有史以来的第一个民族区域自治地方，从1947年5月内蒙古自治政府成立，到1949年改称内蒙古自治区人民政府及1954年绥远省与内蒙古自治区合并，撤销绥远省建置，再到1955年7月原热河省的6旗县、1956年4月甘肃省所辖的巴彦浩特蒙古族自治州和额济纳旗、1962年河北省北部的商都县，先后划归内蒙古自治区，标志着内蒙古统一的民族区域自治胜利实现。

内蒙古自治区刚成立时，直接管辖的区域有呼伦贝尔、纳文慕仁、兴安、锡林郭勒、察哈尔等5个盟。其中，只有锡林郭勒和察哈尔的部分地方属于阴山地区。以绥远省为主的阴山大部分地区尚未获得解放。1949年，在中国共产党和傅作义、董其武及各界进步人士的共同努力下，绥远省获得了和平解放。1950年，新的绥远省人民政府成立，调整了全省的行政区划，成立了伊克昭盟自治区人民政府，管辖郡王旗、准格尔旗、达拉特旗、杭锦旗、鄂托克旗和东胜县；成立了乌兰察布盟自治区人民政府，管辖四子王旗、达尔罕贝勒旗、茂明安旗、东公旗、中公旗、西公旗、五当召区、乌兰镇地区；成立土默特旗人民政府，管辖归绥县、萨拉齐县、托克托县、和林格尔县、清水河县、武川县、武东县、归绥市和包头市等七县二市地区的蒙古族；全省其余的21个县分别由集宁、和林格尔、包头、陕坝等4个专区管辖。各专区、旗县、区在民主协商的基础上陆续成立了各级人民政府，各乡、镇、村普遍废除了国民党政府设立的保甲制度，建立了新的乡村人民民主政权。

绥远省既有蒙古族聚居的盟旗，又有民族杂居的市县，为了加强绥远地区的蒙古民族工作，成立了中共绥远省委蒙古工作委员会和省人民政府蒙古工作委员会，负责蒙古民族和各盟旗工作。1950年，决定在绥远省人民政府领导下，成立伊克昭盟人民自治区和乌兰察布盟人民自治区。内蒙古地区民族区域自治的进一步发展，加强了内蒙古自治区人民政府和绥远省人民政府的密切合作。时代在呼唤绥远省与内蒙古自治区的合并，这是实现内蒙古统一的民族区域自治的关键。

在中央人民政府对热河、察哈尔、绥远3个行政省区域进行了部分调整的基础上，1952年初，周恩来总理召集内蒙古、绥远、华北局、新疆分局的领导人和政务院有关部门的负责人，专门研究内蒙古自治区的区划问题。周恩来总理明确指出："推行内蒙古区域自治还有阻力，这就是我们的一些同志还没有真正理解党的民族区域自治政策的实质，还不了解党中央解决内蒙古问题的意图。"①
他说毛主席对蒙绥合并有明确指示："蒙绥合并问题要开两扇门，一扇门是蒙人
要欢迎汉人进去开发白云鄂博铁矿，建设包头钢铁企业；一扇门是汉人要支持把
绥远合并于内蒙古自治区，实现内蒙古统一自治。"②

　　1952年5月12日，中共中央同意中共中央华北局《关于内蒙与绥远工作关
系问题的四项解决办法》。这四项解决办法是：一、内蒙古自治区人民政府、中
共中央内蒙古分局、内蒙古军区一级领导机关全部迁到归绥；二、接受绥远省人
民政府主席董其武的辞职申请，并由乌兰夫兼任主席，杨植霖、奎璧、孙兰峰仍
任副主席；三、绥远省人民政府由中央人民政府政务院和内蒙古自治区人民政府
双重领导，一般行政事宜和非民族自治的问题重点由中央领导，各盟旗民族事
务重点由内蒙古自治区人民政府领导；四、苏谦益任中共中央内蒙古分局副书
记，乌兰夫兼任华北局副书记。根据上述决定，中共中央内蒙古分局及内蒙古自
治区人民政府迁往归绥市，中共中央内蒙古分局和中共绥远省委合并为中共中央
蒙绥分局。

　　为了最终妥善解决绥远省划归内蒙古自治区、撤销绥远省建置问题，1953
年年底中共中央华北局正式提出绥远省划归内蒙古自治区的建议，中共中央批准
了这项建议。为了落实这一建议和顺利解决绥远省划归内蒙古自治区的问题，
1954年年初，在归绥召开了绥远省第一届第三次各界人民代表会议。会议着重
讨论了中共中央蒙绥分局关于绥远省划归内蒙古自治区的建议，与会405名各族
各界代表一致热烈拥护这一建议。各族各界代表在讨论中，充分肯定了绥远省和
平解放以来的各项工作，尤其是认真贯彻党的民族政策，从根本上消除了历史上
遗留下来的民族不平等现象，实现了各民族的平等团结。代表们以饱满的激情阐
述了绥远省与内蒙古自治区合并的正确性、必然性，一致通过了关于绥远省与内
蒙古自治区合并，撤销绥远省建置的四项决议：一、绥远、内蒙古自治区合并，
撤销绥远省建置，统一由内蒙古自治区人民政府领导。二、改集宁专区为平地泉
行政区、陕坝专区为河套行政区，并应结合普选于春季完成。两行政区均为内蒙
古自治区人民政府领导下的一级政权。三、绥东旗县并存问题应结合普选即行解
决，将绥东4旗改为3旗。四、伊克昭盟和乌兰察布盟自治区取消区域自治，成

---

　　①　王铎著《五十春秋——我做民族工作的经历》第368页。
　　②　王铎著《五十春秋——我做民族工作的经历》第369页。

为内蒙古自治区人民政府领导下的一级政权，改称伊克昭盟人民政府和乌兰察布盟人民政府。

1954 年，中央人民政府政务院批准了绥远省一届三次各界人民代表会议的决议，绥远省建制及其军政机构撤销，原绥远省辖区全部划归内蒙古自治区，由内蒙古自治区人民政府领导。4 月 25 日，内蒙古自治区人民政府批准归绥市改名为呼和浩特市。《人民日报》以《中国历史上解决民族问题的重大措施》为题发表社论，高度赞扬"这是中国历史上以民族平等、团结互助的精神解决民族问题的重大措施，是内蒙古自治区，也是全国各族人民政治生活中的一件大事，是在国家过渡时期总路线的光辉照耀下，进一步解决民族问题，推进国家建设事业的正确的、必要的措施，是只有在中国共产党和毛泽东同志领导下的人民民主的中国才可能出现的伟大事件。"撤销绥远省建置促进了蒙汉各族人民的团结，加强和统一了内蒙古地区的党政领导机构，为实现内蒙古统一的民族区域自治跨越了实质性的一步。

在实现内蒙古统一的民族区域自治的过程中，不但没有引起任何民族纠纷，而且进一步加强了民族团结。这说明实现内蒙古统一的民族区域自治，完全符合我国各族人民的根本利益。内蒙古统一的民族区域自治的实现，使内蒙古自治区成为东起大兴安岭，西迄居延海，跨东北、华北和西北，分别与黑龙江、吉林、辽宁、河北、山西、陕西、宁夏、甘肃等省区相邻，面积 118 万平方公里，以蒙古族为主体，汉族人口占多数，包括回、满、朝鲜、达斡尔、鄂温克、鄂伦春等少数民族的多民族团结友爱的大家庭。阴山地域就是这个大家庭中中西部的主要成员。

二、撤盟建市

阴山地域从清代开始推行蒙汉"分而治之"的政策，对蒙古族采取盟旗制度，对汉族则设厅而治（民国初年，改厅为县）。蒙古族人口增长时要另立新旗，分化其实力，严格控制其人、马、军械等武装力量，极大地限制了蒙古族力量的发展。而且旗与旗之间界限分明，任何人都不能越旗界游牧、耕种、婚嫁，禁绝一切形式的相互来往，特别是蒙、汉人民之间的接触更在禁止之列，违禁者要受到严厉的惩治。清统治者以封闭的方式约束了蒙古族从外界获得勃勃的发展生机，严重制约了蒙古族社会的进步，妨碍了蒙汉人民的交流与融合，加深了清朝统治者和蒙古王公贵族对蒙古人民的压迫和剥削。国民党统治时，在阴山地域设立绥远省，在一定程度上实现了对蒙旗的直接统治，但 1930 年在南京通过的《蒙古盟部旗组织法》肯定了盟、部、旗作为一级行政单位对现有区域和境内蒙民的管辖治理权。1934 年百灵庙蒙政会成立，总理各盟旗政务，形成蒙古地区自治管理的组织。蒙汉分治的问题一直存在，它严重影响了蒙汉两族人民的团结，困扰着阴山地域的发展。

新中国建立后，盟旗制度被彻底废除，仅保留盟旗称谓，盟相当于地区，旗相当于县。这时的阴山地域主要包括呼和浩特市、包头市、巴彦淖尔盟、伊克昭盟、乌兰察布盟。其中呼和浩特市下辖回民区、新城区、玉泉区、赛罕区、托克托县（新中国成立初期由绥南地委所管，1951 年撤销绥南地委改隶萨拉齐地委，1953 年并入平地泉行政区，后又划归乌兰察布盟，1971 年划归呼和浩特市）、武川县（1996 年由乌兰察布盟划归呼和浩特市）、和林格尔县（1995 年由乌兰察布盟划归呼和浩特市）、清水河县（1995 年由乌兰察布盟划归呼和浩特市）、土默特左旗（原由乌兰察布盟所管，1971 年划归呼和浩特市）。

到 1990 年，包头市下辖昆都仑区、青山区、东河区、郊区、石拐区（1956 年由乌兰察布盟划入包头市）、白云鄂博矿区（1958 年由乌兰察布盟划入包头市）、土右旗（1971 年由乌兰察布盟划入包头市）、固阳县（1958 年由乌兰察布盟划入包头市，1963 年又划归乌兰察布盟，1971 年再度划归包头市）。全市共有城镇街道办事处 37 个，居民委员会 768 个，农村乡 48 个，镇 6 个，村民委员会634 个。[1]

乌兰察布盟的行政区划变化最多。1949 年，辖四子王旗、达尔罕旗、茂明安旗、乌拉特东公旗、乌拉特中公旗、乌拉特西公旗 6 旗。1950 年乌拉特东公旗、乌拉特中公旗、乌拉特西公旗分别更名为乌拉特后旗、乌拉特中旗、乌拉特前旗。1952 年，乌拉特后旗、乌拉特中旗合并为乌拉特中后联合旗，达尔罕旗、茂明安旗合并为达尔罕茂明安联合旗。1954 年，固阳县划入乌兰察布盟，此时的乌兰察布盟下辖 4 旗 1 县。1958 年，平地泉行政区撤销，其所辖的集宁市、丰镇县、兴和县、凉城县、卓资县、和林县、清水河县、武川县、托克托县划归乌兰察布盟，此时的乌兰察布盟除上述 8 个县 1 个市外，还有 6 个旗，即四子王旗、察哈尔右翼前旗、察哈尔右翼后旗、察哈尔右翼中旗、土默特旗、达尔罕茂明安联合旗。同年，乌拉

---

① 　包头市地方志编纂委员会编《包头市志》卷一，第 260 页。

特前旗、乌拉特中后联合旗、固阳县划出乌兰察布盟。1960 年后，乌兰察布盟所辖旗县划入划出，变化较大。到 1980 年，乌兰察布盟辖有集宁市、丰镇县、兴和县、凉城县、卓资县、和林县、清水河县、武川县、商都县、化德县、四子王旗、察哈尔右翼前旗、察哈尔右翼后旗、察哈尔右翼中旗、达尔罕茂明安联合旗。1995—1996 年，和林县、清水河县、武川县、达尔罕茂明安联合旗划出乌兰察布盟，其余市、县、旗仍属乌兰察布盟所辖。各旗县市共辖 182 个乡、1 个苏木、17 个镇、1 个开发区、1 个牧场、10 个街道办事处。①

巴彦淖尔盟行政区划变化相对较小。1949 年，在陕坝成立绥西行署，辖临河、五原、米仓、狼山、晏江、安北六县，隶绥远省。1950 年，绥远省陕坝专员公署成立，统领后套 6 县 1 镇。1953 年，将晏江县改为达拉特后旗，米仓县改为杭锦后旗。1954 年，随绥远省撤销划归内蒙古自治区，陕坝专员公署改称河套行政区。1956 年 6 月，巴彦淖尔盟成立，下辖巴彦浩特市、阿拉善旗、额济纳旗和磴口县。1958 年 4 月，将乌兰察布盟所辖之乌拉特前旗、乌拉特中后联合旗划归河套行政区。同时撤销安北县并入乌拉特前旗；撤销达拉特后旗并入五原县；撤销狼山县并入杭锦后旗；撤销陕坝镇并入杭锦后旗；撤销巴彦浩特市，并入阿拉善旗。1958 年 7 月，撤销河套行政区并入巴彦淖尔盟。1960 年，乌拉特前旗划归包头市，1963 年又划归巴彦淖尔盟。同年撤销磴口县成立巴彦高勒市，1964 年又恢复为磴口县。1961 年，撤销阿拉善旗，分别设立阿拉善左旗和阿拉善右旗，同年设乌达市。1969 年，阿拉善左旗划归宁夏回族自治区，阿拉善右旗、额济纳旗划归甘肃省。1971 年设置潮格旗。1975 年，乌达市划出，与海勃湾市合并，成立乌海市，由自治区直辖。1981 年，乌拉特中后联合旗和潮格旗分别改为乌拉特中旗和乌拉特后旗。1984 年，临河县改为县级市。1985 年，巴彦淖尔盟辖乌拉特前旗、乌拉特中旗、乌拉特后旗、杭锦后旗、五原县、磴口县、临河市 4 旗 2 县 1 市。旗县市下辖 18 镇、82 乡、23 苏木、795 村民委员会、141 嘎查。

从 1948 年开始，伊克昭盟地区相继成立了准格尔旗、扎萨克旗、乌审旗、鄂托克旗、杭棉旗、郡王旗人民自治政务委员会或人民自治政府；1949 年建立通格朗直属区人民政府和达尔扈特区人民政府；1950 年成立桃力民中心区人民政府、东胜县人民政府和达拉特旗人民政府。1989 年，伊克昭盟下辖 7 个旗，1

---

① 乌兰察布盟地方志编纂委员会编《乌兰察布盟志》（上），第 218 页。

个市，即达拉特旗、准格尔旗、伊金霍洛旗、乌审旗、鄂托克前旗、鄂托克旗、杭棉旗、东胜市。旗市下辖 11 个镇，128 个乡、苏木，4 个街道办事处。[1]

进入 21 世纪，阴山地域逐步撤盟建市，全部建成地级市。伊克昭盟于 2001 年 2 月撤盟建市，改名鄂尔多斯市，下辖伊金霍洛旗、乌审旗、达拉特旗、准格尔旗、杭锦旗、鄂托克旗、鄂托克前旗、东胜区；巴彦淖尔盟于 2003 年 12 月撤盟设市，改名巴彦淖尔市，下辖乌拉特前旗、乌拉特中旗、乌拉特后旗、杭锦后旗、五原县、磴口县、临河区；乌兰察布盟于 2003 年 12 月撤盟设市，改名乌兰察布市，下辖四子王旗、察哈尔右翼前旗、察哈尔右翼后旗、察哈尔右翼中旗、化德县、商都县、兴和县、卓资县、凉城县、丰镇市、集宁区。

撤盟建市首先彻底消除了历史上由于反动统治阶级推行民族压迫政策和分割统治而造成的蒙汉各族人民之间的矛盾、隔阂，为增强阴山地域民族团结创造了极为有利的条件，促进了蒙汉人民的团结互助。其次，在保留原有蒙古地名的同时，减少了组织环节，降低了行政成本，提高了行政效率，有助于加强政权建设、推进民主法制建设，有利于保障人民群众主人翁地位和参政议政、管理地方事务的权利，从而加强了阴山地域政治文明建设。第三，实行市管县体制后，可以进一步按照"区域经济一体化"的格局进行产业规划和布局调整，促进产业结构优化升级，加快经济资源的优化配置和综合开发，推进经济的发展。同时撤盟设市有利于提高知名度，有益于对外合作，有利于招商引资。第四，借助撤盟设市可以享受到国家对城市建设的倾斜性政策，进一步加大城市基础设施建设力度，扩大城市规模，完善城市综合服务功能，发挥中心城市对农区、牧区、城郊结合地区的经济、文化、科技、信息的辐射和服务功能，进一步加快阴山地域城市化进程。

第二节　新中国建立后阴山地域工业文明的兴起

民国时期，阴山地域开始出现近代工业，归绥、包头等城镇成为手工业中心，已有皮革加工、制毡、酿酒、木器加工、打制铁器、纺织、采矿、面粉和其他金属器皿加工等行业。但在新中国建立前，阴山地域工业还极端落后，发展迟滞，以个体手工作坊为主，设备简陋，品种单一，生产能力低下。甚至到 1949

---

[1]　伊克昭盟地方志编纂委员会编《伊克昭盟志》第一册，第 188—191 页。

年，伊克昭盟工业总产值也只有 197 万元，占工农业总产值的 4.1%；包头市金属加工业固定资产只有 5.9 万元，从业人员 310 人；巴彦淖尔盟境内只有私营小型工厂两家，手工业作坊匠铺 510 家，从业人员 1300 人。这些数字清晰地说明阴山地域在建国前工业规模很小，远没有形成气候。但新中国建立后，在国家政策的大力扶持下，特别是在西部大开发的热潮中，阴山地域紧抓机遇，利用后发优势，工业经济迅速腾飞。新技术、新机器不断涌现，生产工序不断细化，产业不断升级，产业结构不断演进，工业规模不断增大，工业产值在国民经济中的比重不断加大，阴山地域的工业化进程实现了历史性的质的飞跃。

一、阴山地域工业概况

新中国成立后，阴山地域的工业逐步发展，工业企业的数量稳步上升，工业门类逐渐齐全，规模逐步壮大，工业总产值不断提升。1952 年，伊克昭盟有工业企业 15 个，工业总产值 1169 万元，工业门类包括建材、机械、食品、缝纫及皮革。到 1965 年，除煤炭、化工、建材、食品等行业有较大增长外，还增加了电力、冶金、制酒、造纸等行业，工业企业发展到 143 户，工业总产值 1727.45 万元。进入 70 年代，新增了绒毛、制糖、化肥等工业。1978 年，共有工业企业 338 户，工业总产值 12508.59 万元。1952 年，巴彦淖尔盟工业总产值 507 万元，比 1949 年增长 2.8 倍。工业企业 16 个。1965 年，有工业企业 140 个，工业总产值 3776 万元。1978 年，工业企业增加为 618 个，工业总产值为 22787 万元。工业门类早期相对单一，有印刷、粮油加工、酿造、农机制作等，70 年代后期则既有重工业，又有轻工业。冶金、煤炭、电力、机械、化工、建材、建筑、制糖、食品、纺织、制药、陶瓷等新门类不断涌现。50 年代，乌兰察布盟建立了以当地资源为主要原料的皮毛工业、肉类食品工业、机械制造工业、建材工业和煤炭开采工业。集宁肉类联合加工厂、集宁绒毛厂是当时全国同行业中最大的工厂。1960 年，各类工业企业已增加到 1219 个，工业总产值 19120 万元。70 年代，是乌兰察布盟工业稳步发展的主要时期，电力工业、冶金矿山工业、化学工业、制糖工业、纺织工业、森林加工业、食品工业、电子工业、制药工业等得到很大发展。1970 年，工业企业增加到 671 个，工业总产值 24384.4 万元。

同期，呼和浩特市的纺织工业、食品工业、农牧业机械制造、电子产品走在阴山的前列。1958 年，呼市第四毛纺织厂的高级提花毛毯达到世界先进水平。1952 年成立的归绥市农业机械厂到 1956 年更名为内蒙古农牧业机械厂，是自治区最大的农牧业机械制造厂。1971年建成的生猪机械化加工车间的机械化程度和卫生条件达到了国内先进水平。内蒙古电子仪器厂是全国生产示波器6个重点企业之一。1964年，SBE—b示波器应用于我国第一颗原子弹爆炸试验；1979年研制成功SR60示波器填补了国家的空白，荣获电子工业部科技成果二等奖和内蒙古自治区科技成果二等奖；SR7、SR61、SR62型示波器和SOM—1型示波器校准仪获内蒙古自治区科技成果三等奖；ZDC—207磁带机等其它的电子产品也多次荣获电子工业部科技成果奖。

　　改革开放前，包头以重工业的快速发展而闻名。包头钢铁公司是国家在少数民族地区兴建的第一个特大型钢铁联合企业，是我国"一五"计划期间苏联援建的156个重点建设项目之一，也是国家"一五"计划期间确定建设的三大钢铁基地之一。它带动了包头铁矿石、石灰石、白云石、软硬质粘土、铁精矿、人造富矿、洗精煤、冶金焦及化工产品的生产和发展，形成辐射作用，推动了黑色冶金工业的发展。截至80年代末，包头地区已建立从采矿、选矿到冶炼加工的完整的稀土、铌工业体系，成为中国最大的稀土工业基地。有色冶金工业中，1958年成立的包头铝厂结束了内蒙古"斤铝不产"的历史；1966年，生产铝锭2.62万吨，超过设计生产能力1227吨，主要技术经济指标创建厂以来最高水平；当年，工厂还生产阳极糊1.66万吨，不仅自用有余，还支援抚顺铝厂。在国家"一五"至"二五"计划期间，由苏联援建的国家常规兵器大型企业内蒙古一机厂、内蒙古二机厂在包头建成投产，其设备、工艺技术、生产规模及产品性能都处于国际40年代末、50年代初的水平。1958年，包钢机械总厂建成，其重型机械的开发和生产能力在国内处于领先地位。1965年，包头机械厂试制成功具有国际水平的现代化选煤设备——直线振动筛，该产品获1978年全国科学大会奖。20世纪80年代，内蒙古二机厂引进国外先进技术开发生产的"三车一站"（混凝土泵车、混凝土搅拌运输车、自卸散装水泥罐车、混凝土搅拌站）自成体系，使包头地区的工程机械制造技术处于国内先进水平，产品行销大江南北。包头因重工业的不断成熟而成为阴山地域的一座新兴工业城市，也是内蒙古自治区最大的工业城市，是国务院首批确定的13个较大城市之一，是全国重要的基础工业基地。

　　改革开放以来，中共中央提出扩大企业自主权，使企业成为相对独立的社会主义经济单位，改变了过去那种行政部门干预过多，管的太死等问题，进一步调动了企业和职工的积极性，阴山地域的工业企业得到进一步的发展。不仅数量进一步增加，规模进一步扩大，而且结构不断优化，布局进一步合理，工业总产值在国民经济中的比重进一步加大。阴山地域的工业文明蓬勃发展。

1980 年，巴彦淖尔盟重工业比重 52.17%，轻工业则为 47.83%。1985 年底，全盟有工业企业 6451 个，职工人数达 41579 人，总产值达 32927 万元，其中重工业比重为 48.73%，轻工业比重 51.27%，产业结构调整初见成效。"十五"期间，巴彦淖尔盟抓住西部大开发、"加入 WTO"及撤盟设市的机遇，农畜产品加工业、矿产品加工业、电力工业三大支柱产业得到进一步壮大，以金属冶炼及加工、煤化工和氯碱化工为基础的重化工业正在迅猛发展，工业经济已逐步成为拉动国民经济增长的主导力量。同时，涌现出河套面粉、河套系列白酒等一批在区内外具有一定知名度的名牌产品。

1994 年以后，乌兰察布盟实施了"一体两翼"（以农畜产品加工为主体，以矿业、建材为两翼）发展战略，着力培养四大主导产业（马铃薯、肉食品、杂粮绿色食品、皮制品），加速小企业民营化进程，进一步优化调整工业结构，加大传统的食品工业的投入，使乌盟工业呈现出较为强劲的发展后劲。截至 1999 年，全盟工业企业共有 1862 户，工业增加值增加到 20 亿元，工业主要产品已达 700 多种。个体私营经济出现空前发展的势头，其增加值占国民总产值的比重由 1994 年的 22.6% 上升到 1999 年的 48.6%。

到 1985 年，伊克昭盟工业固定资产原值 28791 万元，比 1949 年增长 162.6 倍。1988 年，工业企业发展到 460 个，工业总产值达到 42704 万元，占工农业总产值的 53.3%。特别是引进日本先进的毛纺设备，新建了伊克昭盟羊绒衫厂，使伊盟的工业产品首次打入国际市场，在此基础上成就了鄂尔多斯羊绒衫，使其能够"温暖全世界"。2000 年，伊克昭盟的工业总产值达到 1829666 万元；"十五"期末，鄂尔多斯市（原伊克昭盟）工业综合经济效益指数 312.82，规模以上工业企业达到 333 个，完成工业增加值 202 亿元，占全市 GDP 的 52.5%。2006 年新增规模以上工业企业 126 户，产品产销率 99.1%，提高 1.1 个百分点，实现利税 152 亿元，增长 32%。2006 年，工业总产值达到 7105201 万元；2007 年的三次产业比例为 5.4∶55∶39.6，说明鄂尔多斯市实现了区域经济工业化的目标。

1984 年，呼和浩特市第二毛纺厂经国际毛纺织业质量方面最权威的组织国际羊毛局批准，同意采用国际羊毛局标志，标志该厂毛纺产品质量达到国际先进水平。1985 年，该厂被评为自治区质量管理先进企业。呼和浩特市糖厂是国家自行设计的现代化大型骨干企业之一，1984 年和 1985 年，其所生产的"白塔牌"味精和"青山牌"绵白糖分别获自治区和轻工业部优质产品奖。呼市的电子工业在自治区电子工业中占主要地位，1985 年，有电子工业企业 17 家，生产能力占自治区电子工业的 88%。历年来研制和生产的电子产品，有 11 项产品填补了国家的空白，17 项产品获电子工业部、纺织工业部和自治区的科技成果奖，ZDC—207 型磁带机获国家优质产品银质奖，13 种产品获自治区优质产品奖。光电机、磁带机、示波器等产品应用于我国原子弹爆炸试验、氢弹爆炸试验、导弹发射试验、人造地球卫星上天和其他重点科研生产工程，多次获中共中央、国务院和中央军委的贺电表彰。如今的呼和浩特市以奶业经济的发展荣获"中国乳都"的美称。

　　与改革开放前 30 年相比，包头地区工业化的速度加快了，规模扩大了，工业化水平和经济实力有了很大的提高。1999 年，包头市工业利税达 21.63 亿元；2004 年，规模以上工业增加值由 2002 年的 87 亿元达到 220.5 亿元，实现利税 48.8 亿元，工业总量稳居全区第一。2005 年，重大项目实现历史性突破，投资结构更趋优化。包钢热轧和冷轧薄板、包铝节能改造、电力等传统产业改造项目提升了产业层次，东方希铝、华业特钢等一大批新引进项目竣工投产，成为包头经济发展和财力增长的重要支撑。全市工业在结构优化、技术进步、效益提高的基础上，实现了快速发展，工业经济总量大幅增加，效益水平稳步攀升。2005年，全市工业企业实现增加值 372 亿元，其中规模以上工业企业户数达 342 户，增加值突破 300 亿元，钢铁、铝业、装备制造、电力、稀土、乳业、建材等产业占全市规模以上工业增加值的 80% 以上。主要工业产品产量大幅度增长，钢材、粗钢、生铁产量再创新高，均突破 700 万吨，粗钢产量达 740.7 万吨，生铁产量 759.9 万吨，工业经济效益稳步提高。三次产业结构优化，比重为 4：54：42，三次产业对 GDP 增长的贡献率分别为 1%、66.5% 和 32.5%。包头经济进入协调持续快速发展时期。①

　　近几年，内蒙古自治区工业保持了持续快速发展的势头，实现了连续几年以 30% 左右的速度增长。经过连续几年的发展，内蒙古工业上了一个新台阶，经济综合竞争力进入全国上游，列 31 个省区第 10 位，经济总量与工业总量进入全国中等行列，跻身西部大开发的前列，工业已成为内蒙古经济与社会发展的主要推动力。这其中，阴山地区做出了主要贡献。仅呼和浩特、包头、鄂尔多斯三市规

---

① 《包头年鉴》编辑部编《包头年鉴》（2005 年、2006 年）。

模以上工业增加值就占全区 56%，自治区 20 个重点工业园区中，13 个集中于呼、包、鄂三市，全区 238 个工业重点项目，40% 集中在呼、包、鄂三地。阴山地域的工业经济成为拉动全区经济发展的引擎，带动全区形成了极具发展潜力的能源、冶金、化工、装备制造、农畜产品加工和高新技术等六大优势特色产业，撑起了内蒙古工业大厦。

二、重工业

周恩来指出，"没有动力工业、钢铁工业、机器工业和化学工业等重工业，国家的经济就不能完全独立。"[①] 工业化是国家独立富强的必然之路，而发展重工业才能使我们的国家实现工业化。因此，"一五"期间国家优先发展重工业。阴山地域特别是包头市得益于资源优势，起飞于重工业。"一五"时期，国家的重点项目建设中，包钢、一机厂、二机厂、二〇二、三〇三、热电厂 6 个项目落户包头，包头迎来并抓住了发展的第一个千载难逢的时机，由此奠定了其工业城市的地位，并带动了整个阴山地域工业的逐步发展。钢铁、机械、稀土冶炼、铝冶炼、煤炭、化工重工业在阴山地域发展势头良好。稀土是阴山极具发展潜力的一个优势产业，已初步形成产业集群，可生产稀土合金、稀土精矿、稀土金属、稀土化合物等 83 个品种、200 多个规格的稀土产品。包头铝厂是国家 500 家最大工业企业之一。其用预焙电解槽直接制取高纯铝科技成果，使原铝纯度可达 99.9% 以上，成为国内唯一拥有该项技术的企业，国内最大的铝合金生产企业。但阴山地域更为人知的重工业则是钢铁工业和机械工业。

1. 钢铁工业

在阴山地域没有任何钢铁工业基础的条件下，包钢在党的关怀和全国人民的支持下，白手起家，艰苦创业，经过 50 多年的发展，成为我国重要的钢铁工业基地，全国最大的稀土生产、科研基地，我国少数民族地区最大的工业企业。包钢生产经营涉及众多的工业经济门类，带动了阴山地域的矿业、煤炭业、电力、运输及多种机械加工制造业的发展，客观上促进了地区经济、社会发展，为加强民族团结，巩固北部边疆做出了应有的贡献。包钢繁荣了新兴工业城市包头，给包头城市形象带上了"草原钢城"的桂冠。

1954 年，包头钢铁公司成立。1959 年，一号高炉首次出铁，结束了内蒙古

[①] 《周恩来经济文选》第 158 页。

地区寸铁不产的历史。之后的包钢通过"一五"到"六五"期间的基建技改，建成了 1 号高炉、当时全国最大的 500 吨平炉和我国第一台自产 1150 初轧机，引进了我国第一套苏联制造的 φ400mm 自动轧管机组。组建了现在的三峰稀土、稀土院、包钢稀土。包钢成为拥有采矿、选烧、焦化、冶炼、轧钢及稀土生产相配套的大型联合企业，"六五"期间被列为国家重点技术改造的钢铁企业。"六五"末期的 1985 年，包钢钢产量突破 150 万吨。"七五"期间的基建技改以形成铁、钢双 250 万吨为目标，对原料、轧钢、动力系统及稀土设施进行了全面扩建改造，完善了重轨加工线、石油套管加工线。"七五"末期的 1990 年，包钢钢产量突破 250 万吨。"八五"期间是迄今为止包钢实际投资最多的时期，建成了 4 号高炉、5 号焦炉、高速线材三大工程，对 1、2、3 号转炉进行了扩容，改造了 φ400mm 自动轧管机组，建成了电池级混合稀土金属生产线和 5000 吨氯化稀土生产线。"八五"末期的 1995 年，包钢钢铁主体设备基本形成了 400 万吨铁、钢生产能力。"九五"期间，包钢经历改制前后两个阶段，前期，引进了一炼钢炉外精炼和大方、圆坯连铸机，实现了连铸生产零的突破。1998 年，包钢按照"优化钢铁、突出稀土"的发展战略，调整了发展规划，对投资管理体制进行了重大改革。建成了轧梁第三条重轨加工线、φ180mm 连轧钢管生产线、3000 吨单一稀土氯化物生产线。钢铁产业在连铸化、连轧化、连续化和自动化方面迈上新的台阶。"十五"以来的技术改造主要有板管轨线四条精品线的配套、节能降耗和扩产项目。板材从无到有，在建成世界上同类生产线产量最高的薄板坯连铸连轧生产线的同时，建成了 140 万吨冷轧生产线，包钢已成为国内家电制造行业巨头——美的集团的原料供应商。钢轨方面，是全国三大重轨生产基地之一。万能轧机高速钢轨生产线于 2005 年 12 月全线贯通，2006 年 5 月投入试生产，达到国际先进水平，是国内继攀钢之后第二条百米钢轨生产线，使包钢不仅可生产定尺 100 米、时速 350 公里的高速钢轨，而且结束了不生产 H 型钢的历史。百米高速钢轨通过了铁道部上道技术审查，被评为全国百家企业创新产品最具品牌影响力产品。无缝管从只生产钢管向生产精加工、管加工无缝钢管转变，建成无缝管精整线和石油管加工生产线，是我国品种、规格最为齐全的无缝钢管生产基地之一，2005 年产能居全国第二。建成了石油管加工生产线。N80Q 钢级石油套管下井试验成功，标志着包钢 N80Q 石油套管已具备了直销国内油田的全部准入条件。高速线材生产线具备 20 世纪 90 年代国内先进水平，可生产低、中、高碳钢及合金钢、冷镦钢等多个品种。

2. 机械工业

新中国成立前，阴山地域没有真正意义上的机械工业企业。包头钢铁公司、内蒙古一机集团、内蒙古北方重工业集团有限公司等国家重点工程项目的建设，为阴山地域机械工业的发展提供了契机。内蒙古一机集团是我国"一五"期间建设的 156 个重点项目之一，是国家特大型军工企业，也是我国 520 个重点工业企业。建成后，开发生产 600mm×800mm、250mm×400mm 鄂式破碎机、4m³ 矿用电铲，100HP 型履带式拖拉机等机械产品。内蒙古北方重工业集团有限公司（原内蒙古二机厂）是中国兵器工业集团公司重要成员单位、国家重点保军企业。初建时开发生产 250mm 轧钢机、2300mm 中板轧机、500mm 型材轧机及电动机、卷扬机、铜液泵等民用产品。这些产品充实着阴山地域的机械产品市场，使阴山地域机械制造能力得到加强。

随着我国国防工业建设的飞速发展，党中央适时地作出了"军民结合、寓军于民，促进军民互动、协调发展"的重大战略决策，为军工企业提供了更为广阔的发展空间，使企业成功地走出了一条军民品协调发展之路。20 世纪 80 年代以来，内蒙古一机集团、内蒙古北方重工业集团有限公司积极贯彻"军民结合"、"保军转民"方针，先后开发出十多个民品系列和几十种高新技术民用机械产品，阴山地域机械制造技术水平进入国内先进行列，有的接近或达到了国际先进水平。内蒙古一机集团开发生产的大地牌抽油杆，质量达国家水平，产量占全国四分之一；从德国引进生产的具有世界一流水平的"北方—奔驰"载重汽车，获得全国载重汽车质量第一名。内蒙古一机集团以奔驰汽车底盘为基础，依据国内市场需求先后开发出自卸车、牵引车、液化石油气槽车、砂罐车、邮政车、散装粮食车等 14 种变型车，成为中国三大重型汽车生产基地之一。内蒙古北方重工业集团有限公司开发的民用产品形成 7 大系列、数十个品种，其深孔机械产品人造水晶高压釜，产量占全国同类产品的 80%，成为世界第三大生产厂家；开发生产的离心球墨铸铁管管模，替代进口产品，产量一度占全国 90% 以上；和英国合资生产的"北方—特雷克斯"矿用载重汽车，已形成三个系列。北方重型汽车有限公司已成为国家生产规模最大、技术性能先进的矿用汽车主要生产基地之一，并成为我国最大的 300 家中外合资企业之一。"北重"的建成投产，改变了国家矿用自卸载重汽车长期依赖进口的局面。

近年来，特别是"十五"期间，北重集团充分发挥综合优势和比较优势，大力推进军用技术向民用产品转移的力度，举全力发展好具有较强市场竞争力、紧跟国家产业结构调整和煤电油运瓶颈行业的矿用车及工程机械、特种钢及延伸产品、煤矿综采设备、铁路配件产品、专用汽车五大民品板块，其中特种钢年产20 万吨，居全国首位，被国家定为进口的替代产品。公司销售收入由 2001 年的8 亿元，增长到 2005 年的 30 亿元，年均递增 39%，经济效益得到大幅提升，初步实现了发展速度与发展质量、发展效益的统一。从 2006 年开始，北重集团与清华大学合作，自主研制世界上最大的 3.6 万吨黑色金属挤压机，生产大口径厚壁无缝钢管。而瑞能北方风电公司则是北重集团与德国、英国合资组建的公司，已签订总金额达 15 亿元的风力发电装备合同，产品正在紧张生产中。经过多年的累积，北方重工集团现已成为技术力量雄厚、生产工艺门类齐全、综合实力强大的特大型装备制造业企业，在全国机械行业 500 强中排名前列。

同一时期，内蒙古一机集团通过不断调整优化产品结构，大力发展民品，到2007 年，军民品经营结构转变为 2∶8，公司新产品成为企业发展的重要支撑力量。2006 年，企业的经营收入首次实现 80 亿元，销售收入的 80% 以上是靠近三年内开发的新产品支撑。北奔重卡、铁路车辆、专用汽车和工程机械 4 项主导民品发展平均增速在 59% 以上。2007 年内蒙古一机集团更以 102.7 亿元的营业收入创造了中国兵器行业的第一，创造了内蒙古自治区装备制造业的第一，在国内机械行业 500 强由 2006 年的 78 位上升到 2007 年的 61 位。目前，内蒙古一机集团已成为重型履带车辆、重型汽车、铁路车辆、工程机械、专用汽车、油田机械等以重型车辆为主业的机械制造集团。

三、轻工业

轻工业是国民经济中主要从事消费资料生产的工业部门，是城乡居民生活消费资料的主要来源，它直接关系到城乡人民物质和文化生活的改善。同时又与"三农"有着特别密切的产业关联，在解决"三农"问题的进程中起着多方面的积极作用。因此，改革开放以来，阴山地域在不断调整产业结构的过程中，关注轻工业的发展，初步形成门类齐全的轻工业体系。其中食品加工和纺织行业已具有了相当的规模，已经塑造出在全国具有较大影响的品牌，如"鄂尔多斯"、"鹿王"、"伊利"、"蒙牛"、"河套酒业"等，它们带动了阴山区域经济的发展。

1. 乳业

改革开放这些年，人们消费水平的变化，除了表现在衣着、家用电器方面外，食品方面的变化最明显。从百姓菜篮子可观形势，看成就，明生活。20 世纪 50 年代阴山地域牛奶、菜蔬极少。80 年代中后期，菜市面貌出现了"满篮篮青红紫绿满篮篮鲜"的变化。如今，禽鱼肉蛋奶早已不是寻常百姓过节才吃的稀罕食品，中国人传统的饮食结构的变化为阴山地域乳业的发展提供了可喜的机遇。而阴山地域也抓住了机遇，利用清洁无污染的大草原优势，创出了绿色食品的名牌——伊利和蒙牛。

阴山地域正处于世界奶牛带的区域内，具有良好的地理位置和丰富的资源要素。凡是北方地区能够生长的作物均可以在阴山地域种植。同时耕地面积较大，耕地条件较好，土地肥沃，灌溉条件好，饲料作物的种植潜力大，奶业发展所需要的饲料资源丰富。奶业为广大农牧民带来明显的经济效益，高涨了他们从事奶牛饲养业的热情，促使阴山地域奶牛养殖业得到跨越式发展，为奶业发展提供了稳定的原料基地。以伊利和蒙牛为龙头的乳制品加工企业积极采取先进的科学技术，不断提升企业产品的市场竞争力，深化阴山地域奶业的发展，使阴山地域奶业系统的整体竞争力得以提高。呼和浩特市则因奶业双雄——伊利和蒙牛聚集于此而获得"中国乳都"的美称，向世人展示了阴山地域的新城市品牌。

成立于 1993 年的内蒙古伊利实业集团股份有限公司是一家极具创新精神和社会责任感的乳品企业，是唯一一家为奥运会提供乳制品的中国企业。从 2003 年以来，伊利集团始终以强劲的实力领跑中国乳业，并以极其稳健的增长态势成为了持续发展的行业代表。起步于 1999 年的蒙牛，仅仅 6 年，在一无资金、二无市场、三无工厂的"三无"条件下，飞速狂奔，最终从业内排名 1116 位跻身我国乳业两强之列。2005 年的营业额达 100 亿元，几乎与行业老大伊利并驾齐驱，创造了在诞生最初的 1000 余天里平均一天超越一个乳品企业的"蒙牛奇迹"。① 产品以其优良的品质荣获"中国名牌"、"中国驰名商标"、"国家免检"和"消费者综合满意度第一"等荣誉称号，产品覆盖国内市场，并出口到蒙古、东南亚、美国塞班及港澳等国家和地区。中央电视台评选的"2003 中国经济年度人物"给蒙牛乳业集团董事长兼总裁牛根生的颁奖辞是："他是一头牛，却跑出了火箭的速度！"

奶业双雄伊利和蒙牛人既是竞争对手，也是合作伙伴，它们明白，只有营造出和谐的生存环境，才可能获得顺利发展的机会。因为它们都打的是绿色草原这把牌，必须树立"草原品牌—荣俱荣，—损俱损"的理念。蒙牛和伊利是休戚相

---

① 孙先红、张治国著《蒙牛内幕》第 3 页。

关的，他们的共同目标是要一起把草原的乳业做大。蒙牛和伊利，就像可口可乐和百事可乐结伴竞争一样，二者相互竞争、相互鼓励、结伴而行，打造了阴山地域繁荣的乳业盛景。依托两大龙头带动作用，阴山地域实现了传统畜牧业结构的调整，走出了一条农牧业产业化成功之路。

阴山地域奶业生产、加工、消费和贸易同步快速增长，首先缘于成本下降。1997 年以后，农产品价格大幅度下降，玉米价格由 1995 年高峰期的 1.7 元/公斤，下跌到 1997 年的 0.8 元/公斤，使奶牛的饲养成本下降。牛奶平均价格却是稳中有升，效益提高，刺激了农民饲养奶牛的积极性。其次，随着国家对城乡居民和中小学生身体素质的重视，开始制订和实施一系列奶类消费计划。如 2000 年正式出台的学生奶计划，对奶类消费起到了重要的推动作用。第三，伊利和蒙牛等大型乳品企业善捕商机，不断开发市场，市场营销网络日臻完善，奶类消费更加便利。企业也更关注自身形象建设，积极投身于公益活动，承担社会责任的同时培养了潜在用户。如伴随着北京奥运会的举办，伊利推出了"5·25 健康中国公益日"、"500 福娃迎奥运，挑战吉尼斯世界纪录"、"迎奥运中国向前走"万人健步走等奥运公益活动。2006 年，蒙牛积极响应总理号召，率先向全国贫困地区 500 所小学捐赠牛奶一年，受益小学生达到 6 万多人，总价值达 1.1 亿元。类似的活动提升了企业的美誉度，拉近了企业与公众的距离，获得了消费者的认可。

据 2000 年国家计委及国务院发展研究中心农村部所作的调查，居民收入每增加 10%，乳类消费量就相应增加 0.32%。随着中国经济持续稳定发展和人民生活水平提高及消费观念的转变，国内乳品市场需求旺盛，市场日趋扩大，乳类消费总量将继续增加，进一步促进阴山地域奶业及相关产业的发展，带动整个阴山地域经济的腾飞。

2. 羊绒加工业

山羊绒是一种珍贵而稀有的天然动物纤维，我国是世界山羊绒生产大国，年产量达 1 万 5 千多吨，占世界羊绒产量的 70% 以上。而内蒙古是中国山羊绒的主产区，约占全国羊绒产量的 1/3 以上，世界羊绒产量的 1/4，并且品质优良。特别是阴山地域鄂尔多斯高原出产的阿尔巴斯山羊绒，是当今世界上质量最好的羊绒品种，被称为"纤维钻石"和"软黄金"。立足于这样的地区优势，阴山地域大力发展羊绒产业，形成了如鄂尔多斯、鹿王等能打天下的拳头产品。鄂尔多斯羊绒集团总裁、董事局主席王林祥认为，"迅速提高企业核心竞争力，是中国企业参与国际化竞争、适应国际化发展，创立世界级品牌所必须具备的前提与条件，就羊绒制造业而言，我们拥有世界上任何国家所不具备的独特资源优势。拥有了原料这一比较优势，就已从源头上拥有了竞争优势。"丰富的羊绒资源增强了阴山地域羊绒业的竞争优势。以鄂尔多斯集团为代表的羊绒加工企业通过引进资金技术实现资源战略转换，将资源优势尽快转变为经济优势，在短时间内形成产业优势。

鄂尔多斯集团是内蒙古最大的羊绒制品生产企业，在改革开放之初的1981年建立，经过20多年的快速发展，公司员工约2万人，年销售收入约30亿元，现有染色厂、纺纱厂、分梳厂、针织厂等29个工厂，其中鄂尔多斯市24个、深圳1个、北京2个、大连2个。该公司是全国原绒最大收购者，每年收购原绒3000多吨，约占全区总产量的一半，具有年产无毛绒1200吨、羊绒纱1800吨、羊绒衫700万件的生产能力。

经过20多年的磨砺摔打，鄂尔多斯集团已经发展成为当今世界上规模最大的羊绒制品生产加工基地、制造中心，彻底结束了由西方人垄断世界羊绒市场达180年之久的历史。"鄂尔多斯"牌羊绒衫获得过国家优质产品金质奖2次、部优奖9次、省优奖34次，先后获得"中国王牌产品"、"市场最有竞争力和影响力产品"等上百种荣誉，并多次获得"全国用户满意产品"、"消费者信得过产品"等称号，被第50届世界统计大会授予"中国羊绒制品大王"称号。2003年，鄂尔多斯集团羊绒制品的生产能力占到中国的40%和世界的30%。①

20多年不懈的努力只为"温暖全世界"，为此必须注重品牌建设。中国羊绒产业要想参与国际竞争，就必须坚持和强化民族羊绒品牌的建设，这方面，鄂尔多斯集团一直在努力。在保证质量的基础上，赋予鄂尔多斯品牌以民族文化为底蕴，以浓郁的民族文化气息为世人所称道。"鄂尔多斯"品牌荣获2007年度"中国羊绒服装行业最具影响力品牌"，鄂尔多斯集团董事局主席王林祥同时获得"中国品牌建设实践创新贡献奖"。品牌战略专家艾丰先生有过这样一段精彩的论述："中国人太爱模仿别的品牌，一个成功的品牌出来以后，就会一窝蜂地出现很多克隆品牌，缺乏特色竞争。做品牌要有'他人不可替代性'而不是有'替代他人性'。这个问题解决不好，中国就是'趴着的经济'，好像很强大，没有站起来。"鄂尔多斯所具有的"他人不可替代性"使其品牌价值不断提升。2008

---

① 王占义、张润光主编《内蒙古之最》第29页。

年 6 月 2 日，"2008 世界品牌大会暨第五届中国 500 最具价值品牌会议"在北京召开，世界品牌实验室发布了 2008 年（第五届）"中国 500 最具价值品牌排行榜"，鄂尔多斯集团的品牌价值名列第 49 位，比 2007 年排名提前了 13 位。

羊绒业是一个跨行产业，是畜牧业和纺织工业的有机结合体，是阴山地域在全国乃至世界上具有优势的产业之一。借此优势，阴山地域通过引导农牧民调整产品结构，形成羊绒产业经济链条，促动区域经济发展，达到兴一个产业富一方百姓、带动一方经济的效应。

3. 酿酒业

在我国历史上，成型的酿酒工艺的历史可以追溯到汉代。历史典籍中对汉代的酿酒工艺已有了多种记载，这些酿酒工艺，自汉代便流传到阴山地域。设在阴山地域河套酒业内的内蒙古酒文化博物馆，陈列有汉代的青铜炉灶、青铜蒸馏器、灰陶大盆、陶锥、辅首衔环青铜锤及汉代的出土酒体，这一切都昭示着阴山地域千年的酿酒工艺和酿酒文明。但阴山地域现代酿酒业的腾飞则在 20 世纪 80 年代以后。1985 年，伊克昭盟白酒生产能力为 2200 吨，实际生产白酒 1390 吨，创工业总产值 393.9 万元。1988 年，全盟有 2 家制酒厂，年产白酒 1296.77 吨，产值 282 万元，实现利润 15.84 万元，税金 113.60 万元。1990 年，包头市白酒产品有 30 多个花色品种，产量达 7000 多吨。除白酒外，啤酒生产于 1984 年在包头正式开始。年产啤酒达 1 万余吨，突破万吨设计能力。1990 年，啤酒产量增至 2.69 万吨，完成工业产值 2452 万元，创利润 63.2 万元，税金 712 万元。1988 年，包头市啤酒厂获自治区先进企业称号。1985 年，乌兰察布盟共有白酒、啤酒厂家 8 个，白酒生产能力 4078 吨、啤酒生产能力 3631 吨。进入 90 年代，乌兰察布盟制酒业再上新台阶，产品质量不断提高，生产能力不断增强，1998 年完成工业总产值 16886.3 万元。其中，属于营养滋补酒的鸿茅酒于 1989 年获全国保健食品金鹤杯奖；于 1996 年获全区名牌产品称号和中国医疗保健精品博览会金奖。但在阴山地域最为人们称道的酒业则是河套烧酒。

内蒙古河套酒业集团股份有限公司始创于 1952 年，经过 50 多年的不断变革，企业规模日渐扩大，已跻身"中国食品工业百强"和"中国白酒效益十佳"企业，并荣获"国家级重信用守合同单位"，成为自治区重点企业和全区白酒行业的龙头。通过中国产品质量协会和中品质协质量信用评估中心共同评估，内蒙古河套酒业集团股份有限公司被评估认定为"质量信誉 AAA 等级企业"，该认定也是国内企业质量信誉等级认定中的最高等级。2007 年，河套酒业集团荣获

"全国轻工行业先进集体"荣誉称号。

信得过的企业培育了信得过的品牌，"河套"商标是"中国驰名商标"，"河套"品牌被国家商务部认定和评审为"中华老字号"，是内蒙古唯一获此殊荣的酿酒企业。"河套"品牌已连续三年被世界品牌实验室评定为"中国500最具价值品牌"之一。主导产品有"河套王"系列、"河套老窖"系列为代表的浓香型白酒，以"河套宴酒"为代表的清香型白酒，"御膳春"为代表的保健酒和腾格里塔拉奶酒四大系列，300多个花色品种。"河套王"酒是内蒙古自治区人民政府接待指定用酒。"河套"品牌已成为北方浓香型白酒的代表和形象，在国内白酒市场上形成了强大的品牌影响和竞争优势。

2006年，"北方第一窖"在内蒙古河套酒业集团建成。这是北方地域最大的原酒生产车间，建筑面积2.7万平方米，安装天车8部，24套酿酒设备，可实现半机械化生产，年产纯粮白酒3万吨。至此，河套酒业集团年生产能力达到8万吨，储存能力达到6万吨。故而，中国酿酒委员会授予其"北方第一窖"的称号。中国酿酒协会白酒技术委员会主任委员、中国酿酒工业协会会长王延才对授予该基地"北方第一窖"称号的原因进行了说明：第一，河套酒业集团的浓香型白酒生产规模和产销量，已经成为北方第一；第二，河套酒业的主导产品河套王酒是中国北方淡雅绵柔浓香型酒的典型代表；第三，该基地不论其占地面积、窖池数量和出酒量，现在都是当之无愧的北方第一；第四，即使今后还有更大的老窖车间建成，它的窖龄也不能够超过该基地。所以国家白酒技术委员会认为该基地是当然的"北方第一窖"。

四、阴山地域工业文明的特点

阴山地域依托工业文明，发挥资源优势，经济快速发展。2004年，鄂尔多斯市跨入中国综合实力百强城市行列，2006年又成功跻身全国投资环境百佳城市，并成为自治区发展最快的地区之一，同时也是中西部地区最具发展活力的城市之一。根据中国社会科学院《2006年度城市竞争力蓝皮书》显示，在中国200个城市（包括台港澳地区）中，鄂尔多斯市的综合竞争力排名47位，其中增长竞争力排名第1位（与阴山地域呼和浩特、包头，广东河源三市并列）；效益竞争力排名第8位；质量、结构竞争力分别排名第31位和第39位。中国社会科学院《2007年中国城市竞争力蓝皮书》对包括港澳台和内地的200个地级以上城市的综合竞争力进行了排序，阴山地域的呼和浩特市居43位，包头市居54位，显示出较强的发展态势。阴山地域工业文明以呼、包、鄂"金三角"地区为轴心，形成区域特色，引领全区工业快速发展。

1. 发挥资源优势，催生工业文明

阴山地域最突出的特色就是资源丰富，尤其是发展重工业的矿藏资源储量大，品位高，是阴山地域重工业经济发展迅猛的坚实基础。"一五"计划围绕156项工程在宏观布局和具体厂址选择上考虑的要素之一就是资源因素。"一五"计划的指导思想是集中力量优先发展重工业，而重工业布局要接近原料、燃料产区。基于资源的考虑，六大项目落户包头。包头的矿产资源具有种类多、储量大、品位高、分布集中、易于开采的特点，尤以金属矿产得天独厚，其中稀土矿不仅是包头的优势矿种，也是国家矿产资源的瑰宝。已发现矿物74种，矿产类型14个。主要金属矿有：铁、稀土、铌、钛、锰、金、铜等30个矿种，6个矿产类型。非金属矿有：石灰石、白云岩、脉石英、萤石、蛭石、石棉、云母、石墨、石膏、大理石、花岗石、方解石、珍珠岩、磷灰石、钾长石、珠宝石、紫水晶、芙蓉石、铜兰、膨润土、高岭土、增白粘土、砖瓦粘土等40个矿种。能源矿有：煤、油页岩等。特别是白云鄂博矿，是一座世界罕见的多金属共生矿床，分布在东西长18公里，南北宽约3公里，总面积48平方公里的范围内。现已探明矿体内蕴藏着160多种矿物，70多种元素。矿物种类主要有铁、铌和稀土矿物。其中铁矿储量9.5亿吨，铌矿储量519万吨，稀土矿产的储量占全国稀土已探明储量的90%以上，占全世界已知稀土资源总量的75%[①]，工业储量为世界各国稀土工业储量总和的8倍多，其规模之巨，储量之大为国内外所罕见，因而被誉为"稀土之乡"。另外，还蕴藏着铜、石英石、萤石、磷灰石、软锰矿等多种矿物。如此丰富的矿产资源为重工业经济的腾飞铺垫了雄厚的基础，促使包头的重工业获得突飞猛进的发展。

鄂尔多斯市则是改革开放以来依托资源，工业经济迅速腾飞的范例。鄂尔多斯市自然资源富集，拥有各类矿藏50多种，其中煤炭预测总储量7630亿吨，已探明储量1496亿吨，占全国的1/6。在全市87000多平方公里土地上，70%的地表下埋藏着煤。鄂尔多斯市的煤炭资源不仅储量大，分布面积广，煤质品种齐全，有褐煤、长焰煤、不粘结煤、弱粘结煤、气煤、肥煤、焦煤。而且大多埋藏浅，垂直厚度深，易开采。作为北方重要的电煤基地，鄂尔多斯市已成为全国地

---

① 王占义、张润光主编《内蒙古之最》第11页。

级产煤第一大市，电力装机容量达到 700 万千瓦，是华北电网的重要电力保障；天然气探明储量 7504 亿立方米，占全国的 1/3，全国最大的世界级整装气田——苏里格气田位于境内，现已并网向北京供气。天然碱、食盐、芒硝、石膏、石灰石、高岭土等化工资源也极为丰富。鄂尔多斯市依托丰富的资源，坚持以高起点、高科技、高效益、高产业链、高附加值和高度节能环保的总体思路和要求，着力构建"大煤炭、大煤电、大化工、大循环"四大产业。先后引进了世界第一条 500 万吨煤直接液化生产线，国内第一条 48 万吨煤间接液化生产线；年产 60 万吨合成氨、104 万吨尿素大化肥生产线，年产 100 万吨天然气制甲醇生产线，国内最大的 300 万吨煤制二甲醚生产线等一大批具有国际先进水平的大项目。以项目拉动为先导，以资源开发利用为主线，推动了鄂尔多斯市迅速崛起，实践了江泽民同志的指示："你们在发展进程中，要注意发挥资源优势，力争使内蒙古成为我国下世纪经济增长的重要支点。"

除重工业外，阴山地域轻工业的发展也得益于丰富的资源，伊利、蒙牛、鄂尔多斯、鹿王等大公司的发展就说明了这一点。在草原传统畜牧业的基础上，自 20 世纪 90 年代中期以来，伊利先后投资 2 亿多元建成了标准化挤奶站 360 个，建成奶牛饲养专业区 15 个，向农民发放购牛款 1.3 亿元，使呼市地区的奶牛养殖业达到了年 40% 的增长速度。伊利开创了"分散饲养、集中挤奶、优质优价、全面服务"的奶源发展新模式，与千万个奶户结成了相互依托、同呼吸、共命运的利益共同体，形成了奶站与养殖小区相呼应、规模与效益同步增长的良好格局，一度被中国乳品工业协会作为成功的经验在全国行业内进行推广。2004 年，为了促进中国奶牛饲养方式跟上世界脚步，蒙牛建起了一个澳亚示范牧场。这个牧场将欧洲式、美洲式、澳洲式、亚洲式的种草、养牛、挤奶技术集于一体，简直就是个"牧场联合国"。牛根生说："示范牧场建起来，谁都可以来参观，包括我们的竞争对手。大家都可以来学，用三到五年的时间，使中国的种草、养牛、挤奶技术，快速实现与欧美发达国家百年经验技术的接轨！这是推动中国乳业发展的大事。业内人士这样评价我们：国际示范牧场是中国奶业发展史上的一个标志性事件，它预示着中国奶牛养殖业将由分散养殖型向规模化、集约化、科学化、国际化方向发展。""百年蒙牛、强乳兴农"的远大理想在寥寥几语中得到淋漓尽致的体现，更多的奶农搭乘伊利、蒙牛奶源基地建设快车，走向共同致富的道路。同样凭借阴山地域丰富的羊绒资源优势，鄂尔多斯羊绒集团、鹿王羊绒集团崛起，使羊绒业成为盈利和创汇较多的行业，成为阴山地域的优势产业。

资源是有限的，利用时必须精打细算，不能"爷爷吃孙子粮"，因此优势资源需转化为优势产业。阴山地域在努力保持经济较快增长的同时更注重转变增长方式，提高发展质量，不能仅仅"靠天吃饭"。原鄂尔多斯市委书记云峰说："鄂尔多斯是全国有名的资源大市。在长期的资源开发与输出中，我们认识到：一个地区如果总是以原材料和初级产品输出支撑经济增长，不进行资源加工转化和经济结构升级，就会逐步丧失经济增长的后劲，使长远发展失去资源与生态的支撑。"以鄂尔多斯市为代表的阴山地域正在强力推行经济增长方式的转型。如鄂尔多斯市煤炭生产集中精力进行提高回采率的技术攻坚。到2007年底，各旗区的保留煤矿全部实现正规化开采，煤矿机械化装备水平不低于90%，煤矿采区回采率平均达到75%以上。同时设置产业铁门槛，淘汰了一大批资源利用效率低、污染大、规模小、不合规范的生产企业，提高煤炭回采率，实现零排放。据统计，截至2006年全市将地方煤矿由1300多座压缩到267座，共取缔614家小水泥、小炼铁、小白灰等小企业，停产整顿221家污染企业，督促重点污染企业上了近10亿元的环保设施。削减烟粉尘13万多吨、二氧化硫近5万吨，万元GDP能耗下降到2.08吨标准煤，下降了5%。同时，依托神华等国家大型能源企业，引进世界一流煤炭采掘和生产技术，建设单井产能、装备技术、全员工效达到世界一流水平的现代化矿井，煤炭产量不减反增，年产量由2000年的2679万吨增加到现今的1.5亿吨，鄂尔多斯市已成为全国首个亿吨级现代化煤炭生产基地。

2. 坚持科技创新，提升产品竞争力

科学的本质就是创新，创新是一个民族进步的灵魂，是一个国家兴旺发达的不竭动力，是推动经济快速发展的加速器。毛泽东曾发出"向科学进军"的伟大号召；邓小平认为"科学技术是第一生产力"；以江泽民为核心的中共中央也曾明确提出科教兴国战略，大力加强基础研究和高技术研究，推进关键技术创新，深化科技和教育体制改革，加强科技教育同经济的结合。阴山地域的工业秉承创新精神，在科技创新中不断提升产品竞争力。包钢、一机、北重、伊利、蒙牛、鄂尔多斯集团、河套酒业等阴山地域成功的企业无不得益于科技创新。

科技进步体现在包钢生产的各个环节，从原料、选烧到冶炼、轧钢，包钢都开展了持续不断的攻关，取得了显著成绩。由于包钢的主原料基地白云鄂博铁矿多元素共生的特殊性，包钢自投产之日起就遭遇了国内外同行业不曾有的难选难冶这一先天性困难。包钢坚持依靠科技进步，在全国科研力量的帮助下，攻克了

这一世界性难题，促进了包钢生产的稳定、顺行。周恩来总理亲临包钢为 1 号高炉出铁剪彩以示祝贺。针对炼焦煤主产地远、运距长、成本高等困难，包钢从 20 世纪 60 年代起，就开展了焦煤配比攻关，通过配加内蒙古西部煤、宁夏煤，降低了焦炭成本，提高了焦炭质量。60 年代的焦煤配比攻关，在全国产生了重大影响，1965 年 4 月 6 日，《人民日报》以整版篇幅报道了这一成果，并配发了社论，对此给予高度评价。20 世纪 80—90 年代，包钢与长沙矿院共同开展的弱磁——强磁——浮选工艺试验，获冶金部科技成果特等奖，被评为全国十大科技成就之一。经过持续的技术攻关，包钢高炉利用系数逐年提高。

包钢大力开展集成创新和自主创新，在引进技术的消化、吸收、创新和输出方面实现了重大突破。"包钢 CSP 高效化生产技术及高性能钢带研究与开发"科研项目获得国家科技进步二等奖。薄板厂成为德国西马克公司在世界第二家、亚洲第一家 CSP 技术培训基地。包钢已经对马来西亚、泰国、印度、哈萨克斯坦、蒙古等国实施薄板、无缝管生产的技术输出。包钢专利技术——炼铁厂的 BG—Ⅲ型无料钟布料器被美国武顶世公司有偿使用。

以技术创新带动核心竞争力的提升使得包钢在 50 多年的历史上，创造了中国钢铁和稀土业多个"第一"。生产了我国第一支 60 公斤/米重轨、第一支 75 公斤/米重轨，第一支轻型薄壁大型工字钢、第一支 BIV—500 型钢板桩，第一支国产石油套管，第一支 60 公斤/米铌稀土轨，第一支国内最大口径（φ426mm）无缝钢管。建成了我国第一所稀土专业研究院，生产了我国第一炉稀土硅铁合金，发起并上市了第一个稀土业股份公司，稀土从业人员、科技费用投入、科技研发项目数均属全国第一。稀土产业共有 200 余项科研成果和产品分别获得国家专利优秀奖、国家科委"863"计划二等奖、国家"八五"科技攻关重大成果奖等奖项。

2004 年至 2007 年，一机集团累计投入技术改造资金 18 亿元。北方奔驰重卡 2004 年至 2007 年成功研发 36 个项目，是前 4 年的 2 倍；铁路车辆实现技术升级和产品换代，2004 年至 2007 年累计研发 43 个车型，是前 4 年的 7 倍；专用汽车成功开发 116 个车型，先后开发出自卸车、挂车、罐式车、厢式车和特种车 5 大系列产品，并在运钞车、刑事勘察车以及自卸车等方面取得 7 项专利技术；工程机械开发了 9 个车型。科技创新让一机集团的产品更加丰富多彩，市场占有率也日益提高。

北重集团把科技进步和创新作为发展的首要推动力量，全力打造"创新型北方重工"科技新体系。公司在中国兵器工业集团率先建立了国家级企业技术中心，每年的科研经费投入保证在年销售额的3%以上。2008年度中国兵器工业集团科学技术奖揭晓，北重集团的多项科研成果受到表彰。其中，LDC—9G侧卸式混凝土运输车科技创新项目荣获科学技术奖一等奖；1H—磁共振波谱在脑梗死进展中的应用研究荣获科学技术奖三等奖；冠心病患者血清一氧化氮及其合酶的测定及意义荣获科学技术奖三等奖；与有关单位合作的两项某军品科研项目分别荣获一等奖和二等奖。LDC—9G侧卸式混凝土运输车是当今水利建设中的最高技术混凝土双曲拱坝施工中的必备设备，其产品技术处于国际领先状态，解决了国家在建设重点水电项目的急需，确保了混凝土双曲拱坝缆机施工方案的完整性，在拉瓦西、小湾、溪洛渡等水电工程建设中发挥了重要作用。

在伊利、蒙牛成长发展的过程中，完成了从区域品牌到全国品牌的转变。转变在于恒久坚持的科技创新。伊利率先在行业内创造了全过程、全方位、全员的"三全"质量管理体系，在生产过程中率先采用国际上最先进的超高温灭菌技术、无菌灌装技术，充分保证产品的安全、健康，不断通过技术创新提升品质标准。到2007年，伊利用于科技创新的经费投入已经达到了3亿多元，每年研发新品数百种。蒙牛成立以来，平均9天申报一项专利，平均6天就有一个新产品问世。2006年3月份，蒙牛集团承担的"造骨牛奶蛋白（OMP）增强骨密度项目"在国家信息中心正式通过专家组鉴定，推出了世界上第一款"吸收钙、留住钙"的OMP产品——"蒙牛特仑苏OMP牛奶"。这一高科技产品是中国科学家和蒙牛集团用了18个月联合完成的具有自主知识产权的科技成果，完成了我国乳产业由"中国制造"到"中国创造"的首次飞跃。2006年10月，在第27届世界乳业大会上，蒙牛特仑苏从技术、品牌、品质、工艺等各方面特别是创新性上远远超越了其他竞争对手，最终捧回了"IDF产品创新奖"，实现了中国在世界乳业史上金牌"零的突破"，为国家和民族争了光，为"中国乳都"添了彩。

羊绒业最大的瓶颈就是羊绒资源的生产与草原退化、沙化之间的尖锐矛盾，努力实现草原生态环境与羊绒产业协调发展是根本出路。为此，鄂尔多斯集团总结过去贸工牧一体化战略的经验，在培育、繁殖和推广优良品种上下功夫，在保持甚至减少山羊养殖数量情况下保证山羊绒增产。鄂托克旗1990年底山羊数为67.6万只，到1998年末为66.7万只，数量略有下降，但同期山羊绒产量由137吨提高到235吨，增长了71.5%，增产主要靠推广阿尔巴斯白绒山羊良种。为进一步推广良种，鄂尔多斯集团已于2001年一次性投入5000万元，采用现代基因技术筹建中华种山羊培育中心。由著名生物学家、试管山羊之父旭日干院士用胚胎移植高新技术培育的绒山羊新品种，把每只山羊的产绒量由 120—150 克提高到 400—600 克。培育中心已向周边地区输送种山羊 1 万多只，并植树 120 万株，种草 30 万亩，成为治理沙漠的一个典范。

多年来，河套酒业集团根据当地气候环境和酿酒原料、传统酿酒工艺等特点，采用现代生物技术、发酵技术、气相色谱分析技术等改造传统白酒产业，使传统工艺和现代科学技术相结合，形成了一套科学、合理、完整、独特的淡雅浓香型白酒生产工艺技术。该生产工艺技术在北方地区属首创，达到国内先进水平，荣获 2000 年内蒙古科技进步三等奖，保证了河套酒业集团浓香型白酒的内在质量。

阴山地域的工业企业一直坚持着自己的创新之路，不断加大研发投入，完善研究、开发、实验和试制条件，组建优秀的科研团队，提高科技创新的能力，挑战和刷新行业的最高标准，不断摆脱同质化竞争，提高产品质量。同时，加快创新技术的市场化、产业化，以市场为导向促使新技术尽快转化为新产品，不断强化阴山地域工业的技术竞争力。

3. 形成产业集群，推动工业腾飞

发展产业集群是走新型工业化道路的重要选择，是实现工业增长由粗放型向集约型转变的重要模式。产业集群形成后，通过降低成本、刺激创新、提高效率、加剧竞争等多种途径提升了整个区域的竞争能力，形成集群竞争力。随着产业集群的成功，集群所依托的产业和产品知名度和美誉度不断扩大，形成区域品牌，惠及集群内的每个企业。这种区域品牌是众多企业品牌精华的浓缩和提炼，有利于企业对外交往，开拓国内外市场，提升整个区域的形象，为招商引资和未来发展创造有利条件。

阴山地域抓住西部大开发的历史机遇，充分整合资源、政策、人才优势，使阴山地域工业无论是在空间布局上，还是在产业配套上，都呈现出了较为明显的集群化趋势，形成了一批初具规模的产业集群，对促进阴山经济的快速增长发挥了重要的支撑作用。

首先是稀土产业集群蓄势待发。世界稀土在中国，邓小平强调"中东有石油，中国有稀土……一定要把稀土的事情办好，把中国稀土的优势发挥出来"，中国稀土优势在包头。包头稀土资源储量丰富，具有矿石品位高、易于保护生态环境、开采成本低等特点，最具开发价值。20 世纪 80 年代末至 90 年代初，包头稀土高品位精矿选矿、稀土冶炼提取单一分离工艺技术达到国际水平，使包头稀土产业得到了迅猛发展。稀土产品由单一的稀土硅铁合金发展到氯化稀土、稀土合金等，产量由1978年的不到1000吨提高到1992年的近10000吨，产值增加了40多倍。截至2000年底，包头市共有稀土企业70多家，稀土企业固定资产15亿元，稀土工业产值达到13.6亿元，全市稀土企业利税实现2.2亿元。[1]

　　为了充分发挥包头在稀土产业上明显的资源优势、成本优势、科研优势和产业链优势，1992年包头稀土高新技术产业开发区被国务院批准为国家级高新技术产业开发区。它以完备的基础设施和优惠的政策措施，吸收了一批稀土企业在这里安家落户，经过几年的运行，已日益成熟。1997年，"稀土高科"顺利上市，这是国内第一家稀土行业的上市公司——"内蒙古包钢稀土高科技股份有限公司"。这既是对包头稀土产业在全国地位的肯定，又为包头稀土产业，特别是稀土高科技的发展注入了新的活力，带来了新的机遇。包头稀土产业加快了向规模经济、深加工和高新技术领域推进的步伐，稀土永磁、荧光、储氢等新材料的研究与开发已进入了国内甚至国际先进行列，稀土永磁材料在我国神州5号载人航天飞机上使用，得到航空航天部的肯定。

　　随着美国ECD公司、法国罗地亚公司和日本的清美、三德等一批世界知名稀土企业进驻包头稀土高新技术产业开发区，稀土产业集群效应明显增强。稀土深加工产品比重、基础功能材料比重明显上升，其中三个稀土功能材料基地也形成了一定规模。同时，稀土高温发热陶瓷、稀土改性MC尼龙、稀土稳定PVC、稀土铝合金、稀土铜合金等新材料发展态势较好，初步形成了产业链的雏形。

　　"十一五"期间，包头稀土高新区稀土产业建设重点是努力打造以下五大产业集群：以稀土永磁材料和各种电机为核心的产业集群；以稀土储氢材料及各种动力电池、电动车等应用产业为核心的产业集群；以稀土发光材料及应用器件生产为核心的产业集群；以稀土催化、抛光、功能陶瓷等新材料及稀土在化工、建材领域应用为核心的产业集群；以稀土——有色金属材料深加工及其元器件生产为核心的产业集群。

　　其次，农畜产品加工产业集群唱响阴山。以阴山地域的呼和浩特市、巴彦淖尔市、鄂尔多斯市、乌兰察布市为基地打造草原绿色品牌，形成绿色乳品及羊绒加工集群。托伊利、蒙牛两大龙头企业的带动，呼和浩特市大力发展奶牛养殖

---

　　① 纪维旗、李瑛、张璞著《西部大开发与包头》第11—12页。

业，2004 年底，全市拥有存栏奶牛 50.8 万头，鲜奶产量 150 万吨，人均鲜奶占有量 746 公斤，3 项指标居全国 37 个大中城市之首，基本建成了全国最大的乳业基地。以鄂尔多斯、鹿王等企业带动的羊绒产业集群，到 2003 年已形成 15.3 万吨的纱加工能力，1534 万件的羊绒衫加工能力，生产纱 2.3 万吨，羊绒衫 1055 万件，实现工业增加值 14 亿元，占规模以上农畜产品加工业增加值的 11%。

其他具有资源优势的产业集群包括以鄂尔多斯为主的煤炭产业集群；以呼包鄂为主的电力产业集群、化工产业集群、生物制药产业集群；以包头为主的冶金产业集群、机械装备产业集群等。但总体来讲，阴山地域产业集群的发展尚处于起始阶段，具有一定规模和影响力的产业集群相对较少，存在着产业链条短、集中度低、分工协作差、缺少专业市场和现代物流业支撑等问题。这些问题尚需在前进中不断解决，依托龙头企业，以工业园区为载体促进工业要素空间集聚，形成主业突出、市场广阔的产业集群，完善产业链条，增强竞争能力，拉动相关业务的发展，为地方经济发展做贡献。

第三节　新中国建立后阴山地域文化的繁荣

伴随阴山地域经济的腾飞，新中国建立后的阴山人民满怀激情投入文化事业的创作与建设中。在进一步夯实文化机构建设的基础上，阴山人民以优美的歌舞释放着内心的喜悦。"草原上的文艺轻骑兵"——乌兰牧骑从农牧民火热的现实生活中寻找创作源泉与灵感，以农牧民喜爱的歌舞传递着草原生活气息及阴山人民对美的向往和寻觅。近年兴起的各类文化节既丰富了阴山人民的文化生活，又展示着阴山地域文化的绚丽多彩。这一切都离不开阴山地域教育的发展，民族基础教育在发展，高等教育在阴山地域更是从无到有。新中国的建立为阴山人民接受高等教育提供了契机，也为阴山人民研究自己的地方史提供了可能。

一、文化事业的发展

"工欲善其事，必先利其器"。为了推进阴山地域文化事业的勃兴，图书馆、群艺馆、文化馆、文化站建设越来越受重视，各类联合会在阴山地域渐渐形成网络，为基层文化活动的开展提供了物质基础，促使阴山地域的社会文化事业得到较快发展。

1．文化机构概览

新中国建立后，阴山地域一面致力于经济的发展，一面从机构建设入手抓文化建设。

1961 年，乌兰察布盟文学艺术界联合会成立。1999 年，乌盟文联所属协会调整、增设为 10 个，相应的各旗县市也成立文联。1956 年，成立平地泉行政区科普协会，1958 年改组为乌盟科学技术协会，从 1983 年开始，在机构改革中乌盟科协与乌盟科技处合署办公，两个牌子一套机构。各旗县市也先后成立了科协机构，与旗县市科技局合署办公。1982 年，正式成立乌盟哲学社会科学联合会，1984 年被撤销，1998 年再度恢复，并于盟委宣传部重设"社科联"办公室。"社科联"的主要职责是对全盟哲学社会科学界的各类社会团体进行统一管理和指导，组织开展各类理论研究和学术讨论活动。到 1999 年，乌盟有图书馆 11 个，其中有少数民族图书室的 6 个，共藏蒙文图书 1 万余册。到 1999 年，乌盟所属旗县均设有文化馆，馆舍总面积 6515 平方米。其中，察右中旗文化馆在 1993 年被文化部命名为"全国标准文化馆"；集宁市文化馆于 1996 年获"内蒙古自治区儿童少年工作先进集体"称号。

1958 年，呼和浩特市成立科普协会，1959 年改名为科学技术协会时已初步实现了科研、情报、科普"三网化"，同时与科委合署办公。1980 年，呼和浩特市科协成为独立的局处级单位，其所属的各学会在不同的历史时期程度不同地开展了学术交流活动。据不完全统计，到 1985 年学术交流共 339 次，有 12700 多人次参加，征集论文 1825 篇。1963 年，呼和浩特市文学艺术工作者联合会正式成立，1980 年成立了文学、戏剧、音乐舞蹈、美术摄影协会，文联工作走上正轨。十一届三中全会后，呼和浩特市及土默特左旗、托克托县等 6 个旗县均设有文化馆。1956 年，呼和浩特市图书馆成立，之后不断发展，成为一座综合性公共图书馆。馆内藏书以普通中文图书为主，并藏有蒙文书籍、古籍线装书、内部参考资料及港台图书。另外还有大量的内蒙古自治区驻呼文化单位，如内蒙古博物院、内蒙古展览馆、内蒙古图书馆、内蒙古群众艺术馆、内蒙古文物考古所、内蒙古电影制片厂、内蒙古歌舞团、内蒙古民族剧团、内蒙古直属乌兰牧骑、内蒙古杂技团、内蒙古二人台剧团等。

其中位于呼和浩特市东二环与新华东街交汇处西北侧的内蒙古博物院，于 2007 年 8 月 8 日正式开始投入使用，主体建筑面积 5 万余平方米，造型独特，气势恢宏，是我国目前西北地区最大的博物院。博物院前面广场上有内蒙古自治区成立 60 周年，中央人民政府赠送的象征民族大团结的民族团结宝鼎，上面有胡锦涛主席为宝鼎的亲笔签名。博物院内集结了内蒙古自治区丰富的古生物化石、现代生物、历史文物、民族文物等资源优势，以"草原文化"为主题思想贯穿全部基本陈列和专题陈列，形成"草原文化系列展览"。陈列多方位、多角度，纵横交错，点面结合，从宏观到微观系统描绘了内蒙古的完整形象，个性鲜明，引人入胜。在民族文物中，蒙古族藏品居全国博物馆之首。内蒙古博物院针对不同的服务对象设立了不同的服务项目。如配合学校教程，寓教于乐，为学生提供了校外"第二课堂"，开辟了"学生综合实践课"，举办"小讲解员培训班"及"内蒙古博物院小讲解员大赛"，组织"欢乐大课堂智力竞赛"等丰富多彩的活动。对市民及游客提供形式多样的社会教育服务，如组织"大型义务文物鉴定会"、"流动博物馆进社区"等活动，向他们传播相关的文物知识，以文物的视角激发阴山人民的自豪感，以潜移默化的方式提高阴山人民的文化修养，完成春风化雨的使命。

1950 年，陕坝专署建立后，文化工作由专署文教科主管。1954 年，河套行政区建立后，原专署文教科升格为河套行政区文教处。1956 年，文化和教育分设，建立河套行政区文化处。1958 年，建立巴彦淖尔盟文教处。"文革"期间巴盟文化机构几经变化，到 1983 年体制改革时，文化局和体委合并，建立巴盟行政公署文化体育处，下属单位有巴盟歌舞团、巴盟晋剧团、巴盟民间歌剧团、内蒙古艺术学校巴盟分校等 12 个单位。1950—1953 年，巴彦淖尔盟各旗县相继建立文化馆，乡、镇、苏木则设立文化站，组织和辅导群众文化活动。解放后，巴盟各类文艺团体纷纷组建，如晋剧团、歌舞剧团、乌兰牧骑等，他们上演的剧目丰富了河套人民的生活，提高了河套人民的艺术鉴赏力。1962 年，巴彦淖尔盟文学艺术界联合会成立，下设文学组、戏剧组、音乐舞蹈组、美术摄影组。1979 年，文联经济独立，下设《巴彦淖尔盟文艺》编辑部、《萨茹娜》编辑部和办公室。1976 年，巴盟群众艺术馆成立，既培养业务干部，又组织、辅导和研究群众文化艺术，不断满足人民群众的文化需求。从 1981 年巴盟哲学社会科学工作者联合会成立以来，该组织在重视基础理论研究的同时，还把重点放在应用科学方面，紧密结合巴盟实际，开展理论和应用研究，为盟委和行署决策提供参考。1956 年，河套科普协会成立，并相继成立了各种学会、研究会、协会。到 2005 年底，巴彦淖尔市共有公共图书馆 8 个，文化（群艺）馆 8 个，文化站 96 个，村社文化室 3781 个，博物馆 3 个，文物保护管理机构 3 个，专业艺术表演团体 8

个，电影院 8 个。

包头市现有文化艺术工作者 3000 余人。有公共图书馆 10 所，其中包头市图书馆在强化管理、创新服务的基础上成功晋升为全自治区唯一的盟市级国家一级图书馆，被全国妇联命名为"全国巾帼文明岗"，并被评为全国文化先进集体。有博物馆、书画院各 1 个，群众艺术馆和文化馆 10 所，城乡文化站 105 个，影剧院 44 处，歌舞厅、游戏厅等文化活动网点 1800 余家。有内蒙古话剧团、包头市歌舞剧团、包头市漫瀚剧团、包头市青年晋剧团 4 个市级专业艺术团体，九原区歌舞剧团、达茂旗乌兰牧骑、土右旗民间歌剧团和固阳县民间歌剧团 4 个旗县级专业艺术团体。有艺术研究创作机构和艺术院校各一所：包头市艺术研究所（兼艺术创作评论中心）和包头市艺术学校。其中，包头市新建的博物馆档次较高，是包头市标志性文化设施。包头博物馆是一座立足于包头、文物展品涵盖阴山地域的综合性博物馆，占地面积 3.5 公顷，建筑面积 2.4 万平方米，展厅面积 1.5 万平方米。展区为三层建筑，与包头美术馆融为一体，一层为美术馆，二、三层为博物馆。外型以"草原上的巨石，巨石上的文化"为主题，造型恢宏、内涵深邃，与周边广场的草坪、鲜花、绿树、喷泉相映成趣，构成了既深含文化底蕴，又极具现代韵律的壮美景观。馆内的《石破天惊——内蒙古古代岩画陈列》，精选了北方各游牧民族在不同历史时期创造的草原岩画的精品，荣获 1999 年度"全国十大文物陈列展览精品"奖。

1975 年，伊克昭盟共有文化机构 20 个，其中国营剧团 2 个，展览馆 1 个，图书馆 2 个，文化馆 8 个，乌兰牧骑 7 个。另有广播电台 2 个，旗县广播放大站 8 个。1980 年，全盟有文化事业机构 32 个，广播事业机构 135 个，其中包括公社广播放大站 125 个。1989 年，全盟形成多层次、多形式、多内容的群众文化网络。盟所在地有群艺馆 1 个，旗市有文化馆 8 个，盟旗公共图书馆 8 个，新华书店 9 个，电影发行放映管理公司 9 个，城镇剧院、电影院 11 座，各级各类放映队 203 个，农村牧区文化站 135 个，广播放大站 105 个，文化车 70 多辆，文化专业户 1535 户。

2．强化措施，推动文化发展

党的十六大报告指出："全面建设小康社会，必须大力发展社会主义文化，建设社会主义精神文明。"当今时代，文化越来越成为民族凝聚力、综合竞争力、地区发展软实力的重要因素。阴山地域历史悠久，民族文化底蕴深厚。历史上这里曾经是北方游牧文明与中原农耕文明的交汇与融合之处，曾有匈奴、乌桓、鲜卑、突厥、契丹、党项、蒙古等众多少数民族在这里繁衍生息，留下了大量的历史文化遗存和弥足珍贵的民族艺术资源。这些丰厚的资源孕育了阴山民族文化艺术独特的风格和魅力，为推动阴山民族文化建设奠定了深厚的基础。阴山地域的文化机构立足资源优势，强化措施，推进文化创新，加快了文化事业发展。

第一，大力实施精品带动战略，着力抓艺术创作，努力推出贴近群众、贴近生活、贴近实际的文艺精品，努力打造艺术名品。早在20世纪五六十年代，阴山地域的民族艺术工作者通过继承和发扬民族艺术传统，不断深入生活，不断创新，创作并演出了一大批脍炙人口、赏心悦目的民族歌曲和舞蹈。如歌曲《草原上升起不落的太阳》、《敖包相会》、《美丽的草原我的家》及舞蹈《鄂尔多斯舞》、《盅碗舞》、《挤奶舞》等都给人们留下了美好而深刻的印象，令人至今难以忘怀。其中蒙古族艺术家美丽其格作词作曲的歌曲《草原上升起不落的太阳》，在1954年全国群众歌曲评奖中荣获一等奖。内蒙古歌舞团于1950年和1956年两次赴北京演出，博得各界人士的热烈赞扬。近年来蒙古剧《满都海斯琴》，歌剧《舍楞将军》，京剧《萧观音》，舞蹈诗《鄂尔多斯情愫》、《生命欢歌》，大型民族歌舞《腾飞吧，内蒙古》、《千里草原多秀美》、《马背情韵》等舞台艺术精品陆续问世。出现了国内外艺术评奖中获奖增多，艺术团体演出场次增多，全自治区性的文艺汇演、比赛活动增多的"三多"趋势。近年来，阴山地域许多优秀剧（节）目荣获中宣部"五个一工程奖"、国家"文华新剧目奖"、第六届全国杂技节金狮奖、中国（博兴）国际小戏艺术节大奖和内蒙古文学创作"索龙嘎"奖、艺术创作"萨日纳"奖等等。其中内蒙古民族歌舞剧院的民族歌舞《千里草原多秀美》在第二届全国少数民族文艺会演中获演出金奖、创作金奖、舞美金奖；民族歌舞乐《天堂草原》参加第三届全国少数民族会演荣获最高奖演出大奖；蒙古族风情歌舞《草原情》参加第三届中国上海国际艺术节，《白云飘落的故乡》参加上海第八届国际艺术节，《安达情》参加第十二届青年歌手大奖赛获原生态组团体第一名，成功亮相；蒙古剧《满都海斯琴》捧得第六届中国艺术节金质大奖，四项文华大奖，全国"五个一工程"奖。青年无伴奏合唱团代表国家和自治区出访演出，先后在国外演出140余场，多次获得国际大奖。悉尼歌剧院、维也纳音乐厅、西班牙大教堂、美国肯尼迪艺术中心、德国市政音乐厅、英国伦敦卡杜甘音乐厅以及香港文化中心音乐厅、台北音乐厅等地都留下了他们美妙的歌声，在国际上产生了积极而热烈的反响，被誉为"来自草原深处的绝响"、"中国合唱艺术的奇葩"。2005年，内蒙古草原歌舞团应邀赴美国旧金山、洛杉矶等五城市巡回演出，获得巨大成功。很多美国人发出慨叹："成吉思汗了不起，成吉思汗的后人们的艺术同样了不起。"这是阴山地域民族文化艺术精品走向世界的又一成功实践。鄂尔多斯市东胜区歌舞团参加西班牙特鲁埃尔民间艺术节展演，获团体表演一等奖。

第二，加大乡镇文化站建设，夯实基层文化基础，活跃群众性文化活动。基层文化建设是文化事业发展的基础，是文化工作的重中之重。按照文化部基层文化建设要保证"基本文化阵地、基本文化队伍、基本文化活动内容、基本文化活动形式"的要求，内蒙古自治区继续实施"彩虹文化计划"和"边疆文化长廊建设规划"，加强百县千乡宣传文化工程、文化信息资源共享工程、民族民间文化保护工程、草原书屋工程等一系列社会文化工程，加大投资力度，丰富活动内容，强化社会服务，推动了基层文化事业的全面发展。其中农村牧区电影工作走进全国前列，"2131 工程"成效显著，特别是持续 7 年开展的"科普之春"电影汇映活动，在农村牧区普及科技、推动农牧业生产发展中发挥了积极作用。全区加强图书馆、群艺馆、文化馆、文化站建设，完善文化设施，四级基层文化网络更加巩固和完善，群众文化事业出现了前所未有的新局面。1994 年后，乌兰察布盟 11 个旗县市所辖 214 个乡镇苏木中有 194 个乡镇苏木建起文化站。1987 年，乌盟卓资县哈达图乡文化站获"全国普法先进文化站"，并被文化部命名为"全国先进文化站"。1981 年，伊克昭盟召开首次文化工作先代会，进一步推动农牧区文化工作。至 1983 年，全盟 137 个乡（苏木、镇）全部建立了文化站，有221 个村、嘎查建立了文化室。为加快基层文化建设，满足广大农牧民精神文化需求，包头市加强区、旗、县文化馆、图书馆建设及农村、牧区、乡村、嘎查文化站馆舍建设。自 1996 年先后在全市 76 个乡镇（苏木）建起了文化站，计划从2007 年至 2010 年，用四年时间完成全市 34 个文化站的建设任务。综合文化站作为基层文化阵地，是城乡文化基础设施的重要组成部分，是承接文化、生长文化、传播文化、经营文化的重要载体。新建的文化站将建在本地区人口较为集中、经济文化相对发达、便于群众使用的中心地带。每一个文化站的建设面积为300 平方米，内设图书室、文艺活动室、陈列室、电子阅览室、户外活动室及办公室等，具有图书阅览、广播影视、宣传教育、文艺演出、科普培训、体育健身和青少年校外活动等综合职能。文化站的建成必将推动农村牧区文化事业发展，促进城市优质文化资源、文化信息向农牧区辐射、覆盖，进一步夯实基层文化服务体系建设，切实保障农牧民基本文化权益，保证基层群众共享改革开放的文化成果。

充足的基层文化基础设施为活跃群众性文化活动提供了保障，社区文化、广场文化、企业文化、少儿文化等基层文化活动如火如荼。如近年来，包头市成功举办了新年音乐会、包头市民族音乐会等品牌晚会，创作演出了话剧《牛玉儒》、舞蹈诗《敖包相会》等精品剧目，编辑出版了大型画册《文化包头》，收集图片资料200余幅、文字稿20000余字，充分展示了包头市独具民族地方特色的现代都市文明的文化魅力。圆满完成了"中国·内蒙古第二届国际草原文化节暨第二十届鹿城文化艺术节"开幕式、闭幕式晚会。举办了多届社区之光文艺汇演、少儿艺术节、广场舞大赛、鹿城美风采大赛和千人新秧歌、千人太极扇、千人威风锣鼓、千人交谊舞表演等一系列群众文化活动。既充分发挥了专业文化对全社会的影响力和辐射力，唱响了主旋律，弘扬了民族文化精神，显示了专业艺术的示范引领地位，提高了城市文化品位，又集中展示了包头市群众文化活动的成果，以开放的形式充分体现群众的广泛参与，激发了文化与群众的真情互动，极大地丰富和活跃了全市各族人民群众的文化生活，塑造了良好的城市文化形象。

第三，强化文化市场监管力度。中共十六大报告提出发展文化产业是市场经济条件下，繁荣社会主义文化，满足人民群众精神文化需求的重要途径。阴山地域努力构建以文化旅游、文艺演出、新闻出版、广播影视、文博会展等文化产业为重点的文化产业体系，促进文化产业的增长。"十五"期间内蒙古自治区旅游文化产业总收入占GDP的比重由2003年的3.06%增加到2006年的5.82%。呼和浩特和鄂尔多斯市荣获"全国优秀旅游城市"称号。内蒙古广播电影电视局成功整合全区广播电视有线网络，注册成立了资产规模6亿多元、净资产3.8亿元的内蒙古广播电视信息网络有限公司，影视音像和网络传媒业无论资产规模还是创作生产规模，均已形成可观的产业形态，成为自治区文化产业中最具活力、发展速度最快、影响最大、经济效益最好的产业之一。全区出版发行业围绕挖掘、传承和弘扬民族文化，展示内蒙古当代经济、社会、文化创新发展的最新成果，不断推进出版发行事业的发展。出版业产值达30亿元，发行业年销售总额8.41亿元，印刷业年产值达10亿元，已产生巨大的集聚效应。蒙文出版已成为世界蒙古文图书出版中心。演艺娱乐业多门类、多层次、多形式、多投资主体的文化娱乐市场已经形成。在文博会展方面，每年举办的各类展览会、展销会、洽谈会等参加人数达200多万，成交额达3亿多元；中国西部文化产业博览会、中国民族商品交易会、北方十省区旅游交易会等全国性大型文化会展先后在阴山呼和浩特市举办，影响巨大。

文化市场泥石俱下，鱼目混珠。为了进一步净化文化市场，自治区人大颁布了《内蒙古自治区文化市场管理条例》，把整顿文化市场秩序，优化文化市场环境，为广大人民群众提供健康有益的文化服务，丰富群众的精神文化生活作为工作目标，在积极引导和培育文化市场的同时，加强对文化市场的监督检查和管理，使全区文化市场的管理逐步走向法制化和规范化。阴山地域文化管理机构本着"一手抓繁荣、一手抓管理"的原则，将日常管理与专项整治工作结合起来，经常性开展"扫黄打非"和整顿文化市场秩序工作。如包头市对全市各类文化市场经营场点的证照、警示牌、条例的悬挂、张贴以及安全防火、环境卫生进行了严格查验和硬性要求。要求歌舞娱乐场所、网吧、电子游戏厅入口醒目位置必须分别悬挂统一制作的"禁止未成年人入内"和"非国家节假日未成年人不得入内"的警示牌匾；进一步规范歌舞娱乐、演出市场经营活动；加大对网吧的管理力度，打击居民楼和城乡结合部的无证网吧、游戏厅，严格检验游戏厅的机型、机种，对带有赌博性质的游戏机全部收缴销毁，对非国家节假日接纳未成年人的游戏厅严格查处；取缔非法录像厅和路边非法出版物经营地摊；坚持"扫黄打非"，对政治性非法出版物、"法轮功"邪教宣传品以及非法宗教出版物、淫秽色情出版物、有害少年儿童的"口袋本"图书及卡通画册进行严厉打击。因成效显著，被全国"扫黄打非"办公室授予"迎奥运、保稳定期间'扫黄打非'先进集体"荣誉称号。

阴山地域在发展经济的同时，大力推进文化、科技、教育、卫生、体育等各项社会事业的发展，提高了地区文明程度，在文化开发中注意突出地方性和民族性，形成经济与文化互相促进、共同发展的良好势头。

二、文艺的勃兴

新中国成立以来，阴山地域的文化艺术事业取得了长足进展。广大文艺工作者深入生活，创作和整理了很多具有民族特点的诗歌、小说、戏剧、音乐和舞蹈作品，丰富了各族人民的精神生活。流动的乌兰牧骑活跃了农牧民的文化生活，富有地域特色的漫瀚剧体现了阴山人民的艺术品位，各具特色的文化节传唱了阴山人民的喜悦，敏锐的文学工作者以如椽之笔反映了阴山人民细腻的内心世界。

1. 流动的乌兰牧骑

极富草原特色的乌兰牧骑，被誉为草原上的文艺轻骑兵。其发源地虽不在阴山地域，但在传入阴山地域后却迅速扎根于此地。作为试点的达尔罕茂明安联合旗乌兰牧骑得到了迅速的发展，阴山的其他地方也先后成立了乌兰牧骑，如以歌舞为主的乌拉特中旗乌兰牧骑和以二人台小戏为主的杭锦后旗乌兰牧骑等等。1965 年，内蒙古自治区直属乌兰牧骑艺术团成立。建团 40 多年来，艺术团创作了 1000 多个具有蒙古族浓郁民族特点和地方特色的音乐、舞蹈和曲艺节目，其中代表性的舞蹈有《彩虹》、《草原姑娘》、《牧人浪漫曲》、《蒙古人》等，歌曲有《富饶美丽的内蒙古》、《弹起我心爱的好比斯》，好来宝《腾飞的骏马》、《草原涌来珍珠泉》等。

乌兰牧骑，蒙语原意为"红色的嫩芽"，意为红色文化工作队，是活跃在草原农舍和蒙古包之间的文艺团队。乌兰牧骑的队员多来自草原农牧民，队伍人少精干，队员一专多能，节目小型多样，装备轻便灵活。节目都是自行创作，从农牧民火热的现实生活中寻找创作源泉与灵感，从民族民间丰厚的文化传统中汲取营养，以农牧民喜爱的歌舞为主，创作演出了大批优秀的文艺节目。《捣炒米舞》取材于牧区生活中捣炒米的场景，展示了今日草原民族团结合作的精神风采；《簸炒米舞》则塑造了一群草原姑娘的形象，忽如行云流水，忽如百花绽放，令人目不暇接。《草原上的姑娘们》表现了青年一代对美好生活的追求，成功地刻画了草原人民奋发向上的精神风貌。《腾飞的骏马》等作品展示了自治区成立几十年来，内蒙古草原的巨大变化，热情地讴歌了党的民族政策和各族人民团结建设的光辉业绩。演出中悠扬的长调飘荡、动听的呼麦在回响、激昂的歌声和苍凉的马头琴声交织在一起，蕴涵着浓郁的草原生活气息及对美的向往和寻觅。

"人少节目多，反映新生活，宣传又辅导，演完就干活"是乌兰牧骑深入基层、扎根基层、服务基层的真实写照。他们不仅能在台上演出精彩的节目，走下舞台还能深入农牧民生活，为农牧民修理家用电器，传播科学文化知识，培训业余文艺骨干，放幻灯，办展览，借阅书报，代卖书刊，丰富农牧民的文化生活，是名副其实的宣传工作队、文艺辅导队、生活服务队。为密切党和人民群众的联系，丰富广大农牧民的精神文化生活，加强民族团结，促进农村牧区文化事业发展做出了很大的贡献。对此，党的三代领导人都给予了充分肯定和高度评价，并亲切接见了他们。周恩来总理多次叮嘱队员："不要进了城市，忘了乡村，要不忘过去，不忘农村，不忘你们的牧场"；"望你们保持不锈的乌兰牧骑称号"。邓小平同志题词："发扬乌兰牧骑精神，全心全意为人民服务。"1997 年，江泽民总书记题词："乌兰牧骑是我国社会主义文艺战线上的一面旗帜。"

服务基层的乌兰牧骑不仅活跃着农牧民的精神生活，也愉悦了全国人民的心情。1965年，乌兰牧骑的3支队伍，赴全国巡回演出。他们南下炎热的南京、武汉、南宁等地奉献自己的艺术成果，北上冰天雪地的黑龙江歌唱火热的生活，放歌空气稀疏的青藏高原，使草原轻骑兵的名字响彻全国。当时，《长沙日报》报道，"看乌兰牧骑的演出，分不清哪个是演员，哪个是乐师，个个都多才多艺，演出内容丰富，热情感人"。周恩来说："你们不仅走过两万五千里长征的线路，而且走的更快，走的更远，这次巡演只是万里之路的第一步。你们要将各地的优秀作品带回草原。回去之后，再组织三个队，一个在草原演出，一个在全国演出，一个可以到国外演出啊！"此后的乌兰牧骑不仅在全国巡演，更走出国门，播种欢乐和友谊，让世界认识中国，领略内蒙古风情。乌兰夫同志满怀深情地评价乌兰牧骑："应该在内蒙古的历史上写上乌兰牧骑的一页"。

为加强乌兰牧骑建设，2000年专门颁布实施《关于加强全区乌兰牧骑建设的意见》，组织举办全区乌兰牧骑艺术节，扩大乌兰牧骑的品牌效益。并且由自治区和地方财政共同投资，为部分乌兰牧骑添置或更新了设备，使乌兰牧骑焕发出新的生机和活力。2002年，组织开展了自20世纪60年代以来第二次"乌兰牧骑全国行"活动，演出92场，观众达17万人次，向全国人民展示了新时期乌兰牧骑的风采，扩大了内蒙古的影响。

2. 富有地域特色的漫瀚剧

乌兰牧骑以文艺轻骑兵的快捷方式满足了农牧民的精神需求，漫瀚剧则以浓郁的地方特色体现了阴山人民的艺术品味。漫瀚剧是蒙汉两族文化相互渗透结出的新的文化果实，其发源地是鄂尔多斯市准格尔旗。在蒙汉两族人民的交往和共同娱乐的过程中，一部分易学易唱、悦耳动听的蒙古族民歌被汉族群众所接受，而且还按照汉族山曲所惯有的即兴填词的方法，填上汉语歌词来演唱，这便是漫瀚调的雏形。这种新鲜别致的民歌很快便在蒙汉两族群众中流传开来，由于地域邻近，漫瀚调随即传入了包头市，在土右旗和九原区等地尤为盛行。在此基础上，包头市艺术工作者于1982年创建了漫瀚剧。这是具有阴山地域特色的戏剧艺术种类。这一具有塞上风韵的新剧种的成功创建，为祖国的戏曲百花园增添了一枝洋溢着草原芳香的花朵，它承载着阴山地域文化传承和保护文化多样性的历史使命。

要使漫瀚剧永葆艺术青春，必须创作精品剧目。本着"文明演戏走正路，献身漫瀚苦耕耘"的精神，漫瀚剧团创作演出的《丰州滩传奇》应文化部邀请进京汇报演出，获得好评，并荣获 1985 年全国戏曲观摩演出鼓励奖。《契丹女》获得中宣部"五个一工程奖"、文化部第四届"文华新剧目奖"等。《丰州滩传奇》、《契丹女》的音乐设计分别在中国戏曲音乐学会举办的全国戏曲音乐"孔三传奖"评奖中两度荣获"开拓奖"等奖项。《契丹女》赴法演出让巴黎观众大开眼界，优美的唱腔、动听的音乐、催人泪下的剧情、具有民族特色的蒙古族服装，都让法国观众痴迷，也得到了联合国官员的重视。联合国的一位官员看了《契丹女》后，主动找到剧组成员们要了联系办法。他说《契丹女》表达的呼唤人性和平，追求平等团结的思想非常好，以后有这样的演出机会，他一定会推荐《契丹女》。这是包头市漫翰剧团第一次到国外演出，也是内蒙古戏曲剧目第一次到国外演出。演出的成功源于阴山文艺工作者艰辛的探索和不断的创新。在漫翰剧的艺术实践中，剧团坚持"剧本是基础，音乐是关键，唱腔是中心，演员是决定因素"的原则，重点突破音乐关，初步确定了"以板式变化为主导，以曲牌组合为基础"的综合性音乐体制，引入了多声思维和多织体的伴奏手法，注意当代剧场意识和观众的审美需求，使剧种在不断地耕耘和向前推进中逐步走向成熟。为纪念抗日战争胜利和世界反法西斯战争胜利五十周年，漫瀚剧团创作演出了以中国蒙古族牧民收养日本弃儿的故事为原型的现代戏《东瀛女》，演出后反响强烈。1996 年，《东瀛女》获得全国戏曲现代戏交流演出优秀演出奖，同时获得表演奖、舞美设计奖、音乐创作奖等个人单项奖。1997 年为迎接香港回归，剧团排演了歌颂抗击英国侵略的蒙古族英雄裕谦的大型剧目《忠烈碑》，该剧获得"第五届中国戏剧节，97 中国曹禺戏剧剧目奖"，同时也获得表演奖、优秀作曲、配器奖及优秀服装设计奖等个人单项奖。

3. 各具特色的文化艺术节

改革开放以来，阴山地域各种群众文化活动蓬勃开展，形成丰富多彩的社会文化发展新格局。一批具有特色化、品牌化、规模化的文化节庆活动不断涌现，呼和浩特市的昭君文化节、包头市的鹿城文化艺术节、巴彦淖尔市的河套文化艺术节，都以各具特色的主题弘扬着阴山文化不同的侧面。

中国·呼和浩特昭君文化节，举办于 1999 年，至 2009 年已成功举办十届。1999 年，首届昭君文化节还带有庙会的色彩，活动空间仅限于昭君墓旅游区。2000 年，它已小有名气，众多艺术家在开幕式上精彩亮相。2001 年，它就迈出跨越国度的第一步，来自波兰、土耳其等 8 个国家的民间艺术家在青城街头载歌载舞的情景，至今让青城百姓记忆犹新。从此，昭君文化节便一发不可收，从

"崛起的西部"到"青城与世界同行"再到"天堂草原、魅力青城",无不显示着这座城市的腾飞与自信。昭君文化节也日益发展为大型的集文化、经贸、旅游、理论研讨为一体的盛会,表现出开放性、群众性和民族性的特色并因其内容的丰富性、形式的多样性、参与对象的广泛性而入选"中国十大节庆活动"。

鹿城文化艺术节从 1986 年创办,截至 2009 年已成功举办了 24 届,参与的群众达数百万人次。鹿城文化艺术节让草原钢城的夏夜不再静悄悄,为大批本土明星提供了施展才华的广阔舞台,成为包头市民不可或缺的一道文化大餐,是包头市乃至自治区最具影响力的群众文化活动品牌之一。它以阴山文化的深厚底蕴为根基,以美丽富饶的鹿城为平台,以丰富多彩的文化、经贸、旅游、体育等活动为载体,彰显友谊、欢庆、合作、发展的主题。

始于 2005 年的河套文化艺术节包括文化研讨、文艺演出、艺术博览、文化交流、群众文化活动、体育比赛、河套美食节等方面的内容。举办时间虽晚,届次较少,却能以此为契机,让世人领略巴彦淖尔市独有的河套美食文化、奇石文化、旅游文化,感受在博采众长中升华的河套文化。文化节的活动不仅活跃了基层群众精神文化生活,而且以积极健康的先进文化占领了基层文化阵地。

4. 文学的耕耘与收获

艺术是阴山人民的视觉盛宴,文学则是阴山人民的心灵呼唤。1956 年,党的"百花齐放,百家争鸣"的方针在阴山地域得到有力贯彻。如 1959 年初,包头市文联宣告成立,文学艺术工作者创办了文艺刊物《钢城火花》,这是内蒙古自治区各盟市最早的文艺园地。反映建设年代生活的优秀作品在此阵地不断涌现,文学创作出现了一派欣欣向荣的景象,题材、体裁都有新的拓展。但随着反右斗争的扩大化,刚刚形成的生动活泼的局面受到严重挫伤,20 世纪 60 年代初刚有所反思,紧接着却刮起了对文艺界的批评之风,并愈刮俞烈,终使阴山文学创作跌入低谷。走完漫漫十年艰难历程,从 1976 年起,阴山文学喜迎新的发展历程。这是一个空前开放与生机勃发的历程,它赋予文学从未有过的面容、视野、境界与光彩。文化机构借此东风,推动文学发展。1978 年,为庆祝中华人民共和国成立 30 周年,呼和浩特市文联举行征文活动。参加征文者约 1300 人次,共评出中长篇小说、大型剧本、短篇小说、散文、舞蹈、书法等获奖作品 111 件。1999 年,乌兰察布市文联组织、编辑了向中华人民共和国成立 50 周年献礼的大型文学作品丛书——《敕勒川丛书》,在国庆前夕由中国作家出版社正式出版发行。丛书由 10 部作品组成,为乌兰察布市 10 余名文学作者的精品力作，分别为长篇小说、中短篇小说集、诗歌、散文、报告文学集和长篇童话等。《鹿鸣》（原《钢城火花》）文学月刊是包头市唯一面向国内外公开发行的文学杂志。该杂志通过举办征文大赛、改稿会、文学创作笔会、重点作者作品研讨会等活动，积极开展文艺批评和文艺评论，使包头的文学创作日渐活跃而又丰富多彩。经过几代编辑人员辛勤耕耘，《鹿鸣》杂志已经成为祖国北疆文学园地的一朵奇葩，文学大师郭沫若和茅盾先后为其题写刊名。文学家则从现实生活出发，把人提到文学创作的中心舞台，关注人的尊严、价值、情感、命运，以饱满的人物形象，以多样化的创作手法，弘扬民族精神，展示时代风貌，一大批文学明星在阴山升起。

诗人周雨明始终以广袤、神秘的鄂尔多斯高原为生活基地，他执著地描写了这块土地浸透出的粗犷与坚韧，抒发了这片土地上人民的豪情与顽强。小说家沙痕以其短篇小说《包头俩兄妹》赢得人们的认可，他从建设包钢的火热生活中，撷取生活的片段，讴歌了包钢建设者不向命运低头的乐观精神，表达了对建设者由衷的赞美之情。来到内蒙古大学执教的江南女作家温小钰以女性细腻的感悟把握时代脉搏的律动，她在获奖作品《土壤》中塑造的历经磨难而仍挚爱着人生与事业的可歌可泣的黎珍女性形象，在广阔的历史背景下展示了中年知识分子的命运，反映了女性的自强不息和对生活的执著。"土著作家"丁茂时刻关注"三农"问题，努力用手中的笔深刻挖掘农村的变革，反映"正在挺直起来"的"庄稼人的脊梁"。蒙古族作家云照光的电影文学创作，在内蒙古文艺史上具有拓荒性。他的电影文学作品，如《鄂尔多斯风暴》、《蒙根花》、《阿丽玛》、《永远在一起》是阴山地域蒙古民族近代坎坷历史的缩影，是一幅民族解放和民族团结的生动画卷，是奉献给革命先驱者的颂歌。

有耕耘就有收获。蒙古族作家伊德尔夫短篇小说于 1978 年结集为《一发跳弹》，由内蒙古人民出版社出版。其短篇小说《如实汇报》获自治区 1957—1980年文学创作三等奖；1989 年短篇小说《震动》获自治区首届文学创作"索龙嘎"奖，报告文学《猫与鼠》获自治区第二届报告文学评奖二等奖。诗人戈非的叙事诗《从马尾弦上流下来的歌》，在艺术形式上继承中国古典诗歌和蒙古族民歌表现手法和语言风格，同时又糅进现代诗某些结构因素来表现人物内心世界，获自治区 1981 年文学创作二等奖和第一届全国少数民族文学创作奖。乐拓 1983 年在《光明日报》上发表散文《一张诊断书》，被《新华文摘》转载，后被人民教育出版社收入职业高中语文课本，继而又被编入全国通用的中专语文教材中。《包头民歌》、《民间故事选》和《包头谚语》三本书，1989年获文化部、中国民间文艺家协会科技贡献奖。那大中1981年在《人民日报》上发表杂文《换个说法》，1987年获内蒙古"骏马杯"杂文征文三等奖。戈锋杂文《又想起了闰土》，获1990年《求是》杂志"星海杯"征文第二名。1996年，在内蒙古自治区首届群众文化论文评比中，乌兰察布市群众文化学会会员乔志成的论文《内蒙古二人台舞蹈探析》获二等奖；1999年，在文化部举办的群众文化科研成果评奖中，乔志成的论文《欣然回眸，硕果累累》获全国第11届"群星奖"铜奖。

凡此种种，不一而足，阴山地域的当代作家，执著于本土的同时放眼全社会，在文学领域中孜孜探求，辛勤耕耘，反映阴山地域的深刻变化，展示阴山人民的奋进与热情，滋润着阴山文化的繁荣。

三、教育事业的腾飞

教育的发展决定地区的兴衰。1992年1月，江泽民在九十年代民族工作的主要任务中指出，教育事业是民族工作的重要方面，应在教育结构、专业设置、具体内容、学制、办学形式等方面，逐步走出一条适应少数民族和民族地区实际的路子。在加快教育发展的同时，也必须要加快科技的发展。因为，科学技术不仅仅是促进生产力的决定手段，同时也是破除愚昧落后思想的极为重要的精神武器。目前，少数民族地区民族文化存在着种种不适应现代化社会发展的不良因素，就同科学技术不发达有着必然的联系。当今的竞争主要是科学技术和人才智力开发的竞争，而智力与科学技术的开发、人才的培养和劳动者素质的提高，主要是靠发展教育实现的。阴山地域地处祖国北部边疆，是以蒙古族为主体的少数民族地区，教育事业既要夯实民族基础教育，又要重视高等教育的发展；既要着眼于普遍提高少数民族的受教育程度，又要高层次地培养包括蒙汉等各民族的人才。

1. 民族基础教育

在整个教育体系中基础教育处在重中之重的地位，民族基础教育是整个民族教育赖以存在和发展的奠基工程，是更高层次教育的基础，是提高少数民族群众整体文化素质的关键，少数民族及民族地区的任何进步和发展，都离不开民族基础教育的发展。

但在旧中国，蒙古民族遭受国内统治阶级的民族歧视和压迫，文化教育的发展受到严重的桎梏和摧残，能够上学的人寥寥无几。据内蒙古自治区的统计，解放初期，全区只有 4 所民族中学，377 所民族小学，在校民族小学生 22596 人，专任民族小学教师 912 人；中学生 524 人，教师 26 人。据巴彦淖尔盟的调查，解放前河套地区只有 1 所蒙校，包括后来从乌兰察布盟划归的乌拉特三旗，也仅有 4 所蒙校，学生总共 229 名，占当时蒙古族人口的 1.2%，教师仅有 18 名。落后的教育导致内蒙经济文化长期在低水平上徘徊。1947 年内蒙古自治区成立，内蒙的民族基础教育迎来发展的新形势。《内蒙古自治政府施政纲领》中提出："普及国民教育，增设学校，改善教师待遇，培养人才。"[①] 乌兰夫进一步指出："内蒙古民族实现了区域自治，在政治上享有了当家作主的权利。但要提高到先进民族的行列，过渡到社会主义，根本的问题是发展自治区的经济、文化建设事业。"[②] 阴山地域的民族基础教育在新形势下得到快速发展，取得可喜的进步。具体表现为：

第一，基础教育快速发展，各级各类学校少数民族在校生大幅度增长。截止到 1996—1997 年度，阴山地域共有普通中学 667 所，在校学生 470442 人，小学 5002 所，在校学生 97.1 万人，学龄儿童入学率达 99% 以上，其增长幅度，尤其是女童入学率的增长幅度大大超过全国平均水平。全区各级各类学校学生的增长速度高于全国平均速度，全区蒙古族等少数民族学生的增长速度又高于全区平均速度。

本着对民族教育高度重视的原则，阴山地域创办了大批民族中小学。乌兰察布市从幼儿教育到中等专科学校的蒙古语授课民族学校从 20 世纪 50 年代初的 10 所发展到 1999 年的 30 所。各级各类学校少数民族在校生 1.47 万人，其中蒙古族学生 1.16 万人，占少数民族在校生的 78.9%。乌兰察布市每年用于民族教育的经费占教育总经费的 20% 左右。到 1999 年，全市牧区苏木中，蒙古族适龄儿童入学率达到 98%。呼和浩特市地方财政也加强对民族中小学和民族幼儿教育投资，1986 年，地方财政拿出 117.33 万元的民族事业费。到 1986 年，呼和浩特市共有民族中学 10 所，民族小学 20 所。1985—1986 年两年内中考升学率达 75%，比汉生升学率高 10%。

民族教育方面，各级政府在经费等方面多采取倾斜政策。2005 年，巴彦淖尔市投入项目资金 130 万元，重点支持乌拉特中旗蒙古族小学办公综合楼建设工

---

① 中共中央统战部编《民族问题文献汇编》第 1113 页。
② 内蒙古乌兰夫研究会编《乌兰夫论民族工作》第 117 页。

程，市蒙古族中学、乌拉特后旗蒙古族中学和乌拉特前旗蒙古族幼儿园购置教学器材、设备等四个项目。从 2004 年秋季到 2005 年秋季，对全市 11 所蒙古族中小学实施"两免一补"政策，即免学杂费、免课本费、补生活费。全市蒙古族中小学学生享受两免人数为 2860 人，享受资金 908400 元；享受一补人数为 2860 人，享受资金 327887 元。

　　包头市通过优化教育资源配置，巩固和发展义务教育，强化素质教育，使民族教育得到极大发展。截至 2008 年，全市有民族中学 6 所、小学 9 所、幼儿园 3 所，民族教育体系日趋完善。其中，1957 年建立的包头市蒙古族小学，1960 年代被确定为内蒙古自治区重点小学，曾接待过英国陆军元帅、第二次世界大战中盟军杰出的指挥官蒙哥马利等国际友人。该校以蒙古族为主体，同时也有汉族、朝鲜族、满族、回族、达斡尔族等族学生，授课采取蒙语授课、蒙语加授、汉语加授等多种形式。该校努力探索民族学校办学规律和特点，在全面提高学生素质和发展学生个性特长方面取得新进展，被评为全国民族团结进步先进集体、自治区标准化民族小学，并进入义务教育示范学校和校园建设优秀学校行列。包头市蒙古族中学 1981 年被确定为内蒙古自治区重点中学，采用蒙汉两种语言授课，并开设外语。该校注重学生全面发展，积极开展丰富多彩的课外活动，继承和发扬蒙古族文化遗产和优良传统，全面提高学生素质。被评为内蒙古自治区民族教育先进集体、自治区标准化民族学校、自治区民族团结进步先进集体。包头市在发展民族教育的过程中，同样体现了政策倾斜的原则。民族中小学"两免一补"全部纳入国家农村牧区义务教育经费保障新机制中，并按时足额发放到学校。包头市九原区甚至实行了高中阶段免费义务教育，达茂旗做到了"两免两补"。

　　鄂尔多斯市蒙古族小学是一所市直属母语授课小学；蒙古族中学成立于 1956 年，是用蒙古语授课的普通完全中学；内蒙古民族幼儿师范艺术学校是国内唯一一所蒙古语言授课的幼儿师范艺术学校。另外，达拉特旗蒙古族学校，准格尔旗蒙古族实验小学，伊金霍洛旗蒙古族小学等都是专门进行民族教育的学校，民族教育扎扎实实落在了实处。"十五"以来，鄂尔多斯市在社会事业方面累计投入 71.7 亿元，年均增长 29.3%，建设了大批公共基础设施。科技、教育、医疗卫生事业得到长足发展，2004 年实施了义务教育"两免一补"政策，人民群众受教育明显提高。随着现代远程教育的实施，教育信息化在推动教育内涵发展中的作用日益凸显。鄂尔多斯市制定了《鄂尔多斯市蒙古文资源建设规范要求》，各地整理优质蒙古文教学资源，建立网站及资源库，制作教学示范课例和具有地方特点和民族特点的多媒体教育资源。

从自治区目前少数民族人口数和民族中小学校数来推算，民族教育的布局和设置，大体说来，每1千少数民族人口有1所民族小学，每1万人口有1所初中，每3万人口有1所高中。

第二，以蒙古族为主的少数民族人口的文化素质明显提高。据1990年全国第四次人口普查统计，少数民族成人文盲率从1982年的44.45%降至1990年的30.81%，下降了13.64个百分点。朝鲜族、蒙古族等17个民族成人文盲率已低于全国平均水平。全国蒙古族具有大学文化程度的人数占本民族总人口的18.5‰，按由高到低顺序排列，居我国56个民族第12位，比汉族高出4个多千分点；在全国18个百万以上人口的少数民族中，居第二位，仅次于朝鲜族。[1] 这说明以蒙古族为主的阴山地域的少数民族文化素质在不断提高。

蒙古族历来就有重视教育、积极发展民族教育事业的好传统，因而人口的文化素质在国内各民族中是比较高的。在蒙古民族中流传有大量的重视文化教育的谚语："家财万贯的人，是低等富翁；知识渊博的人，是头等富翁"；"星辰点缀天空，知识充实头脑"；"日月照耀大地，知识照耀前程"；"学习是知识的种子，知识是幸福的种子"；"孩子有一个可以知足，惟独求学不可知足"；"数不尽的沙粒，渡不尽的学海"等等。这些谚语告知我们，只要有条件、有机会，蒙古民族就会聪慧自己的头脑。自治区的成立，改革开放的春风都为蒙古民族提供了提高文化素质的条件。特别是阴山地域各类高等院校在专业设置和教学、科学研究上充分考虑了地区特点和民族特点，这应归功于阴山地域实行的对民族教育倾斜的政策。除在招生上对少数民族实行择优优先录取外，还有在办学形式上采取以集中办学为主，并与分散办学相结合的方针。以单独设立民族学校，实行在校寄宿制为主，外加蒙汉合校及在普通学校单独设立民族班。民族学校也招收部分汉族学生，同样学习蒙古语文，有利于促进不同民族之间的文化交流，维护民族团结。

第三，积极推进双语教学乃至三语教学。语言是人类交际的工具，是人类文化的载体。宪法规定："各民族都有使用和发展自己的语言文字的自由。"蒙古民族拥有悠久的历史、独立完整的语言文字。运用自己的语言文字，蒙古民族传承着自己民族的历史、文化、优良传统，培养了无数民族化人才。但在发展民族教

① 教育部民族教育司《蓬勃发展的中国少数民族教育》，《中国民族教育》1998年第6期。

育中只靠母语单语教育已不适应现代社会、现代经济、现代教育、现代科技的发展。因为,我国汉族占人口的绝大多数,而且科学技术文化发展比少数民族发达。汉语又是全国通用的语言,少数民族如果不掌握汉语,就无法在更广大空间上发展自我。因此阴山地域的所有民族学校,都建立了至少两种语言教学体系,汉语文和蒙古语文在授课中同时使用。全球化的今天,一个民族的发展,很大程度上取决于外部交往的程度。要使民族教育与现代化教育接轨、与知识经济时代接轨,培养外向型国际化人才,除学习使用本民族、本国的语言文字外,努力学习使用其他国家和民族的语言文字,进而学习他们先进的科学技术和文化,已成为发展自我的必需。现今,阴山地域的民族学校多加授一门外语。

阴山地域的民族基础教育在较短时期内取得了长足的进步,但与发达地区相比,还有差距,正如乌兰夫所言:"要看到内蒙古的经济和科技文教事业已有了相当发展,但仍落后于先进地区的事实。正视这种现实是要努力赶上去,要千方百计地提高社会生产力,继续大力发展经济、科学技术和文化教育事业,加强科学研究,扩大知识分子队伍;特别是要加速发展基础教育,努力提高全民族和整个地区的科学文化水平。这样才能逐步缩小差距,有效地改变落后。"①

2. 高等教育

新中国建立后,阴山地域普通高等教育从无到有,稳步发展,已形成学科门类比较齐全,研究生、本科生、专科生各层次教育兼备的高等教育体系。在高等教育发展过程中注意突出民族特色,民族教育以高于全区平均发展速度,在巩固提高中得到优先重点发展。高校中普遍设置民族语言授课专业和民族班,在校少数民族学生数逐年上升。1985年,内蒙古大学、内蒙古师范大学、内蒙古农牧学院、内蒙古林学院和内蒙古财经学院5所高等院校的蒙古语言文学、学前教育、政治、历史、畜牧、林学、财政金融等17个专业设有蒙语授课班。内蒙古大学的蒙古语言文学系闻名国内外,是中国蒙古语言、文学的科研中心。各大学都设有少数民族预科班,在招生上对少数民族实行择优优先录取和规定比例相结合的方针,每年全自治区高等学校录取少数民族学生一般占25%以上。1985年,呼和浩特市的高等学校和大专班在校生总数为18971人,少数民族学生5236人,占在校生总数的27.6%,其中蒙古族学生4525人,占在校生的23.8%。研究生中少数民族学生占21.4%,其中蒙古族研究生占20.36%。本科毕业生3023人,

---

① 内蒙古乌兰夫研究会著《乌兰夫论民族工作》第512页。

其中少数民族学生 885 人，占 29.2%，蒙古族学生 799 人，占 26.4%。

阴山地域高等教育发展的历程，主要经历了三个发展时期。

第一阶段，摸索起步阶段（1947—1955 年）。这一时期，为落实 1951 年的第一次全国民族教育会议精神，以培养少数民族干部为首要任务，以满足各民族的政治、经济、文化教育建设的需要，同时加强小学教育和成人业余教育，提高少数民族的文化水平，并努力解决少数民族各级学校的师资问题。阴山地域于 1952 年组建内蒙古师范学院，它的成立不仅结束了内蒙古地区没有现代正规的高等院校的历史，而且揭开了内蒙古民族教育用自己的语言进行高等教育，即蒙语授课高等教育模式的崭新一页。同年还成立了内蒙古畜牧兽医学院，这是阴山地域建立的与地方民族经济发展有最直接关系的高等院校。但无论是内蒙古师范学院还是内蒙古畜牧兽医学院均属摸索阶段。

第二阶段，初具规模与奠基阶段（1956—1965 年）。1956 年召开第二次全国民族工作会议，提出了"培养政治干部与培养专业技术干部并举"的民族高等教育的办学宗旨。明确了民族地区的办学方向，使高校服务于地方经济的目的清晰。在此基础上，1957 年，筹建了内蒙古第一所高水平的综合性大学——内蒙古大学。乌兰夫在内蒙古大学的开学典礼上指出："内蒙古大学负有双重任务：一方面它与各兄弟高等院校一样的贯彻执行有社会主义觉悟的、有文化的、身体健康的劳动者的教育方针；另一方面必须看到国家在一个少数民族地区建立高等院校，它就要负起繁荣和发展蒙古民族的文化和培养本民族的知识分子进行科学技术研究的任务。"[1] 乌兰夫有关民族地区高等院校要从本地区实际出发，体现办学的民族特色和地区特点，为民族地区的经济发展、人才培养和科学研究服务的思想，今天仍然具有普遍的指导意义。建校之初，内蒙古大学设置了 6 个系 8 个本科专业，1957 年学校招收第一届学生 340 名，1962 年在校生达到 1660 人。内蒙古师范学院到 1962 年已有 11 个系 14 个专业，在校生达到 2000 人。内蒙古畜牧兽医学院 1960 年改名为内蒙古农牧学院，到 1966 年已有 4 个系，在校生达1700 余人。此外，内蒙古医学院、内蒙古林学院、内蒙古工学院纷纷落户呼和浩特市。20 世纪 50 年代，集宁师范学院（原名集宁师范专科学校）开始形成于乌兰察布市。同一时期，内蒙古科技大学（原名包头钢铁学院）、包头医学院（原名包头医学专科学校）、包头师范学院（原名包头高等师范专科学校）相继

---

① 内蒙古乌兰夫研究会著《乌兰夫论民族工作》第 271 页。

兴起于包头市，为"草原钢城"增添了现代高等教育的气息。在第二阶段，阴山地域的高等教育呈现出在调整中发展的趋势，形成以师范、农业、医学为主，兼顾林牧、工业的格局。

第三阶段，蓬勃发展时期（1977 年至今）。1981 年召开第三次全国民族教育会议，提出要发展少数民族的中等专业教育和高等教育，高考招生对少数民族适当照顾。这一精神和内蒙古提出的优先、重点发展民族教育的方针完全吻合。阴山地域迎来了高等教育发展的繁荣时期。高校数量增加、所属学科增加、专业增加、学生人数大幅度增加、办学层次提升、办学水平提高，形成了具有民族特色、时代特色、地区特征的规模、结构、质量、效益协调发展的教育体系。

现代的呼和浩特秉承文化的传统，大力发展教育事业，是阴山地域的教育、科研、文化中心。现有内蒙古大学、内蒙古师范大学、内蒙古农业大学、内蒙古工业大学、内蒙古财经学院、内蒙古医学院等多所高等院校，还有中央、内蒙古直属和市属的多家科研机构，学科遍及农、林、牧、医、教育等。众多的高校烘托着呼和浩特浓浓的文化气息，市民的举手投足流露出文化修养的提升。内蒙古大学在发展中实现了从普通高等学校到全国重点大学、从一般性建设到"211 工程"重点建设、从地方性大学到省部共建大学三次历史性跨越。截至 2006 年 2 月，内蒙古大学有 2 个国家重点学科，8 个自治区重点学科；1 个博士学位授权一级学科，19 个二级学科博士学位授权点；8 个硕士学位授权一级学科，92 个硕士学位授权点（含 5 个专业学位授权点）；3 个博士后流动站；59 个本科专业；有 4 个国家级和 2 个自治区级基础科学研究和教学人才培养基地，1 个国家大学生文化素质教育基地；1 个省部共建国家重点实验室培育基地，1 个教育部人文社会科学重点研究基地，1 个教育部重点实验室，1 个教育部民族学科文献信息中心，7 个自治区重点实验室。其中的蒙古学和生命科学两个学科具有鲜明的民族特色和地区特色，以"试管牛"技术为代表的一批技术已经或正在进行成果转化，为国家经济建设和社会发展作出了重要贡献。内蒙古师范大学突出"大力发展民族高等教育，培养蒙汉兼通的少数民族复合型人才"的办学特色。现有全日制本专科生24238 人，全日制研究生1110 人，成人教育学生10232 人，留学生53 人，形成了多层次的人才培养体系。开设 53 个本科专业，涵盖了 8 大学科门类，有自治区重点学科 8 个，校级重点学科 21 个。专任教师 1332 人，其中国家和自治区有突出贡献中青年专家 19 人，入选国家"百千万人才工程"、自治区新世纪"321 人才工程"、自治区高等教育人才培养"111 人才工程"共 121 人

（次），享受政府特殊津贴教师 46 人。

总之，阴山地域的高等教育经历了从培养中高级民族干部的政治性高等教育，逐步向培养民族地区经济建设需要的专业人才的正规化高等教育过渡的发展历程，体现出高校对大学的功能、使命和规律的理性认识逐步深化，自觉形成与时俱进，改革创新，突出特色的办学理念。少数民族学生在党的政策的照顾下，有更多的机会接受高等教育，由此促进了阴山地域经济建设、社会进步和文化发展。

四、史学研究

建国后，阴山地域的地方史研究取得了较快的发展，尤其是蒙古史的研究显示出蓬勃发展的势头，在史料整理、出版及关于蒙古族社会生活的研究方方面面，都取得了显著的成就。

1. 史料整理、出版

史料整理出版工作是史学研究的基础，阴山学者以铺路人的奉献精神执著于此，整理出版了一大批文献史料：2001 年和 2003 年，内蒙古大学出版社分别出版了齐木德道尔吉、巴根那编《清朝太祖太宗世祖朝实录蒙古史史料抄——乾隆本康熙本比较》及齐木德道尔吉主编的《清朝圣祖朝实录蒙古史史料抄》（上下）。薄音湖、王雄编辑点校《明代蒙古汉籍史料汇编》第一、二、三、四辑，已分别于 1993、2000、2006 年，由内蒙古大学出版社出版。中国第一历史档案馆、内蒙古大学蒙古学研究院合作，将内阁蒙古堂档案内的康熙朝簿册类档案编辑成册，定名为《清内阁蒙古堂档》（22 卷），已于 2005 年由内蒙古人民出版社出版。中国第一历史档案馆、内蒙古自治区档案馆、内蒙古大学蒙古学研究中心合作编辑《清内秘书院蒙古文档案汇编》已陆续正式出版。辑入此《汇编》的"内秘书院内翰林院蒙古文档簿"共 33 册，约计 2000 余件，起止时间为崇德元年（1636 年）至康熙九年（1670 年）。其内容主要反映清朝与漠南蒙古、漠北蒙古、新疆、青海和西藏等地区的政治、经济、军事、文化、民族、宗教等方面关系，以及清朝对以上地区的统治政策和当时发生的有关重大事件。《汇编》的首次公开出版，大大提高了清初蒙古文档案的利用率，为蒙古史、边疆史、民族关系史和清史研究提供了系统可靠、丰富翔实的第一手史料。

2. 蒙古史研究

阴山地域的学者得地利之便，充分利用丰富的蒙古史史料，探究蒙古民族的发展历程。1991 年，内蒙古社会科学院历史所主编的《蒙古族通史》由民族出版社出版；2002 年，内蒙古大学出版社出版的《蒙古民族通史》（1—5 卷），荣获中国国家图书奖二等奖。蒙古学研究者喜欢探讨的也是争论不休的课题之一便是蒙古族的族源问题。2001 年，内蒙古人民出版社出版的《亦邻真蒙古学文集》，收入作者蒙古史研究方面较有分量的所有论文。其中《中国北方民族与蒙古族族源》一文认为，蒙古民族的核心部落是出于蒙兀室韦的室韦——鞑靼人；原蒙古人是从东胡后裔民族区（内蒙古东部）向整个蒙古高原扩散，与突厥、铁勒及其他民族相结合，并且吸收了各种外族人口。亦邻真的这些见解，得到了史学界的广泛赞同，成为有关蒙古族族源的主流学说。当然，也有学者对亦邻真的"东胡说"提出商榷。

3. 北方民族史研究

蒙古民族是北方游牧文明的集大成者，研究北方民族史不仅可以展示北方民族和蒙古民族的渊源关系，而且具有促进民族团结的现实意义。在这方面表现特别突出的是林干教授。他 1961 年响应组织号召来到阴山地域支援边疆，曾兼任中国蒙古史学会理事、中国中亚文化研究会理事、中国民族史学会顾问、内蒙古社会主义学院名誉院长、内蒙古地方志学会副会长。多年来林干教授致力于中国古代北方民族史教学与研究，皓首穷经著春秋，发表学术论文 50 多篇，出版专著 19 部。这些论著解决了国内外学者若干悬而未决的问题，填补了民族史研究领域的一些空白，引起国内外学术界的重视和高度评价。其中三部代表作《匈奴通史》、《东胡史》、《突厥史》完成了中国古代北方民族三大系统的巨大"学术工程"。《匈奴通史》1989 年被国家教委列为优秀研究成果，1995 年又被国家教委评为"首届人文社科研究优秀成果"一等奖；《突厥史》1989 年被内蒙古自治区评为第三届哲学社会科学优秀成果一等奖，同年参加第四届北方十五省市（自治区）十七家出版社社会科学优秀图书评奖活动获"优秀图书奖"；《东胡史》1991 年获第五届"中国图书奖"二等奖。这三部史书资料详尽，论述精湛，观点独特，是研究北方民族史的重要成果。

4. 草原文化研究

悠久的草原文化是中华民族文化的重要组成部分，是加快内蒙古文化发展、建设民族文化大区的现实基础。研究草原文化由来已久，学者们对不同历史时期，不同民族尤其是蒙古民族的政治、经济、文化、民俗等做了大量的探讨。在此基础上，以内蒙古社会科学院牵头的国家重大科研项目"草原文化研究工程"

于 2004 年正式启动。经过三年多的探索和努力，2007 年，"草原文化研究工程"的主体成果《草原文化研究丛书》由内蒙古教育出版社出版。这套丛书共有 11 部著作，对草原文化的内涵、特征、历史发展与影响、草原文化的现代化等问题做了系统的论述。尤其是书中提出的"草原文化与黄河文化、长江文化一样，是中华文明三大主源之一"的观点对"多元一体"的中华文明是有力的补充，得到许多学者的认可。正如草原文化研究工程的负责人吴团英所言："内蒙古是草原文化的主要发祥地和承载地之一，草原文化在经历匈奴、鲜卑、突厥、契丹、蒙元、满清、现当代几个高峰期的发展以及与中原文化的长期碰撞、交流、融合后，今天已经演变成为以蒙古族文化为典型代表的、历史悠久、特色鲜明、内涵丰富的文化体系，在国内外具有重要地位和影响。"2008 年自治区批准设立了"草原文化研究基地"，草原文化成为自治区最具影响力的文化品牌。草原文化研究把内蒙古民族文化起源历史扩展到中华文化主源的层面，极大提升了内蒙古文化的"软实力"，也推动了全区社科研究事业迈上新台阶。以草原文化为主体，涵盖游牧文化、蒙元文化、河套文化等专题研究项目全面铺开，"中国·内蒙古草原文化研讨会"、"中国河套文化研讨会"、"民族民间文化艺术遗产研讨会"等一系列理论研讨活动，对民族文化进行高端策划、系统规划和深入研究，为各地区相应文化领域发展建设的实践提供指导和服务，极大地提高了民族文化品牌在全国的影响力。

阴山地域的地方史研究呈现出不断深化与进步的趋势，表现出科研服务地区经济发展的自觉意识，相关学科在理论、方法、成果上也日益交叉融合，这一切必将推动阴山地方史研究的继续深入。

第四节　阴山地域文物古迹遗址和非物质文化遗产的保护和利用

阴山地域悠久的历史沉淀了厚重的文物遗迹，具有浓郁民族和地域特色的古迹遍布阴山南北，默默诉说着这片热土曾经的故事。大窑文化见证着原始先民的繁衍生息，绵延长城记载了烽火连天的古代战争，林立的召庙传递着阴山人民的宗教情感，高耸的昭君墓传唱着蒙汉团结的真情……你来我往的众多民族共同谱写着阴山多彩的文化篇章，形成色彩斑斓的民风民俗，它们以其独特的文化内涵成为受保护的文化遗产，吸引了世人关注的目光，为现代阴山地域发展旅游业提供了契机。

一、考古与文物古迹遗址

古代人类通过各种活动遗留下来的遗迹和遗物，既对文献资料起着补充作用，又可以纠正文献资料中的错误。特别是对于人类的起源和发展、文字未出现的史前时期的研究，考古与文物更是发挥着不可替代的作用。阴山地域各级政府在解放后积极致力于考古发掘，以丰富的文物遗迹充实着阴山文明。

1. 现代考古与文物概述

新中国成立后，阴山地域各级政府通过设置文物保护管理机构和制定文物保护条例，在考古与文物方面取得了突出成就。如 1979 年建立的巴彦淖尔盟文物管理站通过有组织、有计划、有步骤的文物搜集、整理和考古工作，加强了对文物的保护和管理。截止 1985 年，共发掘、搜集各种文物 618 件，其中历史文物 437 件，民族文物 108 件，革命文物 73 件。经不完全统计，呼和浩特市通过考古发掘后，全市有旧石器时代遗址 7 处，新石器时代遗址百余处；战国至明清古城 37 座；古墓葬区 40 余处；战国至明代的村落、庙宇、窑窖遗址 255 处，古钟 30 尊，石碑近 200 通；战国至秦汉长城四道，烽燧百余座。还有与重大历史事件、革命运动和著名人物有关的建筑物、遗址、纪念物。乌兰察布市大规模开展考古调查、发掘、研究工作始于 20 世纪 50 年代后期，其中新石器时代考古与研究集中于岱海与黄旗海沿岸，察右前旗庙子沟遗址因其发掘面积大、遗迹保存完整、文化面貌明显的地方特征，被命名为"庙子沟文化"；凉城县老虎山是全国时代较早的石城遗址，其文化面貌在内蒙古中南部地区龙山早期遗存最具代表性，被命名为"老虎山文化"；战国、两汉时期考古主要以长城、古城、古墓葬为主；魏晋南北朝隋唐时期考古主要集中在古长城的调查和古墓葬的发掘，先后考证了北魏六镇武川镇、抚冥镇和长川古城的地望；辽代考古主要集中在对古墓葬的发掘与研究，在阴山以北发现大批汪古部遗存。此外，对金代长城、古城、古墓葬等方面也做了大量的考古挖掘工作，考证出元代净州路等一大批古城的地理位置，发掘了凉城县、净州路附近的一大批墓葬，并产生了一定的影响。2008 年，内蒙古自治区文物考古研究所与和林格尔县文物保护管理所联合组成考古队，在和林格尔县发掘清理出从春秋至唐代不同历史时期的古代墓葬 164 座，出土大量铜、铁、玉、陶、漆等各类质地的随葬器物。包头地区解放后做了大量的考古工作，主要有 1954 年 6 月在麻池乡召湾村清理了汉墓 11 座；1955 年和 1959 年两次在东河区转龙藏试掘；1956 年 4 月在孟家梁清理汉墓 10 座；1958 年在包头南郊上窝尔吐壕清理汉墓 4 座；1960 年 6 月在土右旗水涧沟清理战国墓葬 1 座；1964 年在包头东郊清理汉墓 1 座；1974 年试掘敖伦苏木古城 30 号、50 号建筑遗址并在其西北 15 公里的毕其好来汪古部墓群清理 3 座墓葬；另在达茂旗额尔登敖包木胡儿索卜嘎汪古部墓群清理墓葬 1 座；1978 年和 1984 年两次发掘达茂旗大苏吉乡明水金元时期汪古部墓群；1980 年对固阳县白灵淖乡城圐圙古城进行试掘；1981 年对阿善遗址进行正式发掘；1988 年在沼潭火车站清理了一座战国墓；从 1979 年至 1998 年陆续在召湾清理了汉墓 49 座；1988 年和 1994 年在下窝尔吐壕清理汉墓 6 座；1990 年、1992 年在观音庙清理汉墓 2 座；1995 年在沼潭又清理汉墓 3 座；1984 年和 1997 年在包头铝厂清理汉墓 8 座；1998 年在边墙壕清理汉墓 3 座，等等。在众多的考古发掘中，值得阴山人骄傲的文物遗迹主要有阴山岩画、鄂尔多斯青铜器、古长城、古城址、和林格尔汉墓壁画等。

2. 游牧文明的展示

"敕勒川，阴山下，天似穹庐，笼盖四野。天苍苍，野茫茫，风吹草低见牛羊。"这首耳熟能详的北朝民歌不仅描摹了阴山脚下天野相接、水草丰美、牛羊肥壮的草原壮丽图景，也隐含了宽阔草原下牧民豪爽开放的民族性格，阴山岩画与"鄂尔多斯青铜器"都抒写了游牧文明的粗犷与大气。

阴山岩画是原始先民留在岩石上的艺术，是阴山先民的图腾崇拜和生活轨迹，又是草原文明的真实写照。画面上的动物动感强烈，或引颈长嘶，或四蹄腾跃，或含怒欲斗，或舐吻亲昵。一幅生动逼真的草原情景展现在观者眼前，让人思绪万千。独猎、众猎、引弓射猎、围捕野兽的狩猎画则再现猎手对野兽致命一击的紧张与力量。阴山岩画以"举世罕见的珍贵古代民族文物"描摹着混沌原始的阴山文明。其后各族便不断的以农牧和争战书写着跨越阴山的历史，留下了大量的文物古迹，供后人追寻历史的脉络，景仰先辈的荣光。

闻名世界的"鄂尔多斯青铜器"以其精美的制作彰显出青铜工艺的精湛。它是阴山古老的游牧民族匈奴的文化遗存，是中国古代北方游牧文化的代表性器物之一，其文化内涵丰富、特征鲜明、延续时间长、分布地域广。"鄂尔多斯青铜器"多为实用器，按其用途大体可分为兵器、装饰品、生产生活用具及车马器四大类，以短剑、铜刀、各类动物纹饰牌、饰件、扣饰等为主。其中，青铜饰牌种类繁多，富于变化，尤其引人注目。青铜饰牌是一种装饰在衣服上、腰带上或马具上的青铜牌，形状有长方形、圆角长方形、近似半圆形几类。饰牌上猛虎和野猪撕咬得难解难分；小羊在恶虎的血盆大口中无助地低着头……内容丰富、造型生动、工艺娴熟、风格奇特的"鄂尔多斯青铜器"，反映了匈奴人的游牧经济特点，充斥着浓郁的草原气息，具有独特的艺术价值和史料价值。

3. 雄踞阴山境内的古长城

阴山作为游牧文明和农业文明的分界线，自古便是兵家必争之地，长城和众多古城遗址说明当年争战的激烈。为了保卫边境的安全，战国时赵武灵王"变俗胡服，习骑射。北破林胡、楼烦。攘地千里"，疆域扩大至阴山南北，遂"筑长城，自代并阴山下，至高阙为塞"。该"长城"分南北两列，北列西起高阙（今乌拉特后旗狼山中的达巴南沟口的高阙塞），沿狼山南麓东去，经乌拉特中旗、乌拉特前旗进入固阳县，至呼和浩特西北大青山北麓；南列西起乌拉特前旗黄河东岸，傍乌拉山南麓逶迤东去，经包头、呼和浩特、卓资北境，向南折入察右前旗。赵长城的修筑，说明阴山地域在战国时期已成为中原诸侯国的一部分。我国著名历史学家翦伯赞在登临了赵长城之后感触颇深，赋诗一首："骑射胡服捍北疆，英雄不愧武灵王。邯郸歌舞终消歇，河曲风光旧莽苍。望断云中无鹄起，飞来天外有鹰扬。两千几百年前事，只剩蓬蒿伴土墙。"[①]

长城虽然在春秋战国时期即已修筑，但是由于诸侯林立，属境较小，长城自是无法绵延不断。自秦始皇始，天下一统，修筑万里长城。据司马迁《史记·蒙恬传》记载："秦已并天下，乃使蒙恬将三十万众，北逐戎狄，收河南。筑长城，因地形，用制险塞，起临洮，至辽东，延袤万余里。"万里长城的核心地段在阴山地带，其中，在包头市境内的秦长城累计长度为120公里左右，多半修筑在山峦北坡，依山就险、因坡取势，山谷隘口及平川地带多用夯土筑成，山地则多用石砌或土石混筑，一般石砌长城遗迹保存尚好。小佘太秦长城遗址保护最完好，所用石料基本是人工敲砸而成的条状、长方体石块、间杂少量自然石块，采用层层交错叠压的方法垒砌而成，内外壁面整齐规则，被国家列为一级保护文物。

在阴山乌拉特草原上，有南、北两条近似平行的汉长城，均为汉武帝时修建。据考古学家李逸友多次实地调查，北线东南端起点是今武川县哈拉合少乡后石背图村的大山顶上，山顶上有汉代建筑基址，地表散布有少量的汉代陶片。北线长城在武川县二份村与三份村之间，向北入达尔罕茂明安联旗，经百灵庙后

---

① 政协包头市委员会文史资料委员会编《包头风情录》第271页。

河，西北行至呼热苏木村西，伸入乌拉特中旗境，时续时断，横贯乌拉特中旗北部至额河音查干西北方，伸入乌拉特后旗北部巴音前达门苏木，再向西偏北经乌日特、呼仁洮勒盖等地，伸入蒙古国境内南戈壁省呼尔赫乌拉山（阿尔泰山之余支）东南麓。汉长城北线总计全长 580 公里，在阴山域内长 527 公里。南线东南地起点在今武川县西乌兰不浪乡西南部的马鞍山顶上，筑在山顶较平缓处。向西北经西红山乡杨树功村伸入固阳县境大庙乡，经东公鹏鹳乡、卜塔亥乡进入达尔罕茂明安联合旗乌兰胡同乡。西北行经西河乡新宝力格苏木，至巴音珠日和苏木，伸入乌拉特中旗新忽热苏木，断断续续，横贯乌拉特中旗中部。于巴音杭盖苏木伸入乌拉特后旗巴音前达门苏木南部，横贯乌拉特后旗，至查干滚乃呼都格之北进入蒙古国南戈壁省呼尔赫乌拉山南麓。总计全长约 808 公里，在阴山域内长约 498 公里。① 为加强防卫，汉王朝还在汉长城和战国、秦长城沿线内外侧，大修城障、塞亭、烽火台和边城。汉长城和赵秦长城在构筑方式上不同。赵秦长城因山崖、沟壑据险而筑，几乎全部用石头筑成；而汉长城多从草原上通过，一般无石可用，只好夯土为墙。汉长城的位置更靠北，证明汉武帝时国力之强、疆土之大。

北魏时期，为防御北方柔然的南下，修筑了长城。《魏书》卷 2《太宗纪》载：公元 423 年（明元帝泰常八年）二月，"筑长城于长川之南，起自赤城西，至五原，延袤二千余里，备置戍卫。"北魏长城东起今河北赤城县，经内蒙古乌兰察布市南部至包头市，绵延 2000 余里。在今天阴山地域的达尔罕茂明安联合旗、固阳县、武川县、四子王旗、察右中旗，仍存有北魏长城的遗址。

明代的万里长城世界驰名，在阴山地域内以乌兰察布市的清水河段最为有名。清水河县北堡乡口子上村东的丫角山，是明代外长城大同镇与山西镇的交接点，也是外长城与内长城西北端的交接点（明代称两道平行或分岔的长城为外长城与内长城）。城墙坚固高大，内外建有方形或圆形墩台，还有密集的敌台和敌楼。墙身用土夯筑，外侧用砖石包砌，根基用整齐的石条和青砖垒筑。墙顶用青砖铺地及垒砌垛口。现为全国重点文物保护单位。

在当时历史条件下，筑长城是出于防御而采取的一种较好形式。王国良在《中国长城沿革考·绪论》中认为，游牧民族"来无时，去无所，穷追无所获，屯守又多费，应付极为困难！所以历代对于北胡，多抱保守主义；即如汉经卫

---

① 李逸友《中国北方长城考述》，《内蒙古文物考古》2001 年第 1 期。

青、霍去病诸将穷追逐北，直捣穹庐，匈奴不敢南下而牧马，但还兢兢业业，边备不敢稍懈。"① 长城的修筑，保证了农业生产和经济文化发展与积累所需要的基本条件，对于"土地肥美，人烟稠密，名都大邑所在"的中原农业地区，确实曾经起到过障御和保卫的明显作用②。孙中山先生在评价秦始皇时说："为一劳永逸计，莫善于设长城以御之。始皇虽无道，而长城之有功于后世，实与大禹治水等。"③ 如今的长城虽经历史的风雨剥蚀，但仍以苍苍莽莽的气势，威武雄浑的壮阔，浓缩成了一种厚实的文化积淀，以永恒的苍凉和悲壮，永远留在华夏文明的史册里。

4. 残存的古城遗址

阴山地域的古城遗址以残留的痕迹见证着当年的文明与战争。唐代李益的《夜上受降城闻笛》直写边疆民族战争之场景，军士终朝奔波，不胜其苦，厌战、离愁的情绪溢于诗中。"回乐峰前沙似雪，受降城外月如霜，不知何处吹芦管，一夜征人尽望乡。"诗中的受降城即在阴山地域。仅在巴彦淖尔市境内就有古窳浑城、临戎古城、三封古城、八一乡古城、鸡鹿塞、新忽热古城、西受降城、三顶帐房古城、乌梁素海古城、沃野镇古城、西安阳古城、光禄塞、高阙塞等多处古城遗址。它们记录了阴山地域从战国到明清时的军事谋略，从中出土的若干文物叙述了悠久的阴山文明：战国大铁鼎、汉代的灰陶器、北魏的瘦莲花纹瓦当、唐代金碗、明清青花瓷残片，不同时代的文明特色尽显眼前。

尤其是位于今巴彦淖尔市磴口县西北狼山西南段哈隆格乃峡谷南口的鸡鹿塞，2006 年被列为国家级重点文物保护单位。鸡鹿塞建于汉武帝元狩三年（前122 年），是当时著名的军事要塞、西汉时期中原和匈奴经济政治往来的重要关卡，也是我国古代最早的瓮城之一。遗址呈正方形，边长约 68.5 米，占地约4900 平方米，全部用片麻岩和卵石砌成，筑于距沟底高约 19 米的山坡平台上。墙上端残存厚度约 3.7 米，下端厚约 5.3—5.5 米，残墙高一般约 7 米，最高 8米，西北缺口处只有 2 米高，平均高度为 7.2 米。"衡阳雁去无留意"，"一片孤城万仞山"的悲壮苍凉尽收眼底。古城只在南墙开一城门，城门外有类似瓮形的长方形小围墙，留有入口。靠南墙东部内侧和西北角砌有登道。城内出土文物

---

① 李凤山著《长城与民族》第 130 页。
② 李凤山著《长城与民族》第 134 页。
③ 《孙文学说·知难行易》，转引自李凤山著《长城与民族》第 134 页。

有：汉代绳纹砖瓦、灰陶片、箭簇和一件青铜弩机。沿山隘口左右两侧秦汉时期留下的烽火燧、石墩、石台伸延数里。山前原有一条通道，据考证是历史上著名的北丝绸之路。

古城遗址遍布阴山地域，西以汉代的鸡鹿塞为代表，东有元代集宁路古城遗址。元代集宁路古城遗址位于乌兰察布市察右前旗巴音塔拉乡土城子村，建于1192年（金章宗明昌三年），原系金代集宁县，为西京路大同府抚州属邑，是蒙古草原与河北、山西等地进行商贸交易的春市场。元代初年，升为集宁路，属中书省管辖，下辖集宁一县。城内曾有1312年（元皇庆元年）所立《集宁文宣王庙学碑》。古城平面呈长方形，南北长940米，东西宽640米。古城东、北墙保存较好，宽5—6米，残高0.5—2.5米。西、南墙破坏严重，已模糊不清。东、西墙各设一门，东门位于东城墙北段，外置方形瓮城；西门设在西城墙中段，外置马蹄形瓮城。南门情况不详。城内道路六纵七横，将古城分为31个单元，城内北部正中有一大型的建筑台基，台基南部为市肆遗址，城外西侧有一条南北向的道路直通西门瓮城。城内遗迹丰富，有大量的房址、灰坑（窖穴）、水井、道路、墓葬、瓮棺葬、窑、窖藏等。古城内现辟为耕地，地表散见大量的陶瓷片、石柱础、石臼及砖瓦等建筑构件残块。2002年4月至2003年11月，为了配合集—老高速公路建设，内蒙古文物考古研究所对城内高速公路建设地带进行了抢救性考古发掘，发掘面积达22045平方米，共发现房址91组、灰坑（包括窖穴）820座、灰沟110余条、水井22眼、道路9条、窑址23座、墓葬7座，出土了大量不同质地的各类器物。其中完整瓷器200余件、可复原瓷器7416件、陶器877件、金银器10件、铜器351件、铁器268件、骨器456件、铜钱36894枚、其它石器、木器等各类器物2000余件。

集宁路古城遗迹、遗物的出土，为研究元代的城市制度、经济文化生活提供了翔实可靠的实物资料。出土的大批质地优良的元代瓷器，为元代的考古学及瓷器的研究，增添了丰富的资料。集宁路古城遗址因此入选"2003年度全国十大考古新发现"。

5. 和林格尔汉墓壁画

和林格尔汉墓壁画，1972年发现于和林格尔县新店子乡小板申村。古墓的主人是负责管理北方乌桓、鲜卑等少数民族事务的最高军政长官——护乌桓校尉。汉墓是一座砖砌墓，墓分前、中、后三主室和三耳室，全长约20米。墓壁、墓顶及甬道两侧有壁画50多幅，榜题250多条，是迄今国内壁画面积最大、内容最丰富、榜题最多的东汉墓壁画。

在墓葬的壁画里，《舞乐百戏图》描绘的是墓主及宾客边饮酒边观看乐舞杂耍的情形，表演者的各种动作栩栩如生，线条流畅，色彩明快，是汉墓壁画中的佳作。也是墓主人穷奢极欲生活画面的再现，正所谓"黄金为君门，白玉为君堂；堂上置樽酒，作使邯郸倡；中厅生桂树，华灯何煌煌。"《汉使持节护乌桓校尉出行图》中，六任官职的出行场面各自独立却又相互连续，从而把数百人骑和数十车驾的内容贯串统一在一个宏伟的画面之中。图中的百余马匹，身躯健硕、动态逼真、各具风姿，令人感到一种强劲的弹力。这些画面大肆炫耀了官僚地主的权柄和声威，为学者认识当时的等级关系、官职制度和政权设施，特别是对了解东汉中央政府在长城内外各民族聚居地区设官治理的情况，提供了大量可靠的资料。壁画中还画着宁城护乌桓校尉幕府图中的部分内容，这些画面分布在墓壁各处重复出现。东壁上为幕府东门，门扇上画着青龙、白虎，门两旁竖建鼓，武士执戟守卫。汉代壁画和画像石上很少看到北方少数部族形象，因而这批宁城幕府壁画格外引人注意。后室南壁上有一幅壁画，画的是一座山峦环抱、疏林掩盖的庄园。画面中还有廊舍、坞壁、厩棚和农人扶犁耕地等内容。庄园图及前室、耳室内的牛耕场面，都是一人扶犁、两牛并力的耕作场面，说明在汉代，这种较为先进的耕作方法已经推广到了阴山地域。这幅"农耕图"加上"牧马、牧羊、牧牛图"，说明了在东汉时期和林格尔境域的生产方式是"农牧结合"，亦反映了当时这一地区农业、畜牧业的生产力水平。前室北耳室绘有碓舂图，两个人在臼边紧张劳作。除了碓舂以外，壁画中还用酿造和桑麻等内容来表现地主庄园的手工业，说明东汉地主庄园中，酿造业是很兴盛的，并且由此可以得知，当时中原的酿造技术已经传到了阴山地域。在墓室顶部还绘有较大比例的慈父、孝子、孔子和弟子以及朱雀、凤鸟、白象等，反映了当时社会宣扬圣贤、孝子及尊孔崇儒和崇尚佛教、黄老的思想。

和林格尔汉壁画墓的发现，对于研究东汉时期的庄园制度具有非常重要的意义，因此被评为"七五"期间我国的重大考古发现之一。和林格尔汉墓壁画以丰富的艺术语言，生动地说明了古代优秀的文化艺术是由生活在长城内外我国各族人民共同创造的。从墓中整理出的陶器的碎片、盘、盒、耳杯等物，经证实与中原出土的汉代陶器风格一致，也反映出墓葬所在地同中原地区文化的密切关系。

追寻众多的文物遗迹，不仅见证了阴山地域文化的繁盛，而且展现了阴山文化的开放与包容。源于阴山的"鄂尔多斯青铜器"在欧亚草原发现其踪迹，而东罗马帝国的金币、西亚的金银器却在阴山出土，阴山人快捷传递和接受文明的特色由此可见一斑。因此，阴山人既在本土成熟着自己的文明，将喇嘛教信仰普及，修建阿贵庙、善达古庙、希热庙、喇嘛洞召、大召、小召、五当召等等，又以开放的心态接受了外来的宗教。包头达茂旗有元代的赵王城，是汪古部首领的世居之地。汪古部族源于突厥，唐宋时臣服辽金，成吉思汗时最早并入蒙古。1206 年，成吉思汗授予汪古部首领阿剌兀思以五千户，并将自己的三女儿阿剌海别吉嫁给了他。之后几代元帝都有公主先后嫁给了汪古部首领。从情感和政治角度，汪古部都有理由接受蒙古人的宗教信仰。但汪古部首领之一阔里吉思却是一位罗马教徒，其墓石铭文是"神仆天主公教信徒阔里吉思之墓，阿门"。他曾在赵王城建造了有古罗马装饰风格的罗马教堂，传布上帝的福音，这是亚洲仅存的一座 13 世纪建造的罗马教教堂遗址，具有很高的文物价值和学术研究价值。磴口县三盛公天主教堂的建筑风格既吸收了西洋哥特式的风格，又富有中国地方民族特色，融中西建筑艺术为一体，以特有的方式渗透出阴山文明的包容性。

二、非物质文化遗产

联合国教科文组织的《保护非物质文化遗产公约》中关于非物质文化遗产的定义是这样表述的："非物质文化遗产指被各群体、团体、有时为个人视为其文化遗产的各种实践、表演、表现形式、知识和技能及其有关的工具、实物、工艺品和文化场所。各个群体和团体随着其所处环境、与自然界的相互关系和历史条件的变化不断使这种代代相传的非物质文化遗产得到创新，同时使他们自己具有一种认同感和历史感，从而促进了文化多样性和人类的创造力。"

可见，非物质文化遗产是以人为本的，活态的，口传的，被民族广泛认同和接受的文化形态。其蕴含着深厚的民间民俗文化意义，反映民间大众的信仰、崇尚和忌讳，通过不同的行为方式，甚至通过一种特殊的载体来表达这一文化意义。

在浩瀚的历史长河中，非物质文化遗产是人类与大自然协调发展的过程中逐渐积累起来的智慧结晶。它体现着民族的特性，承载着民族的精神，保留着民族深层的文化基因，承担着民族发展的多项功能。

保护和弘扬非物质文化遗产，使它在当代都市文化环境中能够获得生存繁衍的空间，从而使文化的多样性继续发展，使世界的面貌丰富多彩。阴山地域也在这方面取得了可喜的成就。2004 年内蒙古自治区成立了民族民间文化保护工程领导小组和专家小组，启动了全区非物质文化遗产保护工程，组织实施了"内蒙古民族民间文化遗产数据库"、"蒙古语语料库建设"和出版蒙古文《中华大藏经》等文化遗产保护和抢救项目。2007 年，自治区建立非物质文化遗产名录制度，相继批准公布了第一批、第二批自治区级非物质文化遗产名录和第一批国家级非物质文化遗产扩展项目名录。阴山地域若干项目名录其中，影响较大的有成吉思汗祭祀、鄂尔多斯婚礼、二人台艺术、和林格尔剪纸等。

1. 成吉思汗祭祀

成吉思汗是蒙古族崇敬的民族英雄。他在 13 世纪初统一了蒙古各部，建立了蒙古汗国，横跨欧亚两洲，震撼世界，被称为"一代天骄"。1227 年病逝后，按照当时的习俗实行了秘葬。蒙古族为了纪念自己最杰出的领袖，在漠北高原建立了成吉思汗陵寝"八白室"（即八座可以移动的白色蒙古包），收集成吉思汗遗物供奉在"八白室"中的灵柩内。八白室是可以移动的灵堂，是成吉思汗黄金家族权力的象征。随着政权的更迭，八白室辗转迁徙，行遍了万里草原。清朝初年，八白室迁到了鄂尔多斯伊金霍洛旗。抗战时期，八白室曾在伊克昭盟蒙民的泪海中离开伊金霍洛圣地西迁甘肃。新中国成立之后，1954 年，中央人民政府应广大蒙古族群众的请求，将八白室迁回伊金霍洛旗。1956 年，成吉思汗陵落成，这座华丽的宫殿像一只展翅的雄鹰降落在阴山地域。八白室终于结束了颠沛流离的历史，成为人们永世瞻仰的圣地。七百多年来，守护和主持祭祀八白室的是忠诚的达尔扈特人。达尔扈特在蒙古语里是神圣的意思。公元 1270 年，忽必烈从 40 万亲册蒙古各部征调 500 户守护八白室，组成了达尔扈特。他们不缴纳赋税，不当兵打仗，唯一的职责就是守护和祭祀八白室。祭文长颂，圣灯长明。700 多年悠悠岁月，他们一直守护着成吉思汗的英灵。

蒙古族祭奠成吉思汗的习俗，最早始于窝阔台时代，蒙古国史家 H·伊希扎木素云："窝阔台汗据大蒙古国首创礼节和萨满教教规，始设成吉思汗祭奠，其宗旨在于使父汗雄威气概、勇敢精神和卓著功勋在毡帐百姓间永世传承。"[1] 到忽必烈时代正式颁发圣旨，规定祭奠成吉思汗先祖的各种祭礼，使之日臻完善。现今鄂尔多斯市伊金霍洛旗的成吉思汗祭典，就是沿袭古代传说的祭礼。因其蕴含着深刻的民族文化的内涵而荣登首批国家级非物质文化遗产名录。

成吉思汗祭祀一般分平日祭、月祭和季祭，都有固定的日期。专项祭奠一年举行 60 多次。祭品齐全，皆供整羊、圣酒和各种奶食品，并举行隆重的祭奠仪

---

① 　赛音吉日嘎拉著《蒙古族祭祀》第 42 页。

式。每年阴历三月二十一日为春祭（"查干苏鲁克祭"），祭祀规模最大、最隆重。这一天，许多蒙古族人会从四面八方赶来参加。关于"查干苏鲁克祭"的来历，有这样一则传说：有一年春天，天气久旱无雨，草原上的牲畜大批死亡。成吉思汗认为这是凶月，必须逢凶化吉。于是，他亲自挑选了九九八十一匹精良的白色母马，用其乳汁向苍天祭洒。又选择了一匹灰马，披挂白缎，称为玉皇大帝的神马予以供奉，祈求老天速降喜雨，牲畜免遭疫病。后来，这种查干苏鲁克（吉祥的畜群）祭便沿袭至今。"查干苏鲁克祭"场面异常隆重和热烈，陵寝内灯火辉煌，香烟缭绕，陵殿里用汉白玉雕塑的、高大的成吉思汗塑像前及供奉成吉思汗的灵帐前，都摆满了丰盛的供品：圣洁的美酒、肥嫩的羊背子、新鲜的牛羊奶以及各类奶制品，酥油灯彻夜不熄。祭奠时"献哈达，献神灯，献梵香，献酒三次，行芦苇熏香礼，诵祈祷羊赞词，让羊领牲到牵绳上，举行裸祭礼，此为小祭。大祭开始，献哈达，献神灯，献梵香，献牲羊，诵香赞词，献铃，献兴赫钗，祭灶，分雅木托勒，诵大祭词，献圣酒，唱十二支歌，献茶固，殿内分托勒，在斡耳朵外诵祝颂词，诵铃赞词，回牲羊，大祭结束。晚上小祭开始，对朱太行熏香礼，献阿木斯，献牲羊，行呼秃格弥俩，召唤祥福，定三天。"① 整个祭奠过程都显得古老、深沉、庄重。

蒙古民族信仰萨满教，他们认为，人的肉体虽然死去，灵魂却与自然同在。八白室最珍贵的银棺灵柩放的正是成吉思汗灵魂吸附物。按照萨满教规，在成吉思汗临终之前，将一团白驼绒放在他的鼻子上，用来吸附成吉思汗最后的气息。这就是灵魂吸附物。基于原始萨满教的成吉思汗祭祀，在内容上主要表达对长生天、祖先、英雄人物的崇拜。在祭奠形式上再现了古老的蒙古民族牲祭、火祭、奶祭、酒祭、歌祭等形式。守护、祭祀成吉思汗陵寝的鄂尔多斯达尔扈特人将13世纪形成的蒙古民族宫廷祭祀文化世代传承，完整地保留至今。殿内700多年不灭的长明灯，向每一个前来拜谒瞻仰的人诉说着成吉思汗那个时代的蒙古历史：那个金戈铁马的年代，那支疾徐如风的蒙古大军……祭祀中念诵的祝词、颂词、祭文、祭歌等，所涉及的内容涵盖了蒙古民族古老的历史、文化、信仰、观念、风俗、语言、文字、法律等诸多方面，成为形式独特、内容丰富、内涵深刻的民族文化遗产。

成吉思汗祭祀负载着蒙古民族的价值取向，影响着蒙古民族的生活方式，拢

---

① 赛音吉日嘎拉著《蒙古族祭祀》第107页。

聚着蒙古民族自我认同的凝聚力，维护着民族的独立与尊严，是促使民族崛起、振兴的强大精神支柱。它延续着蒙古族人民自古形成的英雄崇拜意识。崇尚英雄是蒙古族的传统，英雄是力与勇的结合，是为民族成就伟业的杰出代表，具有王者风范的成吉思汗是蒙古族最崇敬的民族英雄。曾追随成吉思汗南征北战的耶律楚材写诗热烈颂扬成吉思汗西征的赫赫武功："西望月窟九译重，嗟乎自古无英雄。出关未盈十万里，荒陬不得车书同。天兵饮马西河上，欲使西戎献驯象。旌旗蔽空尘涨天，壮士如虹气千丈。秦皇汉武称兵穷，拍手一笑儿戏同。"① 诗人认为成吉思汗远征"月窟"、"荒陬"统一天下的壮举，是亘古未有的伟大功业，连秦皇汉武一世之雄亦无能与比，表现了成吉思汗要包举宇内、囊括四海、并吞八荒的不可阻挡的磅礴气势。他自己是"一代天骄"，也要引导蒙古人民成英雄。成吉思汗教育士兵"在平和时，士卒处人民中必须温静如犊；然在战时击敌，应如饿鹘之搏猎物。"② 宣扬的是英雄无畏的精神，培养了蒙古人崇拜英雄主义的意识。歌曲《成吉思汗传说》真挚道出了蒙古族人民的心声："风从草原走过，吹散多少传说，留下的只有你的故事，被酒和奶茶酿成了歌。马背上的家园，因为你而辽阔。到处传扬您的功德，在牧人心头铭刻，深深铭刻。每一个降生的婴儿，都带着你的血性；每一张牧人的脸庞，都有你的轮廓；每一座毡房的梦里，都有你打马走过。"既传唱了成吉思汗的伟业，也表达了作为成吉思汗子民的自豪。同样的感受也表现在成吉思汗祭祀祝词中："受苍天之命而诞生，集赫赫大名于一身，掌天下大国之权柄，一代天骄，成吉思汗，乃苍天之后代，有奕奕之神采，坐江山历久不衰。""受苍天之命而降生，享圣洁的天宫，三十五般技艺本领，样样娴熟精通，将天下五色四夷囊括于版图之中。"③ 成吉思汗就是蒙古族人民生生不息的精神，是他们永远的支柱与骄傲。在蒙古人的心目中，成吉思汗就是祖先、圣王、英雄、神灵等的合一，是蒙古人生活中无法缺失的灵魂。"一些本民族的古代传统（如黄帝对于汉族）、历史人物（如成吉思汗对于蒙古族）、与本族有关的山水城市（如长白山对于朝鲜族）、本族独有的生活习惯、宗教信仰、歌曲舞蹈，等等，都有可能被固定下来，不断加工或者神化，最终被人们视作本民族的象征。这些象征或者标志着本民族在历史上的辉煌，或者标志着本民

---

① 耶律楚材著《湛然居士文集》第 24 页。
② 多桑著，冯承钧译《蒙古史》第 147 页。
③ 赛音吉日嘎拉著《蒙古族祭祀》第 113 页。

族与其他族群的区别，成为向下一代进行民族意识教育的主要内容。"① 因为各个民族之所以不同，不仅在于它们的生活条件不同，而且在于表现在民族文化特点方面的精神面貌不同。

成吉思汗祭祀有利于弘扬蒙古族文化，是编写蒙古族风俗文化的活态史料。成吉思汗祭祀对民间文化产生深刻影响，成为蒙古族民俗文化的起源，渗透在蒙古族广大民众的骨肉血脉之中，融化到蒙古族人民日常衣食住行之中，反映了蒙古族人民共同的思维习惯、生活风俗。成吉思汗的八白室是全体蒙古人的神明。历代蒙古可汗登基之前，必须到八白室朝拜，才能继承帝位。平民百姓在喝茶和吃饭之前，也要把食之第一口，酒之第一盅，敬献给成吉思汗。冰心在《平绥沿线旅行记》中写道："某王赴'全羊宴'，此为蒙俗盛宴。宾主定座后，两仆人抬捧着一条长方木盘，上盛蒸好的全羊，放在矮桌前，主人先引刀割下羊首羊尾，供于成吉思汗像前。"蒙古族丧葬习俗中，一直保留着祖上墓地对外保密的传统，对成吉思汗陵墓尤其如此，导致成吉思汗陵墓所在何处一直争论不休，因此伊金霍洛旗的成吉思汗祭祀就成为蒙古族人民挥之不去的心灵寄托。

成吉思汗祭祀凝结着蒙古族人民的民族感情，表现着人们追思远去的人类奋斗精神，在抗日战争的特定时期起到了团结同胞爱国爱族作用。抗战时期，八白室在迁移中途经延安，中共中央毛泽东、八路军总部向灵柩敬献了花圈。灵堂对联上写着"蒙汉民族更紧密地团结起来，继承成吉思汗精神抗战到底"。八白室抵达西安时，沿街香案罗列，20 万人列队欢迎。国民政府遵照蒙古民族的习俗举行了盛大隆重的国祭。在中华民族山河破碎，生死存亡之际，成吉思汗的英灵成为抵御入侵者的民族精神，表现出空前的凝聚力。

2. 鄂尔多斯婚礼

婚礼意味着人生的转折，是人生中最美丽的一页。每个民族都在尽心竭力地用本民族最真诚、最热烈的习俗演绎着一幕幕动人的婚礼画面。鄂尔多斯婚礼以其悠久的历史、独特的民族特色、浓郁的生活气息、悠扬的歌舞形式和热烈隆重的场面，表达了勤劳、勇敢、智慧的蒙古族人民对美好生活的热切向往，展示了蒙古民族粗犷、豪爽、善良的性格。鄂尔多斯婚礼浓郁的特色主要表现为如下四个方面。

---

① 马戎、周星主编《中华民族凝聚力形成与发展》第 63 页。

（1）独具特色的仪程

婚礼的序曲是"定亲"与"开婚"。定亲后的姑娘要将前额上的头发分梳出六条小辫子归拢到后面的大辫子上作为标志。由双方的父母商定举行婚礼的良辰吉日是为开婚。

正式婚礼的首要仪程是佩弓娶亲，暮色苍茫时分，新郎身背弓箭，供奉禄马，在亲朋好友的祝福中和伴郎、祝颂人等策马挥鞭，奔向女家。中途要埋酒祭天，即快到新娘家时，点燃篝火，挖坑埋酒，取食物向天地四方泼酒。到了女方家则需敬拜"村灶"，敬献哈达。但女方却是闭门迎婿，百般刁难，百般考问，泼辣潇洒的女方大嫂和能说会道的男方祝颂人便展开了一场滑稽幽默的舌战。经过一番智慧的较量，祝颂人将装满特别礼品的牛犊皮红筒子献给嫂子才走进了家门。婚礼由此转入下一个仪程——献羊祝酒，将男方自带的头份全羊、砖茶等礼品献给女方，并向女方的宾客一一敬酒，初表娶亲的心迹。夜阑更深之时，求名问庚的仪程拉开，这是女方婚宴中为时最长的仪程，是明知故问的刁难新郎，借以观察新郎性情，压抑其盛气，以促成百年和乐之夫妇。求名问庚后，小憩片刻，女家晚宴开始，陪娶仪程随之开始，女方陪给新郎衣服、骏马。在晚宴中，新郎和新娘要合啃羊脖肉，表示情投意合，亲密无间，孝顺双方父母。当东方现出熹微曙色时，新娘绾头，妆饰打扮，在歌声与哭声中，蒙着红纱的新娘乘马前往婆家。在此过程中，婆家会派出一队人马前来迎接，女方送亲会抢新郎的帽子，给新郎一个展示勇和力的机会。新娘来到婆家要穿火而过，祭火入籍，婆母为其掀起面纱。婚礼进入敬酒大联欢的高潮，歌祝酒兴，酒浓歌意，人们沉浸在欢腾的海洋中，分享着新人的喜悦。婚后的第二天清晨，新娘在公婆住的毡房掏灰生火，交接茶勺，新生活的第一页掀开了。最后一项仪程是送客回礼，在优美的"送客词"后，回赠礼品给客人，在祝福声中婚礼结束。

（2）生动优美的祝词

婚礼祝词在鄂尔多斯婚仪礼俗中是一个庞大的完整体系，它不像汉族的喜歌，只是婚宴的点缀和陪衬，而是贯穿于婚礼仪式的各个环节，伴随着婚礼的每一个步骤，以华丽的词藻烘托，使全部婚仪环环相扣，浑然一体。婚礼祝词不仅要阐述婚礼的主张和往古传统，而且起着引导、推动婚礼向前发展的特殊作用。祝词就是活跃于百姓中间的口头文学，婚礼的参与者以生动通俗的语言，以载歌载舞的形式不断充实着鄂尔多斯婚礼祝词的内容，表达自己的心声，传递内心的情感。整个婚礼犹如正在上演的话剧，祝词则如古希腊戏剧中的歌队，以穿针引线的方式丰富着婚礼的过程。

首先，祝词保留着关于人类起源与婚姻起源的神话。祝词中说道：

"男婚女嫁从何起？古老的习俗留下。在那开天辟地创世造人的时候，两位先父先母结成儿女亲家。人类的长河便从这里发源，人类的大树便从这里萌芽。从人类之父的右膝上，生出三百六十一名男娃。从人类之母的左膝上，育成三百六十一名女娃。男娃抚养成人，让他娶妻成家，接续祖业兴旺发达。女娃培育成人，把她嫁到婆家，牵起拉不断的裙带，使合家富贵荣华。"说明婚姻嫁娶是天地初开之时人类之父和人类之母定下来的规矩，男女婚配才有人类的繁衍和幸福。

其次，祝词以生动的比喻说明成家立业既符合社会发展规律，又是人类获得幸福的源泉。

"爱女无论怎么娇宠溺爱，长大总要嫁至他乡异地。从无粪之地积粪肥，有了羊群不花力气。将千里遥遥变咫尺，善驰骏马才是最得力。朴玉虽为名贵的珍品，若不琢磨难成宝器。蟒缎虽为上等面料，若不剪裁不成袍衣。将一幅幅布料缝成衣，靠的是尖针银线细。结良缘终成姻眷亲戚，归根结底是少男和少女。"

"芬芳美丽的菊花，离开雨露不会开放。拔地耸天的青松，离开土石不能生长。纯洁透明的水晶，出土之前不会放光。轻柔光洁的蟒缎，裁剪之前不成衣裳……把两户人家联成亲家的，是新郎和新娘。像那紫檀的红花和绿叶，像那彩凤的羽毛和翅膀，像那赞词的序歌和尾声，结为珠联璧合的一双……"

祝词反映了蒙古族的语言特色，大量使用比兴手法，以常见的自然现象联系男女必须婚配，以生动的比喻辨析说明宇宙世界运行的本质规律：无论什么事物必须有其它因素的配合，才能完美，成就大事；单一因素，即使是本身如何珍贵，也会成为废物。有了阳光雨露植物才能生长，朴玉不磨难成宝器，蟒缎不剪不成袍衣，少男少女终要结成姻眷亲戚。从平凡事物中发掘具有普遍意义的人生规律，集中突出一点展示给人们，让人们品味，从中受到启迪，认识到男婚女嫁是人生必然的经历且是人类获得幸福的源泉，反映出蒙古民族的游牧生活和思维特点，朴实而又亲切。

还有一些祝词将新娘比作终将要离开母亲怀抱的小鸟："纵然是——在那名贵的檀香树上，自由安闲生活的——黄雁乳毛小雏，当她羽翼丰满之际，也要抛窝离巢飞去，这是无可奈何的规矩……你出生在人间尘寰，就应有一个辉煌时期，离开生身父母嫁出，这是人间自然之理。"

儿女像雄鹰展翅翱翔于蓝天，像骏马快疾如风奔驰于草原，那是父母的最爱。儿女成家立业是父母最高兴的事，是草原上最快乐的事，也是人间辉煌之事。"蒙古包的地上，牧人生了孩儿，生了孩儿并不一下高兴。儿女长大成人，背上弓箭娶亲，带上首饰出聘，支起火撑立户……炊烟像朝霞一样，从套瑙（天窗）上袅袅升起的时候，父母望着才着实高兴了一阵。"

第三，祝词以饱满的激情献上对爱情和新娘、新郎的无限祝福。

各民族的生产、生活方式会有差异，但对爱情的渴望和祝福却是相通的，鄂尔多斯婚礼同样不吝词句赞美爱情："天上的阳光，地下的水分，虽然冷暖不同，盛开的菊花却把二者萃于一身……爱情的力量却使他们成为至亲。如同穿拢一串冰清玉洁的珍珠，如同点燃一盏光明灿烂的佛灯。"

爱情像珍珠一样冰清玉洁，像佛灯一般光明灿烂。既道出了爱情的圣洁，又表达了爱情的热烈。借用佛灯一词又象征了爱情的长久和幸福，这幸福源于新娘和新郎的天作之合。新娘是："看那满头金银珠宝的新娘，鲜花似的红润，脂粉似的白净，柳条似的婀娜，流水似的柔顺，白银似的纯洁，黄金似的贵重。""那位前世有缘的小姐：手儿巧，心儿灵，听她名儿好悦耳，见她面儿好欢心。"

娶到如此亮丽动人的新娘，大家自然要祝福新郎："叩了头的人儿长福长寿，积了德的钱儿越花越有。身跨追风马永不空鞍，手提藤条鞭永不失落。让牛羊布满你的草场，让金银塞满你的板箱。行好积德福大，安分守己寿长。愿你孝顺爹娘，愿你教子有方。"

这些真诚的祝愿发自婚宴参加者的肺腑，悦耳动听，愉悦心情，烘托气氛。但婚姻生活对新郎新娘来说毕竟是陌生的，经营婚姻需要知识和艺术。婚礼祝词中就有指明夫妻俩人如何相处的格言。求名问庚环节的祝词"哈特刀赞"将男女双方比作哈特刀和磨刀石，说："钢锋硬啊磨石软，刃和磨石有姻缘；钢刀不磨无光彩，刀石相伴过百年。"以此劝诫新郎和新娘，要在婚后的生活中互敬互爱，和谐相处。如若刀尖、刀刃顶在磨石上则会："磨石平啊刀尖尖，刀尖顶立太艰难，三天五日要顶嘴呦，男人脸面无光颜"，"五天六天吵起架呀，女人脸上无光颜。"只有像平时磨刀一样将哈特刀平放在磨刀石上，才能："磨石的平面像路似的平坦，迎刃而解的生活无艰难。门前的牲畜会把草原铺满，眼前的路会比大海还宽。"

婚姻同时意味对双方家庭的接纳，并融入到双方的家庭生活中，因此，长辈需时时引导子女善待对方及父母："女婿若对姑娘不好呀，亲家你去说理；那琴音还能使羊落泪，何况你是说话的人。姑娘若对女婿不好呦，岳母你是说理的人，那琴音还能使驼落泪，岳母呀，何况你是个好心的人。婆婆若对儿媳不好呀，公公就是说理的人。琴声还能使羊落泪，公公呀，何况你是个懂事的人。姑娘若对婆婆不敬呀，娘家爹就是说理的人。那琴声还能使驼落泪，何况女儿的爸爸是戴帽穿靴的人。"

所有的祝福与叮咛都只为有缘有份的那小伙、有情有义的那姑娘百年好合。"愿你们结合得吉祥如意，愿你们生活得地久天长。"祝福与教育功能并存，帮助正要建立新家庭的年轻人树立对家庭、对父母、对社会的责任感。

（3）内容丰富的风俗文化

蒙古族风俗文化在鄂尔多斯婚礼中得到了淋漓尽致的反映。婚礼过程中时间最长的"求名问庚"反映蒙古人爱惜姓氏名称，尊重属相年岁的传统。自氏族社会，老人们便对后辈述说家谱氏系及本氏族的光荣事迹，它满足着本氏族成员自豪与光荣的心理需求。同时蒙古人长幼有序，敬老爱幼，见到老人要问安，未经允许不与老人并排而坐。出于尊老爱幼的美德，通过问名避免与长辈的名字相重。因此，鄂尔多斯的新媳妇要恳请婆婆赐名。求名问庚中涉及民族宗教、历史传说、礼仪规章、风土人情等多方面的内容，具有极强的文化包容力。既显示鄂尔多斯婚礼厚重的文化气息，也是对本民族文化的传唱与教育，喜庆的日子以婚礼仪程的方式提醒同胞不能忘怀民族传统。"求名问庚"中对新郎长时间的考验也反映了蒙古民族坚忍不拔、百折不挠的心理素质。因为美丽的草原虽风景如画，但太过短暂。蒙古高原的平均青草期只有140天左右，枯草、旱灾、雪灾构成了蒙古人严酷的生活现实，必需直面，长期积淀形成蒙古民族顽强的精神，乐观地应对困难。

"佩弓娶亲"是鄂尔多斯婚礼中一个独特的习俗，它将我们带回古老的年代，使我们看到氏族社会留下来的抢婚习俗的遗风，也是蒙古民族尚武精神的真实写照。带弓箭的习俗标志着男孩从一个懵懂少男转变成为成熟的男人，可以承担男人应当承担的社会责任。披弓挂箭的新郎如一位即将出征的勇士被众人簇拥过来。据传，战时娶亲，必佩戴弓箭，一为随时备战，二为保护新娘，防止被他人抢亲。古代的真抢亲在鄂尔多斯婚礼中演变为假抢亲。新娘离开娘家前，陪亲的姑娘将新娘保护起来，男方好言相劝不成，便挤进人群中"抢"新娘，一番智斗后"抢亲"的人获胜。新郎的胜利是力量与智慧的胜利，凭此身手让新娘满意，让岳父母放心，向众人表明其能独立为新娘撑起一片天地，对新建立的家庭负有责任和义务。

"哭嫁"风俗表现了新娘对父母恋恋不舍的情怀，是无奈的离别，也是喜悦的离别。婚礼祝词中劝慰姑娘："你若是个男儿呦，该当佩剑去参加军伍；你是个佩戴镯环的人，设婚宴把你嫁出。你若是个男儿呦，让你背弓箭踏上征途，你是个佩戴珠坠的人，设婚宴把你嫁出。"将出嫁与男子的入伍出征相提并论，这都是与亲人分离之时，是人生在世难免的悲伤。女方家一起唱起哀怨凄婉的《送亲歌》："前额上嵌着玉点的骏马，还在沙丘上奔跑。身穿蟒缎长袍的姑娘呦，就要离开娘家的毡包。脊梁上洒满银花的骏马，还在冰滩上奔跑。头戴珠宝玉器的姑娘哟，就要走进陌生的毡包。""大雁的雏儿，命运把它系在河边湖畔，赛拉尔白咚赛；养大的姑娘，命运把她抛向海北天南，赛拉尔白咚赛。骏马的驹儿，命运把它系在辽远的路上，赛拉尔白咚赛；养大的爱女，命运把她抛向陌生的他乡，赛拉尔白咚赛。"离别的歌声喜里藏悲。鄂尔多斯的婚礼歌，就是这样用感人的声调表达人们的思念和感情，叮咛出嫁的姑娘勿忘记父母的牵挂，是蒙古民族孝敬父母、尊重长辈习俗的沿袭和印证。

婚礼中，马的身影一再出现，彰显马文化的风采。蒙古民族历来被称为"马背民族"，马帮助他们走向历史的辉煌，让世界震撼。"蒙古人没有马，就像没有手脚"的谚语形象地指明马在蒙古人生活中的重要性。骏马和弓箭是蒙古人民生活的必需，是勇敢和力量的象征。《绥远通志稿·民族》中记载："其俗最忌食马肉，盖早年人皆隶军籍，汗马立功，用其力不思食其肉也。"禁忌本身就意味着尊重与热爱，不食马肉从另一个角度说明对马感情的深厚。蒙古人甚至将马与人相比拟，"好马从驹起，好人从幼起"。如此尊贵的生灵，婚礼上自是不能少了对他们的赞美。"要说父母赏给的这匹骏马，苍狼般的两只耳朵，明星般的一双眼睛。雄狮般的前驱，猛虎般的体形。钢铁般的四蹄，扫地的长鬃。生在三九，奇寒不减膘情。走起来赶上黄羊，跑起来胜过旋风。"通过赞美马的体形、毛色、奔跑的速度与姿态，感谢马给予蒙古人的恩惠。婚礼音乐也体现了对马的挚爱之情，马头琴素有"蒙古族音乐的象征"的美誉。其琴首以马为标志，琴箱裹以马皮，弓弦则用马鬃、马尾做成。马头琴能弹奏出马的嘶、鸣、叹、哀等各种声音，优美动听。骏马与英雄合为一体，英雄又离不开弓箭，因为弓箭"是英雄意志的化身，你是所向无敌的象征。犀角作你的弓背，黄金作你的弓垫，白螺作你的手柄。"对骏马和弓箭的颂祝既保留了古老的美好传统，又烘托了婚礼之雄壮庄严的热烈气氛。

　　婚礼上茶酒肉奶制品等食品展示了独具特色的游牧饮食文明。至于新娘的发型、衣服、佩饰既体现了游牧文化的特色，又有礼仪内涵，它标志着一个女人姑娘时代的终结，新生活的开始。在鄂尔多斯地区，未出嫁的女子都留有一条独辫，垂于身后。只有在出嫁的前一天，在隆重的婚礼上，才特邀德高望重的两位长者为"分发父母"，举行庄严的分发仪式。仪式上将姑娘时一条发辫散开，梳成两根辫子，然后在辫子上系戴由新郎送来的华丽贵重的头带，从形式上完成身份的转变。借用汉代贾谊的精辟论述："是以天下见其服而知贵贱，望其章而知其势位"，鄂尔多斯新娘的服饰则为天下见其服而知婚否，望其章而知其民族，服饰以一种无声的语言传递着无需言传的信息。

　　（4）虔诚古老的宗教文化

　　热烈欢快的鄂尔多斯婚礼不仅仅是促成了一对儿新人的结合，也是蒙古民族宗教文化的展现。从古流传至今的对天的敬畏和崇拜也反映在鄂尔多斯婚礼中。婚礼《弓箭赞》颂祝："在吉祥的伟大国度里，祝愿永享幸福太平！由长生天命定诞生……成吉思汗以来就佩带远征，各色顽敌闻风丧胆丢魂。"娶亲前要以鲜奶饼食祭天祭地，希望从上苍那里讨得吉利。婚礼祭祀天地鬼神的祭词："用那五畜五谷的精华，做成五色五香的祭品。大元圣皇成吉思汗，七十二种肴馔的结晶。上对三十二帝天子，二十八宿星辰。下对四海龙王，十殿阎君。为副的哮天宝犬，为首的太岁安本。四面八方的祠堂庙宇，列祖列宗。大千世界的圣灵幽魂，土地山神。都来享用这泼散和祭奉！泼散以后就一切应验，祭奉以后就万事顺心。"据《蒙古风俗鉴》描述，婚礼中厨师把羊割成九个相等的肉块，"第一块祭天，第二块祭地，第三块供佛，第四块祭鬼，第五块给人，第六块祭山，第七块祭坟墓，第八块祭土地和水神，第九块献给皇帝"，首先要祭的依然是天。新娘前往婆母家前，人们唱起了送亲歌，和就要嫁到远方的姑娘依依惜别，母亲则向苍天祭洒洁白的鲜奶，为女儿送行。蒙古人时时处处以天意来审视自己的言与行，"如果我们忠诚，上天会加保佑的"[①]。成功被归功于苍天恩赐，失败被看作是长生天的惩罚，的确是"其最敬天地，每事必称天"。

　　蒙古人同样崇拜火，认为火是光明、洁净的化身，是家庭一切幸福、平安的保护神，可赐予人们幸福和财富，也是人丁兴旺、传宗接代的源泉，支起了火撑才算立了门户。鄂尔多斯婚礼祭灶词说明了崇拜火的由来："要说这火，还是洪

---

①　孟慧英著《中国北方民族萨满教》第115页。

荒的年份，上古的朝代，从山上取出燧石，从草中借来火绒，成吉思汗把它击燃，乌苓额赫（即成吉思汗母亲诃额仑）把它保存。用黄油白脂把它祭祀，用酸奶甜酒把它供奉。于是它便燃起冲天的火光熊熊，发出盖世的热量融融。"多桑《蒙古史》中记载蒙古人"不敢以刀触火，不敢以刀取肉于釜中，不敢在火旁以斧击物"①，就表现了蒙古人民对火的炽热情感和对火的敬畏。蒙古人在狩猎不顺时，认为是猎具被玷污了，要在野外土丘上升起火，将猎具从火上经过祛除晦气，以期狩猎的顺利进行。②婚礼上新娘也要从火堆中穿行，接受火神的洗尘，取得洁净吉利，表示爱情的纯洁，新生活的兴旺，为整个家族带来吉祥。

鄂尔多斯新娘来到新郎家要对着灶火三拜九叩，正式"入籍"。因为炉灶是家族的象征，必须拜灶后新娘方成为家族的一员，得到家族炉火神灵的认可、接纳、保护与恩赐。"祈祷火神赏赐我们的福禄，像须弥山一样坚固，如七香海一样永不干涸。祈祷火神保佑我们，赐予我们福分和富有，让匮乏变得满溢，让残缺变得圆满。"火还是生命力、生殖力的源泉，新娘在叩拜时要向炉灶中投进助燃物，使火势凶猛，象征家族繁荣、新娘多产、人丁兴旺，表现出蒙古民族对安定生活及子孙绵延不绝的追求。"新娘跪在灶火之旁，向赐予功利与幸福的青缎般的火神祭奉膜拜……愿他俩子孙满堂。"

鄂尔多斯婚礼以其文学般优美的祝词、画卷般生动的民俗再现了蒙古民族对英雄的景仰，对上苍的感恩。亦歌亦舞的婚礼传递着浓郁的生活气息，蕴含着深厚的文化内涵。透过热闹纷呈的婚礼画面可感知蒙古民族精神世界之丰富，民族性格之豪爽，无怪乎它能成为首批"国家级非物质文化遗产"。

3．二人台艺术

新中国建立后，在党的"百花齐放、推陈出新"文艺方针指引下，阴山地域的二人台艺术蓬勃发展。2006年5月，二人台经国务院批准列入第一批国家级非物质文化遗产名录。包头市的二人台具有较强的代表性，它代表了解放后阴山地域二人台艺术发展的新走向。

首先是二人台进入了城市，登上了舞台，逐步发展成了"多人台"，突破了一丑一旦的限制，成为多人表演、多种行当的、艺术表现力强的戏曲剧种，并随时代的变化创作出反映新时期文化思想的现代戏，如《刘胡兰》、《王贵与李香

---

① 多桑著，冯承钧译《蒙古史》第149页。
② 萨·纳日松著《鄂尔多斯风俗志》第614—615页。

香》、《探病》、《光棍娶妻》等。解放前，二人台演出地点以农村露天土戏台为主要场所，另外在庙会、集市搭临时的戏台，流动演出，很少进入都市剧场。解放后，城市剧场成了二人台的演出主战场。翻身艺人感受着党的温暖，传唱出党的关怀。包头二人台盲艺人计子玉自编自演了《新中国》、《大胜利》节目，表达了广大艺人对党和人民政府的感激之情。

其次，二人台从业余演唱发展为组团演出。从20世纪50年代初期，零散活动的二人台艺人组成专业的二人台剧团，除包头市市属民间歌剧团外，郊区、土默特右旗和固阳县也陆续组建了以演出二人台为主的乌兰牧骑演出队或民间歌剧团，包头市及所属的区、旗、县成为专业二人台剧团的重要"演出基地"。专业剧团的成立，使女演员的演出阵容加强，同时为排演新戏提供了保障，促进二人台的进一步发展。1953年，二人台《走西口》被选定为"赴朝慰问团"慰问志愿军的节目，在枪林弹雨中把二人台这束开放在土默川上的山丹花献给了最可爱的人。二人台表演艺术家樊六对《探病》中的刘干妈精雕细刻，长期锤炼，以至于老舍也惊叹："在北京城也难找出这么个老彩旦……"[1] 2004年，山西、陕西、内蒙、河北四省区党委宣传部和电视台组织了晋陕蒙冀二人台大赛，这是一次盛况空前的二人台艺术大赛，规模大、规格高、参与面广。最终包头市土右旗民间艺人捧回了大赛金奖。

第三，二人台由初期的说唱艺术向戏曲演变。二人台诞生的初期，仅是一种化妆演唱的说唱艺术。因演员只有二人，故称二人台。解放后二人台艺术内容的丰富和发展冲击着旧的形式，要求突破旧的形式，于是大多数剧目的音乐逐渐向戏曲化发展，开始有了若干板式变化。而板式变化是中国戏曲音乐所特有的一种结构方法和曲调发展手段。二人台传统唱腔大部分运用板式变化这一客观事实，充分表明二人台产生后的客观走向是向戏曲发展，许多名艺人还开始注意有个人特色的润腔。此外，剧目也有了简单的故事情节，几乎所有的剧目都有了宾白，而且多是第一人称的宾白。如《探病》中刘干妈形容赵财主凶神恶煞的样子："八字胡一乍，眉头一凹，眼睛瞪成了蓝蛋，拳头攥成个生铁圪蛋，打的干妈满地乱转。"

第四，开始出现正规的二人台艺术教育。1960年包头市戏曲学校建立，这是包头地区第一所正规化的中等戏曲专业学校，特别设了二人台班。1980年，

---

① 戴炳林主编《包头市文化志》第14页。

内蒙古艺校包头分校创办，招生对象主要以阴山地域的学生为主。初期专业设置只有二人台专业班，后虽向多种专业学科发展，但始终重视对二人台人才的培养，为学生开设基本功、毯子功、形体课、把子课、民舞课、正音课、唱腔课、乐理课、化妆课、排练课等专业课，同时又开设语文、数学、艺术概论等文化课，培养学生全面发展。1994 年，该校二人台班学生银国成、郭双凤参加内蒙电视台主办的"二人台"电视演唱大奖赛，获优秀演唱奖。

第五，二人台艺术研究颇见成效。1984 年，成立包头市艺术研究所，编撰了三集《包头市文艺志史资料汇编》，总计发表文章 100 余篇，40 余万字，20 余幅照片，为深入开展本地区的艺术研究工作积累了资料。1987 年完成了《中国民族民间舞蹈集成》（内蒙古卷）包头部分的撰写任务。1989 年，组织包头地区二人台牌子曲录音活动，共录制二人台牌子曲 20 首。包头文化局戏剧创作评论室通过会刊结合，有效组织创作。会，就是多次举办戏剧作品讨论会；刊，就是通过戏剧刊物《剧稿》不断激发编剧人员的创作热情，提高创作水平。几十年来，包头的艺术家们创作了大量的二人台剧目，其中《邻居》（李野、张文秀编剧）、《探郎》（李野编剧）、《打金钱》（李野改编本）、《夺枪》（李野编剧）和《牧女与王爷》（李野、张文秀改编）参加了 1963 年的自治区二人台、二人转会演，均获好评。前三个剧目于 1964 年进京汇报演出，《邻居》剧本先后在《草原》和《内蒙古戏剧》发表，并有东北、山西等十多个剧团演出该剧目。包头市剧作家郭长岐创作的大型二人台音乐歌舞剧《土默特情歌》，获得了中国戏剧文学奖，这是对二人台舞台表演的创新。

4. 和林格尔剪纸

阴山地域近百个旗县中都流传风格各异的剪纸艺术，以和林格尔剪纸最具代表性。剪纸艺术的作者主要是农村牧区的妇女或艺人。白菊花、杨粉女、白二女和刘金莲等都是剪纸能手，最为人称道的则是百岁老人张花女。和林格尔县剪纸协会会长段建珺说："在她们手中，那剪刀就像一只春燕上下翻转飞动，火一样的红纸在闪现出没，随着抑扬顿挫的剪刀嚓嚓声和纸屑的飞落，她们手中便显现出一个个鲜活的物象来，这简直就是一种奇妙且无以言状的审美之旅。"这些剪纸艺人大多不具备完备的绘画知识，却靠着丰富的生活感受和美好想象，在剪纸中直接而大胆地反映客观世界和理想的事物。她们通过自己灵巧的双手实现了花开无季节的梦想，以生动、概括、简练的艺术形象表达出她们的所思、所想、所感，给人纯真、质朴、清新的美感。她们的剪纸艺术既具有浓郁的生活气息和亲切的民族风格，又在构思上独出心裁，以仿佛"无意"的随心所欲表现出极大的独创性。

和林格尔的剪纸样式多样，寓意丰富。如造型可爱简洁的蛇盘兔是"蛇盘兔，必定富"民间俗语的艺术再现，意为属蛇与属兔的结合，必定婚姻美满。它和扣碗、喜上梅（眉）梢、双鸟、蝴蝶、石榴、西瓜、葡萄等剪纸共同构成对男女爱情和人类生命繁衍不息的真诚赞美。《扎高跷》、《走西口》、《放风筝》、《喂鸡》、《牧牛》、《过腊八》则表现了丰富多彩的民俗风情和生动逼真的现实生活。还有祈盼风调雨顺的连年有鱼、鹿鹤同春，以及具有强烈时代特色的新剪纸，如《科学种田》、《下岗再就业》等作品。剪纸艺人们用最为纯朴、真挚的情感抒发自己的审美理想，或质朴、或深沉、或粗犷、或浪漫，展示了他们极为丰富的内心世界和积极的人生态度。其中，张花女的《团圆夜》描述了一家人合围在饭桌旁，老人举箸品食，男人们推杯换盏，顽童们左顾右盼，好像在搜寻什么……在炉灶一旁，勤劳的母亲仍在认真地制作饭菜。如果再仔细观察，画面右下角还有两只猫儿在美美地享受捕来的老鼠。整幅作品构图饱满、形象各异，散发着浓浓的温馨和朴实的亲情。在北京中国美术馆举办的"中国剪纸世纪回顾展"中，《团圆夜》荣获一等奖，并被中国美术馆收藏。

和林格尔的剪纸可以追溯到远古时代的图腾，现在的剪纸作品中还可以寻到当年各部落的图腾痕迹。民间剪纸影绘较多，追其根源有远古岩画和匈奴鄂尔多斯青铜镂空艺术观念的传承。张花女的《龙食鱼》经有关专家鉴定，认为与汉画像砖《蛟龙食鱼》有着惊人的相似之处，有可能是远古图腾的某种民间遗留。从此可以看出一个地区的剪纸风格与一个民族文化历史、经济基础、风俗习惯、宗教信仰和远古图腾崇拜等的密切联系。历史上，匈奴、突厥、鲜卑、契丹、女真、蒙古、满族等游牧民族曾驻牧于和林格尔，草原文明为和林格尔的剪纸艺术注入了粗犷和奔放之气。近现代走西口，晋、陕等地汉族人民移民此地，中原农耕文化与北方游牧文化在此相互碰撞、融合，张花女的《蒙汉和亲》即反映了蒙汉等各民族的文化交流与民族团结。文化的多元化孕育了这里剪纸艺术的独特、质朴、豪放、深沉与厚重。2003 年 3 月中华人民共和国文化部命名和林格尔县为"中国民间艺术之乡"。2008 年，内蒙古的和林格尔剪纸被列入第一批国家级非物质文化遗产扩展项目名录。剪纸成为内蒙古艺术的一颗灿烂明珠。

为了抢救、挖掘、保护这一民间艺术精粹，1998 年 7 月，由和林格尔县民间老艺人和喜欢剪纸艺术的青年人组成的和林格尔剪纸学会成立。学会成立后，立即着手开展了卓有成效的民间剪纸艺术搜集、抢救和整理工作，有近万件和林格尔原生态民间剪纸得到抢救和保护。和林格尔县出版了《和林格尔剪纸集》、《中国民间艺术之乡和林格尔》。和林格尔力求将剪纸发展为新型造型艺术。学会会长段建珺在充分发挥和林格尔剪纸固有的粗犷、质朴风格基础之上，熟练地运用剪纸艺术特有的表现词汇、艺术构造和特殊审美效果，积极表现富有时代特色和生活气息的草原风情题材。他创作的《套马》、《草原雄鹰》、《欢悦的博克手》、《敕勒川》等作品，风格奔放洒脱，典雅明丽，韵味深厚，有着强烈的艺术感染力，获得了建国五十周年全国剪纸展金奖等奖项。

剪纸艺术的不断发展，使和林格尔名扬遐迩。几年来，该县的3000多幅剪纸作品分别在全国、自治区各类美术展中获奖，1600多幅作品被各类杂志报刊登载。中央电视台、《羊城晚报》、《中国妇女》杂志等多家新闻媒体对和林格尔的剪纸艺术进行了报道。面对新形势的发展，和林格尔剪纸艺术在产业化方面也做了探索，并取得了许多有益经验。目前，许多具有浓郁蒙古族风情和地方特色的和林格尔剪纸艺术作品已被制作成各种包装的旅游纪念品，远传国外，成为传播民族文化，增加人文信息交流的重要内容。

三、旅游事业的发展

旅游业是第三产业的重要组成部分，是世界上发展最快的新兴产业之一，被誉为"朝阳产业"。随着我国全面建设小康社会不断推进，经济持续快速攀升，城乡居民收入稳定增长，国家扩大内需的经济发展方略和加快推动服务业的发展，都为阴山地域旅游业进一步发展创造了新的机遇。

1. 发展旅游业的优势

阴山地域作为少数民族地区拥有得天独厚的发展旅游业的优势。首先具备资源优势：起步较早的文化含量很高的成吉思汗祭祀具有浓郁的民族风情，满足着游人追寻远古蒙古族历史文化特色的心理；巍峨高耸的昭君墓，传唱着蒙汉团结的真情；古老的长城诉说着中原文明与北疆文明的对抗与交融；乌拉山森林公园是国家林业部早年确定的全国45个国家森林公园中最大的一个；维信高尔夫度假村的高尔夫球场在西部五省区唯我独有，是世界五大草原高尔夫球场之一；乌梁素海是地球同一纬度最大的湿地，已被列入世界湿地名录，被林业部列为湿地生态保护示范工程项目和自治区湿地水禽自然保护区；磴口三盛公枢纽工程是亚洲最大的一项制闸坝工程；包头旧城见证着晋商、旅蒙商曾经创造的商业辉煌；

一望无际的希拉穆仁草原，远离城市的喧嚣；城中草原——包头市成吉思汗生态园是世界上城市中心唯一保留的一块原生态草原；"会唱歌的沙子"让人驻足领略大漠风情；老虎山上四通八达的地下人防工程再现了当年革命先烈激烈的战斗场景；百灵庙激发了游人的诗情，邓拓赋诗"草原千里白云天，满野风光大漠边。蒙汉一家情意重，百灵庙畔好留恋。"萧克则曰"茫茫大草原，百灵负盛名。今日庙犹在，山川已一新。"……

其次具备环境优势：地处祖国北部边疆，与蒙古国接壤，边境线长，国际合作前景广泛。交通信息、旅游企业等基础设施建设不断完善。据不完全统计，截止 2005 年底，巴彦淖尔全市共有旅游企业 53 家，其中景区 28 家，旅行社 11 家，星级宾馆 14 家。旅游业累计完成 4.3 亿元，旅游业从业人员 2720 人，年接待游客 78.9 万人，旅游业总收入 1.5 亿元。到 1999 年，乌兰察布市有国内旅行社 3 家，有从事旅游业的企事业单位 50 家，旅游涉外饭店 17 家，国家 4A 级景点 1 处，开发接待游客的景点 40 多处。截止 2005 年底，据不完全统计，包头市已有旅游宾馆饭店等经营单位 650 多家，星级饭店 30 家，其中五星级饭店一家，在建的五星级、四星级酒店 4 家；有旅行社 55 家；导游人员 502 人，全市旅游从业人员 3 万多人。在旅游旺季各类旅游车辆可通达各重点旅游景区。2005 年共接待旅游者约 294 万人次，实现旅游收入约 27.45 亿元。

伴随着阴山地域经济社会的快速发展，旅游业也掀起神秘的面纱，展示出迷人的神韵。秦皇古道、长城雄风、苍茫草原、雄奇大漠、宗寺佛光、秀美山川……最让人留恋的当属五当召的佛音和九峰山的奇景。

2. 佛音缭绕的五当召

著名的阴山古刹五当召是青海塔尔寺以东最大的藏传佛教圣殿，寺庙建筑是典型的藏式建筑，主要由八个大殿组成。寺庙倚山就势，阶梯式错落，素有"小布达拉宫"的美誉。

阴山地域在辽、金两代开始流传佛教，从元代开始逐步信奉藏传佛教。格鲁派渐渐兴盛，成为蒙古族一致信仰的宗教。始建于清康熙年间的五当召是阴山地域喇嘛教信众的精神寄托，也是一所研究藏传佛教弘法化众的高等学府，其政治地位之高，宗教影响之广，建筑规模之大，在内蒙古地区是独一无二的。

五当召主要分为四大学部：洞阔尔殿为时轮学部，是研究时间及其运行、数理及其测算、大地测量等缜密学问的殿堂，是五当召的灵魂殿，门楣上悬挂着乾隆皇帝御笔钦赐的满、汉、蒙、藏四种文字书写的"广觉寺"牌匾。殿内保存着五当召年代最久远的壁画，距今已有250多年的历史，有"内蒙壁画之冠"的美称。所有壁画的内容都描绘了释迦牟尼一生传教的故事，尤其是后半部墙上所绘的壁画都以黄色为底色，所以洞阔尔殿又被称为黄庙。仔细看那些壁画，也许你在恍惚之间会忘记瞬间，而被那精湛的笔法，沉厚的色调所吸引，它们好似这个世界上最神圣的经典，在一面墙壁上教导四方众生。在殿前有一个宽阔的平台，每年的三月十五在这里举行学术考试，活佛与主考坐在正中，与考生同在这个平台上，主考提问，考生们各抒己见，并且可以相互辩论，场面十分热烈，可见当时五当召的学术气氛是多么浓厚。却依拉殿内十米高的弥勒佛铜像是全召最大的铜铸佛像，也是内蒙古地区现存最大的一尊铜佛像。弥勒佛在藏传佛教中为半蹲半坐，预示着他准备来到人间弘扬佛法。同时供奉的还有八大药师佛，千手千眼观音及黄教创始人宗喀巴和他的两个弟子。却依拉殿为显宗学部，重在学理和辩论，相当于现在大学的哲学系。哲学是喇嘛必修的基础课，每个僧徒入召前都要通过此院的考试，及格者可得到不同等级的"纳西"学位，不能毕业者则被派到各殿做普通喇嘛。因此，却依拉是各学部中经会和考试最为频繁，要求最为严厉的学部。阿会殿为密宗学部，重在习法、默修。殿堂分为二层，上层主要供奉胜乐金刚，他有三张脸、九只眼、十二条手臂，身挂骷髅，双足踏人，威武可怖；底层供十八罗汉和四大天王，并塑有山洞，置身其中，阴森神幻。喇弥仁殿为专业学部，相当于今天的研修院，进修者专攻菩提道，研究宗喀巴思想和教义学，只有精通佛理、具有相当佛法功力的人才能入院和研究法术。殿内正中供奉黄教创始人宗喀巴的铜像，高9米，双肩两朵莲花，左为经书，是精通佛学之意，右为宝剑，是戒律严明之意。这殿中有千余座宗喀巴像，同一姿势，同一表情，所以又称千佛殿。

作为阴山地域珍贵的旅游资源，五当召除供本召喇嘛进行佛事活动和远近虔诚的信徒朝圣外，正吸引着众多的国内外游客前来观瞻，推动着阴山地域民族旅游业的发展。在南来北往的游客中扩大了阴山的知名度和美誉度，在一定程度上缓解了阴山地域经济发展中的资金缺口，改变了经济发展的结构，显示了"朝阳产业"发展的前景。

3. 阴山腹地藏秀色——奇秀的九峰山

地处塞外的阴山因历史的悠久而积累了深厚的人文资源可供旅游业挖掘、开发，进而转化为经济效益，实现文化与旅游的"联姻"。同时阴山奇峰以澄明秀丽的自然景色呈现出别样的塞外风光，尤以九峰山为盛。

　　九峰山位于阴山山脉中段，因九座巍峨挺拔依次增高的山峰相连而得名，是大青山最奇秀的旅游胜地，奇在两点：

　　一是山川秀色，瀑布银链。九峰山海拔 2338 米，为大青山第一高峰，俯视群山，峰峦叠嶂、峭壁林立、沟壑纵横、浩浩荡荡、气势磅礴。九峰山险峰众多，山峰突兀，从一峰到九峰，山山有特色，峰峰有造型，低的小巧玲珑，高的巍峨壮观。特别是"波光潋滟"的石湖，"一夫当关，万夫莫开"的一线天，以及活灵活现、栩栩如生的卧佛峰、麒麟峰、独树峰，群峰争雄、引人入胜，让人浮想联翩。险峰多，怪石也多，顶门石、巨屋石、磨盘石、双人石、镜子石、蜂窝石、五色石……怪石嶙峋，整容镇守、傲气凌云，不能不慨叹大自然的鬼斧神工。九峰山泉多，水系发达，山内小气候适宜，山体陡峭下切。因此，九峰山以其瀑布众多而独具特色。大大小小的瀑布 15 处，其中永久性瀑布 3 处。既有气势非凡的八峰瀑布，奔泻于悬崖之上，怒吼于林涛之间，回荡于群山之中。又有水帘均匀，浪花细密的小瀑布，如孩子般轻柔地抚摸大地，只在瀑下形成一水潭，供潭中游鱼嬉戏，给人以"旋岚偃岳而常静"的平和，抛却了尘世的喧嚣与躁动。

　　二是林海松涛，鸟鸣虫唧。九峰山以天然次森林为生态系统核心，保存森林面积 12064 公顷，其中次森林 11980 公顷，主要有云杉林、白桦林、山杨林，郁郁葱葱，苍劲挺拔，直指山巅。华北地区罕见的蒙古椴、辽东栎林、白桦、虎榛子、油松、酸枣灌丛也落户于此，随山势增高而浓密。除森林外，这里还有 19 个类属的其他植物，仅中草药就有甘草、知母、党参、沙参、黄芪、石竹、艾药等 389 种，形成了以东亚阔叶林为主的"原始森林岛"和种类繁多的野生植被区。九峰山禽兽众多且珍贵，已发现的陆栖脊椎动物有 134 种，其中兽类 25 种、鸟类 100 多种、鱼类 2 种。兽类中属于国家二级保护动物的有青羊、雪豹 2 种，属禁猎动物的有狍子；毛皮兽有艾鼬、豹猫、獾、蒙古兔和花鼠等；有大隼、红隼、猎隼、燕隼、金雕等 13 种属于国家二级保护的鸟类。此外，九峰山地区还有昆虫 132 种。生命交响于九峰山，鸟儿且歌且舞，狍子一身火红的轻装穿梭于丛山密林间，青羊悠忽间在眼前显现，转瞬即逝。

　　九峰山以其险如华山、秀如峨嵋的自然风光和多样的动植物被评为"内蒙古十大自然景观"之一，在阴山和西北地区独树一帜。

　　旅游业是第三产业的主导产业，旅游业的发展将带动相关产业的共同发展。积极挖掘阴山地域厚重的文化底蕴，加大旅游资源开发力度，打造旅游精品线路，实现区域内的合作，尤其是呼包鄂巴四地联合，优势互补，互惠互利。以包头为中心，构造四条黄金旅游线：一是东北向环形线路，主要包括：阿善遗址、九峰山、美岱召、哈素海、昭君墓、希拉穆仁草原、赵王城遗址、百灵庙、秦长城、大仙山、赵长城、昆都仑水库、昆都仑召、梅力更、梅力更召、麻池古城遗址等；二是五当召、春坤山北线。三是响沙湾、恩格贝、成吉思汗陵南线。四是乌拉山森林公园、维信高尔夫度假村、乌梁素海、阿拉奔草原西线。此外，积极利用阴山与蒙古国接壤的边境优势，争取与蒙古国合作开展边境旅游和过境旅游，并通过旅游带动边贸经济发展。这方面，巴彦淖尔市走在前列。从1989年10月，接待蒙古国游客与外宾10批、56人次，中蒙跨国旅游由此肇始。2005年"中蒙跨国旅游线路开通剪彩仪式"在乌拉特中旗举办，中蒙跨国旅游进入了全新的发展阶段。

旅游业的蓬勃发展，创造了大量的就业机会和可观的旅游收入，促进了阴山地域社会经济的发展和人民生活水平的提高。带动了公交运输业的发展，提升了农牧业的技术水平，为农村牧区产业结构调整注入新的生机和活力，点燃了阴山经济增长的新热点。起到了宣传民族民间文化，加强民族团结，促进对外开放的作用。在人口流动、民族交往的过程中不断输入各种异质文化，吸收其优秀成果，丰富阴山民族文化，实现了经济与文化的共赢。

第五节　阴山地域的社会主义精神文明建设

海纳百川，有容乃大。阴山地域在新时期继续发扬优良传统，以开放的心态迎接来此落户的各地移民，在文化的交融中奏响民族团结的凯歌，践行着"两手都要抓，两手都要硬"的发展思路，在积极推进阴山地域现代化工业文明的同时绝不放松社会主义精神文明建设。包头是全国中西部地区惟一一个进入首批全国文明城市行列的城市，这是阴山的骄傲，是阴山地域社会主义精神文明建设的成果。

一、新时代的新移民

阴山地域自古以来便是吸引外来人口的开放之地。数万以晋陕为主的农民，从明代阿勒坦汗时期起便渐入阴山落脚，开垦农田，经营商业或手工业，可以说是这一地域蒙汉聚居的良好开端，至清时达到高潮。清朝后期特别是光绪年间

"开垦蒙荒"、"移民实边"，山西、陕西及河北等地的农民大量"走西口"，流入阴山地域。据《绥远通志稿》记载："前明所创凛不可犯之汉民出塞禁令，已渐由宽缓而日近于废弛，于是内地人民之经商懋迁者，务农而春出秋归者，亦皆由流动而渐进为定居；由孤身而渐成为家室。洎乎雍正、乾隆之间，凡经属近边诸旗地，已蔚为农牧并营，蒙汉共居之乡"。这一时期涌入阴山地域的内地移民就多达数十万。他们带来了晋陕文化，带来了中原的农艺、手工技艺、民间艺术和民俗风习，带来了先进的农耕技术和经商理念，打破了草原的沉静。草原游牧民族以博大的胸怀包容接纳了他们，相互影响，交流、融合，促成了全新的、典型的民族和谐，形成了你中有我、我中有你的阴山文化。受农耕文明的影响，部分蒙古族从畜牧业转为农业，在文化艺术方面出现了具有山西民歌、戏曲特点的"二人台"，而具有蒙古族与陕北信天游特点的漫瀚调在阴山地域蒙、汉群众中广为传唱，唱出了文化的共生。

新中国成立后，一方面，华北和东部沿海人口稠密地区的大批农民沿着传统的迁移路线往东北、内蒙、西北边疆诸省区开垦拓荒，国家也有计划有组织地从东部人口稠密地区向地广人稀的黑龙江、新疆、内蒙古等省区进行集体移民，包括城镇青年、复员转业军人以及城市闲散人员等。

另一方面，第一个五年计划实施后，国家为了改变旧中国不合理的工业布局，有计划有组织地把沿海城市的工厂企业迁往内地和边疆，使大批职工和家属随同迁移。与此同时，国家还组织了一批工厂企业管理干部、技术人员志愿前往新兴工业城市和重点建设地区，形成大规模的工业移民。在阴山地域，国家"一五"期间的156个重点建设项目有6个选定在包头。党中央发出"全国为包钢，包钢为全国"、"全国支援包钢"的口号，各路大军齐聚包头。鞍钢工人调入，天津阀门厂、开关厂、螺丝厂整厂搬迁包头，华北建筑工程公司落户包头，津沪商业、饮食服务业人员部分支边……大量的东北人、北京人、天津人、上海人、川军、湘军浩浩荡荡来到包头参加社会主义建设，掀起了历史上又一次移民大潮。

鞍钢一直是支援包钢的重要企业，调给包钢行政企业管理干部1495人及包括200多个工种的生产骨干2600人。支援包钢中，1958年，中国人民解放军北京军区派出一个汽车营，全体干部和战士转业后，留在包钢。1959年，中国人民解放军541医院全体人员从东北转业到包钢。1954年，东北锦州"辽西家具制材厂"支援包头，全厂270人迁入，加上北京等地同行业工厂支援的24名技术工人，组成"地方国营包头木器厂"。1965年，天津的金属工艺厂迁来包头，成立了包头市金属工艺厂。1956年成立包头市饮食公司，从外地调进生产技术人员185名，其中天津57人，上海35人，张家口37人。为支援包头工业建设，恩义成、大福林饭庄由天津迁往包头。移来的产业工人大军，形成了以青昆两区为代表的新城区。1959年包钢的第一炉铁水的流出，结束了包头没有工业的历史，西部从此崛起了一座钢铁城市。原包头市委宣传部部长董汉忠曾说："我们是一个移民城市，包头人的素质，整体的综合的市民素质在我们国家西部地区乃至在全国，我们认为都是比较高的。"海纳百川，有容乃大，这是多元文化融合的结果。

20世纪60年代，在知识分子上山下乡的热潮中，一部分知识青年深入阴山农村牧区锻炼自己。另有10万来自北京、天津、上海、青岛、保定等地的知识青年满怀"保卫边疆、建设边疆"的热情，来到阴山地域，成立了内蒙古生产建设兵团。这是一支开发边疆、建设边疆、保卫边疆的不脱离生产的人民武装部队，是一支屯垦戍边的钢铁队伍。它在阴山地域不仅起到了稳定局势的作用，更重要的是传播了吃苦耐劳、不怕困难、勇往直前的精神。兵团战士面对困难不屈不挠，高唱着属于他们的旋律："蓝天作帐地作床，黄沙拌饭可口香……哪里最艰苦就在哪里安家，哪里有困难哪里就是战场。"这歌声鼓舞着他们的干劲。都市青年来到兵团驻地，扑面而来的是肆虐的风沙、满目的枯黄，有人哭了却没退却，因为"我们都有一双手，不在城市吃闲饭"是他们的信念。没有房子"我们"动手建，没有粮食"我们"亲手种。知青熊冬梅在日记里写到："我要用自己的双手改造荒滩，在艰苦的环境中磨炼自己。"她不仅这样说，也这样做了。在筛沙中错骨的她一声不吭继续工作，在她和战友的努力下，乌拉山下排排房舍盖起来了。战斗的豪情，激荡着每一个青年。"女当家"马彦恒使马头湾的荒滩变丰田，打破了马头湾不长粮食的定论，显示了"黄毛女女"的精神和能力。被风沙磨蚀的青春依然飞扬，它激励着兵团战士笑对人生坎坷，也鼓舞着阴山人民辛勤耕耘。正如兵团战士刘希光诗云：当年戍边阴山脚，儿女十万思报国……人生易老今非昨，再展风云搏几搏。①

改革开放以来，中国经济的快速发展，客观存在并正在加大的地区差距及投资的地域倾斜，都是人口大规模流动的重要导向因素。而市场化改革和经济成分

---

① 王德宝主编《兵团岁月》，《鄂尔多斯市文史资料》第四辑第521页。

的日益多元化，逐步削弱了抑制人口迁移的政策性壁垒。因此，中央提出西部大开发的战略口号，大量南方人涌入阴山，从事各种经济活动，在包头竟形成"温州一条街"，再次使包头的商业气息变得浓郁，显示出市场经济的强劲渗透力。新移民总体素质较高，他们的流动必然会给阴山地域注入新的血液和活力，使这里的社会结构进一步完善化，使不同地域的观念及习俗彼此交融，新移民把南方人的精明、创新精神带到阴山地域，推动了阴山地域经济的更快发展。而阴山人内部的流动则促使内部经济、文化信息的进一步沟通，增强了阴山各民族彼此之间的情感。如改革开放以来，乌兰察布市外出人口已逾 60 万，"草原钢城"包头市接纳了其中的 20 万。① 因此，市场经济不仅活跃了各种经济因素，而且使民族间的联系超越了地域界线，新移民的身影不断在阴山大地显现，各民族出现了前所未有的沟通与交流的局面。

二、民族团结

周恩来称赞内蒙古自治区为"模范自治区"，这其中阴山地域功不可没。因为，自治区首府呼和浩特、自治区最大城市包头、改革开放以来经济快速发展的鄂尔多斯市均为阴山地域的佼佼者，凸显了阴山地域在内蒙古自治区的核心地位。阴山地域的民族团结影响着整个内蒙古自治区的稳定与发展，多民族的阴山地域从古到今一直在传唱一首民族团结的主旋律。

1. 传承团结历史悠久

阴山地域自古就是农业文明与游牧文明交汇融合的地区，各民族的生产、生活联系密切，自然形成民族融合的历史发展趋势。费孝通先生在《中华民族的多元一体格局》中指出："中原和北方两大区域的并峙，实际上并非对立，尽管历史里记载着连续不断的所谓劫掠和战争。这些固然是事实，但不见于记载的经常性相互依存的交流和交易却是更重要的一面。把游牧民族看成可以单独靠牧业生存的观点是不全面的。牧民并不是单纯以乳肉为食，以毛皮为衣。由于他们在游牧经济中不能定居，他们所需的粮食、纺织品、金属工具和茶及酒等饮料，除了他们在大小绿洲里建立一些农业基地和手工业据点外，主要是取自于农区。一个渠道是由中原政权的馈赠与互市，一个渠道是民间贸易。贸易是双方面的，互通有无。农区在耕种及运输上需要大量的畜力，军队里需要马匹，这些绝不能由农

---

① 田丰主编《乌盟人在包头》第 2 页。

区自给。同时农民也需牛羊肉食和皮毛原料。在农区对牧区的供应中，丝织物和茶常是重要项目，因而后来把农牧区之间的贸易简称为'马绢互市'和'茶马贸易'。"① 互补的生产、生活方式导致阴山下农牧民经常性的贸易往来，在往来中增进了解，沟通情感，为民族团结铺垫道路。

从某种意义上说，一部阴山地域的历史，就是各民族团结互助、荣辱与共、同舟共济的历史。漫长的岁月中，留下了无数民族团结的佳话。汉代的胡汉和亲，明代的蒙汉互市，都是民族融合的例证。

和亲是我国历史上民族之间友好交往的一种形式，和亲一旦实现，首先是对民族隔阂、夷夏有别观念的削弱。随和亲队伍而行的还有生产技术、文化典籍，由此增进两族的了解、沟通，促进和平友好合作的出现。昭君出塞就顺应了当时民族间求和、求稳的历史大趋势，扩大了汉匈经济、文化的交流与融合，开创了汉匈和平友好的新局面，为汉匈长期友好合作奠定了基础。昭君和亲既体现了中华民族的贵和精神，又反映出草原文明的宽容。"和"是中国人的人生哲学，人与人之间要本着"和以处众"、"和为贵"的原则交往。"和"的理念极大地影响了中华民族的民族心态和思维方式，渗透到了经济、政治、文化和社会生活的方方面面，从根本上说，"和"就是中华民族的底蕴，中华民族的形成发展史就是一部众多民族和睦相处、不断融合、统一且多样化的历史。草原文明所表现出来的开放、宽容，与自然和谐相处，厚爱自然，感恩自然的文化心理反映在社会生活中便是以宽广的胸怀厚待他人。如此的胸襟包容了阴山地域的民族磕绊，显示了文化在促进民族团结中的潜移默化的影响力。昭君和亲的实践增强了中华民族大家庭的凝聚力和向心力，维护和巩固了祖国的统一及边疆的稳定，完全符合各民族的共同利益和长远利益，为后世树立了各民族和睦相处、共同繁荣与进步的楷模。

江泽民曾指出，把我国各民族维系于一个统一的大家庭中而又世代传承的纽带，主要有三个：一是国家的长期统一；二是各民族相依共存的经济文化关系；三是近代以来各民族在抵御外来侵略和长期革命斗争中结成的休戚与共关系。因此，在经济互补的基础上加强各民族团结，不仅是可能的，而且是完全必要的。明代由于政治局势的稳定，草原文明与农业文明的互补在更大范围以更大规模展开。通关互市本是经济交往的方式，但在物资交流、人员往来中同样增进了两族

---

① 费孝通著《中华民族多元一体格局》第11页。

了解，促进了两族团结，实现由经济上的调节和依赖转向民族团结。正是草原文明与农业文明这种互补性的结合，构成了阴山地域民族团结的内蕴，形成了蒙汉民族相互交融的亲和力。有明一代的蒙汉团结就在通关互市中拉开了序幕，在三娘子的努力下，蒙汉人民免除了遭遇战争浩劫之苦，双方化干戈为玉帛，在和睦相处中互通有无。阿勒坦汗和他的夫人三娘子是阴山历史中绝不能忽视的人物，他们促成了隆庆和议，使得祖国北疆息刀兵、兴商贸，蒙汉两族和平共处。阿勒坦汗和三娘子长期住在阴山地域包头境内的美岱召，是开发丰州滩（即土默川）的先驱，也是促进阴山地域蒙汉民族团结局面的先驱。由他们开创的蒙汉杂居的聚居特点及农牧并举的生产方式随时间的推移不断深化，在清代竟形成"蒙汉杂处，观感日深，由酬酢而渐能婚姻，因语言而兼及文字。"[①] 蒙汉人民的民族感情渐走渐浓。

近代以来，阴山地域蒙汉人民共同遭受外族入侵，共同抗击入侵者，在各民族并肩作战的历程中播撒革命热情，传递民族情谊。抗战时期，蒙汉军民紧密团结，共同抗日。天寒地冻的阴山地区到处洋溢着蒙汉军民浓浓真情，支援抗日的物资源源不断送往大青山，冻伤了脚的汉族战士有蒙族大娘温暖的手抚摸，突击中的游击队有蒙汉群众无言的保护，九峰山下机灵的小羊倌赶来了救命的羊群，那是蒙汉群众七拼八凑弄来的过冬食物，凡此种种都预示着抗战的胜利，因为团结就是力量。一如当时的歌词所言："起来，蒙汉的人民，我们要团结一心。我们同是受苦受难的奴隶，我们同是受人宰割的羊群。我们反对大汉族主义的压迫，反对蒙奸挑拨的罪行。快把手拉起，快把脚放齐，跟着鲜明的旗帜，创造我们美好的大家庭。"

在阴山这片广袤无垠的沃土上，各族人民尤其是蒙汉人民在内忧外患中求生存、求发展、肝胆相照、荣辱与共，在中华民族的历史上，谱写了一曲曲团结战斗的英勇诗篇。正是蒙汉各族优秀儿女近百年来的流血牺牲，才最终换来了内蒙古新型的人民政权的诞生。

2. 民族区域自治是民族团结的保障

1947 年 5 月 1 日，在解放战争的炮火声中，我国第一个少数民族自治区——内蒙古自治区诞生了。这是中国有史以来的第一个民族区域自治地方，它的成立是马克思主义民族理论和党的民族政策与内蒙古实际相结合的伟大创举，为中国

---

① 徐杰舜主编《中国民族团结考察报告》第133—134页。

共产党解决民族问题找到了一条正确的途径。自治政府一成立，便在施政纲领中宣布："内蒙古自治区域内蒙汉回等各民族一律平等，建立各民族间的亲密合作团结互助的新民族关系，消除一切民族间的隔阂与成见，各民族互相尊重风俗、习惯、历史、宗教、信仰、语言、文字，各民族自由发扬本民族的优良历史文化与革命传统，自由发展本民族的经济生活，共同建设新内蒙古。"即在互相尊重的前提下实现民族平等与团结。

1952 年 8 月，《中华人民共和国民族区域自治实施纲要》和 1954 年 9 月《中华人民共和国宪法》的颁布，使民族区域自治作为我国的一项基本政策和政治制度以国家法律形式固定下来。1982 年《中华人民共和国宪法》再次重申："中华人民共和国各民族一律平等。国家保障各少数民族合法的权利和利益，维护和发展各民族的平等、团结、互助关系。禁止对任何民族的歧视和压迫，禁止破坏民族团结和制造民族分裂的行为。"1984 年 10 月 1 日正式生效的《中华人民共和国民族区域自治法》，是中国民族区域自治法建设和民族区域自治制度进一步完善的一个重要成果。《民族区域自治法》中把民族自治地方的自治机关在财政、经济和文化教育方面的自治权具体化，保障少数民族自治权落到实处、细处而不流于文字。《民族区域自治法》的颁布，标志着我国民族区域自治走上规范化、法制化的轨道。为保证更好行使自治地方的自治权，全面贯彻落实民族区域自治法，内蒙古自治区加紧自治条例和单行条例的制定工作，出台地方性法律、法规几百件，这些地方性的法规的制定和实施，为自治区社会经济文化事业的发展，提供了重要的法律保证，巩固了阴山地域的民族团结。

民族区域自治政策，从政治上保证了各民族不分大小在国家一切权利方面完全平等，以及广大少数民族群众享有当家作主、管理本民族内部事务的民主权利。周恩来指出"所有的民族都是优秀的、勤劳的、有智慧的，只要给他们发展的机会；所有的民族都是勇敢的、有力量的，只要给他们锻炼的机会。"[①] 民族区域自治就为少数民族释放才能、施展智慧提供了平台，提高了各民族人民的参与意识和自主意识，有助于民族间凝聚力的形成；也为民族地区经济的快速发展提供了政治保障，使阴山地域较为顺利地实现了民主改革和社会主义改造，形成平等、团结、互助的社会主义民族关系。

本着这一精神，阴山地域各族人民珍视民族之情，以实际行动维护民族团

---

① 《周恩来选集》（下卷），第 263 页。

结，内蒙古自治区曾被周恩来总理誉为"模范自治区"。自治区历届党委、政府高度重视民族团结的光荣传统，1982 年自治区党委提出处理民族问题的三条原则：一是要充分认识民族问题的长期性，解决民族问题不能操之过急；二是要看到民族矛盾的复杂性，要历史地、全面地加以了解和认识，合情合理地解决，简单化不行、片面化也不行；三是对影响民族关系的有害倾向，特别是影响民族团结的错误言行，无论来自哪个民族，都必须旗帜鲜明地进行批评教育，不能一味迁就。布赫在内蒙古自治区首次民族团结先进集体、先进个人表彰大会上强调：各族干部群众都要以"谁也离不开谁"的思想为准则，说维护民族团结的话，做维护民族团结的事，在全区上下形成互相学习、互相帮助、互相支持、互相关心的民族团结的社会风尚，各民族要真正做到亲如手足、相依为命，为建设社会主义现代化的内蒙古而奋斗。①

从 1984 年开始，内蒙古自治区坚持每年 9 月开展民族团结进步表彰月活动，大张旗鼓地宣传为民族团结进步事业做出贡献的模范集体和个人。1983 年内蒙古自治区召开首次民族团结先进集体、先进个人表彰大会之前，阴山地域开展了"民族团结宣传月"活动，内蒙古日报社、内蒙古广播电台分别举办了"民族团结征文"活动，阴山地域各级团组织以举办画展、影展、演唱会、讲演会等多种形式组织团员、青少年学习党的民族政策。如 1983 年，包头日报、电台、电视台从 1 月到 10 月，发表民族政策、民族问题理论专题材料、民族团结事迹、民族团结征文、新闻报道等 523 篇，制作三个电视专题片。《百灵》、《鹿鸣》刊物发表小说、诗歌、歌曲 300 余篇。文艺团体排练演出漫瀚剧《丰州滩传奇》和民族歌舞节目。阴山各地普遍组织了调查组、慰问团、宣讲团，由领导带队，深入旗县、社队等少数民族聚居地区，宣传党的民族政策，检查党的民族政策的执行情况，切实为少数民族群众解决一些实际问题。如：卓资县拨出 20 立方米木材，供给少数民族群众维修住房和牲畜棚圈；巴彦淖尔市在回族聚居区修建了清真寺；乌兰察布市以贷款加补贴的形式帮助少数民族群众购买耕牛。

通过表彰先进、树立榜样、解决实际问题的形式，对各族人民进行马克思主义民族观和党的民族政策教育，促进了社会主义民族关系的发展。1953 年，达茂旗广大牧民从建设祖国的大局出发，将世代祭祀的圣山——白云鄂博让了出来，为国家的钢铁事业做出了贡献。呼和浩特市回民区投资兴建的金鹏商贸大

---

① 布赫著《布赫谈民族工作》第 51 页。

厦，其职工由回、蒙古、满、壮、汉 5 个民族组成，但各民族亲如一家。当回族职工过"尔代节"时，其他民族的职工会主动替他们顶班，以便使回族职工能够放松心情，欢度佳节。同理，春节来临，回族职工则顶在岗位的一线，让其他民族的职工放假过节。这是彼此尊重各民族风俗习惯的表现，是各民族之间水乳交融的情谊再现，它彰显着"各民族谁也离不开谁"的团结理念。在漫瀚调的歌词里有一些"风搅雪"，就是蒙汉两种语言掺在一起。例如："忽尼马汗布旦古利儿妹子不会做，还是马内黄米干饭将就两天吧。""忽尼马汗布旦古利儿"是蒙古语，意为"羊肉白面虽然有呀"，"马内"也是蒙古语，意为"咱们"。再如，云双羊演唱的《走西口》："赶包头，绕石拐，连夜返回巴拉盖。累得我真苦，没有一点阿木尔泰（蒙语：安宁之意）。晚上住在毛七赖，碰见两个忽拉盖（蒙语：盗贼之意）。"这种蒙汉双语合璧的歌词，反映了蒙汉两族人民的友好情谊，显现了两族文化交融的深度和广度，也是蒙古民族文化心态开放的表现。据《绥远通志稿·民族志》载"昔年有蒙古曲一种，以蒙语编词，用普通乐器，如三弦、四弦、笛子等合奏之；歌时用相板或落子节奏，音调激扬，别具一格。迨后略仿其调，易以汉词，而仍以蒙古曲名之，实则所歌者，皆汉词也。"

3．重视培养少数民族干部

实行民族平等、民族区域自治，增强民族团结，促进各民族共同繁荣，必须大力培养和选拔使用少数民族干部。乌兰夫指出"培养少数民族干部是巩固民族团结和彻底解决民族问题的关键，在一切有少数民族的地区，都必须予以十分重视。"[1]

蒙古族是一个崇尚精英领导的民族，他们认为具有领导力的个人可以高度代表他们的利益，可以想他们所想，急他们所急。少数民族干部同本民族群众有千丝万缕的联系，具有汉族干部所不可替代的优势：他们熟悉本民族的民族习俗，了解本民族的民族心理，通晓本民族的民族语言，对本民族群众而言，他们就是自己的代言人，是信得过的。因而少数民族干部就是开展民族工作，保障民族团结的骨干力量。阴山地域高度重视少数民族干部的培养，采取多种途径发展壮大少数民族干部队伍。如采取倾斜政策，在同等条件下优先录用少数民族干部，并有意识安排少数民族干部到基层锻炼成长。呼和浩特市通过举办民族干部培训班，大力培养少数民族干部。1986 年，少数民族干部占全市干部总数的

---

[1]　内蒙古乌兰夫研究会编《乌兰夫论民族工作》第 117 页。

18.08%，少数民族市级干部占同级领导干部总数的59.2%，少数民族处级干部占同级干部总数的30.59%，全市处级领导1986年比1979年增加33%，其中少数民族处级干部1986年比1979年增加60.56%。到2005年底，巴彦淖尔市党政群系统少数民族干部2261人，占全市党政群干部总数19%。其中市级少数民族干部11人，占同级干部的31%；处级干部157人，占同级干部的26%；科级干部921人，占同级干部的20%。少数民族干部在各个层面上的比例均超过少数民族人口在全市总人口中的比例。对少数民族干部，各级党组织在实际工作中放手使用，热情帮助，并有计划的选送年轻的民族干部分期分批到党校和其他院校学习。如2005年，巴彦淖尔市民委会同市党校联合举办了为期20天的少数民族干部培训班。

　　4．发展经济促进团结

　　对少数民族地区，邓小平提出"我们的政策是着眼于把这些地区发展起来。"邓小平认为不把经济搞好，民族区域自治就是空的。江泽民在1992年召开的中央民族工作会议上指出："现阶段，我国的民族问题，比较集中地表现在少数民族和民族地区迫切要求加快经济文化的发展。"在1999年召开的中央民族工作会议上又进一步指出："没有民族地区的稳定就没有全国的稳定，没有民族地区的小康就没有全国的小康，没有民族地区的现代化就不能说实现了全国的现代化。"中央领导对少数民族地区发展的高度重视，少数民族地区对自身发展的迫切要求推动了西部开发的热潮。阴山地域紧抓机遇，乘东风而进，迅速成长起一批知名企业，他们的不断成熟带动了阴山地域城市的腾飞。2007年中国人民大学调查评价中心首次发布的"中国发展指数"，按照"中国发展指数"的标准，健康指数、教育指数、生活水平指数、社会环境指数等指标，内蒙古自治区在中国31个省级行政区（不包括港澳台地区）排名第11位。经济的发展，城市的繁荣，生活的富裕，使民族团结得到强化，民族关系在共同富裕中进一步融洽，而民族的团结又给民族发展提供了可靠保证。

　　恩格斯指出，在公有制社会里，"通过社会生产，不仅可能保证一切社会成员有富足的和一天比一天充裕的物质生活，而且还可能保证他们的体力智力获得充分自由的发展和运用。"① 阴山地域的知名企业，如包钢、伊利、蒙牛、鄂尔多斯等，依托阴山文化底蕴，按照市场需求创新产品，开拓市场，在不同的生产

① 《马克思恩格斯选集》（第3卷），第332页。

领域大显身手，走向全国，走向世界，成为推动阴山地域经济发展的主要力量，使阴山地域成为全内蒙古自治区乃至全国经济发展较快的地区之一。经济的快速发展不仅促进了阴山地域人民群众物质生活的提高，而且深化了阴山人民对民族团结的认识，即民族团结促进经济发展，经济发展保障民族团结。正如江泽民所言："历史一再证明，团结就兴盛，就繁荣；分裂就动乱，就衰败。" 1983 年内蒙古自治区民族团结表彰大会的报告指出："经济问题和民族问题，是两个互相联系的问题。经济建设搞好了，民族团结就有更坚实的基础；民族团结搞好了，经济建设才能顺利进行。""大力发展自治区经济，努力把经济建设继续推向前进，这是巩固和发展民族平等和民族团结的根本途径。"没有经济的发展，民族团结将成为没有基础的空中楼阁。阴山地域经济上翻天覆地的变化，充分拓展了该地区各民族团结发展之路，引发民族团结进步、人民安居乐业等一系列美好景象，各民族人民平等、团结、互助、和谐的"谁也离不开谁"的新型民族关系得到最充分的体现。

费孝通曾言："中华民族的主流是许许多多分散孤立存在的民族单位，经过接触、混杂、联结和融合，同时也有分裂和消亡，形成一个你来我去，我来你去，我中有你，你中有我，而又各具个性的多元统一体。"① 他肯定了"五十多个民族单位是多元，中华民族是一体"，因此，任何人都应把少数民族看作是中华民族不可缺少的一分子，都应彼此珍视对方，团结在中华民族的大家庭中。阴山地域各少数民族在长期历史发展过程中，由于政治制度的变革，经济文化的交流，婚姻、亲缘关系的往来，逐步形成了大杂居、小聚居，交错居住的局面。这种地缘关系既反映了各民族之间在政治、经济、文化等方面"谁也离不开谁"的密切关系，也是"谁也离不开谁"的理论升华的现实基础，有利于巩固汉族离不开少数民族、少数民族离不开汉族、各少数民族之间也相互离不开的思想。各民族互相交往、互相学习、互相支援，共同进步和发展，推动着整个中华民族的发展。"少数民族也很大地帮助了汉族。……他们加入了中华民族这个大家庭，就是在政治上帮助了汉族。少数民族和汉族团结在一起了，全国人民都高兴。所以，少数民族在政治上、经济上、国防上，都对整个国家、整个中华民族有很大的帮助。"② 乌兰夫指出：我们必须向少数民族干部和广大的人民群众进行教育，

① 费孝通著《中华民族多元一体格局》第 1 页。
② 《毛泽东选集》（第 5 卷），第 154 页。

使他们懂得，占全国人口94%的汉族人民对他们的帮助，是使他们能够过渡到社会主义社会的伟大力量。同样的，把我国建设成为一个伟大的社会主义国家，离开少数民族的共同努力，也是不行的。因之，我们也必须向汉族干部和广大的人民群众进行教育，使他们懂得，我国领土的60%是少数民族聚居地区，那里有极为丰富的物质资源，那里绝大部分地区又是我国的边疆。通过教育使汉族和少数民族普遍树立谁也离不开谁的意识，使阴山地域的民族关系在变化与发展中不断书写团结的篇章。阴山地域各民族谱写的团结之曲证明：阴山地域担当得起"模范自治区"的美称，阴山地域也将在团结的旋律中走向美好的明天。

三、精神文明建设成果

江泽民同志在党的十五大报告中明确指出："只有经济、政治、文化协调发展，只有两个文明都搞好，才是有中国特色的社会主义。"阴山地域虽地处北疆，但紧跟时代的步伐并不缓慢，因为阴山人明白，要加快发展，必须坚持"两手抓，两手都要硬"的方针，以经济建设为中心，加快精神文明建设步伐，努力为经济建设提供精神动力和思想保证。尤其是包头能坚持以创建文明城市为龙头，不断推进精神文明建设，表现出新时期精神文明建设的新特色。

1. 思想道德教育常抓不懈

思想道德教育是老生常谈的话题，需与时俱进，常抓不懈。在构建社会主义和谐社会中，必须以建设社会主义核心价值体系为根本，大力推进思想道德建设，倡导和谐理念，培养和谐精神，构筑与社会主义市场经济相适应的思想道德体系。为此，阴山地域普遍深入开展了以社会主义荣辱观教育为核心内容的思想道德建设，广泛开展世界观、人生观、价值观宣传教育，倡导爱国、诚信、友善、勤俭、敬业等道德规范，引导干部群众自觉遵守社会基本道德规范，形成知荣辱、讲正气、促和谐的良好社会风尚。积极弘扬以爱国主义为核心的民族精神和以改革创新为核心的时代精神，宣讲党的基本理论、基本路线、基本纲领，进行形势与政策教育、中华民族优良历史传统和革命传统教育，培养爱国主义、集体主义、社会主义信念，引导广大群众正确认识社会发展规律，深入认识改革开放和现代化建设辉煌成就，突出全面建设小康社会主题。为此要积极培养昂扬向上、拼搏创新的时代精神，引导和教育广大干部群众不断解放思想，增强敢于创新的意识，做好凝心聚力谋发展的思想发动工作，形成团结拼搏、艰苦奋斗、真抓实干、争创一流的阴山精神。

思想道德教育要在具体的实践活动中完成春风化雨的使命，重点是抓行为规范，为此，阴山各地开展了大量的实践活动，让市民在参与中升华思想。比如，为贯彻落实《公民道德建设实施纲要》，持之以恒地宣传和倡导"爱国守法、明礼诚信、团结友善、勤俭自强、敬业奉献"20 字公民基本道德规范，阴山地域首先组织"公民道德宣传日"活动、"五讲十不"（讲公共卫生，不随地吐痰便溺，不乱扔杂物；讲秩序礼让，不违反交通规则，不喧闹乱挤；讲语言文明，不说脏话粗话，不说服务忌语；讲行为文明，不在公共场所吸烟，不损坏公物；讲饮宴文明，不强行劝酒酗酒，不铺张浪费）教育活动，运用节庆仪式、大众传媒、文艺作品、公益广告等方式和途径，集中推广了"三个一"教育（一个文明公约、一首道德歌、一批文明警示用语），实现道德宣传教育经常化、大众化。这方面比较突出的是争创文明城市的包头。

为深入推进"讲文明话、办文明事、做文明人"的教育活动，提高市民的文明素质，包头市全面实施《包头市提高市民文明素质行动纲要》。首先，从基本行为规范入手，通过征集消除不文明陋习"金点子"活动、"万名文明市民"评选活动，引导市民主动审视自身行为，自觉摈弃乱停乱设、乱丢乱扔、随地吐痰、争抢拥挤等不文明陋习，以榜样为标杆，努力培养良好的文明行为习惯；以"破除封建迷信，倡导文明祭奠，促进社会主义精神文明建设"为主题，开展有声势、有内容的清明节文明祭奠活动；开展"百万市民学礼仪"活动，组织举办文明礼仪大赛，普及与日常工作生活密切相关的生活礼仪、职业礼仪和社会礼仪知识，在全社会形成讲礼貌、重礼仪的浓厚氛围，使广大群众在衣食住行和人际交往中，逐步养成文明礼貌、尊重他人、举止文雅的文明习惯；开展"文明出行"活动，养成自觉遵守交通法规、自觉维护交通秩序，不乱穿马路、不闯红灯、各行其道的文明出行习惯；开展"我为文明城市添光彩"活动，不断加强市民的公共意识培养力度；树立道德标兵，以典型事例教育、感动他人。如爱岗敬业道德模范刘怀玉，几十年如一日奋斗在铁路工作的第一线；乐于助人道德模范沈富财，虽是残疾人，仍坚持捐助学生、帮助贫困残疾人；亲老爱亲道德模范王玉莲，无怨无悔地照顾老人、孩子，并为病重的丈夫捐献肾脏。他们的事迹虽不是轰轰烈烈、惊天动地，但是他们高尚的道德品质令人动容。通过一系列活动的开展，推动了"讲文明、树新风"活动进社区、进农村、进单位、进家庭，引导了广大市民和农村牧区群众养成良好文明、卫生习惯，不断提高社会公德意识。

其次，广泛开展各类主题活动：面向商业领域，开展"共铸诚信"活动，增强诚信意识，夯实为人处世的基石，弘扬阴山文化的优秀传统。老包头"晋商"的故事就是以"义、信、利"赢得市场。包头市充分利用这一资源宣扬诚信，并评选全市十大诚实守信企业、市场（商场）、市民，十大民营诚信企业、个体工商户，十大诚信产品，推进诚信建设。英国哲学家休谟认为"承诺的兑现"是人类社会存在和发展的规律，它促进良好社会风气的形成。面向行政机构，开展"做人民满意的公务员"、"创建文明机关、当人民公仆"、"立党为公、执政为民"等专题活动，增强公务人员的宗旨意识，发挥党员干部的表率作用。为弘扬一方有难八方支援的博爱精神，组织"送温暖、献爱心"活动，树立社会正气。挂有"城市 TAXI 爱心车队"标牌的出租车是包头市街头的一道亮丽风景。各高校纷纷成立志愿者协会，大学生志愿者活跃街头巷尾，爱心暖流在涌动。一受伤女工急需输血，听到广播的市民在血站排起了献血的长队。四川汶川发生大地震后，仅有 200 万人口的包头市向灾区捐款捐物达 1 亿多元。全市在册志愿者 20 多万名，2000 多支志愿服务队伍在包头开展环保、科普、文化、交通、帮困、助残等志愿服务活动，在和谐互动中传递着文明，温暖着大家。

巴彦淖尔市开展"文明礼仪大赛"、"十佳文明经营户"、"十大道德模范"、"文明出租车"、"咱们村的好青年"等形式多样具有特色的评比活动，不断夯实精神文明建设的基础。

在思想道德教育中，青少年作为正在成长中的公民不能忽视。阴山地域启动"小公民道德建设计划"，采取一系列有效措施，推动未成年人思想道德建设蓬勃开展。

一是结合社会主义荣辱观教育，收集有民族特色、地区特点、乡土气息的思想道德和行为规范的教育素材，编印小册子，对未成年人进行热爱祖国、热爱家乡的教育；结合重大节日、纪念日开展爱国主义教育活动，参观爱国主义教育基地、观看爱国主义教育影片、出版爱国主义教育板报、举办爱国主义教育歌咏比赛等等，将思想品德教育落实在教育、教学和日常管理的各个环节，真正做到进教材、进学校、进课堂、进头脑。

二是整合社会资源，共同关注青少年健康成长。首先是整合一批基地，以共建共享的方式，加强青少年教育阵地建设，努力为未成年人开辟更多的活动场所。在综合利用现有设施的基础上，结合城市发展规划和农村现代化建设目标，大力加强未成年人校外活动场所的建设。对未成年人免费开放爱国主义教育基地和文化体育设施场馆。将原有的公益性文化设施和活动场所进行改造和整合，增加为青少年服务的各项功能。依托大专院校、科研院所的人才资源和实践基地，建立健全科普阵地覆盖网络，开展丰富多彩、形式多样的科普教育活动，激发青少年学科学、用科学的热情。其次是整合社会德育资源，建立一支青少年思想道德建设队伍，努力构建家庭、学校、社会"三结合"教育网络。在重点抓好学校班主任队伍建设的基础上，积极构建校外教育新的运作模式，增强校外教育的特色和活力。协调妇联、关工委等部门组建一支兼职师资队伍，聘请老干部、老战士做革命传统教育，聘请老劳模做劳动传统教育，聘请公检法干警做法制报告等，引导中小学生树立正确的世界观、人生观、价值观，养成高尚的思想品质和良好的道德情操。成立未成年人思想道德建设研究会，把中小学生的心理健康教育和德育结合起来。

三是积极开展形式多样的实践活动。2007年，全国首个环保小卫士工作团在包头成立，以"小手牵大手，环保进万家"、"小手拉大手，大手拉家庭，家庭带社会，共同保护我们的家园"的活动增强青少年的环保意识。举办"一代天骄"杯全区加强和改进未成年人思想道德建设知识竞赛、"挑战杯"创业计划竞赛、"健康网络、文明生活"、"首届全区大中学生网页设计竞赛"等活动，培养青少年健康生活的观念。以"小手牵大手，文明伴我行"、"小手牵大手，法制进万家"等系列活动，着力培养少年儿童的爱心与责任；开展了以"诚实守信"为主题的大型签名活动，培养学生诚实待人、守时、守信的优良品质；开展"做一个有道德的人"活动，从身边小事做起，践行道德规范，增强道德意识，养成良好习惯，培养高尚品质。形式多样的实践活动鼓励了未成年人从不同角度和不同层次发掘自身潜力，大胆开拓创新。内涵丰富的主题教育活动陶冶了青少年的情操，活跃了校园文化，充分发挥了文化育人功能。在活动中，注意做到创新载体，增强思想道德教育的针对性、实效性，将思想道德教育的内容，融入生动活泼、形式多样的活动之中，使青少年在参与中受到教育，得到提高。

四是积极营造良好的社会文化环境，推进优秀少儿精神产品问世，出版并发行一批适合未成年人的图书，净化电视荧屏，提高未成年人的审美能力。开展"文明上网、戒除网瘾"、"网络公约宣传教育"、"青少年网络大赛"活动，创建青少年安全放心网吧，加强网络道德建设，引导青少年健康、文明上网，自觉抵制网上不良信息，营造健康向上的网络育人环境。通过设立德育教育专项经费，保证青少年思想道德教育的顺利开展。把学校德育工作纳入考评体系，确保学生德智体美全面发展。由于工作富有成效且有特色，包头市被中央文明委授予全国未成年人思想道德建设工作先进城市称号。

2. 虚功实做，群众受惠

精神文明建设必须坚持以人为本的原则，把维护群众利益作为出发点和归宿，不断满足人民群众日益增长的物质文化需求。阴山地域在精神文明建设中始终以群众的需要为第一信号，让群众受惠于精神文明建设中，具体表现为：

一是创建全民参与健身工程。开展面向全体市民的生活常识、公共卫生健康知识以及心理健康知识的教育、宣传和服务工作，进一步提高广大群众的科学生活意识和自我心理调节能力，形成健康的生活习惯和较强的社会适应能力。针对广大市民强身健体的需求特点，不断完善市、区（旗县）、办事处（镇）三级群众卫生、体育设施，加强社区体育卫生服务体系建设，提高生活质量，为广大群众享受文体生活、开展文体活动提供舞台。阴山各地积极实施"全民健身计划"，群众性体育活动蓬勃开展，参加体育活动的人数不断增加，人民体质与健康状况有了很大改善。

二是推动公共文化服务体系的建设。通过现有文化设施的更新改造，逐步建立以市区为文化中心枢纽，联结各旗县区、辐射镇村、布局合理、项目配套的城乡群众性文化设施体系，提高公共文化基础服务能力。比如，包头市通过构建文化信息资源共享机制和网络平台，创建标准化、规范化的社区文化活动中心，吸引居民走出家门，到社区共享文化资源。充分发挥公共图书馆在传播知识、提高市民素质中的支撑作用，构建居民相对集中、配套服务设施较为完善、资源共享、覆盖全市社区、企业、学校、部队的公共图书馆网络，促进市民文化修养不断提升。

三是努力打造"文明大通道"品牌建设。巴彦淖尔市积极组织实施"河套文明长廊"创建活动，乌兰察布市精心设计"察哈尔文明示范带"，包头市进一步抓好"百里文明长街"创建活动，这些活动是展示改革开放成果、提高社会风气、公共秩序、生活质量的窗口，推动了阴山地区城乡经济、政治、文化、生态、旅游等建设的快速发展。

四是为百姓生活留下宽裕的绿色空间，特别是包头市这几年一直在致力于改善城市环境，为城市"增绿"。仅2005—2007年，全市就完成林业生态建设任务106.83万亩，造林绿化使用的苗木全部达到国家一、二级标准。不仅如此，围封禁牧、大青山南坡绿化工程、黄河湿地保护工程等三大生态工程相继启动，使城市的生态环境发生了根本的变化。联合国人居署考察团在考察包头时，看到满城绿色，彻底改变了对中国西部城市的看法。考察团负责人说："一个年降雨量不足200毫米的西部城市会如此之绿，真是了不起。包头是改善人居环境的典范。"在包头，每一条路的拓宽，每一条街的美化，每一座建筑的落成，都从城市建设的长远规划着眼，从改善百姓实际生活环境出发，一切都力求体现群众的根本利益。

付出就有回报，多年的努力使包头市迎来"全国文明城市"的桂冠。包头是中西部地区惟一一个进入首批全国文明城市行列的城市，这是阴山的骄傲，彰显着市民的文明。包头的市民在"文明与我同行"，"我为文明增一分"的目标中约束着自己不合理的言行，与文明携手，并逐步内化为自觉的意识，使"文明礼貌、真诚友爱、勤劳奉献、健康向上"的包头市风深入民心，实现了"立诚立信强包头、重礼重德爱包头、亮化整洁美包头、文明规范建包头"的要求，受惠的是百姓。"迎接全国文明城市复查验收，我们要像创建一样认真对待，要充分发动群众，一切惠及群众。让文明创建的成果，既经得起上级的检查，也经得起历史的检验，更经得起群众的检阅。"原自治区党委常委、包头市委书记莫建成一席话道出了包头创建文明城市的根本目的和出发点——让群众满意。

建设社会主义精神文明，是满足和提高小康社会人民群众精神文化生活水平的客观要求，不仅能使广大市民不断提高精神境界，陶冶道德情操，而且还能够通过良好的社会风尚，促经济发展。追求文明，永无止境。

四、阴山文化发展的展望

阴山文化以其富于民族性及区域特色赢得人们的关注与肯定，其中积极的优秀的文化积淀始终会唱响于阴山人心目中，回荡于阴山学者的脑海中。正如蒙古族作家扎拉嘎胡说："蒙古族作家和诗人在创作中始终凝视着民族特色和地域特点……在四十多年的矢志不渝的探索中，作家和诗人的视点越来越集中，光点也越来越清晰。在作品中呈现出来的民族特色与地域特点这朵花，是枝灿烂夺目、无比辉煌、千姿百态、永不凋谢的大花朵。"[①] 为使这"大花朵"长久鲜艳，急需对阴山文化搜集、整理、抢救，尤其是非物质文化要力求坚持传统，保持原汤原汁，使其不失真。越是民族的，才越是世界的，多彩的生活呼唤丰富的文化，这注定了阴山文化必须保留自身的个性，传承自身的特色。

---

① 孙兆文、苏利娅主编《民族区域自治与蒙古族的发展进步》第121页。

但文化传承不是封闭的、静态的因袭，而是随着社会发展不断选择、创造与变革的动态过程。符合历史发展潮流的民族文化的某些变迁是不应阻挡也无法阻挡的。"许多在原始生产条件下使用的生产工具无论如何在当代已不再有使用价值，它们被淘汰和消失也将成为必然，而那些适应极端落后生活条件的生活器具和习俗也将随着现代生活的来临而失去存在的意义"。因而，阴山文化也将在传承中淘汰过时的、劣质的内容，在发展中反映时代精神与风貌，表现出从传统向现代的变化趋向。比如，传统社会的蒙古族要祭"尚西"。"尚西"蒙语意为独棵大树，即指神树，多为老榆树。旧时，蒙古族每个部落，每个屯子都有自己的神树，每年祭祀一次，但时间没有规定，遇有大旱常常到神树下祭树求雨。解放后，这一祭祀活动逐渐消失。再如，建国前的敖包会主要以宗教活动为主，捎带举行赛马、摔跤、射箭等蒙古族人民喜爱的传统文娱体育活动，这些活动被称为"那达慕"。建国后，那达慕成为草原上的盛会。不仅进行传统的赛马、摔跤和射箭，还增加了西方体育、军事体育、趣味体育以及其他民族的传统体育等内容，项目齐全、丰富多彩，又以文艺增色，好不欢畅。近年来，更是形成旅游、经贸、文体相结合的大型那达慕大会。举办地点也逐渐由草原走入城市，形成了草原、城市并举的格局。1991 年，为检阅内蒙古自治区改革开放以来取得的成就和宣传内蒙古经济资源，在呼和浩特市举行了规模空前的那达慕大会。有西方学者指出："文化变迁并不仅仅出现在我们的文化中，在整个人类历史上。随着人们需要的变化，传统的行为和态度不断地被取代或改变着。正如没有哪个人永远不死，也没有那种文化模式永远不变。"① 变化是必然的，不变是暂时的。

特定的经济决定文化的走向，特定的文化是特定经济和政治的反映。阴山经济方式的变革决定了文化的变迁。生产生活方式的变革本身就是物质文化的变化，是民族现代化发展进程的表现。阴山地区从游牧经济转向农业经济，又到工业经济，再到多元经济，折射出民族文化变迁的显在的物质层面，而隐藏在物质文化背后的思维方式、价值观念、思想道德等也将随经济的多元化向多元化方向发展。

一方面，民族节日、民族服饰与饮食、民族建筑与绘画、民族音乐与舞蹈等以感性和直接的客观形态体现出来，表现出浓郁的民族和地方特色。另一方面，

---

① 《文化的变异》第531页，C. 恩伯，M. 恩伯著。转引自益西拉姆著《中国西北地区少数民族大众传播与民族文化》第200页。

这些精神文化不可避免要从多元的世界文化中汲取养料和灵感，利用现代元素诠释民族传统。比如，民族节日中，在保留传统核心的基础上，体现民族团结和睦的群体意识，表达建立良好的人际关系与民族关系的社会需求。在民族服饰与饮食中引进它文化的色彩，追求多样化，呈现开放性。蒙古族舞蹈艺术家荣毅捷说：“站在世界舞坛亮丽的地平线上，任何一个舞蹈作品，都应当成为民族的、现代的、传统的。没有民族就没有个性，没有现代就没有创造，没有传统就没有底蕴。”① 民族、现代、传统缺一不可，在三者的冲突与整合中走向现代化，这是对传统文化的扬弃，是对传统中的合理因素的提升。

马克思指出：“人们自己创造自己的历史，但是他们并不是随心所欲地创造，并不是在他们选定的条件下创造，而是在直接碰到的、既定的、从过去继承下来的条件下创造。”② 在现代化的过程中只有实现对传统的创新发展才能有人类文明的延续。“民族文化的现代转型是由文化变迁的发展趋势所决定的，它代表的是文化变迁的一种较高级的发展形态，是文化变迁的最终的结果。文化转型是文化系统的一种自我调整过程，文化在变迁中不仅要考虑如何保存旧有的传统，还要考虑如何进一步去创造新有的文化传统，以更好地适应现代社会乃至未来社会的需要。这是因为，社会不断处于巨大的变化之中，各种新生事物不断涌现，特别是在当代社会所面临的高科技的文化信息时代，传统的观念日益受到挑战。因此，文化发生巨变也就自然不可避免”。③

---

① 孙兆文、苏利娅主编《民族区域自治与蒙古族的发展进步》第 259 页。
② 《马克思恩格斯选集》第 1 卷，第 585 页。
③ 张文勋等著《民族文化学》第 184 页。

主要参考文献

古　　籍

司马迁《史记》，中华书局 2008 年版。

班固《汉书》，中华书局 1962 年版。

范晔《后汉书》，中华书局 1965 年版。

陈寿《三国志》，中华书局 1959 年版。

魏收《魏书》，中华书局 1974 年版。

李百药《北齐书》，中华书局 1972 年版。

魏徵《隋书》，中华书局 1973 年版。

李延寿《北史》，中华书局 1974 年版。

刘昫《旧唐书》，中华书局 1975 年版。

欧阳修《新唐书》，中华书局 1975 年版。

脱脱《宋史》，中华书局 1977 年版。

脱脱《辽史》，中华书局 1974 年版。

脱脱《金史》，中华书局 1975 年版。

宋濂《元史》，中华书局 1975 年版。

柯劭忞《新元史》，中国书店 1988 年版。

张廷玉《明史》，中华书局 1974 年版。

赵尔巽《清史稿》，中华书局 1977 年版。

吴树平校注《东观汉记校注》，中州古籍出版社 1987 年版。

郦道元《水经注》，岳麓书社 1995 年版。

杜佑《通典》，中华书局 1984 年版。

温大雅《大唐创业起居注》，上海古籍出版社 1983 年版。

王溥《唐会要》，中华书局 1957 年版。

吴兢《贞观政要》，上海古籍出版社 2007 年版。

宋绶《唐大诏令集》，中华书局 2008 年版。

王钦若等《册府元龟》，中华书局 2003 年版。

司马光《资治通鉴》，中华书局 1976 年版。

乐史《太平寰宇记》，中华书局 1984 年版。

李吉甫《元和郡县图志》，中华书局 1983 年版。

徐梦莘《三朝北盟会编》，上海古籍出版社 1987 年版。

叶隆礼《契丹国志》，上海古籍出版社 1985 年版。

策·达木丁苏隆编译《蒙古秘史》，中华书局 1957 年版。

《明实录》，上海古籍出版社 1983 年版。

《清实录》，中华书局 1986 年版。

李心传《建炎以来朝野杂记》，中华书局 2006 年版。

吴广成《西夏书事》，甘肃文化出版社 1995 年版。

李冶《敬斋古今注》，中华书局 1995 年版。

耶律楚材《湛然居士文集》，中华书局 1986 年版。

陶宗仪《南村辍耕录》，中华书局 1959 年版。

谷应泰《明史纪事本末》，中华书局 1977 年版。

瞿九思《万历武功录》，中华书局 1962 年版。

陈子龙等《明经世文编》，中华书局 1962 年版。

顾祖禹《读史方舆纪要》，中华书局 1955 年版。

谈迁《国榷》，中华书局 1958 年版。

叶子奇《草木子》，中华书局 1959 年点校本。

王士琦《三云筹俎考》，台湾光文书局 1972 年影印本。

学　术　专　著

东方杂志社编《蒙古调查记》，商务印书馆 1924 年版。

雷洁琼《平绥沿线的天主教会》，平绥铁路管理局 1935 年版。

绥远省民众教育馆编印《绥远省分县调查概要》，1935 年铅印。

黄奋生《蒙藏新志》，中华书局 1938 年版。

王守礼《边疆公教社会事业》，上智编译馆 1950 年版。

中国科学院考古研究所编《居延汉简甲编》，科学出版社 1959 年版。

盖山林《和林格尔汉墓壁画》，内蒙古人民出版社 1978 年版。

刘景平、郑广智主编《内蒙古自治区经济发展概论》，内蒙古人民出版社 1979 年版。

王仲荦《北周地理志》，中华书局 1980 年版。

文物编辑委员会《中国长城遗迹调查报告集》，文物出版社 1981 年版。

萨囊彻辰、道润梯步译注《蒙古源流》，内蒙古人民出版社 1981 年版。

戴学稷《呼和浩特简史》，中华书局 1981 年版。

《内蒙古近代史论丛》第 1 辑，内蒙古人民出版社 1982 年版。

陈开俊等译《马可波罗游记》，福建科学技术出版社 1982 年版。

郭沫若《郭沫若全集》（考古篇），人民出版社 1982 年版。

中国社会科学院考古所《新中国的考古发现和研究》，文物出版社 1984 年版。

珠荣嘎译《阿勒坦汗传》，内蒙古人民出版社 1984 年版。

贺·宝音巴图《蒙古族萨满教》，内蒙古文化出版 1984 年版。

陈述主编《金史论集》（第二集），书目文献出版社 1987 年版。

乌兰夫革命史料编研室编《乌兰夫回忆录》，中共党史资料出版社 1989 年版。

丁士良、赵放主编《中国地方志民俗资料汇编》（华北卷），书目文献出版社 1989 年版。

萨·纳日松著《鄂尔多斯风俗志》，内蒙古人民出版社 1989 年版。

费孝通著《中华民族多元一体格局》，中央民族学院出版社 1989 年版。

马大正、成崇德主编《清末蒙古史地资料荟萃》，中国社会科学院边疆史地中心 1990 年版。

郝维民主编《内蒙古近代简史》，内蒙古大学出版社 1990 年版。

内蒙古社科院历史所编写组《蒙古族通史》，民族出版社 1990 年版。

林蔚然、郑广智主编《内蒙古自治区经济发展史》，内蒙古人民出版社 1990 年版。

内蒙古文物考古研究所编《内蒙古中南部原始文化研究文集》，海洋出版社 1991 年版。

郝维民主编《内蒙古自治区史》，内蒙古大学出版社 1991 年版。

韩儒林《突厥文〈阙特勤碑〉译注》，江苏古籍出版社 1992 年版。

薛宗正《突厥史》，中国社会科学出版社 1992 年版。

王铎著《五十春秋——我做民族工作的经历》，内蒙古人民出版社 1992 年版。

徐杰舜，韦日科著《中国民族政策史鉴》，广西人民出版社 1992 年版。

刘世海主编《内蒙古民族教育发展战略概论》，内蒙古教育出版社 1993 年版。

周清澍《内蒙古历史地理》，内蒙古大学出版社 1993 年版。

李逸友《内蒙古历史名城》，内蒙古人民出版社 1993 年版。

义都合西格主编《蒙古民族通史》，内蒙古大学出版社 1993 年版。

马戎、潘乃谷《边区开发论著》，北京大学出版社 1993 年版。

郑师渠总主编《中国文化通史》，中共中央党校出版社 1994 年版。

乌兰图克主编《内蒙古民族教育概况》，内蒙古文化出版社 1994 年版。

《榆林地区志》，西北大学出版社 1994 年版。

伊克昭盟地方志编纂委员会编《伊克昭盟志》，现代出版社 1994 年版。

张贵《包头史稿》（上、下卷），内蒙古大学出版社 1994、1997 年版。

于志耿、孙秀仁《黑龙江古代民族史纲》，黑龙江人民出版社 1995 年版。

向南《辽代石刻文编》，河北教育出版社 1995 年版。

耿世民《古代突厥文碑铭研究》，中央民族大学出版社 1995 年版。

卢明辉、刘衍坤《旅蒙商》，中国商业出版社 1995 年版。

内蒙古教育志编委会编《内蒙古教育史志资料》（1），内蒙古大学出版社 1995 年版。

林干、王雄、白拉都格其著《内蒙古民族团结史》，远方出版社 1995 年版。

徐万邦、祁庆富《中国少数民族文化通论》，中央民族大学出版社 1996 年版。

李希曾主编《晋商史料与研究》，山西人民出版社 1996 年版。

阴法鲁、许树安主编《中国古代文化史》，北京大学出版社 1996 年版。

李尉《简明西夏史》，北京人民出版社 1997 年版。

布赫著《布赫谈民族工作》，人民出版社 1997 年版。

托娅、彩娜著《内蒙古当代文学概观》，内蒙古大学出版社 1997 年版。

《内蒙古自治区教育成就统计资料》，内蒙古教育出版社 1997 年版。

周一良《魏晋南北朝史论集》，北京大学出版社 1997 年版。

苏鲁格《蒙古族宗教史》，辽宁民族出版社 1997 年版。

德勒格《内蒙古喇嘛教史》，内蒙古人民出版社 1997 年版。

内蒙古乌兰夫研究会著《乌兰夫论民族工作》，中共党史出版社 1997 年版。

萧克《中华文化通志》，上海人民出版社 1998 年版。

魏坚《内蒙古中南部汉代墓葬》，中国大百科全书出版社 1998 年版。

苏鲁格、那木斯来著《简明内蒙古佛教史》，内蒙古文化出版社 1999 年版。

白志健主编《中国改革与发展文鉴》（内蒙古卷），警官教育出版社 1999 年版。

白音查干主编《内蒙古民俗概要》，内蒙古教育出版社 1999 年版。

马戎、周星主编《中华民族凝聚力形成与发展》，北京大学出版社 1999 年版。

李治安《元代行省制度研究》，南开大学出版社 2000 年版。

孟慧英著《中国北方民族萨满教》，社会科学文献出版社 2000 年版。

戴炳林主编《包头市文化志》，内蒙古人民出版社 2001 年版。

政协包头市委员会文史资料委员会编《包头风情录》2001 年版。

牛敬忠《近代绥远地区的社会变迁》，内蒙古大学出版社 2001 年版。

周清澍《元蒙史札》，内蒙古大学出版社 2001 年版。

张贵著《阴山集》，内蒙古人民出版社 2001 年版。

《内蒙古自治区志》，方志出版社 2001 年版。

纪维旗、李瑛、张璞著《西部大开发与包头》，内蒙古人民出版社 2001 年版。

孟广耀《北部边疆民族史研究》，黑龙江教育出版社 2002 年版。

张修桂、赖青寿《辽史地理志汇释》，安徽教育出版社 2002 年版。

盖山林《阴山汪古》，内蒙古人民出版社 2002 年版。

古伟瀛主编《塞外传教史》，台湾光启文化事业出版 2002 年版。

国家文物局、中国文物报社编《中华文明遗迹通览》，上海古籍出版社 2002 年版。

刘建生、刘鹏生等《晋商研究》，山西人民出版社 2002 年版。

宝音主编《内蒙古城市化与城镇体系发展研究》，内蒙古人民出版社 2002 年版。

齐那顺达来、刘忠和主编《内蒙古历史文化》，内蒙古人民出版社 2002 年版。

李尔只斤·吉尔格勒著《游牧文明史论》，内蒙古人民出版社 2002 年版。

孙金铸《内蒙古地理》，内蒙古大学出版社 2003 年版。

张岂之《中国历史十五讲》，北京大学出版 2003 年版。

苏利德《内蒙古金融机构沿革》，远方出版社 2003 年版。

贾敬颜《五代宋金元人边疆行记十三种疏证稿》，中华书局 2004 年版。

闫天灵著《汉族移民与近代内蒙古社会变迁研究》，民族出版社 2004 年版。

陈·巴特尔著《文化变迁中的蒙古民族高等教育的演变》，内蒙古教育出版社 2004 年版。

乌兰察布盟地方志编纂委员会编《乌兰察布盟志》，内蒙古文化出版社 2004 年版。

徐杰舜主编《中国民族团结考察报告》，民族出版社 2004 年版。

孙兆文、苏利娅主编《民族区域自治与蒙古族的发展进步》，内蒙古教育出版社 2004 年版。

王炜民、郝建平著《中华文明概论》，内蒙古大学出版社 2005 年版。

乌云格日勒《十八至二十世纪初内蒙古城镇研究》，内蒙古人民出版社 2005 年版。

张贵著《河水集》，远方出版社 2005 年版。

范玉春编著《移民与中国文化》，广西师范大学出版社 2005 年版。

刘兆和主编《草原宝藏》，内蒙古大学出版社 2005 年版。

邢野主编《中国二人台艺术通典》，内蒙古人民出版社 2005 年版。

王占义、张润光主编《内蒙古之最》，新华出版社 2005 年版。

孙先红、张治国著《蒙牛内幕》，北京大学出版社 2006 年版。

鄂晓楠、鄂·苏日台著《原生态民俗信仰文化》，内蒙古大学出版社 2006 年版。

王文章主编《中国非物质文化遗产保护论坛论文集》，文化艺术出版社 2006 年版。

乌云毕力格、白拉都其格《蒙古史纲要》，内蒙古人民出版社 2006 年版。

肖瑞玲等著《明清内蒙古西部地区开发与土地沙化》，中华书局 2006 年版。

郝维民、齐木德道尔吉主编《内蒙古通史纲要》，人民出版社 2006 年版。

李凤山著《长城与民族》，中央民族大学出版社 2006 年版。

绥远通志馆编纂《绥远通志稿》，内蒙古人民出版社 2007 年版。

李山著《中国文化史》，北京师范大学出版社 2007 年版。

潘照东著《中华文化大系比较研究》，内蒙古教育出版社 2007 年版。

宝力格主编《草原文化概论》，内蒙古教育出版社 2007 年版。

晓克主编《草原文化史论》，内蒙古教育出版社 2007 年版。

郭雨桥著《蒙古通》，内蒙古科学技术出版社 2007 年版。

内蒙古文物概览编委会《内蒙古文物概览》，内蒙古自治区文物局 2007 年版。

塔拉《草原考古学文化研究》，内蒙古教育出版社 2007 年版。

薄音湖、王雄点校《明代蒙古汉籍史料汇编》，内蒙古大学出版社 2007 年版。

陶玉坤著《北方游牧民族历史文化研究》，内蒙古教育出版社 2007 年版。

朋·乌恩著《蒙古族文化研究》，内蒙古教育出版社 2007 年版。

扎戈尔主编《草原物质文化研究》，内蒙古教育出版社 2007 年版。

包斯钦、金海主编《草原精神文化研究》，内蒙古教育出版社 2007 年版。

曹永年主编《内蒙古通史》，内蒙古大学出版社 2007 年版。

赛航等著《民国内蒙古史》，内蒙古大学出版社 2007 年版。

张贵著《黄土集》，内蒙古大学出版社 2007 年版。

刘高、孙兆文、陶克套著《草原文化与现代文明研究》，内蒙古教育出版社 2007 年版。

王泽民著《杀虎口与中国北部边疆》，内蒙古大学出版社 2007 年版。

包头市地方志编纂委员会编《包头市志》，远方出版社 2007 年版。

《包头年鉴》（2005 年、2006 年），人民日报出版社 2007 年版。

乌兰夫传编写组《乌兰夫传》，中央文献出版社 2007 年版。

邢野主编《内蒙古通志》，内蒙古人民出版社 2007 年版。

倪玉明编著《图说巴彦淖尔》，远方出版社 2007 年版。

杨泽蒙著《远祖的倾诉》，内蒙古大学出版社 2008 年版。

毛成刚、乔南著《晋商文化与家族商业研究》，经济管理出版社 2008 年版。

赛音吉日嘎拉著《蒙古族祭祀》，内蒙古大学出版社 2008 年版。

［瑞典］多桑著，冯承钧译《多桑蒙古史》，中华书局 1962 年版。

〔伊朗〕志费尼著，何高济译《世界征服者》（上册），内蒙古人民出版社1980年版。

〔波斯〕拉施特著，余大钧、周建奇译《史集》（第1卷），商务印书馆1983年版。

〔英〕道森著，吕浦、周良霄译注《出使蒙古记》，中国社会出版社1983年版。

〔俄〕阿·马·波兹德涅耶夫著，张梦玲等译《蒙古及蒙古人》，内蒙古人民出版社1983年版。

〔日〕和田清著，潘世宪译《明代蒙古史研究》，商务印书馆1984年版。

〔美〕柔克义译注、何高济译《鲁布鲁克东游记》，中华书局1985年版。

〔日〕田山茂著，潘世宪译《清代蒙古社会制度》，商务印书馆1987年版。

〔法〕雷纳·格鲁塞著，魏英邦译《草原帝国史》，青海人民出版社1991年版。

〔法〕勒内·格鲁塞著《成吉思汗》，国际文化出版公司2003年版。

未刊学位论文

张永江《清代内蒙古的生态环境、经济类型与社会变迁》，北京师范大学2001年博士后流动站研究成果。

刘忠和《试论绥远建省》，北京大学2002年硕士学位论文。

刘丽君《清代归化城土默特地区教育事业刍议》，内蒙古师范大学2004年硕士学位论文。

陶继波《清代以来内蒙古地区的土地开垦与社会变迁——以河套地区为例》，中国人民大学2004年博士学位论文。

王来刚《清代内蒙古地区的汉人移民史研究》，兰州大学2004年硕士学位论文。

乌兰其其格《试论清末民国时期内蒙古地区的基督宗教》，中央民族大学2005年硕士学位论文。

乔鹏《一个边村社会的形成——以土默特地区为个案的研究》，北京师范大学2005年硕士学位论文。

刘青瑜《近代以来天主教传教士在内蒙古的社会活动及其影响》，内蒙古大学2008年博士学位论文。

刘忠和《"走西口"历史研究》，内蒙古大学 2008 年博士学位论文。

学 术 论 文

乌居龙藏《金上京佛寺考》，《燕京学报》1948 年第 34 期。

《1959 年呼和浩特郊区美岱古城发掘简报》，《文物》1961 年第 9 期。

《1957 年以来内蒙古自治区古代文化遗址墓葬的发现情况简报》，《文物》1961 年第 9 期。

竺可桢《中国近五千年来气候变迁的初步研究》，《考古学报》1972 年第 1 期。

史念海《秦始皇直道遗迹的探索》，《文物》1975 年第 10 期。

《内蒙古自治区文物考古工作的重大成果》，《文物》1977 年第 5 期。

李作智《呼和浩特市东郊出土的几件元代瓷器》，《文物》1977 年第 5 期。

吉发习、马耀圻《内蒙古准格尔旗大口遗址的调查与试掘》，《考古》1979 年第 4 期。

潘行荣《元代集宁路故城出土的窖藏丝织物及其它》，《文物》1979 年第 8 期。

王文楚《从内蒙古昆都仑沟几个古代遗址看汉代至北魏时期阴山稒阳道交通》，《复旦大学学报》1980 年第 1 期。

田广金、郭素新《内蒙古阿鲁柴登发现的匈奴遗物》，《文物》1980 年第 7 期。

黄慰文、卫奇《萨拉乌苏河套人及其文化》，《鄂尔多斯文物考古文集》1981 年。

汪宇平《内蒙古阴山地带的石器制造场》，《内蒙古文物考古》1981 年创刊号。

李逸友《内蒙古托克托城的考古发现》，《文物考古资料丛刊》1981 年第 4 期。

于志耿《关于鲜卑早期历史及其考古遗存的几个问题》，《民族研究》1982 年第 1 期。

李恭笃《昭乌达盟石棚考古新发现》，《文物》1982 年第 3 期。

李三《内蒙古准格尔旗出土一件上郡青铜器》，《文物》1982 年 11 期。

苏秉琦《关于考古学文化的区系类型问题》，载《苏秉琦考古学论文选集》，文物出版社 1984 年。

田广金《凉城县老虎山遗址 1982—1983 年发掘简报》，《内蒙古文物考古》1986 年第 4 期。

李逸友《内蒙古元代城址概况》，《内蒙古文物考古》1986 年第 4 期。

包头市文物管理所《内蒙古大青山西段新石器时代遗址》，《考古》1986 年第 6 期。

汪宇平《呼和浩特大窑村南山四道沟东区旧石器制造场 1983 年发掘报告》，《史前研究》1987 年第 2 期。

内蒙古考古研究所《内蒙古朱开沟遗址》，《考古学报》1988 年第 3 期。

李逸友《呼和浩特市万部华严经塔的金元明各代题记》，《文物》1988 年第 5 期。

牛文元《生态环境脆弱带动基础判定》，《生态学报》1989 年第 2 期。

魏坚《凉城崞县窑子墓地》，《考古学报》1989 年 12 期。

《内蒙古商都县前海子村辽墓》，《北方文物》1990 年第 2 期。

刘幻真《包头威俊新石器时代地面建筑遗址》，《史前研究》1990 年第 5 期。

乔克勤《关于北方游牧文化的起源的探讨》，《内蒙古文物考古》1992 年 1—2 期。

沈斌华《蒙古族的教育和文化程度》，《内蒙古师大学报》1994 年第 3 期。

邵方《现代鄂尔多斯地区蒙汉民族文化交流的特征》，《西北民族学院学报》1994 年第 4 期。

周玲《蒙古族的自然崇拜》，《殷都学刊》1994 年第 4 期。

吴殿廷、史培军《内蒙古经济发展若干问题的探讨》，《经济地理》1996 年第 1 期。

张梅青《内蒙古中部经济区工业结构调整构想》，《内蒙古财经学院学报》1996 年第 3 期。

唐玉萍《俺答汗在明代蒙汉关系中的作用》，《社会科学辑刊》1996 年第 6 期。

杰轩《内蒙古史学界古代北方民族史研究 50 年》，《蒙古学信息》1997 年第 1 期。

鲁汉《内蒙古自治区成立 50 周年的辉煌成就及其重要启示》，《前沿》1997 年第 4 期。

张瑛《略论边境贸易对民族区域经济的影响》，《中央民族大学学报》1997年第5期。

张文生、曹永年《隋炀帝所幸启民可汗牙帐考》，《中国边疆史地研究》1998年第3期。

姜明、雷家军《论民族文化交融及其社会功能》，《内蒙古社会科学》1998年第4期。

教育部民族教育司《蓬勃发展的中国少数民族教育》，《中国民族教育》1998年第6期。

张雨江《文化经济是少数民族地区经济发展的一大支点》，《经济问题探索》1998年第6期。

王勋铭《十一届三中全会以来的内蒙古民族工作》，《内蒙古社会科学》1999年第2期。

鲍桐《北魏边疆几个历史地理问题的探索》，《中国历史地理论丛》1999年第3期。

张海滨《包头汉墓若干问题论述》，《内蒙古文物与考古》2000年第1期。

沈斌华《内蒙古羊绒加工业持续发展问题研究》，《内蒙古大学学报》2000年第2期。

罗贤佑《20世纪中国蒙古史研究述略》，《民族研究》2000年第3期。

何群《民族认同性与多民族国家民族政策的成功调整》，《内蒙古大学学报》2001年第1期。

马平《西部大开发对当地民族关系的影响及对策》，《宁夏社会科学》2001年第2期。

明月《论蒙古族民俗及其在当代的变迁》，《内蒙古社会科学》（汉文版）2001年第3期。

张瑞荣、申向明《内蒙古发展绿色食品产业的分析》，《内蒙古财经学院学报》2001年第3期。

杜凤莲《内蒙古乳品业的现状、问题和政策建议》，《内蒙古大学学报》2001年第5期。

葛根高娃、薄音湖《蒙古族生态文化的物质层面解读》，《内蒙古社会科学》2002年第1期。

齐木德道尔吉《蒙古族传统饮食文化》，《内蒙古社会科学》（汉文版）2002

年第 4 期。

胡鞍钢、温军《民族地区全面建设小康社会的战略选择》，《中国民族》2003 年第 1 期。

何天明《对草原文明和建设内蒙古民族文化大区的思考》，《内蒙古社会科学》2004 年第 1 期。

徐杰舜《草原文化与农业文化结合亲和力作用论》，《西南民族大学学报》2004 年第 4 期。

颜景辰《中国奶业发展现状和前景展望》，《世界农业》2004 年第 8 期。

赵元凤《新时期呼和浩特市奶业发展分析》，《北方经济》2004 年第 8 期。

王艳丽、朱美红《伊利公司的营销策略及其提升》，《经济管理》2004 年第 17 期。

李治安《元中书省"腹里"政区考略》，载《元史论丛》第十辑，中国广播电视出版社，2005 年。

周钟《蒙牛营销实践的理论解读》，《市场研究》2006 年第 7 期。

李晶《民族区域自治与内蒙古的发展》，《内蒙古财经学院学报》2007 年第 1 期。

娜仁格日勒《蒙古族习俗中的火及其文化象征意义》，《内蒙古大学学报》2007 年第 2 期。

后　记

《阴山文化史》的撰写，自国家社会科学基金项目立项，历时三年，其间的酸甜苦辣一言难尽。现在终于完成书稿，心里的重负得以缓释，顿感轻松了许多。

本人1978年考入北京师范大学历史系学习，开始踏入史学大门，至今已30多年了。1982年毕业即从事高校历史教学工作，起初研修方向是中国历史文献学。1990年参加任继愈先生主编的《中国文化史知识丛书》编撰工作，负责《中国古代礼俗》一书的撰写，之后主要研究方向转向中国文化史，算来也有20年了。《中国古代礼俗》于1991年由中共中央党校出版社出版，1994年台湾商务印书馆出版繁体字版，1997年商务印书馆（北京）又出增订本。之后，又陆续撰著或主编了《中华文明简史》、《中国礼仪文化》、《中华文明概论》等多种属于中国文化史范畴的专书。阴山文化史是中国文化史的一部分，《阴山文化史》的撰写是我们中国文化史研究由面向点的深化。尽管书稿较为简单粗糙，还存在着许多问题和不足，但毕竟扩展了中国文化史的研究领域，可算作一个良好的开端。今后我们还将在此基础上继续努力，争取在学术上有所创新和突破。

《阴山文化史》是五位作者集体合作的成果，具体分工如下：

王炜民教授，主持研究项目，组织编写队伍，制定编写大纲，负责全书通稿，并撰写导论；

尚烨教授，协助全书通稿，整理参考文献，并撰写第四章；

吕喜林副教授，撰写第一章；

刘春玲教授，撰写第二章；

马寒梅副教授，撰写第三章。

本书编撰工作得到了多方面的关心和帮助：

中国魏晋南北朝史学会顾问，北京师范大学教授、博士生导师，本人的恩师黎虎先生审阅了书稿，并给予多方面指导；

内蒙古科技大学张贵教授、刘忠和博士是地方史研究专家，他们认真审阅了初稿，并提出了很具体的修改意见；

内蒙古社会科学规划办公室红光主任、戚向阳先生，包头社会科学院院长李瑛研究员始终对研究工作给予关注和支持；

人民出版社邵永忠博士为本书的出版付出了大量心血。

谨借此机会，向上述诸位先生、女士表示衷心的感谢！

由于本人学识和理论水平所限，且研究阴山文化时日尚短，书中疏漏和纰缪不可避免，祈望学界同仁和读者诸君不吝赐教。

王炜民

2010 年 4 月 14 日

责任编辑:邵永忠

图书在版编目(CIP)数据

阴山文化史/王炜民 等著. -北京:人民出版社,2011.1
ISBN 978 - 7 - 01 - 009497 - 7

Ⅰ.①阴… Ⅱ.①王… Ⅲ.①文化史-华北地区 Ⅳ.①K292

中国版本图书馆 CIP 数据核字(2010)第 238554 号

阴山文化史
YINSHAN WENHUA SHI

王炜民 等著

人民出版社 出版发行
(100706 北京朝阳门内大街 166 号)

北京瑞古冠中印刷厂印刷 新华书店经销

2011 年 1 月第 1 版 2011 年 1 月北京第 1 次印刷
开本:710 毫米×1000 毫米 1/16 印张:25.75
字数:395 千字 印数:0,001-2,000 册

ISBN 978 - 7 - 01 - 009497 - 7 定价:60.00 元

邮购地址 100706 北京朝阳门内大街 166 号
人民东方图书销售中心 电话 (010)65250042 65289539